DIE BESTEN STELLPLÄTZE

Rehbach, Menzenschwand 73

Der idyllische Stellplatz von Menzenschwand liegt sehr schön abseits der Straße am Ortsrand. Von hier aus lassen sich Spaziergänge, Wanderungen und Fahrradtouren durch die herrliche Region starten (s. S. 131).

280bw-gg

281bw-gg

150 Sofienbad, Rosenfeld

Ein ruhiges, parzelliertes Plätzchen am Ortsrand mit Strom, Wasser, Abwasser und WC-Entsorgung wurde von der Gemeinde beim Freibad eingerichtet. Ein Besuch des historischen Städtchens und des Rosen- und Skulpturengartens ist sehr lohnend (s. S. 253).

Dodelweg, Blaubeuren 130

Vom Stellplatz ist man zu Fuß schnell im hübschen Örtchen, am Blautopf, im Freibad und am Ausgangspunkt für Wanderungen. Eine gute Ver- und Entsorgung ist vorhanden. Etwas ungewöhnlich ist die längsseitige Anordnung der Stellplätze (s. S. 227).

184bw-gg

283bw-gg

113 Alte Brennerei, Stetten am Bodensee

In der Nähe des Bodensees findet man auf dem ruhigen, parzellierten Platz bei der Alten Brennerei freundliche Aufnahme. Das Essen im dazugehörigen Lokal und die selbstgebrauten Obstbrände werden hochgelobt (s. S. 196).

Rondell in der Seegasse, Bad Buchau 174

Der Kurort Bad Buchau hat sich gut auf Reisemobilisten eingestellt. Drei unterschiedliche Stellplätze stehen zur Verfügung. Der parzellierte Platz in der Seegasse wurde als Rondell gestaltet. Er liegt ruhig am Ortsrand und bietet kostenloses WLAN (s. S. 283).

DIE SCHÖNSTEN LANDSCHAFTEN

279bw-gg

Die Schwarzwaldhochstraße

Immer wieder schweift der Blick entlang der Panoramastrecke B500 über die endlos scheinenden, dicht bewaldeten Schwarzwaldberge. Infos zum Naturpark und zu Wanderungen findet man im Naturparkzentrum Ruhestein (s. S. 11).

333bw-gg

Der Kaiserstuhl

Die Vulkanlandschaft mit üppigen Weinterrassen, auf denen edle Tropfen gedeihen, ist für Reisemobilisten ein reizvolles Ziel. Gute Restaurants, Weinverkostungen, Wandermöglichkeiten und einige Wohnmobilplätze sind der Garant für schöne Urlaubstage (s. S. 85).

287bw-gg

Am Untersee

Der Untersee mit der Halbinsel Höri und dem UNESCO-Welterbe Insel Reichenau ist die Region am Bodensee, die ruhiger und beschaulicher ist als das übrige deutsche Ufer. Bekannte Künstler wie Hesse, Dix und Lenk haben hier ihre Spuren hinterlassen (s. S. 148).

288bw-gg

Zollernalb

Die Zollernalb mit ihren ursprünglichen Wachholderheiden gehört zum höchstgelegenen Teil der Schwäbischen Alb. Über Premiumwanderwege und Fahrradrouten ist sie touristisch gut erschlossen. Die stolze Burg Hohenzollern ist ihre Hauptsehenswürdigkeit (s. S. 250).

289bw-gg

Allgäu

Die liebliche Landschaft zwischen Bodensee und Alpen mit sanften Moränenhügeln heißt Württembergisches Allgäu. Freundliche Städte, empfehlenswerte Hofläden und Restaurants, Badeseen und Wandermöglichkeiten sind die Grundlage für glückliche Ferientage (s. S. 299).

DIE SEHENSWERTESTEN ORTE

290bw-gg

Freiburg

Viele Studenten bringen Schwung in die historischen Mauern der von kleinen Bächen durchzogenen Altstadt rund um das Münster. Sehenswertes, Natur, das milde Klima und Kultur gepaart mit Lebensfreude machen das ganz besondere Flair der Stadt aus (s. S. 78).

201bw-gg

Tübingen

Schon seit 1477 ist Tübingen Universitätsstadt. Viele namhafte Persönlichkeiten kamen seitdem, um hier zu studieren oder zu lehren. Neben der malerischen Altstadt mit Schloss und Hölderlinturm gehört eine Stocherkahnfahrt unbedingt zu einem Besuch (s. S. 245).

079bw-gg

Staufen im Breisgau

Am Rande der hohen Schwarzwaldberge liegt das reizende Stauferstädtchen, bewacht von der mächtigen Burgruine und umgeben von Weinbergen. Es gibt viel zu entdecken und zu genießen im 1250 Jahre alten Zentrum mit vielen guten Restaurants (s. S. 106).

293bw-gg

Lindau

Warum ist Lindau für Gäste so anziehend? Die malerische Insellage, die historische Altstadt und die vielfältige Gastronomie machen es aus. Das Wahrzeichen ist die vom Leuchtturm und der Skulptur des Bayerischen Löwen flankierte Hafeneinfahrt (s. S. 211).

248bw-gg

Ravensburg

Ravensburger Spiele kennt jeder! Doch auch die ehemals Freie Reichsstadt Ravensburg ist einen Besuch wert. Zu Recht trägt sie den Namen „Stadt der Türme". In das reizvolle Städtchen mit seinen Geschäften und Museen verliebt man sich schnell (s. S. 295).

DIE SCHÖNSTEN ROUTEN AM BODENSEE, IM SCHWARZWALD UND AUF DER SCHWÄBISCHEN ALB

Vorwort 7
Die Region entdecken 8
Hinweise zur Benutzung 9

1 Route 1: Über die Schwarzwaldhochstraße und ins Enz- und Nagoldtal 11
Routenübersicht (13); Rastatt (14); Baden-Baden (15); Gernsbach (20); Bad Wildbad (23); Bad Liebenzell (25); Calw (29); Zavelstein (30); Abstecher nach Neubulach (32); Nagold (34); Altensteig (37); Abstecher zur Schwarzenbachtalsperre (39); Sasbachwalden (42); Kappelrodeck (44); Abstecher zum Kloster Allerheiligen (48); Freudenstadt (50); Abstecher nach Baiersbronn (52)

2 Route 2: Romantischer Mittlerer Schwarzwald 53
Routenübersicht (55); Loßburg (56); Alpirsbach (57); Abstecher nach Schramberg (59); Schiltach (61); Wolfach (63); Haslach (66); Triberg (70); Furtwangen (73); Freiburg (78)

3 Route 3: In die Weinregion Kaiserstuhl 85
Routenübersicht (87); Endingen (89); Breisach (95); Ihringen (98)

4 Route 4: Der Hochschwarzwald mit Titisee, Feldberg und Schluchsee 101
Routenübersicht (103); Staufen (106); Münstertal (108); Abstecher zum Besucherbergwerk Teufelsgrund (110); Belchen (111); Schauinsland (114); Titisee-Neustadt (117); Abstecher zum Feldberg (120); Schluchsee (122); Rundfahrt zur Wutachschlucht und im Rothauser Land (124); Abstecher nach Höchenschwand (127); St. Blasien (128); Bernau (131); Todtmoos (133); Bad Säckingen (136); Laufenburg (139); Waldshut-Tiengen (141)

◁ 163 m stürzt die Gutach bei Triberg in die Tiefe (Foto: 295bw-gg)

5 Route 5: Entlang des deutschen Bodenseeufers 143
Routenübersicht (144); Singen (146); Höri-Rundfahrt (148); Radolfzell (154); Insel Reichenau (161); Konstanz (165); Ausflug auf die Blumeninsel Mainau (171); Bodman-Ludwigshafen (174); Sipplingen (177); Überlingen (179); Birnau (183); Uhldingen-Mühlhofen (184); Abstecher ins Linzgau (187); Meersburg (191); Hagnau (197); Immenstaad a. B. (198); Friedrichshafen (200); Langenargen (206); Wasserburg (208); Lindau (211)

6 Route 6: Auf der beschaulichen Schwäbischen Alb 215
Routenübersicht (217); Ulm (218); Abstecher zum Kloster Wiblingen (222); Abstecher ins Lonetal zum UNESCO-Welterbe (223); Blaubeuren (226); Abstecher zum UNESCO-Welterbe Hohle Fels (228); Laichinger Tiefenhöhle (229); Burg Teck (230); Beuren (231); Neuffen (232); Bad Urach (234); Münsingen (237); Bärenhöhle (241); Schloss Lichtenstein (242); Nebelhöhle (242); Reutlingen (243); Abstecher nach Metzingen (244); Abstecher nach Bebenhausen (244); Tübingen (245); Burg Hohenzollern (250); Haigerloch (250); Balingen (253); Abstecher nach Rottweil (255); Albstadt-Ebingen (258); Kloster Beuron (261)

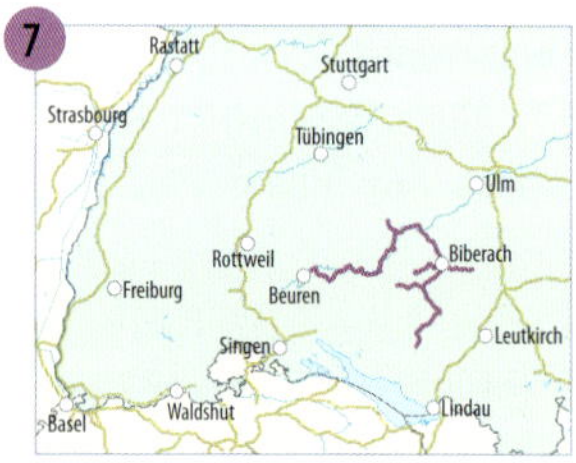

7 Route 7: Über die Oberschwäbische Barockstraße 263
Routenübersicht (264); Campus Galli (266); Sigmaringen (267); Freilichtmuseum Heuneburg (269); Riedlingen (271); Zwiefalten (273); Wimsener Höhle (274); Biberach an der Riß (277); Abstecher nach Ochsenhausen (279); Bad Buchau (281); Bad Schussenried (286); Abstecher nach Bad Saulgau und zum Kloster Sießen (288); Bad Waldsee (290); Weingarten (292); Ravensburg (295)

8 Route 8: Das liebliche Württembergische Allgäu 299
Routenübersicht (301); Wolfegg (302); Kißlegg (304); Bad Wurzach (306); Leutkirch i. A. (309); Isny i. A. (312); Abstecher zum Eistobel (316); Wangen i. A. (317); Waldburg (320); Tettnang (323)

Anhang 327
Informationen (328); Landkarten (328); Öffentliche Verkehrsmittel (328); Bodenseeschifffahrt (329); Panne/Unfall (329); Preise (330); Reisezeit (330); Die Autorin (333); Register (334); Impressum (338)

Routenatlas 339
Übersicht der Stell- und Campingplätze (349)

VORWORT

Ich möchte Sie mit diesem Buch für diese wundervolle Gegend ganz im Süden von Baden-Württemberg begeistern. So abwechslungsreich, gesegnet mit einer einzigartigen Natur, gespickt mit Sehenswürdigkeiten vom Kleinod bis zum UNESCO-Welterbe sind die Landschaften Schwarzwald, Bodensee, Schwäbische Alb, Oberschwaben und Württembergisches Allgäu. Aktive Reisende, die gerne zu Fuß oder mit dem Rad unterwegs sind, Ruhesuchende, Thermalbädergenießer, Freunde regionaler Erzeugnisse und uriger Gasthöfe mit schmackhaften Gerichten, alle fühlen sich hier wohl und ganz herzlich willkommen.

Der **Schwarzwald:** eine fantastische Landschaft mit weitläufigen Wäldern, romantischen Tälern, über tausend Meter hohen Berggipfeln, malerischen Seen, grandiosen Wasserfällen und tiefen Schluchten bildet die Kulisse für einen unvergesslichen Urlaub. In sehr vielen Städten und Gemeinden warten Wohnmobilstell- und Campingplätze, Gasthöfe und Thermalbäder darauf, Reisemobilisten begrüßen und verwöhnen zu dürfen. Die idyllische Ortenau und der Kaiserstuhl grenzen an den Schwarzwald und sind Weinregionen mit sonnenverwöhnten Rebsorten.

Der **Bodensee** ist nicht umsonst eine der beliebtesten Ferienregionen Deutschlands. Eine einzigartige Mixtur aus vielseitiger Landschaft, mildem Klima, einem grandiosen Alpenpanorama, kulturhistorischen Sehenswürdigkeiten von Weltrang, sportlichen Betätigungen an Land und zu Wasser, Thermalbädern, kulinarischen Raffinessen, vielfältigen familienfreundlichen Freizeitangeboten und einer guten Infrastruktur für Wohnmobilreisende macht den Bodensee zu einem Reiseziel erster Güte.

Die **Schwäbische Alb** ist eine einzigartige Karstlandschaft mit einem weitverzweigten Höhlensystem. Schon in der Steinzeit haben die Menschen hier gesiedelt und sensationelle Figuren und die ersten Musikinstrumente der Menschheitsgeschichte gefertigt. Diese Funde sind als UNESCO-Welterbe anerkannt. Höhlenerkundungen, Schlösser- und Burgenbesichtigungen, gut markierte Premiumwander- und Fahrradwege, regional orientierte Gastronomie, günstige Stellplätze: Was braucht man mehr als Wohnmobiltourist?

Eine solche Häufung von zauberhafter Barockarchitektur findet man nur an der **Oberschwäbischen Barockstraße.** Unzählige Kirchen und Klöster strahlen in üppigem barockem Glanz. Doch diese Region ist auch die Geburtsstätte unseres treuen Reisebegleiters, dem Wohnmobil. Dethleffs, Hymer und Carthago haben ihre Produktionsstätten in Oberschwaben. Von hübschen Städtchen mit freundlichen Menschen über Thermalbäder mit Wellnessoasen bis zu zahlreichen Wander- und Fahrradrouten reicht das touristische Angebot.

Das **Württembergische Allgäu** steigt von der sanften Hügellandschaft bis hinauf zum Schwarzen Grat mit alpinem Charakter. Kühe weiden auf den saftigen Matten und liefern die Grundlage für den schmackhaften Käse, der in vielen kleinen Käsereien zum Kauf angeboten wird. In den pittoresken Städtchen scheinen die Uhren noch etwas langsamer zu gehen und man nimmt sich gerne Zeit für ein „Schwätzle“.

Habe mit Sie mit meiner Begeisterung angesteckt? Dann freue ich mich sehr, Ihnen diese vielseitigen Landschaften von „The Länd“, wie sich Baden-Württemberg seit 2021 nennt, mit seiner sympathischen Bevölkerung näherzubringen.

Bitte teilen Sie Hinweise auf Veränderungen dem Verlag mit, damit alle Leser über den Update-Service zum Buch (s. S. 10) darüber informiert werden können.

Ihre Gaby Gölz

DIE REGION ENTDECKEN

Im Südwesten von Baden-Württemberg erstreckt sich mit dem **Schwarzwald** auf einer Fläche von nahezu 11.000 km² das größte zusammenhängende Mittelgebirge Deutschlands. Der Nordschwarzwald ist geprägt von dichten Nadelwäldern, lieblichen Flusstälern, von Hochmooren auf dem Kaltenbronn, steilen Sandsteinfelsen und namhaften Thermalbadeorten. Die höchste Erhebung des Nordschwarzwaldes ist die 1164 m hohe Hornisgrinde. An der aussichtsreichen Schwarzwaldhochstraße liegen der sagenumwobene Mummelsee und der Nationalpark Nordschwarzwald.

Im mittleren Schwarzwald findet man zahlreiche Berggipfel, die die Tausendermarke deutlich überschreiten. Der höchste ist der 1241 m hohe Kandel. Von Ost nach West wird diese Region von der Kinzig durchzogen, an deren Ufern so malerische Städtchen wie Schiltach, Wolfach und Haslach liegen. Die Gutach stürzt sich bei den Triberger Wasserfällen imposant in die Tiefe. In Hirsau, Alpirsbach, St. Peter und St. Märgen stehen bedeutende Klöster mit einer langen Tradition.

Der Südschwarzwald ist eine der ältesten Tourismusregionen Deutschlands. Über allem thront der knapp 1500 m hohe Feldberg, der im Sommer und Winter die Urlauber anzieht. Nicht nur der höchste Berg, auch die kristallklaren Seen Schluchsee und Titisee und die eindrucksvolle Wutachschlucht sind im Südschwarzwald zu finden.

Die quirlige Studentenstadt Freiburg lockt mit dem „schönsten Kirchturm der Christenheit" und einem südländisch anmutenden städtischen Flair. Daneben gibt es zahlreiche schmucke Städtchen und Dörfer mit bezauberndem Charme.

In den malerischen Weinbaudörfchen der **Ortenau** mit ihren blumengeschmückten Fachwerkhäusern kreieren Winzer aus den Reben der sonnigen Hänge edle Tropfen. Noch ein Stückchen südlicher ragt der **Kaiserstuhl,** ein kleines vulkanisches Gebirge, aus der Rheinebene. An seinen sonnengefluteten Hängen gedeihen herausragende Weine.

Im Alpenvorland liegt der **Bodensee,** mit 536 km² der drittgrößte See Mitteleuropas, wobei sich die 273 km Gesamtuferlänge auf drei Länder verteilen. Die größten Inseln sind die Mainau (Blumeninsel), die Reichenau (Gemüseinsel) und die Insel der Stadt Lindau. Bodman am Überlinger See hatte im frühen Mittelalter eine gewisse überregionale Bedeutung, vermutlich ist es deshalb Namensgeber des Bodensees. Aus dem „Bodamer See" wurde im Laufe der Jahrhunderte der Bodensee. In Baden-Württemberg wird er auch gerne als das „Schwäbische Meer" bezeichnet. Seine Lage sorgt für ein mildes, gemäßigtes, beinahe mediterranes Klima. Meersburg, Konstanz, Überlingen und Lindau sind reizende Städte, die alle noch über eine intakte Altstadt verfügen. Das Ufer des Sees steigt sanft an und ist ideales Anbaugebiet des schmackhaften Bodenseeobstes und das südlichste Weinanbaugebiet Deutschlands. Kristallklar ist das Wasser des Bodensees, das vier Millionen Menschen mit Trinkwasser versorgt. Wassersportler segeln, kiten, surfen, machen Stand-Up-Paddling oder genießen in einem der gepflegten Strandbäder das erfrischende Nass.

Die ruhige **Schwäbische Alb** hat durch die steinzeitlichen Höhlenfunde und deren Anerkennung zum UNESCO-Welterbe eine deutliche touristische Aufwertung erhalten. Obwohl mittlerweile viele Besucher den Hohle Fels und den Vogelherd besuchen, herrscht hier noch eine ländliche Idylle vor. Es wird sehr viel Wert auf den Erhalt der ursprünglichen Natur mit dem eindrucksvollen Albtrauf und den großen Wacholderheideflächen gelegt. Deshalb trägt die Schwäbische Alb auch das Prädikat UNESCO-Biosphärengebiet und Geopark. Beim Besuch der vielen Tropfsteinhöhlen oder der Suche nach Fossilien oder Versteinerungen auf den Klopfplätzen dringt man tief in die Jahrmillionen alte Erdgeschichte ein. Die Kulturhistorie kommt auch nicht zu kurz: Burg Hohenzollern, das Residenzschloss Urach und Schloss Lichtenstein öffnen ihre Pforten für Besucher.

Zwischen Bodensee, Schwäbischer Alb und Lech liegt Oberschwaben. Entlang der **Oberschwäbischen Barockstraße** entdeckt man wie Perlen an einer Schnur herrliche Barockkirchen, faszinierende Klosterbibliotheken und elegante Schlösser. An ihrer Innenausstattung mit detailreichen, feinen Stuckarbeiten und fantastischen Illusionsmalereien kann man sich nicht sattsehen. Doch nicht nur Kultur, auch die vielseitige Natur mit den einzigartigen Moorgebieten und die wohltuenden Thermalbäder sorgen für einen abwechslungsreichen Urlaub.

Im Hinterland des Bodensees schließt sich das reizvolle **Württembergische Allgäu** an. In den sanften Hügeln des Voralpenlandes liegen die charmanten Städtchen Isny i. A., Leutkirch i. A., Wangen i. A., Bad Wurzach, Wolfegg und Kißlegg. Der höchste Punkt des Alpenausläufers Adelegg ist mit 1118 m der Schwarze Grat.

Welche der fünf Landschaften man auch ansteuert, gemeinsam ist allen, dass sich die wunderschöne Natur auf sehr gut angelegten und markierten Wanderwegen erkunden lässt. Hier findet jeder, ob gemütlicher Spaziergänger oder ambitionierter Wanderfreak, seinen idealen Weg. Für Fahrradfahrer gibt es von der bequemen Familientour bis zur sportlichen Herausforderung eine Vielzahl von Tourenvorschlägen. Nach so viel sportlicher Betätigung wäre anschließend ein Bad in einem der herrlichen Thermalbäder angesagt. In jeder der beschriebenen Landschaften kann man im warmen Wasser, teilweise mit angegliedertem Reisemobilstellplatz, wunderbar relaxen.

Zahlreiche interessante Museen säumen in allen Regionen die Strecke. Einblicke in die Frühgeschichte vermitteln die Höhlen auf der Schwäbischen Alb, das Pfahlbaumuseum in Unteruhldingen oder die Heuneburg bei Riedlingen. Im Campus Galli erlebt man in den nächsten 40 Jahren die Entstehung einer Klosteranlage nach Plänen und mit Werkzeugen aus der Karolingerzeit. An der Fliegerei Interessierte zieht es ins Friedrichshafener Zeppelin-Museum oder ins Museum der Dornierwerke, Auto- und Traktorenliebhaber werden sich das Museum in Uhldingen nicht entgehen lassen. Eine Pilgerstätte für Wohnmobilisten ist das Erwin Hymer Museum in Bad Waldsee.

Was wäre ein Urlaub ohne leibliche Genüsse? An Gaumenfreuden mangelt es wahrlich nicht. Schwarzwälder Kirschtorte, Schwarzwälder Schinken, fangfrische Bodenseefelchen, würziger Käse, Kässpätzle, frisches Obst und Gemüse, Dinnete, Weine vom Bodensee, der Ortenau und des Kaiserstuhls oder traditionsreiche Biere aus Alpirsbach und Rothaus: Genießer sind hier im Paradies. Keine Lust in der bordeigenen Küche zu brutzeln? Vom rustikalen Wanderheim bis zum exquisiten Gourmettempel, betrieben von berühmten Sterneköchen, steht der gastronomische Himmel offen.

Auf Wohnmobilisten ist das ganze Gebiet sehr gut vorbereitet. Überall wurden Stellplätze mit Ver- und Entsorgung eingerichtet, von denen einige sogar kostenlos zur Verfügung stehen.

Fazit: Der Süden Baden-Württembergs mit seinen unterschiedlichen Landschaftsformen, der interessanten Kultur und den vielfältigen Urlaubsmöglichkeiten ist so bunt wie die Farbpalette eines Malers und immer wieder einen Besuch wert.

HINWEISE ZUR BENUTZUNG

Bei den **Eintrittspreisen** wird zuerst der Preis für Erwachsene, dann für Kinder und, wenn angeboten, der für Familien angegeben: z. B. 10/4/12 €. Bei Freizeitbädern und Saunalandschaften sind, sofern nicht anders vermerkt, im Buch die Tageskartenpreise angegeben.

Die Angaben im Buch zu den **Öffnungszeiten** sind immer einschließlich der genannten Monate gemeint (April–Oktober meint 1. April–31. Oktober).

Da die Wanderwege sehr gut ausgeschildert sind, werden die **Wandertouren** meist nur stichwortartig beschrieben. Detaillierter habe ich formuliert, wenn der Wegverlauf vor Ort nicht eindeutig ist. Da es eine unglaubliche Zahl von Wanderungen gibt, habe ich die nach meinem Empfinden schönsten Strecken ausgewählt.

GPS-KOORDINATEN

Alle GPS-Daten in diesem Buch sind als **geografische Koordinaten** (Breite/Länge; Lat./Lon.) in Dezimalgrad (hddd.dddd) angegeben, also z. B. 48.89430, 8.22540. Die erste Angabe zeigt den Wert für die nördliche Breite (°N), die zweite den für die östliche Länge (°O) an. Alle modernen GPS-Geräte akzeptieren die Schreibung als Dezimalgrad, gegebenenfalls muss das Eingabeformat in den Einstellungen des Gerätes aber erst ausgewählt werden. Einige Geräte verlangen möglicherweise statt des Punktes ein Komma als Trennzeichen.

Kartendatum ist WGS84.

Umrechnung von Koordinaten

Wenn Sie die GPS-Angaben **von Dezimalgrad in Dezimalminuten** (dd°mm,mmm') umrechnen müssen, so beachten Sie bitte, dass ein Grad 60 (nicht 100!) Minuten hat. Die Angaben in Dezimalgrad können daher nicht einfach durch Kommaverschiebung in Dezimalminuten umgewandelt werden! 48.89430°N sind nicht 48° 89,430'N, sondern 48° 53.658'N. Wer dies nicht beachtet, erhält beträchtliche Fehler. Ein Datenkonverter wie z. B. www.geoplaner.de erleichtert die Umrechnung beträchtlich.

Nutzung der GPS-Koordinaten

Wer ein GPS-Gerät oder Navigationssystem benutzt, das Koordinaten-Eingaben akzeptiert, der kann sich direkt zu den jeweiligen Punkten führen lassen. Praktisch alle GPS-Handgeräte bieten diese Möglichkeit, während manche Navigationssysteme nur Eingaben von Adressen akzeptieren – und Park- oder Stellplätze haben nicht immer eine Adresse. Einige **Internet-Kartendienste oder Routenplaner** wie GoogleMaps™ (http://google.de/maps) zeigen nach Eingabe der geografischen Daten den gesuchten Punkt an, auf Wunsch mit Satellitenansicht und an vielen Stellen mit StreetView-Funktion.

Koordinaten zum Download

Die **GPS-Koordinaten der Stell- und Campingplätze im Buch** können auf der Verlags-Homepage www.reise-know-how.de von der Artikelseite dieses Buches unter der Rubrik Datenservice als Waypoint-Liste heruntergeladen werden.

Benötigt Ihr Gerät ein **anderes Datenformat als kml oder gpx,** kann die Umrechnung beispielsweise unter www.routeconverter.de oder www.gpsvisualizer.com erfolgen.

SERVICE FÜR MOBILGERÄTE

Durch Einscannen des QR-Codes auf dem Umschlag bzw. durch Eingabe der Internet-Adresse **www.reise-know-how.de/womo/bw22** wird ein für den mobilen Einsatz optimierter Internet-Dienst aufgerufen. Damit kann die Lage der Stell-, Camping- und Parkplätze auf einer Karte und die Route dorthin angezeigt werden. Außerdem können darüber Updates nach Redaktionsschluss aufgerufen werden. Voraussetzung ist eine Datenverbindung über das Mobilfunknetz oder WLAN.

STELL- UND CAMPINGPLÄTZE

In diesem Wohnmobil-Tourguide wird eine breite Auswahl der in der Region verfügbaren Stell- und Campingplätze mit allen wichtigen Angaben beschrieben. Darüber hinaus listen einschlägige Apps und Stellplatzführer weitere Übernachtungsmöglichkeiten auf. Die Nichterwähnung in unserem Buch bedeutet nicht, dass ein Platz nicht mehr existiert oder eine geringe Qualität aufweist.

ROUTE 1

ÜBER DIE SCHWARZWALDHOCH-STRASSE UND INS ENZ- UND NAGOLDTAL

275bw-gg

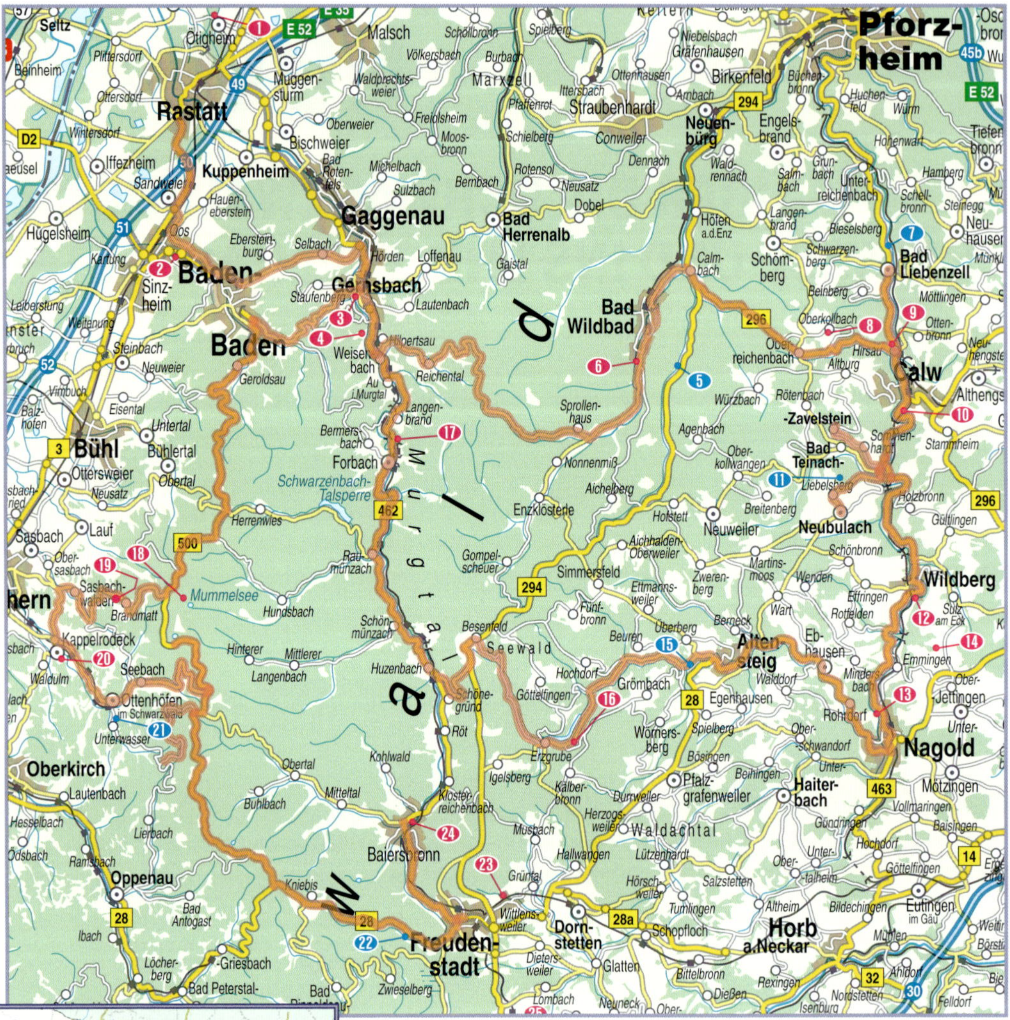

Strecke:

Rastatt (S. 14) – **Baden-Baden** (18 km, S. 15) – **Gernsbach** (15 km, S. 20) – **Bad Wildbad** (33 km, S. 23) – **Bad Liebenzell** (23 km, S. 25) – **Calw** (9 km, S. 29) – **Zavelstein** (11 km, S. 30) – **Abstecher Neubulach** (8 km, S. 32) – **Nagold** (26 km, S. 34) – **Altensteig** (13 km, S. 37) – **Abstecher Schwarzenbachtalsperre** (7 km, S. 39) – **Sasbachwaldern** (93 km, S. 42) – **Kappelrodeck** (6 km, S. 44) – **Abstecher Kloster Allerheiligen** (18 km, S. 48) – **Freudenstadt** (50 km, S. 50) – **Abstecher Baiersbronn** (13 km, S. 52)

Vorseite: Nur herrliche Natur – so weit das Auge reicht

Streckenlänge:

ohne Abstecher 297 km; mit Abstecher 343 km

296bw gg

ROUTENÜBERSICHT

Am Anfang der Route, bevor sie in den Nordschwarzwald schwenkt, liegen die beiden interessanten Barockschlösser von Rastatt und der berühmte Thermalkurort Baden-Baden. Letzterer ist durch die hochrangigen Museen auch ein Anziehungspunkt für Kunstliebhaber und mit dem Spielcasino ein Magnet für kühne Glücksritter.

Tagsüber auf ausgesucht schönen Wegen wandern oder reizvolle Städtchen besuchen, anschließend in warmem Thermalwasser relaxen und am Abend ein köstliches Mahl schlemmen, so lässt sich die Nordschwarzwaldrundfahrt wunderbar genießen.

Entlang der Schwarzwaldhochstraße, einer der schönsten Panoramastraßen Deutschlands, liegen der idyllische Mummelsee, die naturbelassenen Lothar- und Wildnispfade und das Informationszentrum Nationalpark Nordschwarzwald am Ruhestein.

Überaus lohnend ist der Abstecher hinunter in die Weinregion Ortenau mit dem malerischen Sasbachwalden und Kappelrodeck. Panorama- oder Schnapswanderungen, Weinverkostungen, bodenständige Küche, gute Stellplätze – alles da für schöne Tage in der Ortenau.

Am Ende dieser Route steht der Besuch der Renaissancestadt Freudenstadt, ein Meisterwerk des Baumeisters Schickhardt.

⊡ *Ein beliebtes Ausflugsziel ist der Mummelsee an der Schwarzwaldhochstraße*

RASTATT

Am Anfang der Reise durch den Schwarzwald steht der Besuch der Residenz- und Barockstadt Rastatt. Das in kräftigem Rosa erstrahlende repräsentative **Residenzschloss** lies Markgraf Ludwig Wilhelm ab 1700 nach dem Vorbild Versailles erbauen. Der goldene, Blitze schleudernde Jupiter, die stuckverzierten Treppenhäuser, der prächtige Ahnensaal und die Staatsappartements sind durch die Jahrhunderte nahezu unzerstört erhalten geblieben und geben einen tiefen Einblick in die absolutistische Zeit. Diesem Zeitgeist folgend wurde auch kein echter Marmor verwendet, sondern künstlich hergestellter, als Zeichen, dass sich der Markgraf sogar die Natur untertan machen kann. Im Treppenhaus und ihm Ahnensaal sieht man Skulpturen, die gefangene Osmanen darstellen und vom Ruhm des Markgrafen Ludwig Wilhelm als Türkenlouis kündigen sollen (siehe Exkurs S. 16).

Etwas außerhalb Rastatts in Richtung Kuppenheim liegt in einem stimmungsvollen englischen Landschaftsgarten das **Porzellanschloss Favorite.** Für höfische Feste und Jagden aber auch zur stilvollen Repräsentation der wertvollen Glas- und Keramiksammlung wurde unter der Leitung des Architekten Ludwig Rohrer das Lustschloss von 1710–1730 erbaut. Favorite wurde bis ins Detail ganz nach den Wünschen und dem Geschmack der Markgräfin angelegt. Die weite, geschwungene, doppelläufige Freitreppe führt von der Gartenseite direkt in die Beletage mit den spiegelbildlich gleichen Räumen des Erbprinzen und der Markgräfin. Die funktionslose Schauküche hat als einzigen Zweck die Zurschaustellung der wertvollen Fayence- und Porzellansammlung. Etwas ganz Besonderes ist das Blumenzimmer mit dem weiß-blauen Eckkamin und der Wanddekoration aus Pappmaschee und Blüten aus Wolle und Seide.

Zum Abschluss sollte man nicht versäumen, das Schlosscafé zu besuchen! Die saisonal orientierten Kuchen und Torten von Konditormeister Heimo Kienle sind legendär.

Sehenswertes

› **Residenzschloss,** Herrenstr. 18–20, 76437 Rastatt, Tel. 07222 978385, www.schloss-rastatt.de, geöffnet: April–Okt. Do.–So. 10–17 Uhr, Nov.–März 10–16 Uhr, Eintritt: 8/4/20 €, Kombi mit Schloss Favorite 14/7/35 €

001bw-gg

1 Tennisplätze, Ötigheim

GPS 48.89430, 8.22540
Offizieller Stellplatz am Ortsrand, tagsüber laut durch Straße, Zentrum 400 m, Bezahlung beim Bäcker oder im Rathaus. **Lage/Anfahrt:** von der B462 zunächst nach Steinmauern, dann nach Ötigheim abbiegen, dann ausgeschildert; **Platzanzahl:** 4; **Untergrund:** Pflaster; **Service:** Strom, Trinkwasser, Abwasser, Chemie-WC; **Sicherheit:** beleuchtet; **Preise:** 7 €/Fahrz., Strom 1 €/2 kWh, Wasser 1 €/80 l; **Geöffnet:** ganzjährig; **Kontakt:** Rheinstraße, 76470 Ötigheim.

301bw-gg

› **Schloss Favorite,** Am Schloß Favorite 5, 76437 Rastatt-Förch, Tel. 07222 41207, www.schloss-favorite-rastatt.de, 15. März–Sept. Do.–So. 10–18, Okt.–15. Nov. 10–17 Uhr, Eintritt: 9/4,50/22,50 €

Information

› **Touristinformation am Schloss,** Herrenstr. 18, 76437 Rastatt, www.tourismus-rastatt.de, Tel. 07222 9721220, geöffnet: April–Okt. Mo.–Fr. 10–17 Uhr, Sa. 10–14 Uhr, Nov.–März Mo.–Fr. 10–16 Uhr

Gastronomie

› **Schlosscafé Favorite,** Am Schloß Favorite 8, 76437 Rastatt, Tel. 07222 949253, www.schlosscafe-favorite.de, geöffnet: Di.–So. 10–18 Uhr

Parken

P 1 **Festplatz Rastatt,** GPS 48.85859, 8.19556, Friedrichring, 76437 Rastatt, kostenlos, eine Übernachtung möglich, bei Veranstaltungen gesperrt.

Über die B3 und die B500 sind es 14 km bis zum nächsten Ziel Baden-Baden.

Hier im Schloss Rastatt wirkte Markgräfin Sibylla Augusta

BADEN-BADEN

(18 km – km 18)

Baden im Thermalwasser, Roulettespiel im Casino, Spazieren im Kurpark, Erkunden der Museumsmeile, Shoppen in den vielen In-Läden, Wandern auf dem Merkur und natürlich sehen und gesehen werden auf der Flaniermeile, all dies geht ausgezeichnet in der Kurstadt Baden-Baden. Seit Juli 2021 trägt Baden-Baden zusammen mit zehn weiteren Städten in Europa den ehrenvollen Titel „Great Spa Town“ und ist Teil des UNESCO-Welterbes.

In der **Caracalla Therme** findet man auf 4000 m² Entspannung in einer einem antiken Tempel nachempfundenen Badelandschaft mit Wassertemperaturen zwischen 18 und 38 °C. Innen- und Außenbereich mit Felsengrotte, Strömungskanal, Aromadampfbad, Sole-Inhalationsraum und das besondere Flair der römischen Saunalandschaft sorgen hier für einen abwechslungsreichen Wellnesstag.

Das textilfreie **Friedrichsbad** ist ein historischer, mehr als 130 Jahre alter Badetempel mit einem ganz besonderen Fluidum. In der von jeder Hektik befreiten Atmosphäre wird man an insgesamt 17 Stationen mit Dampf-

Markgraf Ludwig Wilhelm und seine Frau Sibylla Augusta

Sibylla Augusta wurde am 21. Januar 1675 in Ratzeburg geboren und wuchs in der Nähe von Karlsbad auf. Schon als 13-Jährige begann sie eine Rezeptsammlung, die sie ihr ganzes Leben lang vervollständigte. Sie und ihre ältere Schwester Anna Maria Franziska galten als begehrte Partien in europäischen Hochadelskreisen. Markgraf Ludwig Wilhelm reiste aus Baden-Baden an, eigentlich um Anna Maria Franziska zu freien. Deren Wesen war ihm aber zu – wie man heute sagen würde – emanzipiert, sodass er sich mit der eher schüchtern zurückhaltenden 15-jährigen Sibylla Augusta verlobte und sie am 27.3.1690 heiratete. Ludwig Wilhelm (geb. 1655 in Paris) war katholischer Reichsfürst und sein Sieg im großen Türkenkrieg 1683–1699 brachte ihm den Beinamen Türkenlouis ein. Unter seiner Teilnahme an zahlreichen Kriegen, zuletzt am Pfälzischen Erbfolgekrieg, litt sein Herrschaftsgebiet und seine Residenz in Baden-Baden lag in Schutt und Asche. So kam das Geld der reichen Erbin Sibylla Augusta genau richtig. Der Bau des Schlosses Rastatt nach Versailler Vorbild begann. Zwischen 1694 und 1706 gebar Sibylla Augusta neun Kinder, von denen jedoch nur drei das Erwachsenenalter erreichten. Noch vor Vollendung der Innenräume des Schlosses verstarb 1707 Ludwig Wilhelm und erst 1714, nachdem der Rastatter Friede geschlossen wurde, konnte Sibylla Augusta die Regentschaft für ihren minderjährigen Sohn übernehmen und den Ausbau abschließen. Ihren Traum von einem Lustschloss mit wertvoller Porzellansammlung und einem prächtigen Garten ließ sie ab 1710 verwirklichen. In 20 Jahren sammelte sie mit großer Leidenschaft und Kunstverstand Glas und Keramik für ihr „Porzellanschloss Favorite“. Ihre Regentschaft war segensreich für die Markgrafschaft und durch das prunkvolle Schloss Rastatt, das liebliche Favorite und die kunstvolle Schlosskirche erwarb sich Sibylla Augusta großes Ansehen bei den europäischen Herrscherhäusern. 1727 übernahm Erbprinz Ludwig Georg die Regentschaft und Sibylla zog sich auf ihren Witwensitz Schloss Ettlingen zurück. Dort starb sie am 10. Juli 1733 nach einem Krebsleiden, beigesetzt ist sie in der Schlosskirche zu Rastatt.

bädern, Bürstenmassagen und vielem mehr verwöhnt.

Die **Museumsmeile** hat es wirklich in sich. Eindrucksvoll in den alten Baumbestand der Lichtentaler Allee eingebettet, liegt der dreigeschossige Bau des **Museum Frieder Burda.** Darin wechseln sich dessen international renommierte Sammlung aus rund 1000 Gemälden, Skulpturen und Objekten der klassischen Moderne und zeitgenössischer Kunst sowie hochinteressante Sonderausstellungen ab.

Literaturtipp

„CityTrip Baden-Baden“ von Günter Schenk, Reise Know-How Verlag. Der praktische Begleiter für einen Kurztrip nach Baden-Baden. Mit separatem Faltplan und GPS-Daten aller Points of Interest.

Das **Stadtmuseum** im Alleehaus gibt Einblicke in 2000 Jahre Bade- und Kurtradition auf dem Weg vom römischen Bad zum modernen Heilbad im 20. Jh.

Exquisite Kostbarkeiten von Carl Fabergé, dem Hofjuwelier des Zaren, von den berühmten Ostereiern der Zarenfamilie bis zu edlen Schmuckstücken, zeigt das **Fabergé Museum** im Stadtzentrum.

Den Spielsaal im **Casino** sollte man ansehen, auch wenn man mit Glücksspiel nichts am Hut hat. Die weiße Kugel rollt heute wie vor 200 Jahren, als Edouard Bénazet das Ca-

BADEN-BADEN
FRIESENBERG
Essen und Trinken
1 Baldreit
Sonstiges
2 Baden-Baden Kur & Tourismus GmbH
2 Reisemobilstellplatz, Baden-Baden
1 Malerstr.
2 Schmiedstr.
3 Brunnenstr.
Hector-Berlioz-Anlage
Festspielhaus
Ernst-Schlapper-Pl.
Robert-Schumann-Pl.
Rehaklinik Höhenblick
Klinik Dr. Dengler
Rumänisch-orthodoxe Kapelle (Stourdza-Kapelle)
Neues Schloss
Florentinerberg
Klosterkirche
Caracalla-Therme
Spitalkirche
Altes Dampfbad
Stiftskirche
Friedrichsbad
Römische Badruinen
Römerplatz
Marktplatz
Fabergé-Museum
Trinkhalle
Casino
Kurgarten
Kurhaus
Kurhauskolonnaden
Theater
Goetheplatz
Kulturhaus und Museum LA8
Staatliche Kunsthalle
Museum Frieder Burda
Kongresshaus
Evang. Stadtkirche
Augustaplatz
Augustasee
Bubenbrunnen
Alleebrunnen
Stadtmuseum
Bertholdbad
St. Johannis
Josephinenbrunnen
Gönneranlage
Michaelstunnel
Christuskapelle
Merkur
Oos

003bw-gg

sino eröffnete, in prunkvollen Sälen. In Rot und Gold strahlen die Räume, mit Kronleuchtern beleuchtet, eine stilvolle Eleganz aus.

Ein erholsamer Spaziergang führt 2,3 km über die **Lichtentaler Allee** vom Goetheplatz am linken Ufer der Oos entlang bis zum **Kloster Lichtenthal.** Durch einen großen Landschaftspark mit einheimischen und exotischen Pflanzen, über reizvolle Brückchen, vorbei an eleganten Villen erreicht man das Cistercienserinnenkloster, das auch heute noch von der Spiritualität der Nonnen getragen wird. Der Klosterladen und das Café Lumen laden zum Verweilen und Stöbern ein.

Baden-Badens Hausberg ist der 668 m hohe **Merkur.** Seinen Namen erhielt er im 17. Jh. nach der Entdeckung eines römischen Votivsteins für den Gott Merkur. Bequem erreicht man den Gipfel mit der 1192 m langen Bergbahn. Nach 5-minütiger Fahrt hat die Bahn mit Steigungen zwischen 23 und 54 % die 370 m Höhendifferenz überwunden. Oben erwarten den Besucher eine Vielzahl von Wanderwegen, ein Tiergehege und ein 23 m hoher Aussichtsturm. Die Talstation der Merkurbergbahn erreicht man mit den Buslinien 204 und 205.

Sehenswertes

› **Museum Frieder Burda,** Lichtentaler Allee 8b, 76530 Baden-Baden, Tel. 07221 398980, www.museum-frieder-burda.de, geöffnet: Di.–So. 10–18 Uhr, Eintritt: 14/5/27 €, Kinder bis 8 Jahre frei

› **Stadtmuseum,** Lichtentaler Allee 10, 76530 Baden-Baden, www.baden-baden.com, Tel. 07221 932272, geöffnet: Di.–So. 11–18 Uhr, Eintritt: 5/3/9 €

› **Fabergé Museum,** Sophienstr. 30, 76530 Baden-Baden, Tel. 07221 970890, www.faberge-museum.de, geöffnet: 10–18 Uhr, Eintritt: 20/8/35 €, Kinder bis 14 Jahre frei, 65+ 16 €

› **Abtei Lichtenthal,** Hauptstraße 40, 76530 Baden-Baden, GPS 48.74740, 8.25598, Tel. 07221 504910, www.abtei-lichtenthal.de, geöffnet: Klosterladen Di.–Sa. 9.30–12.30 u. 13.30–17.30 Uhr

Information

› **Baden-Baden Kur & Tourismus GmbH,** Kaiserallee 1, 76530 Baden-Baden, Tel. 07221 275200, www.baden-baden.com, geöffnet: tägl. 10–18 Uhr

☐ *Mondänes Baden-Baden*

Thermalquellen

Thermalwasser bildet sich im Erdinnern in bis zu 2000 m Tiefe. Die Temperatur, die es beim Erreichen der Erdoberfläche hat, richtet sich nach der Ursprungstiefe. Man rechnet jeweils ein Grad Wärme pro 33 m Tiefe. Das Wasser dringt durch artesischen Druck nach oben und bringt heilkräftige Mineralstoffe aus dem Gestein mit. Bei den Baden-Badener Heilquellen drückt das Thermalwasser in einem Stollen unterhalb des Neuen Schlosses aus dem Bundsandsteinfelsen heraus. Das bis zu 60 °C heiße Wasser wird in einer Rinne gesammelt und in die Therme geleitet. Baden im Thermalwasser reizt und ermüdet den Organismus. Um die Gesundheit zu verbessern, braucht es dauernde Wiederholungen über 3 bis 4 Wochen. Bei Erkrankungen des rheumatischen Formenkreises sollte man Radon- oder Schwefelbäder, bei Herz- und Kreislauferkrankungen Kohlensäurebäder und bei Hauterkrankungen Solebäder kombiniert mit ultravioletten Bestrahlungen wählen. Die im Wasser gelösten Mineralstoffe dringen durch die Haut in den Körper ein und verschaffen Linderung. Aber auch für gesunde Menschen ist ein Wellnesstag im Thermalbad gut, er bringt Ruhe und Entspannung in den Alltag.

Gastronomie

- **Baldreit,** Küferstr. 3, 76530 Baden-Baden, Tel. 07221 23136. Moderne, badische Küche in tollem Ambiente, gute Weinauswahl

Aktivitäten

- **Caracalla Therme,** Römerplatz, 76530 Baden-Baden, Tel. 07221 275940, www.carasana.de, tägl. 8–22 Uhr, 3 Std. 19 €, inkl. Sauna 23 €
- **Casino Baden-Baden,** Kaiserallee 1, 76530 Baden-Baden, Tel. 07221 30240, www.casino-baden-baden.de, So.–Do. 17–1 Uhr, Fr./Sa. 17–3 Uhr, Eintritt: 5 €. Angemessene Kleidung erforderlich, Herren mit Sakko und Krawatte. Führungen durch die Spielsäle: nur nach telefonischer Voranmeldung Tel. 07221 30240 (Mo.–Fr. 9–14 Uhr) oder unter fuehrungen@casino-baden-baden.de, Preis: 7/3 €
- **Friedrichsbad,** Römerplatz, 76530 Baden-Baden, www.carasana.de, geöffnet: tägl. 9–22 Uhr, nach Geschlechtern getrennte Badetage: Mo./Do., Eintritt: 32 €. Kinder ab 14 Jahre.
- **Merkur Bergbahn,** Waldstr. 24, 76530 Baden-Baden, GPS 48.76239, 8.26362, Tel. 07221 277300, www.stadtwerke-baden-baden.de, geöffnet: 10–22 Uhr, Berg- oder Talfahrt 3,50/2 €, Berg- und Talfahrt 6/3 €

❷ Reisemobilstellplatz, Baden-Baden

GPS 48.78231, 8.20333

Stellplatz in befriedigender und sehr lauter Lage direkt an der B500. Für Fahrzeuge bis 10 m Länge. Ins Zentrum mit dem Bus. **Lage/Anfahrt:** Von der B500 nach Oos abfahren und dann Richtung Event-Akademie, ausgeschildert; **Platzanzahl:** 28; **Untergrund:** Schotter; **Service:** Strom, Trinkwasser, Abwasser, Chemie-WC; **Sicherheit:** beleuchtet; **Preise:** 12 €/Fahrz. inkl. Taxe für eine Pers., jede weitere Pers. 3,50 €, Strom 0,50 €/kWh, Wasser 1 €/80 l; **Geöffnet:** frei zugänglich; **Kontakt:** Hubertusstraße 2, 76532 Baden-Baden, Tel. 07221 277191.

004bw-gg

Die Rundfahrt zu den waldreichen Schwarzwaldbergen, den freundlichen Dörfern und den Thermalbädern im Nagold- und Enztal beginnt in **Gernsbach.**

GERNSBACH

(15 km – 33 km)

Das Wahrzeichen Gernsbachs, das **Alte Rathaus** aus Sandsteinquadern, ist eines der wichtigsten Wohngebäude der Spätrenaissance in Süddeutschland. Gebaut wurde es in den Jahren 1817/1818 vom Heidelberger Hofbaumeister Johann Schoch für einen reichen Holzhändler. Der Stadtspaziergang führt an der Hauptstraße entlang vorbei am **Kornhaus,** ursprünglich aus dem 15. Jh. und nach dem Stadtbrand 1798 wiederaufgebaut, zum höchsten Punkt der Altstadt mit der **Kirche Unserer Lieben Frau.** Weiter geht es über das mittelalterliche Kopfsteinpflaster der Turmgasse zur Waldbachstraße. Hier stehen noch die letzten Reste der Stadtmauer mit zwei mächtigen **Zehntscheuern** (Gebäude zur Lagerung der Steuerabgabe, Zehnt genannt, in Naturalien).

Auf der anderen Murgseite entdeckt man in der Bleichstraße ein Kleinod besonderer Art, den **Katz'schen Garten.** Er wurde im Auftrag der reichen Holzhändlerfamilie Katz 1803 im spätbarocken Stil angelegt. Er vereint auf kleiner Fläche Kunstdenkmäler aus verschiedenen Stilepochen mit einer beinahe südländisch anmutenden Blütenpracht (geöffnet: April–Oktober 10–18 Uhr).

Hoch über Gernsbach thront **Schloss Eberstein** auf einer Felsnase. Aus der 1272 erstmals erwähnten mittelalterlichen Burg wurde durch zahlreiche Um- und Anbauten über die Jahrhunderte hinweg ein imposantes Schloss.

Information

› **Touristinformation,** Igelbachstr. 11, 76593 Gernsbach, Tel. 07224 64444, www.gernsbach.de, geöffnet: Juni–Aug. Mo.–Fr. 9–12 und 14–17, Sa. 9–12, Sept.–Mai Mo.–Fr. 9–12 und 14–16.30 Uhr

Gastronomie

› **Eiscafé Rizzardini,** Bleichstr. 3, 76593 Gernsbach, Tel. 07224 657579, geschl.: Mitte Okt.–Mitte Februar. Eine Riesenauswahl der tollsten Eisbecher und Eissorten wie salted caramel und Blutorange/Ingwer

Aktivitäten

› **Historisches Altstadtfest,** Informationen auf www.gernsbach.de, Wochenende Mitte September. Sprung ins Mittelalter mit historischem Markt, Gewölbekellerlokalen und Floßfahrt auf der Murg

005bw-gg

Der Katz'sche Garten wurde von einem italienischen Gartenmeister angelegt

3 Murginsel, Gernsbach

GPS 48.75927, 8.33919
Ausgewiesene Plätze an der Murg in befriedigender, relativ ruhiger Lage (Straße), ins Zentrum 300 m, WC, zwei Plätze für Fahrzeuge bis 11 m. Hier beginnt der Fußweg zur Burg. **Lage/Anfahrt:** Von der B462 nach Obertsrot abbiegen, dann rechts an der Murg entlang bis zum Platz; **Platzanzahl:** 8; **Service:** Strom, Trinkwasser, Abwasser, Chemie-WC; **Sicherheit:** beleuchtet; **Preise:** 10 €/Fahrz. (Automat wechselt nicht!) inkl. Taxe, Strom 1 €/12 Std., Wasser 1 €/100 l; **Max. Stand:** 7 Nächte; **Geöffnet:** frei zugänglich; **Kontakt:** Klingelstraße, 76593 Gernsbach, Tel. 07224 64444 (Touristinfo).

Parken

P 2 **Parkplatz Färbertor,** GPS 48.76485, 8.33406, kostenlos, WC in der Nähe

Eine kurvenreiche Panoramastraße mit teilweise bis zu 12 % Steigung führt Richtung Bad Wildbad. Schon bald fallen einem die vielen hölzernen Heuhütten auf. Sie wurden von Tiroler Einwanderern hier eingeführt und aufgestellt, um das Viehfutter zu lagern und es dann im Winter mit großen Schlitten ins Tal zu bringen. Oben angekommen ist das **Infozentrum Kaltenbronn** einen Besuch wert. Im ehemaligen Jägerhaus erfährt man bei einem multimedialen, interaktiven Museumsbesuch alles Wissenswerte zu der einzigartigen Natur der ausgedehnten Wälder und Hochmoore beim Kaltenbronn.

Information

> **Infozentrum Kaltenbronn,** Kaltenbronnerstr. 600, 76593 Gernsbach, Tel. 07224 655197, www.infozentrum-kaltenbronn.de, Dez.-März Mi.-Fr. 13-17 Uhr, Sa./So. 10-17 Uhr, April-Nov. Mi.-So. 10-17 Uhr, in den Schulferien BW tägl., Eintritt: 3/2/8 €

Nun schlängelt sich die Straße durch einen dunkelgrünen Tannenwald hinunter ins Tal der Großen Enz.

Konus-Karte und SchwarzwaldCard

*Im gesamten Schwarzwald nehmen 145 Orte an dem, vom Umweltschutz getragenen, Projekt **Konus-Karte** teil. Die nach der Bezahlung der Taxe von den Gemeinden oder Campingplätzen für Wohnmobilfahrer ausgestellte Karte berechtigt zur kostenlosen Benutzung der Busse und Bahnen. Eine günstige Gelegenheit, das Wohnmobil stehen zu lassen und so die Region zu erkunden. Die Konus-Karte gilt nicht für Hunde und bei Fahrradbeförderung.*

*Die **SchwarzwaldCard** kostet 40/30/120 € (mit Europa-Park 76/63/265 €) und gewährt teilweise mehrmalig freien Eintritt in 190 Attraktionen an drei aufeinanderfolgenden Tagen zwischen dem 1. April und dem 31. März des folgenden Jahres. Infos unter Tel. 0761 8964693.*

*Die **SchwarzwaldCard 365** kostet 89/59 € (mit Europapark 144/106 €) und gewährt einmalig freien Eintritt bei 190 Attraktionen ein ganzes Jahr lang.*

Es gibt sie bei vielen Touristinformationen im Schwarzwald und vorab vom ADAC (Rabatt für Mitglieder). Weitere Infos unter www.schwarzwaldcard.shop.

007bw-gg

❹ Schwimmbad, Gernsbach-Obertsrot

GPS 48.74201, 8.34138

Plätze beim Schwimmbad, schöne und ruhige Lage am Ortsrand, Dusche in der Saison im Bad, bei Regen matschig. **Lage/Anfahrt:** In Obertsrot, einem Ortsteil von Gernsbach, nach links über die Murgbrücke, dann ausgeschildert; **Platzanzahl:** 10; **Untergrund:** Schotterrasen; **Service:** Strom; **Preise:** kostenlos, Strom 1 €/8 Std.; **Geöffnet:** frei zugänglich; **Kontakt:** Am Schwimmbad, 76593 Gernsbach-Obertsrot.

Sonstiger Stellplatz

S 3 Festplatz Reichental, GPS 48.73167, 8.39549. Einfacher, frei zugänglicher Platz in ruhiger Lage. Zwei Plätze, Trinkwasser und Chemie-WC, Kontakt: Auwiesenstraße, 76593 Gernsbach.

Wanderungen bei Kaltenbronn

Wanderung zum Wildsee

Länge: 8,5 km; Höhendifferenz: gering; Markierung: 1; Start: Parkplatz F, GPS 48.70748, 8.42975 – Naturerlebnisweg – Leonhardhütte – Bohlenweg – Wildseemoor und Bannwald. Verschiedenartige Moose, kleine bernsteinfarbige Wasserrinnsale und dann der weite Blick auf den Wildsee prägen den nächsten Wanderabschnitt – Mittelweg (rote Raute mit weißem Mittelbalken), nach rechts geht es 1,4 km zur bewirtschafteten Grünhütte – nach links vorbei am Aussichtspunkt Dobel-Altlochkar-Blick, dann weiter Richtung Kaltenbronn – Parkplatz F

Wanderung zum Hohlohsee und -turm

Einfache Wanderung ohne Anstiege mit schöner Fernsicht vom Turm. Länge: 2,9 km; Markierung: 5; Start: Parkplatz C, GPS 48.71186, 8.42341 – Hohlohsee – Hohlohturm (auch Kaiser-Wilhelm-Turm genannt) – Weg Nr. 5 zurück zum Parkplatz

008bw-gg

Weit schweift der Blick vom Hohlohturm

BAD WILDBAD

(33 km – km 66)

„Wohlfühlen zwischen Tannen und Thermen" lautet das Motto der Touristik Bad Wildbad und verweist hiermit auf die Zweiteilung des Stadtgebietes in den Kurbezirk im Tal und das ausgedehnte Wander-, Spazier- und Radlerparadies auf dem Sommerberg.

Das **Palais Thermal,** ein nostalgischer Badetempel mit großzügiger Sauna- und Wellnesslandschaft lässt den Gast in ein märchenhaftes, orientalisches Ambiente eintauchen. Angeboten werden die verschiedensten Behandlungen und Massagen, sodass jeder das Passende findet, um vom Alltag abzuschalten und sich etwas Gutes zu tun.

Die **Vital-Therme** liegt im Kurpark mit einem Gesundheitszentrum für Patienten mit Rückenproblemen und bei Erkrankungen des Bewegungsapparates. Im Thermalhallen- und Freibad, bei Wassertemperaturen zwischen 35 und 42 °C, bei Aquagymnastik, bei Naturfango und vielem mehr wirken die Heilkräfte der Natur als Gesundbrunnen.

Der **Kurpark** wurde naturnah gestaltet und bietet immer wieder neue, faszinierende Eindrücke, wie den von Thouret (königlicher

Die Moore auf dem Kaltenbronn

Vor mehr als 10.000 Jahren, am Ende der letzten Eiszeit, gediehen auf dem Buntsandsteinuntergrund unter der Einwirkung hoher Niederschläge und niedriger Temperaturen Sauergräser und Torfmoose. Da es mehr regnete als Wasser verdunsten konnte und undurchlässige Tonschichten im Buntsandstein die Niederschläge am Versickern hinderten, staute sich das Wasser. Die Pflanzenwurzeln starben ab, wurden nicht vollständig zersetzt und wandelten sich unter Luftausschluss zu Torf um. Diese stetig wachsende Torfschicht, im Wildseemoor sind es inzwischen 10 m, verhinderte, dass die Pflanzen genügend Nährstoffe erhielten. So überlebten hier nur sehr genügsame Exemplare wie Wollgräser, Moose und Zwergsträucher. Diese nährstoffarmen Moore reagieren sehr empfindlich auf Veränderungen in ihrem Gefüge. Kreuzotter, Bergeidechse und die Hochmoor-Mosaikjungfer sind tierische Überlebenskünstler im Hochmoor.

Bannwälder werden Reservate, in denen jegliche Waldnutzung verboten ist, genannt. Werden, Wachsen und Zerfallen ist der Kreislauf des Bannwaldes, der sich selbst überlassen langsam zu einem Urwald wird. Das tote Holz entwickelt sich zu einer Lebensgrundlage für 1300 Käferarten und 1500 Pilzarten, die in bestehenden Bannwäldern gefunden wurden.

gg-wb009

O10bw-StWi

Hofbaumeister) 1840 errichteten römischen Brunnen, die Englische Kirche umgeben von Mammutbäumen, den Maurischen Pavillon mit vergoldeter Kuppel und eine über 200 Jahre alte Winterlinde.

Mit der 1908 erbauten und 2011 modernisierten **Sommerbergbahn** schwebt man hinauf auf das Hochplateau des Sommerbergs. Die Attraktion hier oben ist der 1250 m lange **Baumwipfelpfad.** Auf ihm spaziert man vorbei an Balkonen mit Lern- und Bewegungseinheiten bis zum 40 m hohen Aussichtsturm mit grandioser 360° Rundumsicht. Wer noch mehr Adrenalin braucht, nimmt die Tunnelrutsche von der Plattform hinunter zum Ausgang. Dort starten markierte Rundwanderungen. Besonders die Wanderung von 12 km über die Hütte „Fünf Bäume" zur Grünhütte (Einkehr) ist lohnenswert.

Information

› **Touristik Bad Wildbad GmbH,** König-Karl-Straße 5, 75323 Bad Wildbad, Tel. 07081 10280, www.bad-wildbad.de, geöffnet: April–Sept. Mo.–Fr. 9–17 Uhr, Sa./So. 10–15 Uhr, Okt.–März Mo.–Fr. 9–17, Sa./So. 10–12 Uhr

Gastronomie

› **Kaffee-Manufaktur,** König-Karl-Straße 102, 75323 Bad Wildbad, www.kaffeemanufaktur-bw.eu, Tel. 07081 9579981, geöffnet: Di.–So. 11–18 Uhr. Kaffee aus eigener Röstung, hausgemachte Kuchen und Schokolade. Ein himmlisches Vergnügen für Schleckermäulchen.

Aktivitäten

› **Palais Thermal,** König-Karl-Str. 1, 75323 Bad Wildbad, Tel. 07081 3030, www.palais-thermal.de, geöffnet: Mo.–Fr. 11–22 Uhr, Sa./So. 10–22 Uhr, Eintritt: Tageskarte Mo.–Fr. 18/mit Sauna 24 €, Sa./So. 22,50/mit Sauna 28,50 €. Kinder ab 12 Jahre

› **Vital Therme,** Bätznerstr. 80, 75323 Bad Wildbad, Tel. 07081 303253, www.bad-wildbad.de, geöffnet: Therme 9–19 Uhr, Di./Do. bis 21 Uhr, Fr. bis 20 Uhr, Sauna Mo.–Fr. ab 13 Uhr, Sa./So. ab 9.30 Uhr, Mi. Damensauna, Eintritt: 3 Std. inkl. Sauna 11/5,50/22 €

⌃ *Palais Thermal – Baden mit besonderem Flair*

6 Kurpark, Bad Wildbad

GPS 48.74083, 8.54711

Stellplatz am Kurpark, 3 Plätze für große Fahrzeuge, nachts ruhig, Lage gut, 1,2 km ins Zentrum, Bezahlung nur mit Debitkarte/Girocard. **Lage/Anfahrt:** Richtung Freudenstadt am Kurpark, ausgeschildert; **Platzanzahl:** 15; **Untergrund:** Asphalt; **Service:** Strom, Trinkwasser, Abwasser, Chemie-WC; **Sicherheit:** beleuchtet; **Preise:** 15 €/Fahrz., Strom 2 €/8 Std. Wasser 1 €/60 l; **Max. Stand:** 3 Nächte; **Geöffnet:** frei zugänglich; **Kontakt:** Kernerstr. 126, 75323 Bad Wildbad.

011bw-gg

- **Sommerbergbahn,** Uhlandplatz 5, 75323 Bad Wildbad, Tel. 07081 3394, geöffnet: Mo.–Fr. 7.15–20.45 Uhr, Sa./So. 8.15–21.45 Uhr, Fahrt: 7/4/16 € Hin- und Rückfahrt
- **Baumwipfelpfad,** Sommerberg, 75323 Bad Wildbad, geöffnet: Nov.–März 9.30–16 Uhr, April/Okt. 9.30–18 Uhr, Mai–Sept. 8.45–20 Uhr, Eintritt: 10/9/21 €, Rutsche 2 €/Fahrt, keine Hunde

5 Campingplatz Kleinenzhof, Bad Wildbad

GPS 48.73779, 8.57635

Platz mit sehr guter Sanitärausstattung in schöner und ruhiger Lage, WLAN nicht flächendeckend, Hallen- und Freibad, Restaurant, Mietbad, Minimarkt, Zentrum 3 km. **Lage/Anfahrt:** ausgeschildert; **Platzanzahl:** 30; **Untergrund:** Wiese; **Service:** Strom, Trinkwasser, Abwasser, Chemie-WC; **Sicherheit:** umzäunt, beleuchtet, bewacht; **Preise:** 2,10–13,40 €/Fahrz., 9,80–10,50 €/Pers., Strom 0,70 €/kWh, Hund 3,30–3,60 €, 2 € Taxe, Umweltbeitrag 2,50 €/Platz; **Geöffnet:** ganzjährig; **Kontakt:** Kleinenzhof 1, 75323 Bad Wildbad, Tel. 07081 3435, www.kleinenzhof.de.

Über die B294/296/463 sind es 23 km von Bad Wildbad ins nächste Thermalbad nach Bad Liebenzell.

BAD LIEBENZELL

(23 km – km 89)

Drei Gründe sprechen für diesen kleinen Abstecher: das wohltuende Heilwasser, die ausgezeichnete Marzipan- & Schokoladenmanufaktur und eine interessante Wanderung durch die Monbachschlucht.

Das kleine Heilbad Bad Liebenzell liegt im sonnigen und windgeschützten Nagoldtal, überragt von einer malerischen Stauferburg. Schon 1526 rühmte der bekannte Arzt Paracelsus die heilenden Quellen. 11 Tiefbrunnen sind als Heilquellen staatlich anerkannt, ihre Wassertemperatur liegt bei 20 bis 26 °C. Trinken kann man aus der Paracelsusquelle in der Trinkhalle, einem Glaspavillon im Kurpark.

Entspannende Regeneration erfährt man im Thermalwasser der **Paracelsus-Therme.** Sie bietet Innen- und Außenbecken, Felsendampfgrotte, Dampfbad, großzügige Ruhebereiche, Aquafitness und eine Saunalandschaft.

Nach so viel gesundheitsförderndem Wasser kommt nun der unwiderstehliche Gaumenkitzel! In der **Marzipan- & Schokoladenmanufaktur** werden seit mehr als 40 Jahren vorzügliche Schokoladen, erstklassiges Marzipan und Nougat zu kreativen Kunstwerken verarbeitet. Sie sind nicht nur für das Auge, sondern auch für den Gaumen ein ganz besonderer Genuss. Die handgeschöpften Schokoladen und die Pralinenmeisterwerke zergehen auf der Zunge. Hier ist man richtig, um sich selbst etwas Gutes zu tun und die Daheimgebliebenen mit einem Mitbringsel zu verwöhnen. Durch eine große Glasscheibe sieht man in die Manufaktur. Wer mehr erfahren will, kann jeden 1. Dienstag im Monat an einer Führung teilnehmen.

1904 wurde der großzügige Kurpark links und rechts der von alten Bäumen gesäumten Nagold angelegt. Neu ist der **Sophi-Park,** ein Denk- und Freizeitpark mit 100 Weisheiten durch 2500 Jahre Geistesgeschichte. In Anlehnung an Denker wie Sokrates, Platon, Einstein, Hannah Arendt und Hermann Hesse haben Künstler Schau- und Staunobjekte und die Staudengärtnerei 4300 Stauden und Rosen zu einer poetisch-philosophischen Parklandschaft gestaltet.

Eine Wanderung hinauf zur, in 450 m Höhe auf einem Bergsporn liegenden, **Burg Liebenzell** lohnt sich wegen der umfassenden Aussicht auf Bad Liebenzell. Im 12. Jh. vom Grafen Eberstein als Fünfeckanlage mit gewaltiger Schildmauer erbaut, verfiel sie, nachdem die letzten Besitzer die Burg Anfang des 16. Jh. verlassen hatten. Die Ruine wurde 1953 von Jugendlichen aus der ganzen Welt wieder auf- und zu einer internationalen Begegnungsstätte umgebaut.

Information

› **Service-Center,** Rathaus, 75378 Bad Liebenzell, Tel. 07052 4080, www.bad-liebenzell.de, Mo.-Mi./Fr. 8.30-13, Do. 8.30-18 Uhr

Gastronomie

› **Badhaus Café,** Hirsauer Straße 15, 75378 Bad Liebenzell, GPS 48.76221, 8.72959, Tel. 07052 9326880, geöffnet: Do.-So. 10-18 Uhr. Im denkmalgeschützten Badhaus servieren Landfrauen Kuchen und Torten nach Großmutters Rezepten.

Einkaufstipp

› **Liebenzeller Marzipan & Schokoladen Manufaktur,** Kirchstraße 2, 75378 Bad Liebenzell, Tel. 07052 1670, www.liebenzeller-msm.de, geöffnet: Mo.-Fr. 8-18.30 Uhr, Sa. 9-15 Uhr. Führung jeden 1. Dienstag (13.30 Uhr) und jeden 3. Mittwoch (14 Uhr) im Monat, Kosten 4 €.

Aktivitäten

› **Paracelsus-Therme,** Reuchlinweg 4, 75378 Bad Liebenzell, Tel. 07052 408608, www.paracelsus-therme.de, geöffnet: tägl. 9-22 Uhr, Sauna Mo.-Fr. 10-22 Uhr, Sa./So. 9-22 Uhr, Do. nur Frauen, Eintritt: Therme 15/13,50 €, inkl. Sauna 22,50/21 €

› **Trinkhalle,** im Kurpark, geöffnet: April-Okt. tägl. 10-13 und 13.30-17 Uhr, Nov.-März nur bis 16 Uhr

012bw-gg

⑦ Campingpark, Bad Liebenzell

GPS 48.77915, 8.73114

Parzellierter Platz mit guter Sanitärausstattung, Mietbad, Gaststätte am Platz, ca. 1 km ins Zentrum, Campinggäste haben freien Eintritt ins angrenzende Freibad, Lebensmittelläden in der Nähe, Brötchenservice. **Lage/Anfahrt:** Von der B463 der Beschilderung Campingplatz folgen; **Platzanzahl:** 150; **Untergrund:** Wiese; **Service:** Strom, Trinkwasser, Abwasser, Chemie-WC, WLAN; **Sicherheit:** umzäunt, beleuchtet, bewacht; **Preise:** 18–23,50 €/Fahrz. inkl. 1 Pers., 5 €/Pers., Stromanschluss 1 €, 0,60 €/kWh, Taxe 2,50 €, Hund 2,50 €; **Geöffnet:** ganzjährig; **Kontakt:** Pforzheimer Str. 34, 75378 Bad Liebenzell, Tel. 07052 934060, www.campingpark-bad-liebenzell.com. 12 Stellplätze vor der Schranke, laut, direkt an der Straße, GPS 48.77798, 8.73117, von 16 bis 10 Uhr, 12 €, Strom 0,60 €/kWh, 2,50 € Taxe, Sanitärbenutzung auf dem Campingplatz nicht inklusive.

013bw-gs

5 km auf der B463 und man hat **Hirsau,** einen Ortsteil von Calw, erreicht.

Das ehemalige Benediktinerkloster **St. Peter und Paul** liegt umgeben von dunklen Schwarzwaldhügeln malerisch im Nagoldtal. Es war im 11. und 12. Jh. das bedeutendste Reformkloster nördlich der Alpen und eines der größten romanischen Bauwerke im deutschen Südwesten. An die dreischiffige Säulenbasilika mit Querhaus und rechteckigem, mehrschiffigem Chor schloss sich um einen Kreuzgang der Kapitelsaal, der Speisesaal und das Abthaus an. Herzog Ludwig von Württemberg ließ Ende des 16. Jh. anstelle des Abthauses ein dreiflügliges **Jagdschloss** im Renaissancestil bauen. 1692 belagerten während des Pfälzischen Erbfolgekrieges französische Truppen die Klosteranlage und

Unbedingt eine Sünde wert: die Köstlichkeiten der Liebenzeller Marzipan & Schokoladen Manufaktur

Wanderung durch das Monbachtal

Länge: 10 km; Höhendifferenz: 250 m; Start: Campingpark ⑦ – Supermarkt Netto – über Brücke und Bahngleise links auf Forstweg in Wald (schwarz-rote Raute) – Monbach-Stüble – GoDi-Golfanlage – Monbachschlucht – moosbewachsene Steinbrocken und umgestürzte Bäume, auf Trittsteinen über den Monbach setzt man die Wanderung, mal links mal rechts des Baches, durch die geheimnisvolle Natur fort – unterwegs zwei Grillstellen – Monbachbrücke rechts Richtung Monakam (gelbe Raute) – durchs Dorf – Waldfriedhof – hinunter Bahnhof Liebenzell – Nagold entlang nach rechts bis Campingplatz.

Mittelschwere Wanderung, besonders interessant für Kinder, durch das unberührte, urwaldgleiche Monbachtal. Geeignete Schuhe tragen. Bei Hochwasser ist die Schlucht gesperrt.

Auszug aus „Die Ulme zu Hirsau“

Zu Hirsau in den Trümmern
Da wiegt ein Ulmenbaum
Frisch grünend seine Krone
Hoch über'm Giebelsaum.

Er wurzelt tief im Grunde
Vom alten Klosterbau,
Er wölbt sich statt des Daches
Hinaus ins Himmelblau.

von Ludwig Uhland (1787–1862)

setzten sie in Brand. Die Steine der zerstörten Gebäude wurden daraufhin von der Bevölkerung zum Wiederaufbau der Stadt Calw verwendet. Erhalten blieben nur die spätgotische **Marienkapelle** und der 37 m hohe romanische Eulenturm mit beeindruckendem Figurenfries. Beim Jagdschloss zeugen die Außenmauern noch von der einstigen Pracht des Gebäudes. Aus dem Ostflügel wuchs die von Ludwig Uhland in einem Gedicht verewigte **„Ulme zu Hirsau“.** Sie musste 1989 wegen einer Baumkrankheit gefällt werden. Im Sommer findet vor der romantischen Kulisse der Klosteranlage der Calwer **Klostersommer** mit Open-Air-Konzerten statt.

Am gegenüberliegenden Nagoldufer stand bereits um 830 eine Kirche mit kleinem Kloster. Nach deren Zerfall ließ Papst Leo durch seinen Neffen Graf Albert II. um 1071 die dreischiffige **Aureliuskirche** im romanischen Stil mit angrenzendem Kloster erbauen. Durch die wachsende Anzahl von Mönchen wurde es dort jedoch bald zu eng und das Kloster St. Peter und Paul am anderen Nagoldufer entstand.

Drei Zeitzeugen der wechselvollen Geschichte Hirsaus hat der Bildhauer **Peter Lenk** auf die Nagoldbrücke gestellt. In bekannt skurriler Manier präsentiert Lenk eine Mönchsfigur in Erinnerung an Abt Wilhelm von Hirsau, General Melac als Zerstörer des Klosters im Pfälzischen Erbfolgekrieg und eine nackte Rockerbraut, die sich nicht für Kirchengeschichte interessiert.

9 Flösserwasen, Hirsau

GPS 48.73616, 8.735552

Plätze an der Nagold und B463, Lage schön, tagsüber laut. Kloster fußläufig. **Lage/Anfahrt:** an der B463 ausgeschildert; **Platzanzahl:** 6; **Service:** Strom, Trinkwasser, Abwasser, Chemie-WC; **Sicherheit:** beleuchtet; **Preise:** kostenlos, Strom 1 €/kWh, Wasser 1 €/100 l; **Max. Stand:** 3 Nächte; **Geöffnet:** ganzjährig; **Kontakt:** Liebenzeller Straße, 75365 Calw, www.calw.de.

302bw-gg

Sehenswertes

› **Kloster Hirsau,** Calwer Straße, 75365 Hirsau, Tel. 07051 167399, geöffnet: Kloster frei zugänglich, Aureliuskirche tägl. 10–17 Uhr, Klosterführungen Mai–Okt. Sa. 14.30 Uhr, So. 11 Uhr 5,50 €

Und weiter geht es zum nächsten schönen Städtchen. Wer Hunger hat und eine Übernachtung braucht, fährt zuvor zum Gasthof Hirsch nach Oberkollbach.

8 Gasthof „Zum Hirsch“, Oberkollbach

GPS 48.74664, 8.68407

Stellplätze auf dem Parkplatz hinter dem gutbürgerlichen Gasthof mit reellen Preisen. Einkehr obligatorisch. **Lage/Anfahrt:** im Ort „Hirsch“ ausgeschildert; **Platzanzahl:** 3; **Service:** Strom, Trinkwasser; **Sicher-**

heit: beleuchtet; **Preise:** kostenlos; **Max. Stand:** 1 Nacht; **Geöffnet:** ganzjährig, Ruhetag Di./Mi.; **Kontakt:** Alte Badstr. 67, 75394 Oberkollbach, Tel. 07051 51195, www.hirsch-oberkollbach.de.

CALW

(9 km – km 98)

Auf der Nikolausbrücke, neben der gleichnamigen Kapelle von 1400, steht die lebensgroße Bronzeskulptur des größten Sohnes der Stadt. Warum sie hier aufgestellt wurde, wird durch einen Ausspruch Hermann Hesses erklärt: „Wenn ich jetzt wieder mal nach Calw komme, bleibe ich lange auf der Brücke stehen. Das ist mir der liebste Platz im Städtchen!"

Der **Marktplatz** mit seinem vollständig geschlossenen Fachwerk-Ensemble wurde nach der Zerstörung durch den großen Stadtbrand 1692 in kürzester Zeit wiederaufgebaut. Besonders hervorzuheben sind die Häuser Marktplatz 13, mit Dekorationselementen, Marktplatz 11, das älteste erhaltene Gebäude am Platz, Hausnummer 6, das **Geburtshaus von Hermann Hesse** und nicht zu vergessen das figurengeschmückte Rathaus. Am Ende des langgestreckten Marktplatzes findet man im repräsentativen Patrizierhaus Schüz von 1813 das **Hermann Hesse Museum.** In neun Räumen wird dem Besucher das Leben des Literaturnobelpreisträgers mit seinen Höhen und Tiefen, von seiner Kindheit in Calw bis zu seinem Tod im Tessin, nähergebracht.

Wieder zurück auf dem Markplatz fällt der über die Dächer ragende Turm mit dem bezeichnenden Namen **Der Lange** auf. Es ist der einzig erhaltene Turm der mittelalterlichen Stadtbefestigung. In seinem unteren steinernen Teil befanden sich drei Gefängnisse übereinander und im darüber liegenden Fachwerkteil die Wohnung des Wächters.

Sehenswertes

› **Hermann Hesse Museum,** Marktplatz 30, 75365 Calw, Tel. 07051 7522, geöffnet April–Okt. Di.–So. 11–17 Uhr, Nov.–März Mi.–So. 11–16 Uhr, 5/3 €, **wegen Umbau bis Frühjahr 2023 geschlossen**

Pittoreskes Fachwerk rund um den Calwer Marktplatz

014bw-gg

015bw-gg

⑩ Bahnhof, Calw

GPS 48.70591, 8.73806

Ausgewiesene Stellplätze beim Bahnhof, relativ ruhig (Verkehrslärm), 1 km ins Zentrum, Lebensmittelladen in der Nähe. **Lage/Anfahrt:** In Calw Richtung Nagold, ausgeschildert; **Platzanzahl:** 4; **Untergrund:** Rasengitter; **Service:** Strom, Trinkwasser, Abwasser, Chemie-WC; **Sicherheit:** beleuchtet; **Preise:** kostenlos, Strom 1 €/kWh, Wasser 1 €/80 l; **Geöffnet:** frei zugänglich; **Kontakt:** Bahnhofstraße, 75365 Calw.

Information

› **Stadtinformation,** im Rathaus, 75365 Calw, Tel. 07051 167399, www.calw.de, geöffnet: Mo.–Fr. 9.30–16.30 Uhr, April–Okt. Sa. 9.30–12.30 Uhr

Gastronomie

› **Café am Markt,** Marktstraße 2, 75365 Calw. Sehr gute hausgemachte Kuchen und Torten auch auf der Terrasse.

Man verlässt Calw auf der B463 Richtung Altensteig und biegt nach 5,5 km Richtung Zavelstein ab.

ZAVELSTEIN

(11 km – km 109)

Die ehemals kleinste Stadt Württembergs, **Zavelstein,** liegt malerisch in 560 m Höhe auf einem Bergrücken. Schön herausgeputzte, mit üppigem Blumenschmuck dekorierte Häuser reihen sich entlang der Fußgängerzone „Im Städtle" zwischen Marktplatz und Burgruine. Nicht versäumen sollte man, einen Blick in die **historische Schmiede** zu werfen. Sie ist tagsüber frei zugänglich. Vorbei an der **Kirche Sankt Georg,** deren Ursprung auf die Zeit um 1200 zurückgeht, bummelt man über die ehemalige Zugbrücke in die um 1200 als Stauferburg errichtete **Burgruine Zavelstein.** Im Französisch-Pfälzischen Erbfolgekrieg zerstört, stehen heute nur noch die mächtigen Außenmauern und der 28 m hohe Turm. Gegen einen Obolus von 0,50/0,25 € erklimmt man den Bergfried und bekommt zur Belohnung eine grandiose Aussicht auf das Städtle und den Schwarzwald.

Wer es einrichten kann, sollte Zavelstein während der **Krokusblüte** besuchen. Ab Anfang März sprießen auf den umliegenden Wiesen unzählige wilde, blauviolette Krokusblüten. Vermutlich hat der Burgherr Benjamin Buwinghausen die Krokusknollen von einer Auslandsreise mitgebracht.

Gastronomie

› **Berlins Hotel KroneLamm,** Marktplatz 1–3, 75385 Bad Teinach-Zavelstein, Tel. 07053 92940, www.berlins-hotel.de, geschl.: Krone Mo. und Di., sonst ab 18.30 Uhr geöffnet, Lamm kein Ruhetag, Wanderheim Mo. Ruhetag. Restaurant Krone ist ein Feinschmeckerrestaurant mit einem Michelin-Stern, im Berlins Lamm gibt es regionale Spezialitäten. Das Wanderheim (Fronwaldstr. 1) unter gleicher Leitung bietet ein gutes Preis-Leistungs-Verhältnis in rustikalem Ambiente.

Parken

P 4 Wanderheim Zavelstein, GPS 48.69908, 8.69517, direkt am Wald beim Lokal mit guter Küche. Eine Übernachtung möglich.

Hermann Hesse

Hermann Hesse, geboren am 2. Juli 1877 in Calw, gestorben am 9. August 1962 in Montagnola/Tessin, deutscher Schriftsteller, Dichter und Maler. Literaturnobelpreis 1946. Die bekanntesten Werke sind: Steppenwolf, Siddhartha, Das Glasperlenspiel und Narziß und Goldmund.

Dies sind kurz gefasst die Eckdaten eines der bedeutendsten deutschen Dichter, mit denen man allerdings dem interessanten Menschen Hermann Hesse nicht annährend gerecht wird.

Im Haus am Markplatz wohnte die christlich engagierte Familie Hesse mit ihren fünf Kindern. 1881 siedelte sie, bedingt durch die Lehrtätigkeit des Vaters an der Missionschule, nach Basel um, kehrte 1886 jedoch nach Calw zurück. Hermanns sensible, fantasie- und temperamentvolle Art fiel bald auf. Er besuchte zunächst die Lateinschule in Calw und Göppingen und anschließend das Seminar in Maulbronn. Diese Odyssee durch verschiedene Bildungseinrichtungen gipfelte 1892 in Bad Boll in einem Selbstmordversuch. Beim anschließenden Aufenthalt in der Nervenheilanstalt Stetten verfasste er einen anklagenden Brief an seinen Vater, in dem er ihm schon im Vorfeld die Schuld für Verbrechen zuschrieb, die er, Hermann, als „Weltenhasser" verüben würde. Er fühlte sich von der Familie und der Welt verlassen und unterzeichnete mit „H. Hesse, Gefangener im Zuchthaus zu Stetten". Die weitere schulische Laufbahn am Gymnasium Bad Cannstatt brach er 1893 nach dem einjährigen Examen ab.

1894 absolvierte er eine, für ihn unbefriedigende, Mechanikerlehre in der Turmuhrenfabrik Perrot in Calw, um anschließend als Buchhändler in Tübingen sein Brot zu verdienen. Hier veröffentlichte er den ersten Gedichtband „Romantische Lieder" und die Prosasammlung „Eine Stunde hinter Mitternacht". Beide Werke fanden jedoch wenig Zuspruch bei den Lesern.

Nach einer Zwischenstation in Basel und Italien heiratete er 1904 die neun Jahre ältere Maria Bernoulli und zog mit ihr an den Bodensee nach Gaienhofen. Drei Söhne gingen aus dieser Ehe hervor, was Hermann Hesse jedoch nicht davon abhielt, 1911 eine lange Reise nach Indien zu unternehmen. Ein tiefer Einschnitt war der Beginn des Ersten Weltkrieges. Da er wegen einer starken Kurzsichtigkeit nicht als Freiwilliger angenommen wurde, führte sein Weg zur Kriegsgefangenenfürsorge nach Bern. In dieser Zeit war er Herausgeber des „Sonntagsboten für die deutschen Kriegsgefangenen". Durch diese Arbeit entwickelte sich Hesse immer mehr zum Kriegsgegner und Befürworter der Kriegsdienstverweigerung. 1917 verfasste Hesse in nur drei Wochen seinen Roman „Demian". Er wurde nach Kriegsende 1919 unter dem Pseudonym Emil Sinclair veröffentlicht.

Der Tod seines Vaters, die Hirnhautentzündung seines Sohnes und das unaufhaltsame Zerbrechen seiner Ehe stürzten ihn in eine tiefe Lebenskrise. 1919 übersiedelte Hesse ohne seine Familie ins Tessin. Dort verfasste er 1922 seinen Indien-Roman Siddhartha. Nach der Scheidung 1923 heiratete Hermann Hesse am 11. Januar 1924 Ruth Wenger, doch auch diese Ehe hielt nicht und wurde bereits drei Jahre später geschieden.

Ein Warnruf vor dem drohenden Zweiten Weltkrieg nannte Hermann Hesse den 1927 erschienen Roman „Der Steppenwolf". 1930 folgte der Roman „Narziß und Goldmund".

1931 ging Hesse seine dritte Ehe mit der Kunsthistorikerin Ninon Dolbin ein und zog mit ihr in die Casa Hesse nach Montagnola im Tessin. Hier malte er wundervolle Aquarelle und empfing berühmte Schriftstellerkollegen wie z. B. Thomas Mann.

Unerwünschte Literatur waren Hesses Werke während des Nationalsozialismus. Sein letztes großes Werk „Das Glasperlenspiel" wurde 1942 von der Reichsschriftkammer nicht gedruckt und erschien deshalb 1943 in Zurüch. 1946 erhielt er den Nobelpreis für Literatur. Hermann Hesse verstarb am 9. August 1962 an einem Schlaganfall.

Hesse war in den 1970er-Jahren, besonders mit „Steppenwolf", Lieblingsautor der rebellierenden Jugend. Sie fühlten eine Seelenverwandtschaft mit seiner Kritik an der Gesellschaft des 20. Jh.

016bw-gg

Das Städtle Zavelstein von oben

Fahrrad-Tour Teinachtal 1

Länge: 27 km; Höhendifferenz: 565 m; Start: Hotel Berlins KroneLamm – Spesshardt – Altburg – Calw-Hirsau – Calw – Nagoldradweg – Bahnhof Teinach-Neubulach – Sommerhardt – Zavelstein. Die schönsten Sehenswürdigkeiten der Region mit dem Rad entdecken.

Premiumweg Wasser-, Wald- und Wiesenpfad

Länge: 13,6 km; Höhendifferenz: 374 m; Markierung: „Wasser-Wald- und Wiesenpfad"; Start: Wanderheim Zavelstein. Wunderschöne Tour, auf der man auch Calw besucht.

Wieder unten im Tal zweigt die K4304 nach Neubulach ab.

ABSTECHER NACH NEUBULACH

(hin und zurück 8 km)

Auf einer sonnigen Hochebene zwischen Nagold- und Teinachtal liegt Neubulach mit Fachwerkhäusern und malerischem Stadttor. Im historischen **Silberbergwerk Hella-Glück-Stollen** erlebt man auf einer 2 km langen Besichtigungstour die Welt unter Tage bei 8 °C. Ausgestattet mit Helm und Umhang und begleitet von sachkundigen Führern geht es auf eine 45-minütige Entdeckungstour durch das eindrucksvolle Silberbergwerk.

Sehenswertes

- **Hella-Glück-Stollen Neubulach,** 75387 Neubulach, Waldeckerstr. 55, GPS 48.65524, 8.69911, 75387 Neubulach, Tel. 07053 7246, www.bergwerk-neubulach.de, geöffnet: Führungen April–3. Nov. Di.–Fr. nachmittags nach Voranmeldung, Sa./So. 11–16 Uhr, Eintritt: 6/4/16 €

⓫ Camping Erbenwald, Neubulach

GPS 48.67781, 8.69039

Platz mit befriedigender Sanitärausstattung in schöner, sehr ruhiger Lage. Schwimmbad, Waschmaschine/Trockner, kleiner Laden, Restaurant, kinderfreundlich. **Lage/Anfahrt:** In Neubulach ausgeschildert; **Platzanzahl:** 100; **Untergrund:** Wiese; **Service:** Strom, Trinkwasser, Abwasser, Chemie-WC, WLAN; **Sicherheit:** umzäunt, beleuchtet, bewacht; **Preise:** 10,50–11,50 €/Fahrz., 8,50–9 €/Pers., Stromanschluss 0,50 € plus 0,68 €/kWh, Taxe 1 €, Hund 2,80–3 €; **Geöffnet:** ganzjährig; **Kontakt:** 75387 Neubulach-Liebelsberg, Tel. 07053 7382, www.camping-erbenwald.de.

9,5 km sind es auf der gut ausgebauten B463 bis **Wildberg.** Der Ort liegt malerisch auf einem von der Nagold umflossenen Bergrücken, an dessen Ende noch die Ruinen der Burg des Pfalzgrafen von Tübingen zu finden sind. Erbaut um 1200, wurde sie 1945 bei einem Luftangriff zerstört.

Unterhalb der Stadt, an der Nagold, stehen die Reste des im Jahr 1252 als Dominikanerinnenabtei gegründeten **Klosters Maria Reuthin.** Von seiner wechselvollen Geschichte zeugen diese Daten: Geplündert im Bauernkrieg um 1525 wurde es 1570 evangelisch, der Großbrand 1824 zerstörte die Kirche und die Hauptgebäude. Heute finden im Klosterhof in den Sommermonaten Vereinsfeste statt.

Augenblick-Runde zum Wächtersberg

Länge: 7,5 km; Höhendifferenz: 270 m; Markierung: „Augenblick-Runde"; Start: Beim Bahnhof Wildberg oder Stellplatz ⓬. Durch den Ort und hinauf zum Wächtersberg mit wunderbarem Fernblick.

Die Schäferei in Wildberg geht auf das Jahr 1298 zurück. Das Merinolandschaf ist eine leistungsfähige Schafrasse, die bestens für die großflächige Landschaftspflege geeignet ist. In Baden-Württemberg werden rund 60.000 Hektar Landschaft von Schafen gepflegt.

Der traditionelle **Schäferlauf,** das älteste Heimatfest im Nordschwarzwald, zieht in geraden Jahren am dritten Wochenende im Juli viele Besucher nach Wildberg.

Aktivitäten

- **Geo-Tour „Von der Wüste zum Meer und zurück",** ein spannendes Outdoor-Erlebnis für Kinder. Länge: 2,9 km, Höhendifferenz: 125 m, Start: Bahnhof Wildberg. Geo-Boxen erhält man gegen Gebühr über die Website www.naturparkschwarzwald.de oder bei der Stadtverwaltung Wildberg.

⓬ Beim Kloster, Wildberg

GPS 48.62022, 8.74455

Platz in schöner und ruhiger Lage, Wiese angrenzend, ins Zentrum 600 m. **Lage/Anfahrt:** Von der B463 nach rechts über Brücke, ausgeschildert; **Platzanzahl:** 4; **Untergrund:** Rasengitter; **Service:** Strom, Trinkwasser, Abwasser, Chemie-WC, im Winter geschl.; **Preise:** kostenlos, Strom 1 €/kWh, Wasser 1 €/50 l; **Geöffnet:** frei zugänglich; **Kontakt:** Klosterhof, 72218 Wildberg.

017bw-gg

Zwischen den Orten Wildberg und Nagold wurden entlang der Nagold Renaturierungsmaßnahmen zur Entstehung natürlicher Überschwemmungsbereiche durchgeführt. Dort siedeln sich nun Erlen, Eschen und Weiden an, alles Bäume, die gut mit feuchtem Untergrund zurechtkommen. In diesen Auenwäldern haben Pirol, Specht, Nachtigall und Wasseramsel gute Lebensbedingungen.

Spaziergang zur Ruine Hohennagold

Länge: 2 km; Höhendifferenz: ca. 120 m; Start: Bei der Touristeninfo

Der Weg zur ***Burgruine*** *beginnt hinter dem Abenteuerspielplatz im Stadtpark Kleb. Es geht ca. 900 m durch den Schlossbergwald stetig bergan bis zur Burg (11. Jh.) mit Schildmauer und rundem, 20 m hohem Bergfried. Hier liegt dem Wanderer die ganze Stadt Nagold mit ihrer Umgebung zu Füßen. An Sommerwochenenden öffnet eine kleine Gartenwirtschaft. Auf einem 1,5 km langen Naturpfad mit mächtigen Baumriesen kann man die Natur um die Burgruine herum erkunden.*

NAGOLD

(26 km – km 135)

786 n. Chr. wurde Nagold erstmals urkundlich erwähnt. Heute hat die Stadt mit ihren acht Ortsteilen 22.000 Einwohner und ist der Mittelpunkt der Region Oberes Nagoldtal.

Das Zentrum der historischen Altstadt bildet der Marktplatz mit dem **Urschelbrunnen** von 1747 (s. Exkurs S. 36). Die Ursprünge des **Rathauses** gehen auf das 16. Jh. zurück, um 1758 wurde es im Rokokostil umgebaut. Unter seinen schützenden Arkaden fand früher der Markt statt. Das **Steinhaus** ist das älteste Wohnhaus der Stadt und nach seiner Restaurierung ein interessantes **Museum.** Die Spannweite der Ausstellung geht von Informationen zur Ritterzeit über die Geschichte der Burg Hohennagold bis zu Bildern von Otto Dünkelsbühler (1898–1977). Sehenswert sind auch der gut dargestellte Wandaufbau dieses Gebäudes und die Originaltreppe ins Dachgeschoss.

An der Marktstraße stechen das Ludwig-Hofacker-Haus (Nr. 29), das Diakonathaus (Nr. 37), die Zeller'sche Apotheke, das Haus Maisch (Nr. 43) und die Schmid'sche Apotheke (Nr. 14) ins Auge. Bei Hausnummer 21 fal-

018bw-gg

⑬ Wohnmobilhafen, Nagold

GPS 48.56409, 8.72233

Platz beim Bauhof in guter und an den Wochenenden ruhiger Lage. Am Nagoldradweg, ins Zentrum 1,8 km. **Lage/Anfahrt:** Von der B463 links ins Industriegebiet abbiegen, ausgeschildert; **Platzanzahl:** 6; **Untergrund:** Schotterrasen; **Service:** Strom, Trinkwasser, Abwasser, Chemie-WC; **Sicherheit:** beleuchtet; **Preise:** 3 €, Strom 1 €/kWh, Wasser/Abwasser je 1 €; **Max. Stand:** 4 Nächte; **Geöffnet:** frei zugänglich; **Kontakt:** Am Glockenrain, 72202 Nagold.

019bw-gg

⑭ Bauernhof Rinderknecht, Mettingen

GPS 48.59085, 8.760628

Platz in sehr schöner, ruhiger Lage beim Bauernhof mit Hofladen. Kein Schatten. Gut für Radtouren. Freundliche Betreiber. **Lage/Anfahrt:** Von der B463 von Wildberg Richtung Oberjettingen, 1 km vor dem Ort in Höhenhöfe abbiegen; **Platzanzahl:** 2; **Untergrund:** Schotterrasen; **Service:** Strom, Trinkwasser, Abwasser, Chemie-WC; **Preise:** 5 €/Fahrz., Strom 0,50 €/kWh, Wasser 1 €/100 l; **Geöffnet:** ganzjährig; **Kontakt:** Höhenhöfe 2, 71131 Mettingen, www.bauernhof-rinderknecht.de.

303bw-gg

len die ungleichen Stockwerkhöhen auf. Vermutlich wurden hier zwei schmale einzelne Häuser 1680 mit einem gemeinsamen Giebel verbunden. Der „Alte Turm" ist der Rest der alten 1877 abgerissenen Stadtkirche.

Ein hübsches Plätzchen zum Ausruhen ist das ehemalige Landesgartenschaugelände direkt an der schönen Nagold.

Information

› **Tourismusinformation,** Marktstraße 27–29, 72202 Nagold, Tel. 07452 681135, www.nagold.de, geöffnet: ganzjährig Mo.–Mi. 8–16.45 Uhr, Do. 8–18 Uhr, Fr. 8–12.30 Uhr, April–Okt. Sa. 9–16 Uhr, Nov.–März. Sa. 9–15 Uhr

Sehenswertes

› **Museum im Steinhaus,** Badgasse 3, 72202 Nagold, Tel. 07452 681282, geöffnet: Di., Do., So. und an Feiertagen 14–17 Uhr, Eintritt: frei

Gastronomie

› **Gasthof Eisenbahn,** Olgastraße 1, 72202 Nagold, Tel. 07452 3370, www.gasthof-eisenbahn-nagold.de, Di./Mi. geschlossen. Der Familienbetrieb bietet gute regionale Gerichte, im Sommer auch im Biergarten.

Umrahmt von mächtigen Bäumen grüßt Ruine Hohennagold

Die Legende der wüsten Urschel

Ursula, eine Tochter des Grafen von Hohenberger, war von Geburt an nicht besonders hübsch und bekam deshalb den Unnamen „Wüste Urschel", selbst innerhalb der Familie. Beim Volk in Nagold jedoch war sie sehr beliebt ob ihrer Mildtätigkeit und Güte den armen Menschen gegenüber. Bei einem ihrer vielen einsamen Spaziergänge durch die Natur fand sie den Tod am Nagoldufer. Ihr Herz sei wegen der Schlechtigkeit ihrer Familie gebrochen, hieß es im Volksmund. Ihr zu Ehren findet jedes Jahr in Nagold ein großes Volksfest statt. Auf dem Brunnen am Marktplatz steht eine Skulptur der Wüsten Urschel. Eine Stiftung hat sich seit 2007 das Anliegen der Ursula zu Eigen gemacht und hilft mittellosen Mitbürgern.

Aktivitäten

› **Urschel-Fest.** Ein großes Volksfest findet an Erntedank in der Altstadt statt.

Parken

- **P 5 Beim Bahnhof Nagold,** GPS 48.55807, 8.72752, kostenlos, eine Übernachtung möglich
- **P 6 Parkplatz Gündringen,** GPS 48.51503, 8.71067, kostenlos, Übernachtung möglich

An der B28 (GPS 48.59580, 8.64225) wurde die **Monhardter Wasserstube** 1987 von der Flößerzunft Oberes Nagoldtal wieder neu angelegt, und zwar nach Originalplänen aus dem Jahre 1883. Sie soll dokumentieren, wie früher der Fluss dazu genutzt wurde, große Mengen Holz aus dem Schwarzwald abzutransportieren. Sie war eine der größten Nagold-Wasserstuben für Baumstämme bis 40 m Länge.

Die Flößerei

Eines der ältesten Gewerbe im Schwarzwald ist die Flößerei. Um das reichlich vorhandene Holz vom Schwarzwald in andere Regionen Deutschlands und sogar nach Holland zu bringen, wurden schon im Mittelalter die Flüsse als Transportwege genutzt. Besonders mit dem Aufkommen des Fachwerkbaus in den Städten und Dörfern wuchs die Nachfrage nach mächtigen Baumstämmen. Auch im Bergbau und im Schiffsbau in Holland benötigte man kräftige Holzstämme als Stützen und Baumaterial. Der Heilbronner Vertrag von 1342 zwischen dem Markgrafen von Baden, der Reichsstadt Heilbronn und dem Grafen von Württemberg ist die erste Urkunde, die auf die Flößerei auf der Nagold hinweist. Herzog Karl Eugen von Württemberg brachte im 18. Jh. einen neuen Schub für die Holzwirtschaft im Nordschwarzwald. Er befahl einen wahren Kahlschlag der Wälder um Freudenstadt, Altensteig und Neuenbürg und verkaufte das Holz, um seine Schlossneubauten zu finanzieren. Mit Beginn der Industrialisierung verlor die Flößerei ihre Bedeutung durch den vermehrten Bau von Verbindungsstraßen. Die Flößer banden die einzelnen Stämme mit Wieden (verdrehte Zweige) zu Gestören (einzelne Floßsegmente) und diese wieder zu Flößen zusammen.

Sie hatten eine Maximallänge von 286 m und 4 m Breite, gebildet aus ca. 200 Festmeter Holz. Waren die Flöße fertig, staute man das Wasser stark an und öffnete dann die Floßgasse, bis 2/3 des Wassers abgeflossen waren. Erst dann wurden die Flöße losgebunden, damit sie von der Flutwelle bis zur nächsten Wasserstube schwammen. Da das Floß schneller als das Wasser war, musste es immer wieder unterwegs abgebremst werden. So glitt das Floß von Wasserstube zu Wasserstube bis zu seinem Bestimmungsort.

Die Arbeit der Flößer auf dem Floß war sehr gefährlich, denn wer abrutschte, kam leicht zwischen die Gestöre oder sogar unter das Floß. Geschützt waren die Flößer im kalten Wasser durch ihre hüfthohen Stiefel und ihre Kleidung aus Hirschleder. Auf einem Floß arbeiteten mindestens vier Flößer: der Floßführer, zwei Floßknechte und der Bremser.

ALTENSTEIG

(13 km – km 148)

Altensteig wurde 1287 als Castrum erstmalig urkundlich erwähnt.

Die sehr sehenswerte Altstadt Altensteigs mit den vielen mit Schindeln verkleideten Fachwerkhäusern aus dem 15. und 18. Jh. steht unter Denkmalschutz. Schmale Gassen und Treppen führen steil hinauf und immer wieder bieten sich malerische Winkel als Fotomotiv an. Besonders am Platz beim **Alten Rathaus,** erbaut um 1458, mit der bunten Blumendekoration und dem Wirtshausschild vom ehemaligen Gasthof Rössle, lohnt es sich, die Fotoapparate zu zücken. Hoch über der Altstadt thront das **Alte Schloss.** Es wurde als Wehranlage um 1230 konzipiert und ist heute die einzige unzerstörte Burg des Schwarzwaldes. Die beiden runden Flankentürme tragen im Volksmund die Namen „Himmel und Hölle". Im linken Himmelsturm wohnte der Turmwächter mit seiner Familie, heute liebevoll mit alten Möbeln eingerichtet. Im rechten Turm findet man dagegen das 25 m tiefe Verlies, wahrlich für jeden Gefangenen die Hölle, dort ohne Tageslicht und frische Luft eingesperrt zu sein.

Einen ganz besonderen Schatz birgt das vom Heimat- und Geschichtsverein im Wohnturm eingerichtete **Museum.** Auf fünf Geschossen werden hier alte Handwerksberufe wie Schuhmacher, Sattler und Gerber sowie die Schindelherstellung und natürlich die Flößerei dargestellt. Alle zwei Jahre wird das Museum beim historischen Handwerkerhof lebendig, wenn hier alte Berufe zu neuem Leben erwachen.

Sehenswertes

› **Museum im Alten Schloss,** Kirchstr. 11, 72213 Altensteig, Tel. 07453 1360 oder 94610, www.altensteig.de, geöffnet: Mi./So. 14–17 Uhr, Eintritt: 2/1 €

Information

› **Stadtinformation,** Rathausplatz 1, 72213 Altensteig, Tel. 07453 94610, www.altensteig.de, geöffnet: Mo.–Fr. 8–12.30 Uhr, Do. auch 14–18 Uhr, jeden 1. und 3. Samstag im Monat 9–12 Uhr

Die malerische Kulisse von Altensteig

021bw-gg

⑯ Nagoldtalsperre, Erzgrube-Seewald

GPS 48.55068, 8.49406

Plätze auf einem großen gemischten Parkplatz, Lage schön, relativ ruhig (Straße, tagsüber viele Motorräder), Toiletten, über die Straße zum See, Restaurant in fußläufiger Entfernung. **Lage/Anfahrt:** Auf der Uferstraße an der Nagoldtalsperre entlang bis P4; **Platzanzahl:** 10; **Untergrund:** Asphalt; **Preise:** kostenlos; **Max. Stand:** 3 Nächte; **Geöffnet:** frei zugänglich; **Kontakt:** Seestraße, 72297 Seewald.

Aktivitäten

- **Historischer Handwerkerhof,** findet im August in geraden Jahren statt
- **Altensteiger Flößerfest,** findet im September in geraden Jahren statt

Parken

P 7 **Jahnstadion,** GPS 48.59070, 8.60016, Jahnstraße, 72213 Altensteig, kostenlos

⑮ Schwarzwald-Camping, Altensteig

GPS 48.58494, 8.57974

Platz mit guter Sanitärausstattung in schöner, ruhiger Lage, Restaurant, Zentrum 2 km, Bushaltestelle am Platz. **Lage/Anfahrt:** ausgeschildert; **Platzanzahl:** 100; **Untergrund:** Wiese; **Service:** Strom, Trinkwasser, Abwasser, Chemie-WC; **Sicherheit:** umzäunt, beleuchtet, bewacht; **Preise:** 7 €/Fahrz., 6 €/Pers., Strom 3,50 €, Nebenkosten 2 €, Hund 2 €, Taxe 1 €; **Geöffnet:** ganzjährig; **Kontakt:** Im Oberen Tal 3–5, 72213 Altensteig, Tel. 07453 8415, www.schwarzwaldcamping.de.

Hinter Altensteig wählt man die L362 Richtung Seewald und erreicht die **Nagoldtalsperre** bei der Erzgrube. Sie zählt mit 2850 m Länge, bis zu 250 m Breite, einer Tiefe von maximal 35 m und einem Wasservolumen von 5,6 Millionen Kubikmetern zu den größten Wasserspeichern dieses Bundeslandes. Nebenbei ist sie noch ein umweltfreundlicher Stromlieferant und beliebtes Wassersportgebiet. Baden ist im Vorsee erlaubt, im Hauptsee ist Segeln und Surfen zulässig (April–September).

Weiter geht die Route auf landschaftlich schöner Strecke und schmalen, gut ausgebauten Straßen, vorbei an einem großen Sägewerk, 9 km nach Besenfeld. Dort links auf die B294 Richtung Freudenstadt, nach 1,5 km rechts L350 (Rastatt). Von dieser zweigt man nach 4 km auf die B462 nach rechts (Rastatt) ab. Nach 9 km auf der Murgtalstraße bietet sich der Abstecher zur Schwarzenbachtalsperre an.

Der Nagoldstausee

ABSTECHER ZUR SCHWARZENBACHTALSPERRE

(hin und zurück 7 km)

Die Talsperre ist der größte See des Nordschwarzwaldes. Ihre Staumauer mit einer Länge von 400 m und einer Höhe von 65 m wurde 1926 nach nur vierjähriger Bauzeit vollendet. Über eine 900 m lange Leitung speisen die Wasser des Stausees die Turbinen des Elektrizitätswerkes in Forbach. Bootsfahr-, Schwimm- und Angelmöglichkeiten machen ihn zu einem beliebten Ausflugsziel. Auf einem 6,5 km langen Wanderweg kann man den malerisch gelegenen See umrunden.

Aktivitäten

› **Bootsfahren auf der Schwarzenbachtalsperre,** www.schwarzenbach-bootsverleih.de, geöffnet: Mai–3. Okt. Di.–Sa. 12–18 Uhr, So. ab 11 Uhr, Gebühr: Elektroboote 12 €/30 Min., Tretboote 7 €/30 Min.

Parken

P 8 **Parkplatz Schwarzenbachtalsperre,** GPS 48.65370, 8.32640, kostenlos. Eine Übernachtung möglich, Anreise am späten Nachmittag.

Zurück bis zur B462 und nach 6 km ist **Forbach** erreicht. Berühmt ist der Ort für seine überdachte, deutschlandweit einzigartige **Holzbrücke.** Die 1571 erstmals erwähnte Brücke war nur eine einfache Holzkonstruktion, die schließlich einem schweren Hochwasser zum Opfer fiel. Zwischen 1776 und 1778 entstand so die erste überdachte Holzbrücke. Dieses Zimmermannskunstwerk prägte über 200 Jahre das Stadtbild. Doch schweres Gerät und Panzer deutscher und französischer Truppen setzten während des Zweiten Weltkriegs dem Bauwerk zu, sodass es schließlich abgetragen werden musste. Doch das Wahrzeichen fehlte und so baute man es 1955 mit einem Kostenaufwand von 300.000 DM neu auf. Die Spannweite der Brücke von 37,5 m und ihr Eigengewicht von 129 t sind beeindruckend.

17 Am Rappenfelsen, Forbach

GPS 48.68886, 8.36174

Plätze am Ende einer Anliegerstraße über dem Murgtal, Brötchenservice, Freibad 400 m, Restaurant, Läden ca. 1 km. Holzbrücke 1,5 km. **Lage/Anfahrt:** Von der B462 Richtung Gausbach abbiegen, ausgeschildert; **Platzanzahl:** 6; **Untergrund:** Schotter; **Service:** Strom, Trinkwasser, Abwasser, Chemie-WC, WLAN; **Preise:** 15 €/Fahrz. alles inkl., zuzgl. Taxe 0,85 €/Pers.; **Geöffnet:** ganzjährig; **Kontakt:** Murgtalstraße 3, 76596 Forbach-Gausbach, Tel. 07228 2691.

Die Schwarzenbachtalsperre ist der größte Stausee im Schwarzwald

Spaziergang zu den Geroldsauer Wasserfällen

Länge: 3 km; Start: Wanderparkplatz Malschbach GPS 48.72104, 8.24216

Die sehr reizvolle kleine Wanderung führt über Stege und Pfade durch eine Schlucht mit rauschendem Bach bis zum Wasserfall. Über eine 9 m hohe Granitstufe stürzen die Wassermassen in einen weiten Kessel, umrahmt von baumhohen, riesigen Rhododendronbüschen. Besonders schön ist dies im Mai und Juni, wenn die Blüten leuchtend rot und lila erstrahlen. Hinter dem Wasserfall lädt der Bütthof zu einer Rast ein. Hoch über der Schlucht wandert man zurück zum Parkplatz.

025bw-gg

Der Kreis der Rundfahrt durch den Nordschwarzwald als Teil der Route 1 schließt sich in Gernsbach. Zur Schwarzwaldhochstraße hinauf geht es auf der L78, kurvig auf landschaftlich schöner Strecke bis nach **Geroldsau.** Am Ortsrand liegt die **Geroldsauer Mühle,** das größte aus Weißtannen gefertigte Gebäude Europas. Hier werden regionale Produkte wie Fleisch, Käse, Backwaren, Spirituosen und Süßigkeiten in großer Auswahl angeboten. Im gemütlichen Wirtshaus gibt es im Sommer im Biergarten, im Winter am offenen Kamin frische, traditionell zubereitete regionale Gerichte. Vom Parkplatz aus starten Wanderungen und eine Mountainbiketour.

Einkaufstipps/Gastronomie

› **Geroldsauer Mühle,** Geroldsauer Straße 54, 76634 Baden-Baden, Tel. 07221 9964680, www.geroldsauermuehle.de, Mühlenmarkt Mo.–Sa. 9–19 Uhr, So. 11–18 Uhr, Wirtshaus Mo.–Fr. 11.30–22 Uhr, Sa./So. 9–22 Uhr

Nach kurzer Fahrt kann man vom Wanderparkplatz an der B500 einen Rundgang zu den **Wasserfällen von Geroldsau** unternehmen.

Zunächst als reine Forststraße angelegt, hat sich die B500, die **Schwarzwaldhochstraße,** zum Besuchermagneten im Nordschwarzwald entwickelt. Auf einer Höhe zwischen 600 und 1000 m verläuft eine der schönsten Panoramastraßen Deutschlands zwischen Baden-Baden und Freudenstadt, stets in der Nähe des neu gegründeten Nationalparks Schwarzwald. Immer wieder hat man atemberaubende Ausblicke auf die Rheinebene und die tannengesäumten Seitentäler mit Naturschutzgebieten und Seen. Ob Wanderer oder Mountainbiker, ob Wohnmobilfahrer oder Motorradfreak, alle sind gleich begeistert von diesem einmaligen Naturerlebnis. Im Winter findet man entlang der Schwarzwaldhochstraße Skilifte, gespurte Loipen, Schneeschuhstrecken, Rodelhänge und geräumte Winterwanderwege in der herrlichen Winterlandschaft des Nordschwarzwaldes.

In **Sand,** auf 826 m Höhe, geht es links ab zum **Mehliskopf.** Hier im Erlebnispark, einem Freizeit- und Sportzentrum, kann der ambitionierte Besucher einen wahren Adrenalinschub erhalten. Über Taue, Balken, Brücken, Netze und Seilbahnen balancieren im Klettergarten, mit bulligen Dreirädern den Berg hinunter düsen, auf 1300 m Länge bis 40 km/h schnell mit dem Bob mit Virtual Reality-Brillen über die Ständerbahn gleiten oder mit Ski oder Snowboard auf der längsten Piste im Nordschwarzwald, auch bei Flutlicht, den Winter genießen.

Aktivitäten

› **Mehliskopf Erlebnispark,** An der Schwarzwaldhochstraße, 77815 Sand, GPS 48.65707, 8.24199, Tel. 07226 1300, www.mehliskopf.de, geöffnet: Frühjahr–Herbst Sa./So. 10–18 Uhr, Attraktionen während der Schulferien in BW tägl. geöffnet, Skipiste bei Schneelage Nov.–März tägl. 9–22 Uhr, Preise: Bobbahn 4,10/3,50 € (virtuelle Brille 5 €), Downhill-Cart 5 €, Klettergarten 25/17 €, Parkplatz 2 €

Hinter **Unterstmatt** geht es zur Rundfahrt durch die Weinregion Ortenau kurvig hinunter nach Sasbachwalden.

Luchs- und Wildnispfad Baden-Baden

Beim Hotel Plättig (GPS 48.66993, 8.23146) beginnt der ***Luchspfad,*** *auf dem ein spannendes Spiel- und Erlebnisangebot zum Thema Luchs geboten wird. Auf 4 km verschlungenen Waldpfaden mit 100 m Höhenunterschied späht, schleicht, springt und hört man wie das „Pinselohr".*

Ebenfalls beim Hotel Plättig startet der ***Wildnispfad,*** *nicht zu vergleichen mit einem Waldlehrpfad. 4,5 km naturbelassene Wege führen durch ungezähmte Wildnis und schwankend hinauf in die Baumkronen zum Adlerhorst in 12 m Höhe, steinig auf den Wollsackfelsen oder zur Rast auf gemütlichen Holzliegen. Ein toller Weg für Abenteuerlustige.*

18 Wanderheim Ochsenstall, Unterstmatt

GPS 48.61638, 8.21069

Ein besonderer Tipp ist der naturbelassene Stellplatz in der Bergeinsamkeit beim Ochsenstall. WC und Dusche im Wanderheim. Die gute Gaststätte ist bis 22 Uhr geöffnet, Brötchenservice. Voranmeldung empfehlenswert. Wenn die Schranke in Unterstmatt geschlossen ist, dann im Wanderheim anrufen, damit jemand öffnet. Kein WLAN, kein SAT-Empfang, dafür tolle Wanderungen direkt ab Platz. **Lage/Anfahrt:** In Unterstmatt nach links abbiegen und gleich wieder rechts hinter der Bauernschänke den Berg hochfahren. Bald auf unbefestigtem Weg geht es 2 km durch wunderschöne Natur bis zum Wanderheim; **Platzanzahl:** 3; **Untergrund:** Schotter; **Service:** Strom; **Preise:** 10 €/Fahrz. inkl. Strom; **Geöffnet:** April–Nov.; **Kontakt:** Astrid Volkers, Hundsrücken, 77815 Bühl-Unterstmatt, Tel. 07226 920911, www.wanderheim-ochsenstall.de.

026bw-gg

SASBACHWALDEN
(93 km – km 241)

Genau so liebt es der Reisemobilfahrer: ein schöner ruhiger Stellplatz und ein denkmalgeschütztes Fachwerkdorf mit guter Gastronomie. Und nicht zu vergessen die wunderschöne Lage mit den dunklen Schwarzwaldhügeln im Hintergrund, der farbenprächtige Blumenschmuck, die bunten Bauerngärten, die köstlichen Weine, die Weinprobe mit Kellerführung, die Wanderungen durch die Weinberge, die Gaishöll-Wasserfälle, das schöne Schwimmbad, die blühenden Kirschbäume im Frühling, die traditionelle alemannische Fasnacht, das Erntedank- und Weinfest oder die Schnapsbrunnenwege. Bei diesem großen Angebot ist es kein Wunder, dass viele Wohnmobilisten länger bleiben als zunächst geplant.

Information

› **Tourist-Info Sasbachwalden,** Talstr. 51, im Kurhaus, 77887 Sasbachwalden, Tel. 07841 1035, www.sasbachwalden.de, geöffnet: Mai–Okt. Mo.–Fr. 9–13 und 14–17 Uhr, Sa./So. 10–12 Uhr, Nov.–April Mo.–Fr. 9–13 Uhr, Mo./Mi./Fr. auch 14–17 Uhr

Gastronomie

› **Engel,** Talstr. 14, 77887 Sasbachwalden, Tel. 07841 3000, www.engel-sasbachwalden.de, geschl.: Mo. Frühstück. Mittagessen, Kaffee und Kuchen, Abendessen in sehr guter Qualität, gehobene Preiskategorie.

› **Knusperhäuschen,** Bachmatt 3, 77887 Sasbachwalden, Tel. 07841 1664, www.knusperhaeuschen-sasbachwalden.de, geschl.: Di. Serviert wird saisonal wechselnde gute Küche in gemütlichem, rustikalem Ambiente.

Einkaufstipp

› **Alde Gott Winzer eG,** Talstr. 2, 77887 Sasbachwalden, Tel. 07841 20290, www.aldegott.de, geöffnet: April–Okt. Mo.–Fr. 9–18 Uhr, Sa. 9–17 Uhr, So. 11–17 Uhr, Nov.–März Mo.–Fr. 9–12 und 13.30–18 Uhr, Sa. 9–17 Uhr, So. 13–17 Uhr, jeden Samstag 15 Uhr Kellerführung mit Weinprobe 6 €, April–Okt. Mittwoch mit großer Weinprobe 7 €

Aktivitäten

› **Erntedank- und Weinfest** immer Anfang Oktober, sonntags großer Festumzug

Sasbachwalden: ein malerisches Fachwerkdorf umgeben von Weinbergen

027bw-gg

⑲ Alde Gott, Sasbachwalden

GPS 48.61924, 8.12107

Platz bei der Winzergenossenschaft in schöner und ruhiger Lage. WC, Läden fußläufig, Versorgung beheizt. **Tipp:** Mit Konus-Karte kostenlos zum Mummelsee; **Lage/Anfahrt:** Am Ortsanfang rechts, ausgeschildert; **Platzanzahl:** 20; **Untergrund:** Schotter; **Service:** Strom, Trinkwasser, Abwasser, Chemie-WC; **Preise:** 10 €/Fahrz., Strom 1 €/12 Std., Wasser 1 €; **Geöffnet:** ganzjährig; **Kontakt:** Talstr. 2, 77887 Sasbachwalden, Tel. 07841 1035.

029bw-gg

Die Weine der Ortenau

Die Ortenau ist die Heimat hochkarätiger badischer Weine. Sonnenverwöhnte Weinlagen wie „Alde Gott" in Sasbachwalden, Umweger „Stich den Buben", Varnhalter „Affentaler" oder „Hex von Dasenstein" aus Kappelrodeck genießen hohes Ansehen bei Weinliebhabern. Die hiesigen Winzer sprechen selbst von begnadeten Weinlagen, die durch intensive Sonneneinstrahlung, genügend Niederschläge und hohe Temperaturschwankungen zwischen Tag und Nacht auf vorwiegend südwestlich ausgerichteten Hängen optimale Wachstumsbedingungen bieten. Der blaue Spätburgunder und die Weißweine Ruländer, auch Pinot gris bzw. Grauburgunder genannt, der Weißburgunder (Pinot blanc) und Riesling stellen das Leitsortiment dar. Man findet aber auch Müller-Thurgau, Chardonnay oder Gewürztraminer. Bis ein guter Tropfen aus der Flasche kommt, sind viele Arbeitsschritte notwendig, die sich über das ganze Jahr verteilen. Der Winter ist ausgefüllt mit Rebenschnitt, Reparaturen und Vorbereitungen für Neuanpflanzungen. Im zeitigen Frühjahr erfolgt das Anbinden der Fruchtruten. Im April und Mai beginnen Laubarbeiten und Bodenpflegemaßnahmen. Nach Abschluss der Sommerarbeiten im August steht von Mitte September bis Ende Oktober die schönste Arbeit im Weinberg an, die Weinlese. Nach der Lese ist das Können der Kellermeister gefragt. Sie kreieren Qualitäts- und Kabinettweine, Spätlesen und im 225 l- Eichenfass gereifte Barriqueweine.

Wie der Wein Alde Gott zu seinem Namen kam

Ein Heimkehrer aus dem 30-jährigen Krieg fand die ganze Gegend menschenleer vor. Wie glücklich war er, als er auf einer passähnlichen Anhöhe zwischen Sasbachwalden und Obersasbach eine Frau getroffen hat. „Der Alde Gott lebt noch!" soll er vor Freude ausgerufen haben. Der Mann und die Frau heirateten und pflanzten Reben an dem Platz ihres ersten Zusammentreffens und gaben der Weinlage ihren Namen „Alde Gott".

028bw-gg

Wanderungen bei Sasbachwalden

Zu den Schnapsbrunnen

Länge: 7,6 km; Höhendifferenz: 280 m; Markierung Schnapsbrunnen 1

Leichte, aber hochprozentige Wanderung vorbei an vielen Schnapsbrunnen, an denen man sich an den Wässerchen, teilweise auch an süßen Likören, laben kann. Flaschen im kühlen Brunnenwasser, Gläser und eine Kasse für einen Obolus stehen bereit.

Start: Im Zentrum beim Kurhaus beginnt die gut ausgeschilderte Tour. Besonders faszinierend ist der Teil entlang der Gaishöll-Wasserfälle, bei dem man über Stege und Brücken immer wieder den munter über Steine springenden Bach quert. Die Aussicht auf dem weiteren Weg ist grandios, über die Weinhänge bis zum Rhein und ins Elsass reicht der Blick.

Es gibt weitere gut bezeichnete Wanderungen.

Schnapsbrunnenweg 2

Länge: 11,6 km; Höhendifferenz: 420 m; Markierung: Schnapsbrunnen 2; aussichtsreiche Strecke.

Genießerpfad Alde Gott

Länge 9,6 km; Höhendifferenz: 430 m; Markierung: Bollenhut; herausragend schöne Panoramarunde um Sasbachwalden

030bw-gg

Die etwas schmale Straße L86a ist gut zu befahren und bietet schöne Sicht auf die Weinberge.

KAPPELRODECK

(6 km – km 247)

Das Rotweindorf im Schwarzwald liegt eingebettet zwischen Obstbäumen, Weinbergen und Wäldern. „Hex vom Dasenstein“ heißt die berühmte Weinlage oberhalb des Städtchens. Bedingt durch das milde Klima und die vielen Sonnenstunden reift hier ein hervorragender Wein mit hohen Öchslegraden. Am besten unternimmt man die unten beschriebene Wanderung auf den Dasenstein, genießt die herrliche Aussicht und liest Wissenswertes über Weinbau auf den Informationstafeln.

Schnapsbrennereien gibt es in der Region viele, aber nur eine **Brennerei Scheibel.** Seit über 100 Jahren erzeugt der Familienbetrieb edle Obstbrände und Destillate. Der Tradition und der alten Handwerkskunst verbunden sind die „Alte Zeit Brände“. Die schonende Gärung und Destillation über Buchenholzfeuer lockt die vielseitigen Aromen hervor. Die „Neue Zeit“ hat bei Scheibel aber auch schon begonnen. In der futuristischen Brennanlage sind echte Goldplatten eingelegt. Durch ein spezielles Verfahren werden die Destillate harmonisiert und die Aromen aktiviert. Über ein goldenes Blatt rinnt das Endergebnis, feine Brände aus Kirsche, Williams-Christ-Birne, Waldhimbeere, Quitte, Aprikose, Schlehe, Sanddorn und viele ausgezeichnete Sorten mehr.

Die **Confiserie Schneider** lässt das Herz von qualitätsbewussten Schleckermäulern höherschlagen. Nur beste Zutaten werden hier einzeln von Hand zu köstlichen Pralinen verarbeitet. Feinste Edelbrände von Scheibel, handgerührtes Marzipan, ausgesuchte Nüsse, hochwertiger Kakao verarbeitet der Meister zu wahren Hochgenüssen, die zart schmelzend im Mund zergehen.

20 Wohnmobileck bei den Heidehöfen, Kappelrodeck

GPS 48.58358, 8.12698

Ausgewiesener Platz in schöner, ruhiger Lage, ins Zentrum 900 m. Schönes Freibad in der Nähe. Versorgung im Winter beheizt. Konus-Karte inkl. **Lage/Anfahrt:** Durch Kappelrodeck hindurch Richtung Ottenhöfen, am Ortsende ausgeschildert; **Platzanzahl:** 17; **Untergrund:** Schotter; **Service:** Strom, Trinkwasser, Abwasser, Chemie-WC, WLAN; **Sicherheit:** beleuchtet; **Preise:** 8 €/Fahrz., Rabatt bei längerem Aufenthalt, Strom 1 €/2 kWh, Wasser 1 €/100 l; **Max. Stand:** 7 Nächte; **Geöffnet:** frei zugänglich; **Kontakt:** Bei den Heidehöfen, 77867 Kappelrodeck, Tel. 07842 80210.

031bw-gg

Ein gemütliches Familienbad mit schöner Sicht in die Rebenlandschaft ertrischt an heißen Sommertagen – und bei kühleren Temperaturen sorgt das beheizbare Schwimmbecken für Wohlgefühl.

Information

› **Tourist-Information,** Hauptstr. 65, 77876 Kappelrodeck, Tel. 07842 80210, www.kappelrodeck.de, geöffnet: Mo./Di. 8–12 und 14–16 Uhr, Mi./Fr. 8–12, Do. 8–13 und 14–18 Uhr

Gastronomie

› **Café Zuckerbergschloß,** Grüner Winkel 60, 77876 Kappelrodeck, Tel. 07842 3434, geschl.: Mo./Di. Kuchen und kleine Mittagskarte im schönen Schlösschen.

Aktivitäten

› **Freischwimmbad,** Hauptstraße 190, 77876 Kappelrodeck, Tel. 07842 2506, geöffnet: Mitte Mai–Mitte Sept. 9–20 Uhr, Eintritt: 3/1,80 €

Wanderungen

Zur Hex von Dasenstein

Länge: 5,5 km, Höhendifferenz: 200 m, Start: Stellplatz 20 – Richtung Ortsmitte – Zuckerbergschloß – Straße Grüner Winkel – Genussmanufaktur Scheibel (Verkostung) – Hauptstraße – Conditorei und Confiserie Schneider (Einkauf) – Bahnhof – gelbe Raute Richtung Dasenstein – Dasensteinhütte – über Treppen zum Dasenstein mit herrlicher Aussicht – asphaltierter Weg nach rechts – Schnapsbrunnenweg bergab – Parkplatz beim Schützenhaus – gelbe Raute durch Kastanienwald – Weggabelung rechts – Langenberg (Schnapsbrunnen) – bergab über Bahngleise bis zum Stellplatz.

Schnapsbrunnenpfad

Länge 6,5 km, Höhendifferenz 270 m, Start: Marktplatz – ausgeschildert.

Einkaufstipp

› **Schwarzwald-Brennerei Emil Scheibel,** Grüner Winkel 32, 77876 Kappelrodeck, Tel. 07842 94980, www.scheibel-brennerei.de, geöffnet: Mo.–Fr. 8–17 Uhr, Sa. 10–13 Uhr

› **Bäckerei, Conditorei, Confiserie Schneider,** Hauptstraße 62, 77876 Kappelrodeck, Tel. 07842 568, www.conditorei-schneider.de, geöffnet: Di.–Fr. 6–18.30 Uhr, Sa. 6–13 Uhr

032bw-gg

In der Ortenau wird das Brauchtum noch gepflegt

Schwarzwälder Kirschwasser

Obwohl die Verkaufszahlen zurückgehen, ist Kirschwasser weiterhin der beliebteste Obstbrand Deutschlands. Das Schwarzwälder Kirschwasser bezieht seine außerordentliche Qualität von den kleinen, schwarzen, saftigen und sehr zuckerhaltigen Süßkirschen der Region. Die pflegeintensiven Streuobstwiesen, auf denen die Kirschbäume stehen, lohnen den Aufwand für die Bauern kaum noch. Die geschützte Marke „Schwarzwälder Kirschwasser" dürfen nur Erzeugnisse tragen, die aus der Region stammen und auch hier gebrannt wurden.

› **Weinkellerei Dasenstein,** Burgunderplatz 1, 77876 Kappelrodeck, Tel. 07842 99380, www.dasenstein.de, geöffnet: Mo.-Fr. 8-12 und 13.30-17.30 Uhr, Sa./So. 9-13 Uhr, So. nur Mai-Dez., Kellerbesichtigung und kleine Weinprobe April-Okt. jeden Freitag um 16 Uhr, 6 €

Nach 4 km durchs Achertal ist **Ottenhöfen** erreicht, ein überaus freundliches Dorf. Hier im **Mühlendorf** klappern noch neun historische Mühlen am rauschenden Bach. Bei einer unvergesslichen Wanderung entlang des Mühlenwegs kann man sie besuchen und unzählige Fotos schießen. Ein Tipp für ambitionierte Wanderer ist die beinahe schon alpine Tour zum Karlsruher Grat. 730 Höhenmeter und eine Länge von 12 km sind dabei zu bewältigen. Im modernen Freischwimmbad kann man sich nach der Wanderung erfrischen.

Information

› **Kultur- und Verkehrsamt Ottenhöfen,** Großmatt 15, 77883 Ottenhöfen, Tel. 07842 80444, www.ottenhoefen.de, geöffnet: Mai-Okt. Mo.-Fr. 9-12, Mo.-Do. auch 14.30-16.30 Uhr, Mai-Okt. auch Fr. 14.30-16.30 und Sa. 10-12 Uhr

Gastronomie

› **Schmälzle Hof,** Dorfstr. 12, 77883 Furschenbach, Tel. 07842 60385, Mi.-Sa. ab 16 Uhr, So. ab 11 Uhr, geschl.: Mo./Di. Badische Küche, frische Forellen, im Sommer auch auf der schönen Terrasse. Vom Stellplatz in Kappelrodeck (20) gut zu Fuß zu erreichen.

Aktivitäten

› **Naturerlebnisbad,** Hasenwald 6/1, 77883 Ottenhöfen, geöffnet: Mitte Mai-Mitte Sept. 9-19 Uhr, Juli-Mitte Aug. bis 20 Uhr. Eintritt: 3,50/2 €

Parken

P 9 **Am Bahnhof Ottenhöfen,** GPS 48.56674, 8.15046, kostenlos

(21) Campingplatz Murhof, Ottenhöfen

GPS 48.56011, 8.15353

Platz in schöner Aussichtslage oberhalb der Straße auf einem ehemaligen Bauernhof, Dusche, WC, Automat mit Getränken, Freibad in der Nähe, Restaurant 1,5 km. **Lage/Anfahrt:** In Ottenhöfen ausgeschildert; **Platzanzahl:** 30; **Untergrund:** Schotter; **Service:** Strom, Trinkwasser, Abwasser, Chemie-WC; **Preise:** 7,50 €/Fahrz., 6,60 €/Pers., Strom 0,65 €/kWh, Wasser 1 €/80 l, Dusche 1 €/5 Min. Hund 2,50 €; Nebensaison Pauschale 16 € inkl. Pers.; **Geöffnet:** ganzjährig; **Kontakt:** Murhof 1, 77883 Ottenhöfen, Tel. 01746153831, www.campingplatz-murhof.de.

Über Seebach erklimmt das Wohnmobil die Schwarzwaldhöhe und erreicht die B500. Jetzt muss man 4,5 km nach links bis zum malerischen Mummelsee fahren.

Wer die Rundfahrt durch die Ortenau nicht macht, bleibt auf der Schwarzwaldhochstraße weiter auf landschaftlich herausragender Strecke mit atemberaubenden Aussichtspunkten über Unterstmatt (Skilift) zum, von dunklen Tannenwäldern umgebenen, **Mummelsee.**

Der Mummelsee liegt auf 1028 m ü.N.N. und ist der höchstgelegene Karstsee im Schwarzwald. Seine idyllische Lage unterhalb der Hornisgrinde, dem höchsten Gipfel des Nordschwarzwaldes, zieht Besucher aus der ganzen Welt an. Wer vom Parkplatz zum See geht, sieht sich von Touristenläden und Verkaufsständen umgeben und findet, dass der See zu Recht den Spitznamen „Rummelsee" trägt. Doch sobald man am See entlang geht oder sich auf den Weg zur Hornisgrinde macht, werden es immer weniger Menschen, die einem begegnen. Am Abend oder früheren Morgen kann man sich sogar vorstellen, dass in dem 18 m tiefen See Nixen, im Volksmund als Mümmeln bezeichnet, wohnen. Bei einem kleinen Spaziergang von 20 Min. umrundet man den See. 1½ Std. braucht man für die sehr empfehlenswerte Wanderung über die Hornisgrinde (siehe rechts). Der Name **Hornisgrinde** kommt vermutlich vom lateinischen *mons grinto,* was so viel wie sumpfiger Kopf bedeutet.

Aktivitäten

› **Bootfahren auf dem Mummelsee,** geöffnet: Mai–Sept. tägl. 10–18 Uhr

Parken

P 10 **Am Mummelsee,** GPS 48.59715, 8.20366, kostenlos, begrenzter Platz

Vom Mummelsee führt die Route über das Seibelseckle 4,5 km zurück. Im Winter ist der Skilift mit Flutlicht beim Seibelseckle ein Anziehungspunkt für Sportler, im Sommer treffen sich hier die Biker.

Mühlenweg

Länge: 12 km; Höhendifferenz: 180 m; Start: An der im nordischen Stil erbauten evangelischen Kirche. Unten am Bach steht die ungefähr 150 Jahre alte Hammerschmiede mit Schleifmühle. Im Jahr 1973 wurde das ganze Innenleben der Schmiede an das Museum „Vogtsbauernhof" verkauft. Der Schwarzwaldverein mit seinen rührigen Mitgliedern sammelte auf vielen Bauernhöfen historische Bauteile und Werkzeuge ein und konnte so die Schmiede originalgetreu wieder einrichten.

Weiter auf der Markierung „Mühlenweg" – Hagenbruck – Bußhalde – Mühle im Köningerhof – Zieselberg – Buchwald – Günseck – Benz Mühle mit Einkehrmöglichkeit in der Vesperstube – geradeaus zwischen den Viehweiden hindurch – Furschenbach – Günsberg – Rainbauernmühle – Lauenbach – Bühler-Mühle – Simmersbach – Schulze Bure Mühle – Bahnhof

Wanderung zur Hornisgrinde

Länge: 5,2 km; Höhendifferenz: 208 m; Start: Mummelsee – Katzenkopf – Grinde Hütte (spektakuläres Panorama, Mo. Ruhetag) – Hornisgrinde – Aussichtsturm (Eintritt: 1 €, bei schönem Wetter Sa./So. und während der Ferien in BW bewirtet) – rote Raute Bismarckturm (kostenlos) – über ehemaliges Weideland (Grinden) auf gelber Raute Richtung Dreifürstenstein – unterwegs blickt man hinab zum Biberkessel, einem seit langer Zeit verlandeten Karsee – Holzbohlenweg über Hochmoor mit Infotafeln – Dreifürstenstein – Seibelseckle (Einkehr) – Mummelseewald – Kapelle – Mummelsee.

Mittelschwere Gipfeltour über schmale Pfade durch herrliche Landschaft mit fantastischer Aussicht.

Bosenstein-Almpfad

Länge: 8,5 km; Höhendifferenz: 190 m. Einmalige Wanderung durch ursprüngliche Wälder mit grandioser Fernsicht. Einkehr: Gasthof Bosenstein, Mannheimer Hütte.

Nationalpark Nordschwarzwald

Die Einrichtung eines Nationalparks im Nordschwarzwald wurde von der Bevölkerung und der Politik lange Zeit sehr kontrovers diskutiert. Am 28.11.2013 gab der Landtag von Baden-Württemberg seine Zustimmung und am 1. Januar 2014 konnte der Park installiert werden. Der Park ist in zwei voneinander getrennte Regionen geteilt. 2447 Hektar groß ist der Nordteil um den Hohen Ochsenkopf/Plättig, 7615 Hektar der Südteil um den Ruhestein.

Frei nach dem Motto des Parks „Natur Natur sein lassen" dürfen hier die Bäume wachsen, bis sie vielleicht nach mehreren hundert Jahren als Totholz auf dem Boden neuem Leben Nahrung bieten. Im Park haben Wanderfalke, Dreizehenspecht und der Sperlingskauz ideale Bedingungen gefunden. In der Kernzone bleibt die Natur sich selbst überlassen, der Mensch greift nicht ein, die Besucher sollen die Wege nicht verlassen. Die derzeit noch bestehende Entwicklungszone wird nach ca. 30 Jahre in die Kernzone übergehen. Ca. 25 % bleiben sogenannte Managementzonen, in denen gepflegt und eingriffen wird, um die benachbarten Wälder zu schützen. Inzwischen haben durch den Nationalpark mehr Touristen den Weg in den Nordschwarzwald gefunden und bei den empörten Anrainern haben sich die Wogen geglättet.

Picknickplatz

11 Rastplatz beim Seibelseckle, GPS 48.59575, 8.21608, am Parkplatz Seibelseckle vorbei und unter der B500 hindurch, Übernachtungsverbot 23–8 Uhr

Das nächste Ziel auf der Schwarzwaldhochstraße ist das Naturparkzentrum am **Ruhestein.**

Seit dem 13. Jh. führt ein Verbindungsweg vom Kloster Reichenbach zum Kloster Allerheiligen über diese Passhöhe. Die schweren Traglasten konnten die Reisenden hier auf einem großen Stein abstellen und sich so vor der Weiterreise etwas ausruhen. So entstand der Name „Ruhestein". Hier verlief bis in die 1870er-Jahre die Grenze zwischen dem Königreich Württemberg und dem Großherzogtum Baden.

Der Neubau des **Nationalpark-Besucherzentrums** ist die zentrale Anlaufstelle für Nationalparkbesucherinnen und -besucher. Hier im Gebäude, das übereinanderliegenden Totholzstämmen nachempfunden ist, gibt es Infos zum Park und zu Wandermöglichkeiten und ein Gastronomiebetrieb sorgt für das leibliche Wohl.

Ein Skywalk mit Aussichtsturm führt in den Baumkronenbereich und ermöglicht aus der Vogelperspektive einzigartige Blicke in den hier etwa 120 Jahre alten Tannen- und Fichtenwald. In der 1000 m² großen, interaktiven Daueraustellung kann der Besucher unter anderem in die Welt der Kleinstlebewesen eintauchen oder er gleitet einem Falken gleich über den Nationalpark. Ein Besuch ist ein Erlebnis für alle Sinne. Öffnungszeiten: Di.–So. 10–18 Uhr, Okt.–April bis 17 Uhr. Eintritt: 8/4/20 €.

ABSTECHER ZUM KLOSTER ALLERHEILIGEN

(hin- und zurück 18 km)

Nochmals lohnt sich ein Abstecher hinunter an die Hänge des Schwarzwaldes zum Kloster und den Wasserfällen von **Allerheiligen.**

Gegründet wurde das **Kloster Allerheiligen** 1191 durch Uta von Schauenburg als Prämonstratenserkloster. Nachdem es lange Jahre ein beliebter Wallfahrtsort mit Klosterschule war, wurde es nach einem Blitzeinschlag 1804 weitgehend zerstört und verfiel immer mehr. Im 19. Jh. entdeckten Touristen die romantische Ruine und die Wasserfälle des Lierbaches und machten sie zu einem beliebten Ausflugsziel. Imposant stürzt der Bach über sieben Stufen rund 100 m hinab. Auf angelegten, gesicherten Pfaden und Stufen spaziert man entlang der Wasserkaskaden durch die dunkle Granitschlucht. Besonders schön ist auch der 3,2 km lange, ausgeschilderte **Sagenrundweg.** Auf Tafeln am Wegesrand stehen Volkssagen aus der Region.

Gastronomie

› **Klosterhof Allerheiligen,** Allerheiligen 6, 77728 Oppenau-Lierbach, 77728 Oppenau-Lierbach, Tel. 07804 1200. Feine Speisenauswahl, vieles in Bioqualität.

Parken

P 12 **Kloster Allerheiligen,** GPS 48.53872, 8.19665, kostenlos

P 13 **Wasserfälle Allerheiligen,** GPS 48.52695, 8.18927, kostenlos

Kniebiser Heimatpfad

Länge: 9,9 km; Höhendifferenz: 205 m; Markierung: Emblem Kniebis; Start: Besucherzentrum Kniebis – Alter Gleisweg – Pflanzenpfad – Abendwieshütte –Klosterruine – Ellbachseeblick – Räuberwegle – Besucherzentrum Kniebis

Gepflegt wird dieser Weg vom MET (Mobiles Einsatz Team), bestehend aus Rentnern aus Kniebis.

Nach dem Abstecher wieder auf der B500, rollt das Reisemobil auf der Panoramastrecke entlang eines Bergrückens Richtung **Besucherzentrum Kniebis.** Vorbei am Hotel Schliffkopf (1025 m ü.N.N) lohnt sich unterwegs ein Stopp auf dem Parkplatz beim **Lotharpfad** (GPS 48.50692, 8.22308). Der 900 m lange Lotharpfad zeigt, wie anfällig Fichtenwälder gegen starke Stürme sind. Am zweiten Weihnachtsfeiertag 1999 fegte der Orkan „Lothar" über Süddeutschland hinweg und fällte in zwei Stunden so viele Bäume wie

22 Natur-Camping Langenwald, Freudenstadt

GPS 48.45862, 8.37420

Naturnaher Platz mit sehr guter Sanitärausstattung in sehr schöner, ruhiger Lage. Konus-Karte, Schwimmbad, Familienkabinen, Restaurant mit Einkaufsmöglichkeiten, Landessieger als bester Campingplatz in BW. **Lage/Anfahrt:** Von der B28 vor Freudenstadt ausgeschildert; **Platzanzahl:** 100; **Untergrund:** Schotterrasen, Wiese; **Service:** Strom, Trinkwasser, Abwasser, Chemie-WC, WLAN; **Sicherheit:** umzäunt, beleuchtet, bewacht; **Preise:** 33 €/Fahrz. inkl. 2 Pers. und Taxe, Strom 0,60 €/kWh, Hund 2,50 €, inkl. Duschen und Schwimmbad; **Geöffnet:** Ostern–Anfang November; **Kontakt:** Straßburgerstr. 167, 72250 Freudenstadt, Tel. 07441 2862, www.camping-langenwald.de.

033bw-gg

Heinrich Schickhardt

Heinrich Schickhardt (1558–1635) war Baumeister von Herzog Friedrich I. von Württemberg, Ingenieur und Literat. Als Landbaumeister baute er innerhalb eines halben Jahrhunderts etwa 50 Schlösser und Herrensitze neu oder gestaltete sie um. Er plante unter anderem die Renaissancestadt Freudenstadt, den Pomeranzengarten in Leonberg, den Fruchtkasten in Dornstetten, baute das Alte Rathaus in Esslingen um und nach Stadtbränden war er am Wiederaufbau von Oppenau und Vaihingen/Enz beteiligt. Neben dieser Arbeit plante Schickhardt auch die Schiffbarmachung des Neckars zwischen Stuttgart und Heilbronn. Durch sein umfangreiches Lebenswerk gilt er auch als der schwäbische Leonardo da Vinci. Sein Leben endete tragisch: Heinrich Schickhardt wurde im Januar 1635 in Stuttgart von einem Soldaten erstochen.

in 10 Jahren in ganz Baden-Württemberg geschlagen werden. Der Pfad veranschaulicht zugleich Zerstörung und Neubeginn der Natur. Über Treppen, Stege und Tritte wird man durch eine Fläche von 10 Hektar geführt, in der der Sturmwurf nicht aufgearbeitet wurde. Dabei wird deutlich, wie die Natur sich die Flächen zurückerobert.

Information

› **Besucherzentrum Kniebis,** Straßburgerstr. 349, 72250 Freudenstadt-Kniebis, GPS 48.47418, 8.29504, Tel. 07442 7570, www.kniebis.de, geöffnet: Sommerzeit 9–13 und 13.30–17 Uhr, Winterzeit nur bis 16 Uhr

Gastronomie

› **Kniebis-Hütte,** Straßburger Str. 347, 72250 Kniebis, Tel. 07442 121160, www.kniebishuette.de, geöffnet: Mo.–Sa. 11.30–19.30 Uhr, So. 10.30–19.30 Uhr, im Winter bis 18.30 Uhr. Regionale Küche. Sonnenterrasse mit Panoramablick.

Einkaufstipp

› **Kimmigs Hoflaedele,** auf dem Parkplatz des Besucherzentrums Kniebis, Di.–So. 14–17.30 Uhr. Dieser Verkaufsstand bietet selbst erzeugte Produkte wie Obst, Gemüse, Fleisch- und Wurstwaren, Nudeln, Brotaufstriche und Gulaschsuppe an. Mit einem Einkauf kann man Bauern aus der Region unterstützen, deren Arbeit durch die Steillagen sehr schwierig, aber wichtig für die Erhaltung der Landschaft ist. Zwischen 1979 und 2005 gaben zwei Drittel der Landwirte ihre Höfe auf.

Zurück auf der B500, wechselt man beim Hotel Alexanderschanze nach links auf die B28, die nach Freudenstadt führt.

FREUDENSTADT

(50 km – km 297)

In der Mitte der Renaissancestadt, mit deren Errichtung 1599 von Heinrich Schickhardt auf Befehl Herzog Friedrich I. begonnen wurde, sollte ein prachtvolles Schloss entstehen. Als 1608 der Herzog starb, waren 80 Häuser und das Rathaus fertiggestellt, die Pläne für das Schloss hingegen wurden aufgegeben und an dessen Stelle entstand der größte umbaute Marktplatz Deutschlands. 1610 wütete in Freudenstadt eine Pestepidemie und 1631 vernichtete ein Brand einen Großteil der Gebäude. 1667 begann der Ausbau zur Grenzfestung. Mit den ersten Kurgästen 1881 eröffnete sich für die Stadt ein neuer Erwerbszweig, gekrönt 1939 mit der Erhebung zum heilklimatischen Kurort. Ein schwerer Schlag war die Zerstörung im April 1945 durch die französische Artillerie. Bis 1954 dauerte der Wiederaufbau in Anlehnung an die historischen Pläne. Das **Museum im Stadthaus** zeigt die Geschichte der Stadt und des beginnenden Tourismus anhand von Exponaten wie vollständigen Zimmereinrichtungen, Erläuterungen zu alten ausgestorbenen Handwerksberufen und sehr persönlichen Erlebnisberichten von Einwohnern. Eine überaus sehenswerte, anschaulich gestaltete Sammlung.

Tannenriesen-Lauschtour

Länge 12,5 km; Start: Marktplatz Freudenstadt; einige Einkehrmöglichkeiten unterwegs.

Um die interessanten „Lauschpunkte" zu erreichen, lädt man sich in einem App Store die Lauschtour-App und folgt dann offline der Route.

Die evangelische **Stadtkirche** im Renaissancestil mit gotischen Elementen wurde 1601 als Winkelhakenbau von Heinrich Schickhardt errichtet. Die Besonderheit ist, dass zwei etwa gleich große Kirchenschiffe rechtwinklig aufeinander treffen. Neben dem Netzdeckengewölbe ist ein Taufstein aus dem 11. Jh. und ein romanisches Lesepult von 1150 während der Öffnungszeiten von 9 bis 19 Uhr zu bewundern.

Auf dem oberen **Marktplatz** stehen der **Rathausbrunnen** mit dem Standbild Herzog Karl Eugens und der **Neptunbrunnen** mit dem zwei Meter großen Namensgeber. Dazwischen bauen die Händler im Sommer am Dienstag und Freitag, im Winter nur am Freitag, ihre Marktstände auf. Aus den Wasserspielen auf dem unteren Marktplatz schießen 50 Fontänen empor. Kinder und Jugendliche genießen diese Erfrischung in den Sommermonaten frei nach dem Motto der Wasserspiele „Renaissance und Lebensfreude".

Sehenswertes

› **Museum Stadthaus,** am Marktplatz, geöffnet: Di.–So. 10–17 Uhr, Eintritt: frei

Information

› **Touristinformation,** Marktplatz 64, 72250 Freudenstadt, Tel. 07441 8640, www.freudenstadt.de, Mai–Sept. Mo.–Fr. 9–17, Sa. 10–15, So. 10–13, Okt.–April Mo.–Fr. 9–17, Sa. 10–15, So. 10–13 Uhr

304bw-gs

Tolle Erfrischung an heißen Tagen auf dem Marktplatz in Freudenstadt

Gastronomie

› **Café Pause,** Marktplatz 65, 72250 Freudenstadt, www.cafepause.de. Mitten auf dem Marktplatz gibt es feine hausgemachte Kuchen und Torten.

Aktivitäten

› **Großes Stadtfest** am Marktplatz am ersten Juli-Wochenende

› **Panorama-Bad,** Eugen-Nägele-Straße, 72250 Freudenstadt, www.panoramabad-freudenstadt.de, Tel. 07441 921300, geöffnet: Mo. 10–22 Uhr, Di.–Sa. 8–22 Uhr, So. 8–20 Uhr, Saunabetrieb ab 10 Uhr, Eintritt: Schwimmbad Tageskarte 14/13/37,20 €, mit Sauna Tageskarte 21,70 €

23 Panoramabad, Freudenstadt

GPS 48.47172, 8.41579

Längsplätze auf dem Parkplatz des Bades, Lage gut, nach Badeschluss auch ruhig. Einkaufszentrum in der Nähe. **Lage/Anfahrt:** In Freudenstadt der Beschilderung „Panoramabad" folgen; **Platzanzahl:** 6; **Untergrund:** Asphalt; **Service:** Trinkwasser, Abwasser, Chemie-WC; **Sicherheit:** beleuchtet; **Preise:** kostenlos, Wasser 1 €; **Geöffnet:** frei zugänglich; **Kontakt:** Eugen-Nägele-Straße, 72250 Freudenstadt.

034bw-gg

24 Dorfsägemühle, Baiersbronn

GPS 48.51021, 8.37266

Platz in guter, relativ ruhiger Lage. An die naturbelassenen Schelklewiesen angrenzend. Zentrum 150 m. **Lage/Anfahrt:** Von der B462 links in den Neumühlenweg, ausgeschildert mit P5; **Platzanzahl:** 12; **Untergrund:** Schotter; **Service:** Strom, Trinkwasser, Abwasser, Chemie-WC; **Sicherheit:** beleuchtet; **Preise:** 5 €/Fahrz., Taxe 2,60 €/Pers., Strom 0,50 €/kWh, Wasser 1 €; **Geöffnet:** frei zugänglich; **Kontakt:** Lochweg, 72270 Baiersbronn, www.baiersbronn.de.

ABSTECHER NACH BAIERSBRONN

(hin und zurück 13 km)

Baiersbronn liegt mit seinen neun Teilgemeinden in einer wunderschönen abwechslungsreichen Landschaft. Doch nicht nur deshalb ist Baiersbronn ein beliebter Urlaubsort.

Der Ort ist für seine hervorragende Gastronomie, die teilweise mit Michelin-Sternen ausgezeichnet ist, über die Region hinaus bekannt.Damit diese lukullischen Genüsse nicht auf den Hüften oder dem Bauch hängenbleiben, gibt es ein Netz von Walkingstrecken der unterschiedlichsten Schwierigkeitsgrade (drei starten bei der Sesselbahn im Sankenbachtal).

Fahrrad-Tour

Länge: 33,4 km; Höhendifferenz: 638 m; Start: Touristinfo – Buhlbach – entlang der Rotmurg – 7 km bergauf – Ruhestein – vorbei an der Rodelbahn – entlang dem 1000-Meter-Weg – Schliffkopf – Zuflucht – B500 – Buhlbachtal – Lärchenhütte – Schwimmbad Obertal – Weihersweg – Touristinfo.

Ein **Wanderzentrum** informiert über das große Wandernetz und wer sich lieber auf dem Fahrrad bewegt, übernimmt die Tourenvorschläge der Baiersbronn-Touristik für das Mountain- oder das E-Bike.

Information

- **Baiersbronn-Touristik,** Rosenplatz 3, 72270 Baiersbronn, Tel. 07442 84140, www.baiersbronn.de, geöffnet: Mo.-Fr. 9-18, Sa./So. 10-13 Uhr

Gastronomie

- **Bareiss,** 72270 Baiersbronn-Mitteltal, Tel. 07442 470, www.bareiss.com. Mo./Di. geschl. Gourmet-Restaurant mit drei Michelin-Sternen. Anmeldung erforderlich!
- **Schlossberg im Hotel Sackmann,** Murgtalstr. 602, 72270 Baiersbronn, Tel. 07442 2890, www.hotel-sackmann.de. Gourmet-Restaurant mit zwei Michelin-Sternen. Anmeldung erforderlich.
- **Schwarzwaldstube im Hotel Traube Tonbach,** Tonbachstr. 23, 72270 Baiersbronn, Tel. 07442 4920, www.traube-tonbach.de. Ein Brand hat das Lokal Anfang 2020 zerstört, ein temporäres Restaurant wurde in unmittelbarer Nähe errichtet.

Einkaufstipp

- **Schwarzwaldbrennerei,** Stöckerweg 16, 72270 Baiersbronn, www.schwarzwaldbrenner.de, Tel. 07442 604056, geöffnet: siehe Internet oder Anfrage. Destillate aus Obst und Getreide, Whisky.

ROUTE 2

ROMANTISCHER MITTLERER SCHWARZWALD

276bw-gg

Strecke:
Loßburg (8 km, S. 56) – **Alpirsbach** (10 km, S. 57) – **Abstecher nach Schramberg** (20 km, S. 59) – **Schiltach** (10 km, S. 61) – **Wolfach** (13 km, S. 63) – **Haslach** (12 km, S. 66) – **Triberg** (51 km, S. 70) – **Furtwangen** (18 km, S. 73) – **Freiburg** (58 km, S. 78)

Streckenlänge:
ohne Abstecher ca. 180 km
mit Abstecher ca. 200 km

◁ *Vorseite: Stattliche Eindachhöfe findet man überall im Kinzigtal*

297bw-gg

ROUTENÜBERSICHT

Entlang der Kinzig reiht sich ein malerisches Städtchen ans andere, sodass man kaum benennen kann, welches hier das „schönste im Land ist". Sie heißen Alpirsbach, Schiltach, Wolfach und Haslach und bergen hinter ihren Stadtmauern so manches sehenswerte Fleckchen. Bier probieren in Alpirsbach, staunen über das exzellente Auto- und Uhrenmuseum Erfinderzeiten in Schramberg, viel erfahren über die Historie von Trachten und Uhren in Haslach oder Furtwangen und besichtigen der Wallfahrtskirche Maria Himmelfahrt in St. Märgen oder der ehemaligen Benediktinerabtei St. Peter – die Route birgt viele interessante Sehenswürdigkeiten. Höhepunkte sind in Gutach, der Heimat des Bollenhutes, der Besuch des Freilichtmuseums Vogtsbauernhof und in Triberg die Besichtigung der höchsten Wasserfälle Deutschlands. Entlang der landschaftlich außerordentlich schönen Route stehen noch viele Eindachbauernhöfe mit ihren tief heruntergezogenen Dächern. Den Abschluss der Route bildet die bezaubernde Stadt Freiburg. In einer der wärmsten Regionen Deutschlands trifft man hier zwischen den historischen Mauern auf quirliges junges Leben in zahlreichen Freiluftlokalen.

⌃ *Im Schwarzwälder Trachtenmuseum in Haslach sind mehr als 100 Figuren in Originaltrachten ausgestellt*

Nur 8 km fährt man von Freudenstadt zum ersten Ziel bei Route 2.

LOSSBURG

(8 km – km 8)

Einen ruhigen Stellplatz, einen Gasthof und eine Metzgerei mit regionalen Spezialitäten, ein Freibad, viele Fahrradwege und das Zauberland hält das kleine Städtchen für seine Gäste bereit. Das Areal **Zauberland** entlang der noch jungen Kinzig ist mit den Wasser- und Naturpfaden ein Erlebnis für Jung und Alt. Da spritzt schon mal der Opa verschmitzt lächelnd nach den Spaziergängern.

Information

› **KinzigHaus,** Hauptstraße 46, 72290 Loßburg, Tel. 07446 950460, www.lossburg.de, geöffnet: Mo.–Fr. 9–13 und 14.30–17.30, Sa. 9–13 Uhr

Gastronomie

› **Landgasthof Hirsch,** Hauptstraße 5, 72290 Loßburg, Tel. 07446 95050, www.hirsch-lossburg.de, Mo.–Fr. 17–24, Sa./So. 7–24, Mai–Sept. auch Fr. 7–24 Uhr. 400 Jahre im Familienbesitz, regionale, saisonale Spezialitäten, im Sommer auch im Garten.

Einkaufstipp

› **Metzgerei Schmid,** Hauptstraße 28, 72290 Loßburg, Tel. 07446 1362, www.my-schmid.de, geöffnet: Mo.–Fr. 7–12.30 und 14–18 Uhr, Sa. 6.30–12 Uhr. Fleisch und Wurst von Tieren der Bauern aus der Region, eigene Schlachtung und Produktion. Spezialität Schwarzwurst und Maultaschen.

Radtouren rund um Loßburg

Start: KinzigHaus in Loßburg

Rund um die kleine Kinzig

Länge 30 km; Höhendifferenz 865 m; Beschreibung L4; mittelschwere Tour.

Ins Tal der Glatt

Länge 48 km; Höhendifferenz 888 m; ausgeschildert; etwas anstrengende Tour

Sonnenterrassen

Länge 22,3 km; Höhendifferenz 395 m; Beschreibung L6; leichte Tour.

Augenblick-Runde zum Vogteiturm in Loßburg

Länge: 5 km; Höhendifferenz: 140 m; Markierung: „Augenblick-Runde“; Start: Parkplatz Freibad Loßburg. Durchs Zauberland zum Vogteiturm mit schöner Fernsicht.

Aktivitäten

› **Zauberland,** An der K4777 Richtung Schömberg beim Schwimmbad, GPS 48.41119, 8.44855, frei zugänglich, Eintritt: kostenlos. Naturerlebnispfad am Kinzigsee mit Wasserspielplätzen (auch für Große), Genießerbereich, Himmelsleiter u. v. a. m., von hier 1,4 km zum Vogteiturm mit Rundumpanorama.

035bw-gg

㉕ Sportplatz, Loßburg

GPS 48.41560, 8.45844

Plätze beim Sportplatz in sehr schöner, sehr ruhiger Lage (außer bei Spielen), ins Städtchen 1 km. **Lage/Anfahrt:** Nach der Touristeninformation links, ausgeschildert; **Platzanzahl:** 4; **Untergrund:** Asphalt; **Sicherheit:** beleuchtet; **Preise:** kostenlos; **Geöffnet:** frei zugänglich; **Kontakt:** Lindenweg, 72290 Loßburg.

ALPIRSBACH

(10 km – km 18)

Das **Kloster** zu Alpirsbach wurde zunächst im Stil der Romanik erbaut und entwickelte sich stilistisch weiter bis zur Spätgotik. Die Klosterkirche aus rotem Sandstein ist eine dreischiffige Säulenbasilika in Form eines lateinischen Kreuzes. Das Tympanon (Bogenfeld) aus dem 12. Jh. über dem Portal zählt zu den bedeutendsten Zeugnissen romanischer Baukunst in Südwestdeutschland. Es zeigt in der Mitte Christus als Weltenrichter, umgeben von zwei Engeln. Adalbert von Zollern, einer der drei Stifter, ist links im Mönchsgewand dargestellt. Durch die beiden Portalflügel mit den schön gearbeiteten Bronze-Türziehern in Form stilisierter Löwenköpfe kommt man ins schlichte, erhabene Innere. Ein spätgotisches Meisterwerk mit besonders feinem Schnitzwerk ist der Marienaltar aus der Ulmer Werkstatt der Meisters Nikolaus Weckmann. Er zeigt die Marienkrönung, die Verkündigung und Heimsuchung Mariae. Den gotischen Kreuzgang kann man nur im Rahmen einer Führung besuchen.

Zu Alpirsbach gehört die Besichtigung der **Klosterbrauerei** unbedingt dazu. 1880 gründete der damals erst 18-jährige Carl Glauner die Brauerei. Nur mit ausgewählten Zutaten wie dem kristallklaren Wasser aus dem Naturschutzgebiet Glaswiesen, edler Braugerste und deutschem Aromahopfen (keine Hopfenpelletts oder Flüssighopfen) wird hier in der vierten Generation im Familienbetrieb gebraut. Glücklich können sich die Mitarbeiter des Hauses schätzen, denn sie bekommen kostenlos 10 Kästen Haustrunk im Monat. Alles über die Braukunst, die Abfüllung und den Vertrieb einst und heute erfährt man bei der sehr unterhaltsamen und kurzweiligen Führung. So hört man zum Beispiel über die 900 m lange Bierpipeline zum Zweitwerk der Klosterbrauerei, über das deutsche Reinheitsgebot, über Sprichwörter wie: „Hopfen und Malz, Gott erhalts“ und die Geschichte von Emil dem Bierkutscher, der häufig bei der Rückfahrt nach Alpirsbach nicht mehr ganz nüchtern war und eingeschlafen ist. Seine Pferde fanden aber auch so zurück zur Brauerei. Am Ende des Rundganges gibt es dann noch ein frisch gezapftes Bier zum Verkosten, einen kurzen Infofilm und ein Andenken.

In der **Schau-Confiserie Max Heinzelmann** wird handgefertigte Spitzenconfiserie verkauft. Zum großen Sortiment zählt auch die Bier-Praline. Im Verkaufsraum kann man bei der Fertigung der Hohlkörper zusehen.

Sehr interessant ist der Besuch der **Glasbläserei.** Der Meister lässt sich bei der Fertigung seiner kleinen und großen Kreationen über die Schulter schauen. Vom Schmuck über Trinkgläser bis zu Dekorationsgegenständen gibt es viele schöne Kunstwerke zu kaufen.

036bw-gg

▷ *Die Klosterkirche von Alpirsbach*

305bw-gg

㉖ Campingplatz Alpirsbach

GPS 48.35683, 8.41185

Platz in sehr schöner, ruhiger Lage, gepflegte Sanitärausstattung, Brötchenservice, Laden, Restaurant, zum Empfang gibt es ein Bier, sehr hilfsbereite Inhaber. Zentrum 1,5 km, Anbindung ans Radwegenetz. Stellplatz vor der Schranke zwischen 16 und 10 Uhr. **Lage/Anfahrt:** ausgeschildert; **Platzanzahl:** 110; **Untergrund:** Wiese; **Service:** Strom, Trinkwasser, Abwasser, Chemie-WC; **Preise:** 6–9,50 €/Fahrz, 9 €/Pers., Strom 0,60 €/kWh, Hund 1,90 €, Taxe 0,90 €, Stellplatz vor der Schranke 16–10 Uhr 16 €, Taxe 1 €; **Geöffnet:** Mitte März–Okt.; **Kontakt:** Grezenbühler Weg 18, 72275 Alpirsbach, www.camping-alpirsbach.de.

Wanderungen und Fahrradweg bei Alpirsbach

Alpirsbach-Lossburg

Länge: 10 km; Flößerweg, sehr schöne Strecke – wenig Steigung – Rückfahrt mit der Ortenau S-Bahn

Alpirsbach-Wolfach

Länge: 22 km; Flößerweg mit Infotafeln oder Audioguide bei der Touristinfo für Kinder oder Erwachsene – unterwegs immer wieder Möglichkeit, mit der S-Bahn zurückzufahren.

Kinzigtalradweg

Bis Offenburg bequem ohne große Steigungen, unterwegs immer wieder Haltestellen zur Rückfahrt mit der Ortenau S-Bahn.

Rund um Alpirsbach mit dem Fahrrad

Länge 46 km; Höhendifferenz: 1210 m; Start: Haus des Gastes – Muggelbruck – Loßburg – 24 Höfe – Wälde – Lindenbuch – Aischfeld – Römlinsdorf – Hönweiler – Rötenberg – Schwanenmoos – Rötenbach – Haus des Gastes

Sehenswertes

- **Kloster,** Klosterplatz 1, 72275 Alpirsbach, Tel. 07444 51061, www.kloster-alpirsbach.de, April–1. Nov. Mo.–Sa. 10–17.30, So. 11–17.30 Uhr (Führungen Di.–So. 11.30/12.30/13.30 u. 15 Uhr), 2. Nov.–März Do.–So. 13–15 Uhr (Führungen Do.–So. 13.30 Uhr), Eintritt: 7/3,50/17,50 €, inkl. Führung 9/4,50/22 €.
- **Alpirsbacher Brauwelt,** Marktplatz 1, 72275 Alpirsbach, Tel. 07444 67149, www.alpirsbacher.de, Führungen tägl. 12 u. 14.30 Uhr, Eintritt: 8,70 € inkl. zwei Bieren und Erinnerungsgeschenk, Laden April–Okt. Mo.–Fr. 10–18, Sa. 10–17, So. 11–17 Uhr, Nov.–März Mo.–Fr. 11–17, Sa. 10–17, So. 13–17 Uhr (auch Bieressig, Bierwurst, Biergelee usw.)

Information

- **Stadtinformation,** Krähenbadstr. 2, 72275 Alpirsbach, Tel. 07444 9516281, www.alpirsbach.de, geöffnet: Mo.–Fr. 8.30–12, Di. auch 14–18 Uhr, 9–11.30 Uhr, Di./Do.14–17.30 Uhr

Gastronomie

- **Brauerei-Gasthof Löwen-Post,** Markplatz 12, 72275 Alpirsbach, Tel. 07444 95595, www.loewen-post.de, Do. geschlossen. Historischer Gasthof, in dem mit frischen Zutaten der Region gekocht wird. Spezialität Biermaultaschen.

Einkaufstipp

› **Alpirsbacher Glasbläserei,** Krähenbadstr. 3, 72275 Alpirsbach, www.glasblaeserei-alpirsbach.de, Tel. 07444 6009, geöffnet: Mo.–Fr. 10–18, Sa. 10–16 Uhr, Ostern–Okt. auch So. 14–17 Uhr

› **Schau-Confiserie Max Heinzelmann,** Amrosius-Blarer-Platz 2, 72275 Alpirsbach, Tel. 07444 9508885, https://confiserieheinzelmann.com, geöffnet: Mo.–Fr. 9–12 und 14–18 Uhr, Sa. 9–17 Uhr

Parken

P 14 **Am Bahnhof,** GPS 48.34287, 8.39696, kostenlos, Übernachtung möglich

Auf der Weiterfahrt nach Schiltach ist ein Abstecher nach Schramberg (Umweltzone) lohnenswert.

ABSTECHER NACH SCHRAMBERG

(hin und zurück 20 km)

Die beste Zeit, Schramberg kennenzulernen, ist während der **Schwäbisch-Alemannischen Fasnet,** bei der „Da-Bach-na-Fahrt" am Rosenmontag. Wagemutige Narren stürzen sich in die eiskalten Fluten des Kirchenbaches und versuchen, in ihren, mit viel Fantasie und lokal- und bundespolitischen Themen verzierten Holzzubern das Ziel zu erreichen. Ein Riesenspaß für Zuschauer und Beteiligte.

An der Straße nach Rottweil findet man ein wahres Mekka nicht nur für Technikfreaks, sondern auch für Menschen, die gerne in ihre eigene Kindheit und Jugend zurückreisen möchten: die **Auto- und Uhrenwelt Schramberg.** Vier Museen bieten auf 8000 m² vier völlig verschiedene Erlebniswelten. Die **Autosammlung Steim** präsentiert eine Zeitreise durch 110 Jahre Automobilgeschichte, die Entwicklung der Automobil-Herstellung bis in die heutige Zeit hinein. Gezeigt werden 110 exklusive Exponate aus aller Welt, wie ein Maybach Zeppelin von 1932, ein De Dion von 1902, der Mercedes 300 des ehemaligen Bundespräsidenten Heinrich Lübke und ein Ford N Runabout von 1907.

Herzstück der Auto- und Uhrenwelt ist das **Auto- und Uhrenmuseum Erfinderzeiten** in den Fabrikgebäuden der ehemaligen H.A.U., der Hamburg-Amerika-Uhrenfabrik. Auf fünf Ebenen erhält man lebensnahe Eindrücke von der Fahrzeugwelt und dem Alltagsleben von Ende des Zweiten Weltkriegs bis in die 1970er-Jahre. Die Fahrzeuge des „kleinen Mannes", im Gegensatz zu denen in der Autosammlung Steim, stehen im Kontext zum damaligen Zeitgeist. So erlebt man die entbehrungsreichen Jahre direkt nach dem Krieg, das Wirtschaftswunder der 1960er-Jahre, sieht einen Tante-Emma-Laden und ein Wohnzimmer mit Nierentischchen, stößt auf Kinderspielzeug und -fahrzeuge. Dazwischen Autos, an die sich viele noch erinnern, sei es das Gogomobil, der Messerschmitt-Kabinenroller oder der legendäre Leukoplast-Bomber. In der obersten Etage beginnt der Rundgang mit den Anfängen der Uhrenindustrie im Schwarzwald. Hier wurden seit dem 17. Jh. Uhren gebaut, zunächst von Landwirten im Nebenerwerb. Ab dem 18. Jh. begann die Industrialisierung mit Großproduktion und Fließbandarbeit. 1925 arbeiteten hier im

038bw-gg

⊡ *Camping anno dazumal im Museum Erfinderzeiten*

Schwäbisch-Alemannische Fastnacht

Hansel, Narro, Brüeli, Fransenkleidle, Gschell, Schantle, Hexen, Federahannes, Nussschalen-, Rössle-, Mehlwurm- und Streifenhansel heißen die regional unterschiedlichen Figuren der traditionellen schwäbisch-alemannischen Fasnet. Fasnet, Fasching oder Fastnacht wird dieser Brauch, der sich klar vom rheinischen Karneval abgrenzt, in Südwestdeutschland und der angrenzenden Schweiz genannt. Hier trägt man Narrenkleidle oder Häs und Larve oder Schemmen. Traditionell werden die aus Holz geschnitzten, in wenigen Orten auch aus Stoff, Papier, Ton oder Draht hergestellten Masken innerhalb der Familie weitervererbt. Typisch für alle Narren der Region sind die mitgeführten Gegenstände von der Streckschere über die Saublodere (Schweinsblase) und Narrenpritsche bis zu Glocken und Rätschen. Mit lautem Getöse und derbe Späße an den Zuschauern verübend, ziehen die Hästräger in der fünften Jahreszeit durch die Straßen der Städte. Sie gehören einer Zunft an, die wiederum in sogenannten Narrenvereinigungen zusammengeschlossen ist.

Im Dezember 2014 wurde die schwäbisch-alemannische Fasnet in die Liste des immateriellen Kulturerbes der UNESCO aufgenommen.

Werk 2200 Arbeiter, die täglich 5000 Uhren und 15.000 Wecker produzierten. So wurde die Uhrenherstellung zum Hauptproduktionszweig der Region. Die Uhrenkrise der 1970er-Jahre brachte vielen Uhrenfabriken den Konkurs, da sie mit den Kunststoffbilligprodukten nicht mithalten konnten. Dieses sehr gut und spannend aufbereitete Museum sollte man sich nicht entgehen lassen.

Im **Dieselmuseum** ist der größte Dieselmotor aus dem Jahr 1911 zu bestaunen, der 50 Jahre lang die Hamburg-Amerika-Uhrenfabrik mit Strom versorgte.

Ein weiteres Highlight für Kinder und verspielt gebliebene Erwachsene ist das **Eisenbahnmuseum** mit seiner weltweit größten Sammlung von Spur-2-Eisenbahnmodellen. Handgefertigte Meisterleistungen der Interessengemeinschaft Spur-2 fahren auf 400 m² Gleisanlagen am staunenden Publikum vorbei.

Sehenswertes

› **Auto- und Uhrenwelt,** mit Auto- und Uhrenmuseum Erfinderzeiten, Eisenbahnmuseum, Dieselmuseum, Gewerbepark H.A.U., 78713 Schramberg, Parken GPS 48.22935, 8.39372, Tel. 07422 29300, www.auto-und-uhrenwelt.de, geöffnet: 15. März-Okt. Di.-So. 10-18 Uhr, Nov.-14. März Di.-So. 10-17 Uhr, Eintritt: ein Museum inkl. Dieselmuseum 6,50/4/18 €, zwei Museen inkl. Dieselmuseum 11,50/6,50/30 €, alle Museen (inkl. Autosammlung Steim) 16,50/9/42 €

27 Schwabenhof, Schramberg

GPS 48.21325, 8.40105

Empfehlenswerter Platz in sehr schöner, ruhiger Panoramalage, Naturweiher, Grillplatz, gekühlte Getränke, Fahrzeuge bis 8 m, sehr engagierte Besitzer, Highlight für Kinder: Alpakas am Platz, Start vom Burgenpfad, Kletterfels in der Nähe, Bushaltestelle beim Platz. **Lage/Anfahrt:** Richtung Villingen-Schwenningen aus dem Ort hinaus, dann rechts abbiegen, ausgeschildert; **Platzanzahl:** 4; **Untergrund:** Wiese; **Service:** Strom, Trinkwasser, Abwasser; **Preise:** 14 € alles inkl.; **Geöffnet:** April-Nov., übrige Zeit auf Anfrage; **Kontakt:** Schwabhof 12, 78713 Schramberg, Tel. 07422 23253, www.ferienwohnungen-schwabenhof.de.

329bw-gg

› **Autosammlung Steim,** Göttelbachstr. 49, 78713 Schramberg, Tel. 07422 9790901, www.autosammlung-steim.de, geöffnet: 15. März–Okt. Di.–So. 10–18 Uhr, 1.–15. Nov. nur bis 17 Uhr, 16. Nov.–14. März Sa./So. 10–17 Uhr, Eintritt: 6,50/5/18 €

Ver- und Entsorgung

› **Schramberg B462,** GPS 48.23025, 8.38339, Wasser 1 €/60 l, enge Zufahrt

SCHILTACH

(10 km – km 28)

© 39bw-gs

In Schiltach ist der Teufel los! Er springt zuhauf bei der Fasnet durch die Stadt und ziert als Brandstifter die Rathausfassade. Der Sage nach soll der Teufel 1533 durch die Hand einer ihm hörigen Magd die ganze Stadt in Brand gesetzt haben. Die Magd wurde verhaftet, gefoltert und elf Tage später verbrannt. Der Renaissance-Baumeister Heinrich Schickhardt (s. S. 50), der auch Freudenstadt erbaut hat, wirkte beim Wiederaufbau mit. Den meisten Fachwerkhäusern wurde leider im Laufe der Jahrhunderte nach und nach ein Fassadenputz verpasst. In den 1970er-Jahren sorgte Peter Rottenburger (Bürgermeister von 1970 bis 2002) dafür, dass das malerische Städtle und der Marktplatz wieder im alten Glanz erstrahlen. Die freigelegten Fachwerkhäuser, der Marktbrunnen und der mit altem Kopfsteinpflaster belegte Markplatz bilden die malerische Kulisse bei den gut besuchten Schiltacher Festen, wenn hier wahrhaft der Teufel los ist.

Schiltach ist jedoch das ganze Jahr einen Besuch wert. Das **Museum am Markt** ist kein angestaubtes Heimatmuseum, sondern ein modern gestaltetes Haus, bei dem die Informationen durch Tablets abrufbar sind. Doch auch das Geschichtenerzählen kommt nicht zu kurz. In den elf Themenräumen kann man in Hör-Nischen regionalen Legenden und Anekdoten lauschen. Doch noch schöner ist es, wenn der Museumsbetreuer den Touristen an die Hand nimmt und durch die vielseitige Ausstellung begleitet. So bekommt man noch einige ganz persönliche Hintergrundinformationen.

Gleich gegenüber dem Rathaus, das übrigens erst 1906 den Treppengiebel erhielt, wurde in der ehemaligen Rats-Apotheke ein Museum eingerichtet. Das **Apothekenmuseum** zeigt wertvolle Ausstellungstücke in der historischen Originaleinrichtung. Die Herstellung von Destillaten, Aufgüssen und Extrakten, eine Sammlung von Puderdosen und Inhalationsgeräten und vieles andere mehr präsentiert das größte private Apothekenmuseum Europas.

Das **Schüttesägemuseum** liegt im alten Gerberviertel an der Kinzig. Eine Hochsäge, die von einem historischen Wasserrad angetrieben wird, das **Flößerei-Museum** mit sehr

Die liebevoll renovierte Fachwerkstadt Schiltach

lebensnahen Modellen, die Holzproduktion in den heimischen Wäldern und einige Exponate zur hier ansässigen Gerberei bieten einen tiefen Einblick in die Handwerksberufe, die Schiltach auch den Beinamen Stadt des Fachwerks, der Flößer und der Gerber gaben.

Sehenswertes

- **Museum am Markt,** Marktplatz 13, 77761 Schiltach, geöffnet: April-Okt. 11-17 Uhr, Eintritt: frei

Wanderungen ab Schiltach

Zur Schenkenburg

Länge: 16 km; Höhendifferenz: 450 m; Markierung: „Augenblick-Runde"; Start: Häberlesbrücke bei P1. Der Kinzig entlang zur Schenkenburg mit Fernsicht.

Kinzigtal-Eulersbach

Länge: 11,5 km; Höhendifferenz: 380 m; Start: Evangelische Kirche - Schöngrund - Im Eulersbach - Vorderlehengericht- Vor Eulersbach - Vor Leubach - Vor Heubach - Obere Bahnhofsbrücke - Ev. Kirche

Panoramawanderung

Länge: 12 km; Höhendifferenz: 300 m; Start: Marktplatz - Auf der Steig - Rohrbach - Rohrbachgrund - Welchsdorf - Vor Reichenbächle - Schiltach Stadtbrücke - Marktplatz

- **Schüttesägemuseum,** Hauptstr. 1, 77761 Schiltach, geöffnet: April-Okt. 11-17 Uhr, Eintritt: frei
- **Apothekermuseum,** Marktplatz 5, 77761 Schiltach, Tel. 07836 360, geöffnet: April/Mai Di.-So. 14.30-16.30 Uhr, Juni-Okt. Di.-So. 10.30-12 und 14.30-16.30 Uhr, Eintritt: 3 €

Information

- **Tourist-Information,** Hauptstr. 5, 77761 Schiltach, Tel. 07836 5850, www.schiltach.de, geöffnet: Mo.-Fr. 9-12 und 14-16 Uhr, Sa. 10-12 Uhr

Gastronomie

- **Café Konditorei Bachbeck,** Bachstr. 1, 77761 Schiltach, geöffnet: 9-18 Uhr. Ausgezeichnete Kuchen sowie Eis.
- **Gasthof zum weyßen Rössle,** Schenkenzellerstr. 42, 77761 Schiltach, Tel. 07836 387. Mo. und Sonntagabend geschl. Wild- oder Fischspezialitäten von sehr guter Qualität.

Einkaufstipp

- **Bauernmarkt,** dritter Sonntag im Oktober

An der B294 auf der Fahrt nach Wolfach wird der Hungrige im **Gasthof Pflug** mit schwäbisch-badischer Küche sehr gut verköstigt.

Gastronomie

- **Gasthof Pflug,** Vor Eulersbach 56, 77761 Schiltach-Vorderlehengericht, Tel. 07836 2013, www.gasthof-pflug.de

040bw-gg

28 P1, Schiltach

GPS 48.29119, 8.34231

Beliebte Plätze auf einem großen gemischten Parkplatz an der Kinzig mit Blick auf die Altstadt, schöne und relativ (an- und abfahrende Pkws) ruhige Lage, nur für Fahrzeuge bis 7 m, zentrumsnah. **Lage/Anfahrt:** Beschilderung P1 folgen; **Platzanzahl:** 6; **Untergrund:** Schotter; **Preise:** kostenlos; **Geöffnet:** frei zugänglich; **Kontakt:** Am Hirschen, 77761 Schiltach.

29 Trendcamping, Wolfach-Halbmeil

GPS 48.29055, 8.27767

Familiärer Platz mit guter Sanitärausstattung in sehr schöner und ruhiger Panoramalage, Wasser- und Abwasseranschluss an jedem Platz, Waschmaschine/Trockner, Biergarten, Café, S-Bahn-Haltestelle in 500 m, MTB- und Radwege direkt ab Platz. **Lage/Anfahrt:** Von der B294 ausgeschildert; **Untergrund:** Wiese; **Service:** Strom, Trinkwasser, Abwasser, Chemie-WC; **Sicherheit:** umzäunt, beleuchtet, bewacht; **Preise:** 9,90 €/Fahrz., 9,50 €/Pers., Strom 3,50 €, Hund 3 €, Pauschale inkl. 2 Pers. ohne Strom 18 €, Taxe 1,70 €; **Geöffnet:** Ostern–Anf. Nov.; **Kontakt:** Schiltacher Str. 80, 77709 Wolfach-Halbmeil, Tel. 07834 859309, www.trendcamping.de.

WOLFACH

(13 km – km 41)

Die Stadt war über Jahrhunderte hinweg eng mit der Flößerei verbunden. In einer alten Urkunde heißt es: „Das Volk sobei der Kinzig wohne besonders um Wolfach, ernähret sich mit den großen Bauhölzern, die sie durch das Wasser Kinzig gen Straßburg hin den Rhein flötzen und groß Geld jährlich erobern."

Im stattlichen, 110 m langen **Fürstenbergerschloss,** dessen heutiges Aussehen auf 1671 datiert ist, findet man das **Museum im Schloss Wolfach.** Es exponiert eine interessante Sammlung zur Stadtgeschichte und informiert über die Flößerei auf der Kinzig.

Ein außergewöhnliches Museum ist das **MIMA.** Es zeigt einzigartige regionale Mineralien und gibt multimedial Einblicke in die Welt der Mathematik.

Etwas außerhalb der Stadt in einem Industriegebiet steht die **Dorotheenhütte,** die letzte aktive Mundblashütte im Schwarzwald. Im Schauraum werden aus der 1400 °C heißen Schmelze kunstvolle Gläser geblasen, langsam abgekühlt und mit Diamanten geschliffen. Wer es sich zutraut, kann unter Anleitung eines Profis seine eigene Vase blasen. Auf 2000 Jahre Glasgeschichte trifft man im Museum und kann 1000 Exponate einer historischen Christbaumschmucksammlung bestaunen.

Viel Spaß macht es, in einer der mineralienreichsten Gruben der Welt, der **Grube Clara,** Steine zu klopfen und sicherlich einige interessante Stücke zu finden. Hier werden noch heute Schwer- und Flussspat gefördert, der Abraum steht dann den Mineraliensuchern zur Verfügung.

30 Bartleshof, Wolfach-Ippichen

GPS 48.30214, 8.26316

Privater Platz bei einem Bauernhof in sehr schöner, ruhiger Lage in einem Seitental, Dusche, WC, Pool, viele Tiere, Wandermöglichkeiten, am Wochenende Vesperstüble. Sehr herzliche Aufnahme durch Familie Schmider. **Lage/Anfahrt:** Von der B294 Richtung Ippichen abfahren, dann 600 m zum Platz, ausgeschildert; **Platzanzahl:** 4; **Untergrund:** Wiese; **Service:** Strom, Trinkwasser, Abwasser, Chemie-WC; **Preise:** 15–20 €/Fahrz. inkl. Strom; **Geöffnet:** ganzjährig.; **Kontakt:** Bartleshof, Ippichen 6, 77709 Wolfach, Tel. 07834 869953, www.bartleshof.de.

041bw-gg

Glasherstellung

Das Leben im Schwarzwald war hart, die Böden waren nicht sehr ertragreich und so begann man schon im Mittelalter mit der Glasherstellung, um den Lebensunterhalt zu verdienen. Die Rohstoffe wie Quarzsand, Kalk, Pottasche und Holz waren im Schwarzwald vorhanden. Für die bäuerlichen Familien bildete die Pottaschegewinnung eine wichtige Einnahmequelle. Zur Herstellung von Pottasche wurde Holz verbrannt. Aus der Asche und Wasser setzte man anschließend eine Mischung an, die durch „potten" (eindampfen) in Pottasche umgewandelt wurde. Aus 1000 kg trockenem Holz konnte so etwa 1 kg Pottasche gewonnen werden. Bei 1450 °C entsteht aus Sand, Kalk, Soda und Pottasche eine gleichmäßig flüssige Masse. Mit Glasmacherpfeifen wird aus dieser eine Kugel geblasen, mit einem Holzlöffel vorgeformt und anschließend in die endgültige Form geblasen. Da der Holztransport in früheren Zeiten schwierig war, wurden die Glashütten meist mitten im Wald angelegt und wenn das Holz im Umkreis knapp wurde, wanderten die Glasmacher weiter. Die Herstellung von Glas wurde von Klöstern wie St. Blasien und St. Peter gefördert, da sie für ihre Kirchen besonders viel Glas benötigten. Träger mit Krätzen (Tragestellen) trugen das Glas durch ganz Europa. Im 17. und 18. Jh. wurden die Glasmacher sesshaft. Das Glas wurde mit Hitzeeffekten, Farbstoffen und Metallauflagen dekoriert. Glasschleifer veredelten die Gläser mit Gravuren und Verzierungen.

Heute kämpfen die Glashütten gegen die Billigkonkurrenz und so haben sie sich auf die Herstellung edler Gläser und Kunsthandwerk verlegt.

Sehenswertes/Einkaufstipp

- **Dorotheenhütte,** Glashüttenweg 4, 77709 Wolfach, Tel. 07834 83980, www.dorotheenhuette.de, geöffnet: 9–17 Uhr, Eintritt: 6/4/15 €
- **Museum im Schloss Wolfach,** Fürstenbergerschloss, 77709 Wolfach, geöffnet: Mai–Anfang Okt. Di./Do./Sa./So. 14–17 Uhr, Eintritt: 3/1 €
- **MIMA,** Schulstraße 5, 77709 Oberwolfach, www.mima.museum, geöffnet: tägl. 11–17 Uhr, Eintritt 5 €

Information

- **Touristinfo,** Hauptstr. 41, 77709 Wolfach, Tel. 07834 835353, www.wolfach.de, geöffnet: Mo.–Fr. 9–12.30 und 14–17 Uhr, Do.–18 Uhr, Mai–Aug. tägl. bis 18 Uhr und Sa. 10–12 Uhr

Aktivitäten

- **Mineralienhalde Grube Clara,** Kirnbachertr. 3, 77709 Wolfach, GPS 48.28465, 8.21281, geöffnet: April–1. Nov. Mo. Sa. 9 17 Uhr, Juli/Aug. auch So. 10–17 Uhr, Eintritt: 13/7,50/28 €

Parken

P 15 **Herlinsbachweg 1,** GPS 48.29301, 8.22001, 77709 Wolfach, kostenlos. Eine Übernachtung möglich, 900 m ins Zentrum.

Überragt von der **Burg Husen** liegt **Hausach** im breiten Kinzigtal. Ein Aufstieg zu der im Dreißigjährigen Krieg zerstörten Burg lohnt sich schon wegen der schönen Aussicht. In der Hauserbachstraße zeigt das kleine **Bergbaufreilichtmuseum Erzpoche** die mühsame Weiterverarbeitung des im Kinzigtal geförderten Eisenerzes (www.schwarzwald-kinzigtal.info).

Parken

P 16 **Kinzigtalbad, Hausach,** GPS 48.28620, 8.16582, ausgewiesene Plätze für Womos, Übernachtung möglich

Auf 65 km Länge durchfließt die Kinzig zahlreiche Schwarzwaldgemeinden

Die Schwarzwälder Trachten

Roter Bollenhut, eine weiße Bluse, ein Mieder mit eingewebten Blümchen sowie ein schwarzer, glänzender Rock: Diese Aufmachung bei Frauen gilt bis heute als die „Schwarzwälder Tracht". Aufgekommen ist diese Vorstellung durch Heimatfilme wie „Schwarzwaldmädel" und „Schwarzwaldmelodie", bei denen die schmucke Tracht häufig ins Bild kam. Richtig ist allerdings, dass die beschriebene Tracht ursprünglich nur in Gutach, Reichenbach und Kirnbach bei Wolfach getragen wurde. Traditionell wurde der Bollenhut von den jungen Mädchen zum ersten Mal bei der Konfirmation, später bei verschiedenen kirchlichen Anlässen aufgesetzt. Die 14 Bollen aus Wolle sind auf einem breitkrempigen Strohhut angeordnet, der dann bis zu zwei Kilogramm schwer werden kann. Rote Bollen tragen die ledigen Frauen, verheiratete Frauen dagegen schwarze. Unter dem Hut sitzt ein schwarzes Seidenhäubchen, das unter dem Kinn zu einer Schleife gebunden wird.

Das männliche Gegenstück besteht aus weißem Hemd und schwarzem Schlips, dazu einer schwarze Samtweste, einem wadenlangen rotgefütterten Samtmantel, weißen Strümpfen, schwarzen Schuhen sowie einem schwarzen hohen Trachtenhut, mit breiter Krempe ausgestattet.

Die mit goldenen Spitzen und glitzernden Steinchen besetzte Goldhaube aus dem Schuttertal, die Flügelkappe der Markgräflerinnen oder der Kapotthut der Kappelrodeckerinnen sind einige der traditionellen Kopfbedeckungen der Region. Der Schäppel ist ein kroneförmiges Metallgestell, das mit Band umwickelt ist und in das Perlensträußle, künstliche Blumen, Münzen und Flittergold eingeflochten werden. Ihn tragen die ledigen Frauen bei kirchlichen Festen und zum letzten Mal bei ihrer Hochzeit.

Einen guten Überblick über die Trachten des Schwarzwalds bekommt man im Schwarzwälder Trachtenmuseum in Haslach im Kinzigtal (s. S. 66).

HASLACH

(12 km – km 53)

Das schon in der Römerzeit als Straßenstation besiedelte Haslach erlebte seine Blüte, als es im 13. Jh. Silberbergbauzentrum wurde. Das Marktrecht im 17. Jh. trug zur weiteren Entwicklung und zum Wohlstand der Haslacher Bevölkerung bei. Die ganze Altstadt steht heutzutage unter Denkmalschutz und es macht sehr viel Freude, durch die vollständig erhaltenen Gassen, Plätze und über die breite Marktstraße zu flanieren. Samstags zum Wochenmarkt herrscht quirlige Geschäftigkeit und die netten Cafés bieten Erfrischung und einen gemütlichen Platz, um das bunte Treiben zu betrachten.

Früher wurde an den Markttagen natürlich die heimische Tracht getragen. Im **Schwarzwälder Trachtenmuseum** stehen über 100 Figuren in Originaltrachten in den für sie typischen Lebensbereichen. Untergebracht ist das Museum im ehemaligen Kapuzinerkloster, der einzig noch erhaltenen Klosteranlage dieses Ordens im süddeutschen Raum. Sie besteht aus dem Kreuzgang, der Klosterkirche (1632) mit der Grablege der Grafen zu Fürstenberg und der nach italienischem Vorbild erbauten Loretokapelle (1659) mit der schwarzen Muttergottes.

Haslachs berühmtester Sohn ist Heinrich Hansjakob (1837–1916). Er war Pfarrer, Politiker und Gründer der ersten badischen Winzergenossenschaft. Am bekanntesten wurde er als Schriftsteller. In mehr als 70 Schriften und Büchern bewahrte er wie kein anderer das Schwarzwälder Brauchtum. Inmitten einer Parkanlage beherbergt der stattliche Freihof das **Hansjakob-Museum.**

800 Jahre Bergbau wollen in der **Silbergrube Segen Gottes** auf drei Sohlen (Ebenen) erkundigt werden. Kristalldrusen, Sinter und Stalaktiten in seltener Vollkommenheit findet man beim Begehen der mit Schlägel und Eisen aus den Felsen herausgehauenen Stollen.

Sehenswertes

- **Schwarzwälder Trachtenmuseum,** siehe Touristinformation, geöffnet: siehe Touristinformation; Eintritt: 3 € inkl. Hansjakob-Museum
- **Hansjakob-Museum,** Hansjakobstr. 17, 77716 Haslach, Tel. 07832 2867, geöffnet: Mi. 10–12.30 und 15–17 Uhr, Fr. 15–17 Uhr, April–15. Okt. auch So. 10–12.30 und 15–17 Uhr, Eintritt: siehe Trachtenmuseum
- **Silbergrube Segen Gottes,** Silberbergweg, 77716 Haslach, GPS 48.28921, 8.08351, geöffnet: April–Okt. Di./Mi./Fr.–So. Führungen: 12 und 15 Uhr, Eintritt: 6/4 €, keine Hunde, Tickets bei Tourist-Info

31 Freibad, Oberprechtal

GPS 48.21441, 8.13884

Separate Plätze in sehr schöner, ruhiger Lage direkt am beheizten Freibad. Freundlicher Ort in 300 m mit Restaurant, Bäckerei. Schatten. Wander- und Radfahrmöglichkeit. **Lage/Anfahrt:** im Ort ausgeschildert; **Platzanzahl:** 12; **Untergrund:** Schotter; **Service:** Strom, Trinkwasser, Abwasser, Chemie-WC; **Sicherheit:** beleuchtet; **Preise:** 12 € alles inkl.; **Geöffnet:** frei zugänglich; **Kontakt:** Schulstraße, 79215 Elzach-Oberprechtal.

046bw-gg

32 Landgasthof Engel, Gutach

GPS 48.23424, 8.21537

Plätze hinter dem Landgasthof in schöner, relativ ruhiger Lage (Straße). Dusche/WC im Container, Brötchenservice, Busverbindung zu den Vogtsbauernhöfen. **Lage/Anfahrt:** an der B33 ausgeschildert; **Platzanzahl:** 20; **Untergrund:** Wiese; **Service:** Strom, Trinkwasser, Abwasser, Chemie-WC; **Preise:** 12,50 €/Fahrz., Kurtaxe 1,50 €/Pers., Wasser 1 €/80 l, Strom 2,50 €; **Geöffnet:** ganzjährig; **Kontakt:** Steingrün 16, 77793 Gutach, Tel. 07833 9555630, https://engel-gutach.de.

323bw-gg

Information

› **Touristinformation,** Im Alten Kapuzinerkloster, 77716 Haslach, www.haslach.de, Tel. 07832 706172, April–15. Okt. 10–12.30 u. 13.30–17, 16. Okt.–März Mo.–Fr. 10–12.30 u. 13.30–16 Uhr

Parken

P 17 **Kapuzinerkloster,** Haslach, GPS 48.27545, 8.08485, ab 15 Uhr reservierte Plätze, WC, kostenlos, Übernachtung möglich

P 18 **Sporthalle,** GPS 48.27843, 8.07947, kostenlos, Übernachtung möglich

Man verlässt Haslach und fährt zunächst 19 km auf der B294.

Ab Prechtal geht es kurvig bergauf und -ab mit weiter Fernsicht durch die wunderschöne typische Landschaft des mittleren Schwarzwaldes bis nach **Gutach.** Dort liegt eine der Hauptsehenswürdigkeiten, das **Freilichtmuseum Vogtsbauernhof.** Es präsentiert regionale Höfe des Schwarzwaldes. Von den stattlichen Eindachhöfen aus dem Gutach- und Kinzigtal bis zum einfachen Tagelöhnerhaus aus dem Oberprechtal wurden sechs voll eingerichtete Höfe sowie 20 Nebengebäude wie Mühlen,

In Haslach steht die gesamte Altstadt unter Denkmalschutz

Wanderungen bei Haslach

Zum Bannstein

Länge: 9,3 km; Höhendifferenz: 390 m; Start: Touristeninformation – Klosterbach-Sandhaas-Denkmal – Rotkreuz – Heiliger Brunnen – Sandhaasenhütte – Bannstein – Pavillon – Vulkanweg – Pfaffenkähner – Ziegelgrün – Waldsee – Sandhaas Denkmal – Touristinformation

Panoramaweg

Länge: 12 km; Höhendifferenz: 400 m; Start: Touristeninformation – Klosterplatz – Galgenbühl – Sommerhalde – Hintere Schänzle – Brühl – Hagsbacher Berg – Waldsee – Ziegelgrün – Pfaffenkähner – Rotkreuz – Heiligen Dobel – Mühlenkapelle – Sandhaas-Denkmal – Touristinformation

Sägen, Kapellen und Speicher hierher versetzt. Zum Leben erweckt wird das Museum durch Kühe, Schafe, Ziegen und Hühner, die sich im Stall und auf der Weide tummeln. In den Bauern- und Kräutergärten blühen die Blumen und wächst das Gemüse. Im täglichen Wechsel zeigen in den Sommermonaten Besenbinder, Spinnerin, Weberin u. v. a. m. alte Handwerkskunst. Auf dem Vogtsbauernhof taucht man in 400 Jahre spannende Schwarzwälder Geschichte ein, ein einprägsames Erlebnis für die ganze Familie.

Sehenswertes

› **Freilichtmuseum Vogtsbauernhof,** An der B33, 77793 Gutach, GPS 48.27013, 8.20077, Parkgebühr 3 €, Tel. 07831 93560, www.vogtsbauernhof.org, geöffnet: Ende März–3. Nov. 9–18 Uhr, Aug. 9–19 Uhr, Eintritt: 10/5,50/28 €

Die B33 folgt dem schönen Tal der Gutach bis **Hornberg.** Von der auf einem Felsen thronenden Burg (12. Jh.) steht heute noch der

Wie aus einer Spielzeugeisenbahnwelt: der Viadukt von Hornberg

047bw-gg

Pulverturm. Wer den Turmschlüssel im Hotel Schloss Hornberg holt, kann hinaufsteigen und sich von oben an der, wie eine Modelleisenbahn wirkenden, Kulisse mit dem Viadukt der Schwarzwaldbahn ergötzen. Das 150 m lange und 24 m hohe, aus sieben Bögen bestehende Bauwerk hielt sogar dem Bombardement im Zweiten Weltkrieg stand.

Entlang der Straße bis Triberg bieten unzählige Uhrenhändler die echten **Schwarzwälder Kuckucksuhren** an. Auch das weltgrößte Exemplar mit einem sechs Tonnen schweren und 4,5 auf 4,5 m großen Uhrwerk ist darunter. Die Uhr hat einen Kuckuck mit einem stolzen Gewicht von 150 kg! Er erscheint zur vollen und halben Stunde.

Sehenswertes

› **Weltgrößte Kuckucksuhr,** im Uhrenpark Eble, 78136 Triberg, GPS 48.14772, 8.24072, nur wenige Parkplätze, Ostern–Okt. Mo.–Sa. 9–18, So. 10–18, Nov.–Ostern Mo.–Sa. 9–17.30, So. 11–17 Uhr, 2 €

Schwarzwaldbahn

Robert Gerwig baute 1863–1873 die 150 km lange Schwarzwaldbahn zwischen Offenburg und Singen am Hohentwiel.Die Strecke windet sich größtenteils am Hang entlang durch den Schwarzwald und kommt deshalb außer beim Hornberger Viadukt ohne Brücken aus. Die Besonderheit liegt in den 37 Tunnels und den beiden Kehrschleifen, die in dieser Art hier erstmals gebaut wurden. Auf der Gesamtlänge überwindet die Bahn 670 m Höhenunterschied bei einer maximalen Steigung von 20‰. Wie kurvenreich die Fahrt ist, sieht man daran, dass Triberg von Sommerau nur 11 km Luftlinie entfernt ist, die Bahnstreckenlänge jedoch 26 km aufweist. Besonders reizvoll ist die 40 km lange Strecke von Hausach über Hornberg und Triberg nach St. Georgen. Die Schwarzwaldbahn ist eine der ältesten und schönsten Mittelgebirgsbahnen Europas. Fahrten mit der Bahn sind ein Highlight für Eisenbahnromantiker.

33 Stellplatz beim Viadukt, Hornberg

GPS 48.21455, 8.23116

Plätze unterhalb des Viadukts in befriedigender, relativ ruhiger Lage (Straße, Zug), zentrumsnah, Konus-Karte inkl. **Lage/Anfahrt:** den Hinweisschildern P-Tourist folgen; **Platzanzahl:** 8; **Untergrund:** Schotter; **Service:** Strom, Trinkwasser, Abwasser, Chemie-WC; **Preise:** 10 €/Fahrz., Kurtaxe 1,70 €/Pers., Wasser 1 €/80 l, Strom 1 €/2 kWh, Bezahlung nur über App; **Geöffnet:** ganzjährig; **Kontakt:** Poststraße, 78132 Hornberg, www.hornberg.de.

324bw-gg

34 Schöne Aussicht, Hornberg

GPS 48.19532, 8.18563

Separate Plätze bei einem Restaurant in sehr schöner, ruhiger Lage im Grünen, WC 8–22 Uhr, Dusche gegen Gebühr. 6 km in den Ort. **Lage/Anfahrt:** in Schonach am Ortsende rechts 6 km zum Platz, ausgeschildert; **Platzanzahl:** 8; **Untergrund:** Rasengitter; **Service:** Strom, Trinkwasser, Abwasser, Chemie-WC, WLAN; **Preise:** 15 €/Fahrz., Strom 0,50 €/kWh, Wasser 1 €, Entsorgung je 1 €; **Geöffnet:** ganzährig; **Kontakt:** Niedergrieß, 78132 Hornberg, Tel. 07833 93690, www.schoeneaussicht.com.

325bw-gg

048bw-gg

TRIBERG

(51 km – km 104)

Die Hauptattraktionen von Triberg sind Deutschlands höchste **Wasserfälle.** 163 m stürzt sich die Gutach über sieben Fallstufen hinab ins Tal. Auf drei verschiedenen Wegen von 45, 60 und 90 Minuten Länge kann man die Fälle und die Umgegend erwandern, sich auf Tafeln über Tiere und Pflanzen informieren und die vielen zutraulichen Eichhörnchen beobachten. Abends sind die Fälle beleuchtet, über Weihnachten bis Anfang Januar sogar mit über 750.000 Lichtern. Doch in Triberg gibt es noch mehr zu sehen.

1926 schuf Karl Josef Fortwängler, genannt der Schnitzersepp, den beachtenswerten Saal im **Rathaus** im Weinbrennerstil.

An der Hauptstraße werden von unzähligen Läden die unterschiedlichsten **Kuckucksuhren** zum Kauf angeboten. Ob schlicht oder mit vielen mehr oder weniger kitschigen Details ausgestattet, die „Black Forest Clocks“ werden von den Touristen aus der ganzen Welt gerne gekauft, um ein Stück deutscher Gemütlichkeit mit nach Hause zu nehmen.

Schöne alte Schwarzwalduhren und ihre mühevolle Herstellung in Heimarbeit sieht man im **Schwarzwaldmuseum.** Ein großes Diorama der faszinierenden Streckenführung der Schwarzwaldbahn, wertvolle Schnitzereien, die typischen Trachten der Gegend einen originalgetreu aufgebauten Bergwerksstollen, eine große Drehorgelsammlung, eine umfangreiche Sammlung von SABA-Radios Fasnachtsmasken und -kostüme, ein funktionsfähiges Orchestrion gibt es in der alten Gewerbehalle zu bewundern. Das **Triberg-Land** ist eine 300 m² große, interaktive Modelleisenbahn-Anlage. Im **Triberg-Fantasy** (Instagram-Museum) kann sich die Generation Z in peppigen Motiven fotografieren und diese posten.

Sehenswertes

- **Triberger Wasserfälle,** geöffnet: 10–18 Uhr, Eintritt: inkl. Schwarzwaldmuseum, Triberg-Fantasy, Triberg-Land 8/7,50/20 €
- **Schwarzwaldmuseum,** Wallfahrtsstr. 4, 78098 Triberg, www.schwarzwaldmuseum.de, Tel. 07722 4434, geöffnet: April–Sept. 10–18 Uhr, Okt.–März Di.–So. 10–17 Uhr, Eintritt: 5/4,50 €
- **Rathaussaal,** Hauptstr. 57, 78098 Triberg, geöffnet: Mo.–Do. 9–16 Uhr, Fr. 9–12 Uhr, Eintritt: frei
- **Triberg-Land,** Hauptstr. 48, geöffnet: tägl. 11–18 Uhr, Eintritt: 5/4,50 €
- **Triberg-Fantasy,** Hauptstr. 76, geöffnet: tägl. 11–18 Uhr, Eintritt: 5/4,50 €

In Triberg begeistern die höchsten Wasserfälle Deutschlands

35 Sportanlagen, Schonach

GPS 48.14574, 8.18858
Plätze in schöner und ruhiger Lage, auch für lange Womos. WC und Freibad in der Nähe, Winterwandertouren, Skilifte und Loipen im Ort, Münzen für Wasser, Abwasser, Strom sind erhältlich u. a. bei der Tourist-Information (siehe Aushang). Konus-Karte. **Lage/Anfahrt:** am Ortsende ausgeschildert; **Platzanzahl:** 20; **Untergrund:** Rasengitter; **Service:** Strom, Trinkwasser, Abwasser (kein Bodeneinlass), Chemie-WC; **Sicherheit:** beleuchtet; **Preise:** 12 €/Fahrz., Strom 1 €/8 Std., Wasser/Abwasser je 1 €; **Geöffnet:** frei zugänglich; **Kontakt:** Schwimmbadweg, 78136 Schonach.

050bw-gg

Information

› **Tourist-Information,** Wallfahrtstr. 4, 78098 Triberg, Tel. 07722 866490, www.triberg.de, geöffnet: Mo.-Fr. 9-17 Uhr, Mitte Mai-Mitte Sept. auch Sa./So. 11-17 Uhr

Parken

P 19 **Busparkplatz Triberg,** GPS 48.13033, 8.22902, kostenlos. Eine Übernachtung möglich.

P 20 **Reisemobilplatz Triberg-Nussbach,** GPS 48.13176, 8.25270, ohne Ver- und Entsorgung, Übernachtung möglich

Kurz hinter Triberg verlässt man die B500 und fährt 3 km nach Schonach.

Schonach hat bei den Wintersportlern und hier besonders bei den Langläufern und Nordischen Kombinierern einen sehr guten Ruf. Erstklassig gespurte Loipen, der Rohrhardsberglift und die Langenwaldschanze sind die Winterattraktionen, im Sommer verbringen Wanderer, Nordic-Walker und Mountainbiker schöne Tage auf sonnigen 880 m Höhe.

6 km sind es bis zum nächsten Ort an der Route. **Schönwald** liegt auf 1000 m Höhe und bietet ideale Voraussetzungen für Wanderer, Mountainbiker, Radfahrer, Langläufer und Skifahrer. Das Wanderziel **Blindsee** ist ein Hochmoorsee, den man über einen Bohlensteg erreichen kann. Hier wachsen seltene Pflanzenarten wie das Scheidige Wollgras und die gewöhnliche Moosbeere.

Vom Parkplatz beim Dobel-Lift aus ist das kleine Naturfreibad (geöffnet: Juni-Anfang September 11-19.30 Uhr) gut zu Fuß zu erreichen.

Parken

P 21 **Dobel-Skilift,** GPS 48.09744, 8.19581, Schönwald, kostenlos, eine Übernachtung möglich.

Rund um Schonach

Länge: 13 km; Höhendifferenz: 360 m; Start: Haus des Gastes – Markierung gelbe Raute – Café Bergwaldhof – Hohlenbacherhöhe – Naturschutzgebiet Blindensee – Vordere Vogte – Westweg Markierung rote Raute – Blindenhöhe – Gasthof Panorama – Glitschbühl – Wilhelmshöhe – Gummele – bei der Vesperstube Silberberg rote Raute verlassen Richtung Laubeck – Holzeck – Freiheit – Haus des Gastes

051bw-gg

㉟ Lynx Camp, Schönwald

GPS 48.10929, 8.20150

Platz in sehr schöner, ruhiger Lage im Wald. Gute Sanitärausstattung, Waschmaschine/Trockner, Brötchenservice, WLAN, 3,5 km zu den Triberger Wasserfällen, schönes Wandergebiet. Sehr herzliche Aufnahme durch die Betreiber. **Lage/Anfahrt:** von der B500 ausgeschildert; **Platzanzahl:** 40; **Untergrund:** Schotter, Wiese; **Service:** Strom, Trinkwasser, Chemie-WC; **Sicherheit:** umzäunt, beleuchtet, bewacht; **Preise:** 10 €/Fahrz., 10 €/Pers., Strom 1 €/kWh, Hund 2,50 €, Taxe 2,50 €/Pers.; **Geöffnet:** ganzjährig; **Kontakt:** Friedhofstraße 18, 78141 Schönwald im Schwarzwald, Tel. 07722 8686786, www.lynx.camp.

Die Schwarzwälder Uhren

Ende des 17. Jh. wurden im Schwarzwald – inspiriert durch Uhren aus Böhmen – die ersten schlichten Holzuhren gefertigt. Bald fabrizierten die meisten Schwarzwaldhöfe im Nebenerwerb Uhrwerke oder bemalten Uhrenschilder. Jeder Hof gestaltete seine individuellen Modelle. Im 18. Jh. waren die günstigen Uhren aus dem Schwarzwald überaus beliebt und fanden in ganz Europa Abnehmer. Besonders begehrt waren Uhren mit Musikwerk oder Figurenautomaten. Uhrenhändler mit beladenen Krätzen wanderten zu Fuß bis Spanien, England, Frankreich, Rumänien und Skandinavien. Zurück in die Heimat brachten sie neue Ideen und Kundenwünsche zur Gestaltung der Lackschilder mit. Im Laufe der Jahre entwickelte sich daraus ein einträgliches Geschäft. Doch um 1850 waren die Lackschilduhren plötzlich nicht mehr modern, billigere, weil industriell gefertigte, Modelle kamen auf den Markt. Um neue innovative Ideen zu verwirklichen, wurde in Furtwangen die Uhrenschule von Robert Gerwig gegründet. Er wollte eine attraktive, moderne Uhr bauen und Friedrich Eisenlohr, Architekt bei der Badischen Eisenbahn, hatte mit dem Bau der Kuckucksuhr die zündende Idee. In Anlehnung an ein Bahnhäusle wurde ein Holzkasten um die Uhrmechanik gebaut, mit einer Tür versehen, aus der ein Kuckuck ruft und mit Schnitzereien verschönt: Fertig war der Verkaufsschlager Kuckucksuhr. Sie findet auch heute noch in den USA und vermehrt in Asien viele Abnehmer.

Die Uhrenentwicklung im Schwarzwald ging weiter. So wurde ab Mitte 1980 die Funkuhr durch die Schwarzwälder Uhrenmacher für ein breites Publikum erschwinglich.

Auf der landschaftlich faszinierenden Weiterfahrt nach Furtwangen bieten sich der Gasthof Kreuz und ein Picknickplatz für eine Rast an.

Picknickplatz

22 **Hinterschützenbach,** GPS 48.08173, 8.20611, Platz mit Bänken an der B500 mit schöner Aussicht

Gastronomie

› **Gasthof Kreuz,** Hinterschützenbach 24, 78141 Schönwald im Schwarzwald, Tel. 07723 918680, www.gasthof-kreuz.com, geschlossen: Montag/Dienstag. Familienbetrieb mit gutbürgerlichen Speisen und freundlicher Bedienung.

FURTWANGEN

(18 km – km 122)

> **Heilklima-Steig**
>
> *Länge: 11,5 km; Höhendifferenz: 228 m, Markierung: Heilklima-Steig; Start: Tourist-Info – Adlersprungschanze – Sonnenbadestation „Auf der Höh" – Himmelwiese – Escheck (Einkehr) – Höhenweg mit Panorama – Baslertal – Ochsenhöhe – Dobel-Skilift – Tourist-Info. Panoramatour mit Relaxliegen.*

Von Robert Gerwig, dem Direktor der Uhrenschule, ging 1852 der Impuls aus, ein Uhrenmuseum in Furtwangen zu etablieren. Das **Deutsche Uhrenmuseum** blickt heute auf eine über 150-jährige Tradition zurück. Die umfangreiche, 8000 Objekte zählende Uhrensammlung ist weltweit einmalig. Auf dem sehr sehenswerten Rundgang kommt man zunächst zum mechanischen Planetarium (1774) mit der Darstellung des Sonnensystems. Gleich daneben schließt sich die astronomische Kunstuhr von Hans Lang an. Der passionierte Uhrenmacher baute dieses einmalige Werk von 1980–1986 zu Hause in seiner Küche. Die Nachbildung der ersten mechanischen Uhr (um 1300) offenbart ihr Innenleben mit dem Waagbalken und den ineinandergreifenden Zahnrädern. Nun geht es in chronologischer Reihenfolge von den Schmiedeeisenuhren um 1500 über die repräsentativen Renaissanceuhren mit Federaufzug an Stelle von Gewichten zu den sehr viel genaueren Pendeluhren mit Ankerhemmung von 1656. Alle diese Uhren waren teuer und für Handwerker und Bauern unerschwinglich. Dies änderte sich durch den Bau günstiger Holzuhren Ende des 17. Jh. im Schwarzwald. Den Mittelpunkt des Museums bildet eine reiche Sammlung der sehr unterschiedlich gestalteten Uhren aus dieser Region. Die Entwicklung von der reinen Holz- bis zur Holz-Metall-Mechanik wird an vielen Modellen deutlich. Lustige Details gibt es an den Uhren mit Figurenautomaten wie dem „Knödel essenden Mann", dem „schlachtenden Metzger" oder der Stempeluhr für den Nachtwächter zu sehen. Die Schwarzwälder gingen für den Export ihrer Ware auch auf die Wünsche und Vorstellungen ihrer Kunden ein und fertigten Lackschilder mit Stierkampfszenen für die Spanier und mit Blumenbuketts für die Franzosen. Im 19. Jh. waren spezielle Hochzeitsuhren mit den Namen des Brautpaares als Geschenk sehr gefragt. Im nächsten Raum geht man ins industrielle Zeitalter mit den nach amerikanischem Vorbild gefertigten Uhren. Rahmen-, Emaille-, Augenwenderuhren machen den Anfang und dann kommen sie: die Kuckucksuhren! Der Impuls zur Entstehung dieser weltbekannten Uhr ging 1850 von Furtwangen aus. Eine breite Taschen- und Armbanduhrensammlung und Informationen zur weiteren Entwicklung der Uhr zu einem Alltagsgegenstand runden die umfassende Uhren-Sammlung ab.

Sehr schöne Wanderungen sowohl im Sommer wie auch im Winter kann man von der **Martinskapelle** aus unternehmen (GPS 48.097744, 8.155265, schmale Zufahrt) Nach jahrzehntelangem Streit steht inzwischen fest, dass hier an der Martinskapelle die Quelle der Breg entspringt. Da sie der längste Zufluss der Donau ist, entspringt hier eigentlich auch die Donau. In Donaueschingen fließen Brigach und Breg zusammen und der mit 2850 km mächtigste Strom Europas ist geboren.

Sehenswertes

› **Deutsches Uhrenmuseum,** Robert-Gerwig-Platz 1, 78120 Furtwangen, Tel. 07723 9202800, www.deutsches-uhrenmuseum.de, geöffnet: April–Okt. 9–18, Führung 11, Nov.–März 10–17 Uhr, Führung 14 Uhr, Eintritt: 7/5/14 €, mit Führung 9/7/18 €

Sonstige Stellplätze

S 23 **Gothestraße,** GPS 48.04951, 8.20889, gebührenpflichtig, offizieller Stellplatz ohne Ver-/Entsorgung

052bw-gg

S 24 Fußball-Centrum, GPS 48.04048, 8.19073, kostenlos, offizieller Stellplatz ohne Ver-/Entsorgung

Auf der B500 verlässt man Furtwangen, um schon bald nach Gütenbach abzubiegen.

Die ca. 1200 Einwohner starke Gemeinde **Gütenbach** liegt zwischen 530 und 1120 m Höhe. Hier haben sich die für ihre Stoppuhren bekannte Firma Hanhart und die Modellbaufirma Faller angesiedelt. Die Brüder Faller begannen zunächst mit der Herstellung von Kämmen aus Buchenholz, wechselten jedoch bald zum Modellbau. 1950 kam als revolutionäre Neuerung eine Modellwassermühle mit drehbarem Rad und die Windmühle mit beweglichen Flügeln auf den Markt. 1976 hatten sie 473 und 2003 1500 Artikel im Programm. Heute arbeiten 80 Arbeiter in Gütenbach. Die **Faller Miniaturwelten** zeigen auf ihren Schaubahnen den aktuellen Fortschritt im Eisenbahnmodellbau. Wer sich jetzt zum Bau einer eigenen Bahn entschließt, findet hier alles auch zum Kauf.

Einen großen Bekanntheitsgrad besonders in Baden-Württemberg hat auch der **Fallerhof.** Am besten bei der Wanderung zum Balzer Herrgott sieht man den für die SWR-Serie „Die Fallers" als Außenkulisse dienenden alten, wuchtigen Schwarzwaldhof.

37 Campingplatz zum Wilden Michel, Furtwangen

GPS 48.02450, 8.22697

Kleiner Campingplatz auf naturbelassenem Gelände in wunderschöner Lage, lockere Atmosphäre bei engagierten jungen Leuten, nur für Womos bis 7 m Länge, einige Zufahrten zu den Plätzen nur für geübte Fahrer oder Campingbusse, WC, Dusche, Fr.–So. gemütlich-rustikales Vesperstüble, ideal für Kinder und Radfahrer. **Lage/Anfahrt:** von der B500 Herberge links Richtung Linach abbiegen, dann 4,5 km zum Hof; **Platzanzahl:** 32; **Untergrund:** Wiese; **Service:** Strom, Trinkwasser, Abwasser, WC nur ohne Chemie; **Preise:** 13,60–18,60 €/Fahrz.; **Geöffnet:** April–Okt.; **Kontakt:** Linach 9, 78120 Furtwangen, Tel. 07723 420, www.zumwildenmichel.de.

326bw-gg

Sehenswert

› **Faller Miniaturwelten,** 78148 Gütenbach, Tel. 07723 6510, www.faller.de, geöffnet: Mi.–Fr. 11–16 Uhr, Sa. 11–15 Uhr, Eintritt: kostenlos

Gastronomie

› **s'Dorfcafé,** Hauptstraße 10, 78148 Gütenbach, Tel. 07723 930622, geöffnet: Mi.–So. 14–18 Uhr. Hausgemachte wunderbare Torten und Kuchen im hübschen Café oder auf der Terrasse.

Sonstiger Stellplatz

S 25 Gütenbach, GPS 48.04777, 8.14160, offizieller Stellplatz ohne Ver- und Entsorgung

Winteridylle bei Furtwangen

38 Hofgut Unterroturach, Vöhrenbach

GPS 47.99403, 8.20735
Plätze auf dem Gelände eines Milchviehbetriebs in wunderschöner, ruhiger Lage. Wer keinen Strom braucht, fragt nach dem Romantikplätzchen, herzlicher Empfang. **Lage/Anfahrt:** B500 bei der Kalten Herberge Richtung Donaueschingen abbiegen, bei der Sägemühle rechts und 1 km schmale Straße zum Platz; **Platzanzahl:** 2; **Untergrund:** Schotter; **Service:** Strom, Trinkwasser; **Preise:** 10 €/Fahrz. inkl. 2 Pers., Kinder, Strom, Hund je 2,50 €; **Geöffnet:** Mai–Okt.; **Kontakt:** Roturachstr. 8, 78147 Vöhrenbach, Tel. 07657 754, www.schwarzwaldruhe.de.

327bw-gg

Wanderung zum Balzer Herrgott

Länge: 8 km; Höhendifferenz: 200 m; Markierung: Balzer Herrgott-Runde; Start: Wanderparkplatz Felsenkeller, GPS 48.04316, 8.34449 – Teilstrecke des Rundweges von 16,5 km Länge vorbei an dem aus der SWR-Serie bekannten Fallerhof. Der Balzer Herrgott ist eine Christusfigur, die in eine 300 Jahre alte Weidebuche eingewachsen ist. Inzwischen ein Wallfahrtsort.

Wieder oben auf der B500 zweigt bald eine Straße nach Neukirch/Hexenloch ab. Diese Strecke führt auf schmaler und kurvenreicher Straße durch das wildromantische **Hexenloch.** Eine Strecke, die sich sehr lohnt. Wer lieber den bequemeren Weg nimmt, fährt auf der B500 weiter bis Thurner (GPS 47.97261, 8.12509) und dort rechts Richtung St. Märgen. Nach 2,4 km beim Gasthof Sonne Neuhäusle (GPS 47.990958.11759) treffen die beiden Routen zusammen.

Wer die Fahrt durchs Hexenloch gewählt hat, wird mit einer beeindruckenden Fahrt durch eine wilde Schlucht mit Felshängen, vorbei an stattlichen Schwarzwaldhöfen und an der Hexenloch-Mühle mit Wasserrad belohnt. Über einen Bergrücken mit traumhafter Aussicht rollt man mit dem Womo nach **St. Märgen.**

Naturstellplatz

26 Erlebniscenter St. Märgen, GPS 48.01146, 8.10301, kostenlos. Eine Übernachtung ist möglich. 1,5 km ins Zentrum. Hier beginnen Loipen, Wanderwege, eine Mountainbikestrecke und es gibt ein Naturfreibad.

Die in leuchtendem Gelb-Rot gehaltene Klosteranlage mit der **Wallfahrtskirche Maria Himmelfahrt** überragt die kleine Gemeinde St. Märgen. Gegründet wurde sie 1118 durch lothringische Mönche, die ein wundertätiges Marien-Gnadenbild mitgebracht hatten. Aufgrund dieses romanischen Bildes aus dem Jahre 1100 wurde St. Märgen zu einem viel besuchten Marienwallfahrtsort. Nach mehreren Bränden erhielt die Pfarrkirche zwischen 1716 und 1718 ihr heutiges Aussehen. Mit

054bw-gg

Bilderbuchschwarzwald bei St. Märgen

Wanderung und Mountainbike-Tour ab St. Märgen

Panoramaweg nach St. Peter und zurück über das Ibental

Länge: 15 km; Höhendifferenz: 400 m; Markierung: „Panoramaweg"; Start: Parkplatz St. Märgen – Hotel Hirschen – Birkwegeck – Kapfenkapelle (schöne Aussicht) – Vogesenkapelle – Hochrütte – St. Peter (Busverbindung nach St. Märgen) – Oberes Ibental – Zweriberg (Römerstraße) – Ohmenkapelle – St. Märgen

MTB-Tour rund um St. Märgen und St. Peter

Länge: 44 km; Höhendifferenz: 1323 m; Start: Touristinfo St. Märgen – Ohmenkapelle – Hummelmühle – Hannisenhof – Kappeneck – Hansjörgenhof – Burg – Stegen – Wittental – Attental – Hornbühl – St. Peter – Steingrubenhof – Rankmühle – St. Märgen

der Säkularisierung 1806 endete die Blütezeit mit der Aufteilung des Klosters in Privatwohnungen, Pfarrhaus, Bürgermeisteramt und Klostermuseum. Ein Marienwallfahrtsort ist die Kirche bis heute geblieben.

Jetzt ist Zeit für eine Pause bei den Landfrauen in der Goldenen Krone. Seit 2004 servieren die engagierten Frauen im denkmalgeschützten Gasthof und im Gastgarten ihre schmackhaften Gerichte und Kuchen.

Sehenswertes

› **Kloster Museum,** Rathausplatz 1, 79274 St. Märgen, Tel. 07669 91180, www.kloster-museum.de, geöffnet: ganzjährig So. 10–16 Uhr, Mai–Sept. und in Schulferien BW auch Mi./Do. 10–13 Uhr, Fr. 14–17 Uhr, Eintritt: 6 €, Kinder bis 14 Jahre frei. Schwarzwälder Uhrengeschichte, Uhrenhandel weltweit, Klostergeschichte.

Gastronomie

› **Café Goldene Krone,** Wagensteinstr. 10, 79274 St. Märgen, Tel. 07669 9399988, geöffnet: Mi.–So. 12–18 Uhr, Sa. 14–18 Uhr. Hier bekommt man hausgemachte Kuchen, Eis, Deftiges aus dem Ofen,

Die ehemalige Benediktinerabtei St. Peter

055bw-gg

Vesper und Suppen gekocht von den Landfrauen. Zutaten aus der Region.

Wanderparkplatz

27 Wanderparkplatz Hausmatte, GPS 48.00611, 8.08991, kostenlos, zum Kloster 2 Min., Wandervorschläge von 6 bis 15 km

In 720 m Höhe am Fuße des Kandels liegt **St. Peter** in sanft gewellter Landschaft. Seine barocke Klosteranlage stiftete um 1093 Bertold II. von Zähringen als Grablege für sein Adelsgeschlecht. Zunächst als romanische Basilika konzipiert, wurde sie nach einigen Bränden im frühen 18. Jh. vom Vorarlberger Baumeister Peter Thumb in barockem Stil erneuert. Im Rahmen einer Führung sieht man auch das Prunkstück des Klosters: die Bibliothek mit dem prächtigen Deckengemälde von Benedikt Gambs sowie den Kreuzgang und den Festsaal.

Das schmucke St. Peter war in den 1950er-Jahren Kulisse für den Heimatfilm „Schwarzwaldmädel“ mit Sonja Ziemann. 1973 heiratete hier Roy Black in dem Film „Schwarzwaldfahrt aus Liebeskummer“ und auch „Die Schwarzwaldklinik“ und „Die Fallers“ hatten hier schon Drehtermine.

Sehenswertes

› **Ehemalige Benediktinerabtei St. Peter,** Klosterhof 2, 79271 St. Peter, Tel. 07660 910112, www.geistliches-zentrum.org, geöffnet: Mo.–Sa. 9–17 Uhr, So. 12–17 Uhr, Führungen Di. 11 Uhr, Do. 15 Uhr, So. 11.30 Uhr. Eintritt: 6/2 €. Orgelkonzerttermine unter www.st-peter-schwarzwald.de.

Gastronomie

› **Sonne,** Zähringer Str. 2, 79271 St. Peter, Tel. 07660 94010, www.sonne-schwarzwald.de, geöffnet: Mi.–So. 11–24 Uhr. Regionale Küche, die wunderbar mundet.

Parken

P 28 Soldatenkapelle, GPS 48.01739, 8.03902, kostenlos. Nachtparkverbot für Wohnmobile, zum Kloster 10 Min.

39 Camping Steingrubenhof, St. Peter

GPS 48.02337, 8.03409

Terrassenplatz mit guter Sanitärausstattung in sehr schöner, ruhiger Lage. Plätze mit Wasser- und Abwasseranschluss, Waschmaschine/Trockner, WLAN gegen Gebühr, Restaurant. **Lage/Anfahrt:** Hinter St. Peter Richtung Glottertal ausgeschildert; **Platzanzahl:** 160; **Untergrund:** Wiese; **Service:** Strom, Trinkwasser, Abwasser, Chemie-WC; **Sicherheit:** umzäunt, beleuchtet, bewacht; **Preise:** 7,80 €/Fahrz., 6,80 €/Pers., Strom 3 €, Hund 3 €, Taxe 1,70 €, Dusche 0,50 €, Pauschale mit ADAC oder ACSI 18 €; **Geöffnet:** Ende März–Mitte Jan.; **Kontakt:** Holdenweg 3, 79271 St. Peter, Tel. 07660 1604, www.camping-steingrubenhof.de.

Hinter St. Peter hält man sich Richtung Glottertal. Unterwegs zweigt die Panoramastraße zum Berg Kandel ab (für Fahrzeuge bis 2,30 m Breite). Auf der baumfreien, grasbewachsenen Gipfelfläche tanzen der Sage nach seit alters her die Hexen. Ob es deshalb 1981 ausgerechnet in der Walpurgisnacht zum Absturz des Kandelfelsens unterhalb des Gipfelplateaus kam? Haben es die Hexen etwa zu toll getrieben?

Das **Glottertal** wurde in den 1980er-Jahren bundesweit durch die Serie „Die Schwarzwaldklinik“ bekannt. Wo einst Klaus-Jürgen Wussow und Sascha Hehn agierten, hat eine psychosomatische Reha-Klinik ihre Pforten geöffnet. Wer die Gemeinde Glottertal näher kennenlernen will, wandert vom Parkplatz auf dem 6,5 km langen Entdeckerpfad.

Parken

P 29 Am Schwimmbad Glottertal, GPS 48.04890, 7.96001, kostenlos. Eine Übernachtung möglich.

Das trichterförmige Glottertal wird immer breiter, an den Hängen gedeiht bis in Höhen von 500 m Wein wie der „Rote Bur“. Nach kurzer Fahrt erreicht man dann das lebendige Freiburg.

FREIBURG

(58 km – km 180)

Freiburg im Breisgau hat einen ganz besonderen, beinahe schon mediterranen Charme. In einer der wärmsten Gegenden Deutschlands spielt sich das Leben der vielen jungen Familien und Studenten im großzügigen städtischen Grün, auf den malerischen Plätzen und in den unzähligen Freiluftrestaurants ab. Dazu kommt noch, dass sich hier eine der besten Universitäten Deutschlands befindet. Kein Wunder also, dass Freiburg bei den Studenten so beliebt ist. Daneben haben die Freiburger ihr Herz für den Umweltschutz und nachhaltiges Leben schon vor vielen Jahren entdeckt, lange bevor sich die Stadt den Zusatz „Green City" gab. Nicht umsonst hatte Freiburg bis 2018 den ersten grünen Oberbürgermeister einer deutschen Großstadt. Am südlichen Stadtrand liegt der Vorzeigeökostadtteil Vauban.

Auf eine Gesamtlänge von 15 km kommen die kleinen Wasserläufe, in Freiburg **Bächle** genannt, die sich durch die ganze Altstadt ziehen. Sie wurden im Mittelalter zur Frischwasserversorgung, Brandbekämpfung und als Viehtränken angelegt. Singles sollten eines wissen: Wer aus Versehen in ein Bächle tritt, wird, so der Volksglaube, einen Freiburger oder eine Freiburgerin heiraten!

Am Bahnhof kann man einen **Stadtspaziergang** zu den schönsten – und davon gibt es viele – Ecken der Stadt beginnen.

Über den Rotteckring kommt man zum im Stil der Neugotik erbauten **Colombischlösschen.** Die Villa der Gräfin de Zea Bermudez y Colombi befindet sich in einem Park, in dem die letzten innerstädtischen Weinreben Freiburgs gedeihen. Im Schlösschen zeigt das städtische Museum viel Wissenswertes zur Ur- und Frühgeschichte.

Durch die schmale Rathausgasse mit den ansprechenden Bürgerhäusern erreicht man den **Rathausplatz.** Das **Neue Rathaus,** ein Renaissancebau, entstand 1896–1901, bereits 1557–1559 wurde das **Alte Rathaus** aus mehreren bestehenden Gebäuden zusammengefügt. Unter den Kastanien und um den Brunnen, der zu Ehren des Schießpulvererfinders Berthold Schwarz errichtet wurde, haben zwei Cafés ihre Tische aufgestellt. Eine gute Gelegenheit für eine kleine Pause.

Hinter dem Franziskanerkloster nimmt man rechts die Franziskanerstraße und erreicht das **Haus zum Walfisch.** Hier, hinter dem imposanten spätgotischen Portalerker, lebte der Humanist Erasmus von Rotterdam, nachdem er 1529 aus Basel vertrieben wurde. An der Kaiser-Joseph-Straße kurz links und beim **Basler Hof** (heute Sitz des Regierungspräsidenten) rechts, kommt man am **Kornhaus**

056bw-gg

(1498) vorbei zum Münsterplatz. Sechs Tage in der Woche herrscht rund um das **Münster,** ein Meisterwerk der Kirchenbaukunst, quirliges Markttreiben. Auf dem **Münstermarkt** bekommt man auf 10.000 m² Fläche frische Ware, auch von vielen Direktvermarktern.

Die beeindruckenden Maße des **Münsters Unserer Lieben Frau** sind: Länge 126 m, Höhe des Turmes 116 m und die Vierungskuppel erhebt sich 30 m hoch. Im Auftrag von Herzog Bertold V. von Zähringen begann um 1200 die Errichtung. Nachdem sein Geschlecht 1218 ausstarb, wurde der Bau unter großen finanziellen Opfern durch die Bürgerschaft weitergeführt. Es sollte, wegen wirtschaftlicher und politischer Schwierigkeiten, noch über 300 Jahre dauern, bis das Münster vollendet werden konnte. Durch diese lange Bauzeit findet man verschiedene Baustile von der Spätromanik über die Gotik bis zur Spätgotik am Münster verewigt und es wurde trotzdem zu einem harmonischen Gesamtwerk, das zum Glück auch den schweren Luftangriff vom 27.11.1944 beinahe unbeschadet überstand.

An den vielen unterschiedlichen Wasserspeiern am Gemäuer kann man sich nicht sattsehen. Bizarre Fantasiewesen und grausige Bestien spucken auf die Gläubigen, strecken die Zunge raus oder zeigen sogar ihr nacktes Hinterteil.

Die Portalhalle mit dem farbigen Tympanon (Bogenfeld) zeigt wunderbar detailliert Szenen aus dem Leben Christi. Beeindruckend ist die Darstellung der Seelenwaage, die der Erzengel Michael hält, und dem kleinen Teufelchen, das die Waage auf seine Seite neigen will. Alle Wände sind mit biblischen und symbolischen Figuren versehen, die inmitten schönster Spitzbogenarchitektur stehen. Man muss sich Zeit nehmen, vielleicht findet man dann auch den Nasentrompeter an der linken Wand.

057bw-gg

Auffällig im Innern des Gotteshauses sind die großen Apostelfiguren an den Bündelpfeilern des Mittelschiffes. Die meisterlichen Farbfenster mit den Wappen der Zünfte und Patrizier sind Originale aus dem 13.–16. Jh. Die bedeutendsten und ältesten sind die drei Fenster im südlichen Querhaus, sie zeigen auf neun Rundscheiben den Stammbaum Christi, die sogenannte Wurzel Jesse.

Den Hochaltar schuf der Straßburger Hans Baldung Grien zwischen 1512 und 1516. Der Mittelteil des Klapp- oder Wandelaltars hat die Krönung Mariens zum Thema.

Wer schwindelfrei ist, sollte den Turmaufstieg wagen und neben der herrlichen Aussicht auch einen Blick auf die, zu den ältesten Glocken Deutschlands gehörende, Hosanna von 1258 werfen.

Das **Historische Kaufhaus** am Münsterplatz mit der figuren- und wappengeschmückten Fassade war im Mittelalter Sitz der Markt- und Zollverwaltung. Daneben steht das **Wentzingerhaus** von 1761, in dem seit 1994 das **Museum für Stadtgeschichte** untergebracht ist.

Der Bau des Freiburger Münsters dauerte mehrere Jahrhunderte

Das spätgotische Haus zum Walfisch

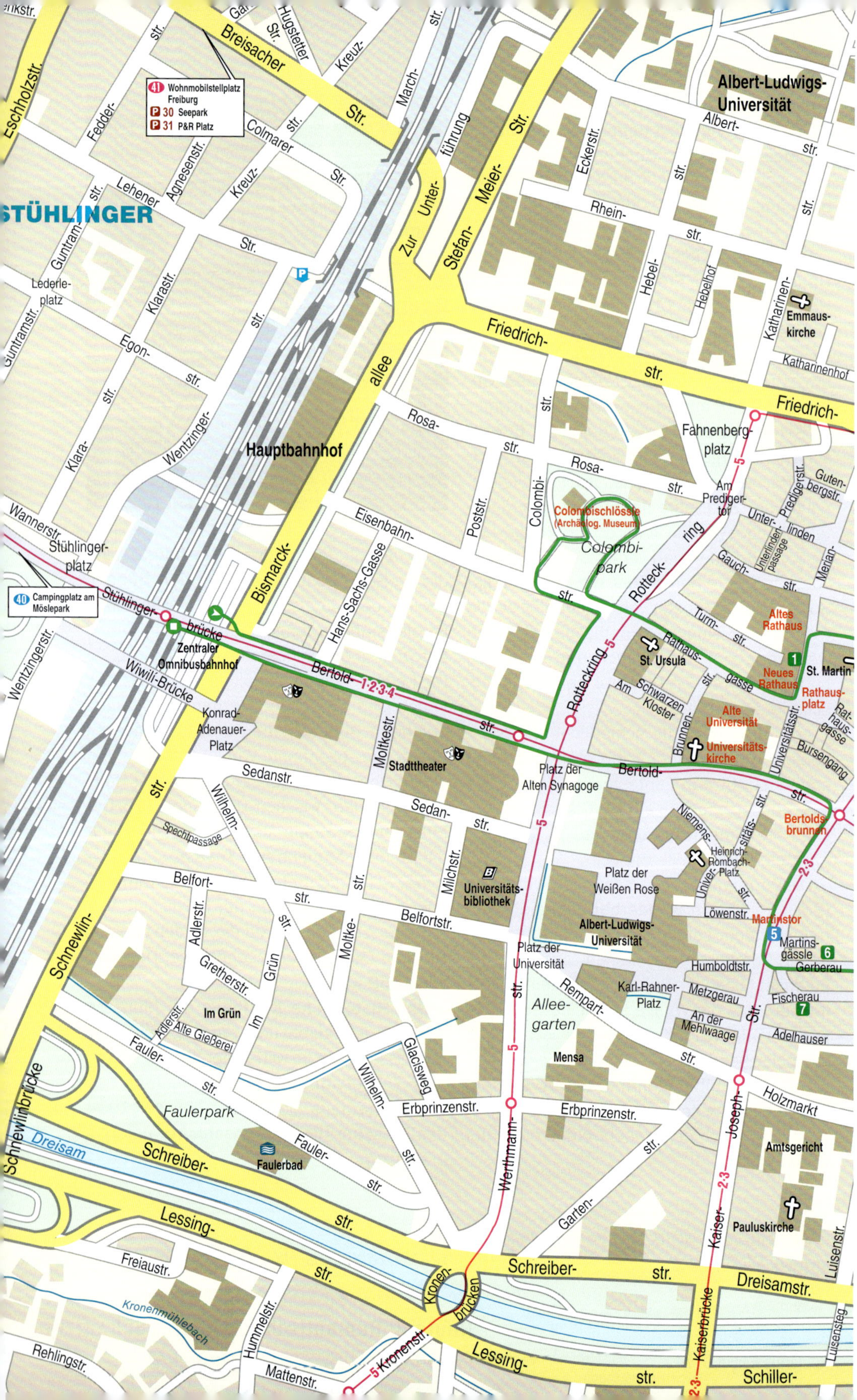

STÜHLINGER
Hauptbahnhof
Albert-Ludwigs-Universität
41 Wohnmobilstellplatz Freiburg
P 30 Seepark
P 31 P&R Platz
40 Campingplatz am Möslepark
Eschholzstr.
Breisacher Str.
Hugstetter Str.
Kreuzstr.
Marchstr.
Fedderstr.
Colmarer Str.
Lehener Str.
Agnesenstr.
Guntramstr.
Lederleplatz
Klarastr.
Egonstr.
Wentzingerstr.
Wannerstr.
Stühlingerplatz
Stühlinger brücke
Zentraler Omnibusbahnhof
Wiwili-Brücke
Konrad-Adenauer-Platz
Zur Unterführung
Stefan-Meier-Str.
Bismarckallee
Friedrichstr.
Eckerstr.
Rheinstr.
Hebelstr.
Hebelhof
Katharinenstr.
Katharinenhof
Emmauskirche
Albertstr.
Rosastr.
Fahnenbergplatz
Eisenbahnstr.
Poststr.
Colombistr.
Colombischlössle (Archäolog. Museum)
Colombipark
Am Predigertor
Predigerstr.
Gutenbergstr.
Unterlinden
Unterlinden passage
Merianstr.
Gauchstr.
Turmstr.
Rotteckring
Altes Rathaus
Rathausgasse
Neues Rathaus
St. Martin
Rathausplatz
St. Ursula
Am Schwarzen Kloster
Hans-Sachs-Gasse
Bertoldstr.
Moltkestr.
Stadttheater
Platz der Alten Synagoge
Alte Universität
Universitätskirche
Brunnenstr.
Universitätsstr.
Bursengang
Bertoldsbrunnen
Sedanstr.
Wilhelmstr.
Spechtpassage
Belfortstr.
Milchstr.
Universitätsbibliothek
Niemensstr.
Heinrich-Rombach-Platz
Platz der Weißen Rose
Löwenstr.
Martinstor
Martinsgässle
Gerberau
Albert-Ludwigs-Universität
Platz der Universität
Humboldtstr.
Adlerstr.
Gretherstr.
Grünstr.
Im Grün
Alte Gießerei
Werthmannstr.
Alleegarten
Rempartstr.
Karl-Rahner-Platz
Metzgerau
An der Mehlwaage
Fischerau
Adelhauser Str.
Mensa
Schnewlinstr.
Faulerstr.
Glaciswag
Erbprinzenstr.
Holzmarkt
Josephstr.
Amtsgericht
Faulerpark
Faulerbad
Dreisam
Schnewlinbrücke
Schreiberstr.
Gartenstr.
Kaiserstr.
Pauluskirche
Lessingstr.
Freiaustr.
Kronenbrücken
Kronenmühlebach
Hummelstr.
Rehlingstr.
Mattenstr.
Kronenstr.
Kaiserbrücke
Dreisamstr.
Luisenstr.
Luisensteg
Schillerstr.

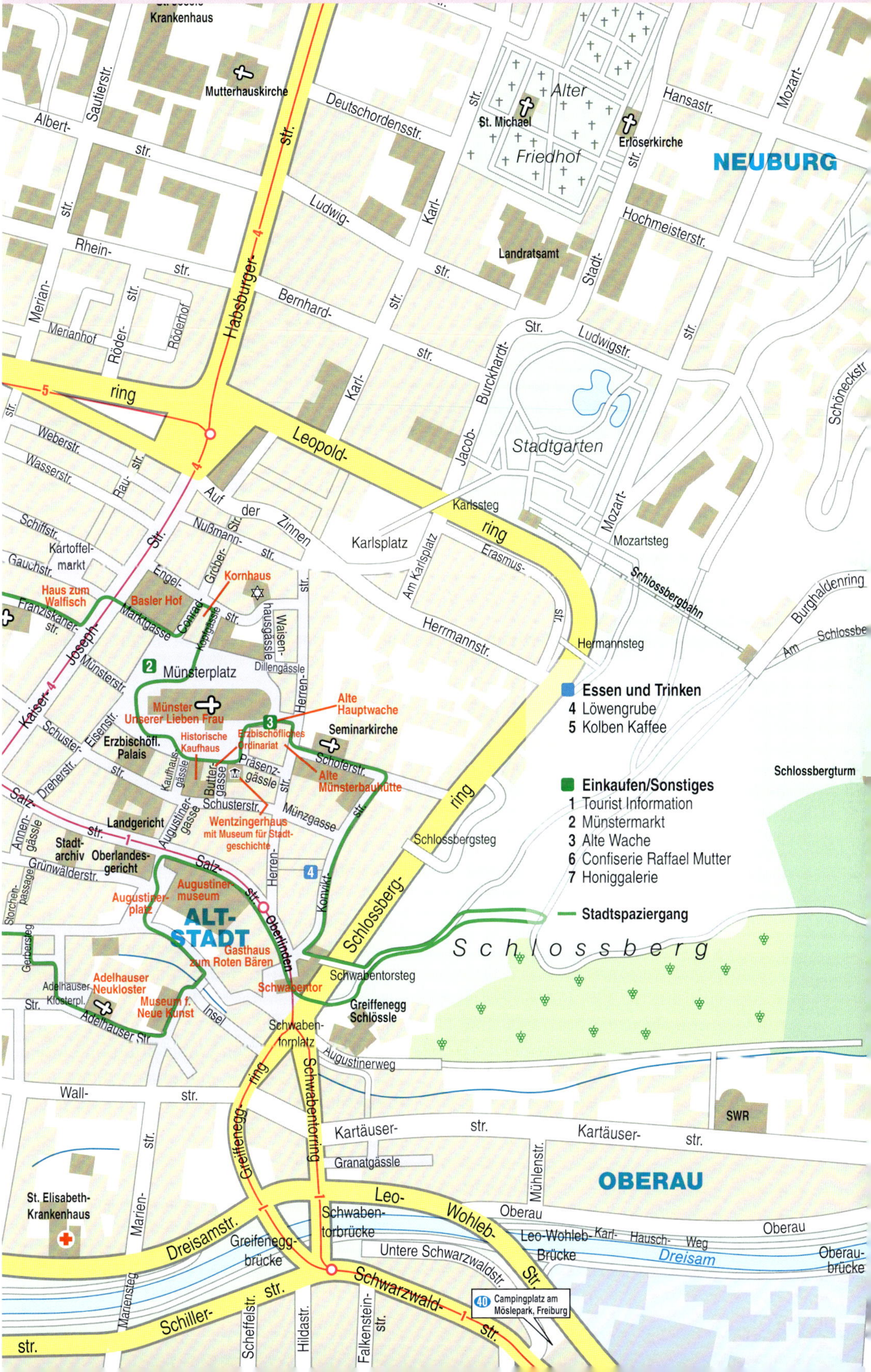
Essen und Trinken
4 Löwengrube
5 Kolben Kaffee
Einkaufen/Sonstiges
1 Tourist Information
2 Münstermarkt
3 Alte Wache
6 Confiserie Raffael Mutter
7 Honiggalerie
Stadtspaziergang
NEUBURG
OBERAU
ALT-STADT
Schlossberg
Krankenhaus
Mutterhauskirche
Alter Friedhof
St. Michael
Erlöserkirche
Landratsamt
Stadtgarten
Karlssteg
Karlsplatz
Mozartsteg
Schlossbergbahn
Hermannsteg
Schlossbergturm
Kornhaus
Haus zum Walfisch
Basler Hof
Münsterplatz
Münster Unserer Lieben Frau
Alte Hauptwache
Seminarkirche
Historische Kaufhaus
Erzbischöfliches Ordinariat
Erzbischöfl. Palais
Alte Münsterbauhütte
Wentzingerhaus mit Museum für Stadtgeschichte
Landgericht
Stadtarchiv
Oberlandesgericht
Augustinermuseum
Augustinerplatz
Gasthaus zum Roten Bären
Schwabentor
Adelhauser Neukloster
Museum f. Neue Kunst
Schlossbergsteg
Schwabentorsteg
Greiffenegg Schlössle
Schwabentorplatz
Augustinerweg
SWR
St. Elisabeth-Krankenhaus
Dreisam
Campingplatz am Möslepark, Freiburg
Habsburgerstr.
Leopoldring
Schlossbergring
Greiffeneggring
Schwabentorring
Kaiser-Joseph-Str.
Salzstr.
Herrenstr.
Konviktstr.
Oberlinden
Kartäuserstr.
Leo-Wohleb-Str.
Dreisamstr.
Schwarzwaldstr.
Schillerstr.
Wallstr.
Rheinstr.
Albertstr.
Deutschordensstr.
Hansastr.
Ludwigstr.
Bernhardstr.
Karlstr.
Hochmeisterstr.
Stadtstr.
Burghaldenring

058bw-gg

Gegenüber in der **Alten Hauptwache** von 1733 sorgte einst die Vorderösterreichische Wachgarnison für die Sicherheit der Stadt. Heute kann man hier eine große Auswahl ausgezeichneter badischer Weine verkosten und kaufen.

Vorbei an der **Alten Münsterbauhütte,** die Herrenstraße überquerend, geht es am **Erzbischöflichen Konvikt** und am prächtigen **Erzbischöflichen Ordinariat** entlang, bis rechts die **Konviktstraße** abzweigt. Hier war ein geschickter Stadtplaner am Werk, dem es gelungen ist, alte und neue Bausubstanz stilvoll miteinander zu vereinen. Unter den über die Straße rankenden Glyzinien flaniert man bis zum mächtigen **Schwabentor,** das vermutlich aus der Mitte des 13. Jh. stammt. Links über den Schwabentorsteg kann man in wenigen Minuten hinauf zum **Schlossberg** steigen. Der Blick von oben ist grandios und die Einkehr im Greiffenegg-Schlössle oder im Biergarten lohnt sich auf jeden Fall.

Wieder unten am Schwabentor geht es auf den Oberlinden zum **Roten Bären,** dem ältesten Gasthof Deutschlands und weiter zum **Augustinermuseum.** Eine Kultursammlung vom Mittelalter bis zur Barockzeit, Originalfiguren und Glasbilder vom Freiburger Münster, mittelalterliche Holzskulpturen, Gold- und Silberschmiedekunst und Preziosen des Münsterschatzes – so weit reicht das Spektrum dieses sehenswerten Museums.

Vom **Augustinerplatz** spaziert man über den Gewerbekanal zur **Insel.** Am Kanal siedelten früher die Gerber, Edelsteinschleifer und Müller mit ihren Werkstätten und Mühlen. Heute ist es ein gemütlicher Platz zum Verweilen mit lauschigen Restaurants unter schattigen Bäumen.

Münster, Kathedrale oder Dom

Der Name Münster kommt vom lateinischen monastero – Kloster und meint streng genommen eine Klosterkirche. Dom wird vom lateinischen Domus – Haus – abgeleitet, was Haus des Bischofs bedeutet. Das griechisch/lateinische ecclesia cathedralis meint Hauptkirche eines Bistums. Im deutschsprachigen Raum werden Kathedralen häufiger Dom genannt. Bis 1827 war Freiburg nicht Bischofskirche, da der Bischofssitz in Konstanz war. Mit der Gründung des Erzbistums Freiburg wurde das Münster eigentlich zum Dom.

Die Konviktstraße ist Freiburgs schönstes Gässle

Der weitere Spaziergang führt am **Museum für Neue Kunst** und am **Adelshauser Neukloster** entlang zur idyllischen **Fischerau.** Sie hat ihren Namen von den Fluss- und Runzfischern, die hier einstmals wohnten. Die Bezeichnung „Runze“ kommt von Rinne und meint einen von Menschen künstlich angelegten Wasserlauf. Über die **Gerberau** mit interessanten Galerien und Geschäften erreicht man das **Martinstor** (Anfang 13. Jh.), das ältere der beiden noch erhaltenen mittelalterlichen Stadttore. Auf der **Kaiser-Joseph-Straße,** der Haupteinkaufsstraße, findet man alle bekannten Markenlabels. Am zentralen Verkehrsknotenpunkt, dem **Bertoldsbrunnen** (errichtet für den Stadtgründer Bertold von Zähringen), schwenkt man nach links in die Bertoldstraße und kommt über die **Alte Universität** und die **Universitätskirche** zurück zum Bahnhof.

Auf den Hausberg Freiburgs, den **Schauinsland,** schwebt man mit herrlichem Panoramablick hinauf auf 1220 m Höhe. Deutschlands längste Umlaufseilbahn fährt umweltfreundlich die 3,6 km in 20 Minuten und überwindet dabei 750 Höhenmeter.

Oben sind Wanderungen von verschiedenen Längen ausgeschildert (s. S. 115).

Sehenswertes

- **Münster,** Münsterplatz, 79098 Freiburg, geöffnet: Münster Mo.–Sa. 10–17 Uhr, So. 13–19 Uhr, Eintritt: frei; Turm: Mo.–Sa. 9.30–16.45 Uhr, So. 13–17 Uhr, Eintritt: 4/2/10 €, 65+ 3 €; Chor und Kapellenkranz: Mo.–Fr. 10–11.30 und 12.30–16 Uhr, Sa. 10–11 und 12.30–15.30 Uhr, So. 13–16 Uhr (außer während der Gottesdienste), Eintritt: 2/1,50 €, Führung tägl. 14 Uhr 5/3 €
- **Augustinermuseum,** Augustinerplatz, 79098 Freiburg, Augustinerplatz, Tel. 0761 2012531, geöffnet: alle Museen Di.–So. 10–17 Uhr, Fr. –19 Uhr, Eintritt: 7/5 €, Tageskarte für alle Museen 7/5 €
- **Museum für Stadtgeschichte,** Münsterplatz 30, 79098 Freiburg, Tel. 0761 2012550, Eintritt: 3/2 €, bis 27 Jahre frei
- **Museum für Neue Kunst,** Marienstr. 10a, 79098 Freiburg, Tel. 0761 2012583, Eintritt: 3/2 €, bis 27 Jahre frei

Literaturtipp

„CityTrip Freiburg“ von Barbara Benz, Reise Know-How Verlag. Der praktische Begleiter für einen Kurztrip nach Freiburg. Mit separatem Faltplan und GPS-Daten aller Points of Interest.

Information

- **Tourist Information,** Rathausplatz 2–4, 79098 Freiburg, Tel. 0761 3881880, www.visit.freiburg.de, geöffnet: Mo.–Fr. 8–18 Uhr, Sa. 9.30–17 Uhr, So. 10.30–15.30 Uhr, kostenloser Internetzugang

Gastronomie

- **Löwengrube,** Konviktstr. 12, 79098 Freiburg, Tel. 0761 76991188, www.restaurant-loewengrube.de, geöffnet: 12–14.30 und 17.30–23 Uhr. Spitzengastronomie (ehemals Englers Weinkrügle) in sehr angenehmem Ambiente.
- **Kolben Kaffee,** Kaiser-Josepf-Str. 233, 79098 Freiburg, www.kolbenkaffee-freiburg.de, geöffnet: Mo.–Fr. 8.30–17 Uhr, Sa. 8.30–18 Uhr, So. 10–17 Uhr. Verschiedene Kaffeespezialitäten, leckere Kuchen, kleine Speisen, Frühstück, Außenbestuhlung.

Einkaufstipps

- **Münstermarkt,** Münsterplatz, 79098 Freiburg, Mo.–Sa. 7.30–13.30 Uhr
- **Honiggalerie,** 79098 Freiburg, Fischerau 8N, www.honiggalerie.de, geöffnet: Mo.–Sa. 10–18 Uhr. Neben heimischen Honigspezialitäten gibt es auch exotische Leckereien.
- **Confiserie Rafael Mutter,** Gerberau 5, 79098 Freiburg, Tel. 0761 2927141, www.confiserie-rafael-mutter.de, geöffnet: Mo.–Fr. 9–19 Uhr, Sa. 9–18 Uhr. Schokolade, Pralinen, Brotaufstrich in außerordentlicher Güte.
- **Alte Wache,** Münsterplatz 38, 79098 Freiburg, Tel. 0761 202870, geöffnet: Mo.–Sa. 10–19 Uhr. Riesige Auswahl badischer Weine.

41 Wohnmobilstellplatz Freiburg

GPS 48.01607, 7.83474

Zweckmäßiges Gelände mit frisch angepflanztem Grün, Info-Haus, öffentlicher Nahverkehr ins Zentrum, tagsüber Lärmbelästigung durch Sportflugzeuge. **Lage/Anfahrt:** Richtung Stadion fahren, dann ausgeschildert. Freiburg ist Umweltzone, der Platz liegt aber außerhalb; **Platzanzahl:** 100; **Service:** Strom, Trinkwasser, Abwasser, Chemie-WC, WLAN; **Sicherheit:** umzäunt, beleuchtet; **Preise:** 13 €/Fahrz. inkl. Ver- und Entsorgung, Strom gegen Gebühr, von 8 bis 20 Uhr auch Kurzparkgebühr; **Geöffnet:** ganzjährig; **Kontakt:** Suwonallee 1, 79108 Freiburg, Tel. 0761 2025139, www.stellplatz-freiburg.de.

328bw-gg

Aktivitäten

- **Schauinsland-Bahn,** Bohrerstr. 11, 79289 Horben bei Freiburg, GPS 47.93681, 7.86523, ab Freiburg Stadtbahnlinie 2 bis Endhaltestelle Günterstal und dann mit Bus 21 zur Talstation oder kostenlose Parkplätze an der Talstation, www.schauinslandbahn.de, geöffnet: Oktober–Juni 9–17 Uhr, Juli–September 9–18 Uhr, Berg- und Talfahrt 13/8,50/26,50 €, 63+ 12 €, einfache Fahrt 9,50/6,50/19,50 € 63+ 9 €, Hund 8,50/6,50 €. Weiteres auf S. 114 bei Route 4.
- **Freiburger Weinfest,** Termine unter www.weinfest.freiburg.de. Am ersten Juliwochenende gibt es für die Besucher rund um das Münster Wein und kulinarische Schmankerl.

Parken

P 30 **Seepark,** GPS 48.01394, 7.81404, Hofackerstraße, kostenlos. Auf der B3 Richtung Lörrach, Ausfahrt Universitätskliniken, weiter Richtung Uni-Kliniken, nach 400 m rechts in die Hofackerstraße, nach 550 m Parkplatz Seepark. In 500 m per Bahn oder mit Fahrrad ins Zentrum.

P 31 **P&R Platz,** GPS 48.01115, 7.80556, Paduaallee, kostenlos, von B3 ausgeschildert, Bahnverbindung ins Zentrum

40 Campingplatz am Möslepark, Freiburg

GPS 47.98102, 7.88184

Ecocamping (Platz mit ökologischer Ausrichtung) in ruhiger und schöner Lage, gute Sanitärausstattung, Restaurant und Saunalandschaft, sehr freundliche Betreiber. Straßenbahn nach Freiburg in 1,5 km. **Lage/Anfahrt:** Auf der B31 Freiburg verlassen und vor dem großen Tunnel nach links auf die L133 abbiegen. Nach 800 m in die Möslestraße abfahren und von dieser in die Waldseestraße, ausgeschildert; **Platzanzahl:** 83; **Untergrund:** Schotterrasen; **Service:** Strom, Trinkwasser, Abwasser, Chemie-WC; **Sicherheit:** umzäunt, beleuchtet, bewacht; **Preise:** 8–10 €/Fahrz., 10 €/Pers., Strom 3,50 €, Hund 3 €; **Geöffnet:** Ende März–Ende Okt.; **Kontakt:** Waldseestr. 77, 79117 Freiburg, Tel. 0761 7679333, www.camping-freiburg.com.

ROUTE 3

IN DIE WEINREGION KAISERSTUHL

332bw-gg

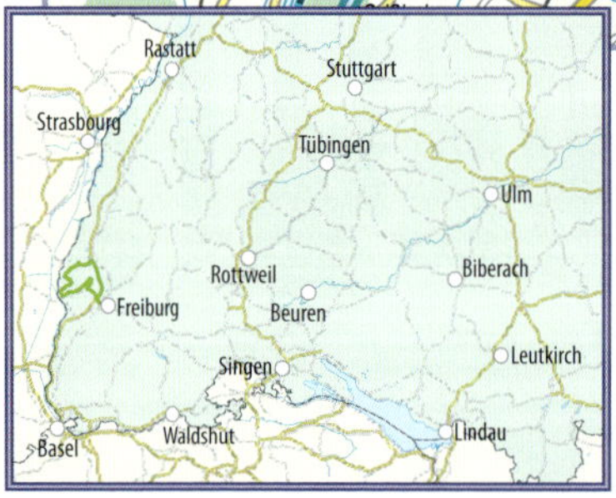

Strecke:

Endingen (26 km, S. 89) – **Breisach** (28 km, S. 95) – **Ihringen** (6 km, S. 98) – **Freiburg** (30 km, S. 78)

Streckenlänge:

90 km

Vorseite: Endingen hat sicherlich die schönste historische Altstadt am nördlichen Kaiserstuhl

298bw-gg

ROUTENÜBERSICHT

Markante Rebterrassen, romantische Winzerdörfer, idyllische Natur und weite Ausblicke prägen die Landschaft des Kaiserstuhls. Die hohen Durchschnittstemperaturen und der Lössboden bieten ideale Bedingungen für anspruchsvollen Weinbau. Ein gut markiertes Wander- und Fahrradwegenetz gibt dem Gast die Möglichkeit aktiver Erholung und der Begegnung mit der einzigartigen Flora zwischen Schwarzwald und Vogesen. Dem Weinkenner klingen Namen wie Ihringen, Achkarren und Sasbach wie Musik in den Ohren. Einer Verkostung in den vielen Genossenschaften und Weingütern steht nichts im Wege. Doch auch die Küche am Kaiserstuhl kann sich „schmecken" lassen, sie kommt herzhaft und deftig mit einem französischen Einschlag daher. Typische Weinstädtchen sind das reizvolle mittelalterliche Burkheim, Königschaffhausen und Ihringen, der wärmste Ort Deutschlands. Hoch über Breisach thront auf einem Vulkanfelsen das monumentale St. Stephansmünster, ein kulturelles Highlight im Kaiserstuhlgebiet. Die Bewohner gelten als besonders lebenslustig und „feierfreudig". So gibt es viele gemütliche Weinfeste, das größte am letzten Wochenende im August in Breisach.

In tiefen Kellern reift so manch süffiger Tropfen

Die schnellste Anfahrt von Freiburg an den Kaiserstuhl bietet die Autobahn A5.

Riegel war bis 2003 über die Grenzen des Kaiserstuhles hinaus durch sein Riegeler Landbier in der Bügelflasche bekannt. Nachdem die Brauerei 2003 geschlossen wurde und das Riegeler Bier bei Fürstenberg in Donaueschingen produziert wird, fand man im unter Denkmalschutz stehenden Brauereischloss einen Platz für edle Wohnungen und die **Kunsthalle Messmer** mit ihren Wechselausstellungen zu zeitgenössischer Kunst. Inzwischen hat sich mit dem Römerbräu eine neue kleine Brauerei in Riegel etabliert. Das Städtchen Riegel ist zwar klein, strahlt aber eine heimelige Beschaulichkeit aus und hat einige gute Gastwirtschaften. An der Üsenbergstraße sind die Reste eines **Mithra-Heiligtums** mit einem Kultbild, auf dem Mithras den Stier tötet, frei zugänglich. Sie stammen aus dem 1. Jh. n. Chr. als hier die Römer ein befestigtes Truppenlager zur Kontrolle der Handelswege auf der Riegler Pforte betrieben. Das sehenswerte **Archäologische Museum** hat leider nur sonntags von 11–17 Uhr geöffnet.

Der Kaiserstuhl

Zwischen Mittelmeer und Nordeuropa senkte sich vor etwa 500 Millionen Jahren eine 200 km lange und 40 km breite Zone der Erdkruste ab, so entstand der Oberrheinische Tiefgraben. Gleichzeitig begann als Gegenbewegung das Auftürmen der Randgebirge. Im späten Tertiär, etwa vor 15 Millionen Jahren, drängte Magma aus dieser Senke nach oben und bildete Kaiserstuhl und Tuniberg. Sie erheben sich wie Inseln aus der Oberrheinischen Tiefebene. Zahlreiche Vulkanausbrüche formten den Hauptkamm des Kaiserstuhls, dessen höchste Erhebung der 557 m hohe Totenkopf ist. Der Kaiserstuhl hat eine Nord-Süd-Ausdehnung von 16 km, in West-Ost-Richtung misst er maximal 12,5 km. Sowohl geologisch als auch biologisch und klimatisch ist der Kaiserstuhl einmalig in Deutschland. Seine Halbtrockenrasen besitzen einen enormen Artenreichtum und sind zu jeder Jahreszeit ein besonderes Naturerlebnis. Auf nur wenigen Quadratmetern findet man manchmal über 40 Pflanzenarten. Ab Anfang März erblüht bis in den späten Herbst hinein eine Vielzahl von Blumen, von Mai bis Juni blühen auch die 36 am Kaiserstuhl heimischen Orchideenarten. An steilen, felsigen Hanglagen in Süd- und Südwestlage gibt es die sogenannten Volltrockenrasen, an denen im Sommer Bodentemperaturen von 60–70 °C gemessen werden. Vorherrschend prägen Rebflächen und -böschungen das Landschaftsbild des Kaiserstuhls. Bereits vor vielen Jahrhunderten begann die Terrassierung, um den für den Weinbau wertvollen Lössboden vor dem Abrutschen zu schützen. Durch die Flurbereinigung der letzten 30–50 Jahre hat sich das Landschaftsbild stark verändert. Aus Kleinflächen wurden Großterrassen angelegt, die Erziehung der Reben wurde vom Einzelstock auf spalierartige Drahtrahmen umgestellt. Somit konnte ein Teil des aufwendigen Weinbaus von harter Handarbeit auf Maschinen umgestellt werden. Auch vor der Weinwirtschaft macht die Rationalisierung nicht Halt. Durchgesetzt hat sich eine dauerhafte Gründüngung der Rebunterstände, die nicht nur dem Rebenwachstum, sondern auch der Artenvielfalt an Insekten und Vögeln zugute kommt.

060bw-gg

Gastronomie

› **Gasthof Kopf,** Hauptstraße 30, 79359 Riegel, Tel. 07642 1013, www.gasthof-kopf.de, geöffnet: Mo./Di./Do./Fr. 11.45–14 Uhr, Sa. 17–21.30 Uhr, So.11.45–14 und 17–21.30 Uhr. Gute badische Küche, die auch die Einheimischen schätzen.

Parken

P **32 Am Gemeindegarten Riegel,** GPS 48.15132, 7.75284, kostenlos. Eine Übernachtung möglich, hinter der Pizzeria Speckbrettle.

42 Campingplatz Müller-See, Riegel

GPS 48.16298, 7.74116

Platz mit guter Sanitärausstattung in schöner und ruhiger Lage an einem Baggersee. Kleiner Imbiss, Hundeverbot auf dem Campingplatz und am See, auf Stellplatz Hunde erlaubt! Viele Dauercamper. **Lage/Anfahrt:** Auf der Hauptstraße durch Riegel hindurch, dann ausgeschildert; **Platzanzahl:** Campingplatz 30/Stellplatz 30; **Untergrund:** Schotterrasen; **Service:** Strom, Trinkwasser, Abwasser, Chemie-WC; **Sicherheit:** umzäunt, beleuchtet, bewacht; **Preise:** Campingplatz 8 €/Fahrz., 7 €/Pers., Strom 3 €, parzellierter Wohnmobilstellplatz 14 € inkl. Pers., Strom 0,50/kWh; **Geöffnet:** April–Okt.; **Kontakt:** Müller-See, 79359 Riegel, Tel. 07642 3694, www.muellersee.de.

Eisenbahn-Nostalgie

Eine Fahrt mit dem **Rebenbummler** ist ein erlebnisreicher Ausflug für alle kleinen und großen Eisenbahnromantiker. Nachdem die Kaiserstuhlstrecke in den letzten Jahren elektrifiziert wurde und jetzt von der S-Bahn genutzt wird, startet und endet der Museumszug am Bahnhof Endingen. Von dort schlängelt sich der Rundkurs durch die Weinberge des Kaiserstuhls. Man reist in liebevoll restaurierten, z. T. 100 Jahre alten Wagen mit Holzsitzbänken und offenen Plattformen. Ein Barwagen versorgt die Reisenden unterwegs mit Wein und Sekt aus der Region. Fahrplan, Preise und Buchung unter www.rebenbummler.de oder beim Kaiserstühler Verkehrsbüro in Endingen, Tel. 07642 689990.

Nach knapp 6 Kilometer ist der Nachbarort der nächste Zielpunkt.

ENDINGEN

(26 km – km 26)

Endingen wurde bereits im Jahre 862 zum ersten Mal urkundlich erwähnt. Die Herren von Üsenberg verliehen Endingen 1285 die Stadtrechte. Ihr Geschlecht starb aus, sodass Endingen 1379 zu Habsburg und somit zu Vorderösterreich kam. 1805 übernahm das Großherzogtum Baden die Stadt. Endingens Geschichte wird mit den dazugehörigen Bildern und Urkunden im **Vorderösterreich-Museum** im wunderschön restaurierten spätgotischen Üsenberger Hof dokumentiert.

Zentrum der Gemeinde ist der Markplatz. Hier stehen das **Alte Rathaus** mit Renaissancefassade und Barockportal aus dem Jahre 1527 und das **Rathaus** mit Staffelgiebel, das 1617 anfänglich als Kornhaus erbaut wurde. Von der im frühen 14. Jh. errichteten Ringmauer mit vier Stadttoren ist einzig das Königschaffhauser Tor im Westen erhalten.

061bw-gg

Der Rebenbummler schnauft durch den Kaiserstuhl

062bw-gg

Einen hohen Stellenwert im Leben der Endinger haben die Brauchtumsfeste und dabei besonders die **alemannische Fasnet.** Die Leitfigur der Jokili trägt eine dreihörnige Narrenkappe, Kutte und Hose aus rotem Wollstoff mit Zipfeln besetzt, eine barocke weiße Halskrause und eine hölzerne, lächelnde Maske. Einmal Dabeisein bei der Fasnet in Endingen ist ein ganz besonderes Erlebnis, auch für Touristen!

Sehenswertes

› **Vorderöstereich-Museum,** Adelshof 20, 79346 Endingen, Tel. 0173 7001242, geöffnet: siehe Touristeninformation

Information

› **Kaiserstühler Verkehrsbüro,** Adelshof 20, 79346 Endingen, Tel. 07642 68990, www.endingen.de, geöffnet: April-Okt. Mo.-Fr. 9-12.30 und 14.30-18 Uhr, Sa. 10-13 Uhr, Nov.-März Mo.-Do. 9-12 und 14.30-17 Uhr, Fr. 9-12.30 Uhr

Gastronomie

› **Pfarrwirtschaft,** Hauptstr. 2, 79346 Endingen, Tel. 07642 924311, www.merkles-restaurant.de. Heimische Zutaten, badische Gerichte, Weine vom Kaiserstuhl sind das Erfolgskonzept.

Radfahren am Kaiserstuhl

Hier einige gut ausgeschilderte Radtouren am Kaiserstuhl und zum Tuniberg:

Rhein-Tour

Länge: 49 km; Höhendifferenz: 525m; Start: Ihringen – Achkarren – Bickensohl – Oberrotweil – Aussichtspunkt Mondhalde – Niederrotweil – Burkheim – Bischoffingen – Kiechlinsbergen, Königschaffhausen – Sasbach – am Rhein entlang nach Breisach – Ihringen

Vulkan-Tour

Länge: 33 km; Höhendifferenz: 580 m; Start: Endingen – Erleweiher – Eichstetten – Bötzingen – Anstieg zum Vogelsangpass – Abstecher zur Eichelspitze – Altvogstburg – Oberbergen – Oberrotweil – Bischoffingen – Kiechlinsbergen – Königschaffhausen – Endingen

Tuniberg-Tour

Länge: 35 km; Höhendifferenz: 380 m; Start: Ihringen – Wasenweiler – Bötzingen – Gottenheim – Freiburg Münzingen – Breisach Niederrimsingen – Merdingen – Ihringen

Dreisam-Tour

Länge: 33 km; Höhendifferenz: 150 m; Start: Bahlingen – Eichstetten – March Hugstetten – Buchheim – Holzhausen – Anstieg über Nimberg – Neuershausen – Nimburg – Riegel – Bahlingen

Einkaufstipp

› **Metzgerei & Wursterei Peter Dirr,** Marktplatz, 79346 Endingen, www.metzgerei-dirr.de, Tel. 07642 87227, geöffnet: Mo./Di./Do./Fr. 8-13 und 14.30-18.30 Uhr, Mi./Sa. 8-13 Uhr. Viel gelobte Schinken und Salami, Delikatessen im Glas.

Der reizvolle Marktplatz von Endingen

㊸ Mathilde Kaffee und Wein, Endingen

GPS 48.13588, 7.71319

Privater Stellplatz bei einem Café (kleine Gerichte, Kuchen, Mo./Di. geschlossen) in den Weinbergen. Schöne, ruhige Lage. Gute Sanitäreinrichtung (WC/Dusche), Waschmaschine/Trockner, Brötchenservice. Kein Schatten! Ins Zentrum 15 Min., Badeweiher 1,8 km. **Lage/Anfahrt:** in Endingen ausgeschildert; **Platzanzahl:** 24; **Untergrund:** Schotter; **Service:** Strom, Trinkwasser, Abwasser, Chemie-WC, WLAN; **Preise:** 20 €/Fahrz. alles inkl., Taxe 1,50 €/Pers., im Winter ohne Sanitär 17 €; **Geöffnet:** ganzjährig; **Kontakt:** Schambachhof 3, 79346 Endingen, Tel. 07642 9217312, www.mathilde-kaffee-wein.de.

063bw-gg

㊹ Kirschenhof, Königschaffhausen

GPS 48.14256, 7.66230

Privater Stellplatz bei einem Kirschen-Bauernhof mit Café in sehr schöner und ruhiger Lage. Toilette und Dusche nur von März bis Okt., Brötchenservice, Gasflaschentausch. **Lage/Anfahrt:** In Königschaffhausen der Beschilderung Kirschencafé folgen; **Platzanzahl:** 28; **Untergrund:** Schotter, Wiese; **Service:** Strom, Trinkwasser, Abwasser, Chemie-WC, WLAN; **Preise:** 16 €/Fahrz. inkl. 2 Pers. und Strom, ab der 2. Übernachtung 15 €, Hund 0,50 €, Taxe 1,50 €/Pers., Dusche 2 €; **Geöffnet:** ganzjährig; **Kontakt:** Nicole Schmidt, Königsweg 5, 79346 Königschaffhausen, Tel. 07642 9282845, www.kirschenhof-schmidt.de.

064bw-gg

Parken

P 33 An der Stadthalle Endingen, GPS 48.13806, 7.70368, kostenlos. Übernachtung auf dem gemischten Parkplatz erlaubt.

Königschaffhausen, ein Teilort von Endingen, ist ein typisches Winzerdorf mit großen Torbögen zur Straße hin. In der Winzergenossenschaft kann man jeden Freitag um 14 Uhr Wein verkosten und anschließend das Wohnmobil mit den vollmundigen Tropfen des Kaiserstuhls beladen. Der Gasthof Ochsen sorgt mit badischer Küche für das leibliche Wohl. Wem der Sinn mehr nach Kuchen steht, geht ins Kirschencafé und genießt die hausgemachten Leckereien, auf dem dazugehörenden Stellplatz kann man anschließend übernachten.

Wanderung zur Limburg und zur Lützelbergkapelle

Länge: 4,5 km; Höhendifferenz: 200 m; Start: Naturstellplatz Am Rhein – Kaiserstuhl Lehrpfad 0,5 km hinauf zur Limburg (12. Jh.) mit schöner Aussicht – Durchgang in der Festungsmauer – nach links – Kreuzung nach rechts – unbefestigter Pfad bis zur Rebfläche – Abstecher zur Rasthütte am Kaiserstuhlblick – gelbe Raute bis Lützelbergkapelle im Wäldchen – 300 m zurück, bis links Weg Richtung Zollhäusle – 1,4 km zurück zum Stellplatz

Weinwanderweg

Länge: 13,5 km; Markierung: rote Trauben; Start: Parkplatz Burg Sponeck – am Rhein entlang und über Sassbach – Leiselheim – Jechtingen – Hasberghütte – Burg Sponeck

Gastronomie

› **Zum Ochsen,** Endingerstr. 12, 79346 Königschaffhausen, geöffnet: Sa.-Mi. 11.30-14 und 17-21 Uhr, Fr. 17-21 Uhr. Gute Küche mit eigener Metzgerei.

Einkaufstipp

› **Winzergenossenschaft Königschaffhausen,** Kiechlinsbergerstr. 2-6, 79346 Königschaffhausen, Tel. 07642 90410, www.koenigschaffhauser-wein.de, geöffnet: Jan.-März Mo.-Fr. 10-12 und 13-17.30 Uhr, April-Dez. Mo.-Fr. 9-17.30 Uhr, Sa. 9-14 Uhr

› **Kaiserstühler Bauernladen,** Endingerstraße 21, 79346 Königschaffhausen, Tel. 07642 7692, geöffnet: Di.-Fr. 9-13 und 15-19 Uhr, Sa. 8-14 Uhr, Mai-Okt. auch So. 11.15-18 Uhr. Die hohe Qualität der regionalen Produkte überzeugt. Brot, Blechkuchen, Obst, Gemüse, Marmelade, Liköre, Schnäpse, Wein und Sauerkonserven - alles aus eigener Produktion.

Das nächste Dorf bei der Umrundung des Kaiserstuhls ist **Sasbach.** Der Weinort hat 1800 Einwohner und liegt zwischen Schwarzwald und Vogesen in der sonnenreichsten Gegend Baden-Württembergs. Die schöne Landschaft erwandert man am besten auf der links beschriebenen Wanderung mit toller Aussicht.

Gastronomie

› **Zur Limburg,** Am Rhein 2, 79361 Sasbach, Tel. 07642 3393, geschl.: Mo./Di. Regionale Küche, Fischgerichte, saisonale Spezialitäten wie Spargel, Pfifferlinge, Wild. Biergarten mit Aussicht.

Naturstellplatz

34 Am Rhein, Sasbach, GPS 48.14771, 7.60118. Freie Stellmöglichkeit auf einem Parkplatz direkt am Rhein in schöner, ruhiger Lage. Restaurant in der Nähe. Wanderung und Fahrradweg vom Platz ab. Lage/Anfahrt: Am Ortsanfang von Sasbach nach rechts in die Limburgerstraße und immer geradeaus bis zur Einmündung. Hier rechts Richtung „Frankreich“ bis zum Parkplatz am Rhein; Platzanzahl: 4; Untergrund: Asphalt; Preise: kostenlos; Max. Stand: 1 Nacht; Geöffnet: frei zugänglich; Kontakt: Am Rhein, 79361 Sassbach

Im hübschen **Jechtingen** stehen Wandern oder Radfahrern vom Parkplatz an der Burg Sponeck auf dem Bewegungsprogramm. Durch die schönen Auenwälder geht es entweder auf dem Weinwanderweg oder auf einem der bezeichneten Radwege Richtung Breisach oder Sasbach.

Parken

P 35 Bei der Burg Sponeck, GPS 48.11508, 7.58308, kostenlos, 2,5 km Zufahrt über schmale Straße.

Wie im Mittelalter zieht der Nachtwächter in Burkheim seine Runden

45 Gutsschenke zur Scheune, Jechtingen

GPS 48.12271, 7.60633

Plätze bei einer Wirtschaft (empfehlenswert: Burger!) in schöner, ruhiger Lage, ohne Schatten. WC. Freundliche Aufnahme. **Lage/Anfahrt:** Am Ortsanfang von Jechtingen rechts; **Platzanzahl:** 10; **Untergrund:** Schotter; **Service:** Strom, Trinkwasser, Abwasser, Chemie-WC; **Preise:** 10 €/Fahrz. alles inkl., Taxe 1 €/Pers.; **Geöffnet:** ganzjährig; **Kontakt:** Rossmattenhöfe 1, 79361 Jechtingen, Tel. 07662 6979, www.gutsschenkezurscheune.de.

Gastronomie/Übernachtung

S 36 **Weingut und Schänke Rieflin,** GPS 48.10253, 7.63053, Kaiserstuhlstr. 8, 79235 Bischoffingen, www.rieflin.de, Schänke Mi./Do. und November–März geschlossen. Platz beim Weingut mit Schänke, Einkehr oder Weinkauf obligatorisch, Übernachtung möglich.

Ganz reizend ist **Burkheim,** das nächste Weindorf auf Route 3. Auf 157 Hektar Rebland und 232 Hektar Obst- und Ackerfläche gedeiht hier in dem besonders milden Klima des Kaiserstuhls alles prächtig.

Stattliche Fachwerkhäuser, kopfsteingepflasterte Straßen, das Stadttor und die Schlossruine sind steingewordene Zeugen der langen Geschichte des Dorfes. Sie begann 762 und hatte ihren Tiefpunkt, als das Dorf im Dreißigjährigen Krieg zerstört und entvölkert wurde. Ab 1648 wanderten Menschen aus Tirol, der Schweiz, Lothringen und Burgund zu und bauten die Stadt wieder auf.

Ein Hauch von Nostalgie weht jeden Sonntag und Mittwoch um 22 Uhr durch die Gassen, wenn der **Nachtwächter** vom Torhäusle aus seine Runde dreht. Auf seinem Gang erfährt man von ihm viel Wissenswertes und Lustiges zur Stadtgeschichte. So über die Dreiteilung in Ober-, Mittel und Unterstädtle, Lazarus von Schwendi, den strengen, aber gerechten Herren über Burkheim (1560–1583), das Leben der Fischer im Unterdorf und das

Die Rheinkorrektur nach Tulla

Nachdem der mäandernde Rhein immer wieder seinen Verlauf änderte, durch Überschwemmungen Schäden entstanden und in den Überschwemmungsgebieten Malaria auftrat, ließ Oberst Johann Gottfried Tulla ab 1817 den Fluss in ein festes, engeres Bett zwingen. Die Arbeiten dauerten über den Tod Tullas im Jahre 1828 hinaus bis 1879 an. Die Vorteile waren Landgewinn für die Bauern und die Ausrottung der Malaria. Aber es gab auch gravierende Nachteile. Durch die schnellere Fließgeschwindigkeit gab es Einbußen beim Fischfang, die Überschwemmungsgebiete wurden in die nördlichen Regionen verlagert und die Tiefenerosion durch Absenkung des Grundwasserspiegels verstärkt. In dem „integrierten Rheinprogramm“ will das Land Baden-Württemberg gleichzeitig Hochwasser- und Naturschutz betreiben. Mit ökologischen Flutungen soll eine auenähnliche Vegetation angesiedelt werden, die bei Hochwasser auch lange Überflutungen übersteht und durch dichten Bestand von Weiden und Pappeln die Hochwasserfluten stark verlangsamt.

065bw-gg

066bw-gg

46 Rhinwald, Burkheim

GPS 48.09751, 7.59382
Offizieller Stellplatz in sehr schöner, ruhiger Lage. Baggersee 1 km, Restaurant 2 km. **Lage/Anfahrt:** Von Jechtingen kommend kurz hinterm Gasthof Kreuz-Post rechts und über Post-, Mühlen- und Rheinstraße zum Parkplatz; **Platzanzahl:** 10; **Untergrund:** Schotter; **Preise:** 9 €/Fahrz.; **Geöffnet:** ganzjährig; **Kontakt:** Rheinstraße, 79235 Vogtsburg-Burkheim.

dunkle Kapitel der Hexenverbrennungen. Übrigens soll Lazarus von Schwendi am Kaiserstuhl die Ruländer-Rebe, die Grundlage für den Tokajerwein ist, aus Ungarn eingeführt haben. Also den Nachtwächter-Rundgang mit den alemannischen Gesangseinlagen unbedingt einplanen, es lohnt sich wirklich!

Gastronomie

› **Artcafé,** Mittelstadt 19, 79235 Vogtsburg-Burkheim, Tel. 07662 947697. Hausgemachte Kuchen im hübschen Retrocafé mit Galerie.

Einkaufstipp

› **s'Hoflädele in der Mittelstadt,** Mittelstadt 14, 79235 Burkheim, geöffnet: 15. März–31. Oktober Mi./Fr. 15–18 Uhr, Sa./So. 13–18 Uhr. Hausgemachte Marmeladen, Dosenwurst und u. v. m.

Sonstiger Stellplatz

S 37 **Burkheim,** GPS 48.10228, 7.59682, offizieller Stellplatz, 3 Plätze für Fahrzeuge bis 6 m, 9 €, keine Ver- und Entsorgung

Von Burkheim aus geht es 3 Kilometer auf schmaler Straße durch das Rebland nach **Oberrotweil** – mit knapp 1600 Einwohnern der größte Ort in der Gesamtgemeinde Vogtsburg. Hier hat die Touristeninformation Vogtsburg ihren Sitz.

Information

› **Touristeninformation,** Bahnhofstraße 20, 79235 Vogtsburg-Oberrotweil, Tel. 07662 94011, www.vogtsburg-im-kaiserstuhl.de, geöffnet: März–Okt. Mo.–Fr. 8–12 und 14–16 Uhr, Sa. 11–15 Uhr

306bw-gg

47 Schwimmbad, Vogtsburg-Oberrotweil

GPS 48.09016, 7.64388

Platz beim Freibad in schöner Lage. **Lage/Anfahrt:** Das langgezogene Dorf in Richtung Oberbergen durchfahren, am Ortsende links ausgeschildert mit „Schwimmbad"; **Platzanzahl:** 8; **Untergrund:** Schotterrasen; **Service:** Trinkwasser, Abwasser (mit Schlauch), Chemie-WC; **Preise:** 5 €/Fahrz., Taxe 1,50 €; **Geöffnet:** frei zugänglich; **Kontakt:** Hauptstraße, 79235 Vogtsburg im Kaiserstuhl.

Wanderparkplatz

38 **Oberbergen,** GPS 48.09629, 7.66427, ab hier 3,5 km zur Eichelspitze oder 15 km auf dem Badbergpfad

Auf der Fahrt nach Breisach ragt immer wieder die höchste Erhebung des Kaiserstuhls, der Totenkopf, aus den Rebhängen heraus. An dessen Fuß liegt **Bickensohl,** das kleinste Dorf von Vogtsburg mit nur knapp 400 Einwohnern. Durch eine tief in den Lössboden eingeschnittene schmale Straße erreicht man das nächste Dorf **Achkarren.** Eingebettet in die Rebterrassen des Kaiserstuhles steht auch hier der Weinbau als wichtigster Erwerbszweig im Vordergrund.

Am Schlossberg, dem Hausberg von Achkarren, wachsen die Spitzenweine. Ein Besuch des kleinen, interessanten **Weinbaumuseums** in der alten Zehntscheuer gehört unbedingt zu einem Besuch von Achkarren dazu. Robert Engist, gute Seele der Ausstellung und Kenner des Weinbaus rund um den Kaiserstuhl, informiert mit viel Freude und Fachwissen die Zuhörer. Schon auf der Freifläche vor dem Eingang sind alte und aktuelle Rebsorten angepflanzt. Innen stehen die historischen Gerätschaften der Winzer, Fassbauer und Schnapsbrenner. Alte Speise- und Postkarten, die traditionelle Tracht, die verschiedenen Bodenarten und noch viel mehr erläutert Robert gerne den Wissbegierigen. Zum Schluss noch ein Schnäpsle und weiter geht es erstmal zu Fuß auf dem 2,5 km langen **Geologischen Weinlehrpfad** (Start bei der Winzergenossenschaft) hinauf ins Rebland. Unterwegs stehen Tafeln und geben Auskunft über Geologie und Weinbau.

⊲ Eines der schönsten Dörfer am Kaiserstuhl ist Burkheim

Sehenswertes

› **Kaiserstühler Weinbaumuseum,** Schlossbergstraße, 79235 Achkarren, Tel. 07662 361, geöffnet: Palmsonntag–Allerheiligen Di.–Fr. 14–17 Uhr, Sa./So. 11–17 Uhr, Eintritt: 2 €, 65+ 1,50 €

Weiter geht die Fahrt 6 km zum nächsten interessanten Routenpunkt.

BREISACH

(28 km – km 54)

Alles überragend thront das Wahrzeichen von Breisach, das gotisch-romanische **St. Stephansmünster,** auf einem 600 m langen Vulkanfelsen. Die ältesten Bauteile sind das Querschiff mit den Nebenabsiden, das Langschiff mit der schmalen Vorhalle, der Nordturm und der rechteckige Chor an der Ostseite. Das romanische Längsschiff wurde in Form einer dreischiffigen Säulenbasilika mit niedrigeren Seitenschiffen errichtet. Das

spätgotische Sandsteintympanon des Westportals (Mitte des 14. Jh.) erzählt die Geschichte des Kirchenpatrons St. Stephanus. Die obere Szene zeigt zwei Engel, die den verstorbenen Stephan in einen Sarkophag legen und ganz oben trägt ein Engel die Seele des Heiligen in Gestalt eines Kindes ins Paradies.

Der Ursprung des filigranen Lettners geht auf das Jahr 1496 zurück, als ein unbekannter Meister dieses spätgotische Meisterwerk der Steinmetzkunst schuf. Ein Lettner trennte in der mittelalterlichen Kirche den Priesterchor von der Laienkirche. Hinter den fünf Spitzbögen verbirgt sich im Chor einer der schönsten Schnitzaltäre Deutschlands. Der dreiflügelige **Hochaltar** wurde vermutlich von Hans Loy aus Lindenholz erschaffen. Die Namenszeichen H. L., dreimal in das Werk geschnitzt, gaben lange Rätsel auf. Seit 1978 hat man das Geheimnis so weit gelüftet, dass man das Werk dem Meister, der auch den Niederrotweiler Altar geschnitzt hat, zuordnet. Auf dem linken Seitenflügel sieht man den Kirchenpatron Stephanus und auf dem rechten die Stadtpatrone Protasius und Gervasius. Im Mittelteil halten Gottvater und Christus die, mit wunderschönen Blüten und musizierenden Engeln verzierte, Krone über Marias Haupt. Das Gehäuse ruht auf der Predella (Sockel) mit den vier Evangelisten, dargestellt als Gelehrte, die in Bücher schreiben.

⊡ *Das St. Stephansmünster ist das Wahrzeichen von Breisach*

Ein weiterer Kunstschatz ist der silberne **Reliquienschrein,** der 1496 vom Goldschmied Peter Berlyn über und über mit Szenen aus der Patronatslegende und Heiligenfiguren geschmückt wurde. Getragen von vier goldenen Löwen ruhen in ihm die Gebeine der Stadtpatrone.

Der berühmteste Maler dieser Region, Martin Schongauer, malte von 1488 bis 1491 die Westhalle mit der Darstellung des Jüngsten Gerichtes aus. Am Fresko der Westwand thront Christus mit einem grünen Mantel bekleidet auf einem Regenbogen. An der Nordwand folgt die dramatische Darstellung der Hölle mit Flammenmeer und Menschen, die grausige Qualen erleiden. Ganz anders die Südwand: Hier ziehen die „guten“ Menschen über eine Wiese zum Paradies. Leider haben die prächtigen Bilder im Laufe der Jahre und durch Sanierungsversuche stark gelitten und viel von ihrer Farbenpracht verloren.

Von der, auf den Resten einer 1741 geschleiften Burg errichteten, Aussichtsterrasse auf dem **Eckhartsberg** hat man die beste Sicht auf den Münsterberg.

Rund um den Markplatz laden Restaurants und Cafés zur Einkehr oder am Rhein die Fahrgastschifffahrt zu einer Bootstour ein.

Information

› **Breisgau-Touristik,** Marktplatz 16, 79206 Breisach, https://tourismus.breisach.de, Tel. 07667 940155, geöffnet: Mo.-Fr. 10-12.30 u. 13.30-18 Uhr, Sa. 10-13 Uhr, Jan.-März nur bis 17 Uhr

Gastronomie

› **Kaiserstühlerhof,** Richard-Müller-Str. 2, 79206 Breisach, Tel. 07667 83060. geschl.: Mo. Saisonale Gerichte im gemütlichen Speiseraum mit Kachelofen.

Einkaufstipp

› **Ölmühle Fessinger,** Hochstetterstr.54 c, 79206 Breisach, Tel. 07667 3798990, http://fessingeroel.alfahosting.org, Mo.-Fr. 14-18 Uhr. Spezialität sind kaltgepresste Öle, die in der eigenen Mühle gepresst werden. Es gibt auch Essig, Walnusspesto und Senf.

48 Am Rheinufer, Breisach

GPS 48.02983, 7.57542

Offizieller Platz direkt am Rhein in schöner, ruhiger Lage, teilweise Schatten, zentrumsnah. Bäcker kommt morgens. Bei Weinfesten geschlossen (dann Ausweichplatz GPS 48.02254, 7.58573), in der Nähe fahren die Rheinschiffe ab. **Lage/Anfahrt:** In Richtung Breisach-Nord abbiegen und auf der Hafenstraße geradeaus bis zum Platz; **Platzanzahl:** 30; **Untergrund:** Asphalt; **Service:** Trinkwasser, Abwasser, Chemie-WC; **Preise:** 20-8 Uhr 6 €, 2 Nächte 10 €, 3 Nächte 13 €, Wasser 1 €; **Max. Stand:** 3 Nächte; **Geöffnet:** frei zugänglich; **Kontakt:** Josef-Bueb-Straße 5A, 79206 Breisach.

070bw-gg

49 I'lle du Rhin, Vogelgrun

GPS 48.02037, 7.58068

Platz in relativ ruhiger Lage (Straße) direkt hinter der Rheinbrücke in Frankreich. Restaurant in der Nähe. **Lage/Anfahrt:** Über die Rheinbrücke nach Frankreich und im ersten Kreisverkehr die dritte Straße rechts zum Platz, ausgeschildert; **Platzanzahl:** 24; **Untergrund:** Kies; **Service:** Strom, Trinkwasser, Abwasser, Chemie-WC, WLAN; **Preise:** 11 €/Fahrz. alles inkl. Man braucht einmalig eine Campingkarte für 5 €; **Max. Stand:** 7 Nächte; **Geöffnet:** ganzjährig; **Kontakt:** l'Ile du Rhin, 68600 Vogelgrun, Frankreich, Tel. +33 183646921, www.campingcarpark.com.

071bw-gg

Aktivitäten

› **Breisacher Fahrgastschifffahrt,** Rheinuferstraße, Brücke 2, 79206 Breisach, Tel. 07667 942010, www.bfs-info.de, verschiedene Rheinfahrten

50 Campingplatz Münsterblick, Breisach

GPS 48.01912, 7.609252

Campingplatz mit befriedigender Sanitärausstattung in guter und relativ ruhiger Lage, Waschmaschine/Trockner, Brötchenservice, WLAN gegen Gebühr, Restaurant, 3,5 km ins Zentrum, Busverbindung. **Lage/Anfahrt:** An der B31 ausgeschildert; **Platzanzahl:** 50; **Untergrund:** Schotterrasen; **Service:** Strom, Trinkwasser, Abwasser, Chemie-WC; **Sicherheit:** umzäunt, beleuchtet, bewacht; **Preise:** 26 €/Fahrz. inkl. 2 Pers., Strom 0,50 €/kWh, Taxe 1 €, Hund 1,50 €, Dusche 0,50 €; **Geöffnet:** Ende März.-Anf. Nov.; **Kontakt:** Hochstetter Str. 11, 79206 Breisach, Tel. 07667 93930, www.adler-breisach.de.

Die Kaiserstuhlerlebnisfahrt geht weiter nach Ihringen, dem wärmsten Ort in Deutschland.

IHRINGEN

(6 km - km 60)

Ganz im Süden des Kaiserstuhls, umsäumt von Obstbäumen und Rebhängen, liegt Ihringen. Überraschende Begegnungen mit den freundlichen Bewohnern beim Fest-Hock, beim Wandern durch die Weinberge oder durch die Lösshohlgassen geben dem Gast das Gefühl, willkommen zu sein. Ob in der rustikalen Straußwirtschaft oder im gutbürgerlichen Gasthof, überall wird man herzlichst begrüßt und mit regionalen Leckereien verwöhnt. Brägele (Bratkartoffeln), Kratzede (zerrissene Pfannkuchen) und Schäufele (geräucherte Schweineschulter) muss man unbedingt probieren. Dazu „schlotzt" man einen kräftigen Spätburgunder, einen spritzigen Silvaner oder einen eleganten Weißburgunder.

Das **Naturzentrum** bei der Gemeindeverwaltung informiert über die Natur, Geologie und Kulturgeschichte des Kaiserstuhls (geöffnet Mo./Do. 10–12, Sa. 15–17 Uhr). Erfrischung findet man im schön angelegten Kaiserstuhlbad, einem beheizten Freibad mit großer Liegewiese direkt beim Campingplatz.

Information

› **Kaiserstuhl-Touristik,** Bachenstr.38, 79241 Ihringen, Tel. 07668 9343, www.ihringen-touristik.de, geöffnet: Mo.-Sa. 9–12 und 15–18 Uhr, Mi./Sa. nur 9–12 Uhr

Gastronomie

› **Straußwirtschaft Martinshofschenke,** Martinshöfe 2, 79241 Ihringen, GPS 48.05644, 7.66491, Tel. 07668 7643, www.martinshof-ihringen.de. geöffnet: Anfang März–22. Dezember Mi.-So. 12–23 Uhr. Eigenes Geflügel wird in der rustikalen Straußwirtschaft serviert, es gibt auch vegetarische und vegane Gerichte. Spezialität: Putenschnitzel mit Senfkruste.

› **Goldener Engel,** Bachenstr. 27, 79241 Ihringen, Tel. 07668 908870, https://engel-ihringen.de, Di.-Sa. ab 17 Uhr, So. 12–14 und ab 17 Uhr. Gute badische Küche.

Einkaufstipps

S 39 **Weingut Karl Karle,** GPS 48.03793, 7.64233, Am Krebsbach 3, 79241 Ihringen, Tel. 07668 5050, www.weingut-karl-karle.de, geöffnet: Mo.-Fr. 8.30–12 und 14–18 Uhr, Sa. 10–13 Uhr. Das seit über 100 Jahren bestehende Weingut bezeichnet seine Weine als unkompliziert, authentisch und original. Zur Verkostung steht ein breites Angebot sehr guter Weine und Sekte. Übernachtung nach dem Einkauf mit dem Wohnmobil kostenlos.

› **Staatsweingut Freiburg,** Blankenhornsberg, 79241 Ihringen, Tel. 0761 401654320, staatsweingut-freiburg.de, geöffnet: Mo.-Mi. 12–17 Uhr, Do./Fr. 12–18 Uhr, Sa. 10–16 Uhr. Sehenswerter historischer Gewölbekeller, in dem in 60 Jahre alten Holzfässern die Weine reifen.

› **Flubacher's Hofladen,** Breisacherstr. 22, 79241 Ihringen, Tel. 0761 94219, geöffnet: Mo.-Fr. 8.30–12 und 14–18 Uhr, Sa. 8–13 Uhr, Mi.nachmittag geschlossen. Wildschweinschinken und -terrinen, Eier, Schnäpse, Nudeln, Speck, Mehl, Öl, Brot, Joghurt u. v. a. m.

Aktivitäten

› **Ihringer Herbstausklang.** Am dritten Wochenende im Oktober findet das große Weinfest statt.

› **Kaiserstuhlbad,** Sportzentrum Nachtwaid 1, 79241 Ihringen, Tel. 07688 9529612, geöffnet: Mai–Mitte Sept. 9.30–20 Uhr, Eintritt: 5/2,50 €

Parken

P 40 **Synagogenplatz,** GPS 48.04469, 7.64868, kostenlos, freitags hier Markt

51 Kaiserstuhl-Camping, Ihringen

GPS 48.03032, 7.65727

Stellplatz vor der Schranke eines Campingplatzes mit guter Sanitärausstattung in schöner und ruhiger Lage (außer bei Fußballspielen), Restaurant, Freibad angrenzend, ins Zentrum 2 km. **Lage/Anfahrt:** In Ihringen ausgeschildert; **Platzanzahl:** 5; **Untergrund:** Wiese; **Service:** Strom, Trinkwasser, Abwasser, Chemie-WC; **Sicherheit:** umzäunt, beleuchtet, bewacht; **Preise:** 32–37 €/Fahrz. alles inkl., Zuschlag bei nur einer Übernachtung 5 €, Hund 2,50 €; **Geöffnet:** Mitte März–Okt.; **Kontakt:** Nachtwaid 5, 79241 Ihringen, Tel. 07668 950065, www.kaiserstuhlcamping.de.

Zwischen Ihringen und Wasenweiler (L114) können kleine und mittlere Wohnmobile einen Abstecher zur Forstlichen Versuchs- und Forschungsanstalt Freiburg mit dem **Arboretum Liliental** machen (GPS 48.06674, 7.67390). Riesige, 1960 gepflanzte Mammutbäume sind die größte Attraktion des 255 Hektar großen Geländes. Auf den Trockenrasen umschwirren von Mai bis August viele zauberhafte Schmetterlinge 20 verschiedene Orchideenarten. Seltene Tiere wie Gottesanbeterinnen, Smaragdeidechsen und Bienenfresser fühlen sich hier wohl. Drei Wege von 1, 3,3 und 6,2 km Länge mit Infotafeln führen zu den schönsten Plätzen. Wie wäre es anschließend mit einer stärkenden Rast im Gasthof Lilie?

Gastronomie

› **Zur Lilie,** Lilienhof 5, 79241 Ihringen, Tel. 07668 9956393, www.lilie-liliental.de, geöffnet: Mitte Februar–Dezember Mi.–So. 11–18 Uhr. Speisen und Kuchen aus biologisch, ökologisch hergestellten, regionalen Lebensmitteln servieren Nathalie und Uwe Rösch im „kleinen Schlössle“, umgeben von herrlicher Natur.

Auf der Umrundung des Kaiserstuhls gegen den Uhrzeigersinn fährt man durch Wasenweiler (hier lohnt ein Blick in die **St. Vitus-Kapelle** mit Fresken aus dem 15. Jh.) nach **Bötzingen.** In dem langgestreckten Straßendorf ist die katholische Pfarrkirche mit ihrem mittelalterlichen Turm und dem barocken Altar mit einer spätgotischen Madonna sehenswert.

52 Winzer Sexauer, Ihringen

GPS 48.04204, 7.63565

Plätze bei der Winzer- und Brennerfamilie Sexauer in schöner, ruhiger Lage an den Weinbergen, Dusche/WC. **Lage/Anfahrt:** im Ort in die Poststraße abbiegen, dann ausgeschildert; **Platzanzahl:** 5; **Untergrund:** Wiese/Pflaster; **Service:** Strom, Trinkwasser, Abwasser; **Preise:** 10 €/Fahrz., Dusche/WC 4 €, Strom 5 €; **Geöffnet:** ganzjährig; **Kontakt:** Führhäupterweg 3, 79241 Ihringen, www.weingut-sexauer.de.

073bw-gg

53 Weingut Köbelin, Eichstetten

GPS 48.09507, 7.72056

Privater Platz bei einem Winzerhof in sehr schöner, ruhiger Lage, ins Zentrum 1,5 km. Weinkauf- und Verkostung. **Lage/Anfahrt:** Auf der Hauptstraße immer geradeaus durch Eichstetten hindurch, dann ausgeschildert mit Womo-Piktogramm; **Platzanzahl:** 4; **Untergrund:** Schotter; **Service:** Strom, Trinkwasser, Abwasser (mit Schlauch), Chemie-WC; **Preise:** 13 €/Fahrz. alles inkl.; **Geöffnet:** ganzjährig; **Kontakt:** Altweg 131, 79356 Eichstetten, Tel. 07663 1414, www.weingut-koebelin.de.

Parken

P 41 **Bötzingen,** GPS 48.07670, 7.73045, gemischter Parkplatz, eine Übernachtung möglich

Nur 2 km sind es nach **Eichstetten** am Kaiserstuhl. Zwischen 189 und 520 m ü.N.N. liegt der „Gemüsegarten des Kaiserstuhls", wie Eichstetten auch bezeichnet wird. Entlang der Hauptstraße reihen sich die typischen Bauernhöfe der Region mit den großen „Schwibbogen" genannten Toreinfahrten. Im **Samengarten** am Ortsrand (GPS 48.09445, 7.72239 beim Wohnmobilstellplatz) will die Stiftung Kaiserstühler Garten die Vielfalt der regionalen Kulturpflanzen erhalten, sie fördern und samenfestes, gesundes Saatgut an die zukünftigen Generationen weitergeben. Ein kleiner, aber wichtiger Schritt gegen die globale Privatisierung des Saatgutes und des damit verbundenen Aussterbens vieler Sorten. Der Schaugarten und das Obstmuseum mit vielen alten regionalen Obstbäumen und Sträuchern sind frei zugänglich.

Einkaufstipps

› **Weingut Köbelin,** Altweg 131, 79356 Eichstetten, Tel. 07663 1414, www.weingut-koebelin.de, geöffnet: Mi.–Fr. 9–12 und 15–18 Uhr, Sa. 9–12 Uhr. Arndt und Monika Köbelin erzeugen nach ökologischen Prinzipien Weine, Sekte und Edelbrände. Probiert wird im modernen, minimalistisch eingerichteten Weingut, das auch über einen Stellplatz 53 verfügt.

› **Hofladen Hiss,** Brunnenhof, Bahlingerstr. 10, 79356 Eichstetten, Tel. 07663 99455, www.brunnenhof-hiss.de, geöffnet: Di.–Fr. 9–12.30 und 14.30–18.30 Uhr, Mi. nur 9–12.30 Uhr, Sa. 8.30–14 Uhr. Gemüse, Obst, Bauernbrot, Marmelade, Honig, Milchprodukte, Nudeln in sehr guter Qualität, Kaffee und Kuchen.

Picknickplatz

42 **Picknickplatz Fohrenbuck,** GPS 48.09471, 7.70551, Anfahrt nur für kleine und mittlere Fahrzeuge, von hier sind es 1,8 km zum Eichelspitzturm.

In Eichstetten endet die Route mit der 30 km langen Rückfahrt über die B31 nach **Freiburg** (s. S. 78).

Wanderung zur Eichelspitze

Länge: 7 km; Markierung: gelbe Raute; Start: Stellplatz 53 – der Markierung folgend hinauf zum stählernen Aussichtssturm auf der Eichelspitze. Der Turm wurde 2006 erbaut und ist 42,5 m hoch. Von oben bietet sich ein herrlicher Rundblick – auf selbem Weg zurück zum Stellplatz.

ROUTE 4

DER HOCHSCHWARZWALD MIT TITISEE, FELDBERG UND SCHLUCHSEE

075bw-gg

⊏ *Vorseite: Der Schluchsee winterlich verzaubert*

299bw-gg

ROUTENÜBERSICHT

Route 4 führt zunächst ins reizvolle Städtchen Staufen und über das schöne Münstertal mitten hinein ins Herz des Hochschwarzwaldes. Hier liegen die beiden großen Seen, der Schluchsee und der Titisee, sowie der mit 1493 m höchste Berg, der Feldberg. Die unvergleichliche Natur erkundet man am besten auf Schusters Rappen oder mit dem Drahtesel. Ob durch die wildromantische Ravenna- oder Wutachschlucht, auf den Panoramawegen bei Bernau und Höchenschwand, dem Wasserfallsteig auf dem Feldberg, dem Geißenpfad bei Menzenschwand oder dem Lebküchlerweg bei Todtmoos, die wunderschöne Natur erfreut Herz und Seele. Über die Landschaft im Wechsel der letzten Jahrzehnte informiert auf humorvolle, jedoch nicht minder informative Art das interaktive Haus der Natur am Feldberg. Das idyllische Schwarzwaldbild wird in Bernau und Menzenschwand durch die typischen Schwarzwaldhöfe vervollständigt. Im tief eingeschnittenen Tal der Alb in St. Blasien überrascht der drittgrößte sakrale Kuppelbau Nordeuropas mit seinen Dimensionen. Am Ende der Route geht es hinunter an den Hochrhein zu den sehenswerten Städten Bad Säckingen, Laufenburg und Waldshut.

◻ *36 Meter misst die Spannweite der Domkuppel von St. Blasien (s. S. 128)*

Strecke:
Freiburg (S. 78) – **Staufen** (20 km, S. 106) – **Münstertal** (6 km, S. 108) – **Abstecher zum Bergwerk Teufelsgrund** (7 km, S. 110) – **Belchen** (19 km, S. 111) – **Schauinsland** (32 km, S. 114) – **Titisee-Neustadt** (41 km, S. 117) – **Abstecher zum Feldberg** (11 km, S. 120) – **Schluchsee** (22 km, S. 122) – **Rundfahrt zur Wutachschlucht und ins Rothauser Land** (39 km, S. 124) – **Abstecher nach Höchenschwand** (8 km, S. 127) – **St. Blasien** (19 km, S. 128) – **Bernau** (13 km, S. 131) – **Todtmoos** (11 km, S. 133) – **Bad Säckingen** (30 km, S. 136) – **Laufenburg** (13 km, S. 139) – **Waldshut-Tiengen** (18 km, S. 141)

Streckenlänge:
ohne Abstecher 244 km
mit Abstecher 309 km

Kurz hinter Freiburg, bei Ebringen, beginnt das von der Sonne verwöhnte **Markgräfler Land.** Die Einwohner von **Ebringen** lebten einstmals von der Weinwirtschaft, doch dieser Erwerbszweig trat mehr und mehr in den Hintergrund, sodass viele Rebflächen brachlagen. 2003 schlossen sich einige kluge Köpfe zusammen und gründeten das Schlossgut Ebringen. Verantwortlich für die Pflege der Weinberge und Vinifikation ist der Dipl. Önologe Andreas Engelmann. Er setzt auf Dauerbegrünung der Weinberge, organischen Dünger und schonende Bodenpflege mit dem Ziel, hervorragende Qualität bei nachhaltiger Bewirtschaftung zu erzeugen. Im historischen Schlosskeller reifen die Weißweine im Holzfass oder Edelstahltank und der Pinot Noir im Eichenholzfass zu ehrlichen, hochwertigen Weinen. Die außergewöhnlichen Weiß-, Grau- und Spätburgunder, Sauvignon blancs und Chasselas (Gutedel) kann man entweder online über https://schlossgut-ebringen.de oder direkt vor Ort im Winzerhof Ebringen kaufen.

Wer Glück hat, trifft Andreas Engelmann im Schlosskeller am Schlossplatz 1 bei der Arbeit an und kann einen Blick ins tiefe Kellergewölbe werfen.

Darüber erhebt sich das imposante 300 Jahre alte St. Gallische Schloss, in dem heute die Stadtverwaltung residiert.

076bw-gg

Einkaufstipp

- **Winzerhof Ebringen,** Sommerbergweg 1, 79285 Ebringen, www.winzerhof-ebringen.de, Tel. 07664 6350, geöffnet: Di.–Fr. 9–12 und 13.30–18 Uhr, Sa. 9–12.30 Uhr. Verkauft werden von der Beerenauslese bis zum günstigen Gutedel ehrliche Weine, auch die vom Schlossgut. Kunstaustellungen finden hier regelmäßig statt.
- **Stefans Käsekuchen,** Im Wiedenhut 2, 79285 Ebringen, www.stefans-kaesekuchen.de, geöffnet: Mo.–Fr. 14–16 Uhr. Cremiger Käsekuchen (18 oder 24 cm Durchmesser) direkt ab Backstube, viele verschiedene Geschmacksrichtungen.

Auf der Nebenstrecke L125 fährt man durch das Weinbaugebiet 7,5 km nach Bad Krozingen. **Bad Krozingen** liegt zwischen Rhein und Rebland in einer klimatisch günstigen Gegend. Mit der Entdeckung der Heilquellen im Jahre 1911 begann der Aufstieg zum Heilbad. Die **Vita Classica Therme** mit dem Saunaparadies bringt Entspannung für gestresste Menschen. Verschiedene Massagen und Peelings tun ein Übriges, damit man sich anschließend fast wie neugeboren fühlt.

Durch den 40 Hektar großen **Kurpark,** der teils kultiviert, teils naturbelassen ist, spaziert man an den üppig bepflanzten Blumenpfauen vorbei ins Ortszentrum. Das Litschgihaus, ein Barockgebäude, erbaute im 17. Jh. die auch „Fugger des Breisgaues" genannte Kaufmannsfamilie Litschgi. Das Schloss gegenüber ist im Privatbesitz, man kann es nur bei Konzertveranstaltungen betreten.

Etwas ganz besonders Kostbares ist die **Glöcklehofkapelle** an der Straße nach Staufen. Um 1000 errichtet, ist sie das älteste Bauwerk der Stadt. Die Fresken an der Altarwand zeigen eine der ältesten Darstellungen Christi nördlich der Alpen und das Martyrium Johannes des Täufers.

▷ Die Vita Classica Therme in Bad Krozingen

◁ Im historischen Schlosskeller von Ebringen reifen edle Tropfen

54 Schönberghalle, Ebringen

GPS 47.95641, 7.77664
Ausgewiesene Plätze auf dem Parkplatz bei der Festhalle in befriedigender und relativ ruhiger Lage, WC in der Nähe. **Lage/Anfahrt:** Richtung Schönberghalle, ausgeschildert; **Platzanzahl:** 2; **Untergrund:** Rasengitter; **Sicherheit:** beleuchtet; **Preise:** kostenlos; **Max. Stand:** 2 Nächte; **Geöffnet:** frei zugänglich; **Kontakt:** Schulstraße, 79285 Ebringen.

077bw-gg

Sehenswertes

- **Glöcklehofkapelle,** GPS 47.91074, 7.70974, geöffnet: 8–20 Uhr, Eintritt: frei

Information

- **Tourist-Information,** Thürachsr. 4, 79189 Bad Krozingen, Tel. 07633 4008163, www.bad-krozingen.info, Mai–Sept. Mo.–Fr. 9–17 Uhr, Okt.–April Mo.–Fr. 9–15 Uhr

Aktivitäten

- **Vita Classica Therme und Saunaparadies,** Thürachstraße 4, 79189 Bad Krozingen, Tel. 07633 4008140, www.bad-krozingen.info, geöffnet: 8.30–23 Uhr, Sauna 10–23 Uhr, Damen Mi. 9–13 Uhr, Eintritt: Therme 17,20/14/60,50 €, inkl. Sauna Mo.–Fr. 27 €, Sa./So. 31 €

Die nächste Sehenswürdigkeit ist das 6 km entfernte besonders hübsche Städtchen Staufen mit seinem historischen Altstadtkern.

308bw-BadK

Gutedel

Die beliebteste Rebsorte des Markgräfler Landes ist gleichzeitig auch eine der ältesten. So behaupten Weinhistoriker, dass bereits die alten Ägypter vor 5000 Jahren in der Oasenstadt Fajum den Gutedel angebaut hätten. Wie die Traube schließlich ins Markgräfler Land kam, darüber gehen die Meinungen auseinander. Die Behauptung, die Rebe sei im 7. Jh. v. Chr. dank phönizischer Händler über Marseille nach Frankreich gekommen, ist faktisch nicht belegt. Gesichert hingegen ist, dass der Gutedel 1523 von Konstantinopel nach Burgund seinen Weg gefunden hat. Im kleinen Dörfchen Chasselas wurde er erstmals auf europäischem Boden angebaut. 1780 kam der Gutedel schließlich von Vevey ins Markgräfler Land. Die großen Gutedeltrauben mit viel süßem Saft und dünner Schale sind nicht nur Garant für einen guten Wein, sie sind auch als Tafelobst begehrt. Die Markgräfler Winzer bezeichnen ihren Gutedel als feinen, ehrlichen und bekömmlichen Weißwein. Gut und edel eben. So wundert es einen nicht, dass die Kellermeister seit 1996 beim jährlichen Gutedel-Cup ihre besten Weine zur Prämierung vorstellen. Am Gutedeltag, der im Zwei-Jahres-Turnus stattfindet, kann man die edlen Tropfen entlang einer 15 km langen Theke an der L125 zwischen Müllheim und Staufen verkosten.

55 Vita Classica Therme, Bad Krozingen

GPS 47.91695, 7.68807

Ausgewiesene, parzellierte Stellplätze bei der Therme. Lage befriedigend, relativ ruhig (Zug- und Autoverkehr), kein Schatten. Normal- und Komfortplätze 60 bzw. 100 m². WLAN, Fahrradverleih. Backwaren von Mai–Okt. nach Vorbestellung, Duschen gegen Gebühr in der Therme, ab 3 Nächten einmaliger Eintritt in die Therme inkl. **Lage/Anfahrt:** ausgeschildert; **Platzanzahl:** 75; **Untergrund:** Schotterrasen; **Service:** Strom, Trinkwasser, Abwasser, Chemie-WC, Ver- und Entsorgung über der Straße; **Sicherheit:** beleuchtet; **Preise:** 14–16 €/Fahrz., Strom 3,50 €; **Geöffnet:** ganzjährig; **Kontakt:** Thermenallee, 79189 Bad Krozingen.

STAUFEN

(20 km – km 20)

Staufen, die Fauststadt im Breisgau, bietet ihren Gästen einiges: vielseitige Kulturangebote, ein denkmalgeschütztes Stadtbild, eine malerische Burgruine, interessante Museen und eine gute Gastronomie.

Das Herz des Städtchens ist der Marktplatz mit dem **Rathaus** (1546) im spätgotischen Stil mit seiner wappengeschmückten Hauptfront. Bei der Generalsanierung dieses Gebäudes 2006/2007 wollte der Gemeinderat eine umweltfreundliche Geothermie-Heizung einbauen lassen. Nach den Probebohrungen hob sich der Boden durch Wassereindrang in die Gips-Keuper-Schicht um 40 cm. So entstanden deutlich sichtbare Risse am Rathaus und an mehr als 260 weiteren Gebäuden. Mit roten Bannern „Staufen darf nicht zerbrechen" wird an vielen Häusern an die schweren Folgen der Bohrung erinnert.

Zur Erkundung von Staufen bummelt man am besten vom Marktplatz mit dem imposanten Marktbrunnen (16. Jh.) entlang der Hauptstraße durch die Altstadt, wirft einen Blick durch einen Torbogen auf das **Stubenhaus** (1436), auf das **Stadtschloss** (1566) mit dem charakteristischen Treppenturm und macht sich dann an den Aufstieg zur **Burgruine.**

1248 wurde die Burg von den Herren von Staufen vermutlich zur Sicherung des reichen Silbervorkommens im Münstertal errichtet. Das Geschlecht starb 1602 mit dem Freiherrn Leo von Staufen aus und so verfiel die Burg in den folgenden Jahrzehnten, bis 1896 die Stadt Staufen erstand. Im Zusammenhang mit der Burg ist auch der berühmteste Gast Staufens zu erwähnen: **Dr. Johann Georg Faustus.** Der wandernde Alchemist und Magier wurde vom hoch verschuldeten Burgherrn Anton von Staufen engagiert, als die Silbervorkommen im Münstertal zur Neige gingen. Beim Versuch, Gold herzustellen, soll Faust 1539 im Gasthof Löwen bei einer Explosion ums Leben gekommen sein. Dass dabei der Teufel seine Hand im Spiel hatte, soll angeblich ein Fußabdruck Mephistos im Rathausturm bezeugen. Seltsam ist dabei nur, dass das Rathaus erst 1564 erbaut wurde. Doch Magister Faust regte schon immer die Fantasie an und ging durch Johann Wolfgang von Goethe in die Weltliteratur ein.

Staufen präsentiert mit den **Staufener Kulturtagen** im Oktober, den Gitarrentagen im November, dem Literarischen Salon im Stubenhaus und den Stubenhaus Konzerten ein breites Spektrum hochklassiger Kultur – von weltbekannten Künstlern bis zu noch unentdeckten Talenten.

In einem ehemaligen Hafner-Haus ist das **Keramik-Museum** mit seinen vielfältigen Exponaten untergebracht. Im Wohnhaus mit Werkstatt von 1898 erhält der Besucher einen Einblick in die Arbeitsabläufe beim traditionellen Hafnerhandwerk sowie in die zeitgenössische Keramikkunst. Die einzig noch erhaltene **Gussstahlbrücke** Deutschlands steht in Staufen. 1871 als Eisenbahnbrücke erbaut, führt die denkmalgeschützte Konstruktion heute Fußgänger zu einer ausgezeichneten Adresse für Kuchen-, Torten- und Eisgenießer: zum **Café Decker.** Hochprozentiges aus der 150 Jahre alten Schwarzwaldbrennerei **Schladerer** gibt es im hübsch dekorierten Laden direkt beim Parkplatz zu kaufen. Vielleicht ein Mitbringsel für die Daheimgebliebenen?

Die malerische Burgruine überragt das Städtchen Staufen

Sehenswertes

› **Keramik Museum,** Wettelbrunner Str 3, 79219 Staufen, Tel. 07633 6721, www.landesmuseum.de, Mi.–Sa. 14–17 Uhr, So. 12–17, Eintritt: 2,50/1,50 €

Information

› **Tourist-Information,** Hauptstr. 53, 79219 Staufen, Tel. 07633 80536, www.muenstertal-staufen.de, geöffnet: April–Okt. Mo.–Fr. 9–12.30 und 14–17.30 Uhr, Sa. 10–12 Uhr, Nov.–März Mo./Mi./Fr. 9–12 und 14–16.30 Uhr, Di./Do. 9–12 Uhr

Gastronomie

› **Die Krone,** Hauptstr. 30, 79219 Staufen, Tel. 07633 5840, www.die-krone.de. Gute saisonale und vegetarische Menüs, die ihren Preis wert sind.

› **Kornhaus,** Hauptstr. 57, 79219 Staufen, Tel. 07633 5401, www.kornhaus-staufen.de. Gutbürgerliche Küche mit freundlichem Service direkt beim Rathaus.

› **Café Decker,** Hauptstr. 70, 79219 Staufen, Tel. 07633 5316, geöffnet: 6.30–18 Uhr, So. 13.30–18 Uhr. Kuchen, Eis und Gebäck von herausragender Qualität. Weithin bekannt und gerühmt.

Einkaufstipps

› **Brennerei Schladerer,** Alfred-Schladerer-Platz 1, 79219 Staufen, Tel. 07633 8320, www.schladerer.

Routenübersicht S. 102

080bw-gg

57 Wohnmobilstellplatz Grunern, Staufen

GPS 47.87444, 7.71308
Ausgewiesene Plätze in schöner, ruhiger Lage (außer bei Fußballspielen). Ins Zentrum 1,7 km. Dorfladen in 500 m. **Lage/Anfahrt:** in Staufen Richtung Müllheim, bei Grunern nach rechts zu den Sportplätzen; **Platzanzahl:** 3; **Untergrund:** Rasengitter; **Preise:** kostenlos; **Max. Stand:** 2 Nächte; **Geöffnet:** frei zugänglich; **Kontakt:** Ballrechter Straße, 79219 Staufen im Breisgau.

de, geöffnet: Di.-Fr. 9.30-12.30 und 14-18 Uhr, Sa. 10-14 Uhr. Führungen nach Anmeldung unter tour@schladerer.de.

› **Wochenmarkt,** Marktplatz, Mi. und Sa. 8-13 Uhr

Parken

P 43 **Innenstadt Staufen,** GPS 47.87875, 7.73112, Mo.-Sa. gebührenpflichtig

56 Camping Belchenblick, Staufen

GPS 47.87211, 7.73579
Platz mit sauberer Sanitärausstattung in schöner und ruhiger Lage, sehr familiär geführt, teilweise WLAN, Mini-Markt, Imbiss, Hallenbad am Platz, Freibad in der Nähe. Hunde willkommen! **Lage/Anfahrt:** ausgeschildert; **Platzanzahl:** 220; **Untergrund:** Wiese; **Service:** Strom, Trinkwasser, Abwasser, Chemie-WC; **Sicherheit:** umzäunt, beleuchtet, bewacht; **Preise:** 12 €/Fahrz., 9-9,50 €/Pers., Strom 0,60 €/kWh, Hund 3,50 €, Taxe 1,60 €, inkl. Frei- und Hallenbad; **Geöffnet:** ganzjährig; **Kontakt:** Münstertäler Straße 43, 79219 Staufen, Tel. 07633 7045, www.camping-belchenblick.de.

Das liebenswerte Münstertal gehört zum Tourismusverband Staufen-Münstertal und hat außer der herrlichen Landschaft einiges an Sehenswertem parat. Allerdings ist die anschließende Weiterfahrt über den Belchen nur über eine kurvenreiche Strecke zu bewerkstelligen. Wer dies nicht möchte, fährt von Staufen zurück nach Freiburg und ins Höllental. Dort trifft man wieder auf diese Route.

MÜNSTERTAL

(6 km - km 26)

Ursprünglich - aber nicht hinterwäldlerisch, abgelegen - aber nicht abgeschnitten, ruhig - aber nicht langweilig, so begegnet das Münstertal seinen Gästen.

Im weiten Tal mit den sanften Wiesenhügeln grasen Kühe und besonders viele Ziegen. Eingebettet in die intakte Natur liegen die traditionellen Bauernhöfe mit dem tiefgezogenen Walmdach. Über allem thront der dritthöchste Berg des Schwarzwaldes - der Belchen. Durch die Blütenwiesen, die schattigen Wälder bis hinauf zu den Höhen führen Wander- und Radwege oder Mountainbikestrecken.

Das mit einem Zwiebelturm gekrönte **Kloster St. Trudpert** besteht seit dem Jahr 800. Um die Reliquien des Heiligen Trudpert entstand oberhalb des Flüsschens Neumagen das erste rechtsrheinische Benediktinerkloster. Nach der Zerstörung durch die Schweden 1632 wurde das Kloster 1716 im barocken Stil wiederaufgebaut. Die Schwestern des Heiligen Josef, die heute im Klosterkomplex wohnen, bieten Gästen die Möglichkeit, hier eine Zeit der Einkehr zu verbringen.

Im wunderschönen ehemaligen Rathaus von Obertal zeigt das **Bienenkundemuseum** auf über 800 m² Ausstellungsfläche alles über die Bienenzucht von der Steinzeit bis in die Gegenwart. Neben einem Videofilm und vielen Exponaten ist auch ein Diorama „Schwarzwald en miniature" im Maßstab 1:50 ausgestellt. Viele liebevoll gearbeitete Details zeigen Schwarzwaldhäuser und Szenen aus dem Leben der Altvorderen.

Sehenswertes

› **Kloster St. Trudpert,** 79244 Münstertal, GPS 47.86504, 7.80175, geöffnet für Besucher nur, wenn kein Gottesdienst gehalten wird. Ganzjährig viele Konzerttermine.

› **Bienenkundemuseum,** Spielweg 55, 79244 Münstertal, GPS 47.87775, 7.83556, Tel. 07636 70730, www.bienenkundemuseum.de, geöffnet: Mi./Sa./So. und Feiertag 14–17 Uhr, Eintritt: 3/1,50 €

Information

› **Tourist-Information,** Rathaus, Wasen 47, 79244 Münstertal, Tel. 07636 70740, www.muenstertal-staufen.de, geöffnet: April–Okt. Mo.–Fr. 8.30–12.30, Mo.–Do. auch 14–17.30, Sa. 9–13, Nov.–März Mo.–Fr. 8.30–12.30, Mo.–Do. auch 14–17 Uhr

Gastronomie

› **Landgasthaus zur Linde,** Krumlinden 13, 79244 Münstertal, Tel. 07636 447, www.landgasthaus.de, geöffnet: 12–21.30 Uhr, geschl.: Do. Spezialität: fangfrische Forellen. Urige Gaststube in denkmalgeschütztem Haus.

58 Campingplatz Münstertal

GPS 47.85991, 7.76353

Mehrfach ausgezeichneter Platz mit sehr guter Sanitärausstattung in sehr schöner und ruhiger Lage. Alle Stellplätze mit Frisch- und Abwasser, TV-Anschluss. Waschmaschine/Trockner, beheiztes Frei- und Hallenbad, Restaurant, großer Laden, Wellnessoase mit Saunalandschaft, Praxis für Physiotherapie, Abenteuerspielplatz, Reiterhof. **Lage/Anfahrt:** ausgeschildert; **Untergrund:** Wiese; **Service:** Strom, Trinkwasser, Abwasser, Chemie-WC, WLAN; **Sicherheit:** umzäunt, beleuchtet, bewacht; **Preise:** 14–22,50 €/Fahrz., 10,90–11,90 €/Pers., Strom 0,60 €/kWh, Taxe 1,90 €, Müll 1,50 €, Hund 4,80 €, Mietbad 11 €, inkl. Frei- und Hallenbad; **Geöffnet:** ganzjährig; **Kontakt:** Dietzelbachstr. 6, 79244 Münstertal, Tel. 07636 7080, www.camping-muenstertal.de.

Kloster St. Trudpert im Münstertal

081bw-gg

ABSTECHER ZUM BESUCHERBERGWERK TEUFELSGRUND

(hin und zurück 7 km)

Die Bergbautradition wird im **Besucherbergwerk Teufelsgrund** für Besucher begehbar. Die erste urkundliche Erwähnung des Silberbergwerks datiert auf das Jahr 1028. 1942 versuchte man, hier Flussspat abzubauen. Das Vorkommen war jedoch nicht rentabel, sodass die Grube 1958 stillgelegt wurde. Seit 1970 können Besucher die Welt unter Tage „befahren", wie es in der Bergbausprache heißt. Asthmatiker und von Allergien Geplagte finden Linderung im Heilstollen.

Über den 3 km langen Silberpfad wandert man an 15 Tafeln mit viel Wissenswertem über die Region und den Silberabbau vorbei. Auch der 1715 erbaute **Kaltwasserhof** steht am Silberpfad. In ihm wurde 2001 von der ARD ein Experiment gestartet: Eine fünfköpfige Berliner Familie lebte für drei Monate unter den Bedingungen, wie sie hier 1902 herrschten.

Auf dem Bioland-zertifizierten **Glocknerhof** wird Käse aus Milch von eigenen Kühen und Ziegen produziert und im Hofladen verkauft. Kühe, die ihre Hörner behalten dürfen, und schneeweiße Ziegen geben die aromareiche Milch und pflegen auch noch die Landschaft. Seit 300 Jahren und in der vierten Generation bewirtschaftet Familie Glockner-Brenneisen den Hof.

Sehenswertes

› **Besucherbergwerk Teufelsgrund,** Mulden 71, 79244 Münstertal, GPS 47.84471, 7.81898, Tel. 07636 1450, www.besuchsbergwerk-teufelsgrund.de, geöffnet: April–Okt. Di./Do./Sa. 10–16 Uhr, So. 13–16 Uhr, Juli/August auch Mi./Fr. 13–16 Uhr, Eintritt: 6/3,50/17 €, letzter Kilometer schmale Straße

Einkaufstipp

› **Käserei Glocknerhof,** Kaltwasser 2, 79244 Münstertal, GPS 47.84071, 7.81609, Tel. 07636 518, www.kaeserei-glocknerhof.de, geöffnet: Mo./Mi./Fr. 11–13 und 15–18 Uhr, Sa. 9–13 Uhr. Ausgezeichnete Kuh- und Ziegenkäse aus silofreier Milch direkt vom Bio-Bauern.

082bw-gg

Biosphärengebiet Schwarzwald

Ein 63.000 Hektar großes Gebiet mitten im Naturpark Südschwarzwald ist seit Juni 2017 als Biosphärengebiet von der UNESCO anerkannt. Die Besonderheit liegt hier in den gemeinschaftlich genutzten Allmendweiden. In vielen Orten des Südschwarzwaldes hielt sich diese Form der gemeinschaftlichen Bewirtschaftung von Feldern, Wiesen und Wäldern seit dem Mittelalter. Heute kommt den extensiv genutzten Allmendweiden mit ihren außergewöhnlich geformten Weidbuchen große Bedeutung zu. Das Biosphärengebiet umfasst drei Landkreise, die Stadt Freiburg, 28 Gemeinden, den Belchen, Schauinsland, Teile des Feldberges und den Schluchsee.

Am Talende schraubt sich die Straße mit atemberaubendem Panorama sehr kurvenreich und mit dem Wohnmobil nur langsam zu befahrend, hinauf zum Wiedener Eck. Unterwegs noch eine kleine Stärkung gefällig? Bei Rita's Bergfreude ist man dann richtig.

Gastronomie

› **Rita's Bergfreude,** Lochmatte 1, 79244 Münstertal, Tel. 07636 1357, geöffnet: 11.30–21 Uhr. Mittagstisch, Kaffee und Kuchen, Vesperkarte, tolle Aussicht.

Um die Talstation der Belchenbahn zu erreichen, biegt man am Wiedener Eck ab und fährt weitere 6 km.

▷ Bequemer geht es nicht: mit der Bahn hinauf auf den Belchen

◁ Saftige Wiesen und schattige Wälder prägen das Münstertal

BELCHEN

(19 km – km 45)

Der Belchen wurde vom großen alemannischen Mundartdichter Johann Peter Hebel als der schönste aller Schwarzwaldgipfel beschrieben. Besonders schön ist seine markante Kuppelform mit den steil abfallenden Hängen tatsächlich und seine Höhe von 1414 m ermöglicht einen Rundumblick auf die anderen Schwarzwaldgipfel, das Markgräfler Land bis zu den Vogesen und zum Schweizer Jura. Mit der Belchen-Seilbahn schwebt man bequem hinauf. Ab der Bergstation gibt es im Sommer Rundwanderwege und im Winter fünf Skiabfahrten und einen Winterwanderweg hinunter zur Talstation. Für Kinder interessant ist der 2,5 km lange Belchen-Erlebnisweg, der an der Talstation startet. Erwähnenswert ist noch das historische Belchenhaus, das höchstgelegene Gasthaus in Baden-Württemberg.

Gastronomie

› **Belchenhaus,** Tel. 07673 281, geöffnet: tägl. ab 10 Uhr, Einkehr mit schöner Aussicht

083bw-gg

Aktivitäten

› **Belchenbahn,** Obermulten 5, 79677 Aitern, GPS 47.82157, 7.85047, Tel. 07673 8882800, www.belchen-seilbahn.de, geöffnet: 9.15–16.30 Uhr, geschl.: Anfang–Mitte April; Berg- und Talfahrt: Sommer 8,20/5,80/22 €, 65+ 7,70 €, Winter für Skifahrer 26/15/57 €, 65+ 23 €, Fußgänger auch im Winter Sommerpreise

Auf der Fahrt zurück zum Wiedener Eck gibt es viele Parkplätze, ideal für eine Rast oder als Beginn einer Wanderung.

084bw-gg

Wanderparkplatz

44 Langlaufzentrum Hohtannbelchen, GPS 47.82915, 7.85895, kostenlos. In der Nebensaison auch eine Übernachtung möglich. Von hier starten Rundloipen von 1,4 bis 10,6 km Länge aller Schwierigkeitsstufen.

Wieder mit vielen Kurven und faszinierenden Ausblicken bis zum Feldberg rollt der Wohnmobilreisende hinunter nach **Wieden.** Auf der Weiterfahrt sollte man beim **Schaubergwerk Finstergrund** einen Stopp einlegen. Ein toller Spaß ist es, einen Kilometer mit dem Zügli, der Grubenbahn, in den Stollen einzufahren. Auf der Rundfahrt erkundet man die Welt unter Tage und erfährt so einiges über die Zeit, als hier ab dem 13. Jh. Silber- und Bleierze gefördert wurden. Der 1975 gegründete Bergmannverein Finstergrund Wieden e. V. sorgt seit 1982 in Eigenregie für den Erhalt.

Sehenswertes

› **Schaubergwerk Finstergrund,** GPS 47.83146, 7.89721, Tel. 07673 7666, www.finstergrund.de, geöffnet: Mai/Juni/Okt. Sa./So. Führungen 10.15/11.45/13/14.30/16 Uhr, Juli–Sept. auch Mi., Eintritt: 8/6/25 €

Weiter geht's bis zur Einmündung in die B317 und auf ihr 3,5 km bis nach **Todtnau.** Der Ort nennt sich Wiege des organisierten Skisports und war schon Austragungsort für nationale und internationale Alpin-Cups. 1892 stellten Handwerker aus Todtnau erstmalig Schneeschuhe nach der Idee von Polarforscher Fridtjof Nansen her. Auch für seine qualitativ hochwertigen Bürsten aus der Fabrikation Keller ist Todtnau seit 1869 bekannt. Die Touristeninformation hält ein Bürstensortiment vorrätig.

Der 1155 m hohe Hausberg **Hasenhorn** ist bequem durch eine Sesselbahn erschlossen. Wandern, im Winter Ski fahren oder mit dem

Der Todtnauer Wasserfall gehört zu den schönsten Naturschauspielen Deutschlands

59 Reisemobilplatz, Todtnau

GPS 47.83226, 7.95528
Ausgewiesene Plätze in schöner, aber lauter Lage (Straße). Ins Zentrum 400 m. Teilweise Schatten. Freibad inklusive. **Lage/Anfahrt:** Am Ortsende Richtung Feldberg nach links, ausgeschildert; **Platzanzahl:** 10; **Untergrund:** Schotter; **Service:** Strom, Trinkwasser, Abwasser, Chemie-WC; **Preise:** 10 €/Fahrz., Strom 3 €, Taxe 2,20 €/Pers., Wasser 1 €/80 l, Abwasser 2 €; **Geöffnet:** ganzjährig; **Kontakt:** Feldbergstraße, 79674 Todtnau.

085bw-gg

60 Ferien-Camping Hochschwarzwald, Todtnau-Muggenbrunn

GPS 47.86519, 7.91594
Platz mit guter Sanitärausstattung in 1050 m Höhe, schöne, ruhige Lage, beheiztes Freibad, Skipisten, Loipen, Rodelbahn in der Nähe. **Lage/Anfahrt:** von Todtnau Richtung Freiburg ausgeschildert; **Untergrund:** Wiese; **Service:** Strom, Trinkwasser, Abwasser, Chemie-WC, WLAN; **Sicherheit:** umzäunt, beleuchtet, bewacht; **Preise:** 8,20–8,70 €/Fahrz., 6,80–7,30 €/Pers., Strom 0,50 €/kWh, Hund 3,50 €, Taxe 2,60 €; **Geöffnet:** ganzjährig; **Kontakt:** Oberhäserstr. 6, 79674 Todtnau-Muggenbrunn, Tel. 07671 1288, www.camping-hochschwarzwald.de.

086bw-gg

Coaster auf einer spektakulären Rodelbahn in rasender Fahrt den Berg hinunterrauschen bringen Jung und Alt viel Vergnügen. Wer jetzt nach einer Erfrischung lechzt, kann diese vom Stellplatz 59 aus in 500 m Entfernung hinter der Wolfsschlucht im Freibad finden.

Auf der Weiterfahrt Richtung Freiburg kommt man kurz hinter Todtnau zum Parkplatz **Todtnauer Wasserfälle** (GPS 47.84233, 7.93337). Von hier spaziert man 500 m zu den seit 1982 unter Denkmalschutz stehenden 97 m hohen Wasserfällen. In zwei Stufen donnern die, zu den höchsten Wasserfällen Deutschlands gehörenden, klaren Gebirgsbäche ins Tal. Der bequeme Zugang ist auch für Menschen mit Bewegungseinschränkungen möglich.

Gastronomie

› **Café am Rathaus,** Meinrad-Thoma-Str. 11, 79674 Todtnau, Tel. 07671 303, www.baeckerei-gutmann.de, geöffnet: Mo.–Sa. 6.30–18 Uhr, So. 7–18 Uhr. Ausgezeichnete Kuchen, Torten und Kaffee, kleine Gerichte.

Walter-Wagner-Weg

Länge: 8 km; Höhendifferenz 300 m; Markierung: „Walter-Wagner-Weg"; Start: beim Stellplatz 59; der einem tödlich verunglückten Waldarbeiter gewidmete Weg führt auch durch die beeindruckende Wolfsschlucht, vorbei am rauschenden Gebirgsbach.

Aktivitäten

- **Hasenhorn-Sessellift & Coaster,** Talstation, 79674 Todtnau, Tel. 07602 944680, geöffnet: tägl. 10–16.30 Uhr, wetterabhängig, Eintritt: einfache Fahrt: 6/5 €, mit Coaster-Abfahrt 10/8,50 €, Berg- und Talfahrt mit Sessellift 7/6 €
- **Freibad,** Poche 9, 79674 Todtnau, Tel. 07652 12068520, geöffnet: tägl. 10–19.30 Uhr, Eintritt: 5/3 €

Gastronomie

- **Bauerncafé,** Passhöhe 2, 79674 Todtnau-Muggenbrunn, Tel. 07602 9420119, geöffnet: Juli/Aug. tägl. 12–18 Uhr, Sept.-Juni Sa./So. Kleine Gerichte, Kuchen.

Wanderparkplatz

45 Notschrei, GPS 47.87480, 7.91225. Parkgebühr 5 €. Nachtparkverbot! Ab hier kann man im Winter Ski oder im Sommer Fahrrad fahren und wandern.

Nicht einmal 5 km sind es vom Notschrei durch die herrliche Gebirgslandschaft bis zum Hausberg von Freiburg, dem **Schauinsland.**

Wanderparkplätze

46 Skilift Haldenköpfle 1, GPS 47.88559, 7.89651, kostenlos

47 Skilift Haldenköpfle 2, GPS 47.88460, 7.89593, kostenlos

48 Wanderparkplatz Wassergumpen, GPS 47.90160, 7.88697, kostenlos. Auf 1168 m Höhe, ab hier Rundwanderungen von 6,5 und 13,5 km Länge, von hier 1,3 km zur Bergstation Schauinsland

49 Parkplatz, GPS 47.90557, 7.88933, kostenlos, von hier 600 m zur Bergstation Schauinsland

SCHAUINSLAND

(32 km – km 77)

Auf 1284 m Höhe kann man wirklich „ins Land hinaus schauen". Noch etwas höher, nämlich auf insgesamt 1302 m Höhe, steht man auf dem Schauinslandturm, auch Eugen-Kreidel-Turm genannt. Von dort oben ist die Aussicht atemberaubend.

Das **Museumsbergwerk,** in dem einst auf 22 Etagen und 100 km Stollenlänge nach Silber, Blei und Zink gesucht wurde, lässt sich im Rahmen von Führungen von 45 Minuten bis 2,5 Stunden erkunden. Warm anziehen, denn im Berg sind immer 10 °C!

Im Sommer bietet sich die Gipfelregion mit ihren bizarr geformten Weidbuchen für wunderbare Wanderungen oder Mountainbiketouren an. Im Winter ist Ski alpin oder Langlauf auf dem Schauinsland angesagt.

Sehenswertes

- **Museumsbergwerk Schauinsland,** Tel. 0761 26468, www.schauinsland.de, geöffnet: Mai–1. Nov. Mi./Sa./So., Juli/Aug. tägl. 11–15.30 Uhr, Eintritt: 45-minütige Führung 7/5 €, 1,5 Std. Führung 13 €, 2,5 Std. Führung 20 €.

Wanderparkplatz

50 Beim Besucherbergwerk und der Bergstation Schauinsland, GPS 47.90855, 7.89233, kostenlos. Hier nur wenige Parkplätze für Wohnmobile, besser bereits bei GPS 47.90557, 7.88933 parken und 600 m zu Fuß gehen

Zur Weiterfahrt muss man zunächst zwei Kilometer auf dem Anfahrtsweg zurückfahren und dann kann man links Richtung Hofsgrund abbiegen.

Auf landschaftlich außerordentlich schöner Panoramastrecke rollt das Womo hinunter bis nach **Kirchzarten.** Der Ort liegt umgeben von den höchsten Bergen des Schwarzwaldes verkehrsgünstig im Dreisamtal. Mit öffentlichen Verkehrsmitteln kommt man von hier rasch nach Freiburg.

61 Camping Kirchzarten

GPS 47.95876, 7.95201

Platz mit guter Sanitärausstattung in schöner und ruhiger Lage, Privatbadezimmer, Waschmaschine/Trockner, Restaurant, Laden, teilweise WLAN, Zug nach Freiburg 5 Min. entfernt, Freibad angrenzend. **Lage/Anfahrt:** von der B31 ausgeschildert; **Platzanzahl:** 400; **Untergrund:** Wiese; **Service:** Strom, Trinkwasser, Abwasser, Chemie-WC; **Sicherheit:** umzäunt, beleuchtet, bewacht; **Preise:** 24–44 €/Fahrz., je nach Größe und Lage, inkl. 2 Pers., Strom 2,80 €, Taxe 2 €/Pers., Hund 3–3,50 €, Mai–Sept. inkl. Freibad; **Geöffnet:** ganzjährig; **Kontakt:** Dietenbacher Str. 17, 79199 Kirchzarten, Tel. 07661 9040910, www.camping-kirchzarten.de.

Bis zu 600 m hoch ragen die Felswände entlang der Straße durchs **Höllental.** Schon Marie Antoinette soll 1770 auf dem Weg zu ihrer Hochzeit mit dem späteren König Ludwig XVI. durchs Höllental gekommen sein. Die schwierige Passage wurde von den französischen Soldaten „Val d'enfer“ genannt, der Name ist bis heute geblieben. Leider strömt heute sehr viel Schwerverkehr durch dieses bizarre Tal und so muss man während der Fahrt schon genau aufpassen, um den **Hirschsprung** nicht zu verpassen. Auf einem Felsen steht ein goldener Hirsch, der sich der Sage nach durch einen gewagten Sprung über die engste Stelle des Tales hinweg vor einem Jäger gerettet haben soll.

Das **Hofgut Sternen** hat sich in den letzten Jahren zu einem Anziehungspunkt für Bustouristen entwickelt. Restaurant, Glasmanufaktur, Kuckucksuhren, allerlei Souvenirs und das Ambiente einer Schwarzwald-Idylle locken Menschenmassen an.

Nur wenige hundert Meter vom Hofgut Sternen entfernt steht die älteste Kirche des Schwarzwaldes, die **St. Oswald Kapelle.** Sehenswert ist der spätgotische Flügelaltar. Er

Wanderungen auf dem Schauinsland

Fernblick nach allen Seiten

Länge: 2,5 km; Höhendifferenz: 50 m; Start: Bergstation Schauinslandbahn – Schauinslandturm – Weidbuchen – Bergstation

Rückblick in vergangene Zeiten

Länge: 4,2 km; Höhendifferenz 180 m; Start: Bergstation Schauinslandbahn – Bergwerk – Schniederlihof – Engländerdenkmal – Bergstation Schauinslandbahn

Mit weitem Blick der Sonne entgegen

Länge 8,8 km; Höhendifferenz 200 m; Start: Bergstation – Halde – Zähringer Hof – Gießhübel – Bergstation

087bv-gb

Schauinsland – der Berg macht seinem Namen alle Ehre

stammt vermutlich aus dem Umfeld Hans Baldung Griens, der den Altar im Freiburger Münster fertigte. Das Geschlecht der Falkensteiner hat das Kirchlein vor mehr als 850 Jahren gestiftet. Nicht vergessen: im Sternen den Schlüssel (gegen Pfand) zur Besichtigung mitnehmen.

Etwas abseits des ganzen Trubels bietet sich die märchenhafte **Ravennaschlucht** für eine Wanderung an. Entlang der über bemooste Steine springenden und sich einige Meter abwärts stürzenden Ravenna geht es durch die Schlucht. Zunächst wandert man unter dem 36 m hohen und 224 m langen Eisenbahnviadukt hindurch und weiter über Stege, Treppen und Brücken an Wasserfällen und der Großjockenmühle (1883) vorbei bis hinauf zum Gästehaus Ketterer und auf demselben Weg wieder zurück oder man macht die unten beschriebene Wanderung.

Wanderung Ravennaschlucht

Länge: 7,7 km; Höhendifferenz: 270 m; Start: Parkplatz Hofgut Sternen – Ravennaviadukt – Ravennaschlucht – Richtung Hinterzarten unter der B31 hindurch auf Querweg Freiburg Bodensee – Birklehof – Hinterzarten – Löffeltal Hochgangsäge – Hofgut Sternen Parkplatz (Die Wanderung kann auch von Hinterzarten Bahnhof gemacht werden.)

088bw-gg

Parkplätze

- **P 51 Hirschsprung,** GPS 47.93818, 8.01899
- **P 52 Hofgut Sternen Ravennaschlucht,** GPS 47.91418, 8.07572

Nach einigen Serpentinen auf der Höllentalstraße kommt man zur Abfahrt nach **Hinterzarten.**

Der berühmteste Sohn Hinterzartens ist **Georg Thoma:** 1960 Olympiasieger in der Nordischen Kombination in Squaw Valley. Das **Skimuseum** im 300 Jahre alten Hugenhof dokumentiert die Geschichte des Skilaufens und die Erfolge von Georg Thoma und anderen bekannten Skiläufern.

Die Landschaft um Hinterzarten zeichnet sich durch dichte Wälder, Hochmoore, bunte Wiesen und kristallklare Seen aus. Wandern, Mountainbiking- und Nordic-Walking-Strecken im Sommer und ein ausgedehntes Langlaufnetz, eine Natur-Eislaufbahn, Winterwanderwege und Skiabfahrten versprechen uneingeschränkten Naturgenuss. Im **Adler-Skistadion** wird man eher den wagemutigen Skispringern zusehen als selbst aktiv zu werden.

Sehenswertes

- › **Skimuseum,** Im Hugenhof, 79856 Hinterzarten, Tel. 07652 982192, www.schwarzwaelder-skimuseum.de, geöffnet: Di./Mi./Fr. 14–17 Uhr, Sa./So. 12–17 Uhr, jeden 2. und 4. Samstag 15 Uhr offene Führung, Eintritt: 5 €

Parken

- **P 53 Bahnhof Hinterzarten,** GPS 47.90480, 8.10911, gebührenpflichtig, Nachtparkverbot

Nach Hinterzarten beginnt die reizvolle Drei-Seen-Fahrt entlang dem Titisee, dem Windgfällweiher und dem Schluchsee.

Eindrucksvoll: eine Wanderung durch die Ravennaschlucht

TITISEE-NEUSTADT

(41 km – km 118)

Wenn in den Wintermonaten der Titisee dunkel und ruhig zwischen den bewaldeten Bergen des Südschwarzwaldes liegt, kann man sich gut vorstellen, dass hier die Fantasie und der Aberglaube in Volkssagen zum Ausdruck kamen. Wie die, dass hier eine unermesslich reiche Stadt stand, deren Bewohner Brotlaibe aushöhlten und sie zu Schuhen umfunktionierten. Zur Strafe für diesen Frevel wurde sie von den Fluten des Sees verschlungen. Eine andere Sage erzählt, dass nur die Haube einer alten Frau den See am Abfließen hindere. Irgendwann, so die Geschichte, löse sich die Haube auf und der See entleert sich.

Im Sommer ist an der Seepromenade kein Platz für mystische Geschichten, denn dann haben hier die Touristen das Sagen. Tret- und Ruderboote, Elektromotorboote, Bade- und Fischerboote schaukeln im Wasser und warten auf Kundschaft. Die unzähligen Souvenirläden bieten alles an von Kitsch bis Kunst, Restaurants und Cafés locken mit Schwarzwälder Spezialitäten. Ruhiger und beschaulicher wird es beim Rundgang um den See oder bei der Übernachtung auf dem Campingplatz Bankenhof **62** am anderen Seeende.

Zu jeder Jahreszeit entspanntes Schwimmen in 33 °C warmem Wasser unter 180 echten Palmen, Saunieren in der Wellness-Oase oder Action pur auf den 18 Rutschen im Galaxy, all dies offeriert das **Badeparadies Schwarzwald** in Titisee.

Der Hochfirst mit 1192 m Höhe hat der größten Naturschanze Deutschlands ihren Namen gegeben: **Hochfirstschanze.** Hier finden seit 2013 wieder Weltcupskisprungwettbewerbe statt. Wer sich nicht zur Weltklasse im Wintersport zählt, bleibt auf dem Boden und findet Loipen, eine Eisbahn, Rodelbahnen und Abfahrtspisten für Anfänger und Könner.

Information

› **Tourist-Information,** Strandbadstr. 4, 79822 Titisee-Neustadt, Tel. 07652 12060, geöffnet: Nov.–April Mo.–Fr. 9–17 Uhr, Mai–Juni, Sept./Okt. Mo.–Fr. 9–18 Uhr, Sa./So. 10–12 Uhr, Juli/Aug. Mo.–Fr. 9–18 Uhr, Sa. 10–13 und 15–18 Uhr, So. 10–13 Uhr

Gastronomie

› **Bootshaus,** Strandbadstr. 3, 79822 Titisee-Neustadt, Tel. 07651 88161, www.bootshaus-wiesler.de, geöffnet: 12–18 Uhr (wetterabhängig). Unbedingt probieren: die vorzügliche Schwarzwälder Kirschtorte. Eis, regionale kleine Gerichte, schöne Terrasse mit Seeblick.

Der Titisee: ein Relikt aus der letzten Eiszeit

090bw-gg

⑥② Camping Bankenhof, am Titisee

GPS 47.88639, 8.13052
Familiär geführter Platz mit guter Sanitärausstattung in sehr schöner und sehr ruhiger Lage, Waschmaschine/Trockner, Restaurant, Wohnmobilstellplätze vor der Schranke, ohne Strom, aber mit allen Campingplatzeinrichtungen. **Lage/Anfahrt:** in Titisee Richtung Feldberg ausgeschildert; **Untergrund:** Wiese; **Service:** Strom, Trinkwasser, Abwasser, Chemie-WC, WLAN; **Sicherheit:** umzäunt, beleuchtet, bewacht; **Preise:** 26,50–34 €/Fahrz. inkl. 2 Pers., Strom 0,50 €/kWh, Hund 3 €, Pauschale vor der Schranke 15 € inkl. 2 Pers. ohne Strom; **Geöffnet:** ganzjährig; **Kontakt:** Bruderhalde 31a, 79856 Hinterzarten am Titisee, Tel. 07652 1351, www.camping-bankenhof.de.

091bw-gg

⑥③ Parkplatz P1 Bahnhof, Titisee-Neustadt

GPS 47.90432, 8.15706
Ausgewiesene Plätze auf einem separaten Platzteil eines großen, gemischten Parkplatzes in ausreichender, relativ lauter Lage. 10 Min. zum See. **Lage/Anfahrt:** von der Anfahrtsstraße Richtung Parkplätze; **Platzanzahl:** 50; **Untergrund:** Pflaster; **Service:** Trinkwasser, Abwasser, Chemie-WC; **Preise:** 2 €/1 Std., 6 €/über 4 Std., 16 €/24 Std., Nachttarif 10 € (20–8 Uhr); **Geöffnet:** ganzjährig; **Kontakt:** Neustädter Straße, 79822 Titisee-Neustadt.

Wanderung um den Titisee

Länge: 7,4 km; Höhendifferenz: 148 m; Markierung: Titisee-Rundweg; Start: Bankenhof – Bankenhansenhof – Eisweiher – Wassertretstelle – Badestelle – am See entlang über Seehäusle zum Bankenhof

Aktivitäten/Übernachten

S 54 **Badeparadies,** GPS 47.90738, 8.16279, Am Badeparadies 1, 79822 Titisee-Neustadt, www.badeparadies-schwarzwald.de, Tel. 008000 4444333; geöffnet: Palmoase 9–15 und 16–22 Uhr, Galaxy Di.–Fr. 16–22 Uhr, Sa./So. 9–22 Uhr; Eintritt Tageskarten: Palmenoase 28 €, Palais Vital 38 €, beide inkl. Galaxy, nur Galaxy 25 €, Kinder von 3–16 Jahren nur ins Galaxy. Auf dem Parkplatz kann man auch einmal übernachten, laute Straße.

64 Sportanlage Höchstberg, Eisenbach

GPS 47.94913, 8.25532

Ausgewiesene Plätze mit teilweise traumhafter Aussicht in sehr schöner und ruhiger Lage, WC im griechischen Lokal Hellas am Platz, Spazierwege mit herrlicher Aussicht, Loipen. **Lage/Anfahrt:** von der Anfahrtsstraße Richtung Sportanlage Höchstberg abbiegen; **Platzanzahl:** 10; **Untergrund:** Schotter; **Service:** Strom, Trinkwasser, Abwasser, Chemie-WC, Wasser (47.94930, 8.25649); **Preise:** 9 €/Fahrz. inkl. Strom, Taxe 1,70 €/Pers. Wasser 1 €; **Geöffnet:** frei zugänglich; **Kontakt:** Am Sportplatz 1, 07657 Eisenbach.

092bw-gg

Wer jetzt einen schönen Stellplatz braucht, in einem guten Café einkehren will, einen schönen gemütlichen Abendspaziergang oder eine Wanderung mit grandioser Aussicht machen möchte, fährt den Umweg nach **Eisenbach.**

Wanderung auf dem Höchst

Länge: 4 km; Höhendifferenz: 51 m; Markierung: Spazierwegle „Auf dem Höchst"; Start: Wohnmobilstellplatz 64 – durch den Wald zum Höchstberg mit Sonnenliege und traumhafter Aussicht (Feldberg und Schweizer Alpenkette) – Grillplatz Platzberg – Café Feldbergblick – Wohnmobilstellplatz

Gastronomie

- **Café Feldbergblick,** Schwärzenbach 19, 79822 Titisee-Neustadt, Tel. 07657 463, www.cafe-feldbergblick.de, geöffnet: Di.–So. 11–19 Uhr. Familienbetrieb mit Sonnenterrasse, hausgemachte vorzügliche Kuchen und Torten (Schwarzwälder Kirschtorte!)

Hinter Titisee steigt die B500/317 bergan, immer mit schöner Sicht auf den Titisee. Zum ältesten Wintersportzentrum in Deutschland am Feldberg fährt man in Bärental bei der Abzweigung der B500 weitere 5,7 km auf der B317 und biegt dann nach rechts hinauf zum Parkplatz beim Haus der Natur ab.

093bw-gg

Kleiner Weiler am Höchstberg

ABSTECHER ZUM FELDBERG

(hin und zurück 11 km)

Ursprüngliche Wälder und eine fantastische Vielfalt blütenübersäter Bergwiesen, Wanderwege im Sommer und glitzernder Pulverschnee, tief verschneite Wälder, Winterwanderwege, Pisten und Loipen im Winter, das ist der **Feldberg:** ein Erlebnis zu jeder Jahreszeit. Mit 1493 m Höhe ist er die höchste Erhebung im Schwarzwald. Ganz bequem schwebt man mit der Feldbergbahn hinauf auf 1450 m Höhe. Von hier sind es noch wenige Minuten zum **Feldbergturm.** Von dessen Aussichtsplattform hat man einen fantastischen Rundblick über die Vogesen bis in die Alpen zu Mönch, Jungfrau und Zugspitze. Wer nach dem Aufstieg mehr auf Schwarzwälder Schinken als auf Aussicht steht, geht ins **Turm-Museum** und erfährt interaktiv etwas über die Herstellung dieser Spezialität.

Das überaus sehenswerte **Haus der Natur** will dem Besucher einen anderen Blick auf die Natur vermitteln, denn nur, was man kennt und liebt, achtet man auch. Das Naturschutzprojekt soll die vielfältige Kulturlandschaft des Südschwarzwaldes mit ihren seltenen Lebensräumen für gefährdete Pflanzen- und Tierarten erhalten und entwickeln. Wer ein angestaubtes Museum erwartet, wird erstaunt feststellen, wie hier mit modernster Technik gespielt wird. Im Vorführraum faszinieren die fantastischen Naturaufnahmen und die Bilder aus vergangenen Tagen im 3-D-Format. Auf einem Touchscreen, aufgemacht wie ein Bilderbuch, lassen sich historische Bilder durch einen Fingerwisch in modernste Videoaufnahmen verändern. Ein sehr eindringliches Beispiel sind die Bilder, auf denen derselbe Wald um drei Männer herum im Laufe der Jahre immer höher und dichter wird. Oder wie die Arnikapflanze durch Aufforstung beinahe verschwand.

Ein virtueller Ballonflug ist ebenso im Programm wie der virtuelle Ranger. Er gibt auf humorvolle Art Auskunft, weshalb man auf dem Feldberg auf den Wegen bleiben soll und beantwortet in seiner lustigen Art alle Fragen, die immer wieder gestellt werden. Eine Führung mit dem, mit sehr viel schauspielerischem Talent ausgestatteten, echten Feldbergranger Achim Laber zu machen, ist ein unvergessliches Erlebnis. Die Freude an seinem Beruf spürt man deutlich und die Liebe zur Natur überträgt er auf seine Gäste. Das Haus der Natur ist ein wirklich sehr zu empfehlendes Museum für Naturliebhaber und das sind Wohnmobilfahrer ja. Also: ein unbedingtes Muss! Eine interessante, lehrreiche, aber nie trockene Art, sein Wissen über den Schwarzwald zu vergrößern.

Der Schwarzwald im Wandel

Bis ins 10. Jh. bedeckten dichte Wälder die Höhen des Schwarzwaldes. Durch den Zuwachs der Bevölkerung wurden Rodungen, zunächst entlang der Wasserläufe, notwendig. Die Kirche und der Adel forcierten diese Maßnahmen, siedelten auf den Flächen abgabepflichtige Untertanen an und mehrten so ihren Einfluss und Machtbereich. Das aufstrebende Waldgewerbe, die Flößerei, der Bergbau und die Glasbläserei waren in der Folge maßgeblich für den großen Rückgang der Waldflächen verantwortlich. Die so entstandenen Brachflächen wurden von den Bauern als Weideland genutzt. Gegen Ende des 18. Jh. brach eine große Holznot aus, da nur noch 1/10 der ehemaligen Waldfläche vorhanden war. Die Menschen in den Städten klagten über fehlendes Brennmaterial. Eindringlich geschildert wird dies im Haus der Natur durch einen zeitgenössischen Brief von Frau Schiller an ihren Sohn Friedrich. Im Schwarzwald musste rasch gehandelt werden. Durch Aufforstung, nachhaltige Forstwirtschaft (es durfte nur so viel Holz geschlagen werden, wie in zwölf Monaten nachwuchs) aber auch dadurch, dass viele Weideflächen inzwischen brachlagen und sich die Natur das Gebiet zurückholte, wuchs die Bewaldung kontinuierlich auf den heutigen Stand.

094bw-gs

Sehenswertes

› **Haus der Natur,** Dr.-Pilet-Spur 4, 79868 Feldberg, www.naz-feldberg.de, geöffnet: 10–17 Uhr, geschlossen: November–Mai Mo. außer in den Schulferien in BW, Eintritt: 4,50/3/12 €, 65+ 3,50 €

Gastronomie

› **Raimartihof,** Raimartihofweg 12, 79868 Feldberg, Tel. 07676 226, www.raimartihof.de, geöffnet: Di.–Do. 10–17 Uhr, Fr.–So. 10–18 Uhr. In der Nähe des Feldsees nur zu Fuß zu erreichen.

Parken

› Parkplätze sind knapp und teuer, besser Konus-Karte nutzen und mit ÖPNV fahren.

P **55 Schöne Aussicht bei der Anfahrt zum Feldberg,** GPS 47.86304, 8.06143, kostenlos. Herrliche Sicht auf den Titisee und Umgebung.

P **56 Feldberg,** GPS 47.85934, 8.03671, 12 € Tagesgebühr, keine Übernachtung

P **57 P&R-Platz unterhalb des Feldberges,** GPS 47.85746, 8.04774, gebührenpflichtig, für Fahrzeuge bis 6,50 m geeignet, Übernachtungsverbot

Wieder zurück in Bärental geht die weitere Reise auf der B500 zum Schluchsee. Unterwegs liegt der zweite See der Drei-Seen-Fahrt, der idyllische **Windgfällweiher** (GPS 47.85356, 8.12318). Das naturbelassene Waldschwimmbad lädt mit seinem klaren Wasser zum Planschen oder zu einer trendigen Stand-Up-Paddle-Runde ein.

Wanderung und Mountainbiketour ab Feldberg

Feldberg-Steig

Länge: 12,5 km; Höhendifferenz: 468 m; Markierung: „Feldberg-Steig"; Start: Haus der Natur – Bismarckdenkmal – Feldbergturm – Feldberggipfel – Zastler Hütte – Naturfreundehaus – Raimartihof – Feldsee – Haus der Natur. Erfordert etwas Kondition, herrliche Rundumsicht.

Wasserfallsteig-Premium Weg

Länge: 11,9 km; Höhendifferenz: 500 m; Markierung: Emblem Wasserfallsteig; Start: Feldbergpass – Wiesenquelle – alte Skischanze im Fahler Loch – Hebelweg – Fahler Wasserfall – Brandenberg – Walter-Wagner-Weg – Hoh – Todtnauer Wasserfall – Freibad Todtnauberg – Ortszentrum (Bushaltestelle Sternen) ab hier Rückfahrtmöglichkeit

MTB-Tour Rund um den Gipfel

Länge: 17 km; Höhendifferenz: 621 m; Start: Haus der Natur – Franz-Klarmeyer-Weg – Todtnauer Hütte – St. Wilhelmer Hütte – Zastler Hütte – Rinken – Rufenholzplatz – Raimartihof – Feldsee – Caritashaus – Haus der Natur

Winterspaß am Feldberg

⑥⑤ Wohnmobilstellplatz Feldberg, Altglashütten

GPS 47.85878, 8.11511
Ausgewiesene Stellplätze in schöner, relativ ruhiger Lage beim Bahnhof, Anbindung an ÖPNV. Bistro, Wander- und Fahrradwege in der Nähe. Bäcker 500 m. **Lage/Anfahrt:** Von der B500 Richtung Altglashütten abbiegen, ausgeschildert; **Platzanzahl:** 16; **Untergrund:** Schotter; **Service:** Strom, Trinkwasser, Abwasser, Chemie-WC; **Preise:** 10 €/Fahrz., Taxe 2,70 €/Pers. Strom 1 €/8 Std., Wasser 1 €/80 l; **Geöffnet:** ganzjährig; **Kontakt:** Dreiseenbahnweg/Falkauerstraße, 79868 Altglashütten.

095bw-gg

Aktivitäten

› **Windgfällweiher,** Raitenbucherstr. 37, 79853 Lenzkirch, Tel. 0176 98285016, geöffnet: Pfingsten–Sept. 10–19 Uhr, Eintritt: 3/2,50 €, 65+ 2,50 €, SUP 18 €/Std., Übernachtungsverbot

SCHLUCHSEE

(22 km – km 140)

Durch die Vergletscherung des Feldberggebietes entstand hier in Urzeiten ein ca. 3 km langer See. 1929–1932 wurde er durch den Bau einer Staumauer auf 7,5 km Länge und 1,5 km Breite angestaut. Das Speichervolumen von 108 Mio. m³ liefert das Wasser für ein Pumpspeicherkraftwerk. Vom Schluchsee bis hinunter zum Hochrhein fällt der Schwarzwald rund 600 Meter steil ab. Durch die große Fallhöhe entsteht ein hoher Wasserdruck, den die Kraftwerke der Schluchsee AG in elektrischen Strom umwandeln. Den Gästen am Schluchsee ist dies egal, denn für sie ist der herrliche See ein einziges Freizeitparadies. Ob bei Seerundfahrten, beim Schwimmen im frischen, klaren Wasser oder bei Wanderungen mit herrlicher Seesicht, hier findet man viele Möglichkeiten, schöne Urlaubstage zu verbringen.

Von Ende Mai bis Anfang Oktober verkehrt am Sonntag ein historischer Dampfzug auf der **3-Seenbahn** zwischen Titisee und Schluchsee. Auf der 19 km langen Fahrt kommt man durch fantastische Landschaft und am Windgfällweiher vorbei. Genaue Termine unter www.3seenbahn.de. Das ganze Jahr über fährt die Deutsche Bahn die elektrifizierte Strecke bis Freiburg, auch ohne Dampf eine erlebnisreiche Fahrt.

Information

› **Tourist-Information,** Fischbachstr. 7, 79859 Schluchsee, Tel. 07652 12060, www.hochschwarzwald.de, geöffnet: Mo.–Fr. 9–18 Uhr, Mai–Sept. auch Sa./So. 10–12 Uhr

Gastronomie

› **Unterkrummenhof Vesperstube,** Seeweg 3, 79859 Schluchsee, auf der dem Ort Schluchsee gegenüberliegenden Seeseite, Wanderung von der Staumauer aus, Tel. 07656 1500, geöffnet: 10–18 Uhr, geschl.: Mo., außer Juli–Sept., Betriebsferien Mitte Nov.–24. Dez. Gute Fleisch- und Wurstwaren aus eigener Tierhaltung und Schlachtung.

Aktivitäten

› **aqua fun,** am See beim Ort Schluchsee, Tel. 07652 7731, geöffnet: Mai–Sept. 9–19 Uhr, Eintritt:

Wanderung, Fahrrad- und MTB-Touren ab Schluchsee

Wanderung auf dem Jägersteig

Länge: 11,3 km; Höhendifferenz: 236 m; Markierung: „Jägersteig"; Start: Bahnhof Schluchsee – Uferweg zur Amalienruhe – Uferweg bis Bahnhof Aha – Unteraha – Bildstein – Pirschpfad – Schluchsee. Panoramarunde mit Bademöglichkeit.

Fahrrad-Seenradweg

Länge: 68 km; Höhendifferenz: 1115 m; Start: Bahnhof Schluchsee – See entlang nach links bis Bahnhof Seebrugg – Staumauer – Uferweg bis Aha – Windgfällweiher – Bärental – Seebachtal – Feldsee – Gasthof Raimartihof – Passhöhe Rinken – Alpersbach – Hinterzarten – Hinterzarter Hochmoor – Titisee – Seepromenade – östlicher Seeuferweg – Weiler Bruderhalde – Bärental – Altglashütten – Windgfällweiher – Schluchsee – Uferweg bis Bahnhof

MTB-Tour Rund um den Schluchsee

Länge: 41 km; Höhendifferenz: 830 m; Start: Stellplatz Faulenfürst – Faulenfürst Straße bis Unteren Mühlenweg – Spannerhausweg – nach rechts durch Wald zum Faulenfürster Eck – Steintalweg – links Dresselbach – Hinterhäuser – Gasthof Alpenblick (Einkehr) – Brisgovenkapelle – nach nächster Linkskurve nach rechts auf Waldweg – Sportplatz am Fischbacher Höchst – Grillplatz unebener Weg bis Kreuzung Richtung Raitenbuch – Straße überqueren – weiter Richtung Raitenbuch – geradeaus hinunter zum Windgfällweiher (Freibad) – entlang Bahntrasse bis Schluchsee – Aha – durch Unterführung auf Seerundweg nach rechts – gleich wieder links Menzenschwander Straße – vor Kiosk in Aha rechts Richtung Farnwitte – Äulemer Kreuz – Rosshütte – entlang des Schluchsees bis Staumauer – links Ufer entlang bis Bahnhof

097bw-gg

4,50/3 €. 105 m Rutsche, Strömungskanal, Abenteuerspielplatz, beheizte Becken.

› **Seerundfahrten,** www.seerundfahrten.de, Tel. 07652 9230, Seerundfahrten und Bootsverleih

66 Camping Schluchsee

GPS 47.82224, 8.16275

Ein schöner Terrassenplatz mit sehr guter Sanitärausstattung in sehr schöner und ruhiger Lage. Es gibt Waschmaschinen und Trockner, ein Restaurant und einen Minimarkt. **Lage/Anfahrt:** Vor Schluchsee Ort rechts Richtung See abbiegen, ausgeschildert; **Platzanzahl:** 200; **Untergrund:** Wiese; **Service:** Strom, Trinkwasser, Abwasser, Chemie-WC, WLAN; **Sicherheit:** umzäunt, beleuchtet, bewacht; **Preise:** 7,50–10,50 €/Fahrz., 10,50 €/Pers., Strom 2,50 €/ Tag oder 0,60 €/kWh, Taxe 2,70 €, Hund 3,90 €; **Geöffnet:** ganzjährig; **Kontakt:** Gewann Zeltplatz 1, 79859 Schluchsee, Tel. 07656 573, www.camping-schluchsee.de.

⑥⑦ Faulenfürststraße, Schluchsee

GPS 47.81526, 8.18124

Ausgewiesene Stellplätze auf einem Parkplatz auch für Pkws in befriedigender und relativ ruhiger Lage, zum See durch Fußgängerunterführung. **Lage/Anfahrt:** Am Ortsende Richtung Faulenfürst abbiegen, dann gleich rechts in Parkplatz; **Platzanzahl:** 20; **Untergrund:** Schotter; **Service:** Strom, Trinkwasser, Abwasser, Chemie-WC; **Preise:** 10 €/Fahrz., Taxe 2,70 €/Pers. Strom 1 €/8 Std., Wasser 1 €/100 l; **Geöffnet:** ganzjährig; **Kontakt:** Faulenfürststraße, 79859 Schluchsee.

RUNDFAHRT ZUR WUTACHSCHLUCHT UND IM ROTHAUSER LAND

(Rundfahrt 39 km)

Die weitere Fahrt führt vom Schluchsee an Glashütte vorbei Richtung Bonndorf und über die B315 (Freiburg) zum Beginn der **Wutachschlucht** bei der **Schattenmühle.**

Im südöstlichen Schwarzwald öffnet sich eine einmalige landschaftliche Besonderheit, die **Wutachschlucht.** Zwischen Räuberschlössle bei Gündelwangen und Achdorf, einem Ortsteil von Blumberg, bildet die „wütende Ach“ einen 70–170 m tiefen urwaldartigen Canyon, in dem eine Vielzahl an Tier- und Pflanzenarten, darunter 40 verschiedene Orchideenarten, beheimatet sind. Über 500 Schmetterlings- und an die 100 Vogelarten, darunter der seltene Eisvogel, haben in der Wutachschlucht ihren Lebensraum. Auf den Wanderer wartet ein Stück ungezähmter Wildnis, die sich auf schmalen Pfaden, teils steil bergauf und -ab, erkunden lässt. An einigen Passagen führt der Weg schmal zwischen hohen Felswänden und dem Fluss entlang. Mehrmals wechselt der Pfad auf Brücken über Wasserfälle und lieblich plätschernde Flussabschnitte. Zusammen mit der Lotenbachklamm bei der Schattenmühle und der Gauchachschlucht bildet die Wutachschlucht ein in Südwestdeutschland einzigartiges Naturschauspiel. Anfang der 1960er-Jahre sollte die Schlucht zur Elektrizitätsgewinnung durch einen Damm aufgestaut werden. Nur durch einen zähen Kampf der Naturschützer konnte dies verhindert werden. Seit 1989 gibt es das Naturschutzgebiet Wutach-Gauchachschlucht.

Wanderparkplatz

58 **Schattenmühle,** GPS 47.84289, 8.31907, kostenlos. Eine Übernachtung in der Nebensaison möglich. Wanderbushaltestelle.

Von der Wutachschlucht nimmt man zur Vollendung der Rundfahrt die B315 zurück nach Bonndorf. Im Ort zweigt die landschaftlich schöne Straße nach Ebnet und Rothaus ab.

Vom Fürstabt der Benediktinerabtei St. Blasien wurde die **Brauerei Rothaus** 1791 bei der Gaststätte „Zum roten Haus“ gegründet. Hier gab es gutes Brauwasser, genügend Holz zum Heizen der Sudkessel und die Kreuzung zweier wichtiger Handelsstraßen war als

Wanderung in der Wutachschlucht

Ab der Schattenmühle kann man zu einer reizvollen Wanderung durch die Wutachschlucht starten. 4 km sind es zu Fuß bis Bad Boll, 13 km bis zur Wutachmühle am anderen Ende. Immer wieder verunglücken hier Wanderer, deshalb sollte die Wanderstrecke nicht unterschätzt werden. Geeignetes Schuhwerk ist unbedingt notwendig.

Eine gute Einrichtung ist der von Ende April bis Anfang Oktober an Sams- und Sonntagen verkehrende ***Wanderbus.*** *Nähere Informationen zu diesem Angebot findet man im Internet unter www.suedbadenbus.de. Die Buslinie ermöglicht das Wandern nach individuellen Bedürfnissen. Wer müde wird, steigt aus der Schlucht heraus und fährt mit dem Wanderbus zurück. Außerhalb der Wanderbusfahrzeiten hat man von den vielen Wanderparkplätzen entlang der Schlucht immer wieder die Möglichkeit, auch Teilstrecken zu wandern, um so einen Eindruck des Naturschauspiels zu bekommen.*

Wanderung 5

Länge: 8 km; Höhendifferenz 240 m; Start: Schattenmühle – Lotenbachklamm – Tiefental – ehem. Bad Boll – Schattenmühle

Lotenbachklamm

Länge: 3 km; Höhendifferenz: 150 m; Start: Schattenmühle – Lotenbachklamm – auf demselben Weg zurück

Transportweg gut zu erreichen. Das Wasser aus sieben eigenen Quellen, das Braumalz aus zweizeiliger heimischer Gerste und Aromahopfen aus Tettnang und Hallertau sind der Garant für ein süffiges „Zäpfle". Die Staatsbrauerei Rothaus liegt auf 1000 m Höhe und ist somit die höchstgelegene und, wie sie sich selbst nennt, die modernste Brauerei Deutschlands. Das „Tannenzäpfle" oder auch nur kurz „Zäpfle" genannte Bier hat inzwischen besonders bei der jungen Generation Kultstatus erreicht. Die Rothaus Zäpfle Heimat ist eine interaktive, 300 m² große Ausstellung mit 25 Stationen, die alles Wissenswerte über die Geschichte der Brauerei erzählt. Bei den Führungen gibt es neben viel Information auch eine Brezel und zwei Biere zur Stärkung.

Ca. 200 m neben der Brauerei steht das **Huisli,** ein Schwarzwälderhaus, das einigen Besuchern sicherlich irgendwie bekannt vorkommt. In der TV-Serie „Schwarzwaldklinik" wohnte hier Prof. Brinkmann mit Gattin. Die Konzertsängerin Helene Siegfried lies es

Steil aufragende Felsen entlang der „wütenden Ach"

099bw-gg

68 Am Freibad, Bonndorf

GPS 47.81658, 8.33987

Ausgewiesene Plätze in schöner, ruhiger Ortsrandlage beim Freibad. Bushaltestelle. **Lage/Anfahrt:** In Bonndorf Richtung Schwimmbad, ausgeschildert; **Platzanzahl:** 10; **Untergrund:** Asphalt; **Service:** Strom, Trinkwasser, Abwasser, Chemie-WC; **Sicherheit:** beleuchtet; **Preise:** 7,50 €/Fahrz., Taxe 1,20 €/Pers., Strom 1 €/kWh, Wasser 0,10–2 €; **Geöffnet:** frei zugänglich; **Kontakt:** Ob dem Tal 1, 79848 Bonndorf.

100bw-gg

69 Holzschlag, Bonndorf

GPS 47.84996, 8.26733

Plätze in Pkw-Länge (Überstand ins Gras möglich) in schöner, relativ ruhiger Lage (Straßenverkehr) am kleinen Dorf Holzschlag, gutes Restaurant in der Nähe, hier auch Busverbindung zu Einstieg in die Wutachschlucht, Bienenlehrpfad. **Lage/Anfahrt:** In Bonndorf Richtung Freiburg und am Ortseingang von Holzschlag links und sofort rechts in den Platz; **Platzanzahl:** 5; **Untergrund:** Pflaster; **Service:** Trinkwasser, Abwasser, WLAN; **Preise:** 5 €/Fahrz., inkl. Wasser, Taxe 1 €/Pers.; **Geöffnet:** frei zugänglich; **Kontakt:** Schulstraße 1, 79848 Bonndorf.

101bw-gg

1912 als Sommersitz erbauen. Sie hat mit großer Sammlerleidenschaft Bauteile alter Bauernhöfe und Gerätschaften zusammengetragen und dieses Kleinod mit bemalten Decken, alten Türen und Fußböden, Kachelöfen, Möbeln, Uhren, Stickereien und vielem mehr erschaffen.

Sehenswertes

› **Rothaus Brauerei,** Rothaus 1, 79865 Grafenhausen-Rothaus, Tel. 07748 5220, www.rothaus.

Filmkulisse Huisli im Rothauser Land

de, Zäple Heimat: 11–18 Uhr, Eintritt: 5 € (inkl. 1 Bier); Führung: Mo.–Fr. 12 und 17 Uhr, Sa./So. 12/14/16 Uhr, inkl. 2 Bier und Brezel 15/10 €

› **Heimatmuseum Hüsli,** Hüsli 1, 79865 Grafenhausen-Rothaus, GPS 47.79343, 8.24662, geöffnet: Mi.–So. 10–12, Di.–So. 13.30–17 Uhr, Eintritt: 3/1,50 €

Information

› **Touristeninformation Rothauser Land,** Hüsli 1a, 79865 Grafenhausen-Rothaus, Tel. 07652 12068571, geöffnet: Mai–Sept. Mo.–Fr. 9–17 Uhr, in den Schulferien von BW auch Sa./So. 10–13 Uhr, Okt.–April Mo.–Fr. 9–16 Uhr

70 Rothaus Camping, Grafenhausen

GPS 47.79515, 8.23505

Platz mit guter Sanitärausstattung in schöner, ruhiger Lage, Waschmaschine/Trockner, Restaurant, Laden, Hunde willkommen. **Lage/Anfahrt:** ausgeschildert; **Platzanzahl:** 50; **Untergrund:** Rasengitter, Wiese; **Service:** Strom, Trinkwasser, Abwasser, Chemie-WC, WLAN; **Sicherheit:** umzäunt, beleuchtet, bewacht; **Preise:** 9 €/Fahrz., 7 €/Pers., Stromanschluss 2 €, dann 0,60 €/kWh, Dusche 0,50 €, Hund 3 €, Wasser 3 € (ab 3 Nächte kostenlos), Taxe 2,20 €/Pers., Umweltabgabe 1,50 €, Rabatt mit ADAC-Card; **Geöffnet:** ganzjährig; **Kontakt:** Mettmatalstr. 2, 79865 Grafenhausen, Tel. 07748 800, www.rothaus-camping.com.

71 Reisemobilplatz Häusern

GPS 47.75258, 8.17408

Gepflegter Platz in schöner Ortsrandlage, geringe Lärmbelästigung durch B500. Bäcker, Läden fußläufig. Minigolf kostenlos am Platz, E-Bike-Verleih und viele Wandervorschläge beim Rathaus. Sehr freundlicher Platzwart. **Lage/Anfahrt:** im Ort ausgeschildert; **Platzanzahl:** 6; **Untergrund:** Schotter; **Service:** Strom, Trinkwasser, Abwasser, Chemie-WC; **Preise:** 10 €/Fahrz., Taxe 1,71 €, Strom 1 €/1,5 kWh, Wasser 1 €; **Geöffnet:** ganzjährig; **Kontakt:** In der Würze, 79837 Häusern.

Wanderung zu Wasserfall, Dom und Stausee

Länge: 14 km; Höhendifferenz: 363 m; Start: Rathaus Häusern – B500 Richtung St. Blasien überqueren – Abendweide – Windbergtal – Windbergwasserfall und -schlucht – St. Blasien – Dom – Unterführung Richtung Albstausee – auf Albseesteg den See überqueren – Albsteig – Guckgauchenloch – Fünfwegscheid – Waldlehrpfad – Häusern

Nach weiteren 4 km ist die Rundfahrt auf der B500 am Schluchsee beendet. Die Route folgt dieser Straße Richtung St. Blasien bis zur Abzweigung nach Häusern. Auf einem Hochsattel in 900 bis 1200 m Höhe liegt **Häusern** mit vielen Einkaufsmöglichkeiten, umgeben von einem gut markierten Wanderwegenetz. Infos Mo.–Fr. 9–12 Uhr im Rathaus.

ABSTECHER NACH HÖCHENSCHWAND

(hin und zurück 8 km)

Über die B500 sind es nur noch 4 Kilometer nach **Höchenschwand.** Der heilklimatische Kurort liegt in exponierter Lage auf einem

309bw-gg

102bw-gg

⑫ Natursportzentrum, Höchenschwand

GPS 47.73681, 8.16007

Platz in schöner und ruhiger Lage, WC 100 m, Zentrum 400 m. Wertmarken für Strom in der Sauna oder Tourist-Info. **Lage/Anfahrt:** Auf der B500 Richtung Waldshut, dann zum Natursportzentrum abbiegen; **Platzanzahl:** 12; **Untergrund:** Schotterrasen; **Service:** Strom (4 Anschlüsse), Trinkwasser, Abwasser, Chemie-WC, 1,5 km beim Haus des Gastes (47.73700, 8.16819), WLAN; **Sicherheit:** beleuchtet; **Preise:** 13 €/Fahrz., Konus-Karte inkl. Strom 1 €/6 Std.; **Geöffnet:** ganzjährig; **Kontakt:** Natursportzentrum, 79862 Höchenschwand.

Wanderung und Fahrradtour ab Höchenschwand

Heilklima-Wanderweg 4

Länge: 6 km; Höhendifferenz: 180 m; Start: Haus des Gastes – Markierung TK 4 (Terrainkurweg 4) – zum Dreherhäusleweiher

Heilklima-Wanderweg 5

Länge: 15 km; Höhendifferenz: 470 m; Start: Haus des Gastes – Markierung TK 5 (Terrainkurweg 5) – Felsenweg mit toller Aussicht

Fahrradtour entlang der Flussläufe

Länge: 28 km; Höhendifferenz: 760 m; Start: Haus des Gastes – Häusern – Stausee – entlang der Schwarza – am Spielplatz rechts – entlang des Fohrenbachs – Fohrenbachmühle – Tiefenhäusern – am Osthang des Albtales nach Höchenschwand zurück

Sonnenplateau, umgeben von schattigen Wäldern und zeigt seinen Charme erst bei einer Wanderung so richtig.

Information

› **Touristeninformation,** Dr.-Rudolf-Eberle-Str. 3, 79862 Höchenschwand, Tel. 07672 48180, geöffnet: Mo.–Fr. 9–12.30 u. 14–16.30, Sa. 10–12 Uhr

Gastronomie

› **Landgasthaus Engel,** Frohnschwand 15, 79862 Höchenschwand, www.landgasthaus-engel.de, Tel. 07755 306, geöffnet: Mo./Do./Fr. ab 17 Uhr, Sa./So. ab 12 Uhr. Ein Tipp für jeden, der gerne natürlich genießt! Hier kommen der Salat und das Gemüse aus der Region und das Fleisch aus dem eigenen Stall. Ein Genuss, den man nicht versäumen sollte.

Aktivitäten

› **Sauna-Fitness,** Natursportzentrum, 79862 Höchenschwand, www.saunawelt-höchenschwand.de, geöffnet: Di./Do.–So. 10–22 Uhr, Mi. 10–13 Uhr, Eintritt: 18/10,50 €. Blockhaussauna, Sanarium, Dampfbad direkt beim Stellplatz ⑫.

Wieder auf der B500 zurück bis Häusern, geht es nun nach links hinunter nach St. Blasien.

ST. BLASIEN

(19 km – km 159)

Das Ortsbild von St. Blasien dominiert die imposante Kuppel des Doms. Mit einem Durchmesser von 36 m und einer Höhe von 62 m ist der **Dom von St. Blasien** einer der größten sakralen Kuppelbauten Europas. Der frühklassizistische Bau wurde von 1772–1781 auf Betreiben des Fürstabtes Martin Gerbert anstelle des abgebrannten barocken Vorgängerbaus errichtet. Sowohl die gesamte Inneneinrichtung als auch eine Silbermann-Orgel fielen 1806 der Säkularisation zum Opfer. Nach einem weiteren Brand von 1874 wurde der Dom 1913 zum zweiten Mal geweiht. In den 1980er-Jahren fand eine grundlegende Renovierung statt, seither erstrahlt der Dom in weißem Marmor. Beim Betreten der Rotunde ist man gebannt von der Größe, der architektonischen Harmonie und der Lichtfülle.

Bereits seit 800 Jahren bestand in St. Blasien ein Benediktinerkloster, in dessen Mauern sich die Reliquien des armenischen Märtyrer-Bischofs Blasius befanden. Daraus leitet sich der Name St. Blasien ab.

1934 wurde in Teilen der Klostergebäude ein von Jesuiten geleitetes **Internats-Gymnasium** für Mädchen und Jungen eingerichtet. Heiner Geißler (1977 bis 1989 Generalsekretär der CDU), Ivo Gönner (ehemaliger Oberbürgermeister von Ulm) und Wolfgang Grupp (Chef von Trigema) sind einige der ehemaligen Schüler des Kollegs. Seit 1994 verbessern in einer sogenannten Euroklasse Schülerinnen und Schüler aus der ganzen Welt ihre Deutschkenntnisse.

Sehenswertes

› **Dom St. Blasien,** 79837 Sankt Blasien, geöffnet: Sommerzeit 8.30–18.30 Uhr, Winterzeit 8.30–17 Uhr

› **Museum St. Blasien,** Haus des Gastes, 79837 Sankt Blasien, www.museum-st-blasien.de, geöffnet: Di.–So. 14.30–17 Uhr, Eintritt: 1,60/0,50 €. Geschichte der Benediktinerabtei und des Tourismus, Ski- und Wintersportabteilung, Künstler der Region

Information

› **Tourist-Info,** Am Kurgarten 1–3, 79837 Sankt Blasien, Tel. 07652 712060, geöffnet: Mo.–Fr. 9–12 und 14–17 Uhr, Mai–Okt. auch Sa. 10–12 Uhr

Parken

P **59 Busparkplatz St. Blasien,** GPS 47.76029, 8.13170, gebührenpflichtig, Übernachtung möglich

103bw-gg

In St. Blasien erhebt sich die imposante Kuppel des Domes

Wanderung ab Menzenschwand

Herzogenhorn

Länge: 13 km; Höhendifferenz: 530 m; Start: Hinterdorf Mösle Parkplatz – Richtung Krunkelbachtal – Ruckenwaldweg – nach 2,5 km Richtung Krunkelbachhütte – nach steilem Aufstieg links bis Finsterbühl – Richtung Krunkelbachhütte/Herzogenhorn – 500 m Wiesenweg Abzweigung Richtung Herzogenhorn – Gipfel Herzogenhorn (Aussicht) – Abstieg Richtung Feldberg – Grafenmatt – Feldberg Ort – Menzenschwander Hütte – Albschlucht – Klusenmoräne – Menzenschwander Wasserfälle – Hinterdorf

Genießerpfad Menzenschwander Geißenpfad

Länge: 10,4 km; Höhendifferenz: 295 m; Markierung: „Geißenpfad"; Start: Parkplatz Mösle – Flößers's Rast – Menzenschwander Wasserfälle (Einkehr) – Kohlbrunnen – Radon- und Fluorit-Quellen – Brandweg – Sägehüttle – Parkplatz Mösle

Ein Ortsteil von St. Blasien ist das Bilderbuchdorf **Menzenschwand.** Besonders malerische Schwarzwaldhöfe mit tief heruntergezogenen Dächern stehen im idyllischen Tal am Fuße des Feldberges. Vom Berggipfel kommt auch das Wasser, das eine bis 30 m tiefe Schlucht ins Gestein gegraben hat. Ein romantisches Erlebnis ist ein Spaziergang in der Dämmerung bis zum **Wasserfall,** wenn dieser von Mai bis Oktober mittwochs, samstags und sonntags beleuchtet wird.

Nach Wanderung, Skifahrt oder Fahrradtour genießt man ein Bad im fluoridhaltigen Heilwasser des **Radon-Revitalbades.** Ob im Außenbecken oder im, mit viel Glas luftig-leicht wirkenden, Innenbereich schweift der Blick hinaus in die faszinierende Landschaft. Saunen von 70° und 90 °C und eine Blockhaussauna ergänzen das Wohlfühlangebot.

Le Petit Salon, das Winterhaltermuseum, ist den Malerbrüdern Franz Xaver und Hermann Winterhalter gewidmet. Franz Xaver (1805–1873) stieg aus einfachen Verhältnissen zu einem der beliebtesten und bekanntesten Maler an den Höfen der europäischen Aristokratie auf. Von ihm stammt auch das bezaubernde Bild von Kaiserin Sissi, die in ihren Haaren Diamanten, die sogenannten Edelweiß-Sterne trägt. Es war das Lieblingsporträt des Kaisers Franz Joseph. Seine Herkunft vergaß der Maler jedoch nie und ermöglichte durch eine Stiftung vielen Menzenschwander Kindern einen Schul- oder Ausbildungsabschluss.

Sehenswertes

› **Winterhalter-Museum Le Petit Salon,** Hinterdorfstr. 15, 79837 Menzenschwand, www.winterhalter-menzenschwand.de, Tel. 07675 9296988, geöffnet: Mi.–So. 14.30–17 Uhr, Eintritt: 3 €

Gastronomie

› **Hirschen,** Hinterdorfstr. 18, 79837 Menzenschwand, www.hirschen-menzenschwand.de, Tel. 07675 07884. Im äußerlich original erhaltenen Gasthaus von 1733 bekommt man ausgezeichnete regional ausgerichtete Speisen. Spezialität: Zarter Rehrücken rosé gebraten. Hundeverbot.

Aktivitäten

› **Radon Revital Bad,** In der Friedrichsruhe 13, 79837 Menzenschwand, GPS 47.82597, 8.06856, Tel. 07675 929104, www.radonrevitalbad.de, geöffnet: Bad Mi.–So. 10–21 Uhr, Fr. bis 22 Uhr, Sauna tägl. 10–22 Uhr, Eintritt: 4 Std. 13/9 €, inkl. Sauna 17/14 €

Wanderparkplatz

60 Wanderparkplatz Mösle, GPS 47.83327, 8.06584, kostenlos. Nachtparkverbot, guter Ausgangspunkt für Wanderungen und die Menzenschwander Wasserfälle

Der Resenhof in Bernau

73 Rehbach, Menzenschwand

GPS 47.81339, 8.06922

Ausgewiesener Platz in sehr schöner und sehr ruhiger Lage bei einem kleinen Skilift und der Loipe, Wasser im Winter abgestellt. Bäcker und Hallenbad im Ort. **Lage/Anfahrt:** In Menzenschwand Vorderhof ausgeschildert; **Platzanzahl:** 20; **Untergrund:** Schotter; **Service:** Strom, Trinkwasser, Abwasser, Chemie-WC; **Preise:** 10 €/Fahrz., Geld in Umschlag in Briefkasten legen, Strom 3 €/24 Std.; **Geöffnet:** frei zugänglich; **Kontakt:** Rehbachweg, 79837 Menzenschwand.

106bw-gg

BERNAU

(13 km – km 172)

Bernau wirbt damit, dass sehr viele schöne Bauernhöfe auf ihrem Gemeindegebiet liegen. Tatsächlich stehen hier die typischen Schwarzwaldhöfe, wie man sie von Werbeprospekten kennt. Ein besonders schönes Exemplar ist der **Resenhof.** Zurück bis ins Jahr 1789 geht es auf einem Rundgang durch den im Original erhaltenen Resenhof. Wie entstehen Holzschindeln? Was ist eine Gelte? Diese Fragen und viele mehr beantwortet das **Holzschneflermuseum.** „Schnefeln“ bedeutet im Dialekt Holzbearbeitung, ein Handwerk, das den Bernauern einen zusätzlichen Verdienst in den Wintermonaten einbrachte. Heutzutage lebt am 3. Wochenende im August das alte Gewerbe auf, wenn Handwerker ihre Kenntnisse an die Besucher weitergeben.

Wie diese alte Kunst modern interpretiert wird, kann man in der **Drechslerei** von Alexander Ortlieb sehen. Alle Produkte wie Vasen, Schalen, Pfeffermühlen und Brettchen sind in Bernau handgemacht und Unikate.

Hans Thoma (1839–1924) wurde in Bernau-Oberlehn geboren. Er war ab 1890 einer der beliebtesten Landschafts- und Porträtmaler seiner Zeit. Eine naturalistische Landschaftsdarstellung und die bäuerliche Lebenswelt sind die Motive seiner idyllisch anmutenden Bilder.

Das Bernauer Hochtal erstreckt sich über eine Länge von 8 km, eine Breite von 4 km und eine Höhe von 900 bis zum Herzogenhorn mit 1415 m Höhe. Eine Wanderung auf dem **Panoramaweg** oder dem **Hochtalsteig** gehört unbedingt zu einem Besuch in Bernau dazu, denn nur so kommt man der herrlichen Landschaft wirklich nahe.

107bw-gg

108bw-gg

74 Am Spitzenberg, Bernau

GPS 47.80601, 8.02843

Stellplätze im Sommer auf dem Parkplatz des Skiliftes, im Winter auf dem kleinen Wintercampingplatz (nur bei Voranmeldung). WC. Landmarkt in der Nähe. **Lage/ Anfahrt:** Im Ortsteil Dorf links Richtung Kurhaus, ausgeschildert; **Untergrund:** Asphalt, Wiese; **Service:** Strom, Trinkwasser, Abwasser, Chemie-WC; **Preise:** Sommer: 10 €/Fahrz., Strom 1 €/8 Std., Wasser 1 €/100 l; Winter: nach Anmeldung unter Tel. 07675 160030; **Geöffnet:** Sommer Mitte April–Sept., Winter Okt.–Mitte April; **Kontakt:** Am Spitzberg, 79872 Bernau.

Wanderungen ab Bernau

Panorama- und Albweg

Länge 15 km; Höhendifferenz: 250 m; Markierung: gelbe Raute Panoramaweg; Start: Wanderparkplatz Am Ankenbühl – Ziel: Parkplatz Hof mit Einkehr im urigen Bernauer Hof – Rückweg beinahe eben entlang dem Flüsschen Bernauer Alb bis zum Wanderparkplatz Ankenbühl. Diese Wanderung ist auch vom Stellplatz 74 aus möglich; dann zunächst auf dem Albweg bis nach Hof – auf dem Panoramaweg bis zum Wanderparkplatz Ankenbühl – auf dem Albweg bis zum Stellplatz

Hochtal Steig

Länge: 15,6 km; Höhendifferenz: 685 m; Markierung: Hochtal Steig; Start: Wanderparkplatz Am Ankenbühl – Holzmättle – Hohfelsen – Wanderweg mit Himmelsliegen – Riggenbacher Eck – Neumannshütte – Am kleinen Spießhorn – Hohes Spießhorn – Krunkelbach Hütte – Scheibenfelsen – Kaiserberg – Parkplatz

Im Winter sorgen zwei Skigebiete mit fünf Liften, zehn Loipen mit insgesamt 50 km Länge und neun Winterwanderwege mit 40 km Länge für viel Schneespaß.

Information

› **Tourist-Information,** Rathausstraße 18, 79872 Bernau-Innerlehn, www.bernau-schwarzwald.de, Tel. 07675 160030, Mo.–Fr. 8–12 und 14–17 Uhr

Sehenswertes

› **Hans-Thoma-Kunstmuseum,** Rathausstr. 18, 79872 Bernau, www.hans-thoma-museum.de, geöffnet: Mi.–Fr. 10.30–12 und 14–17 Uhr, Sa./So. 11.30–17 Uhr, Eintritt: 5/2 €, bei Sonderausstellungen teurer. Gemälde, Grafiken und kunstgewerbliche Objekte von Hans Thoma (1839–1924).

› **Holzschneflermuseum Resenhof,** Oberlehen, Resenhofweg 2, 79872 Bernau-Oberlehen, www.resenhof.de, geöffnet: Jan./Feb. So 14–17 Uhr, März–Mitte Mai Mi./So. 14–17 Uhr, Mitte Mai–Mitte Nov. Mi.–So. 14–17 Uhr, BW Weihnachtsferien tägl. 14–17 Uhr, Eintritt: 4/2 €

Gastronomie

› **Gasthaus Bernauer Hof,** Ortsteil Hof, Hofstr. 11, Tel. 07675 361, www.bernauer-hof.de. Urgemütliche Gaststube, in der man sich um Jahrzehnte zurückversetzt fühlt. Regionale Küche.

› **Schwarzwaldhaus Bernau,** Am Kurpark 26, 79872 Bernau-Innerlehn, www.schwarzwaldhaus-bernau.de, Tel. 07675 3651, geöffnet: Fr.–Mi. 10–23 Uhr. In der geschmackvoll eingerichteten Schwarzwaldstube gibt es regionale Naturparkküche aufmerksam serviert.

Einkaufstipp

› **Forum Erlebnis Holz,** neben Resenhof, geöffnet: siehe Resenhof. Vielseitiges Kunsthandwerk aus Holz.

› **Holzkunstwerk Alexander Ortlieb,** Todtmooser Str. 6, 79872 Bernau, Tel. 07675 922035, www.alexander-ortlieb.de, telefonische Anmeldung erforderlich, Holzkunst modern gestaltet.

Landschaftlich außerordentlich reizvoll, wenn auch sehr kurvig und bergauf und -ab, macht Route 4 einen Bogen von Bernau-Dorf über Präg im oberen Wiesental und die Hochkopfstraße nach Todtmoos.

Picknickplatz

61 **Parkplatz am Hochkopfsattel,** GPS 47.76190, 7.97733, schöne Aussicht

Die schnellere Strecke führt über Oberlehen und die L146 nach Todtmoos.

TODTMOOS

(11 km - km 183)

Weitverzweigt liegen die 13 Ortsteile von Todtmoos im weiten Tal und an den Wiesenhängen des Südschwarzwaldes. Überragt wird Todtmoos vom 1263 m hohen **Hochkopf.**

Zum gekrönten Gnadenbild Mariens im Hochaltar der **Wallfahrtskirche Unserer Lieben Frau** pilgern Gläubige seit 750 Jahren. Von einem wertvollen Barockgewand ummantelt, sitzt Maria im Hochaltar und hält den leidenden Jesus im Arm. Die Wegzehrung der Wallfahrer sind seit dem 18. Jh. die fein gewürzten, lange haltbaren **Lebkuchen,** die den Todtmoosern den Spitznamen „Läbküechler" einbrachten. Eine Spezialität, die man heute im Café Zimmermann kaufen kann.

Heimelig mit Kachelofen, Hergottswinkel, Schlafkammer und Rauchküche wirkt das mit viel Sinn für Details eingerichtete **Heimethus** in einem 250 Jahre alten Hochschwarzwaldhaus. Es gibt einen breiten Einblick in 700 Jahre Ortsgeschichte.

1798 fanden zwei Bauern Erz auf einer Wiese im Ortsteil Mättle und begründeten hiermit den **Bergbau** in Todtmoos. Zunächst wurde Erz, später Nickel abgebaut. Als die Vorkommen schrumpften, grub man ab 1934 360 m Stollen und 32 m Schächte, leider ohne Erfolg. 1937 stellte man den Abbau ein.

Wanderung/MTB-Tour bei Todtmoos

Lebküchlerweg

Länge: 12 km; Höhendifferenz: 530 m; Markierung: „Lebküchlerweg"; Start: Schwimmbadparkplatz, GPS 47.74480, 8.00439 – Rabenschlucht – Schwarzer Felsen – Ortsteil Lehen – Hochkopfhaus (Einkehr) – Panoramaweg – alte Weidbuche mit Himmelsliegen – Liebfrauenbrunnen – Rütte Pavillon – Ortsteil Rütte – Todtmooser Wasserfall – Stricker Kapelle – Parkplatz

Spürnasen-Pfad

Länge: 3,6 km; Höhendifferenz: 176 m; Start: Skilift in Strick, GPS 47.75089, 7.99822 – leichte Tour für Kinder auf Spurensuche zu 10 mit Motorsäge erschaffenen Holzskulpturen, Begleitheft liegt aus

MTB-Tour zum Hochkopf

Länge: 18 km; Höhendifferenz: 450 m; Start: Tourist Info – Wehratalstraße ins Zentrum – nach 200 m links in Schwarzenbacher Straße – Klinik Wehrawald – links Weiherweg – Schwarzenbach – links Alter Kirchweg – Oberer Schwarzenbacher Weg – nach Wegweiser Hofwald rechts – Umrankhütte – Umrankweg – die L146 überqueren – Weißenbachsattel – Hochkopfhaus – Unterer Langenwaldweg – unterhalb des Hochkopf entlang – Rotes Kreuz – Wasserfall – Hintertodtmoos – Tourist Info

109bw-gg

75 Auf der Jägermatt, Todtmoos

GPS 47.73036, 8.00206

Großzügig angelegte Plätze in schöner, ruhiger Lage, Dusche/WC, Waschmaschine/Trockner, Grillplatz, Supermarkt in der Nähe. Konus-Karte ab 2. Nacht. Sehr warmherziger Empfang durch das Betreiberehepaar. Im gemütlichen Gastraum gibt es kleine Gerichte wie Schnitzel, Bratwurst und frische Salate. **Lage/Anfahrt:** An der Umgehungsstraße ausgeschildert; **Platzanzahl:** 22/16 mit Ver- und Entsorgung und Strom; **Untergrund:** Schotter; **Service:** Strom, Trinkwasser, Abwasser, Chemie-WC, WLAN; **Preise:** 18 €/Fahrz., 2 Pers. und Service inkl.; **Geöffnet:** April–Okt.; **Kontakt:** Jägermatt 4, 79682 Todtmoos, Tel. 0170 5445858.

Nach langen Jahren, in denen die Stollen vergessen waren, wurde 2000 das **Schaubergwerk Hoffnungsstollen** eröffnet.

Alljährlich im Januar fühlt man sich in Todtmoos in den hohen Norden nach Lappland, Norwegen oder Alaska versetzt, wenn hier internationale **Schlittenhunderennen** ausgetragen werden.

Sehenswertes

› **Todtmooser Heimethus,** Murgtalstr. 15, 79682 Todtmoos, Tel. 07674 8870, geöffnet: Mi./Fr./So. 14.30–17 Uhr, Eintritt: 3/2 €

› **Hoffnungsstollen,** 79682 Todtmoos, GPS 47.74922, 7.99165, Mai–Okt. Do./Sa./So. 14–17 Uhr, Nov.–April Sa./So. 14–17 Uhr, Eintritt: 4/2 €

Information

› **Tourist-Information,** Wehratalstr. 19, 79682 Todtmoos, Tel. 07652 12068540, geöffnet: Mo.–Fr. 9–17 Uhr, Sa./So. 10–12 Uhr

Einkaufstipp

› **Café Bäckerei Zimmermann,** Kurparkweg 2, 79682 Todtmoos, www.cafe-zimmermann-todtmoos.de, Mi./Do. geschl. Hier gibt es die echten Todtmooser Lebkuchen, aber auch gute Kuchen und eine reiche Brötchenauswahl.

Aktivitäten

› **Aqua Treff,** Schwimmbadweg, 79682 Todtmoos, geöffnet: Juni–Sept. 9–19 Uhr, Mo. erst ab 12 Uhr, Eintritt: 4,50/2 €

Wanderparkplatz

62 **Am Schwimmbad Todtmoos,** GPS 47.74479, 8.00434, kostenlos. Hier startet der Lebküchlerweg.

Die nächste landschaftlich reizvolle Region, den Hotzenwald, erreicht man auf kurvenreicher Straße. Drei Orte: Herrischried, Görwihl und Rickenbach liegen in der sanften Hügellandschaft des Hotzenwaldes. Immer wieder eröffnen sich auf der Route weite Ausblicke bis in den Schweizer Jura hinein.

Herrischried ist ein Zusammenschluss von sechs ehemals selbstständigen Gemeinden und liegt auf 850 bis 1050 m Höhe. Hier geht es ruhig zu, Lärm und Hektik sind fern. Zu Fuß durch die Moore oder hinauf zum 33 m hohen Gugelturm, so lernt man Herrischried am besten kennen.

Bis 1979 bot der **Klausenhof** im Ortsteil Großherrischwand als letzter strohgedeckter Hof einen traurigen Anblick. Dann wurde er Stein um Stein abgetragen und an anderer Stelle in einem Freilichtmuseum neu aufgebaut. Heute sieht man außer dem wunderbar restaurierten Eindachhof mit historischer Einrichtung noch einen Wagenschopf, eine Schmiede, ein Backhaus und einen typischen Bauerngarten.

Sehenswertes

› **Freilichtmuseum Klausenhof,** Lindenweg 2, 79737 Herrischried, Parkplatz GPS 47.68036, 8.00631, Tel. 07764 6162, geöffnet: Nov.-Anf. Jan. So. 14-17 Uhr, Mai-Okt. Di.-Fr. 14-17 Uhr, Sa./So. 13-18 Uhr, Eintritt: 3/1 €

Information

› **Hotzenwald Tourist-Info,** Hauptstr. 28, 79737 Herrischried, Tel. 07764 920041, www.herrischried.de, geöffnet: Mo.-Fr. 9-12.30 und 14.30-16.30 Uhr, Aug. auch So. 10-12 Uhr

76 Eissporthalle, Herrischried

GPS 47.66339, 7.98551

Platz in schöner, ruhiger Lage beim Freizeitzentrum mit Hallenbad. Restaurant in der Nähe. **Lage/Anfahrt:** Zunächst nach Herrischried fahren, dann ausgeschildert; **Platzanzahl:** 10; **Untergrund:** Asphalt; **Preise:** kostenlos; **Geöffnet:** frei zugänglich; **Kontakt:** Sagestraße, 79737 Herrischried.

Gastronomie

› **Nestorhof,** Rotzingerstr. 52, 79733 Görwihl, GPS 47.66762, 8.07446, Tel. 07754 7175, www.nestorhof.de, geöffnet: meist Mai-Okt. Fr./Sa. ab 17 Uhr, So. ab 11 Uhr. Urgemütliche Straußwirtschaft. Wurstsalat aus Schwartenmagen und Schwarzwurst mit Bauernbrot, nur eines der sehr guten Vesper.

› **Eichrüttehof,** Hartschwand 1, 79733 Görwihl-Hartschwand, GPS 47.66035, 8.06383, Tel. 07754 1262, geschl.: Mo. Deftige Gerichte bei gutem Preis-Leistungs-Verhältnis.

Über Rickenbach geht es hinunter an den **Hochrhein.** Den Flussabschnitt zwischen Bodensee und Basel bezeichnet man als Hochrhein. In der südlichsten Ferienregion des Schwarzwaldes, an der Grenze zur Schweiz, liegen schöne Städte wie Bad Säckingen, Laufenburg und Waldshut-Tiengen. Fahrrad- und Wanderwege entlang des Rheins empfehlen sich als Abwechslung zu interessanten Stadtbesichtigungen.

77 Camping Rüttehof, Rickenbach

GPS 47.63695, 7.94273

Naturbelassener Platz in schöner und ruhiger Lage, Dusche, WC, Gaststätte 300 m. **Lage/Anfahrt:** in Rickenbach Richtung Rüttehof fahren; **Platzanzahl:** 12; **Untergrund:** Wiese; fest; **Service:** Strom, Trinkwasser, Abwasser, Chemie-WC, WLAN; **Preise:** 7 €/Fahrz., 6,50 €/Pers., Strom 3-4 €, Hund 2 €, 1,40 €/Pers. Taxe; **Geöffnet:** 15. April-15. Okt.; **Kontakt:** Rüttehof 5, 79736 Rickenbach, Tel. 07765 1064, www.camping-rickenbach.de.

Wanderungen in Herrischried

7 Moore-Weg in Herrischried-Wehrhalden

Länge: 10,5 km; Höhendifferenz: 240 m; Start: Wanderparkplatz Steinernes Kreuz, GPS 47.69675, 8.01097 – den Weg zurück zur Straße, diese überqueren und links in Wald (ausgeschildert) – Fohrenmoos – Turbenmoos – Gletschermühle – Schwarze Säge Moos – Silberbrunnenmoos – Sonnenmättlemoos – Brunnenmättlemoos

Zum Gugelturm

Länge: 13 km; Höhendifferenz: 186 m; Start: Le Castellet Platz, GPS 47.66638, 8.00083 – Sägestraße – Ödlandkapelle – Ödlandhütte – Polenstein – Tannenboden – Kreuzbuche – Schellenberger Kapelle – Kleinherrischwand – Gugelturm (geöffnet Mai–Okt. Mi.–So.) – Giersbach – Riesenbühl – Herrischried Parkplatz

110bw-gg

BAD SÄCKINGEN

(30 km – km 213)

Vom Stellplatz 78 macht man sich Richtung Rheinufer auf den Weg zum Stadtspaziergang. Vom Ufer ist der Blick auf die 400 Jahre alte, **längste überdachte Holzbrücke Europas** einfach grandios. Doch zunächst sollte man beim Diebesturm, einem Teil der mittelalterlichen Stadtbefestigung, in den Schlosspark abbiegen. Dort steht das um 1600 von den Herren von Schönau erbaute **Herrenhaus** mit Ecktürmchen und Mansardendach.

Wanderung und Fahrradtour ab Bad Säckingen

Wanderung zum Bergsee

Länge: 11 km; Höhendifferenz: 330 m; Start: Bahnhof Bad Säckingen – auf dem Ökopfad zum Bergsee – Haselbachtal – Röthekopf – Schöpfebachtal – Wildgehege – Barfußpfad – Schöpfebach entlang – Café Villa Berberich (gute Einkehr) – Ökopfad – Bahnhof

Fahrradtour 3

Länge: 30 km; Höhendifferenz: 140 m; Start: Bad Säckingen am Rhein Richtung Wallbach – Brennet – Schwörstadt – über die B34 – Dossenbach – an der L145 bis zur Waldhütte mit Grillplatz – steile Abfahrt nach Wehr – durch Wehr hindurch – Öflingen – Brennet – am Rhein entlang nach Bad Säckingen

Ein Denkmal für den berühmten **Trompeter von Säckingen** wurde 1876 an der Außentreppe des Schlosses aufgestellt. Joseph Victor von Scheffel nahm die Geschichte des Liebespaares Franz und Maria als Vorbild für sein Werk „Der Trompeter von Säckingen". Darin erzählt der Kater Hiddigeigei die Liebesromanze zwischen dem Bürgersohn Franz Werner Kirchhofer und der Freiherrntocher Maria Ursula von Schönau. Diese aufgrund des Standesunterschiedes zunächst nicht akzeptierte Liebe fand nach einigen Wirrnissen doch noch ihre Erfüllung und wurde mit fünf Kindern gesegnet. Aber nun auf zum Rheinufer und an diesem entlang bis zur imposanten Holzbrücke. Sie wurde bereits um 1270 erstmals erwähnt und war zunächst eine auf zwölf Pfeilern ruhende Konstruktion, die durch den Brückenzoll für ein Drittel der städtischen Einnahmen sorgte. Allerdings waren auch die Beschädigungen durch mehrere Hochwasser sehr kostenintensiv und so entschloss man sich um 1570, sieben Steinpfeiler als Tragewerk einzubauen. Auf einer Länge von 203,7 m kann man heute zu Fuß in der Eichen- und Fichtenholzkonstruktion den Rhein Richtung Schweiz überqueren.

Am **Hallwyler Hof** und dem schönen **Rokoko-Haus** vorbei geht der Spaziergang weiter zum Münsterplatz mit dem Wahrzeichen der

Die längste überdachte Holzbrücke Europas überspannt in Bad Säckingen den Rhein

78 Am Rheinufer, Bad Säckingen

GPS 47.54894, 7.94731

Separater Platz auf einem riesigen Parkplatz, Lage befriedigend und relativ ruhig, zentrumsnah, auch für große Womos. WC gegen Gebühr. **Lage/Anfahrt:** ausgeschildert; **Platzanzahl:** 28; **Untergrund:** Schotterrasen; **Service:** Strom, Trinkwasser, Abwasser, Chemie-WC; **Preise:** 13 €/Fahrz., Strom, Taxe und Konus-Karte inkl., Wasser 1 €/100 l; **Geöffnet:** ganzjährig, März und Oktober teilweise wegen Markt geschlossen, genauer Termin im Internet; **Kontakt:** Austraße, 79713 Bad Säckingen, Tel. 07761 568323.

111bw-gg

Stadt: dem **Fridolinsmünster.** Romanische Krypta, gotischer Baukörper, 1678 Barockisierung und 1751 Ausschmückung im Rokokostil: das Fridolinsmünster vereinigt viele Baustilepochen und wirkt trotzdem harmonisch und geschlossen. Sehr üppig bemalt und mit Stuck verziert ist der helle Innenraum mit dem silbernen Fridolinschrein von 1764. In diesem Juwel der Silberschmiedekunst sind die Reliquien des Heiligen gebettet. Auf der Rückseite des Münsters erinnert in einer Nische das Grabmal von Franz Werner Kirchhofer und seiner Frau Maria Ursula von Schönau an die große, durch nichts zu erschütternde Liebe des Paares. Über die Rheinallee mit dem als Wellenbrecher gegen das Hochwasser 1343 errichten **Gallusturm** kommt man in die schmale Fischergasse. Hier steht das **Haus Fischerzunft** von 1717. Über den Münsterplatz und die Rheinpromenade geht es zurück zum Stellplatz.

Sehenswertes

› **Münster mit Fridolinschrein,** Münsterplatz, geöffnet: 8–19 Uhr

Information

› **Tourist-Info,** Waldshuter Str. 20, 79713 Bad Säckingen, Tel. 07761 56830, www.badsaeckingen.de, Mo.–Fr. 9–17 Uhr, Sa. 9–12 Uhr

116bw-gg

Der Trompeter begrüßt die Gäste mit seinem Lied „Behüt' dich Gott"

112bw-gg

79 Am Naturerlebnisbad, Murg

GPS 47.55199, 8.02394

Platz direkt am Rhein in schöner und ruhiger Lage (Zug in Hörweite), ermäßigter Eintritt ins angrenzende Freibad, zentrumsnah, auch für große Womos. Restaurant in der Nähe. **Lage/Anfahrt:** den Schildern „MuRheNa“ folgen; **Platzanzahl:** 15; **Untergrund:** Schotter; **Service:** Strom, Trinkwasser, Abwasser, Chemie-WC, WLAN; **Preise:** 10 €/Fahrz., Strom 0,50 €/kWh, Wasser 1 €/100 l; **Geöffnet:** ganzjährig; **Kontakt:** Am Freibad, 79730 Murg.

117bw-gg

Ruine Wieladingen

Wanderung zur Ruine Wieladingen

Länge: 12 km; Höhendifferenz: 300 m; Start: Stellplatz 79 – unter Eisenbahn hindurch – Hauptstraße links bis Bahnhof Murg – rechts in Riegelerstraße – gleich links in Ledergasse und hinauf zum Kalvarienberg – Ewigkeit – Rüttehof – Harpolingen – Ruine Wieladingen (1200 erbaut) mit 28 m hohem Bergfried – auf steilen Treppen hinab ins wildromantische Murgtal – Murg

Für Hunde nur bedingt geeignet, da einige Treppen und Stege aus Gitterrosten gebaut sind.

Gastronomie

› **Genuss-Apotheke,** Schönaugasse 11, 79713 Bad Säckingen, Tel. 07761 9333767, geöffnet: Di.–Sa. 18.30–23.30 Uhr. Man fühlt sich wohl im kleinen Restaurant und wird wunderbar bekocht von Raimar. Am besten vorbestellen.

Aktivitäten

› **Aqualon Therme,** Bergstr. 58, 79713 Bad Säckingen, Tel. 07761 56080, www.aqualon.de, geöffnet: 9–22 Uhr, Fr./Sa. bis 23 Uhr, Sauna ab 12 Uhr, Sa./So. ab 10 Uhr, Eintritt: 17/10/42 €, inkl. Sauna 24 € (Saunaeintritt ab 16 Jahren). Innen- und Außenbecken mit unterschiedlich warmem Thermalwasser, Saunabereich.

Den schönsten Stellplatz für Wohnmobile am Hochrhein hat **Murg** (79) eingerichtet. Mit Blick auf den Rhein relaxen, im Naturerlebnisbad MuRheNa planschen, das wildromantische Murgtal auf einer Wanderung durchstreifen oder in Planwagen oder Kutsche die Landschaft an der Murg an sich vorbeiziehen lassen: Sind dies nicht genügend Gründe, um in Murg einige Tage zu verweilen?

Aktivitäten

- **MuRheNa Naturerlebnisbad,** Am Freibad, 79730 Murg, Tel. 07763 1072, geöffnet: Mai–Sept. 10–19 Uhr, Juli/Aug. 9–20 Uhr, Eintritt: 3,50/2/7 €
- **Kutschfahrten Behringer,** Kirchbergstr. 12, 79730 Murg/Hänner, Tel. 07763 5170, www.murgtal-fahrten.de. Kutsch- und Planwagenfahrten mit Heidi und Joachim durch das einmalig schöne Murgtal. Telefonische Anmeldung empfehlenswert, auch rollstuhlgerechter Planwagen.

Am Hochrhein entlang kommt Laufenburg als nächster Routenpunkt.

LAUFENBURG

(13 km – km 226)

Bei einem Stadtrundgang der besonderen Art gibt sich Graf Hans IV. von Laufenburg die Ehre und führt seine Gäste regelmäßig im mittelalterlichen Kostüm durch die wechselvolle Geschichte der beiden Laufenburgs (Termine s. Website Tourismusamt).

1801 teilte der Friede von Lunéville Laufenburg in den rechtsrheinischen Teil, zum Großherzogtum Baden gehörend, und den linksrheinischen, der zum Schweizer Kanton Fricktal (heute Aargau) gehörte.

Seitdem heißt es „Laufenburg – zwei Länder – eine Stadt“. Die grenzübergreifende **Städtlefasnacht** mit Tschättermusik und Narrolaufen ist auf beiden Seiten des Rheins der Höhepunkt im Lauf des Jahres.

Laufenburg: zwei Länder, eine Stadt

113bw-gg

Fahrrad- und Wandertouren

Fahrrad-Tour

Länge: 20 km; Höhendifferenz: 150 m; Markierung: rotes Logo 800; Start: Parkplatz bei der Andelsbachmündung – Andelsbachstraße – Laufenburg

Naturpfad

Länge: 5 km; Höhendifferenz: 150 m; Start: beim Stellplatz (80) – wildromantisches Andelsbachtal mit Wasserfällen, Bibern und bis zu 190 Jahre alten Eichen

Durch den Torbogen des ehemaligen **Waldtores** (heute Rathaus) betritt man im deutschen Laufenburg die beschauliche Altstadt, bummelt entlang der verkehrsberuhigten Hauptstraße bis hinunter an den Rhein und kann ohne Grenzkontrollen über die Brücke hinüber ins schweizerische Laufenburg wechseln. Im Jahr 1207 wurde diese Brücke zum ersten Mal urkundlich erwähnt. Von dieser ehemals wichtigsten Straßenüberquerung am Oberrhein hat man einen bezaubernden Blick auf die bunten Häuserfronten links und rechts des Rheins. Durch die weitgehend intakten mittelalterlichen Gassen mit hohen Häusern lässt sich das schweizerische Laufenburg bis hinauf zur Ruine Schlossberg erkunden.

Information

- **Tourismus- und Kulturamt,** Hauptstr. 26, 79725 Laufenburg, Tel. 07763 806141, www.laufenburg.de, geöffnet: Mo.-Fr. 9-12, Do. 14-17 Uhr, Mitte Juni-Sept. Mo.-Fr. 9-12 und 14-17 Uhr

Gastronomie

- **Schlössle,** Säckingerstraße 3, 79725 Laufenburg, Tel. 07763 9297415, geöffnet: Mo./Do. 9-17 Uhr, Fr./Sa. 9-23 Uhr, So. 10-21 Uhr. Wahrhaft „königlich" ist die Bewirtung im Schlössle hoch über dem Rhein. Meisterlich gekocht und serviert bekommt man Novelle cuisine vom Feinsten.
- **Brutsches Rebstock,** Am Stadtor, 79725 Laufenburg, Tel. 07763 92170, www.hotel-rebstock-laufenburg.de, geöffnet: Mo.-Fr. 11.45-13.45 und 17.45-21 Uhr, So. 11.45-13.45 Uhr. „Heimische Esskultur ohne Schnickschnack" heißt der Slogan des Kochs, dessen Umsetzung mit traditionellen und sehr schmackhaften Gerichten gut gelingt.

Aktivitäten

- **Fasnacht,** in beiden Laufenburgs

Die letzte Sehenswürdigkeit bei Route 4 ist das freundliche Waldshut.

114bw-gg

(80) Am Andelsbachparkplatz, Laufenburg

GPS 47.56542, 8.06712

Separater Platz in Aussichtslage am Rhein, relativ ruhig (Parkplatz angrenzend) beim Gartenstrandbad, dessen Sanitäranlagen von Mai bis Sept. benutzt werden können, zentrumsnah. **Lage/Anfahrt:** In Richtung Waldshut am Ortsende rechts, ausgeschildert; **Platzanzahl:** 6; **Untergrund:** Pflaster; **Service:** Strom, Trinkwasser, Abwasser (nur mit Eimer), Chemie-WC; **Preise:** 8 €/Fahrz., Strom 0,50 €/kWh, Wasser 2 €/5 Min., Entsorgung 2 €; **Geöffnet:** ganzjährig; **Kontakt:** Andelsbachstraße, 79725 Laufenburg.

115bw-gg

WALDSHUT-TIENGEN

(18 km – km 244)

Bis 1975 waren Waldshut und Tiengen zwei selbstständige Städte, dann schlossen sie sich mit zehn Dörfern zur großen Kreisstadt Waldshut-Tiengen mit 23.000 Einwohnern zusammen.

Im adretten Waldshut erstreckt sich zwischen **Unterem Tor** und **Oberem Tor** die breite Kaiserstraße. Dieses seit der Stadtgründung beinahe unverändert erhaltene Straßenensemble ist seit 1988 Fußgängerzone. In der Straßenmitte fließt wieder der Stadtbach und viele Geschäfte und Straßencafés sorgen für geschäftiges Treiben. Man sollte jedoch trotz der verlockenden Schaufenster auch einen Blick auf die schönen Häuserfassaden werfen. Besonders die breit ausladende Giebelhaube des alten **Zunft- und Bürgerhauses Zum wilden Mann** und das **Rathaus,** das 1766 im barocken Stil erbaut wurde, sind sehenswert. Die **Alte Metzig,** ein Renaissancebau mit gotischen Fenstern, war bis 1877 städtisches Schlachthaus.

Die alemannische Fasnacht und besonders die **Waldshuter Chilbi** sind hohe Feiertage im Kalender der Waldshuter. Der Sage nach sollen die Junggesellen der Stadt bei der Belagerung 1468 durch die Schweizer den letzten Schafsbock gemästet und ihn auf der Stadtmauer spazieren geführt haben. Für die Schweizer Anlass, die Belagerung zu beenden, da anscheinend noch genügend zum Essen vorhanden war. Seither wird die Chilbi aus Dankbarkeit und in Erinnerung an die Zeit der Belagerung gefeiert.

Information

› **Tourist-Information,** Wallstr. 26, 79761 Waldshut-Tiengen, Tel. 07751 833200, www.waldshut-tiengen.de, geöffnet: Mo.–Fr. 9–17 Uhr, April–Sept. auch Sa. 10–12 Uhr

Schmucke Häuser säumen die Kaiserstraße in Waldshut

119bw-gg

81 Rhein Camping Wohnmobil-Park, Waldshut

GPS 47.61120, 8.22594

Großzügig angelegter Platz beim Campingplatz in schöner, ruhiger Lage, auch für große Wohnmobile, die gute Sanitärausstattung vom Camping kann benutzt werden, kein Schatten, 1,5 km am Rhein entlang ins Zentrum, gutes Campingrestaurant mit günstigem Mittagstisch, Brötchenservice, sehr freundliche Betreiber geben gerne Wander- und Fahrradtipps, E-Bike-Verleih, Gasflaschenverkauf, Schiffsanlegestelle. **Lage/Anfahrt:** ausgeschildert; **Platzanzahl:** 44; **Untergrund:** Pflaster; **Service:** Strom, Trinkwasser, Abwasser, Chemie-WC, WLAN; **Sicherheit:** beleuchtet; **Preise:** 15 €/Fahrz., Strom 1 €/2 kWh, Wasser 1 €/100 l; **Geöffnet:** ganzjährig; **Kontakt:** Jahnweg 22, 79761 Waldshut-Tiengen, Tel. 07751 3152, www.rheincamping.de.

210bw-gg

82 An der Wutach, Lauchringen

GPS 47.62557, 8.31398

Parzellierte Plätze mit eigenem Rasenteil in schöner und ruhiger Lage. WC, Dusche in der Saison im Freibad. Supermarkt 500 m. Teilweise Lärm durch Flugzeuge; **Lage/Anfahrt:** ausgeschildert; **Platzanzahl:** 20; **Untergrund:** Schotter; **Service:** Strom, Trinkwasser, Abwasser, Chemie-WC, WLAN; **Preise:** 8 €/Fahrz., Strom 0,50 €/kWh, Wasser 1 €/80 l; **Geöffnet:** frei zugänglich; **Kontakt:** Badstraße, 79787 Lauchringen.

Gastronomie

- **Mona Lisa,** Kaiserstr. 18, 79761 Waldshut-Tiengen, www.eiscafemonalisa.de. Eisvariationen von traditionell bis ungewöhnlich.
- **Ratsstüble,** Kaiserstr. 26, 79761 Waldshut-Tiengen, www.cafe-ratsstueble.de, geöffnet: Di.–Sa. 8–18 Uhr, So. 10.30–18 Uhr. Traditionscafé mit großer Auswahl hausgemachter Kuchen und Torten.

Aktivitäten

- **Waldshuter Chilbi,** am dritten Wochenende im August

Parken

P 115 **Am Schwimmbad,** GPS 47.61470, 8.22400, kostenlos. Im Sommer bei schönem Wetter belegt durch Badegäste, ca. 1 km ins Zentrum.

ROUTE 5

ENTLANG DES DEUTSCHEN BODENSEEUFERS

121bw-gg

ROUTENÜBERSICHT

Bezaubernde Städte, vielerlei Wassersportmöglichkeiten, gepflegte Strandbäder, regionale Spitzenküche, ehrliche Bodenseeweine, gut beschilderte Wander- und Radfahrwege, die Schiffe der Bodenseeflotte, zwei UNESCO-Welterbe-Stätten, stattliche Schlösser – es gibt so viel zu sehen und zu genießen am „Schwäbischen Meer". Über die bei Künstlern wie Otto Dix und Hermann Hesse sehr beliebte, beschauliche Höri, nimmt Route 5 den Wohnmobilreisenden mit an den See. Immer an der Küstenlinie entlang von Radolfzell über Konstanz bis ganz hinunter nach Lindau an der österreichischen Grenze geht diese interessante, kurzweilige Reise. Die Insel Reichenau mit ihren Zeugnissen von religiöser und kultureller Bedeutung und die stein- und bronzezeitlichen Pfahlbauten in Unteruhldingen sind UNESCO-Welterbe. Ein Besuchermagnet ist die Blumeninsel Mainau mit jahreszeitlich wechselnden reizvollen Pflan-

Vorseite: Die einladende Seepromenade von Überlingen

zenarrangements. Mit ihren Uferpromenaden strahlen die historischen Städte Meersburg, Überlingen, Lindau und Konstanz einen mediterranen Charme aus. Als Gast fühlt man sich am Bodensee wohl und willkommen.

Strecke:

Singen (S. 146) – **Höri-Rundfahrt** (38 km, S. 148) – **Radolfzell** (4 km, S. 154) – **Insel Reichenau** (21 km, S. 161) – **Konstanz** (10 km, S. 165) – **Ausflug zur Blumeninsel Mainau** (7 km, S. 171) – **Bodman-Ludwigshafen** (26 km, S. 174) – **Sipplingen** (6 km, S. 177) – **Überlingen** (7 km, S. 179) – **Birnau** (6 km, S. 183) – **Uhldingen-Mühlhofen** (3 km, S. 184) – **Abstecher ins Linzgau** (50 km, S. 187) – **Meersburg** (5 km, S. 191) – **Hagnau** (5 km, S. 197) – **Immenstaad a. B.** (5 km, S. 198) – **Friedrichshafen** (10 km, S. 200) – **Langenargen** (9 km, S. 206) – **Wasserburg** (9 km, S. 208) – **Lindau** (6 km, S. 211)

Streckenlänge:

ohne Abstecher 177 km
mit Abstecher 227 km

SINGEN

Wer von Norden auf der Autobahn A81 angefahren ist, dem sind bestimmt schon die eigenartig geformten Berge kurz vor Singen aufgefallen. Das Hegau, wie diese Landschaft heißt, ist mit seinen bizarren Vulkankegeln eine geologische Besonderheit. Sie heißen Hohenkrähen, Hohentwiel, Rosenegg und Neuhewen und haben ihren Ursprung vor etwa 14 Millionen Jahren. Im Tertiär trat nach Eruptionen heißes Magma aus dem Innern unseres Planeten an die Erdoberfläche und erstarrte zu neun kegelförmigen Basalt- und Phonolithbergen.

Im Herzen des Hegaus liegt das Einkaufs-, Kultur- und Wirtschaftszentrum Singen. Das **Hegau-Museum** im Singener Schloss präsentiert eine große Sammlung archäologischer Funde von der Altsteinzeit bis ins frühe Mittelalter.

Der Hauptanziehungspunkt von Singen ist allerdings die **Festungsruine Hohentwiel.** Auf einem steilen Vulkanfelsen entstand bereits um 914 eine erste Burganlage. Sie ging um das Jahr 1000 in den Besitz der Zähringer über und im 16. Jh. wurde sie vorderösterreichisches Gebiet. Herzog Ulrich von Württemberg ließ sie ab 1521 zur Landesfestung ausbauen, ihre maximale Verteidigungsgröße erreichte sie um 1735. 1855 inspirierte das Bollwerk den Dichter Josef Victor von Scheffel zu seinem Roman Ekkehard, eine Liebesgeschichte zwischen dem St. Gallener Mönch Ekkehard und der Herzogswitwe Hadwig. Eine Besichtigung des weitläufigen Areals auf dem Festungsberg und eine kleine Wanderung durch den geschützten Naturraum am Kegelberg sind sehr lohnenswert.

Wanderung zum Hohentwiel

Länge: 5 km; Höhendifferenz: 300 m; Start: Stellplatz 83 – über Bahngleise – geradeaus, bis rechts die Straße zum Hohentwiel abgeht – dieser bis zum Ortsendeschild folgen – dann links Richtung Staatsweingut Meersburg – durch die Weinberge des Olgaberges rechts haltend bergauf – über Geröllfeld in Bannwald – bei Weggabelung links auf schmalem Pfad (ten Brink-Weg) hinauf bis zur Burg – auf demselben Weg zurück.

Durch die Weinberge spaziert man immer mit schöner Sicht auf Singen und das Hegau hinauf zur Festung.

Sehenswertes

- **Festung Hohentwiel,** Auf dem Hohentwiel, 78224 Singen, www.festungsruine-hohentwiel.de, geöffnet: April–15. Sept. 9–19.30 Uhr, 16. Sept.–Okt. 10–18 Uhr, Nov.–März 10–16 Uhr, Eintritt: 5/2,50/12,50 €
- **Hegau-Museum,** Am Schloßgarten 2, 78224 Singen, Tel. 07731 85267, www.hegau-museum.de, geöffnet: Di.–Sa. 14–18 Uhr, So. 14–17 Uhr, Eintritt: frei

Information

- **Tourist-Info,** August-Ruf-Straße 13, 78224 Singen, Tel. 07731 85262, https://tourismus-in-singen.de, geöffnet: Mo.–Fr. 9–16 Uhr, Sa. 10–13 Uhr

Auf dem Weg zur Höri kommt man zu einer weiteren Ortschaft im Hegau, nach **Rielasingen-Worblingen.**

Zwischen den Hegaubergen und dem Bodensee liegt die Doppelgemeinde mit 12.000 Einwohnern. Der Hausberg, das Rosenegg, ist vulkanischen Ursprungs, entstanden vor ca. 13. Millionen Jahren, als Vulkanasche aus einer Tiefenspalte zutage trat.

An der Radolfzeller Aach und dem wunderschönen Naturfreibad im Ortsteil Worblingen wurde ein Stellplatz 84 mit allem, was man braucht, angelegt. Fahrradwege führen direkt daran vorbei und der Bäcker für die Frühstücksbrötchen ist gerade 300 m entfernt, kurz gesagt, der richtige Startplatz für die Bodenseereise oder Ausflüge mit dem Fahrrad zur Höri oder ins schweizerische Stein am Rhein.

83 Stadtgarten, Singen

GPS 47.75959, 8.82796

Markierte Plätze auf einem sehr großen Parkplatz in befriedigender und relativ ruhiger Lage (Bahnlinie angrenzend), zentrumsnah, Restaurant, Läden in der Nähe. **Lage/Anfahrt:** In Singen Richtung Hohentwiel, dann ausgeschildert; **Platzanzahl:** 30; **Untergrund:** Schotter; **Service:** Strom, Trinkwasser, Abwasser, Chemie-WC von Nov.-März geschl.; **Sicherheit:** beleuchtet; **Preise:** 5 €/Fahrz., Strom 1 €/4 Std., Wasser 1 €; **Max. Stand:** 3 Nächte; **Geöffnet:** frei zugänglich; **Kontakt:** Schaffhauserstr. 35, 78224 Singen.

122bw-gg

84 Am Naturbad, Worblingen

GPS 47.72120, 8.86606

Zwei Plätze in sehr schöner, ruhiger Lage. Einer direkt am Naturbad, der andere auf dem gemischten Parkplatz des Bades, Dusche/WC in der Saison im Bad, Bäcker 250 m, Radweg am Platz. **Lage/Anfahrt:** in Worblingen ausgeschildert; **Platzanzahl:** 16; **Untergrund:** Schotter; **Service:** Strom, Trinkwasser, Abwasser, Chemie-WC, von Nov.-März geschl.; **Sicherheit:** beleuchtet; **Preise:** 8 €/Fahrz., Strom 0,50 €/kWh, Wasser 1 €; **Geöffnet:** frei zugänglich; **Kontakt:** Herdweg 20, 78239 Worblingen; Ausweichplatz auf dem gemischten Parkplatz GPS 47.72083, 8.86257.

123bw-gg

Aktivitäten

› **Naturbad Aachtal,** Herdweg 20, 78239 Rielasingen-Worblingen, geöffnet: Mitte Mai-Mitte Sept. 8.30-20.30 Uhr, Eintritt: 4,10/1,40/8,10 €. Sehr schöne Anlage, das Wasser wird ohne Chlor in einem Aufbereitungsbecken gereinigt.

Zur Höri-Rundfahrt startet man zunächst nach **Bohlingen.**

Auf der Weiterfahrt lohnt sich für jeden, der Lust auf eine schmackhafte Mahlzeit aus regionalen Produkten hat, der Besuch im traditionsreichen Landgasthof „Zum Sternen" im ländlich ruhigen Bankholzen im Herzen der Halbinsel Höri.

Gastronomie

› **Zum Sternen,** Schienerbergstraße 23, 78345 Bankholzen, Tel. 07732 2422, www.zum-sternen.de, geöffnet: Mo./Mi. 17-22 Uhr, Do.-So. 11.30-14 und 17-22 Uhr. Regionale Gerichte wie Felchen, Höri Bülle usw.

Wanderung und Fahrradtour ab Rielasingen-Worblingen

Fahrradtour oder Wanderung an der Aach

Länge: 6 km; Höhendifferenz: 5 m; Start: Wohnmobilstellplatz 84 – immer an der renaturierten Aach entlang – Ledergasse Bohlingen – Einkehr in die Stöberei – zunächst über Ledergasse zurück bis Stationenstraße – hier links bis zur ersten Kreuzung auf freiem Feld – hier rechts geradeaus bis zum ersten Betonfeldweg – rechts bis zum Sträßchen mit Wegekreuz mit goldenem Jesus – über die Straße geradeaus weiter – links bei Straße „Ob dem Ablaß" bis zum Aachuferweg – links auf bekanntem Weg zurück zum Stellplatz.

Gemütliche Tour entlang der rauschenden Aach und zur Belohnung gibt es Kaffee und Kuchen in der Gartenmanufaktur in Bohlingen.

Premiumwanderung Albertine Steig

Länge: 12,5 km; Höhendifferenz: 200 m; Markierung: „Albertine-Steig"; Start: Beim Stellplatz 84; genannt nach der Einsiedlerin, die hier am Brandhof bis zu ihrem 93. Lebensjahr lebte.

Sparen mit der Bodensee-Card plus

Die Bodensee-Card plus kostet für drei Tage 72/43 €, für 7 Tage 114/69 €. Sie ist ein Jahr gültig. Kauf online unter www.bodensee.eu oder an 100 Verkaufsstellen vor Ort. In ihr ist der einmalige freie Eintritt bei 160 Leistungspartnern und die freie Nutzung der Bodenseeschifffahrt an 2 bzw. 4 Tagen enthalten. Sie wird auch grenzüberschreitend akzeptiert. Zu den inkludierten Ausflugszielen gehören auch Klassiker wie der Affenberg, die Pfahlbauten, Schloss Salem, Burg Meersburg, Zeppelin Museum, Sea Life.

HÖRI-RUNDFAHRT

(38 km – km 38)

„Ein schönes Paradies. Zum Kotzen schön.", so urteilte Otto Dix angeblich über die Höri. Die Volkslegende erzählt: Als Gott die Welt erschuf, hat er sich das Schönste für den Schluss aufgehoben. Dann sagte der Herr im Dialekt: „Jetz hör i uff", und deshalb heißt diese schöne Region Höri.

Tatsächlich hat sich die Höri zwischen Radolfzell und Stein am Rhein noch ihre Ursprünglichkeit bewahrt. Die bunten Streuobstwiesen, große Gemüsefelder, schilfbewachsene Uferstreifen, Pappelalleen und der Schienenberg prägen das Bild ihrer Landschaft. Es geht beschaulich und ruhig in ihren kleinen Dörfern zu. Das zehn Kilometer lange Bodenseeufer und die schilfumsäumte Hornspitze sind ein einzigartiges Vogelschutzgebiet und eine der artenreichsten vogelkundlichen Regionen Mitteleuropas.

In diese Idylle nach Gaienhofen zog es 1904 den **Dichter Hermann Hesse.** Ihm folgte 1936 **Otto Dix,** der hier an der Grenze zur Schweiz Ruhe vor der Diffamierung als „entarteter Künstler"durch Nationalsozialisten, fand. Auch Helmuth Macke, Max Ackermann, Erich Heckel, Hans Kindermann und viele andere Kunstschaffende fanden auf der Höri Zuflucht in der „inneren Emigration."

Sehr zu empfehlen sind die Wanderungen auf der ausgeschilderten **Kunstroute Untersee,** bei der die Bilder dieser Maler anschaulich in Kontext zu den heutigen Örtlichkeiten gestellt werden.

Auf dem Weg nach **Schienen** muss zuerst der 700 m hohe Schienenerberg erklommen werden. Oben vom Parkplatz bei GPS 47.69906, 8.90930 kann man ein fantastisches Panorama auf den Hegau und den Bodensee genießen.

Produkte der Halbinsel Höri wie Fisch, Lammfleisch, Bauernbrot, Obst und Gemüse, Honig, Marmeladen, Molkereiprodukte, Weine und Schnäpse bietet gegenüber der Kirche in Schienen **s'Lädele** an.

85 Campingplatz Wangen

GPS 47.65959, 8.93409

Platz in sehr schöner, ruhiger Lage direkt am Wasser mit guter Sanitärausstattung, Waschmaschine/Trockner, Bistro am Platz. Hundeverbot. **Lage/Anfahrt:** ausgeschildert; **Platzanzahl:** 60 Dauerplätze, 20 Touristenplätze; **Untergrund:** Wiese; **Service:** Strom, Trinkwasser, Abwasser, Chemie-WC; **Sicherheit:** umzäunt, beleuchtet, bewacht; **Preise:** 12 €/Fahrz., 7 €/Pers., Strom 3,50 €, Taxe 1,70 €, Zuschlag direkt am Wasser 5 €; **Geöffnet:** April–Anfang Oktober; **Kontakt:** Seeweg 32, 78337 Öhningen-Wangen, Tel. 07735 919675, www.camping-wangen.de.

125bw-gg

Einkaufstipp

› **s'Lädele,** Schienerbergstraße, 78337 Öhningen, GPS 47.68804, 8.90041, www.laedele-schienen.de, geöffnet: Mo.–Fr. 7.30–12.30, Mo./Di./Do./Fr. auch 17–19 Uhr, Sa. 7.30–12.30 Uhr. Die meisten Produkte direkt von hier, auch Backwaren.

Weiter geht die Fahrt hinunter nach **Öhningen** am Bodensee.

Gastronomie

› **Kaffeestüble Kaiser,** Mühlenweg 7, 78337 Öhningen, GPS 47.65990, 8.89488, www.kaffeestueble-kaiser.de, geöffnet: ab 13 Uhr. Je nach Saison kann man 18 verschiedene Sorten des ausgezeichneten Bauernhofeises probieren, außerdem gibt es Kuchen, Kaffee und Vesperteller.

Immer an der Uferstraße entlang kommt man nach **Kattenhorn.** In der **Petruskirche** verbirgt sich ein wahres Kleinod: Die drei großflächigen Glasfenster wurden 1959 von Otto Dix gestaltet. Sie erzählen in farbenprächtigen Bildern die Geschichte des Jesusjüngers Petrus. Sehr eindrucksvoll ist der Verrat mit dem krähenden Hahn dargestellt.

Sehenswertes

› **Petruskirche,** GPS 47.65731, 8.90920, geöffnet: April–Okt. 10–18 Uhr, Nov.–März Sa./So. 10–17 Uhr. Parkverbot Sonntagvormittag.

124bw-gg

Große Sakralkunst von Otto Dix in Kattenhofen

Spezialitäten am Bodensee und in Oberschwaben

Am deutschen Bodensee und in Oberschwaben trifft die schwäbische auf die Allgäuer Küche und vermischt sich zu einem wahren Reigen kulinarischer Genüsse. Gutbürgerliche Gasthäuser legen großen Wert auf regionale und saisonale Produkte. Traditionelle Küche bekommt eine leichtere Note und den besonderen Geschmack durch regionale Frische. Neben den Spezialitäten Kraut- und Kässpätzle, Maultaschen, saure Kutteln, Linsen und Dünnele darf natürlich der Fisch, frisch aus dem Bodensee, nicht vergessen werden. Ob als geräuchertes Filet, im Ganzen oder als Klößchen verarbeitet, am See ist das Probieren von Felchen, Zander und Kretzer ein absolutes Muss. Besonders zart und saftig ist das Fleisch des Hinterwälder Rindes, das in der Region gezüchtet wird. Dazu werden Kratzete (in Stücke gerissene Pfannkuchen), Schupfnudeln (aus Kartoffelteig) oder Bratkartoffeln (Brägele) serviert. Zum Vespern gibt es Deftiges wie geräucherte Landjäger, Schwartenmagen, Leberwurst, hausgemachte Sülzen, Wurstsalat und Käse von kleinen Allgäuer Käsereien. Dazu trinkt man ein kühles Bier, Most aus dem Obst der Streuobstwiesen oder den ausgezeichneten Bodenseewein. Hinterher gibt es einen hausgebrannten Obstler.

Österreich steuert als Dessert noch den Strudel bei, die Schweizer „Schocki" und das Hippen-Gebäck sind als süße Leckerei ganz sicher nicht zu verachten. Kalorienbewusste ziehen vielleicht das leckere Bodenseeobst und -gemüse vor. Doch die guten Vorsätze vergisst man gerne, wenn die Früchte als Apfel- oder Zwetschgenkuchen daherkommen.

In **Wangen-Hinterhorn** entdeckte 1856 der Ratsschreiber Kaspar Löhle eine prähistorische Pfahlbausiedlung im Flachwasser des Bodensees. Im **Museum Fischerhaus** werden Funde wie Tongefäße, Knochen- und Geweihgeräte aus dieser 4000–6000 Jahre alten Siedlung ausgestellt. Einige Fundteile, wie Reste verbrannter Häuser und gut erhaltene Textilien sind jedoch mit Geotextilien abgedeckt im Seeboden belassen worden.

Sehenswertes

› **Museum Fischerhaus,** Seeweg 1, 78337 Wangen, Tel. 07735 9322, www.museum-fischerhaus.de, geöffnet: Ostern–Mitte Okt. Do.–So. 14–17 Uhr, Eintritt: 2,50/1 €

Einkaufstipp

› **Obsthof Blanhof,** Blanhof 4, 78337 Öhningen, GPS 47.66575, 8.94227, geöffnet: Mitte April–Mitte Nov. 10–12 und 12.45–18 Uhr, Mitte Nov.–Mitte April Di./Fr./Sa. Frisches Obst direkt vom Erzeuger. Schnaps, Essig, Obstsecco.

Von 1936 bis zu seinem Tod 1969 lebte und arbeitete **Otto Dix** in Hemmenhofen. Sein Wohnhaus ist seit 2013 Museum und zeigt Originalmöbel und -gemälde. Reproduktionen seiner Werke vervollständigen den Einblick in sein Schaffen. Das Erdgeschoss spiegelt die Wohn- und Lebenswelt der Familie Dix wider. Im Obergeschoss befanden sich das Atelier und der Salon von Martha Dix. Sie war eine hervorragende Pianistin, die außerdem mehrere Fremdsprachen beherrschte. Das Dachgeschoss ist dem künstlerischen Schaffen der Kinder Nelly, Ursus und Jan Dix vorbehalten. Sehenswert ist auch die Außenanlage, sie wurde von Martha und Jan Dix im Stil eines Architekturgartens gestaltet.

Sehenswertes

› **Museum Haus Dix,** Otto-Dix-Weg 6, 78343 Gaienhofen-Hemmenhofen, Tel. 07735 937160, www.kunstmuseum-stuttgart.de/museum-haus-dix, geöffnet: Mitte März–Okt. Di.–So.11–18 Uhr, Eintritt: 6/2/12 €, Kombiticket mit Hesse-Museum 9/6 €

Nächste Station auf der Höri ist **Gaienhofen.** Der Schriftsteller **Hermann Hesse** fand hier von 1904 bis 1912 seine Inspiration. Von 1904 bis 1907 lebte er im alten Ortskern in einem Bauernhaus zur Miete. Es gehört heute zum **Hermann-Hesse-Museum Gaienhofen** und kann besichtigt werden. Sehenswert ist besonders das Arbeitszimmer mit seinem Schreibtisch. Dieses Möbelstück begleitete Hesse sechzig Jahre lang auf seinen verschiedenen Lebensstationen. Nebenan im ehemaligen Schul- und Rathaus aus dem 17. Jh. wurde das eigentliche Hermann-Hesse-Museum Gaienhofen eingerichtet. Es widmet sich im ersten Obergeschoss mit Erstausgaben, Schriftstücken, Bildern und Fotos dem Leben und Wirken Hermann Hesses. Daneben wird in der Gemäldegalerie im Erdgeschoss das breite Spektrum der zahlreichen auf der Höri schöpferisch tätigen Künstler gezeigt.

Dahinter im beschaulichen Garten mit den Lieblingsblumen Hesses, darunter Rosen, Iris und Sonnenblumen, stehen Textstelen zum Thema „Hermann Hesse und der Garten".

1907 ließ sich Hesse am südlichen Ortsrand im „Erlenloh" ein eigenes Haus ganz nach seinen Vorstellungen bauen. Er lebte hier mit seiner ersten Frau Maria Bernoulli und seinen drei Söhnen bis 1912. Heute ist das 2004 renovierte Gebäude und der nach historischen Vorlagen wieder angelegte Garten in Privatbesitz und kann nur nach Voranmeldung an einigen Tagen im Jahr im Rahmen einer Themenführung besucht werden (Termine und Preise unter www.mia-und-hermann-hesse-haus.de). In der übrigen Zeit ist der Blick auf das bezaubernde Haus mit dem idyllischen Garten nur sehr bedingt möglich.

Noch ein Künstler hat sich mit einer auffälligen Plastik in Gaienhofen verewigt: **Peter Lenk.** Die „Dix-Kurve" entstand in Anlehnung an das Großstadt-Triptychon von Dix aus dem Jahr 1928. Bei der Enthüllung 1997 wurde ein Zitat von Dix eingespielt: „Was verstehst du denn von Sünde, wenn du sie nicht begangen hast und gesehen hast? Gar nischt!"

Information

› **Kultur- und Gästebüro,** Im Kohlgarten 1, 78343 Gaienhofen, www.gaienhofen.de, geöffnet: Mo.–Do. 8–12 und 14–17 Uhr, Fr. 8–12 Uhr, Juli–Mitte Sept. Mo.–Fr. 8–12 und 13.30–17.30 Uhr, Sa. 9–12 Uhr

Die Hornspitze ragt weit in den Bodensee hinein

127bw-gg

Fahrradtour auf der Höri

Länge: 21,6 km; Höhendifferenz: 384 m; Start: Rathaus Gaienhofen – Richtung Wangen – nach 600 m links Richtung Gehöft Langenmoos – Anstieg von 250 m Höhe – Schienen mit toller Aussicht – 6 km bergab nach Öhningen – Uferweg nach Kattenhorn – Wangen – Hemmenhofen – Gaienhofen

Die herrliche Höri ganz in Ruhe mit dem Fahrrad erkunden. Sehr lohnenswerte Tour.

Die Höri Bülle

Die Wurzeln des Gemüseanbaus auf der Höri reichen bis ins 8. Jh. zurück. Besonders beliebt ist von alters her die rote Hörizwiebel, auch Bülle genannt. Diese Speisezwiebel hat eine helle rotbraune Färbung, die beim Aufschneiden nicht abfärbt. Mit ihrer flachen, bauchigen Form und dem zarten Aroma mit milder Schärfe eignet sie sich besonders für den Rohgenuss. Sie ist eine unverzichtbare Zutat in Salaten und hier insbesondere für den in der Region so beliebten Wurstsalat.

Die intensive Handarbeit beim Bülleanbau oblag früher vor allem den Frauen, die auch den Verkauf mit Handkarren und Fahrrädern bis Mitte der 1900er-Jahre in den umliegenden Städten bis ins schweizerische Schaffhausen betrieben. Nach dem Zweiten Weltkrieg wurde der Gartenbau ausgeweitet und heute bauen einige Haupterwerbsgärtner auf Freiland- und Gewächshausfläche ihr Gemüse an.

Seit 1976 wird das Büllefest Anfang Oktober immer abwechselnd in den Ortsteilen von Moos mit viel Musik, Bülleverkauf, Büllesuppe, Bülledünne und Schlachtplatte gefeiert.

Die schmackhafte Bülle-Dünne macht man aus einem Hefeteig mit 500 g Mehl, 40 g Hefe, Salz und Wasser. Auf den ausgerollten Teig legt man 2 cm hoch goldbraun gedämpfte Höri-Bülle und übergießt diese mit 3/8 l saurer Sahne, verquirlt mit 4 Eigelb und Salz. 30 Min. bei 270° Grad im Backofen backen. Lecker!

Sehenswertes

› **Hermann-Hesse-Museum,** Kapellenstraße 8, 78343 Gaienhofen, Tel. 07735 440949, www.hesse-museum-gaienhofen.de, geöffnet: Mitte März–Okt. Di.–So. 10–17 Uhr, Nov.–Mitte März Fr./Sa. 14–17 Uhr, So. 10–17 Uhr, Eintritt: 6/2 €, Kombi mit Dix-Museum 9/6 €

Parken

P 63 **Hörihalle,** GPS 47.68675, 8.98245, nur für Campingbusse

An der Spitze der Halbinsel liegt **Horn** mit dem guten Campingplatz und dem empfehlenswerten Gasthof Hirschen.

Gastronomie

› **Hirschen,** Kirchgasse 3, 78343 Horn, Tel. 07735 9338511, www.hotelhirschen-bodensee.de, tägl. 10–1 Uhr. Traditionsgasthaus mit sehr guter regionaler Küche und herrlichem Gastgarten. Spezialität ist Ochsenfleisch, aber auch viele vegetarische Gerichte.

Aktivitäten

› **Schifffahrt Lang,** Bootsverleih Hornstaaderstraße, 78343 Gaienhofen, Anlegestelle Horn: Hornstaaderstraße, Anlegestelle Gaienhofen: Schlossstraße, Tel. 07735 8891, www.schifffahrtlang.de, Höri Fähre in die Schweiz und verschiedene Themenfahrten, Boots- und SUP-Verleih in Horn

86 Campingplatz Horn

GPS 47.68833, 8.99494

Platz in sehr schöner, sehr ruhiger Lage direkt am Seebad, gute Sanitärausstattung, Mietbäder, Bodensee-Karte inkl. (freie Fahrt ÖVP, Eintrittsermäßigungen), Restaurant, Fahrrad- und E-Bike-Verleih, sehr bemühte Besitzer. Stellplätze im Kreis angeordnet. **Lage/Anfahrt:** ausgeschildert; **Platzanzahl:** 255; **Untergrund:** Wiese; **Service:** Strom, Trinkwasser, Abwasser, Chemie-WC, WLAN; **Sicherheit:** umzäunt, beleuchtet, bewacht; **Preise:** 30 €/Fahrz. inkl. 2 Pers., Strom und Eintritt ins Strandbad, Hund 4 €, Taxe 2,50 €; **Geöffnet:** April–Anfang Okt.; **Kontakt:** Strandweg 3, 78343 Gaienhofen-Horn, Tel. 07735 685, https://camping-horn.de.

87 Wohnmobilstellplatz Mooswald, Moos

GPS 47.71671, 8.94062

Platz in ruhiger Lage, am Wochenende eventuell laut durch angrenzendes Restaurant, teilweise Geruchsbelästigung durch Kläranlage. Guter Ausgangspunkt für Radtouren, Strandbad, Restaurant fußläufig. **Lage/Anfahrt:** ausgeschildert; **Platzanzahl:** 15; **Untergrund:** Rasengitter; **Service:** Strom, Wasser, Abwasser, Chemie-WC, **Preise:** 15 €, Servicekarte 5 € und 10 € Pfand, Restguthaben wird erstattet, Taxe 1,20 €/Pers.; **Geöffnet:** ganzjährig; **Kontakt:** Iznanger Straße 52, 78345 Moos.

311bw-gg

Über Iznang rollt das Reisemobil nach **Moos.**

Moos setzt auf Solarenergie: Der futuristische Solarturm aus Edelstahl am Mooser Hafen ist 18 m hoch. Sehr traditionsbewusst ist dagegen die **Wasserprozession** am Montag nach dem dritten Julisonntag. 1797 gelobten die Mooser, nachdem sie von einer Viehseuche verschont geblieben waren, jedes Jahr eine Dankprozession nach Radolfzell zu unternehmen. Zunächst auf dem Landweg, ab 1926 in mit Blütenbögen geschmückten Booten über den See. In Radolfzell ziehen dann die Musikkapellen und Trachtengruppen in feierlicher Prozession ins Münster. Ein sehr malerisches Bild!

Naturschutzgebiet mit naturkundlichem Weg und Schautafeln

Im Schilfgürtel bei Moos brüten im Frühjahr Teichrohrsänger, Kolbenenten, Hauben- und Schwarzhalstaucher und überwintern Vogelgäste aus Nordeuropa und Westsibirien. Grund genug, dieses Gebiet mit den Flachwasserbereichen und den Riedwiesen als Naturschutzgebiet auszuweisen. Hier gibt es ihn noch, den großen Brachvogel, der im Winterhalbjahr hier Station macht. Mit seinem langen gebogenen Schnabel stochert er in den feuchten Wiesen nach Regenwürmern, Engerlingen und Kleingetier.

Ein interessanter Spaziergang führt am Seeufer entlang von Iznang nach Moos. Unterwegs sind Infotafeln und ein Aussichtsturm zur Vogelbeobachtung aufgestellt.

Gastronomie

- **Grüner Baum,** Radolfzellerstr. 4, Moos, Tel. 07732 54077, www.gruenerbaum-moos.de, geöffnet: Mo./Di. 17–22 Uhr, Fr.–So. 11–14 und 17–22 Uhr. Spezialität: Seefisch. Regionale Küche, meist in Bio-Qualität.

Einkaufstipps

- **Hofladen Fürst,** Bühlsteige 1a, 78345 Iznang, https://obst-gemuese-fuerst.de, geöffnet: April–Okt. Mo.–Sa. 8–19 Uhr, So. 8.30–19 Uhr, Nov.–März Mo.–Sa. 8.30–18 Uhr, So. 9–17 Uhr. Gemüse und Obst aus kontrolliertem und integriertem Gartenanbau.
- **Hofladen Duventäster-Maier,** Dorfstraße 40, 78345 Moos, www.hoeri-gemuese.de, geöffnet: Di./Fr. 9–18 Uhr, Do./Sa./So. 9–14 Uhr, April–Okt. auch So. 9–14 Uhr. Gemüse, Salate und die Höri Bülle.
- **Fischerei Albin Lang,** Uferstr. 3a, 78345 Iznang, www.lang-hoeri.de, geöffnet: Di.–Sa. 9–12.30, Mi.–Fr. auch 14–16.30 Uhr. Frische und geräucherte Bodenseefische.

Aktivitäten

- **Bülle-Fest,** 1. Sonntag im Oktober gibt es in Moos ein Fest für die edle Knolle
- **Wasserprozession,** am Montag nach dem 3. Sonntag im Juli
- **Strandbäder,** in Moos, Horn, Wangen, Öhningen

Parken

P 64 Strandbad Moos, GPS 47.72208, 8.94081, kostenlos, Wohnmobile 7–21 Uhr erlaubt

Nach 4 km ist man in Radolfzell, dem nächsten Ziel auf Route 5.

RADOLFZELL

(4 km – km 42)

Victor von Scheffel nannte Radolfzell „das liebe alte Nest mit seinen dicken Wackermauern“. Heute ist das liebe alte Nest eine lebendige, angenehme Touristen- und Einkaufsstadt.

Radolfzell geht auf den Veroneser Bischoff Ratolt zurück, der hier um das Jahr 826 mit der Cella Ratoldi ein kleines Gotteshaus schuf. An ihrer Stelle steht heute das **Münster Unserer Lieben Frau,** eine spätgotische Pfeilerbasilika, deren 82 Meter hoher Turm das Wahrzeichen der Stadt ist. Im Jahre 1100 erhielt Radolfzell Marktrecht, 1267 wurde es zur Freien Reichsstadt erhoben, bevor es von 1298 bis 1805 zu Österreich kam. Von dieser Zeit erzählt noch das Österreichische Schlösschen (heute Bibliothek) am Marktplatz. Die östliche Mauer zwischen Pulver- und Höllturm gehört zu den Resten der einst mächtigen Stadtbefestigung.

129bw-gg

Die freundliche Einkaufsstadt Radolfzell

Die **Alte Stadtapotheke** in der Seetorstraße wurde 1689 als frühbarockes Patrizierhaus erbaut und 1834 spätklassizistisch umgestaltet. In Betrieb als Apotheke war sie bis 1998. Durch glückliche Umstände sind das in Kirsch- und Buchsbaumholz gefertigte Biedermeier-Offizin und das Labor erhalten geblieben. Sie sind die Attraktion des 2006 hier eröffneten **Stadtmuseums.** Ein weiterer Grund für den Museumsbesuch ist das einzigartige **Spitzweg-Kabinett.** Es zeigt einen umfassenden Querschnitt über die gesamte Schaffensperiode Spitzwegs. Interessant ist in diesem Zusammenhang, dass der Maler ursprünglich als Apotheker und Pharmazeut arbeitete, die Alte Apotheke ist deshalb genau der richtige Ausstellungsort für seine zauberhaften Bilder. Um 1900 war die **Firma Schiesser** mit über 1000 Mitarbeitern, die auf 120 Rundstühlen und an 700 Nähmaschinen 12.000 Trikotagen täglich fertigen, der größte Arbeitgeber der Stadt. Auch darüber findet man Informationen im Stadtmuseum. Die erste mechanische Fertigung von Trikotagen aus dem Hause Schiesser war im heute noch in der St.-Johannis-Str. 1 stehenden **Jahr100bau** untergebracht.

In der nahezu autofreien Altstadt mit vielen Geschäften und Boutiquen stehen noch weitere steinerne Zeugen vergangener Tage. Die Anfänge des sogenannten **Hohen Hauses** gehen auf das 13. Jh. zurück, seit 1919 befindet sich in seinen Mauern das älteste noch bestehende Kaufhaus Radolfzells.

Unter den Bahngleisen hindurch erreicht man das Seeufer. Hier am Ende der Mole lebt

Stell- und Campingplätze

88 Herzen

89 Mettnau

Essen und Trinken

1 Liesele

2 Restaurant Strandcafé Mettnau

in den Sommermonaten „Sepp", ein Steinbalance- und Lebenskünstler. Seit 1997 schichtet er Steine zu fragilen Gebilden aufeinander und teilt seine Philosophie gerne Besuchern mit. Wer seinen Rat im Winter braucht, hat Pech, da lebt er auf Lanzarote.

Nördlich der Altstadt findet man im **seemaxx Outlet Center** auf 8500 m² Verkaufsfläche eine Shoppingadresse für Kleidung, Schuhe und Accessoires. Bei Geschäften von über 40 Labels bleibt kaum ein Modewunsch offen.

Am 3. Sonntag im Juli ehren die Radolfzeller durch eine Prozession ihre Hausherren. Sie begleiten in Festtracht und mit goldener Radhaube die Reliquien der Heiligen Theopont, Senesius und Zeno durch die festlich herausgeputzte Stadt. Auf blumengeschmückten Booten kommt am frühen Morgen des darauffolgenden Montags die **Mooser Wasserprozession** nach Radolfzell, um das Gelübde ihrer Vorfahren zu erfüllen. Nach dem gemeinsamen Kirchgang wird ein fröhliches **Hausherrenfest** gefeiert.

130bw-gg

88 Herzen, Radolfzell

GPS 47.73873, 8.95364

Plätze auf einem gemischten Parkplatz in befriedigender, lauter Lage (Straße) an der Bora-Sauna, kleiner Strand 200 m, ins Zentrum 1,8 km, Supermarkt 700 m. Bodensee-Karte inkl. (freie Fahrt ÖVP, Eintrittsermäßigungen). **Lage/Anfahrt:** ausgeschildert; **Platzanzahl:** 20; **Untergrund:** Schotter; **Service:** Strom, Trinkwasser, Abwasser, Chemie-WC; **Preise:** 13,80 €/Fahrz., Strom 0,50 €/kWh, Wasser 1 €/60 l; **Max. Stand:** 2 Nächte; **Geöffnet:** frei zugänglich; **Kontakt:** Zeppelinstraße, 78315 Radolfzell, www.radolfzell-tourismus.de/Uebernachten/Wohnmobil-Stellplaetze.

132bw-gg

89 Mettnau, Radolfzell

GPS 47.73779, 8.98015

Parzellierte Plätze in schöner, ruhiger Lage, WC, Dusche, ins Zentrum 1 km. Bodensee-Karte inkl. (freie Fahrt ÖVP, Eintrittsermäßigungen). **Lage/Anfahrt:** Richtung Mettnau fahren, dann ausgeschildert; **Platzanzahl:** 30; **Untergrund:** Schotter; **Service:** Strom, Trinkwasser, Abwasser, Chemie-WC, WLAN; **Sicherheit:** beleuchtet; **Preise:** 8–15 €/Fahrz., Taxe 2,30 €/Pers., Strom 0,60 €/kWh, Wasser 1 €, Dusche 1 €; **Max. Stand:** 3 Nächte; **Geöffnet:** frei zugänglich; **Kontakt:** Strandbadstraße, 78315 Radolfzell.

Sehenswertes

- **Stadtmuseum,** Seetorstr. 3, 78315 Radolfzell, Tel. 07732 81530, geöffnet: Do.-So. 11-17 Uhr, Eintritt: 5 €, Kinder bis 14 Jahre frei

Information

- **Tourismus- und Stadtmarketing,** Seestr. 30, 78315 Radolfzell, www.radolfzell-tourismus.de, Tel. 07732 81500, geöffnet: Mai-Sept. Mo.-Fr. 9-18 Uhr, Sa. 10-13 Uhr, Sommerferien BW auch So. 10-13 Uhr, Okt.-April Mo.-Fr. 9-13 und 14-17 Uhr, Sa. 10-13 Uhr

Gastronomie

- **Liesele,** Höllstr. 3, 78315 Radolfzell, Tel. 07732 972215, www.liesele.de, geöffnet: Fr.-Di. 11.30-21 Uhr. Schwäbische Speisekarte (mit Übersetzung) in einer gemütlichen Gastwirtschaft, die einer Puppenstube gleicht.
- **Restaurant Strandcafé Mettnau,** Strandbadstr. 102, 78315 Radolfzell, www.strandcafe-mettnau.de, geöffnet: tägl. 11-23 Uhr, Spezialität: Felchenfilet, herrliche Aussicht.

Einkaufstipp

- **Wochenmarkt,** Mittwoch und Samstag 7-14 Uhr, Marktplatz beim Münster
- **seemaxx Outlet Center Radolfzell,** Schützenstr. 50, 78315 Radolfzell, Tel. 07732 94099930, www.seemaxx.de, geöffnet: Mo.-Fr. 10-19 Uhr, Sa. 9.30-19 Uhr

Aktivitäten

- **Bora-Sauna,** Karl-Wolf-Str. 33, 78315 Radolfzell, Tel. 07732 94063, www.bora-sauna.de, geöffnet: tägl. 10-22 Uhr, Eintritt: 25 €, 29 € Sa./So. verschiedene Saunen, Dampfbad, Sanarium, Infrarotkabinen
- **Spezialradverleih,** Friedrichstr. 8 (Messeplatz), 78315 Radolfzell, www.spezialradverleih.de, Tel. 07732 979732, geöffnet: Di./Fr. 13-14.30 Uhr, Sa. nach Anmeldung. Tourenräder, Tandems, Pedelecs, Kinderräder, Anhänger.
- **Hausherrenfest und Mooser Wasserprozession,** am 3. Sonntag im Juli und am darauffolgenden Montag
- **Altstadtfest,** 1. Samstag im September

Sepp, der sympathische Philosoph von Radolfzell

Er ist bekannt in Radolfzell und weit darüber hinaus, sogar ZDF und SWR haben Sepp schon mit Beiträgen gewürdigt. An der Mole beim letzten Baum findet man ihn und seine Steinbalancekunstwerke. Schon als Jugendlicher hatte Josef, wie er damals noch hieß, den Drang, die Welt zu bereisen. Er verwirklichte ihn auf dem Fahrrad mit Touren nach Griechenland und Indien. Doch dann nahm ihn ein bürgerliches Leben einschließlich Frau, Kindern, Haus und einem 12-Stunden-Arbeitstag in Beschlag. Diese Tretmühle kam durch die Trennung von seiner Frau zum Stillstand und Sepp suchte einen neuen Lebensinhalt: seine Mitte. Als er einmal beobachtete, wie jemand kunstvoll Steine aufeinanderstapelte, kam ihm die Erleuchtung. Seither balanciert er große und kleine Kiesel ohne Klebstoff zu atemberaubenden Kunstwerken. Dabei fand er seine innere Ruhe und Lebensbalance. Heute lebt Sepp den Sommer über in Radolfzell und hat hier sogar eine Postadresse: An der Mole – letzter Baum, 78315 Radolfzell. Zum Überwintern zieht es ihn nach Lanzarote. Seine gesamten Besitztümer passen in zwei Koffer und trotzdem oder gerade deswegen strahlt Sepp eine Lebensfreude und Gelassenheit aus, die schon bald auf seine Gesprächspartner überspringt. Sein Leben und seine Philosophie hat er in kleinen Büchern mit wunderbaren Bildern festgehalten, sie stehen an der Mole zum Verkauf. Aber nicht nur auf die Balancetechnik, sondern auch auf die Nöte von Entenmüttern versteht sich Sepp. Sie brüten in den hohlen Platanen an der Mole und wenn die Küken flügge werden, kommt Mamma Ente schnatternd und Hilfe suchend zu Sepp. Der steigt hinauf in die Bäume und holt die Kleinen herunter auf den sicheren Boden. Wer Radolfzell besucht, muss unbedingt auch Sepp und seine Kunstwerke sehen. Übrigens: Sepp spricht jeden Besucher mit „du" an, doch Vorsicht: wenn er auf „Sie" wechselt, mag er den Gesprächspartner nicht!

131bw-gg

90 Campingplatz Markelfingen

GPS 47.73898, 9.00297

Platz in sehr schöner Lage direkt am See, gute Sanitärausstattung, Bahnlinie entlang des hinteren Platzteils, Restaurant, Kanuverleih. **Lage/Anfahrt:** ausgeschildert; **Platzanzahl:** 12; **Untergrund:** Wiese; **Service:** Strom, Trinkwasser, Abwasser, Chemie-WC; **Sicherheit:** umzäunt, beleuchtet, bewacht; **Preise:** 11–14 €/Fahrz., 7,50 €/Pers., Stromanschluss 2 €, Strom 0,80/kWh, Hund 3,50 €, Müll 0,90 €, Taxe 2 €; **Geöffnet:** Ende März–Anfang Oktober; **Kontakt:** Unterdorfstr. 25, 78315 Markelfingen, Tel. 07732 10611, www.campingplatz-markelfingen.de.

133bw-gg

91 Camping Willam, Markelfingen

GPS 47.72932, 9.02538

Platz in schöner und ruhiger Lage am See, gute Sanitärausstattung, Waschmaschine/Trockner, WLAN an der Rezeption, Hundeverbot. Restaurant, Zentrum, Supermarkt 3 km. **Lage/Anfahrt:** von der B33 ausgeschildert; **Platzanzahl:** 120; **Untergrund:** Schotterrasen; **Service:** Strom, Trinkwasser, Abwasser, Chemie-WC; **Sicherheit:** umzäunt, beleuchtet, bewacht; **Preise:** 27,90–48 €/Fahrz. inkl. 2 Pers. und Müll, Stromanschluss 1,80 €, 0,70 €/kWh, Dusche 0,50 €, keine Taxe; **Geöffnet:** April–Anfang Oktober; **Kontakt:** Schlafbach, 78315 Radolfzell-Markelfingen, Tel. 07533 6211, www.campingplatz-willam.de.

Hinter Radolfzell geht es dann auf den, wie ein Finger in den Bodensee ragenden, **Bodanrück.**

Diese langgestreckte Halbinsel aus Molassegestein verläuft zum Untersee hin flach und lieblich mit Weiden, Streuobstwiesen, Mooren und Seen. Zum Überlinger See hin dagegen schroff mit einem bis zu 200 m hohen Steilufer. Hier haben die Bäche tiefe Schluchten, wie die Katharinen- und Marienschlucht in das Gestein gegraben. Der Rücken ist dünn besiedelt und steigt bis zu einer Höhe von 692 m auf.

Entlang des Sees kommt man nach **Markelfingen,** einem Ortsteil von Radolfzell.

Hier zweigt die Straße, nur für Fahrzeuge bis 3,5 t, zum **Wild- und Freizeitpark Bodanrück** ab. Auf 75 Hektar Fläche leben Rot-, Schwarz- und Damwild, Wisente, Mufflons, Luchse, Greifvögel und Bären. Wer mehr Action braucht, geht auf den Kettcar-Parkour, den Abenteuerspielplatz, Riesenrad und -rutsche. Für Kinder eine willkommene Attraktion, ältere Besucher besuchen eher den Rosen- und Schulgarten mit 600 verschiedenen Pflanzen.

Sehenswertes

› **Wild- und Freizeitpark Bodanrück,** Gemeinmärk 7, 78476 Allensbach, Tel. 07533 931619, www.wildundfreizeitpark.de, Öffnungszeiten tägl. 9–19 Uhr, Eintritt: 12/10 €

Gastronomie

› **Landgasthaus Mindelsee,** Gemeinmärk 7, 78476 Allensbach, www.landgasthaus-mindelsee.de, Tel. 07533 931613, geschl.: Mo./Di. Gutbürgerliche Küche (auch in kleinen Portionen). Spezialitäten: Kässpätzle, deftige hausgemachte Wurst, Wildgerichte.

92 Wild- und Freizeitpark Bodanrück, Allensbach

GPS 47.73969, 9.04046

Offizielle Stellmöglichkeit auf dem Parkplatz des Tierparkes, Lage nachts ruhig, gutes Restaurant (Di. Ruhetag.) in der Nähe. **Lage/Anfahrt:** ausgeschildert; **Platzanzahl:** 10; **Untergrund:** Schotter; **Preise:** 10 €/Fahrz., bei Einkehr kostenlos; **Geöffnet:** frei zugänglich; **Kontakt:** Gemeinmärk 7, 78476 Allensbach.

Wieder am Bodensee, der hier Gnadensee heißt, kommt man nach **Allensbach.**

Dank dem **Institut für Demoskopie Allensbach,** 1947 gegründet von der Grande Dame Prof. Dr. Dr. Noelle-Neumann, ist Allensbach in Deutschland zum Begriff geworden. Das Institut erforscht die Meinung der Deutschen in Fragen der Politik, aber auch der Soziologie.

Dem 1961 in Allensbach verstorbenen **Fritz Mühlenweg** hat die Stadt im Bahnhof ein Museum eingerichtet. Drei Mal bereiste der erfolgreiche Kaufmann, 1927–1928 sogar zusammen mit dem schwedischen Geologen Sven Hedin, die Mongolei. 15 Monate dauerte seine erste Reise, bei der er 2500 km zu Fuß oder auf Kamelrücken zurücklegte. Hörstationen und Ausschnitte eines Dokumentarfilmes von 1927/28 bringen faszinierende Einblicke in seine Reisen und sein Leben.

Einmal rund um den Mindelsee

Länge: 8 km; Höhendifferenz: minimal; Start: Markelfingen Parkplatz am Waldfriedhof, GPS 47.74740, 9.01348 – über Mühlbrücke Richtung Mindelsee/Ried – Kreuzung Richtung Dürrenhof – Abstecher rechts zum Badeplatz (Hundeverbot) – nächste Weggabelung rechts – wenn der geschotterte Feldweg einen Linksbogen macht, nach rechts in den Wald abbiegen (Infotafel) – bei der Einmündung am Seeende rechts auf breiten Weg wechseln – am Schilfende rechts (Markierung Bodenseerundweg blauer Punkt) – dieser Beschilderung bis zum Parkplatz bei Markelfingen folgen.

Eine Wanderung durch Pfeifengraswiesen, naturnahe Buchenwälder, Streuobstwiesen rund um den Mindelsee. Der Gletscherzungensee, ein Relikt der letzten Eiszeit, ist Brut- und Rastplatz von mehr als 200 Vogelarten.

Sehenswertes

› **Mühlenwegmuseum,** Konstanzer Str. 12, Im Bahnhof, 78476 Allensbach, Tel. 07533 80135, www.mühlenwegmuseum.de, geöffnet: Juni–Mitte Sept. Mo.–Fr. 10–18 Uhr, Sa. 10–13 Uhr, Mitte Sept.–Mai Mo.–Fr. 9–12 und 14–17 Uhr, Eintritt: 3/1,50/5 €

Information

› **Kultur- und Verkehrsbüro,** siehe Mühlenwegmuseum

Einkaufstipp

› **Eis Schuhmacher,** Konstanzer Str. 2, 78476 Allensbach, geöffnet: Mi.–So. 13–20 Uhr. Leckeres Eis aus eigener Herstellung.

Gnadensee

Auf der Klosterinsel Reichenau durften, da sie als heilig galt, keine Todesurteile vollstreckt werden. Die Delinquenten wurden deshalb mit dem Boot von der Insel zur Richtstätte bei Allensbach gebracht. Der Legende nach soll der zum Tode Verurteilte begnadigt worden sein, wenn während der Schiffspassage das Läuten einer Glocke zu hören war. Seither heißt der Bodensee zwischen der Insel Reichenau und Allensbach „Gnadensee“.

93 Camping und Strandbad Allensbach

GPS 47.71064, 9.07986

Platz in schöner und relativ ruhiger Lage (Bahnlinie) direkt am Strandbad, gute Sanitärausstattung, gerne von Jugendgruppen besucht, Gaststätte. Hundeverbot. Oder: Stellplatz auf gemischtem Parkplatz vor der Schranke, Sanitäranlagen des Campingplatzes können genutzt werden. Bahnlinie direkt am Platz. **Lage/Anfahrt:** ausgeschildert; **Platzanzahl:** 280; **Untergrund:** Wiese; **Service:** Strom, Trinkwasser, Abwasser, Chemie-WC, WLAN; **Sicherheit:** umzäunt, beleuchtet, bewacht; **Preise:** 12 €/Fahrz., 8 €/Pers., Strom 3,50 €, Taxe 2 €, Dusche 1 €, Stellplatz 15 €, Strom 2 €, Taxe 2 €; **Geöffnet:** Mitte März–Mitte Oktober, Stellplatz ganzjährig; **Kontakt:** Strandweg 30, 78476 Allensbach, Tel. 07533 9976565, http://campingamsee.com.

Auf der verkehrsreichen B33 sieht man schon bald den riesigen Komplex von **Kloster Hegne** auftauchen. Die Kreuzschwestern leben hier nach ihrem Gelübde und wirken in der angegliederten privaten Schule, in der Begegnungsstätte, im Gästehaus und einem Altenpflegeheim. In der Krypta der seligen Schwester Ulrika hat man von 7.30 bis 17.30 Uhr Gelegenheit für ein stilles Gebet.

Gastronomie

› **Die Schnitzelfarm,** Zum Schwarzenberg 47, 78476 Hegne, Tel. 07533 936572, www.die-schnitzelfarm.de, geöffnet: Mo.–Fr. 11.30–14.30 und 17–22.30 Uhr, Sa./So. 11.30–22.30 Uhr. Hier wird jeder mit einem XXL-Schnitzel satt.

Über den Damm mit seiner herrlichen Pappelallee rollt das Womo auf die Insel Reichenau.

134bw-gg

94 Camping Hegne

GPS 47.70426, 9.09778

Platz in sehr schöner und ruhiger Lage direkt am See, sehr gute Sanitärausstattung, Waschmaschine/Trockner, gutes Restaurant mit Frühstücksbuffet, Zughaltestelle in der Nähe. Hunde nicht am Strand erlaubt. **Lage/Anfahrt:** ausgeschildert; **Untergrund:** Wiese; **Service:** Strom, Trinkwasser, Abwasser, Chemie-WC, WLAN; **Sicherheit:** umzäunt, beleuchtet, bewacht; **Preise:** 12 €/Fahrz., 8,50 €/Pers., Strom 3,50 €, Taxe 2,10 €, Müll 1 €, Hund 4 €; **Geöffnet:** 15. März–15. Okt.; **Kontakt:** Nachtwaid 1, 78476 Hegne, Tel. 07533 9493913, www.camping-hegne.de.

INSEL REICHENAU

(21 km – km 63)

Die „reiche Au“ macht ihrem Namen alle Ehre. Der Reichenauer Mönch Walahfrid Strabo (Abt von 842–849) schrieb im Jahr 830 das Lehrgedicht „De cultura hortorum“, das kurz Hortulus (Gärtlein) genannt wurde. Es ist der erste Nachweis über den Gartenanbau in Deutschland. Nach seinem Vorbild wurde das Kräutergärtlein hinter dem **Münster St. Maria und Markus** angelegt. Heute können auf 120 ha Agrarfläche dank des milden Inselklimas und ganzjähriger Bewässerung Tomaten, Gurken, Salat, Paprika und Auberginen in ausgezeichneter Qualität geerntet werden. Neben dem Tourismus ist der Gemüseanbau im Haupt- und Nebenerwerb die größte Einnahmequelle für die Einwohner. Frisches Gemüse direkt vom Feld gibt es bei den Direktvermarktern.

Der Fischfang hat auf der Insel jahrhundertelange Tradition. In den letzten Jahren sind die Erträge stark gesunken, sodass nur noch wenige Fischer ausschließlich vom Fang von Felchen, Kretzer, Hechten und Forellen leben können. Für die Nachzucht sorgt die 1927 gegründete Fischbrutanstalt, die den Laich von Felchen, Hechten und Äschen erbrütet und im See aussetzt.

Der Rebenanbau, der auf der Reichenau vom Kloster begonnen wurde, ging nach einem starken Frostwinter 1928 stark zurück. Heute gibt es noch vereinzelt Rebenflächen, besonders am Hochwart.

Die Besiedlung der Reichenau geht auf den Wanderbischof Pirmin zurück. Er kam 724 n. Chr. hierher, rodete das unbewohnte Eiland und gründete mit Zustimmung des fränkischen Königshauses ein Benediktinerkloster. Zwischen dem 8. und 11. Jh. blühte die „Reiche Au“ auf, es entstanden 20 Kirchen und

Kapellen und sie wurde zu einem anerkannten Zentrum für Wissenschaft und Kunst. Berühmt im ganzen Abendland waren die Klosterbibliothek, die Goldschmiedekunst und die Reichenauer Malschule für Buch- und Wandmalerei. Ein schönes Beispiel hierzu sind die Wandmalereien in der Kirche St. Georg. Mit dem Ende des Mittelalters begann der Niedergang der Klosterinsel, 1803 wurde das Kloster aufgelöst. Seit 2000 ist Reichenau UNESCO-Welterbe.

Die Kirche **St. Peter und Paul** in Niederzell entstand 779 als einer der bedeutendsten karolingischen Bauten durch Bischof Egino. Er war der erste alemannische Bischof von Verona und musste die Stadt wegen politischer Widerstände verlassen. Auf der Insel Reichenau fand er Zuflucht und blieb hier bis zu seinem Tode 782. Die heutige Form erhielt die Stiftskirche im 11. Jh. Das Innere der Säulenbasilika ist reich mit Wandmalereien aus dem 12. Jh. geschmückt. Im Zentrum thront Christus als Pantokrator, umringt von seinen Aposteln und den Symbolen der Evangelisten, vor einem blauen Sternenhimmel. Die Decke wurde um 1750 im Rokokostil umgestaltet.

Neben St. Peter und Paul steht „s'Bürkle" oder **Schloss Windig,** wie es auch wegen seiner exponierten, windigen Lage heißt. Hier hat angeblich Papst Martin V. nach seiner Wahl 1417 in Konstanz gewohnt.

⌃ *Die Insel Reichenau ist die größte der drei Bodenseeinseln. Seit 2000 gehört sie zum Welterbe der UNESCO.*

In Mittelzell, dem Inselzentrum, erhebt sich das **Münster St. Maria und Markus.** Ursprünglich aus dem 8. Jh. als Klosterkirche konzipiert, wurde es mehrfach umgebaut. Seine heutige Form stammt aus dem 9.–11. Jh. Auffallend sind der Flügelaltar von 1498, die leuchtend rot-weißen Kirchenfenster, das schön gearbeitete barocke Chorgitter (18. Jh.) und der meisterliche Dachstuhl in Form eines umgedrehten Schiffsrumpfes aus Eiche. Die **Schatzkammer** birgt drei wertvolle Reliquienschreine: die Markus- und Heiligblutreliquien und den Krug der Hochzeit von Kana. Eine erlesene Goldarbeit ist das „Oberzeller Kreuz", ebenfalls in der Schatzkammer zu besichtigen.

Kostbare Zeugnisse aus der 300 Jahre langen Tradition der Schreib- und Malschule zeigt das **Museum Reichenau.** Faksimiledrucke und digitale Medien vermitteln einen guten Eindruck vom Klosterleben. Auch dem Wein- und Gemüsebau, der Fischerei und den zahlreichen im 19. Jh. auf die Insel Reichenau reisenden Künstler widmet sich die Ausstellung im ehemaligen Amtshaus. Aus dem 12. Jh. stammt das stattliche Haus des Ammans am Ergat.

Die dritte Kirche ist **St. Georg** an der Ostspitze der Insel in Oberzell, deren Gründung Abt Hatto III. (888–913) zugeschrieben wird. Anlass zum Bau der dreischiffigen, frühmittelalterlichen Säulenbasilika war die Schenkung der Kopfreliquie des Heiligen Georg durch den Papst. Eine Kostbarkeit besitzt das Innere mit den acht monumentalen Wandbildern aus der Zeit um 1000. Der Bilderzyklus erzählt Szenen aus dem Neuen Testament, die mit einem Mäanderband eingefasst sind. Zum Schmunzeln ist das Bild am nördlichen Choraufgang: Eine Kuhhaut, auf der Weibergeschwätz aufgeschrieben wird. Daher der Spruch: „Das geht auf keine Kuhhaut."

Eine herrliche Aussicht auf die ganze Insel genießt man vom 440 m hohen **Hochwart,** dem höchsten Punkt der Insel. Im malerischen Teestübchen bietet die Werkgalerie Hochwart (geschl. Mo./Do.) neben Keramik und Kunstgewerbe auch Kaffee und Kuchen an. Anhand zweier Stelen der „Kunstroute" kann man einst und heute vergleichen.

Sehenswertes

- **Münster St. Maria und Markus,** Münsterplatz 4, 78479 Reichenau-Mittelzell, geöffnet: 9–17 Uhr; Münsterschatzkammer April–Sept. Mo.–Sa. 10–12 und 15–17 Uhr, Okt. Mo.–Sa. 10–12 Uhr, Eintritt 2 €, Kinder bis 14 Jahre frei
- **Kirche St. Peter und Paul,** Eginostraße 12, 78479 Reichenau-Niederzell, geöffnet: 9–17 Uhr, Eintritt: frei
- **Museum Reichenau,** Ergat 1, 78479 Reichenau-Niederzell, www.museumreichenau.de, geöffnet: April–Okt. 10.30–16.30 Uhr, Juli/Aug. bis 17.30 Uhr, Nov.–März Sa./So. 14–17 Uhr, Eintritt: 5/2 €
- **Kirche St. Georg,** Seestr. 4, 78479 Reichenau-Oberzell, geöffnet: Mai–Sept. 10–17 Uhr (Eintritt: 2 €), Okt.–April 10–16.30 Uhr (Eintritt kostenlos)

Inselerkundung mit dem Fahrrad oder zu Fuß

Länge: 7 km; Höhendifferenz: 100 m; Start: Stellplatz (95) – Kirche St.-Peter und Paul – Schloss Windig – Inselrundweg – Strandbad – Münster – Museum Reichenau – Hochwart – Inselrundweg bis Stellplatz

Die Insel erkundet man am besten zu Fuß oder mit dem Fahrrad, da Parkplätze für Wohnmobile absolute Mangelware sind.

Information

- **Tourist-Information,** Pirminstraße 145, 78479 Reichenau, www.reichenau-tourismus.de, Tel. 07534 92070, geöffnet: Mai–Sept. Mo.–Fr. 9–18 Uhr, Sa. 9–13 Uhr, April/Okt. Mo.–Fr. 9–12.30 u. 13.30–17 Uhr, Nov.–März Mo.–Fr. 9–12.30 u. 13.30–16 Uhr

Gastronomie

- **Reichenauer Salatstube,** Untere Rheinstraße 21, 78479 Reichenau, www.reichenauer-salatstube.de, geöffnet: Mai–Sept. Mo.–Sa. 11.30–15.30 Uhr, So. 11.30–18 Uhr. Großes Salatbuffet mit Selbstbedienung, Bezahlung nach Gewicht, dazu Schnitzel, Frikadellen und Felchen.
- **Imbiss und Fischhandlung „Bei Riebels",** Seestraße 13, 78479 Reichenau, Tel. 07534 7663, geöffnet: Fischhandlung Di.–Fr. 9–13 und 14–18 Uhr, Sa. 9–13 Uhr, Imbiss März–Anfang Okt. 11.30–20 Uhr. Fisch direkt vom Fischer, frischer geht es nicht.

(95) Vor dem Campingplatz, Insel Reichenau

GPS 47.69897, 9.04713

Platz in schöner, ruhiger Lage beim Campingplatz, häufig übervoll, ins Zentrum 1,5 km. **Lage/Anfahrt:** ausgeschildert; **Platzanzahl:** 10; **Untergrund:** Asphalt; **Service:** Strom, Trinkwasser, Abwasser, Chemie-WC; **Preise:** 12 €/Fahrz., Strom 1 €/2 kWh; **Max. Stand:** 1 Nacht; **Geöffnet:** frei zugänglich; **Kontakt:** Zum Sandseele, 78479 Reichenau.

136bw-gg

› **MuseumsCafé,** Ergat 5, 78479 Reichenau, www.cafe-reichenau.de, geöffnet: Sa.-Do. 10-18 Uhr. Neben Kaffee und Kuchen gibt es viel Lesestoff, also das Richtige für eine gemütliche Pause.

Einkaufstipps

› **Gemüsepavillon Blum,** Marktstr. 1, 78479 Reichenau, www.gemuesepavillon.de, geöffnet: Winter Mo.-Fr. 9-18 Uhr, Sa. 9-16 Uhr, Sommer Mo.-Fr. 9-18.30 Uhr, Sa. 9-16 Uhr, So. 10.30-17 Uhr. Frisch, regional, saisonal: nachhaltig Gemüse und Obst kaufen.

› **Laib und Seele,** Zelleleweg 2, 78479 Reichenau, www.laibundseele.de. Bäckerei, Konditorei, Café. Spezialität: Ofenschlupfer aus Hefeteig u. Eiercreme.

Aktivitäten

› **Freizeit-Center,** Beim Campingplatz Sandseele, Tel. 07534 9958777, www.freizeitcenter-reichenau.de, Boots-, Rad-, Stand-Up-Paddling-Verleih

› **Feiertage:** Markusfest Ende April, Heilig-Blut-Fest Ende Mai, Mariä Himmelfahrt, jeweils um 8.45 Uhr mit der Parade der Bürgerwehr, 9 Uhr Festgottesdienst, 10.30 Uhr Prozession, 11.30 Uhr Parade auf dem Münsterplatz mit Fahnenübergabe

96 Camping Sandseele, Insel Reichenau

GPS 47.69840, 9.04466

Platz in sehr schöner und ruhiger Lage direkt am See, gute Sanitärausstattung, Mietbad, Restaurant, Laden, Busanbindung, Hundeverbot. **Lage/Anfahrt:** ausgeschildert; **Untergrund:** Wiese; **Service:** Strom, Trinkwasser, Abwasser, Chemie-WC, WLAN; **Sicherheit:** umzäunt, beleuchtet, bewacht; **Preise:** 12-19 €/Fahrz. je nach Länge, 9,50 €/Pers., Strom inkl., Dusche 1 €, Taxe 2 €; **Geöffnet:** Ende März-Anfang Okt.; **Kontakt:** Bradlengasse 24, 78479 Reichenau, Tel. 07534 7384, www.sandseele.de.

Wieder zurück auf dem Festland, erstreckt sich das Natur- und Landschaftsschutzgebiet Wollmatinger Ried mit seiner einzigartigen Pflanzen- und Tierwelt (nur bei einer Führung des Nabu zugänglich, www.nabu-bw.de).

Konstanzer Konzil

Ende des 14. Jh. herrschten zum Teil chaotische Zustände im christlichen Abendland. Politische Konflikte in ganz Europa und eine in sich zerrissene Kirche, in der zwei Päpste gleichzeitig den Anspruch auf den Heiligen Stuhl erhoben, einer in Rom und einer in Avignon, waren Anlass für ein Generalkonzil in Pisa im Jahre 1409. Dort wurden die beiden Päpste ihrer Ämter enthoben und mit Alexander V. ein neuer Papst ausgerufen, dem bald darauf Johannes XXIII. folgte. Die beiden abgesetzten Päpste wiederum setzten die Anhänger des in Pisa gewählten Papstes in den Bann, damit war die Kirche in drei verfeindete Lager gespalten. Um diesen vertrackten Zustand zu beenden, verabredete der deutsche König Sigismund 1413 mit Johannes XXIII. ein weiteres Konzil, diesmal in Konstanz, abzuhalten. Mit großem Pomp zog Johannes XXIII. im Oktober 1414 in Konstanz ein und eröffnete am 5. November das Konzil. Bald war klar, dass der Klerus ihn nicht im Amt behalten wollte, und so floh er klammheimlich bei Nacht und Nebel wieder aus der Stadt. König Sigismund ist es zu verdanken, dass die völlig zerstrittenen Teilnehmer daraufhin das Konzil nicht abbrachen. Es sollte allerdings bis November 1417 dauern, bis sich die Versammlung auf einen neuen, einzigen Papst, nämlich Martin V. einigen konnte. Ebenfalls nach Konstanz eingeladen wurde der böhmische Kirchenkritiker und Reformator Jan Hus. Trotz Zusage freien Geleits wurde er schon wenige Wochen nach seinem Eintreffen in Konstanz festgenommen und im Juli 1415 als Ketzer verurteilt. Weil er sich weigerte, seine Reformschriften zu widerrufen, wurde er auf dem Scheiterhaufen verbrannt. Das große Ziel, die Reform und Einigung der Kirche, war nicht erreicht, als das Konzil im April 1418 endete.

Eine logistische Meisterleistung für das Konstanz vor 600 Jahren war die Unterbringung und Versorgung von an die 70.000 Konzilbesuchern.

KONSTANZ

(10 km – km 73)

Das quirlige Konstanz blickt auf eine reiche Geschichte zurück und gilt als heimliche Seehauptstadt, heißt der Bodensee doch in vielen Sprachen Konstanzer See. Bereits um 3500 v. Chr. in der Stein- und Bronzezeit besiedelt, errichteten die Römer um 300 n. Chr. am heutigen Münsterplatz ein Kastell. 590 wurde Konstanz Bischofssitz und um 900 erhielt es die Stadtrechte. Als 1237 Kaiser Heinrich VI. Konstanz zur Freien Reichsstadt erhob, begann durch regen Handel ihre Blütezeit. Zeuge hierfür ist das mächtige Warenhaus am Hafen. Von 1414 bis 1418 dauerte das bedeutendste Ereignis der Stadt, das Konstanzer Konzil (siehe Exkurs links). Nachdem sich die Stadt auf die Seite der Reformation gestellt hatte, verlor sie 1548 auf Druck der Habsburger das Privileg der Freien Reichsstadt. Erst 1863, als Konstanz durch den Bau der Eisenbahn Verkehrsknotenpunkt wurde, begann der neue Aufschwung. Die 1966 gegründete Universität brachte kunterbuntes junges Leben in die historischen Mauern.

Der Stadtspaziergang beginnt am Stellplatz Döbele (97), von dem man rasch das **Schnetztor** nahe der Schweizer Grenze erreicht. Die südliche Stadtbegrenzung aus dem 14. Jh. durchschreitend, gelangt man in die Altstadt mit engen Gassen, reich verzierten Patrizierhäusern und stattlichen Fachwerkbauten.

Auf der linken Seite der Hussenstraße findet man das **Hus-Museum** in einer Häuserzeile aus dem 15./16. Jh. Hier werden Stücke aus dem Leben und Wirken des böhmischen Reformators gezeigt. In der ehemaligen Herberge „Zur roten Kanne“ (Nr. 22) wohnte bei der Bürgerin Fida Pfister der Kirchenkritiker Jan Hus bis zu seiner Verhaftung im November 1414. Sein Mitstreiter Hieronymus von Prag stieg in der Nähe im Haus „Zum Delphin“ ab.

Über die freundliche Fußgängerzone geht es weiter bis zur Kanzleistraße. Hier schwenkt man nach rechts und kommt nach wenigen Schritten zum **Rathaus.** Die Hausfassade im Stil der venezianischen Renaissance von 1593 wurde 1864 üppig bemalt. Zu sehen sind wichtige Szenen und Personen aus der Stadtgeschichte. Geht man durch das Tor hindurch, gelangt man in den zauberhaften, stillen Innenhof im Stil der italienischen Renaissance. Der gesamte Rathauskomplex ist aus mehreren historischen Gebäuden zusammengefügt, deren Kern das ehemalige Zunfthaus der Leinweber aus dem 16. Jh. ist.

Peter Lenks Imperia grüßt die Schiffe im Hafen von Konstanz

Bummelt man weiter auf der Kanzleistraße, öffnet sich diese in die breite **Marktstätte** mit schönen alten Stadthäusern aus allen Epochen. Interessant ist auch der **Kaiserbrunnen.** Ursprünglich 1897 vom Bildhauer Hans Baur erschaffen, wurden 1942 die metallenen Figuren eingeschmolzen und erst in der 1990er-Jahren von Prof. Rumpf neu modelliert. Mit den Figuren wird auf die Konstanzer Stadtgeschichte angespielt. Ein kurzer Abstecher in die Rosgartenstraße lohnt sich. Gleich am Anfang steht das **Haus Zum Wolf.** 1774 erbaut, ist es mit seiner üppigen Rokoko-Fassade ein einzigartiges Beispiel dieser Epoche in der Stadt. Etwas weiter im mittelalterlichen Zunfthaus ist das bedeutende kulturgeschichtliche **Rosgartenmuseum** untergebracht. Es zeigt neben Ur- und Frühgeschichte auch sehr interessante Exponate der Reichs- und Bischofsstadt Konstanz. Die einzigartige Richental-Chronik, in der der Bürger Ulrich Richental (um 1360–1437) die Geschehnisse um das Konstanzer Konzil aufzeigt, ist sicherlich das wertvollste Ausstellungstück.

Weiter auf der Marktstätte an den ehemaligen Hotels „Zur Krone“ und „Zum Goldenen Adler“ vorbei und durch die Eisenbahnunterführung flaniert man zum Hafengelände. Gleich links steht seit 1388 das **Kaufhaus am Hafen,** auch „Konzilgebäude“ genannt. Eigent-

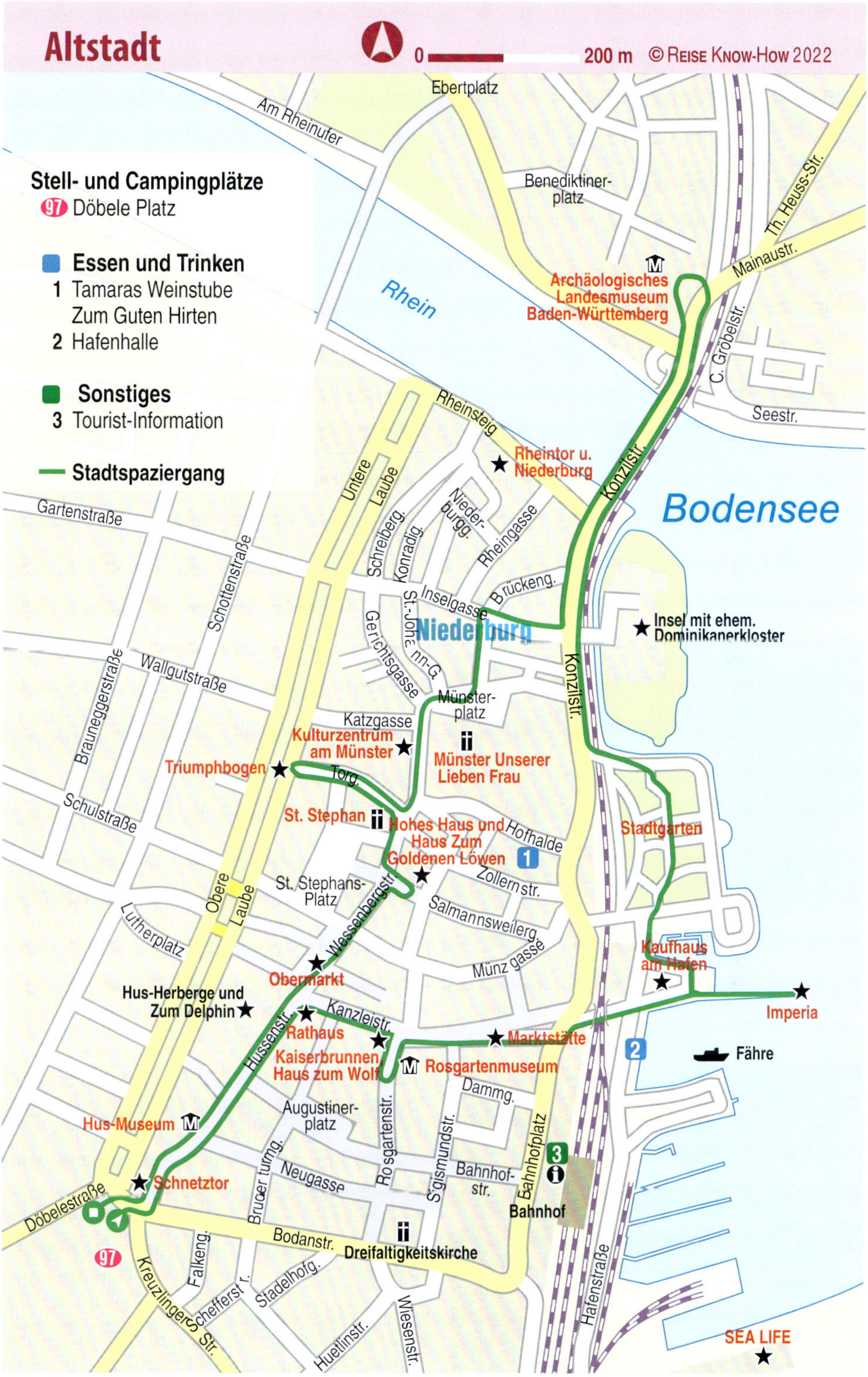
Altstadt
0 200 m
© Reise Know-How 2022
Stell- und Campingplätze
97 Döbele Platz
Essen und Trinken
1 Tamaras Weinstube Zum Guten Hirten
2 Hafenhalle
Sonstiges
3 Tourist-Information
Stadtspaziergang
Ebertplatz
Am Rheinufer
Benediktinerplatz
Archäologisches Landesmuseum Baden-Württemberg
Mainaustr.
Th. Heuss-Str.
C. Gröbelstr.
Seestr.
Rhein
Rheinsteig
Rheintor u. Niederburg
Konzilstr.
Bodensee
Untere Laube
Gartenstraße
Schottenstraße
Schreiberg.
Konradig.
Niederburgg.
Rheingasse
Brückeng.
Inselgasse
St.-Johann-G.
Gerichtsgasse
Niederburg
Insel mit ehem. Dominikanerkloster
Wallgutstraße
Brauneggerstraße
Münsterplatz
Katzgasse
Kulturzentrum am Münster
Münster Unserer Lieben Frau
Triumphbogen
Torg.
Schulstraße
St. Stephan
Hohes Haus und Haus Zum Goldenen Löwen
Hofhalde
Stadtgarten
Zollernstr.
St. Stephans-Platz
Wessenbergstr.
Salmannsweilerg.
Obere Laube
Lutherplatz
Münzgasse
Kaufhaus am Hafen
Obermarkt
Hus-Herberge und Zum Delphin
Kanzleistr.
Imperia
Hussenstr.
Rathaus
Marktstätte
Kaiserbrunnen, Haus zum Wolf
Rosgartenmuseum
Fähre
Dammg.
Augustinerplatz
Hus-Museum
Bahnhofplatz
Sigismundstr.
Rosgartenstr.
Bruderturmg.
Neugasse
Bahnhofstr.
Schnetztor
Bahnhof
Döbelestraße
Bodanstr.
Dreifaltigkeitskirche
Falkeng.
Hafenstraße
Kreuzlinger Str.
Schefferstr.
Stadelhofg.
Wiesenstr.
Huetlinstr.
SEA LIFE

lich als Korn- und Warenlager errichtet, kam hier vom 8. bis 11. November 1417 das Konklave zusammen, das schließlich Papst Martin V. wählte (siehe Exkurs S. 164). Seit Anfang des 20. Jh. finden darin Veranstaltungen statt.

Und da steht sie auf einem Sockel direkt am See: die **Imperia.** Mit der neun Meter hohen und achtzehn Tonnen schweren Skulptur nimmt der Künstler Peter Lenk Bezug auf die Kurtisane Imperia aus dem Roman von Honoré de Balzac über das Konstanzer Konzil. In den Händen hält sie König Sigismund und Papst Martin V., die der Künstler allerdings als Gaukler mit den Insignien der Macht darstellt. Zunächst waren Kirche und Stadtrat 1993 von der Aufstellung des Kunstwerkes nicht begeistert, inzwischen ist die Imperia jedoch so etwas wie das Wahrzeichen der Stadt geworden.

Im Hafen legt der moderne Katamaran an, der zwischen Friedrichshafen und Konstanz pendelt, aber auch die restaurierte erste europäische Binnenseefähre, die „Konstanz". Letztere wurde 1928 fertiggestellt, 1984 stillgelegt und nach 70.000 Arbeitsstunden 2011 wieder in Betrieb genommen (Termine siehe www.historische-faehre-konstanz.de).

138bw-gg

Durch den bunten **Stadtgarten** spaziert man weiter am ehemaligen Dominikanerkloster, heute Steigenberger Hotel vorbei, überquert die Eisenbahnschienen und hat den ältesten Stadtteil von Konstanz, die **Niederburg** erreicht. Man sollte sich am besten durch die mittelalterlichen Gassen treiben lassen und vielleicht in einem der vielen Weinlokale einkehren. Immer am ersten Freitag in den Monaten Mai bis Oktober lohnt sich der Besuch der Niederburg besonders, wenn abends musikalische Unterhaltung und Kleinkunst auf den Gassen geboten wird.

Ein kurzer Abstecher über die Rheinbrücke auf die andere Seite der Stadt führt zum **Archäologischen Landesmuseum.** Das ganze Spekturm der Archäologie Baden-Württembergs von der Jungsteinzeit bis zur Späten Neuzeit bringt dem Besucher viele hilfreiche Hintergrundinformationen für die Reise entlang der Routen dieses Buches.

Das **Münster Unserer Lieben Frau** steht auf den Ruinen des römischen Kastells, dessen Reste man durch eine Glaspyramide sehen kann. 76 m hoch ragt die Turmspitze in den Himmel, von ihrer Aussichtsterrasse hat man einen herrlichen Rundblick auf die Stadt und den See. Der Bau des Münsters dauerte von den Ursprüngen im 7. Jh. bis zum Aufsetzten der neugotischen Turmspitze im Jahre 1853. Diese lange Bau- und Umbauzeit prägt das heutige Erscheinungsbild des Münsters. Hier tagte die Kirchenversammlung des Konzils und hier wurde Jan Hus als Ketzer zum Tode verurteilt. Sehenswert ist das gotische Chorgestühl mit wertvollen Schnitzereien (13. Jh.), die Krypta mit den vier Originalgoldscheiben von der Choraußenwand und im Kreuzgang die Mauritius Rotunde als Nachbildung der Jerusalemer Grabeskirche Christi.

Ein mittelalterlicher Häuserkomplex und ein Neubau wurden auf dem Münsterplatz zum **Kulturzentrum am Münster** mit Wessenberg-Galerie zusammengefügt. Ein gelungenes architektonisches Ensemble.

Auf der Wessenbergstraße kommt man zur Kirche **St. Stephan,** auch sie diente während des Konzils als Tagungsstätte. Auffallend auch hier der Baustilemix von der spätgotischen Fassade und Glasmalereien im Chor über den Renaissance-Apostelzyklus an den Pfeilern bis zum neobarocken Orgelprospekt von 1936.

Durch die Torgasse hinter der Kirche gelangt man zu einem weiteren Werk des bekannten Bildhauers Peter Lenk, dem **Triumphbogen.** Hier karikiert der Meister mit 30 skurrilen Figuren die Gesellschaft mit ihrem Freizeitverhalten und Autowahn.

An der Salmannsweilergasse stehen gleich zwei mittelalterliche Bauten: das **Haus Zum Goldenen Löwen** mit Fassadenmalerei und das ebenfalls bemalte **Hohe Haus** (1294), mit sieben Etagen das vermutlich älteste mittelalterliche Hochhaus.

Wieder auf der Wessenbergstraße geht es entlang eines schönen Häuserensembles zum **Obermarkt.** An dieser einstigen Richtstätte stehen die Häuser **Zum Egli, Zum Kemlin** (beide 15. Jh.) und das reich bemalte Haus **Zum Hohen Hafen.** Man beendet den Rundgang auf dem bekannten Weg über die Hussenstraße zurück zum Stellplatz (97).

Das in der Saison sehr gut besuchte **Aquarium SEA LIFE** vermittelt einen Eindruck von der faszinierenden Welt unter Wasser. In einem acht Meter langen Tunnel durchquert man das Rote Meer, folgt dem Lauf des Rheins bis zum Rotterdamer Hafen und begibt sich auf eine Expedition in die Antarktis.

Sehenswertes

- **Hus-Museum,** Hussentraße 64, 78462 Konstanz, Tel. 07531 29042, geöffnet: April–Sept. Di.–So. 11–17 Uhr, Okt.–März 11–16 Uhr, Eintritt: frei
- **Rosgarten-Museum,** Rosgartenstr. 3, 78462 Konstanz, Tel. 07531 900246, www.rosgartenmuseum.de, geöffnet: Di.–Fr. 10–18 Uhr, Sa./So. 10–17 Uhr, Eintritt: 3/1,50/7 €, Mi. ab 14 Uhr und am 1. So. im Monat freier Eintritt
- **Münster,** Münsterplatz 1, 78462 Konstanz, geöffnet: Mo.–Sa. 10–17 Uhr, So. 12.30–17 Uhr, Turmbesteigung 2/1 €
- **Archäologisches Landesmuseum,** Benediktinerplatz 5, 78467 Konstanz, Tel. 7531 98040, geöffnet: Di.–So. 10–18 Uhr, Eintritt: 6/1,50/12 €

Information

- **Tourist-Information,** Bahnhofplatz 43, 78462 Konstanz, Tel. 07531 133030, www.konstanz-tourismus.de, geöffnet: Mitte April–Okt. Mo.–Fr. 9–18.30 Uhr, Sa. 9–16 Uhr, So. 10–13 Uhr, Nov.–Mitte April Mo.–Fr. 9.30–18 Uhr

Gastronomie

- **Hafenhalle,** Hafenstr. 10, 78462 Konstanz, Tel. 07531 21126, geöffnet: Mo.–Fr. 17–1 Uhr, Sa./So. 10–1 Uhr. Einfache Gerichte, die man auch im Biergarten direkt am Hafen genießen kann.
- **Tamaras Weinstube Zum Guten Hirten,** Zollernstr. 6–8, 78462 Konstanz, Tel. 07531 284318, geöffnet: Mo.–Sa. 16–0 Uhr. Bodenständiges Essen, freundlich serviert.

Einkaufstipp

- **Wochenmarkt,** dienstags und freitags auf dem St.-Stephans-Platz

Literaturtipp

„CityTrip Konstanz" von Daniela Schetar und Friedrich Köthe, Reise Know-How Verlag. Der praktische Begleiter für einen Kurztrip nach Konstanz. Mit separatem Faltplan und GPS-Daten aller Points of Interest.

Das Münster überragt mit seinem 76 m hohen Turm die Altstadt von Konstanz

139bw-gg

97 Döbele Platz, Konstanz

GPS 47.65807, 9.16923

Markierte Plätze auf einem großen Parkplatz, auch nachts Busverkehr, Lage ausreichend und sehr laut, zentrumsnah, WC. **Lage/Anfahrt:** Richtung P Zentrum; **Platzanzahl:** 15; **Untergrund:** Asphalt; **Service:** Trinkwasser, Abwasser, Chemie-WC; **Sicherheit:** beleuchtet; **Preise:** 18 €/Fahrz.; **Max. Stand:** 1 Nacht; **Geöffnet:** frei zugänglich; **Kontakt:** Döbele Platz, 78462 Konstanz.

140bw-gg

98 Campingplatz Seepark Fließhorn, Konstanz

GPS 47.73444, 9.17154

Kleiner Platz mit guter Sanitärausstattung in ruhiger und sehr schöner Lage direkt am See. WLAN, Waschmaschine/Trockner, Kanuverleih, Tauchschule, Restaurant (thailändische und deutsche Küche), kleiner Kiosk. **Lage/Anfahrt:** ausgeschildert; **Platzanzahl:** 90; **Untergrund:** Wiese; **Service:** Strom, Trinkwasser, Abwasser, Chemie-WC; **Sicherheit:** umzäunt, beleuchtet, bewacht; **Preise:** 11–14 €/Fahrz., 8 €/Pers., Strom 3 €, Dusche 0,50 €, Hund 4 €, Taxe 2,50 €; **Geöffnet:** Ende März–Anfang Okt.; **Kontakt:** Am Fließhorn 1, 78465 Konstanz-Dingelsdorf, Tel. 07533 5262, www.fliesshorn.de.

Aktivitäten

- **Bodensee Therme,** Zur Therme 2, 78462 Konstanz, Tel. 07531 363070, www.therme-konstanz.de, geöffnet: 9–22 Uhr, Do. 9–17 Uhr, Sauna 10–22 Uhr, Eintritt: Therme 3 Std. 12,50/10/29 €, Sauna 3 Std. 22 €. 3000 m² Wasserfläche im Innen- und Außenbereich bietet dieses Thermal- und Freibad. Saunalandschaft mit Panoramablick, Di. Damensauna.
- **Fähre zwischen Konstanz und Meersburg,** Kosten: Wohnmobile bis 8 m Länge 18,60 € inkl. Fahrer
- **Katamaran-Fähre,** Hafen, 78462 Konstanz, Tel. 07531 3639320, www.der-katamaran.de, geöffnet: ganzjährig, einfache Fahrt 11,20/5,50/27 €, Hin- und Rückfahrt 22/10,90/53,50 €, Fahrrad 7,50 €, Hunde Kindertarif. Verkehrt täglich zwischen Konstanz und Friedrichshafen, nur für Personen und Fahrräder.
- **Surfbauch,** Wollmatingerstr. 77, 78462 Konstanz, Tel. 07531 53911, www.surfbauch.de, Surf- und SUP-Schule.
- **Strandbad Horn,** Eichhornstr. 100, 78462 Konstanz, www.hoernle-konstanz.de, geöffnet: Mitte

Mai–Mitte September, Eintritt: frei. Großer Strand mit Liegewiese, Beachvolleyballfelder, Sanitäranlagen, Duschen.

- **SEA LIFE,** Hafenstr. 9, 78462 Konstanz, Tel. 07531 66690101, www.visitsealife.com, geöffnet: 10–17 Uhr, August 10–18 Uhr, Eintritt: 18,75 € Online-Ticket
- **Seenachtsfest.** Anfang August herrscht hier Ausnahmezustand beim gigantischen Fest mit Riesenfeuerwerk.

99 Campingplatz Bruderhofer, Konstanz

GPS 47.67412, 9.20979

Ruhiger, familiärer Platz in sehr schöner, ruhiger Lage, keine Jugendgruppen, befriedigende Sanitärausstattung, Waschmaschine/Trockner, WLAN gegen Gebühr, Brötchenservice, 150 m zum See. Bus nach Konstanz. Hunde kostenlos. **Lage/Anfahrt:** An der Uferstraße Richtung Allmannsdorf ausgeschildert; **Platzanzahl:** 50; **Untergrund:** Wiese; **Service:** Strom, Trinkwasser, Abwasser, Chemie-WC; **Sicherheit:** umzäunt, beleuchtet, bewacht; **Preise:** 10 €/Fahrz., 8,50 €/Pers., Strom 3 €, Taxe 2,50 €, Dusche 0,50 €; **Geöffnet:** Mitte April–Sept.; **Kontakt:** Fohrenbühlweg 50, 78464 Konstanz, Tel. 07531 31388, www.campingplatz-konstanz.de.

100 Campingplatz Klausenhorn, Konstanz

GPS 47.74645, 9.14705

Platz mit guter Sanitärausstattung in ruhiger und sehr schöner Lage direkt am Strandbad. Dorfplatz mit Bäcker, Eiswagen, Crêpesstand, Bus nach Konstanz, Fahrradverleih. Hunde nur auf Anfrage! Juli/Aug. Yoga, Walking, SUP. **Lage/Anfahrt:** in Klausenhorn ausgeschildert; **Platzanzahl:** 240; **Untergrund:** Wiese; **Service:** Strom, Trinkwasser, Abwasser, Chemie-WC; **Sicherheit:** umzäunt, beleuchtet, bewacht; **Preise:** 34–38 €/Fahrz. inkl. Pers. und Strom, Taxe 2,50 €, Hund 3 € (nur nach Voranmeldung), Dusche 0,50 €; **Geöffnet:** April–Mitte Okt.; **Kontakt:** Hornwiesenstr. 40/42, 78465 Konstanz-Dingelsdorf, Tel. 07533 6372, www.camping-klausenhorn.de.

Über die ufernahe Straße L219 kommt man zum Parkplatz der Insel Mainau.

Parken

P 65 **Zur Insel Mainau,** GPS 47.70023, 9.18233, gebührenpflichtig, Übernachtung verboten

AUSFLUG AUF DIE BLUMENINSEL MAINAU

(7 km – km 80)

Friedrich I. Großherzog von Baden (1826–1907) gründete den Park auf der Insel Mainau. Sein Urenkel Lennart Graf Bernadotte entwickelte daraus ein Blumen- und Pflanzenparadies und machte es der Öffentlichkeit zugänglich. Gemeinsam mit seiner Frau Sonja Gräfin Bernadotte brachte er die Insel in eine GmbH ein, deren Gesellschafterin die gemeinnützige Lennart-Bernadotte-Stiftung ist. Nach dem Tod des Grafen 2004 und Gräfin Sonja 2008 übernahmen ihre Kinder Bettina Gräfin Bernadotte und ihr Bruder Björn Graf Bernadotte die GmbH als Geschäftsführer. Inzwischen ist die Insel Mainau mit 1,2 Mio. Besuchern pro Jahr die größte Attraktion am Bodensee. Auf dem 45 Hektar großen Eiland wechselt die üppige Blütenpracht mit den Jahreszeiten und selbst im Winter gibt es viel zu sehen. Das wertvolle Arboretum mit bis zu 150 Jahre altem Baubestand, die Sammlung von Palmen und Zitrusfrüchten und das Schmetterlingshaus mit rund 80 exotischen Schmetterlingsarten sind Anziehungspunkte das ganze Jahr über. Die Blumen-Wassertreppe, der italienische Rosengarten, die Frühlingsallee, der Staudengarten, das Bodenseerelief aus Vergissmeinnicht-Blüten, der Insektengarten, die Promenade mit Wild- und Strauchrosen u. v. m. bieten einen wahren Farbenrausch und unzählige Fotomotive. Gartenliebhaber finden in den saisonalen Gärten Anregungen für das eigene Heim. Kinder fühlen sich auf dem Bauernhof mit Streichelzoo, beim Ponyreiten und auf dem

141bw-gg

Abenteuerspielplatz mit Wasserwelt wohl. Die Innenräume des barocken Schlosses kann man zwar nicht besichtigen, doch die Kirche St. Marien steht für Besucher offen. Hier war das „Who's who" der Barockkirchengestalter tätig. Johann Caspar Bagnato erbaute die Kirche 1732–1739, die Skulpturen fertigte Joseph Anton Feuchtmayer, Franz Josef Spiegel malte die Fresken und das Bild am Hochaltar.

Auf die Insel kommt man auf zwei Arten. Entweder man stellt sein Womo auf dem gebührenpflichtigen Parkplatz zwischen Allmannsdorf und Litzelstetten ab und geht über die Fußgängerbrücke, oder man verbindet den Besuch mit einer Schifffahrt von Überlingen, Uhldingen oder Meersburg aus. Bei der Schifffahrt unbedingt darauf achten, dass man gleich ein günstigeres Kombiticket (Schifffahrt und Eintritt Mainau) löst.

Sehenswertes

› **Insel Mainau,** 78465 Insel Mainau, Tel. 07531 3030, www.mainau.de, geöffnet: von Sonnenaufbis Sonnenuntergang, Eintritt: 23/14/47 €, online 22/13/45 €, Kinder bis 12 Jahre frei

Auf der L219 erreicht man über Dingelsdorf, mit vorzüglichem Hofladen mit riesigem Angebot regionaler Produkte und großer Backwarenauswahl, nach 8 km **Wallhausen.** Einen genossenschaftlich geführten Dorfladen mit regionalen Produkten, das Ziegelhofstüble mit leckeren Steaks und einen erfrischenden Besuch im Strandbad hat das kleine Dorf seinen Gästen zu bieten.

Gastronomie

› **Ziegelhofstüble,** Ziegelhofweg 31, 78465 Dettingen/Wallhausen, www.ziegelhofstueble.de, Tel. 07533 7979, geöffnet: Mi.–Fr. ab 16.30 Uhr, Sa. ab 12 Uhr, So. ab 11 Uhr. Zünftige warme Speisen, Vesper und viele Salate.

Einkaufstipps

› **Hofladen Fuchshof,** Am Langenberg 1, 78465 Dingelsdorf, GPS 47.72869, 9.16098, www.fuchshof.de, geöffnet: Mo.–Fr. 8.30–18 Uhr, Sa. 8.30–16 Uhr. Backwaren, Kuchen, Torten, Obst, Marmeladen, Säfte, Hausmacher Wurst, Eier, Molkereiprodukte sowie Kaffee und Kuchen. Saisonal Straußwirtschaft.

› **Dorfladen,** Heinrich von Tettingen Str. 23a, 78465 Wallhausen, Tel. 07533 9400574, www.dorfladen-wallhausen.de, geöffnet: Mo.–Fr. 8–13 und 15–19 Uhr, Sa. 8–13 Uhr. Hier gibt es alles, was man braucht und noch dazu sind die Produkte überwiegend regional. Auch Fisch von der Insel Reichenau.

Aktivitäten

› **Strandbad,** Uferstr. 39, 78465 Wallhausen, Tel. 07533 9977134, geöffnet: Mitte Mai–Mitte September, Eintritt: frei

Parken

P 66 Wallhausen Strandbad, GPS 47.74627, 9.13626, Womo von 9 bis 22 Uhr

Von Wallhausen geht die Straße nicht mehr am Ufer entlang, sondern führt hinauf auf den idyllischen Bodanrück mit freundlichen Dörfern und kleinen Waldgebieten.

Zwischen Langenrain und Liggeringen fährt man auf einer landschaftlich reizvollen Strecke mit weiten Ausblicken.

Die Weiterfahrt von **Liggeringen** nach Bodman ist nur für Fahrzeuge bis 3 t zugelassen. Wer mehr auf die Waage bringt, fährt über Güttingen und B34 nach Bodman.

⊡ 120 Falterarten können im Schmetterlingshaus der Insel Mainau bestaunt werden

⊡ Am Landungssteg von Dingelsdorf wird jedes Ausflugsschiff herzlich über Megafon begrüßt

Wanderung in die Marienschlucht (vermutlich erst ab 2023 möglich)

Länge: 2 km; Höhendifferenz: 120 m; Start: Parkplatz Marienschlucht (GPS 47.76363, 9.09012). Beeindruckende Wanderung durch die Schlucht, festes Schuhwerk ist erforderlich.

Die **Marienschlucht** am Steilufer des Bodensees stellt mit ihren moosbewachsenen Felswänden ein einmaliges Naturschauspiel dar. Ein kleiner Bach hat die bis 100 m tiefe Schlucht in das Molassegestein gegraben. Freiherr Johann Franz von und zu Bodmann, dem die Schlucht gehörte, gab ihr den Namen Maria nach der Braut seines Sohnes Othmar. Seit 1897 war sie auf 400 m Länge über Treppen und Stege begehbar, bis 2015 ein Erdrutsch mit tödlichem Ausgang zur Sperrung führte. Die Wiedereröffnung hängt von der Planung und Fertigstellung eines ganz neuen, sicheren Zugangs ab. Die Dauer der Maßnahmen ist noch nicht absehbar. Seit 2021 wird der Anleger unterhalb der Schlucht wieder von Schiffen angefahren. Aktuelle Infos unter www.marienschlucht.de.

Am westlichen Ende des Bodanrückens liegen sich die Ortsteile Bodman und Ludwigshafen gegenüber, dazwischen breitet sich das Naturschutzgebiet Aachried aus.

Das Angebot im Hofladen Fuchshof ist sehr vielseitig

BODMAN-LUDWIGSHAFEN

(26 km – km 106)

Der Ortsteil Bodman ist Ausgangspunkt für eine kleine Wanderung zur Ruine Alt Bodman mit herrlicher Fernsicht. Die Sage erzählt: 1307 schlug während eines Familienfestes der Blitz in die Burg ein. Durch das ausbrechende Feuer wurden beinahe alle Mitglieder der Familie getötet. Nur der jüngste Spross, der einjährige Johannes, überlebte. Seine Amme hatte ihn in einen metallenen Kessel gesteckt und aus dem Fenster geworfen. Der Kessel blieb an einem Gebüsch hängen und Klein-Johannes war gerettet. Sein Großvater ließ zum Dank dafür anstelle der Burg das Kloster Frauenberg errichten. 1332 baute Johannes eine neue Burg auf dem gegenüberliegenden Berg. Im Dreißigjährigen Krieg zerstörten französische Truppen unter General Graf Comte de Corval diese Burg und zurück blieb die heutige Ruine Alt Bodman. Die adelige Familie zog in das neu erbaute klassizistische Schloss (1757) im Dorf. Es ist heute noch Verwaltungssitz der Grafen von und zu Bodman. Der im strengen englischen Stil angelegte Schlosspark steht dem „gemeinen Volke" von April bis Oktober montags bis freitags von 9 bis 18 Uhr offen. Sehenswert ist auch der Schlosstorkel aus dem Jahre 1772, ein Fachwerkbau mit einem riesigen Torkelbaum (Weinpresse), der noch bis 1960 benutzt wurde. Die Trauben kamen sicherlich auch aus dem nahen „Königsweingarten", den angeblich schon Karl der Dicke im 9. Jh. mit Reben aus dem Burgund anlegen ließ.

In der Kaiserpfalzstraße 20 wohnt der berühmte **Bildhauer Peter Lenk.** Er hat gerichtlich erstreiten lassen, dass er seine Werke dort in zwei Gärten aufstellen darf. Besucher können einen Blick über den Zaun werfen. Da Bodman keinen geeigneten Stellplatz hat, sei hier der sehr gute Campinggarten (101) im 6,5 km entfernten Wahlwies empfohlen.

Information

› **Touristinformation,** Hafenstr. 5, 78351 Bodman-Ludwigshafen, www.bodenseepur.de, Tel. 07773 930040, geöffnet: April–Okt. Mo.–Fr. 9–12 und 14–17 Uhr, Nov.–23. Dez./8. Jan.–März Mo.–Fr. 9–12, Do. auch 14–17 Uhr

Aktivitäten

› **Strandbad Bodman,** Im Neustückern 4, www.strandbad-bodman.de, geöffnet: Mai–Sept. 9.30–20 Uhr, Eintritt: 2,50/1 €

313bw © Campinggarten Wahlwies

(101) Campinggarten Wahlwies, Stockach

GPS 47.80871, 8.97031

Empfehlenswerter kleiner, familiärer Campingplatz abseits des Bodensees (5 km) in sehr schöner Natur, sehr gute Sanitärausstattung, Waschmaschine, Trockner, Brötchenservice, kleiner Laden und Imbiss, gute Verkehrsanbindung (Radwege, Bahn), Hundewiese, sehr freundliche Betreiber. **Lage/Anfahrt:** in Wahlwies ausgeschildert; **Platzanzahl:** 39; **Untergrund:** Wiese; **Service:** Strom, Trinkwasser, Abwasser, Chemie-WC, WLAN; **Preise:** 18,50–24 €/Fahrz. inkl. 1 Pers. und Strom, Hund 1,50 €, Taxe 1 €, Umweltabgabe 0,80 €; **Geöffnet:** 1. Jan.–15. Nov.; **Kontakt:** Stahringer Straße, 78333 Stockach, www.camping-wahlwies.de.

Rundweg Ruine und Kloster

Länge: 5 km; Höhendifferenz: 320 m; Start: Tourist-Info Bodman, Seestr. 5 – Richtung Hafen – Seestraße – bei Straßengabelung Kaiserpfalzstraße hinauf – hinter dem „Königsweingarten" links – 1,5 km hinauf bis zur Ruine – tolle Aussicht – nach einigen hundert Metern den Bodanrück hinauf – bei der Gabelung links bis zum Kloster Frauenberg – schmaler Weg hinunter nach Bodman

Kleine Wanderung hinauf zur Ruine Altbodman und zum Kloster Frauenberg, das heute noch von einer katholischen Glaubensgemeinschaft genutzt wird.

› **Schifffahrtsbetrieb Deinis,** Hafen Bodmann, www.echt-bodensee.de. Kursverkehr mit der Großherzog Ludwig und der St. Georg auf dem Überlinger See und Ausflugsfahrten.

Wanderung von Ludwigshafen

1. Entlang des Sees nach Bodman

Länge 4,2 km; Start: Triptychon Peter Lenk – Campingplatz Schachenhorn (102) – Infopfad – Naturschutzgebiet Aachried – Strandbad – Weiler Kapelle – Skulpturengarten Peter Lenk – Schiffsanleger – Rückfahrt mit dem Schiff. Schöne Tour durch das Naturschutzgebiet

2. Schluchtweg am Gießbach

Länge: 4,3 km; Höhendifferenz 131 m; Start: Schiffsanleger – Touristinfo – Kirche – stattlicher Kehlhof – Gießbach entlang durch den Tobel – durch Wald und Wiese bis zur Bergstraße – an Weggabelung links in den Wald – Aussichtspunkt – über Sträßchen und Kiesweg bis zum Schluchteingang und auf bekanntem Weg zurück

Entlang vieler Obstplantagen mit Apfel- und Birnbäumen fährt man zum Ortsteil **Ludwigshafen.** Bis 1826 hieß der Ort Sernatingen. Nachdem der neue Hafen zu Ehren Großherzog Ludwigs Ludwigshafen genannt wurde, änderte auch das Dorf seinen Namen. Der kleine Ferienort hat eine großzügig gestaltete Uferpromenade, dort steht das ehemalige Großherzoglich Badische Hauptzollamt. Auch hier

(102) Campingplatz Schachenhorn, Bodman-Ludwigshafen

GPS 47.81760, 9.03834

Platz in sehr schöner, relativ ruhiger Lage (Bahn und Straße in Hörweite, abends oft Livemusik) direkt am See mit Liegewiese, häufig sehr voll, gute Sanitärausstattung, Waschmaschine/Trockner, Restaurant. **Lage/Anfahrt:** Zwischen Bodman und Ludwigshafen ausgeschildert; **Platzanzahl:** 80; **Untergrund:** Wiese; **Service:** Strom, Trinkwasser, Abwasser, Chemie-WC, WLAN; **Sicherheit:** umzäunt, beleuchtet, bewacht; **Preise:** bis 7 m Länge 10,50 €/Fahrz., Überlänge 2 €/m, 6,20 €/Pers., Strom 3 €, Taxe 3 €, Dusche 1 €, Hund 2,90 €; **Geöffnet:** Mitte März–Mitte Okt.; **Kontakt:** Radolfzeller Straße 23, 78351 Bodman-Ludwigshafen, Tel. 07773 9376851, www.camping-schachenhorn.de.

144bw gg

Peter Lenk

Geboren 1947 in Nürnberg, lebt Peter Lenk schon viele Jahre in Bodman. Hier entstehen die Entwürfe zu seinen skurrilen Werken wie der „Imperia" in Konstanz, „Die badische Revolution" in Schopfheim, die „Drei Zeitzeugen" auf der Brücke in Hirsau, „Leda und der Schwan" in Horb u. v. m. Seine Werke werden immer konträr diskutiert, oft zunächst abgelehnt und später meist akzeptiert. So geschah es auch bei der Imperia, die in einer wahren Nacht- und Nebelaktion am Hafen in Konstanz aufgestellt wurde. Kirche und Stadtrat waren überrumpelt, konnten aber, da der Leuchtturmsockel, auf dem das 6 t schwere Werk stand, der Bahn gehörte, nichts dagegen unternehmen. Inzwischen ist die Imperia, eine „Hübschlerin", die Kaiser und Papst als Puppen in der Hand hält, das Wahrzeichen der Stadt Konstanz. Das Relief „Ludwigs Erbe" in Ludwigshafen, bei denen sich die Politiker gegenseitig an die Genitalien greifen, soll, laut Lenk, „die ans Obszöne grenzenden Verstrickungen zwischen Macht und Geld widerspiegeln". Ebenfalls in Konstanz hält der Künstler der Gesellschaft bezüglich ihres Freizeitverhaltens den Spiegel vor. 30 Figuren karikieren im Triumphbogen bekannte und unbekannte Personen. Viel Aufregung gab es um den „Bodenseereiter" mit dem ortsansässigen Martin Walser als altem Mann auf einem klapprigen Pferd. Walser ging sogar gerichtlich dagegen vor, scheiterte jedoch mit seiner Forderung, dass die Figur dauerhaft verhüllt werden müsste. Mit seinen satirischen und Tabus brechenden Werken eckt Peter Lenk immer wieder an, gibt dabei aber viele Denkanstöße. Man muss sich Zeit nehmen und die vielen Details der Objekte auf sich wirken lassen, dann versteht man die Aussage hinter der Provokation.

hat Peter Lenk mit dem **Triptychon Ludwigs Erbe** seine Spuren hinterlassen. In seiner satirischen Abrechnung mit Hab- und Raffgier zeigt es bekannte Politiker als Nackedeis in erotischer Pose.

Auf einer landschaftlich schönen Strecke direkt am See entlang ist das freundliche Sipplingen das nächste Ziel.

Einkaufen

› **Hofladen Obsthof Specht,** Hauptstraße 32, 78351 Bodman-Ludwigshafen, Tel. 07773 938116, www.obsthof-specht.de, geöffnet: Mo.–Fr. 9–13 und 14–18 Uhr, Sa. 9–16 Uhr. Breites Angebot an Obst und Gemüse sowie Schnäpsen und Likören aus eigener Erzeugung, Weine, Eier, Brot, Wurst, Honig aus der Region.

145bw-gg

103 Der erste Wohnmobilhafen am See, Ludwigshafen

GPS 47.82381, 9.05169

Platz in befriedigender, relativ ruhiger Lage (Bundesstraße angrenzend) in einem Industriegebiet, ins Zentrum 1,2 km. Hunde willkommen. **Lage/Anfahrt:** Richtung Stockach, dann links, ausgeschildert; **Platzanzahl:** 24; **Untergrund:** Wiese; **Service:** Strom, Trinkwasser, Abwasser, Chemie-WC; **Preise:** 14 €/Fahrz. inkl. Taxe, Strom 2 €, Wasser 1 €/100 l; **Geöffnet:** ganzjährig; **Kontakt:** Am Sportplatz, 78351 Bodman-Ludwigshafen, www.der-erste-wohnmobilhafen-am-see.de.

SIPPLINGEN

(6 km – km 112)

Sipplingen ist eine kleine Perle am Überlinger See. Es hat das gewisse Extra, das es von den anderen Orten abhebt, und das ist seine Lage an der einzigartigen **Steiluferlandschaft.** Die Hänge sind gespickt mit unzähligen riesigen Kirschbäumen und ab Mitte April ein wahres Blütenmeer in duftigem Weiß. In der Erntezeit bekommt man die köstlichen Früchte direkt vom Baum. Daneben wachsen Zwetschgen, Birnen und Mirabellen, die die 30 Brennereien des Ortes zu exzellenten Wässerchen veredeln. Das reizvolle für Aktive ist, dass die Steillandschaft von vielen Wanderwegen durchzogen ist. Die Ausblicke von oben auf den See, Bodman und Sipplingen sind atemberaubend. Beinahe alle Wege führen zum **Haldenhof,** einem Gasthof mit einer großen Auswahl an Speisen, die man auch im idyllischen Gastgarten genießen kann. Also unbedingt die Wanderschuhe schnüren und los geht's!

Daneben hat Sipplingen einen großartigen **Naturstrand** mit Erlebnisspielplatz, gute Gastronomie und einen kleinen, aber feinen historischen Ortskern. Auch wer nicht wandert, sollte unbedingt einen Stadtspaziergang machen. Über die Rathausstraße zum Rathaus, direkt dahinter über Treppen in den Bützenrainweg mit schöner Aussicht, weiter über Eckelt (schönes Bruderschaftshaus an der Ecke), Am Brunnenberg, Klostergasse, Rebweg, Fischerweg wieder zur Rathausstraße. Unterwegs entdeckt man immer wieder liebevoll renovierte alte Fachwerkhäuser und kommt mit den freundlichen Sipplingern ins Gespräch.

In der **Tourist-Information** am Bahnhof erhält man freundliche, individuelle Beratung und kann noch einen Blick auf die kleine Ausstellung über die UNESCO-Welterbestätte

Bodenseeobst

Das ausgeglichene Klima des Voralpenlandes rund um den Bodensee mit langen Sonnenperioden ist günstig für den Obstanbau. Die Bodenseeregion ist nach dem Alten Land bei Hamburg das zweitgrößte Apfelanbaugebiet in Deutschland. Besonders am Nordufer und dessen Hinterland wachsen 47 % des baden-württembergischen Obstes, mit einem Apfelanteil von 90 %. Etwa 20 verschiedene Apfelsorten wie Jonagold, Braeburn, Gala und Elstar, aber auch neuere Sorten wie Cameo und Fuji gedeihen hier. Von grün bis rot, von säuerlich bis süß, von mild würzig bis herb reicht das Geschmacks- und Farbspektrum. Ca. 1500 Betriebe ernten jährlich ab Anfang August ungefähr 250.000 t Äpfel. Durch gute Lagermöglichkeiten kann man die schmackhaften Früchte das ganze Jahr über genießen.

Bereits seit 724 ist der Apfelanbau auf der Insel Reichenau bekannt. Die hochstämmigen Bäume standen zunächst verstreut auf den Wiesen (Streuobstwiesen). Die Bewirtschaftung dieser Anbauform ist jedoch sehr zeitintensiv, weshalb man heute vorwiegend zu Plantagenanbau in Reih und Glied übergegangen ist.

146bw-gg

☒ *Das „Kirschendorf" Sipplingen*

Wanderungen bei Sipplingen

In den wilden Hödinger Tobel

Länge: 7,5 km; Höhendifferenz: 370 m; Start: Parkplatz P2 in Sipplingen – durch Unterführung Richtung Altstadt – neben dem Rathaus in „Bützenrainweg" mit schöner Aussicht – geradeaus auf „Eckteil" – rechts „Morgengasse" – immer geradeaus am Sportplatz vorbei Richtung „Churfürsten" (bizarre Felsformationen) – Richtung „Hödinger Tobel" durch herrliche Landschaft an blühenden Kirschbäumen vorbei – bei Bauernhof links in den Tobel – am Ende des Tobels bietet sich ein Abstecher an nach „Hödingen" (800 m) mit einem Hofcafé, das freitags, samstags und sonntags von 13.30 bis 19 Uhr geöffnet hat – wer keinen Kaffee braucht, geht immer weiter den Hinweisschildern „Sipplingen" 3,5 km nach – ein kurzes Stück Straße nach rechts („Zimmerwies") – beim Umspannwerk auf unbefestigtem Weg links – „Am Käsberg" links Richtung Sipplingen 2,2 km – ab Sportplatz auf demselben Weg zurück zum Parkplatz P2

Sehr empfehlenswerte Wanderung zu den bizarren Felsformationen (Churfürsten) und in den Hödinger Tobel – ein Naturschauspiel mit gewaltigen Felsenwänden und vielen geschützten Pflanzen, das seit 1938 unter Naturschutz steht.

Auf dem Blütenweg

***Start:** Vom Parkplatz P1 Asphaltsträßchen hinauf – oben links und über Blütenweg an riesigen Kirschbäumen vorbei, mit traumhaftem Blick auf den See. Im Frühjahr zur Kirschblütenzeit eine traumhafte Tour durch ein Blütenmeer.*

Variante 1

Länge: 4,5 km; Höhendifferenz: 100 m; immer weiter auf dem Blütenweg bis Ludwigshafen und von dort mit dem Zug zurück nach Sipplingen.

Variante 2

Länge: 5,5 km; Höhendifferenz: 380 m; Zunächst wie Variante 1, kurz nachdem der Blütenweg die B31 erreicht hat nach rechts in den Wald Richtung Pfaffental/Rosshimmel/Haldenhof abbiegen. In Serpentinen durch ein schönes Tal bergan bis hinauf zum Rosshimmel mit wunderbarer Aussicht. Bei der nächsten Kreuzung entweder rechts steiler über Künstberg oder links flacher kommt man immer zum Haldenhof. Hier kann man einkehren oder auch nur die Aussicht genießen. Über die Ruine Hohenfels hinunter nach Sipplingen – geologischer Lehrpfad – Parkplatz P2

Sipplingen-Osthafen werfen. 1864/65 wurde hier eine der größten und am besten erhaltenen **Pfahlbausiedlungen** am Bodensee entdeckt. Einige Funde und eine Rekonstruktion der Bauten kann man kostenlos und in aller Ruhe studieren.

Die **Bodensee-Wasserversorgung** in Sipplingen liefert täglich 670.000 Kubikmeter Trinkwasser an 4 Millionen Menschen in Baden-Württemberg. Bei einer Führung durch die Aufbereitungsanlage auf dem Sipplinger Berg wird gezeigt, wie aus Bodenseewasser reinstes Trinkwasser entsteht. Führungen zwischen Ende April und Anfang Oktober jeden Mittwoch um 15.30 Uhr, Anmeldung bei der Tourist-Information hierzu zwingend notwendig.

Information

› **Tourist-Information,** Seestraße 3, 78354 Sipplingen, Tel. 07551 9499370, www.sipplingen.de, Mitte April–Juli/Sept. Mo.–Fr. 9–12 u. 14–17, Aug. 9–13 u. 14–17, Sa./So. 9–12, Okt. Mo.–Do. 9–12 u. 14–16, Fr. 9–12, Nov.–März Mo.–Fr. 9–12 Uhr

Aktivitäten

› **Funsportarena,** beim Strandbad, Tel. 07022 54246, https://surfshop-schumacher.de, geöffnet: Mai–Anf. Sept. So. 10–18 Uhr, Juli/Aug. auch Sa./So. Wakeboard-, Wasserski-, Surfbretter-, Bananenboot- und Kanuvermietung.

Parken

P 67 **P1, Sipplingen,** GPS 47.79937, 9.08738, gebührenpflichtig, Übernachtung möglich

Sonstiger Stellplatz

68 Naturstellplatz Owingen, GPS 47.80407, 9.17424, in Owingen bei einem Pferdehof auf einer großen Wiese ohne Ver- und Entsorgung und Strom, 9 €/Fahrz., Tel. 0171 9893131

Auf interessanter Fahrstrecke entlang der felsigen Uferlandschaft rollt man weiter nach Überlingen.

ÜBERLINGEN

(7 km – km 119)

Auf eine lange und stolze Geschichte blickt Überlingen am Bodensee zurück. Unter dem Namen Iburinga villa publica erstmals urkundlich erwähnt, wurde es Ende des 13. Jh. Freie Reichsstadt. Die durch Wein- und Getreidehandel zu Wohlstand gekommene Stadt umgab sich mit einer undurchdringlichen Stadtbefestigung, die im Dreißigjährigen Krieg 1632 und 1634 sogar den Angriffen der Schweden standhielt. Teile dieser Befestigungsanlagen sind auch heute noch im Stadtbild sichtbar.

Das historische Zentrum wird vom gotischen **Nikolaus-Münster** mit dem hochaufragenden Turm mit achteckiger Haube beherrscht. Die fünfschiffige Säulenbasilika verbirgt hinter einer Chorschranke den, in nur drei Jahren von Jörg Zürn gearbeiteten, Hochaltar aus Lindenholz. Das 1616 geweihte Meisterwerk gilt als der kunsthistorisch bedeutendste Altar im süddeutschen Raum. Im kleinen Südturm hängt seit 1444 die 177 Zentner schwere Osanna-Glocke, ihr mächtiger Klang schwingt weit über die Stadt und den See.

Etwas unterhalb des Münsters an der **Hofstatt** steht das im italienischen Renaissancestil mit Rustika-Quadern verblendete **Rathaus.** Es besitzt einen spätgotischen, holzvertäfelten Ratssaal mit umlaufendem Arkadenfries, der mit 41 Statuen die Stände des Heiligen Römischen Reiches Deutscher Nation darstellt. Dieses einzigartige Kunstwerk hat der Ravensburger Bildhauer Jakob Russ (um 1455–1525) im späten 15. Jh. geschaffen. Der angrenzende respektable **Pfennigturm** von 1513, die ehemalige Münze, wurde kurzerhand in das Ratsgebäude integriert.

Der Überlinger-Stollen

Ein trauriges Kapitel deutscher Geschichte hat sich im Untergrund von Überlingen abgespielt. Um unsichtbar von den Alliierten die Rüstungsindustrie auszudehnen, wurde im Herbst 1944 begonnen, Stollen in das Molassegestein bei Überlingen voranzutreiben. 800 KZ-Häftlinge schlugen unter unbeschreiblichen Arbeitsbedingungen in nur sieben Monaten 4 km Tunnel in den Stein. 200 Häftlinge überlebten diese Strapazen nicht. Fertiggestellt wurde diese Anlage nie, da Ende April 1945 die Franzosen den Bodenseeraum eroberten.

An der längsten Promenade am Bodensee mit der Schiffsanlegestelle (auch zur Mainau) steht die **Greth,** in der in reichstädtischer Zeit Getreide gelagert und Handel getrieben wurde. Durch die drei Tore direkt am Wasser wurden die Waren ins Gebäude gebracht. Ihr heutiges klassizistisches Aussehen bekam die Greth erst 1788. In den Cafés und Restaurants mit Außenbestuhlung sitzen Touristen und Überlinger, relaxen und genießen den wundervollen Seeblick.

Beim Flanieren auf der breiten, autofreien Seepromenade kommt man zu einem **Brunnen,** der schon viele zu Diskussionen angeregt hat. Peter Lenk hat hier Martin Walser auf einer alten Schindmähre als Bodenseereiter verewigt. Diese Darstellung fand in den Augen von Walser keine Gnade. Doch auch durch ein Gerichtsverfahren konnte er nichts daran ändern, dass das Kunstwerk der Öffentlichkeit präsentiert wird.

Der 1462 ebenfalls mit Rustika-Quadern nach dem Vorbild Florentiner Paläste errichtete Patrizierpalast **Reichlin-von-Meldegg-Haus** ist heute städtisches Museum. Im prächtigen Barocksaal (um 1700) und in 30 weiteren Räumen des, für einen Arzt und Humanisten erbauten, Palastes werden Stadt- und Regionalgeschichte sowie Kunstwerke aus dem Bodenseeraum von der Gotik bis zum Klassizismus exponiert. Eine wahre Augenweide ist die, mit 55 Exponaten größte historische Puppenstubensammlung Deutschlands. Das Spektrum reicht von der Renaissance bis zum Jugendstil. Nicht vergessen sollte man, dem Garten des Museums einen Besuch abzustatten, der Blick von hier über die Altstadt lohnt sich.

Seit der Landesgartenschau 2021 hat die Stadt ein besonderes Augenmerk auf ihre Gärten gelegt. Das grüne Band des **Gartenkulturpfades** (4 km Länge) beginnt am Badgarten, führt über den Stadt- und Rosengarten durch den Gallergraben zum Aufkircher Tor und weiter zum Rosenobel, den Gärten St. Franziskus und schließlich zu den Menzingergärten. Aufkircher-, Bad- und Gallerturm sind beeindruckende Reste der Stadtbefestigung.

Die **Bodenseetherme** ist nicht nur für Ruhe- und Erholungssuchende die richtige Adresse, auch Familien mit Kindern finden mit der Reifenrutsche und dem Kinderbereich im vorderen Teil den idealen Ort für einen Ausflug.

Weit reicht der Blick vom Thermalbecken, aus der Sauna und den Ruheräumen auf den See, die Mainau und die Alpenkette.

Sehenswertes

- **Münster St. Nikolaus,** Münsterplatz, 88662 Überlingen, geöffnet: 8–18 Uhr
- **Städtisches Museum,** Krummebergstr. 30, 88662 Überlingen, Tel. 07551 991079, www.museum-ueberlingen.de, geöffnet: April-Mitte Okt. Di.–So. 10–19 Uhr, Mitte–Ende Okt. Di.–Sa. 9–12.30 und 14–17 Uhr, So. 10–15 Uhr, Nov.-18. Dez. So. geschl., Eintritt: 5/1/10 €, 65+ 4 €
- **Rathaussaal,** Hofstatt, 88662 Überlingen, geöffnet: jeden Mi. und Do. 11–11.15 Uhr, Eintritt: frei

104 Reisemobilhafen, Überlingen

GPS 47.77600, 9.14841

Sehr beliebter, separater Platz in schöner, relativ ruhiger Lage (Straße), gebührenpflichtige WCs in der Nähe, Shuttlebus ins Zentrum kostenlos, Supermarkt angrenzend. **Lage/Anfahrt:** Ausfahrt Überlingen-Aufkirch, weiter Richtung Krankenhaus, dann P+R Platz hinterer Teil; **Platzanzahl:** 42; **Untergrund:** Schotter; **Service:** Strom, Trinkwasser, Abwasser, Chemie-WC; **Sicherheit:** beleuchtet; **Preise:** 16 €/Fahrz., Strom 0,50 €/1,5 kWh, Wasser 1 €/80 l; **Geöffnet:** frei zugänglich; **Kontakt:** Kurt-Hahn-Straße, 88662 Überlingen.

148bw-gg

Information

- **Tourist-Information,** Landungsplatz 3–5, 88662 Überlingen, www.ueberlingen-bodensee.de, Tel. 07551 9471522, geöffnet: April–Mitte Okt. Mo.–Sa. 9–18 Uhr, Mitte Okt.–März Mo.–Fr. 9–13 Uhr und 14–17 Uhr

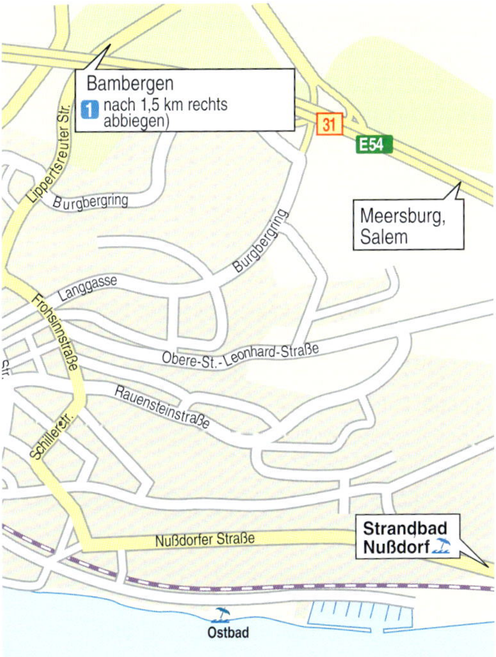

Gastronomie

- **Knoblauch,** Hofstatt 7, 88662 Überlingen, www.knoblauch-bodensee.de. Fischgerichte in vielen Variationen. Spezialität: Fischsuppe. Fischverkauf.
- **NATURATA,** Rengoldshauser Str. 21, 88662 Überlingen, Tel. 07551 951613, www.naturata-gmbh.de, geöffnet: Mo.–Sa. 8–20 Uhr. Vollwertgerichte aus regionalen biologischen Zutaten, vegetarisch oder mit Rind- und Lammfleisch in Demeterqualität.
- **Vinogreth,** Landungsplatz 14 in der Greth, 88662 Überlingen, Tel. 07551 936679, www.vinogreth.de, geöffnet: So.–Do. 11–23 Uhr, Fr./Sa. 11–24 Uhr. Große Auswahl offener Weine, die man an zu Stehtischen umfunktionierten Weinfässern direkt an der Promenade probieren kann.

Einkaufstipp

- **NATURATA,** Rengoldshauser Str. 21, 88662 Überlingen, Tel. 07551 951615, www.naturata-gmbh.de, geöffnet: Mo.–Sa. 8–19.30 Uhr. Vollsortimenter biologischer Nahrungsmittel, große Obst- und Gemüseauswahl, Käse, Brot, Kosmetik, Kleidung.
- **Wochenmarkt,** Mi. auf der Hofstatt, Sa. Bauernmarkt vor dem Münster, jeweils 7–14 Uhr

Aktivitäten

- **CMS Schifffahrt,** www.cms-schifffahrt.de, Fahrten zur Mainau und täglich wechselnde Rund- und Themenfahrten auch abends

Routenübersicht S. 144

› **Bodensee-Therme,** Bahnhofstr. 27, 88662 Überlingen, Tel. 07551 301990, www.bodensee-therme.de, geöffnet: Therme 10–21 Uhr, Sauna 11–21 Uhr, Therme: 16/11 €, Sa./So. +1 €, mit Sauna 29 €, Sa./So. +2 €

› **Gassenfest,** 1. Juliwochenende

105 Hofgut Schellenberg, Überlingen

GPS 47.80739, 9.23133

Plätze auf einer Wiese mit Bäumen auf einem Gut mit Restaurant. Lage sehr schön und ruhig. Bei Regen matschig. WC nur für Campingbusse. 8 km nach Überlingen. Freundliche Betreiber. **Lage/Anfahrt:** von der L200 Richtung Lippertsreute, dann ausgeschildert; **Platzanzahl:** 10; **Untergrund:** Wiese; **Service:** Strom, Trinkwasser, Chemie-WC; **Preise:** 25 €/Fahrz., Wasser, Strom inkl.; **Geöffnet:** April–Anf. Nov. je nach Wetter; **Kontakt:** Am Schellenberg 1, 88662 Überlingen, hofgutschellenberg.de.

106 Camping Brändle-Köhne, Überlingen

GPS 47.74735, 9.21034

Kleiner, familiärer Platz mit befriedigender Sanitärausstattung in schöner, ruhiger Lage am See, nach Überlingen 5 km, Hunde nach Absprache. **Lage/Anfahrt:** B31, ausgeschildert **Platzanzahl:** 50; **Untergrund:** Rasen; **Service:** Strom, Trinkwasser, Abwasser, Chemie-WC; **Sicherheit:** umzäunt, beleuchtet, bewacht; **Preise:** 12–14 €/Fahrz., 7 €/Pers., Strom 2,50 €, Taxe 3,30 €/Pers., Hund 3 €; **Geöffnet:** April–Anf. Okt.; **Kontakt:** Untermaurach 4, 88662 Überlingen, Tel. 07551 8328888, www.untermaurach.de.

Die Wallfahrtskirche Birnau in ihrer exponierten Lage erreicht man über die B31.

In Birnau waren Meister der Baukunst am Werk

BIRNAU

(6 km – km 125)

Wahrscheinlich schon im 9. Jh., ganz sicher ab dem 13. Jh., kamen zahlreiche Pilger zum Gnadenbild der Muttergottes in die Kapelle der Zisterzienser von Salem nach Altbirnau. Der Klosterhof und die Wirtschaftsgebäude wurden im Dreißigjährigen Krieg stark in Mitleidenschaft gezogen. Zwischen 1747und 1750 entfachten der Architekt Peter Thumb und der begabte Stuckateur Joseph Anton Feuchtmayer mit dem Neubau der Wallfahrtskirche Birnau ein wahres Feuerwerk barocker Baukunst. Gottfried Bernhard Goetz (auch Göz) malte die prächtigen Deckengemälde und Fresken. Diese Künstlernamen sollte man sich merken, denn sie werden auf Route 7 entlang der Oberschwäbischen Barockstraße immer wieder auftauchen. Das zauberhafte Gesamtkunstwerk Birnau schwebt über der Mauracher Bucht, eingebettet zwischen Obstbäumen und Weinbergen; besonders zauberhaft wirkt es im Schein der Nachmittagssonne. Von der breiten Aussichtsterrasse vor der Kirche schweift der Blick über den See bis hin zu den Schweizer Alpen.

Der Rausch in Gold und Weiß, die unzähligen Putten, die Deckengemälde, die feinen Stuckarbeiten und das faszinierende Farben- und Lichtspiel im Innern lässt sich auf einen Blick unmöglich erfassen. Am besten setzt man sich in eine Bankreihe und lässt alles auf sich wirken. Das Gnadenbild von 1430 zeigt eine sitzende spätgotische Madonna mit Krone und Christuskind mit Kreuz auf dem Schoß. Im Deckengemälde des Langhauses hat sich übrigens Gottfried Bernhard Goetz als Pilger mit verbundenem Bein verewigt. Einen besonderen Akzent setzte Feuchtmayer mit dem Honigschlecker, einem Putto, der sich die mit Honig beschmierten Finger leckt.

Nur wenige Schritte von der Kirche entfernt auf der anderen Straßenseite der B31 ruhen auf einem Friedhof 100 KZ-Häftlinge des KZ-Dachau-Außenlagers, die beim Bau des Stollens bei Überlingen ums Leben kamen.

149bw-gg

Sehenswertes

› **Kloster Birnau,** www.birnau.de, geöffnet: April–Okt. 9.15–19 Uhr, So. ab 12.30 Uhr, Nov.–März nur bis 17 Uhr, Eintritt: kostenlos. Während der Messe keine Besichtigung.

Parken

P 69 **Kirche Birnau,** GPS 47.74600, 9.22030, gebührenpflichtig, eine Übernachtung möglich

Routenübersicht S. 144

150bw-gg

⑩⑦ Camping Maurach, Birnau

GPS 47.74104, 9.22631

Platz in sehr schöner, ruhiger Lage, durch Fußweg vom See getrennt, gute Sanitärausstattung, Pfahlbauten 2,2 km, Restaurant, Bäcker in der Nähe. **Lage/Anfahrt:** ausgeschildert; **Platzanzahl:** 188; **Untergrund:** Wiese; **Service:** Strom, Trinkwasser, Abwasser, Chemie-WC, WLAN; **Sicherheit:** umzäunt, beleuchtet, bewacht; **Preise:** 27–34 €/Fahrz. inkl. 2 Pers., Stromanschluss 3,50 €, 0,60 €/kWh, Hund 5 €, Taxe 2 €; **Geöffnet:** Ende März–Ende Okt.; **Kontakt:** 88690 Uhldingen-Mühlhofen, Tel. 07556 6699, www.birnau-maurach.de.

Herstellung von Bronzewaffen

Über Handelswege kamen Kupfer aus Graz und Zinn aus England an den Bodensee und nach Oberschwaben. In mit Holzkohle befeuerten Erdöfen wurden die Metalle auf 1000 °C erhitzt. Die dabei entstandene Bronzelegierung konnte man nun auf zwei Arten zu Bronzewaffen und -werkzeugen weiterverarbeiten. Der Steinplattenguss besteht aus zwei gegengleich ausgehöhlten Steinplatten, die man mit flüssiger Bronze füllte. Nach der Erkaltung konnte die fertige Waffe entnommen werden. Beim „Guss der verlorenen Form“ wurde die Waffe zunächst aus Wachs modelliert und mit Lehm umwickelt. Nach Erhitzung der so entstanden Lehmform konnte man das flüssige Wachs ausgießen und stattdessen Bronze einfüllen. Wenn diese kalt war, wurde die Form zerschlagen und die Bronzewaffe war fertig.

▷ Die Pfahlbauten von Unteruhldingen gehören zum UNESCO-Welterbe

UHLDINGEN-MÜHLHOFEN

(3 km – km 128)

Wer sich in der Hauptsaison dem Ortsteil Unteruhldingen auf der B31 nähert, steht häufig im Stau, denn hier findet man einen der Hauptanziehungspunkte der Region: das UNESCO-Weltkulturerbe **Pfahlbautenmuseum** mit der Rekonstruktion stein- und bronzezeitlicher Pfahlbautensiedlungen.

Gleich hinter dem Eingang wird der Besucher im **Archaeorama** auf einen virtuellen 360°-Tauchgang in die Tiefe des Bodensees mitgenommen. Dabei sieht man die im Schlamm und Wasser gut konservierten Pfahlstümpfe, die durch eine dendrochronologische Bestimmung (Altersbestimmung an Hand von Jahresringen) der Bronzezeit zugeordnet werden konnten. Auf 13 m langen Baumstämmen, die 2–3 m tief im Seeboden verankert sind, standen in Unteruhldingen 87 Häuser. Insgesamt sind 35 Pfahlbausiedlungen aus der Bronzezeit am Bodensee bekannt. Grund für diese Bauweise war, dass so die Häuser auch bei Wasserstandsschwankungen bis zu 3 m trocken blieben. Weitere Vorteile waren das Trinkwasser- und Nahrungsangebot im See und die strategisch günstige Lage an Handelswegen. Das Ende der Pfahlbauten kam durch eine Klimaveränderung 850 v. Chr., bei der der Wasserspiegel um 6 m anstieg. Die Menschen zogen ins Hinterland, nach Oberschwaben und sogar über die Alpen nach Italien.

Beim Museumsbesuch spaziert man über die aus rohen Planken und Baumstämmen gefertigten Stege zum ältesten Teil des Museums. Bereits seit 1922 stehen die beiden Nachbauten der Siedlung Riedschachen. Das Bronzedorf Buchau (1050–850 v. Chr.) besteht aus den Häusern des Töpfers, des Bronzegießers, des Hirten und des Dorfoberhauptes. In die späte Bronzezeit (975–850 v. Chr.) taucht man in fünf rekonstruierten Häusern der Siedlung Unteruhldingen ein. Hier findet man auch das Haus der Fragen, in dem die 50 häufigsten Fragen der Besucher anschaulich beantwortet werden. Nochmals 3000 Jahre weiter zurück geht es im Steinzeitdorf Sipplingen. In der Dorfhalle wird ein spannender Film über steinzeitliche Experimente gezeigt. Ein Steinzeitparkour für Kinder und Erwachsene schließt sich an. Hier kann man am eigenen Leibe erleben, wie anstrengend das Leben damals war.

In den meisten Häusern entlang des Rundgangs erzählen Mitarbeiter des Museums viel über Leben, Arbeiten, Handel und Ernährung der ehemaligen Bewohner. Im historischen Museumsgebäude werden Funde aus 150 Jahren Forschung ausgestellt. Wer in der Hauptsaison Ruhe und Muse beim Rundgang haben will, kommt am besten gleich um 9 Uhr oder erst um 17 Uhr.

Auch das **Reptilienhaus** am Parkplatz will vom Kuchen der Besuchermassen etwas abhaben und stellt exotische Tiere aus. Die Reptilien leben in Terrarien, die weitgehend naturgetreu eingerichtet sind.

Beeindruckend und für viele Gäste eine Reise zurück in die Kindheit ist der Besuch des **Auto & Traktor Museums** in Gebhardsweiler. So manchem älteren Besucher entschlüpft ein: „Oh, so etwas haben wir in meiner Kindheit auch gehabt!“ Denn das Museum ist keineswegs nur eine Aneinanderreihung von alten Traktoren und Autos, vielmehr zeigt die Ausstellung auf 10.000 m² neben den Fahrzeugen auch eine umfassende Sammlung von Blechspielzeug, Bügeleisen, Küchenwerkzeugen, Kaffeemühlen, Petroleumgefäßen und -lampen, kleinen und großen Tierfallen, Kettensägen, Geräten für die Milchwirtschaft, Handbohrmaschinen und Lötlampen. Eine Küferei (Herstellung von Holzgefäßen), eine Schmiede- und Wag-

151bw gg

nerwerkstatt (Herstellung von Rädern und Wagen aus Holz), eine Schuhwerkstatt und eine Autowerkstatt sind so authentisch eingerichtet, dass man sich nicht wundern würde, wenn die Handwerksmeister kämen und die Arbeit wieder aufnehmen würden. Und dann noch das Klassenzimmer einer Einheitsklasse, die Waschküche etc. Überall wurde mit viel Liebe fürs Detail gearbeitet.

Beim ältesten deutschen Traktor, dem Bergmann Versuchstraktor von 1906, beginnt der Rundgang. Es folgen Modelle aus den USA wie ein Case 22–40 von 1919 mit 40 PS mit einem Gewicht von 4500 kg und das MWM Motorpferd von 1925, von dem es nur noch ganz wenige fahrbereite Fahrzeuge gibt. Mit der fahrbaren Säge von Pflüger und Steiner von 1920 zogen damals die Lohnsäger von Haus zu Haus. Viele Traktoren aus den 1950er-Jahren, ein Mercedes 170V von 1950, der für den Almbetrieb umgebaut wurde, die seltenen Glühkopftraktoren, das riesige Modell 13006A von Deutz (1973) mit 120 PS und eine umfassende Ausstellung von Lanz-Bulldogs runden die Sammlung ab.

Fritz B. Busch (1922–2010) war ein bekannter Autotester, Fernsehmoderator und Journalist mit einer großen Sammelleidenschaft. In seinem Depot, das 2017 von Wolfegg hierher verlegt wurde, ist auch ein Jaguar E von 1961, ein Ford T Touring von 1926 und ein Fiat 501 von 1921.

Zum Abschluss des sehr interessanten Rundganges kann man im Museumsgasthof Jägerhof einkehren. Spezialität: Lamm- und Kaninchengerichte.

Sehenswertes

- **Auto & Traktor Museum,** Gebhardsweiler 1, 88690 Uhldingen-Mühlhofen, GPS 47.72891, 9.25733, www.autoundtraktor.museum, geöffnet: Ende Mai–Okt. 9.30–17.30 Uhr, Mitte Febr.-Mai und Nov.-6. Jan. Di.-So. 10–17 Uhr, Eintritt: 11/5/22 €, Audioguide 3 €, Hunde erlaubt
- **Pfahlbautenmuseum,** Strandpromenade 6, 88690 Uhldingen-Mühlhofen, Tel. 07556 928900, www.pfahlbauten.de, geöffnet: April–3. Okt. 10–18 Uhr, 4. Okt.-6. Nov. 10–17.30 Uhr, 7. Nov.-Weihnachten Sa./So. 10–17 Uhr, 2.-6. Jan. 10–16.30 Uhr, Eintritt: 10/6 €, Hunde dürfen an der Leine mit.
- **Reptilienhaus,** Ehbachstr. 4, 88690 Uhldingen-Mühlhofen, Tel. 07556 929700, www.reptilienhaus.com, geöffnet: April–Okt. 9.30–18 Uhr. Nov–März Sa./So. 11–17 Uhr, Eintritt: 6/3/15 €, hier dürfen auch Hunde mit

Information

- **Tourist-Information,** Ehbachstraße 1, 88690 Uhldingen-Mühlhofen, Tel. 07556 92160, www.seeferien.com, geöffnet: Anf. Nov.-März Di.-Do. 10–14 Uhr, April–Mitte Okt. Mo.-Fr. 9–17 Uhr, So. 10–14 Uhr, Mitte Okt.-Anf. Nov. Mo.-Fr. 9–17 Uhr

Aktivitäten

- **ErlebnisBus 1,** stündliche Busverbindung Unteruhldingen zum Affenberg, Auto & Traktor Museum und Schloss Salem April–Anf. Nov.
- **ErlebnisBus 2,** Pfahlbauten, Traktor-Museum, Meersburg, ganzjährig, genaue Zeiten unter www.erlebnisbus.de

108 Sportpark, Unteruhldingen

GPS 47.73182, 9.23835

Plätze am Ortsrand in mangelhafter, sehr lauter Lage an einer Straßenkreuzung, einzige Parkmöglichkeit in der Nähe des Pfahlbautenmuseums, 1,5 km dorthin. **Lage/Anfahrt:** Von der B31 Richtung „Pfahlbauten" und sofort recht zum Platz; **Platzanzahl:** 10; **Untergrund:** Schotter; **Service:** Trinkwasser, Abwasser (Schlauch), Chemie-WC; **Preise:** 16 €/24 Std., 1,50 €/Std., 8–18 Uhr 6 €, 18–8 Uhr 10 €, Ver-und Entsorgung je 1 €; **Max. Stand:** 1 Nacht; **Geöffnet:** frei zugänglich; **Kontakt:** Bodenseestraße, 88690 Uhldingen-Mühlhofen.

Radtour zum Affenberg und nach Salem

Länge: 20 km; Start: Unteruhldingen – Mühlhofen – Prälatenweg – Affenberg – Salem – zurück auf demselben Weg

ABSTECHER INS LINZGAU

(Rundfahrt 50 km)

Zunächst geht die Fahrt von Mühlhofen zum **Affenberg Salem.**

Auf einem ca. 20 Hektar großen Waldgebiet leben an die 200 Berberaffen fast wie in freier Wildbahn. Die zutraulichen, zum Teil recht forsch auftretenden Tiere freuen sich auf das speziell für sie zubereitete Popcorn, das an die Besucher kostenlos zum Verfüttern verteilt wird. Die Heimat der Berberaffen ist das Atlasgebirge in Nordafrika, das klimatisch unseren Breiten recht nahe kommt. Die auf der roten Liste gefährdeter Tiere stehenden Affen konnten von Salem schon zurück in ihrer ursprünglichen Heimat ausgewildert werden. In verträglicher Nachbarschaft zu den Affen brütet eine Kolonie Weißstörche und die Vögel ziehen dort in über 20 Horsten ihre Jungen auf. Auch im Damwildgehege mit einem kapitalen Hirsch und ca. 20 Hirschkühen kommt man den Tieren ganz nah. Im urigen Biergarten der Affenbergschenke kann man den Besuch ausklingen lassen.

Sehenswertes

› **Affenberg Salem,** Mendlishauser Hof, 88682 Salem, Tel. 07553 381, www.affenberg-salem.de, geöffnet: Mitte März–Anf. Sept. 9–18 Uhr, Anf. Sept.–Anfang Nov. 10–17 Uhr, Eintritt: 9/6 €, Fütterungszeiten: Affen 10.20, 11, 11.40, 12.20, 13, 13.40, 14.20, 15.10, 16 Uhr, Störche 14.15 Uhr, Damwild 13, 15,16 Uhr

Parken

P 70 **Affenberg,** GPS 47.76279, 9.24477, kostenlos

Sehenswert ist auch das nächste Ziel, das **Schloss Salem.**

Inmitten des lieblichen Linzgaues liegt die riesige Anlage des **Klosters Salem.** 1137 gründete der Zisterzienserorden das Kloster, das sich bald zu einer der reichsten und bedeutendsten Abteien entwickelte. 1803/1804 ging der Konvent infolge der Säkularisation in den Besitz der Markgrafen von Baden über und war seitdem als Schloss Salem deren Stammsitz. 2009 erfolgte der Verkauf zu überwiegenden Teilen an das Land Baden-Württemberg.

Das Münster, erbaut um 1300, mit seiner strengen und schlichten Außenfassade ist eines der letzten großen gotischen Bauwerke des Zisterzienserordens. Schmückende Elemente sind lediglich die kunstvollen Maßwerkfenster und die Harfengiebel. Im Gegensatz zu seinem Äußeren ist der Innenraum prachtvoll ausgestattet. Es ist beinahe zu viel für das Auge, der frühklassizistische Alabasterschmuck, der spätgotische Tabernakel, das barocke Chorgestühl von Joseph Anton Feuchtmayer, überlebensgroße barocke Statuen im Mittelschiff und Deckenfresken von Franz Joseph Spiegler.

Eingerahmt wird das Münster von der ehemaligen Prälatur, den späteren Schlossgebäuden. Nach einem verheerenden Brand 1697, der beinahe alle Klostergebäude vernichtete, wurde der Vorarlberger Baumeister

152bw-sn

So nah kommt man selten an einen Affen heran

Franz Beer mit dem barocken Neubau beauftragt. Die Prälatur beherbergt die Repräsentationsräume und die privaten Gemächer der Salemer Äbte. Sie bildet zusammen mit dem Kreuzgang mit reichverzierter Stuckdecke und dem Konventgebäude eine 180 m lange schlossartige Anlage. Die prachtvollen Amtsräume können nur im Rahmen von Führungen besichtigt werden. Sehenswert sind außerdem der barocke Hofgarten mit seinen beiden Labyrinthen, eine barocke Weinpresse, der gut bestückte markgräfliche Weinkeller, sowie Werkstätten verschiedener Handwerker und Künstler. Wessen Wissensdurst danach noch nicht gestillt ist, dem sei das **Klostermuseum** empfohlen. Apropos Durst: Im barocken Weinkeller reift einer der besten Weine aus der Bodenseeregion, wovon man sich bei täglichen Degustationen überzeugen kann. Zuletzt sei noch erwähnt, dass sich hinter den ehrwürdigen Mauern seit 1920 ein **Gymnasium mit Internat** für 700 Schüler und Schülerinnen befindet, das national und international ein hohes Renommee genießt.

Sehenswertes

› **Schloss Salem,** Tel. 07553 81437, www.salem.de, Schloss geöffnet: April–1. Nov. Mo.–Sa. 9.30–18, So. 10.30–18 Uhr, Schlossführung April–Okt. tägl., Nov.–März So. 14 Uhr inkl. Museum; Eintritt: Schlossanlage mit Museum 9/4,50/22,50 €; kleine Führung: 11/5,50/26,50 €, große Führung 13/6,50/30,50 €

Gastronomie

› **Landgasthof Apfelblüte,** Markdorfer Str. 45, 88682 Salem, www.landgasthof-apfelbluete.de, Tel. 07553 92130. Freundlicher Familienbetrieb mit sehr guter Küche, helles angenehmes Ambiente.

Parken

P 71 **Schloss Salem,** GPS 47.77810, 9.281100, kostenlos

Nicht von ungefähr wird Heiligenberg auch der „Aussichtsbalkon des Bodensees" genannt

109 Gern Campinghof, Salem

GPS 47.76972, 9.30717

Platz mit guter Sanitärausstattung in ruhiger, sehr schöner Lage. Waschmaschine/Trockner, WLAN, Gaststätte, Sauna, Streichelzoo, Badesee 10 Min. **Lage/Anfahrt:** in Salem ausgeschildert; **Platzanzahl:** 99; **Service:** Strom, Trinkwasser, Abwasser, Chemie-WC; **Sicherheit:** umzäunt, beleuchtet, bewacht; **Preise:** 7,50 €/Fahrz., 7,50 €/Pers., Strom 3 €, Hund 3 €, Müll 2 €, Taxe 1 €; **Geöffnet:** April–Okt.; **Kontakt:** Weildorferstr. 56, 88682 Salem, Tel. 07553 829695, www.campinghof-salem.de.

Von Stefansfeld geht es kurvenreich hinauf nach **Heiligenberg.**

Das Prunkstück von Heiligenberg ist sein **Schloss.** Schon allein die Lage in 730 m Höhe ist grandios. Sie brachte Heiligenberg den Namen „Aussichtsbalkon des Bodensees" ein. Die ursprünglich spätmittelalterliche Burg wurde zwischen 1560 und 1575 vom Haus Fürstenberg zu einem Schmuckstück der Renaissance umgebaut. Bei der Führung kommt man in den prunkvollen Rittersaal, der über zwei Stockwerke reicht und mit einer kunstvoll geschnitzten Holzdecke abschließt. Er gilt als ein wichtiges Zeugnis der deutschen Spätrenaissance. Die Schlosskapelle ist ein weiterer Höhepunkt der fundiert gehaltenen Führungen. Das Schloss wurde in seiner ganzen Geschichte nie zerstört, sogar als es im Dreißigjährigen Krieg von den abziehenden französischen Truppen gesprengt werden sollte, war ihm das Glück hold. Die Zünder versagten ihren Dienst und Schloss Heiligenberg war gerettet. Das Schloss gehört auch heute noch dem Hause Fürstenberg, das 1664 in den Fürstenstand erhoben wurde.

Im ehemaligen Holz- und Wagenschopf stellen 17 Künstler ihre ganz unterschiedlichen Werke aus. **AllerArt Kunst & Werk** ist ein guter Ort, um außergewöhnliche Kleidung, Schmuck und Dekorationsgegenstände zu entdecken und sich inspirieren zu lassen.

Sehenswertes

› **Schloss Heiligenberg,** Tel. siehe Tourist-info, Führungen Ostern–Okt. Di.–So. 11, 14 und 15.30 Uhr, Eintritt: 10 €, Kinder bis 14 Jahre frei

Information

› **Tourist-Information,** Sennhof Schulstr. 5, 88633 Heiligenberg, www.heiligenberg.de, Tel. 07554 998312, geöffnet: Di.–So. 10.30–12.30 und 13.30–15.30 Uhr

Gastronomie

› **Gasthof Hosbein,** Fürstenbergstr. 14, 88633 Heiligenberg, Tel. 07554 271, www.gasthof-hosbein.net, geschl.: Mo. Wild aus eigener Jagd und Fleisch aus eigener Schlachtung wird im bürgerlichen Gasthof verwendet.

Einkaufstipp

› **AllerArt Werk & Kunst,** Schulstraße 1B, 88633 Heiligenberg, Tel. 07554 986713, www.allerart-heiligenberg.de, geöffnet: 11–18 Uhr

Aktivitäten

› **Höhenfreibad,** Hinter dem Rathaus, geöffnet: Mitte Mai–Mitte Sept. 9–21 Uhr, Eintritt: 3/1,50 €

Wanderung bei Heiligenberg

Wanderung zur Amalienhöhe

Länge: 1,5 km; Höhendifferenz: 80 m; Start: Stellplatz 110 bei der Ver- und Entsorgung über die Straße – durch das Neubaugebiet – Amalienhöhe mit herrlichem Panorama – geradeaus bis zur Straße, diese überqueren und nach rechts zurück zum Stellplatz

Kleiner Spaziergang zur Aussicht auf der Amalienhöhe (788 m Höhe). Die sieben Linden wurden 1843 aus Anlass der Silbernen Hochzeit des damaligen Fürstenpaares (Karl Egon II. und Amalie, geb. Prinzessin von Baden) entsprechend der Zahl der Kinder des Jubelpaares gepflanzt.

Panoramaweg

Länge: 13,6 bzw. kleine Runde 6,4 km; Höhendifferenz: 329 m bzw. 122 m; Markierung: Panoramaweg mit Logo Fernglas; Start: unterhalb des Stellplatzes 110; Bei der kleinen Runde geht's mit fantastischer Fernsicht rund um Heiligenberg, die große Runde führt auch nach Betenbrunn zur Wallfahrtskirche.

153bw-gg

154bw-gg

⑩ Betenbrunner Straße, Heiligenberg

GPS 47.81863, 9.31437

Separate, etwas abschüssige Plätze auf einem gemischten Parkplatz in schöner, ruhiger Lage. Bäcker 300 m, Restaurant 500 m. **Lage/Anfahrt:** in Heiligenberg ausgeschildert; **Platzanzahl:** 10; **Untergrund:** Rasengitter; **Service:** Trinkwasser, Abwasser (Schlauch) Chemie-WC; **Preise:** 5 €/Fahrz., gebührenpflichtig 16–8 Uhr, Ver- und Entsorgung je 0,50 €; **Max. Stand:** 2 Nächte; **Geöffnet:** frei zugänglich; **Kontakt:** Betenbrunnerstraße, 88633 Heiligenberg.

Auszug aus Am Turme

Und drunten seh' ich am Strand, so frisch
Wie spielende Doggen, die Wellen
Sich tummeln rings mit Geklaff und Gezisch,
Und glänzende Flocken schnellen.
O, springen möcht ich hinein alsbald,
Recht in die tobende Meute,
Und jagen durch den korallenen Wald
Das Wallroß, die lustige Beute!
Und drüben seh' ich ein Wimpel wehn
So keck wie eine Standarte,
Seh auf und nieder den Kiel sich drehn
Von meiner luftigen Warte; O, sitzen möcht' ich im kämpfenden Schiff,
Das Steuerruder ergreifen,
Und zischend über das brandende Riff
Wie eine Seemöve streifen.

Von Annette von Droste-Hülshoff (1797–1848)

Zurück zum Bodensee geht es hinunter nach Stefansfeld und dort über die L201 nach Uhldingen-Mühlhofen.

Über die viel befahrene B31 steuert Route 5 das nächste Ziel an.

Fischfang im Bodensee

Felchen, Kretzer, Zander, Hecht, Seeforelle und Saibling tummeln sich im klaren Bodenseewasser.

Die Berufsfischer und -fischerinnen ziehen auf dem See die schweren Netze in harter Handarbeit in ihre Boote. Der Bodensee gehört als Trinkwasserspeicher für 5 Millionen Menschen zu den saubersten Seen der Welt. Doch dies birgt inzwischen für den Fischfang ein Problem. Der niedrige Nährstoffgehalt ließ das Algen- und Planktonwachstum durch fehlende Abwässer stark abnehmen. Dadurch sinkt die Fangmenge von Felchen seit 1970 kontinuierlich.

Der Felchen gehört zur Familie der Lachsfische, hat ein festes weißes Fleisch und wenig Gräten. Es kann geräuchert, gedünstet, gebraten (mit Mandelkruste), gegrillt und als Fischsuppe gekocht werden.

Überall am See kann man direkt beim Fischer frischen oder geräucherten Fisch kaufen. Die Gasthöfe bieten eine reiche Auswahl herrlicher Fischgerichte an.

MEERSBURG

(5 km – km 133)

Die schönste Art, sich Meersburg zu nähern, ist zweifellos die mit dem Schiff. Malerisch schmiegt sich das einmalig komplett erhaltene Städtchen an die steilen Hänge über dem Bodensee. Wer mit dem Wohnmobil anreist, stellt sein Fahrzeug auf einem der Stellplätze 111 112 ab und fährt mit dem in der Stellgebühr inkludierten Ticket per Bus in die Stadt.

Durch das **Obere Tor** betritt man so die Oberstadt. Geradeaus über den Marktplatz führt der Stadtspaziergang vorbei am ältesten **Gasthaus zum Bären** und dem leuchtend roten **Gasthof Löwen.** Nach links haltend durch das Falbentor im **Rathaus** (1551), steht man bald auf dem großzügigen Schlossplatz.

Die trutzige **Burg Meersburg,** etwas unterhalb des Schlossplatzes, wurde bereits im 7. Jh. vom Merowingerkönig Dagobert I. an den steilen Hang gebaut und gilt heute als die älteste noch bewohnte Burg Deutschlands. Hinter der Zugbrücke beginnt die Reise zurück ins Mittelalter. Auf einem ausgeschilderten Rundweg kommt man durch die vollständig eingerichtete Burgküche, den Rittersaal, das Burgverlies, die Wehrgänge, die Dürnitz, den hohen Palas auch zum Arbeits- und Sterbezimmer von **Annette von Droste-Hülshoff.** Die 1797 in Havixbeck im Münsterland geborene Dichterin verbrachte hier einige Jahre bei ihrer Schwester und ihrem Schwager Joseph Freiherr von Laßberg, um den strengen Zwängen im Münsterland zu entfliehen. Sie starb in der Burg 1848, angeblich aus unerfüllter Liebe zu Levin Schücking, einem 17 Jahre jüngeren Mann. In Begleitung eines Führers kann man sich noch hinauf auf den **Dagobertsturm** wagen und von oben die grandiose Aussicht genießen.

Nachdem im 18. Jh. die Burg nicht mehr standesgemäß war, gaben die Konstanzer Fürstbischöfe das **Neue Schloss** in Auftrag. Der berühmte Balthasar Neumann gestaltete das prunkvolle Barock-Treppenhaus. In der Schlosskapelle arbeiteten Joseph Anton Feuchtmayer und Gottfried Bernhard Götz zusammen, eine Symbiose, die später noch solch grandiose Meisterwerke wie die Kirche in Birnau zu Wege brachte. Eine Besichtigung durch die Beletage mit den Staatsappartements und einigen Privaträumen präsentiert 300 Jahre Geschichte. Frei zugänglich ist die breite Schlossterrasse mit dem Park, der Anfang des 18. Jh. von Christoph Gessinger angelegt wurde. Die Aussicht von hier über Meersburg und den Bodensee ist atemberaubend.

Zwischen Burg und Schloss versteckt findet man das **Zeppelinmuseum.** Heinz Urban sammelte viele Jahrzehnte Originale rund um den Zeppelin. Alles von der Bordvase über Geschirr, Handtücher, Winkelmesser, Funkgerät bis zu Zeppelin-Modellen stellt das private Museum aus.

Am Schlossplatz im ehemaligen Heilig-Geist-Spital ist das **Vineum** untergebracht. Das rund um eine der ältesten und größten Weinpressen Europas von 1607 entstandene, modern konzipierte Wein-Erlebnishaus informiert unterhaltsam und mit allen Sinnen über die Geschichte und Kultur des Weines.

Das **Staatsweingut** residiert im ehemaligen Reithof der Fürstbischöfe aus dem späten 18. Jh. Einmalig ist der Weingenuss auf der Terrasse der Gutsschenke: In der Hand ein Glas exzellenten Bodenseewein und dazu ein unvergleichliches Panorama mit See und Alpengipfel am Horizont.

Über zahlreiche Stufen klettert man hinunter zur Schiffsanlegestelle. Hier steht auch die **Gred.** Um 1500 erbaut, war sie Handels- und Lagerplatz für die mit dem Schiff zu transportierenden Waren, besonders für den Korn- und Weinhandel mit der Schweiz. Am Ende der Hafenanlage steht die **Magische Säule** von Peter Lenk. Das 2007 errichtete Kunstwerk zeigt satirische Porträts bekannter Persönlichkeiten aus der Meersburger Stadtgeschichte, wie Annette von Droste-Hülshoff (als Möwe auf der Spitze) und ihren Schwager Freiherr Josef von Laßberg.

Meersburg
0 400 m
© Reise Know-How 2022
Unteruhldingen, Seefelden, Birnau
Dr.-Zimmermann-Str.
Daisendorfer Str.
Dornerweg
Schützenstr.
Uhldinger Str.
Von-Laßberg-Str.
Mesmerstraße
Baitenhauser Straße
Riedelsweiler Straße
Torenstraße
Kronenstraße
Am Weiher
Alte Landstraße
Stettener Str.
Töbelestr.
Landstraße
Hauptstraße
Uferpromenade
Höhenweg
Egelseeweg
Stetten
Autofähre
Konstanz, Mainau, Friedrichshafen
Ausschnitt
Frei- und Strandbad, Meersburg Therme
Bodensee
Stellplätze
111 Allmend 1
112 Ergeten
Essen und Trinken
1 Edi's Besenwirtschaft
4 Badische Weinstube
7 Seepromenade
Einkaufen/Sonstiges
2 Tourist-Information
3 Winzerverein
5 Hofreite Spezialitäten aus der Region
6 Staatsweingut
0 100 m
Daisendorfer Straße
Ehem. Dominikanerinnenkloster/Bibelgalerie
Am Stadtgraben
Kirchplatz
Obere Tor
Fürstenhäusle/ Droste-Museum
Schnabelgiere-Brunnen
Winzerg.
Winzergasse
Kirchstr.
Gasthaus zum Bären
Unteruhldinger Str.
Marktplatz
Gasthof Löwen
Omas Kaufhaus
Stettener Straße
Rathaus
Steigstraße
Zeppelin-museum
Schlossplatz
Stefan-str.
Vorburg
Vineum
Lochner-Straße
Am Sentenhart
Höllgasse
Bismarckplatz
Unterstadttor
Burg/Altes Schloss Meersburg
Neues Schloss, Städtische Galerie, Fürstbischöfliches Schlossmuseum
Galerie Bodenseekreis
Seminarstr.
Unterstadtstraße
Kirschentreppe
Seepromenade
Gred
Uferpromenade
Schiffsanlegestelle
Magische Säule

155bw-gg

Über die belebte **Seepromenade** oder die Unterstadtstraße mit unzähligen Restaurants und Cafés flaniert man bis zum **Unterstadttor.** Nun geht es durch die pittoreske Steigstraße steil hinauf in die Oberstadt. Schön renovierte, stattliche Fachwerkhäuser säumen den Aufstieg. Oben am Markplatz steht die Ausstellung und Schauanlage **Omas Kaufhaus** mit Blechspielzeug, Puppenhaus, historischem Spielzeug, Blecheisenbahnen u. v. m. Für manche eine Reise zurück in ihre Kindheit.

Durch das Obertor hinaus und dann rechts über die Stettener Straße kommt man zum **Fürstenhäusle mit dem Droste-Museum.** Inmitten von Weinbergen baute um 1600 der spätere Fürstbischof Jakob Fugger dieses reizende kleine Häuschen. Die Dichterin Annette von Droste-Hülshoff verliebte sich bei ihrem Aufenthalt in der Burg in das Fürstenhäusle und ersteigerte es 1843. Ihr bis heute bekanntestes Werk, die Novelle „Die Judenbuche", erschien 1842 im Cotta Verlag, vom Honorar konnte sie sich diesen Traum erfüllen. Sie war völlig begeistert, dass sie nun „grandiose Grundbesitzerin" sei und eine „unschätzbare Perle" gefunden habe. In dem sehr liebevoll erhaltenen Museum bekommt man einen tiefen Einblick in das Privatleben der Droste. Sogar ihr geliebtes Hammerklavier steht hier und wird bei Führungen gespielt. Handschriften, Erstausgaben ihrer Werke, Schmuck, Porzellan, Möbel, Bilder und ihren Biedermeiersekretär kann man im Rahmen einer Führung bewundern.

Sehenswertes

- **Altes Schloss Meersburg,** Schlossplatz, 88709 Meersburg, www.burg-meersburg.de, Tel. 07532 80000, geöffnet: 10–18 Uhr, Eintritt: 12,80/8 €, 65+ 11,50 €, Familienermäßigung
- **Neues Schloss Meersburg,** Schlossplatz 12, 88709 Meersburg, Tel. 07532 8079410, www.meersburg.de, geöffnet: April–1. Nov. 9.30–18 Uhr, Eintritt: 6/3/15 € inkl. Audioguide
- **Vineum,** Vorburggasse 11, www.vineum-bodensee.de, geöffnet: April–Okt. Di.–So. 11–18 Uhr, Nov.–März Sa./So. 11–18 Uhr, Eintritt: 7/5 €
- **Fürstenhäusle,** Stettener Str. 9, 88709 Meersburg, www.fuerstenhaeusle.de, geöffnet: April–10. Okt. 10–17 Uhr, 11. Okt.–1. Nov. Mo./Di. geschl., Eintritt: 5/2,50/12,50 €
- **Zeppelinmuseum,** Schlossplatz 8, 88709 Meersburg, Tel. 07532 7909, www.zeppelinmuseum.com, geöffnet: März–Okt. 9–17 Uhr, Eintritt: 12/6,50/27 €, 65+ 11 €

⌃ *Meersburg hat viele schöne Ecken*

Wanderungen und Fahrradtour ab Meersburg

Weinkundewanderung-Panoramaweg

Länge: 6 km; Start: Obertor – Stefan-Locher-Str. Richtung Osten – Rosenhaf – Töbele – über Brücke, dann auf Höhenweg bis zum Weterkreuz – ab hier beschilderter Weg mit 18 Infotafeln über Weinbau, Geologie und Rebenkultivierung

Schöner Aussichtsweg, der auch für Kinderwagen geeignet ist.

159bw-gg

Rundwanderweg S1

Länge: 9 km; Start: Stellplatz Allmend 2 (siehe 111). Bis zum Ende des Parkplatzes durchgehen, dann links auf den Wanderweg abbiegen, auf einer Brücke über die Bundesstraße und dann hinauf Richtung Daisendorf wandern. Beim ersten Haus rechts und am Waldrand wieder rechts haltend, erreicht man den Neuweiher. Auf dem weiteren Weg kommt man nach einer Steigung zu einer Wegkreuzung. Hier trifft man auf den Wanderweg S1. Diesem folgt man bis zur Barockkirche Baitenhausen. Unterwegs bekommt man beim Lehrbienenstand Infos zur Bienenkunde. Die prächtige Barockkirche Maria zum Berg Karmel wurde um 1700 erbaut und ist heute eine beliebte Hochzeitskirche. Daneben im Gasthof Grüner Berg kann man gut einkehren. Nun geht es wieder ein kleines Stück zurück, bis man an der Straße wieder auf den Weg S1 trifft. Diesem folgt man nun über Holzerberg, Wannenberg bis zum kleinen Weiler Breitenbach mit seiner spätgotischen Kapelle. Weiter auf den Jakobsweg und dem mit S1 bezeichneten Rundweg Richtung Meersburg. Nach der Unterquerung der B31 nimmt man rechts den Allmendweg und kommt zurück zum Stellplatz.

Radtour nach Immenstaad

Länge: 16 km; Höhendifferenz: gering; Start: Meersburg Bodenseeradweg – Hagnau – Immenstaad – Hagnau – Meersburg oder mit dem Schiff zurück

Gemütliche Tour am Bodensee entlang und dann mit dem Schiff zurück.

› **Omas Kaufhaus,** Marktplatz, geöffnet: April–Okt. 10–18.30 Uhr, Nov.–März Mo.–Sa. 10–18 Uhr, Eintritt: 2 €

Information

› **Tourist-Information,** Kirchstr. 4, 88709 Meersburg, Tel. 07532 440400, www.meersburg.de, geöffnet: Nov.–April Mo.–Fr. 9–12.30 und 14–16 Uhr, Mai–Okt. Mo.–Fr. 9–12.30 und 14–18 Uhr, Sa./So. 10–14 Uhr

Gastronomie

› **Badische Weinstube,** Unterstadtstr. 17, 88709 Meersburg, www.badische-weinstube.com, Tel. 07532 49642, geschl. Mo./Di. Gutbürgerliche Gerichte und regionale Weine.

› **Seepromenade,** Seepromenade 14, 88709 Meersburg, www.hotel-seepromenade.de, Tel. 07532 495757, geöffnet: Di.–Sa. 8–22 Uhr, So. 8–16 Uhr. Gesunde, leckere deutsche Küche ist das Motto des Hauses.

- **Edi's Besenwirtschaft,** Baitenhauser Str. 3, 88709 Meersburg, GPS 47.70265, 9.29041, Tel. 07532 9856, www.weingut-geiger.de, geöffnet: Infos zu den Öffnungszeiten im Internet. Beim ehemaligen Motorrad-Rennfahrer und ausgezeichneten Winzer Edi gibt es zünftige Vesper und hauseigene Weine.

Einkaufstipps

- **Staatsweingut,** Seminarstr. 6, 88709 Meersburg, www.staatsweingut-meersburg.de, Tel. 07532 446744, geöffnet: Mo.-Fr. 9-18 Uhr, Sa. 9-16 Uhr, April-Okt. So. 11-18 Uhr. Weinproben in verschiedenen Örtlichkeiten wie Weinberg, -keller, Reithof usw. Weitere Infos siehe Website.
- **Hofreite Spezialitäten aus der Region,** Unterstadtstraße 13, 88709 Meersburg, Tel. 07532 495600, www.hofreite-meersburg.de, geöffnet: April-Okt. Mo./Do./Fr. 9-18 Uhr, Sa. 11-18 Uhr. Regionale Lebensmittel, frisch gepresste Säfte und ausgezeichnete belegte Brötchen mit Saibling und Felchen.
- **Winzerverein,** Unterstadtstraße 11, 88709 Meersburg, Tel. 07532 807164, www.meersburger.de, geöffnet: April-Okt. 10-21 Uhr. Große Weinauswahl, die es alle auch im Glasausschank gibt.

Aktivitäten

- **Meersburg Therme,** Uferpromenade 10-12, 88709 Meersburg, Tel. 07532 4402850, www.meersburg-therme.de, geöffnet: Mo.-Do. 10-22 Uhr, Fr./Sa. 10-23 Uhr, So. 9-22 Uhr; Eintritt: 14,50/11 €, Sa./So. +1 €, mit Sauna 27 €, Sa./So. +2 €. Großzügiges Thermal- und Erlebnisbecken mit Strömungskanal, Eltern-Kind-Becken, Mo. Damensauna, tolles Panorama bis zu den Schweizer Alpen.
- **Frei- und Strandbad,** Uferpromenade 10, 88709 Meersburg, Tel. 07532 4402840, geöffnet: Mitte Mai-Mitte Sept. 9-20 Uhr, Eintritt: 5,50/3/11 €. Kiesstrand, Beachvolleyballfeld, Sport- und Spaßbecken, Restaurant.
- **Meersburger Weinfest,** am zweiten Septemberwochenende mit Weinkellerbesichtigung und Verkostung
- **Internationale Schlosskonzerte,** im Sommerhalbjahr im Neuen Schloss, Informationen unter www.meersburg.de

Die Bodenseeweine

Denkt man an den Bodensee, denkt man an Bootsfahrten, Segeln, Schwimmen, eben an alles, was mit Wasser zu tun hat. Doch Bodensee ist nicht nur Wasser, Bodensee ist auch Wein. Jawohl, Wein, und zwar international höchst prämierter. In der Gegend um Meersburg, Hagnau, Nonnenhorn, Wasserburg und Immenstaad wachsen hervorragende Spitzengewächse auf einer ca. 500 Hektar großen Anbaufläche. Die Bodenseeregion und das Markgräfler Land sind die südlichsten Weinanbaugebiete Deutschlands. Zusätzlich zu dem ganzjährig herrschenden milden Klima profitieren die Bodenseeweinbauern von einer kostenlosen Heizung! Die Wasserfläche des Bodensees reflektiert die Sonneneinstrahlung hinauf an die bis zu 450 m hohen Rebhänge und sorgt so für einen guten Reifeprozess der Trauben. Seinen Ursprung fand der Weinbau bereits im 9. Jh. auf der Insel Reichenau, damals eine noch recht saure Angelegenheit. Heute gedeihen am Bodensee Müller-Thurgau, Sauvignon Blanc und Ruländer, auch Grauburgunder genannt, bei den Rotweinen überwiegt der Spätburgunder. Bodenseewein ist keine Massenware und findet somit selten den Weg in die Supermarktregale. Deshalb die Empfehlung, sich gleich vor Ort mit einem kleinen Vorrat dieser ganz besonderen Weine einzudecken.

111 Allmend 1, Meersburg

GPS 47.70213, 9.26989

Platz in befriedigender, relativ ruhiger Lage, WC, Shuttlebus ins Zentrum inklusive. Supermarkt in der Nähe. **Lage/Anfahrt:** ausgeschildert; **Platzanzahl:** 20; **Untergrund:** Schotter; **Service:** Strom, Trinkwasser, Abwasser, Chemie-WC; **Sicherheit:** beleuchtet; **Preise:** 12-14 €/Fahrz., Wasser 1 €/80 l, Strom 0,50 €/kWh; **Max. Stand:** 3 Nächte; **Geöffnet:** frei zugänglich; **Kontakt:** Allmendstraße, 88709 Meersburg; **Alternative:** Allmend 2, GPS 47.70169, 9.27172, ohne Strom und Ver- und Entsorgung, Preise: 10-12 €/Fahrz.

158bw-gg

113 Alte Brennerei, Stetten

GPS 47.69291, 9.29826

Platz bei einer Brennerei mit ausgezeichneter Vesperstube, parzellierte Plätze mit Grünfläche in schöner und ruhiger Lage. Womo bis 8 m Länge. Bäcker in der Nähe. Busanbindung. **Lage/Anfahrt:** Von der B31 auf die B33 wechseln und in Stetten Richtung Riedetsweiler, dann ausgeschildert; **Platzanzahl:** 35; **Untergrund:** Schotter, Wiese; **Service:** Strom, Trinkwasser, Abwasser, Chemie-WC; **Sicherheit:** beleuchtet; **Preise:** 12 €/Fahrz., Strom 0,50 €/kWh, Wasser 1 €, Hund 1 €; **Geöffnet:** ganzjährig, Lokal Di.–So. ab 17 Uhr, So. auch 11–14 Uhr; **Kontakt:** Otto Pfleghaar, Riedetsweilerstr. 5, 88719 Stetten am Bodensee, Tel. 07532 5709, www.zuraltenbrennerei.de.

314bw © Heidrun Braun-Widemann

114 Hundweilerhof, Markdorf

GPS 47.69213, 9.34557

Platz zwischen Obstbäumen in sehr schöner Lage auf einem Obsthof, Brötchenservice, Hofladen mit Obst/Gemüse, hausgemachten Schnäpsen, Marmeladen usw., zwei Restaurants fußläufig, See 5 km. Entsorgung bei einer Tankstelle in der Nähe. Sehr um das Wohl ihrer Gäste bemühte Betreiberin. Reservierung empfohlen. **Lage/Anfahrt:** an der B33 in Ittendorf Richtung Kippenhausen; **Platzanzahl:** 5; **Untergrund:** Wiese; **Service:** Strom, Trinkwasser; **Preise:** 13 €/Fahrz., Strom/Wasser 4 €; **Geöffnet:** Woche vor Ostern–Anf. Nov.; **Kontakt:** Hundweiler 6, 88677 Markdorf-Ittendorf, www.hundweilerhof.de.

112 Ergeten, Meersburg

GPS 47.70113, 9.26864

Platz in befriedigender, ruhiger Lage, WC (im Winter geschlossen). Shuttlebus ins Zentrum inklusive. Supermarkt in der Nähe. **Lage/Anfahrt:** ausgeschildert; **Platzanzahl:** 36; **Untergrund:** Schotter; **Service:** Strom, Trinkwasser, Abwasser, Chemie-WC; **Sicherheit:** beleuchtet; **Preise:** 15–17 €/Fahrz., Wasser 1 €/80 l, Strom 0,50 €/kWh; **Max. Stand:** 3 Nächte; **Geöffnet:** frei zugänglich; **Kontakt:** Daisendorferstraße, 88709 Meersburg.

HAGNAU

(5 km – km 138)

Seit 1693 gehörte Hagnau zum Benediktinerkloster Weingarten. Bereits im Mittelalter wurde hier Wein angebaut und auch die Klosterherren aus Weingarten schätzten den Hagnauer Messwein sehr. Als Ausgleich für ihre Arbeit durften die Winzer die Hälfte ihres Ertrages behalten, die andere Hälfte ging an das Kloster. Nach der Säkularisation brach für die Winzer eine schwere Zeit an. Die Rebanlagen mussten sie nun auf eigene Kosten bewirtschaften und den Wein selbst vertreiben. Tiefstpreise im Weinhandel taten ein Übriges. Der aus dem Schwarzwald stammende Schriftsteller, Bürgerrechtler und Theologe Dr. Heinrich Hansjakob war seit 1869 Pfarrer in Hagnau. Er erkannte, dass ein einzelner Winzer diese Notzeiten nicht überstehen kann und betrieb deren Zusammenschluss. So gründete der Pfarrer im Oktober 1881 die erste **Badische Winzergenossenschaft.**

Entlang des barrierefreien **Obst- und Weinwanderwegs** erinnern Infotafeln und am Rathaus eine Statue an den genialen Pfarrer Hansjakob. Heute wird die 155 Hektar große Rebfläche von rund 60 Winzerfamilien kultiviert. Der Jahresertrag liegt bei 1,3 Millionen Flaschen Wein, der beim **Winzerverein** vermarktet wird.

Das private **Kleine Museum** im Dorf zeigt Puppenstuben und Spielzeug aus zwei Jahrhunderten. Das Richtige für regnerische Tage.

Sehenswertes

› **Das Kleine Museum,** Neugartenstr. 20, 88709 Hagnau, Tel. 07532 9991, www.puppen-und-spielzeugmuseum.de, geöffnet: Mai–Sept. Mi./Sa./So. 14–17 Uhr, Eintritt: 4/1,50 €

Information

› **Tourist-Info,** Im Hof 1, 88709 Hagnau, Tel. 07532 430043, www.hagnau.de, geöffnet: April–Juni/Sept.–Okt. Mo.–Fr. 9–12 und 14–17 Uhr, Juli/Aug. Mo.–Fr. 9–12.30 und 13.30–18 Uhr, Sa. 9.30–12 Uhr, Nov.–März Mo.–Fr. 9–12 Uhr

Rädlewirtschaften

Ob Rädle, Besen, Hecken, Straussi oder Straußwirtschaft: gemeint ist immer dasselbe, eine mehr oder weniger professionell betriebene Gastwirtschaft auf einem Weinbaubetrieb. Ausgeschenkt werden die selbst produzierten Weine und einfache, hausgemachte Speisen dazu aufgetischt. Geöffnet ist nur saisonal, meist im Frühjahr und dann wieder im Spätsommer und Herbst. In den gemütlichen Räumen, ob ausgeräumte Scheune, Keller oder neu erbautes Gebäude, findet man schnell Kontakt und mit Schwätzen, Trinken und Vespern verfliegt die Zeit im Nu.

Zu verdanken ist diese Tradition einem Erlass von Karl dem Großen um 812, der verfügte, dass Weinbauern ihren Wein selbst ausschenken dürfen.

Eine geöffnete Rädlewirtschaft ist meist an einem großen Wagenrad oder einem Reisigbesen, geschmückt mit bunten Bändern, erkennbar.

Einkaufstipps

› **Winzerverein Hagnau,** Strandbadstr. 7, 88709 Hagnau, Tel. 07532 1030, www.hagnauer.de, geöffnet: Mo.–Fr. 8–18 Uhr, Sa. 9–18 Uhr, Nov.–März Sa. bis 16 Uhr. Älteste Winzergenossenschaft Badens.

› **Fischverkauf Waldvogel,** Seestraße 5, 88709 Hagnau, Tel. 07532 6249, www.seehauswaldvogel.de. Frischer und geräucherter Fisch direkt vom Fischer.

Parken

P 72 **Parkplatz West Hagnau,** GPS 47.67740, 9.31395, gebührenpflichtig, Nachtparkverbot

115 Camping Alpenblick, Hagnau

GPS 47.67213, 9.32709

Platz mit guter Sanitärausstattung in sehr schöner und ruhiger Lage am See, Unterlegkeile notwendig, WLAN,

Hagnauer Obst- und Weinwanderweg

Länge: 13 km; Höhendifferenz: 240 m; Markierung: Apfelweg; Start: Vom Campingplatz (115) auf der Strandbadstraße kommend bei den Parkplätzen vor dem Ort rechts durch die Weinberge hinauf – unter der Hauptstraße B31 durch – auf der Frenkenbacher Straße, bis man an der Ecke mit der Straße „Am Sonnenbühl auf den bezeichneten Obst- und Weinwanderweg stößt – Wilhelmshöhe herrlicher Ausblick – auf dem bezeichneten Weg wandern, bis man wieder am Ausgangspunkt ist

Leichte Wanderung durch riesige Obstplantagen, Infotafeln und Tafeln mit kleinen Anekdoten des Volkschriftstellers Dr. Heinrich Hansjakob säumen den Weg

Waschmaschine/Trockner, gutes Restaurant mit Wintergarten, Strandbad angrenzend. **Lage/Anfahrt:** In Hagnau an der B31 ausgeschildert; **Untergrund:** Wiese; **Service:** Strom, Trinkwasser, Abwasser, Chemie-WC; **Sicherheit:** umzäunt, beleuchtet, bewacht; **Preise:** 9–11 €/Fahrz., 8–9,50 €/Pers., Strom 3,50 €, Taxe 2,80 €, Hund 4–5 €; **Geöffnet:** April–Ende Oktober; **Kontakt:** Strandbadstr. 13, 88709 Hagnau, Tel. 07532 495760, www.campingplatz-alpenblick.de.

Wieder auf der B31 gilt Immenstaad als nächste Anlaufstation.

IMMENSTAAD A. B.

(5 km – km 143)

Wahrscheinlich um 600–700 n. Chr. gründeten Alemannen den Ort, dessen Name auf „Landestelle (Staad) des Immo" zurückgeht. 1972 erfolgte die Eingliederung von Kippenhausen, Frenkenbach und Kirchberg.

Im Stadtbild haben sich noch einige wenige Baudenkmäler wie die Alte Vogtei (1732) mit barockem Zierfachwerk, das Schwörerhaus (1578) – ein Salz- und Torkelhaus mit alemannisch „gestelztem" Fachwerk – und das Haus Michel (1461), das älteste Haus Immenstaads, erhalten. In einem Glaspavillon beim Rathaus steht die **Mannhardt-Turmuhr,** ein Präzisionswerk von 1893. Sie war beinahe 90 Jahre bis 1982 in Dienst und bis 2002 in der katholischen Pfarrkirche St. Jodokus eingebaut.

Vom 100 m langen Landungssteg startet die **Lädine St. Jodok,** der Nachbau eines historischen Lastenseglers. Auf ihr kann man Rund-, Piraten- und Sonnenuntergangsfahrten unternehmen. 500 Jahre verkehrten am Bodensee bis zu 150 Frachtschiffe und transportierten Passagiere und Waren. Die bauchigen Lädinen mit flachem Kiel und einem Mast mit großem Rahsegel (rechteckiges Segel an einem Rundholz) waren 15 bis 30 m lang und hatten eine Tragkraft von 120 t. Bei Flaute konnten die Schiffe gerudert oder am flachen Ufer entlang gestakt werden (staken: abstoßen am flachen Grund mit langen Stangen). 1981 wurde vor dem Strandbad von Immenstaad das älteste Schiff des Bodensees geborgen. Es ist im archäologischen Museum in Konstanz zu besichtigen.

Nach dem Aufkommen der Dampfschifffahrt verschwanden die Lädinen Anfang des 20. Jh. vom Bodensee.

Die Schlösser Helmsdorf, Hersberg und Kirchberg rund um Immenstaad sind in Privatbesitz und nicht zu besichtigen. Schloss Hersberg ist heute ein geistliches Zentrum mit Pflegeheim. In Kirchberg und Helmsdorf sind Campingplätze angelegt.

Das idyllische Dorf **Kippenhausen** ist unbedingt einen Besuch wert. 1796 wurde dort das schmucke **Haus Montfort** erbaut. Im Erdgeschoss befindet sich seit 1848 ein Gasthaus und im Dachgeschoss das **Heimatmuseum.** Ein lauschiges Plätzchen ist im Zentrum das Ensemble Pfarrheim, Kirche und der Brunnen mit dem „tanzenden Pärchen".

⊡ *Der Nachbau einer Lädine in Immenstaad*

Sehr zu empfehlen ist die Wanderung durch riesige Obstanlagen auf dem **Apfelweg.** Dabei erklimmt man auch den Aussichtspunkt Hochberg, einen eiszeitlichen Drumlinhügel (Reste einer Grundmoräne) mit 454 m Höhe. Die Aussicht lohnt die Mühe. Unterwegs trifft man immer wieder auf Infotafeln mit viel Wissenswertem zum Obstanbau.

Sehenswertes

› **Heimatmuseum,** Haus Montfort in Kippenhausen, Tel. 07545 557, geöffnet: Ostern-Sept. Sa./So. 12-14 und 18-20 Uhr, Eintritt: frei

Information

› **Tourist-Information,** Dr.-Zimmermann-Str. 1, 88090 Immenstaad a. B., Tel. 07545 2013700, www.immenstaad-tourismus.de, geöffnet: Mitte März-Sept. Mo.-Fr. 9-12.30 und 13.30-18 Uhr, Sa. 9.30-12.30 Uhr, Mitte März-April/Okt. Mo.-Do. 9-12 und 14-17, Fr. 9-12 Uhr, Nov.-Mitte März Mo.-Fr. 9-12 Uhr, Di. auch 14-17 Uhr

Gastronomie

› **Dinnele und Vesperstube „Zur Felle",** Frickenwäsele 4, 88090 Immenstaad a. B., Tel. 07545 3433, www.zur-felle.de, geöffnet: Mo./Mi./Fr. ab 17 Uhr, Dez.-April Mi./Fr. ab 17.30 Uhr. Dinnele (Flammkuchen) und heimische Vesperspezialitäten.

Aktivitäten

› **Aquastaad,** Strandbadstr. 1, 88090 Immenstaad a. B., Tel. 07545 901313, www.aquastaad.de, geöffnet: Mai-Sept. 8.30-19 Uhr, Okt.-April Mo. 14-

Wanderung und Fahrrad-Tour bei Immenstaad

Apfelspazierweg

Länge: 6 km; Start: Parkplatz beim Friedhof, GPS 47.67055, 9.35981 – nach rechts ca. 50 m Straße Richtung Kippenhausen gehen – bei einer großen Kastanie Straße überqueren und ab hier dem Rundweg mit Apfelsymbol folgen – Kippenhausen mit Heimatmuseum Montfort und Café zum Puppenhaus – Frenkenbach – Schloss Kirchberg (Privatbesitz) – Hochberg – Schloss Hersberg – Parkplatz Friedhof

Herrliche kleine Wanderung durch die Obstanlagen, unterwegs gibt es zahlreiche Infotafeln zu den angebauten Obstsorten und das weite Panorama vom Hochberg.

Fahrrad-Tour

Länge: 24 km; Höhendifferenz: 230 m; Start: Rathausplatz – links in Hauptstraße – kurz drauf links in Happenweiler Straße – Beschilderung Sportzentrum folgen – durch Obstplantagen zum Waldrand – Abenteuerpark Immenstaad – Richtung Salem/Ittendorf – in Wirrensegel über Bunderstraße und auf Radweg bis Bermatingen – auf Radweg durch den Ort – Ahausen – hinter Brücke links auf Radweg Richtung Stehlinsweiler/Stetten – Pferdehof – über Bundesstraße – Frenkenbach – Kippenhausen – Immenstaad

Diese einfache Radrunde führt ins Hinterland des Sees. Ladestation Hauptstraße 3.

160bw-gg

21 Uhr, Mi. 7–10 und 14–21 Uhr, Fr. 8–21 Uhr, Sa. 10–15 Uhr, So. 8–17 Uhr, Eintritt: 4/2 €. Strand mit Liegewiese, Beachvolleyballfeld, Strand- und Hallenbad.

- **Kanu- und Kajakverleih** „Käpt'n Golf", Seestraße West 17, 88090 Immenstaad a. B., Tel. 07545 9499690, Erlebnisgolf, Kanus, SUPs
- **Lädinenfahrt,** Büro: Bachstr. 17, 88090 Immenstaad a. B., Tel. 07551 916904, www.laedine.de oder www.cms-schifffahrt.de, Termine und Preise siehe Internet

Parken

P 73 **Bei der Linzgauhalle,** Linzgauweg, GPS 47.66852, 9.36725, kostenlos. Parkscheibe unbedingt anbringen!

116 Camping Schloss Kirchberg, Immenstaad a. B.

GPS 47.67015, 9.33110

Terrassenplatz in schöner und ruhiger Lage mit eigenem Badestrand. Gute Sanitärausstattung, Waschmaschine/Trockner, Restaurant, Brötchenservice. **Lage/Anfahrt:** ausgeschildert; **Platzanzahl:** 100; **Untergrund:** Wiese; **Service:** Strom, Trinkwasser, Abwasser, Chemie-WC, WLAN; **Sicherheit:** umzäunt, beleuchtet, bewacht; **Preise:** 20,50–30,50 €/Fahrz. inkl. 2 Pers., Stromanschluss 2,50–3 €, 0,60 €/kWh, Hund 3–5 €, Taxe 2,50 €, Dusche 0,50 €; **Geöffnet:** April–Okt.; **Kontakt:** Schloss Kirchberg, 88090 Immenstaad a. B., Tel. 07545 6413, www.camping-kirchberg.de.

117 Schloss Helmsdorf, Immenstaad a. B.

GPS 47.66585, 9.37856

Platz direkt am See in sehr schöner, ruhiger Lage mit guter Sanitärausstattung, Waschmaschine/Trockner, Mini-Markt, Restaurant, Bootshafen. Hunde nur auf Anfrage. **Lage/Anfahrt:** ausgeschildert; **Platzanzahl:** 300; **Untergrund:** Wiese; **Service:** Strom, Trinkwasser, Abwasser, Chemie-WC; **Sicherheit:** umzäunt, beleuchtet, bewacht; **Preise:** 12,50–26,50 €/Fahrz., 8,50–9,50 €/Pers., Strom inkl., Taxe 2,50 €, Dusche 0,50 €; **Geöffnet:** Ende März–10. Okt.; **Kontakt:** Familie Flemisch, Schloss Helmsdorf 1, 88090 Immenstaad a. B., Tel. 07545 3956, www.schlosshelmsdorf.de.

Aussicht auf Friedrichshafen mit dem Zeppelinmuseum und dem Medienhaus

Entlang des riesigen Werksgeländes von Airbus steuert man das nächste Ziel Friedrichshafen an.

FRIEDRICHSHAFEN

(10 km – km 153)

Die Geschichte Friedrichshafens geht zurück bis ins 5. Jh., als das Alemannendorf Alt-Buchhorn gegründet wurde. Nach der Vereinigung 1811 durch König Friedrich von Württemberg mit den Ländereien des aufgelösten Klosters Hofen entstand die heutige Stadt Friedrichshafen. Der ehemalige Klosterkomplex Hofen in romantischer Seelage wurde zum Sommersitz der württembergischen Könige umgebaut. Auch heute noch residiert im Schloss mit Friedrich Herzog von Württemberg der Adel.

Die Stadt entwickelte sich ausgezeichnet durch die Industrialisierung u. a. mit der Zeppelin-Werft. Die Luftangriffe von 1943 und 1945 zerstörten beinahe die ganze Stadt und machten diesem Aufschwung ein jähes Ende. Ab 1950 siedelten sich Firmen wie die ZF (Zahnradfabrik) Friedrichshafen, die Motoren- und Turbinen Union (MTU), die Zeppelin GmbH, das Raumfahrtunternehmen EADS und die Dornier-Gruppe an und machten die Stadt zu einem der wichtigsten Technologiezentren Baden-Württembergs.

Kein anderer Name ist sicherlich so mit Friedrichshafen verbunden wie der Name Graf Zeppelin (s. Exkurs S. 204).

Bereits 1925 gab es ein kleines, für die Öffentlichkeit zugängliches **Zeppelin Museum** auf dem Werksgelände der Zeppelin GmbH. 1996 zog das der Luftschifffahrt gewidmete

161bw-gg

Haus in die neuen Räume am früheren Hafenbahnhof um. Nach fünfjähriger Umbauzeit präsentiert sich das Museum seit 2014 mit völlig neu gestalteten Ausstellungsräumen. Es zeigt auf 4000 m² Fläche die weltgrößte Sammlung zur Geschichte des Luftschiffbaus. Vom Modell der „Fliegenden Zigarre“ bis zum Teilnachbau der legendären LZ 129 Hindenburg, die 1937 in Lakehurst, Amerika, verbrannte, üben die Exponate auch heute noch eine große Faszination auf den Besucher aus. Der Maybach-Zeppelin von 1938, eine 3,5 t schwere Luxuslimousine, stellt einen weiteren Superlativ der Sammlung dar. Einen ganz besonderen Spannungsbogen erlebt man im Museum in der Verknüpfung von Technik und Kunst.

Wem der Besuch der nachgebauten LZ 129 Lust auf einen richtigen Rundflug mit einem Zeppelinluftschiff gemacht hat, meldet sich bei der **Deutschen Zeppelin Reederei** zum Flug mit dem silbern glänzenden Giganten an. Seit 2001 gibt es **Rundflüge** in der Bodenseeregion von 30 bis 90 Minuten Länge.

Am Hafenbereich fällt das spektakuläre **Medienhaus k42** mit dem „Kiesel“, einem kieselförmig gestalteten Veranstaltungsraum, auf. Nun sollte man unbedingt, vorausgesetzt man ist schwindelfrei, auf den filigranen Hafenturm an der Mole steigen. Aus 22 m Höhe ist das Panorama auf Stadt und See einfach großartig.

Von oben sieht man schon am Ende der Uferpromenade das Schloss mit der **Schlosskirche.** Auf dem Spaziergang dorthin kommt man zum **Klangschiff,** vom Künstler Helmut Lutz geschaffen. Beeinflusst vom Krieg auf dem Balkan fuhr er damit als Botschafter für den Frieden entlang der Donau bis nach Sarajewo, der Partnerstadt Friedrichshafens.

Eine 13 m hohe **Bronzesäule** im Stadtgarten erinnert mit dem Ausspruch: „Man muss nur wollen und daran glauben, dann wird es gelingen“, an Ferdinand Graf von Zeppelin.

Die **Schlosskirche** mit ihren beiden 55 m hohen Kuppeltürmen ist das Wahrzeichen von Friedrichshafen. Zwischen 1695 und 1701 vom Baumeister Christian Thumb erbaut, war auch sie 1944 Opfer der Bombenangriffe. Seit der Renovierung 1951 ist sie evangelische Stadtkirche. Das leuchtend weiße Innere mit viel Stuck ist ein Werk der Wessobrunner Schule.

Wer einen Eindruck vom Schulwesen im Mittelalter, 1850, 1900 und 1930 haben will, besucht das **Schulmuseum.** Original eingerichtete Klassenzimmer mit Schiefertafeln, Griffeln, Schulranzen, Holzhänden

als Rechenhilfen, aber auch die damaligen Strafmethoden wie Rohrstock, Strafesel oder Knien auf Holzscheiten zeigt das sehenswerte Museum.

Etwas außerhalb beim Flughafen macht das **Dornier Museum** 100 Jahre Luft- und Raumfahrtgeschichte sichtbar. Schon allein die luftige Architektur des Hauses ist sehenswert. Auf 5000 m² Ausstellungsfläche stehen die legendäre „Do 27“, die mobile Aufklärungsplattform Kiebitz, Original-Satelliten, ein Nachbau der Amundsen-Wal N25 und viele weitere Exponate.

Sehenswertes

› **Zeppelin Museum,** Seestraße 22, 88045 Friedrichshafen, www.zeppelin-museum.de, Tel. 07541 38010, geöffnet: Mai-Okt. 9-17 Uhr, Nov.-April Di.-So. 10-17 Uhr, Eintritt: Sommer 12/6,50/27 €, sonst 11/6/25 €, 65+ 11 bzw. 10 €, Kombi mit Schulmuseum 14/7/34 € bzw. 13/6,50/32 €, Kombi mit Dornier-Museum 20 €

› **Schulmuseum,** Friedrichstraße 14, 88045 Friedrichshafen, www.schulmuseum.friedrichshafen.de, Tel. 07541 20355610, geöffnet: April-Mai Di.-So. 12-17 Uhr, Juni-Okt. tägl. 10-17 Uhr, Nov.-März Di.-So. 14-17 Uhr, Eintritt: 3,50/1,50/8,50 €

› **Dornier Museum,** Flughafen, 88046 Friedrichshafen, GPS 47.67022, 9.51843, Tel. 07541 4873600, www.dorniermuseum.de, geöffnet: Mai-Okt. 10-17 Uhr, Nov.-April Di.-So. 10-17 Uhr, Eintritt: 11,50/6/27 €

Information

› **Tourist-Information,** Bahnhofplatz 2, 88045 Friedrichshafen, Tel. 07541 20355444, www.friedrichshafen.info, geöffnet: Mai-Sept. Mo.-Fr. 9-18 Uhr, Sa. 9-13 Uhr, Okt./April Mo.-Fr. 9-17 Uhr, Sa. 9-13 Uhr, Nov.-März Mo.-Do. 9-16 Uhr, Fr. 9-13 Uhr

Gastronomie

› **Felders Restaurant im K42,** Karlstr. 42, 88045 Friedrichshafen, Tel. 07541 391955, www.felders-restaurant.de, geöffnet: Di.-Do. 11-23 Uhr, Fr. 11-24 Uhr, Sa. 10-24 Uhr, So. 10-17 Uhr. Regionale Küche in modernem Ambiente direkt am See, preiswertes Mittagessen, Frühstück.

120 Lindauerstraße, Friedrichshafen

GPS 47.65023, 9.49619

Platz in ausreichender, sehr lauter Lage beim Campingplatz, stark befahrene Straße angrenzend, ins Zentrum 1,3 km. WC, Dusche im Campingplatz. **Lage/Anfahrt:** Richtung Campingplatz fahren; **Platzanzahl:** 20; **Untergrund:** Asphalt; **Service:** Trinkwasser, Abwasser, Chemie-WC; **Preise:** 13,20 €/24 Std., Strom 1 €, Ver- und Entsorgung je 1 €; **Geöffnet:** frei zugänglich; **Kontakt:** Lindauer Straße, 88046 Friedrichhafen.

162bw-gg

Aktivitäten

- **Bodensee-Schifffahrt,** Seestr. 23, 88045 Friedrichshafen, Tel. 07541 92380, www.bsb.de, je nach Strecke unterschiedliche Preise. Fahrten nach: Insel Mainau, Stein am Rhein, Bregenz, Romanshorn.
- **Strandbad,** Königsweg 11, 88045 Friedrichshafen, GPS 47.65345, 9.45796, Tel. 07541 28078, geöffnet: Mitte Mai–Mitte Sept. 9–20 Uhr, Eintritt: 2,30/1,20/4,70 €
- **Deutsche Zeppelin Reederei,** Messestraße 132, 88045 Friedrichshafen, GPS 47.67499, 9.50702, Tel. 07541 93772001, Service-Tel. 07541 59000, https://zeppelin-nt.de, z. B. Flug Friedrichshafen 45 Min. 390 €, Werftbesichtigung März–Nov. Di./Fr. 16 Uhr, Eintritt: 9,50/5,50 €, 65+ 7,50 €

Parken

P 74 **Eckener Straße,** GPS 47.65242, 9.48692, gebührenpflichtig, 20–8 Uhr Parkverbot für Wohnmobile

118 Campingplatz Fischbach, Friedrichshafen

GPS 47.66946, 9.40386

Platz in schöner, ruhiger Lage direkt am See, am hinteren Bereich Straßenlärm, gute Sanitärausstattung, Waschmaschine/Trockner, Restaurant, Brötchenservice, Hundeverbot. **Lage/Anfahrt:** ausgeschildert; **Platzanzahl:** 120; **Untergrund:** Wiese; **Service:** Strom, Trinkwasser, Abwasser, Chemie-WC; **Sicherheit:** umzäunt, beleuchtet, bewacht; **Preise:** 9–16 €/Fahrz., 7–9 €/Pers., Strom 3,30 €, Dusche 0,50 €, keine Kreditkarten; **Geöffnet:** April–Mitte Oktober; **Kontakt:** Franz Schlichte, Grenzösch 3, 88048 Friedrichshafen, Tel. 07541 42059, www.camping-fischbach.de.

119 CAP Camping, Friedrichshafen

GPS 47.64980, 9.49685

Platz in schöner, relativ ruhiger Lage direkt am See, gute Sanitärausstattung, zwei Mietbäder, Waschmaschine/Trockner, WLAN gegen Gebühr, Restaurant, Laden. Der Platz wird von der CAP-Integrations GmbH geführt, die Hälfte der Mitarbeiter sind Menschen mit Behinderung, Bus ins 1,3 km entfernte Stadtzentrum. **Lage/Anfahrt:** ausgeschildert; **Platzanzahl:** 50; **Untergrund:** Wiese; **Service:** Strom, Trinkwasser, Abwasser, Chemie-WC; **Sicherheit:** umzäunt, beleuchtet, bewacht; **Preise:** 10 €/Fahrz., 8,50 €/Pers., Strom 3 €, Dusche 1 €, Hund 3,50 €; **Geöffnet:** April–Okt.; **Kontakt:** Lindauer Straße 2, 88046 Friedrichshafen, Tel. 07541 70077777, www.cap-rotach.de.

Der nächste Ort, **Eriskirch,** ist besonders wegen seiner zauberhaften **Irisblüte** von Mitte Mai bis Mitte Juni ein äußerst lohnendes Ziel. Zwischen den Mündungen der Flüsse Rotach und Schussen erstreckt sich das Naturschutzgebiet Eriskircher Ried auf einer Fläche von 552 Hektar. Ausgedehnte Riedwiesen und urwüchsige Auenwälder be-

Die Geschichte des Zeppelins

Ferdinand Adolf Heinrich August Graf von Zeppelin (geboren 8.7.1838) machte sich als Generalstabsoffizier im Deutsch-Französischen Krieg (1870–1871) einen Namen. Dabei beobachtete er, wie die französische Seite Ballons zur Aufklärung einsetzte. Daraus reifte in ihm die Idee der Kriegsführung durch lenkbare Luftschiffe. Ab dem Jahr 1900 verwirklichte er seinen Traum mit dem Bau der LZ 1 in Manzell am Bodensee. Nach vielen Rückschlägen durch Unglücke und Geldmangel wurde er im Volk als „der Narr vom Bodensee“ und von Kaiser Wilhelm II. als der „Dümmste aller Süddeutschen“ verspottet. Umso erstaunlicher war deshalb die große Welle der Solidarität und Spendenfreudigkeit in der Bevölkerung nach dem schweren Unglück vom 5.8.1908 in Echterdingen bei Stuttgart. Ein Gewittersturm riss den Zeppelin LZ 4 nach der Landung los, er brannte nach einer Gasexplosion völlig aus. Nur durch den Geldsegen aus dem Volk von 5,5 Mio. Mark konnte Zeppelin, der bereits sein gesamtes Familienvermögen investiert hatte, sein Werk fortführen. Graf Zeppelin verstarb am 8. März 1917 in Berlin, doch der Bau seiner Luftschiffe ging weiter.

Im Mai 1936 startete mit der Fahrt über den Nordatlantik erstmals eine regelmäßige Flugverbindung in die USA. Die LZ 129 Hindenburg und das Schwesterschiff LZ 130 Graf Zeppelin brachten in nur zwei Tagen Passagiere, Post und Fracht nach Amerika. Die Fahrt nach Brasilien kostete 1500, in die USA zwischen 1000 und 1125 Reichsmark. Da dies einem halben Jahresgehalt eines Luftschiffmaschinisten entsprach, konnten sich nur reiche Leute diese Luxusreise leisten. Dafür wurde ihnen auch höchster Komfort geboten. Zwei Köche, ein Konditor und acht Stewards sorgten mit mehrgängigen Menüs und frischen Backwaren für das leibliche Wohl. Die Innenausstattung der Hindenburg war ganz nach dem damaligen Zeitgeist von Franz August Breuhaus d'Groot im sachlich-modernen Design gehalten. In der LZ 129 fuhren die Passagiere erstmals im Inneren der Hülle und nicht in der Gondel. Somit konnte die Anzahl der Reisenden von 20 auf 50 erhöht werden. 50 bis 60 Mann Besatzung sorgten im anstrengenden Drei-Schicht-Betrieb für einen reibungslosen Verlauf der Fahrt. Zur Mannschaft gehörten auch die Zellenpfleger, die laufend die Verspannungen und die Wasserstoffzellen kontrollierten und auch mal während der Fahrt auf den Schiffsrücken klettern mussten.

163bw-gg

Die schwere Katastrophe von Lakehurst am 6. Mai 1937 brachte das vorläufige Ende der Luftschifffahrt. Beim Landeanflug in einem Gewitter geriet die Heckflosse der LZ 129 in Brand und innerhalb von nur 32 Sekunden stürzte das Luftschiff aus 60 m Höhe ab. Dabei kamen 13 Passagiere und 22 Besatzungsmitglieder ums Leben, viele Überlebende hatten schwere Brandverletzungen. Da bei der Landung viele Journalisten anwesend waren, war dieses Unglück das erste, dessen Bilder weltweit verbreitet wurden.

Die Luftschiffe Hindenburg und Graf Zeppelin sind bis heute mit 245 m Länge die weltgrößten Luftschiffe geblieben. Die Hindenburg legte bei 63 Überfahrten 337.282 km bei durchschnittlich 125 km/h zurück.

Seit 2001 fliegen wieder Luftschiffe über der Bodenseeregion und auch heute noch ist die Faszination der silbernen Giganten, die mit leisem Surren dahingleiten, groß.

Fahrradtour nach Wasserburg

Länge: 42 km; Höhendifferenz: 180 m; Start: Stellplatz (120) bzw. Campingplatz (119) – Eriskirch Naturschutzzentrum – Liebfrauenkirche – Langenargen Kabelhängebrücke – Unterführung L334 – Kressbronn Bahnübergang – Gattnau – Brücke über Nonnenbach – Bruggach Abzweig – Kreisverkehr Alte B31 – Wasserburg Halbinsel, Kirche St. Georg – Nonnenhorn Gedenkstein Seegfrörne, Jakobuskapelle – Tunau Kapelle – Campingplatz Gohren (121) – Jachthafen an der Argenmündung – Langenargen Schloss Montfort – Eriskirch Strandbad – Stellplatz

Mit dem Fahrrad ins Umland zu Obstplantagen, Hopfenanbau und Weingärten

heimaten über 600 Blütenpflanzen und bis zu 280 verschiedene Vogelarten. In Wasserflächen, die dicht von blühenden Teichrosen bedeckt sind, leben Teichfrösche. Man sieht Ringelnattern, Eisvögel, Libellen und Baumfalken. Im Frühling erblühen Tausende blaue sibirische Schwertlilien (Iris sibirica) sowie einige gelbe Wasserschwertlilien in den feuchten Streuwiesen. Dem Naturschutzgebiet ist eine breite Flachwasserzone vorgelagert, mit ihrem großen Nahrungsangebot ein idealer Platz zum Überwintern für Wasservögel. Zu diesen gehören auch die Singschwäne, die hier von November bis März ihren Ruf erklingen lassen. Im **Naturschutzzentrum** (im ehemaligen Bahnhof) bekommt man Infos zum Ried und eine ansprechend gestaltete Ausstellung erzählt über die Tier- und Pflanzenwelt. Ein 6 km langer Wanderweg mit Infotafeln führt durch das Ried.

Im noch immer ländlich geprägten Eriskirch ist die historische gedeckte **Holzbrücke** von 1824 durchaus beachtenswert.

Sehenswert

› **Naturschutzzentrum Eriskirch,** Bahnhofstr. 24, 88097 Eriskirch, GPS 47.62843, 9.52711, Tel. 07541 81888, www.naz-eriskirch.de, geöffnet:

⊡ *Die Uferlinie von Langenargen*

164bw-gg

April–Mitte Mai und Mitte Juni–Okt. Di.–Do. 14–17 Uhr, Fr.–So. 10–13 und 14–17 Uhr, 15. Mai–14. Juni Di.–So. 10–13 und 14–17 Uhr, Nov.–März Di.–Do. 14–16 Uhr, Fr. 9–12 Uhr, So. 14–17 Uhr, Eintritt: frei

Hinter Eriskirch biegt die Routenführung seewärts nach Langenargen ab.

LANGENARGEN

(9 km – km 162)

Das Wahrzeichen Langenargens ist das **Schloss Montfort,** das von König Wilhelm I. von Württemberg 1862 im Stil einer maurischen Villa erbaut wurde. An dieser Stelle stand bereits seit dem 14. Jh. die Burg Argen der Grafen von Montfort. Damals war das Burgareal noch eine Insel, lediglich durch einen Steg mit dem Land verbunden. Durch Aufschüttungen steht das Schloss heute auf einer kleinen Landzunge.

Wer sich wie die preußische Prinzessin Luise fühlen will, die hier 30 Jahre lang die Sommerfrische genoss, nimmt seinen Kaffee auf der Schlossterrasse ein. Der Schlossturm kann bestiegen werden.

Rund um den langgezogenen Marktplatz gruppieren sich noch einige historische Häuser, wie das ehemalige **Pfarrhaus** von 1740 (heute Museum mit Gemälden, Skulpturen und Stichen), das barocke **Gestelzte Haus** und der **Münzhof,** in dem bis 1763 Münzen geprägt wurden.

Die barocke **Pfarrkirche St. Martin** ließ der kunstsinnige Graf Anton III. von 1718 bis 1720 errichten. Eigentlich waren zwei Kirchtürme geplant, aus Geldmangel wurde jedoch nur der erste, 55 m hohe, fertiggestellt. Sehr imposant ist der lichte, helle Innenraum in Weiß mit in zarten Pastelltönen gehalten Deckenbildern von Franz Anton Maulbertsch. Einen starken Kontrast dazu bilden der dunkle, wuchtige Hauptaltar, bestehend aus dem Altarblatt mit der Kreuzabnahme Jesu, die Seitenaltäre, das Chorbogenkreuz, die Assistenzfiguren und die beiden Wappen der Stifter.

Am lebhaften Gondelhafen steht die Bronzeskulptur des **Dammglonkers** – so hießen die Hafenarbeiter, die hier bis ins 19. Jh. die Lädinen beluden.

165bw-gg

121 Campingplatz Gohren am Bodensee, Kressbronn

GPS 47.58836, 9.56254

Riesiger Platz mit sehr guter Sanitärausstattung in ruhiger, sehr schöner Lage direkt am See, Waschmaschine/Trockner, Restaurant, großer Laden, Fahrradvermietung, Kutschfahrten, Minigolf, Beachvolleyball. **Lage/Anfahrt:** ausgeschildert; **Platzanzahl:** 500; **Untergrund:** Wiese; **Service:** Strom, Trinkwasser, Abwasser, Chemie-WC, WLAN; **Sicherheit:** umzäunt, beleuchtet, bewacht; **Preise:** 10,50–17 €/Fahrz., 10,50 €/Pers., Strom 3,50 €, Hund 3,50 €, Taxe 2 €, Müll 1,50 €, Pauschale eine Nacht vor der Schranke 13,50 € ohne Strom; **Geöffnet:** Anf. April–Mitte Okt.; **Kontakt:** Zum Seglerhafen, 88079 Kressbronn, Tel. 07543 60590, www.campingplatz-gohren.de.

⑫ Wohnmobilstellplatz Dorfkrug Tunau, Kressbronn

GPS 47.59009, 9.57498

Platz direkt am Bodenseeradweg in ruhiger, schöner Lage, WC, Dusche; 8 Min. zum See. Biergarten, SB-Restaurant. **Lage/Anfahrt:** ausgeschildert; **Platzanzahl:** 40; **Untergrund:** Wiese; **Service:** Strom, Trinkwasser, Abwasser, Chemie-WC, WLAN; **Sicherheit:** umzäunt, beleuchtet, bewacht; **Preise:** 24 €/Fahrz. inkl. Strom, Ver- und Entsorgung und WLAN, 4 € werden beim Verzehr angerechnet; **Geöffnet:** eine Woche vor Ostern-Okt.; **Kontakt:** Tunau 4, 88079 Kressbronn, Tel. 07543 9800, www.dorfkrug.de.

166bw-gg

Information

› **Tourist-Information,** Obere Seestr. 2/1, 88085 Langenargen, www.langenargen.de, Tel. 07543 933092, geöffnet: März-Mai Mo.-Fr. 9-12, Mo.-Do. auch 14-16 Uhr, Sa./So. 10-12 Uhr, Juni-Anfang Juli Mo.-Fr. 9-12.30 und 13.30-17 Uhr, Sa./So. 10-12 Uhr, Anf. Juli-Mitte Sept. Mo.-Fr. 9-12.30 und 13.30-18 Uhr, Sa./So. 9-12.30 Uhr, Mitte Sept.-Okt. Mo.-Fr. 9-12 und 14-16 Uhr, Sa./So. 10-12 Uhr, Nov.-Feb. Mo.-Fr. 9-12 Uhr

Aktivitäten

› **Turmbesteigung Schloss Montfort,** Untere Seestr. 3, März-Okt. 10-12 und 13-17 Uhr, nur bei gutem Wetter, Eintritt: 2/1 €

› **Strand Malerecke,** Langenargen, geöffnet: frei zugänglich. Schöne Wiese mit WC und Umkleide.

Parken

P **75 Langenargen,** GPS 47.60299, 9.53967, kostenlos, Übernachtungsverbot

An der Straße von Langenargen nach Kressbronn fährt man an der 1898 von König Wilhelm II. von Württemberg eingeweihten ersten **Kabelhängebrücke** Deutschlands vorbei. Sie hat eine Spannweite von 72 m und wird wegen derselben Bauweise auch als „kleine Golden-Gate-Bridge" bezeichnet.

Wanderung und Fahrradtour ab Kressbronn

Wanderung entlang der Argen

Länge: 5,5 km; Start: Wanderparkplatz Kabelhängebrücke – entlang der Argen zur Giessenbrücke – auf demselben Weg zurück

Einfache Tour ohne große Steigungen entlang dem Fluss Argen.

Zwei-Seen-Radtour

Länge: 17 km; Start: Bahnhof Kressbronn – Bahnhofstraße – Festhalle – Otterberghalde Richtung Wasserburg – Retterschen – Selmnau – Antoniuskapelle mit herrlicher Aussicht – Bechtersweiler – Degersee – Schleinsee – Nitzenweiler – Gattnau – Kressbronn

Mit dem Fahrrad ins Hinterland zum Degersee mit Bademöglichkeit und zum Schleinsee mit breitem Schilfgürtel

Wanderparkplatz

76 Kabelhängebrücke, GPS 47.59667, 9.56050, kostenlos, nur für Campingbusse

Kressbronn ist die südlichste Gemeinde Baden-Württembergs. Neben zwei guten Campingplätzen ⑫ ⑫, einem Stellplatz ⑫ der oberen Preisklasse und einem schönen Naturbadestrand gibt es noch den Abenteuer- und Kletterpark im Eichert-Wald.

Aktivitäten

- **Naturstrand,** Bodanstr. 67, 88079 Kressbronn, geöffnet: Mai–Sept. 9.30–19 Uhr, Eintritt: 3/2 €. Schöne Anlage mit Bachläufen, Wasserspielplatz.
- **Abenteuer Park,** Im Eichert 6, 88079 Kressbronn, Tel. 07543 9669573, www.abenteuerpark.com, geöffnet: Mitte April–Anfang Nov., Eintritt: 24/18 €

123 Campingplatz Iriswiese, Kressbronn

GPS 47.58688, 9.58336

Platz mit guter Sanitärausstattung in schöner und sehr ruhiger Lage, direkt am See, Waschmaschine/Trockner, Restaurant, großer Laden. Stellplatz vor der Schranke mit Sanitärbenutzung. **Lage/Anfahrt:** ausgeschildert; **Untergrund:** Wiese; **Service:** Strom, Trinkwasser, Abwasser, Chemie-WC, WLAN; **Sicherheit:** umzäunt, beleuchtet, bewacht; **Preise:** 11 €/Fahrz., 10 €/Pers., Stromanschluss 2 €, Strom 0,70 €/kWh, Taxe 2 €, Hund 3 €, Stellplatzpauschale 15 €; **Geöffnet:** Mitte April–Mitte Okt.; **Kontakt:** Tunau 16, 88079 Kressbronn, Tel. 07543 8010, www.campingplatz-iriswiese.de.

Nun verlässt man Baden-Württemberg und kommt ins bayrische **Nonnenhorn.** Das Dorf liegt umgeben von Obst- und Weingärten am Obersee mit Blick auf die häufig bis in den Frühsommer schneebedeckten Alpengipfel.

Von der Lage Nonnenhorns am Jakobsweg nach Santiago de Compostela zeugt heute noch die **St. Jakobus Kapelle,** deren Wurzeln vermutlich 1000 Jahre zurückreichen. Sehenswert ist der neugotische Hochaltar des hiesigen Holzschnitzers Hans Kragler.

Die romantische Kulisse von Wasserburg mit dem Malhaus und der Sankt-Georgs-Kirche

WASSERBURG

(9 km – km 171)

Auf einer Halbinsel liegt das romantische Zentrum von Wasserburg mit dem Ensemble Kirche St. Georg, Malhaus aus dem 16. Jh. und Schloss im Bodensee.

Zwischen 1537 und 1555 erbauten die Grafen von Montfort das **Wasserschloss** im Renaissancestil als Dreiflügelanlage. Heute kann man als zahlender Gast darin übernachten.

Das **Malhaus** wurde 1597 von den Fuggern als Gerichtsgebäude konzipiert, war dann

Seegfrörne

Wenn der ganze Bodensee vollständig zufriert und sich tragfähig dickes Eis bildet, nennen dies die Einheimischen eine Seegfrörne. 2023 jährt sich die letzte Seegfrörne von 1963 zum 60. Mal. Da der Statistik nach alle 70 Jahre der ganze Bodensee zufriert, ist es bald wieder so weit! Zunächst wagten sich 1963 einige junge Burschen aufs Eis. Nachdem sie glücklich am anderen Ufer angekommen waren, gab es für die übrigen Anwohner kein Halten mehr. Mit Kind, Pferd, Hund, Auto, zu Fuß, mit Schlittschuhen, Schlitten oder Fahrrad machten sie sich auf eine nicht ungefährliche Reise. Es wurde Glühwein ausgeschenkt und Buden mit Speisen auf dem See aufgestellt, sodass bald ein richtiges Volksfest im Gange war. Ein unvergessliches Erlebnis für alle, die es miterlebt haben!

Zwischen Hagnau und dem Schweizer Kloster Münsterlingen wandert jedes Mal bei einer Seegfrörne eine Prozession mit der Büste des Heiligen Johannes über den See. Da der Heilige am 12. Februar 1963 von Hagnau ins ehemalige Benediktinerkloster nach Münsterlingen gebracht wurde, wartet er dort auf die nächste Seegfrörne, um dann wieder nach Hagnau zurückgebracht zu werden.

Schulhaus und Bibliothek und ist heute ein Museum. Es zeigt neben Wechselausstellungen auch Informatives zur Fischerei und Hexenverfolgung. Auf den 1927 hier geborenen Schriftsteller und Ehrenbürger der Stadt **Martin Walser** gehen die Museumsmacher ebenfalls ausführlich ein. Sein Roman „Der springende Brunnen" beleuchtet das Leben in Wasserburg zwischen den beiden Weltkriegen.

Die mit einer welschen Haube gekrönte **Sankt-Georgs-Kirche** steht seit dem 17. Jh. anstelle einer bereits 784 begonnen Holzbasilika. Interessant im Innern sind die Steintafeln an drei Säulen, die an die Seegfrörne von 1573, 1830 und 1963 erinnern.

Besonders fotogen ist die Halbinsel vom **Malerwinkel** aus. Entlang des Naturschutzgebietes Wasserburger Bucht in Richtung Nonnenhorn ist man in wenigen Minuten dort.

Sehenswertes

- **Museum im Malhaus,** Auf der Insel, 88142 Wasserburg, www.museum-im-malhaus.de, geöffnet: April–Mitte Oktober Mi.–Fr. 10.30–12.30 Uhr, So. 10.30–12.30 und 14.30–17 Uhr, Eintritt: frei

Rundweg nach Nonnenhorn

Kleine Wanderung von Wasserburg nach Nonnenhorn mit schöner Aussicht. Die Strecke kann man auch mit Kinderwagen befahren.

***Länge:** 6 km; **Höhendifferenz:** 60 m; **Start:** Halbinsel Wasserburg – Pappelallee beim Malerwinkel rechts ab über Bahngleise und links in Langgasse – Obst- und Weingärten nach Nonnenhorn – am Ende der Langgasse auf Kiesweg hoch zur Bullrichanlage beim Friedhof – schöne Aussicht – Richtweg – Bahnhof – Seehalde – links in Seestraße – Minigolfplatz – historischer „Alter Weintorkel" – rechts in Conrad-Forster-Straße – durch Obstanlagen Richtung „im Paradies" – staatliche Fischbrutanstalt – Aussichtspunkt am See – Bodensee Radweg – Pappelallee – Halbinsel Wasserburg*

Information

- **Tourist-Information,** Lindenplatz 1, 88142 Wasserburg, Tel. 08382 887474, www.wasserburg-bodensee.de, geöffnet: Mai–Sept. Mo.–Fr. 8–12.30 und 14–17.30 Uhr, Sa. 9–12 Uhr, Nov.–Feb. Mo.–Fr. 9–12 Uhr, März/April/Okt. Mo.–Fr. 8–12 und 14–16.30 Uhr

167bw-gg

Aktivitäten

› **Aquamarin,** Reutener Str. 12, 88142 Wasserburg, Tel. 08382 25187, www.aquamarin-wasserburg.de, geöffnet: Mitte Mai–Mitte September 10–19 Uhr, Juni 9–19 Uhr, Juli–August 9–20 Uhr, Eintritt: 5/2/10 €. Große Liegewiese mit direktem Seezugang, Wasserrutsche, Kinderland, beheiztes Familienbad.

Parken

P 77 Bahnhof Wasserburg, GPS 47.57079, 9.64355, kostenlos, Höchstparkdauer 6 Std., laut, direkt an den Bahngleisen

Mit dem Fahrrad oder zu Fuß nach Lindau

Sehr zu empfehlen ist die 12 km lange Fahrrad- oder Wandertour von Wasserburg nach Lindau. Man stellt das Wohnmobil kostenlos am Bahnhof Wasserburg ab und radelt oder wandert am Bodenseeufer entlang über Bad Schachen nach Lindau. So hat man unterwegs die Gelegenheit, einen Blick auf die in riesigen Parks versteckten herrschaftlichen Villen an der „bayrischen Riviera“ zu werfen. Eine weitere Möglichkeit ist die Fahrt mit dem Zug von Wasserburg nach Lindau.

LINDAU

(6 km – km 177)

Lindau nähert man sich am besten von Bad Schachen aus entlang des Uferwegs oder mit dem Schiff. Dabei erschließt sich dem Beschauer, warum es Lindau im Bodensee heißt. Die Altstadt liegt in einmalig schöner Lage auf einer Insel, nur über einen Eisenbahndamm und eine Seebrücke mit dem Festland verbunden.

Seit 1856 bewacht der 50 t schwere **Bayrische Löwe** aus Sandstein zusammen mit dem **Neuen Leuchtturm** die Hafeneinfahrt von Lindau. Auf den 33 m hohen Leuchtturm kann man bei schönem Wetter hinaufsteigen und das fantastische Rundum-Panorama über das Gassengewirr der Stadt, den Hafen, den Bodensee bis nach Bregenz und in die Schweizer Alpen bewundern. Der quadratische **Mangturm** aus dem 13. Jh. war einst Endpunkt der Stadtmauer. Auffällig ist sein bunt gemustertes Ziegeldach. Über den

☐ *Lindau mit seiner idyllischen Hafenkulisse*

168bw-gg

170bw-gg

Reichsplatz, Lindau war bis 1800 Reichsstadt, gelangt man zum Lindavia-Brunnen und dem prächtig bemalten **Alten Rathaus** (1422–1436). Dessen gotischer Saal war 1496 Schauplatz eines Reichstages.

Gleich zwei Kirchen stehen am Marktplatz, das **Münster Unserer lieben Frau** und die **Kirche St. Stephan.** Die etwas kleinere Kirche St. Stephan stammt aus dem Jahr 1180. Ende des 18. Jh. bekam das Gotteshaus seine heutige Gestalt. Der helle Innenraum wurde sparsam mit Rokoko-Stuckornamenten in Grau und Grün verziert. Sehr interessant ist das über 200 Jahre alte Gestühl. Die Weihe zur protestantischen Stadtkirche erhielt St. Stephan 1528.

Die ursprünglich romanische Klosterkirche des freiweltlichen adligen Damenstifts aus dem 12. Jh. fiel in der Nacht vom 16. auf den 17. September 1728 dem großen Stadtbrand zum Opfer. Sehr viel prunkvoller wurde an dieser Stelle das Münster Unserer Lieben Frau vom Barockbaumeister Johann Caspar Bagnato von 1748 bis 1752 errichtet. Der von zwei Säulen flankierte Hochaltar ist Maria, Josef und den Heiligen drei Königen geweiht. 1755 stellte Johann Huber aus Stiefenhofen eine Orgel mit prächtigem Prospekt auf.

Ebenfalls am Marktplatz, im überreich bemalten **Haus Cavazzen** von 1729, war bisher das **Stadtmuseum** untergebracht. Wegen Renovierungsarbeiten am Gebäude waren die Schließung und die Auslagerung der hochkarätigen Ausstellungsstücke zwangsläufig. Der Wiedereröffnungstermin soll im Jahr 2023 liegen.

Die **Maximilianstraße** und die **Straße In der Grub** sind Fußgängerzonen mit schönen Cafés, Restaurants und Läden. Aus der Gotik,

Es gibt viel zu entdecken in Lindau

Renaissance und dem Barock stammen die Häuser entlang der Maximilianstraße. Viele Kaufmannshäuser tragen Aufzugsgauben oder haben wie die Brodlauben einen breiten Laubengang mit Spitzbögen.

Am Schrannenplatz steht die unscheinbare **Peterskirche** aus dem 11. Jh. Ihr Inneres birgt einen Kunstschatz besonderer Güte. Die Fresken der „Lindauer Passion" an der östlichen Nordwand (1485–1490) stammen vermutlich von Hans Holbein d. Ä. Die Bilder in der Apsis lassen sich auf den Lindauer Maler Mathis Miller zurückführen.

Der Name **Diebes- oder Malefizturm** (um 1400 erbaut) verweist bereits darauf, dass dieser Turm der Stadtmauer auch als Gefängnis Dienst tat. Das Spitzdach mit den vier Ecktürmchen ist mit bunten, glänzenden Dachziegeln gedeckt. Ein kurzes Stück des Wehrganges der alten Stadtmauer ist hinter dem Turm noch erhalten geblieben.

Information

- **Lindau Tourismus,** Lennart-Bernadotte-Haus, Alfred-Nobel-Platz 1, 88131 Lindau, Tel. 08382 260030, www.lindau.de, geöffnet: Mo./Di./Do.–Sa. 9–12 und 14–17.30 Uhr, Mi./So. 9–12 Uhr

Gastronomie

- **Alte Post,** Fischergasse 3, 88131 Lindau, Tel. 08382 93460, www.alte-post-lindau.de. Gute Küche mit steierischem Touch, freundliche Bedienung.
- **Valentin,** In der Grub 28a, 88131 Lindau, Tel. 08382 5043730, geöffnet: Di.–Sa. 17.30–20 Uhr. Regionale, nachhaltige Produkte werden zu Gerichten von hoher Qualität gekocht. Kleine Karte.

Einkaufstipps

- **Marie Lind Stoffe,** Bindergasse 3, 88131 Lindau, Tel. 08382 2776182, https://marie-lind.de, geöffnet: Mo.–Fr. 9–18.30 Uhr, Sa. 9–16 Uhr. 600 wunderschöne Stoffe, die zu Vorhängen, Kissen, Tischdecken vernäht werden, auch Versand.

169bw gg

Das Wahrzeichen der Stadt: der Neue Leuchtturm

- **Käse-Ecke,** Reichsplatz beim alten Rathaus, 88131 Lindau, www.genusswerkstatt-lindau.de, Tel. 08382 7159611. Regionale und internationale Käsespezialitäten werden zum Transport auch vakuumiert, auch Wein und andere Leckereien.
- **Hüte und mehr,** Maximilianstr. 16, 88131 Lindau, Tel. 08382 24323, www.hutecke.de. Hier findet man ihn noch: den besonderen Hut für besondere Anlässe. Fantasievolle Hutkreationen, aber auch Dirndl und Lederhosen.
- **Wochenmarkt,** Sa., April–Okt. auch Mi., Marktplatz

Aktivitäten

- **Leuchtturm am Hafen,** geöffnet: April–Sept. bei schönem Wetter 11–18 Uhr, Eintritt: 2,10/0,80 €. 140 Stufen, die sich lohnen!
- **Lindauer Kinderfest,** Ende Juli. Ein großes Fest, das auf den Dreißigjährigen Krieg zurückgeht, als Valentin Heider die Schulspeisung einführte.
- **Bootsvermietung Lindau,** an der Seebrücke, Tel. 08382 5514. www.bootsvermietung-lindau.de

172bw-gg

124 Campingplatz Gitzenweiler Hof, Lindau

GPS 47.58473, 9.70663

Großer Platz mit guter Sanitärausstattung in ruhiger und sehr schöner Lage. Waschmaschine/Trockner, Hundedusche, Freibad, Ristorante und Restaurant, Supermarkt, Fahrradverleih. Für Womos (nur eine Nacht) Stellplatz vor der Schranke, Sanitärbenutzung auf den Stellplätzen inkl. Busverbindung nach Lindau. **Lage/Anfahrt:** Lindau auf der B12 verlassen, dann ausgeschildert; **Platzanzahl:** 722/20 vor der Schranke; **Untergrund:** Wiese; **Service:** Strom, Trinkwasser, Abwasser, Chemie-WC, WLAN; **Sicherheit:** umzäunt, beleuchtet, bewacht; **Preise:** 14–19 €/Fahrz., 9,50 €/Pers., Strom inkl., Hund 5 €, Taxe 2,20–3,30 €, vor der Schranke ab 16 Uhr (inkl. Strom, Ver- und Entsorgung, zuzgl. Taxe) 18–25 €, Hund 5 €; **Geöffnet:** Campingplatz Ende März–Anf. Nov., Stellplätze vor der Schranke ganzjährig; **Kontakt:** Gitzenweiler 88, 88131 Lindau, Tel. 08382 94940, www.gitzenweiler-hof.de.

173bw-gg

125 Park-Camping, Lindau

GPS 47.53783, 9.73139

Platz mit guter Sanitärausstattung in relativ ruhiger, schöner Lage direkt am See. Waschmaschine/Trockner. Eigener Strand, Restaurant, kleiner Markt, Fahrradverleih, 4,6 km nach Lindau, Busverbindung. Die sehr beengten Stellplätze vor der Schranke liegen direkt an der Bahnlinie und dem Bodenseeradweg, Sanitäreinrichtungen des Campingplatzes können genutzt werden, Ver- und Entsorgung jedoch nicht. **Lage/Anfahrt:** Richtung Österreich, dann ausgeschildert; **Platzanzahl:** 270; **Untergrund:** Wiese; **Service:** Strom, Trinkwasser, Abwasser, Chemie-WC, WLAN; **Sicherheit:** umzäunt, beleuchtet, bewacht; **Preise:** 11–16,50 €/Fahrz., 10,50–12 €/Pers., Hund 4–5 €, Taxe 3,30 €, 12 geschotterte Stellplätze vor der Schranke 15 €, nur eine Nacht; **Geöffnet:** Ende März–Anf. Nov.; **Kontakt:** Fraunhoferstr. 20, 88131 Lindau, Tel. 08382 72236, www.park-camping.de.

ROUTE 6

AUF DER BESCHAULICHEN SCHWÄBISCHEN ALB

174bw-gg

< *Vorseite: Burg Hohenzollern –Stammsitz des preußischen Königshauses*

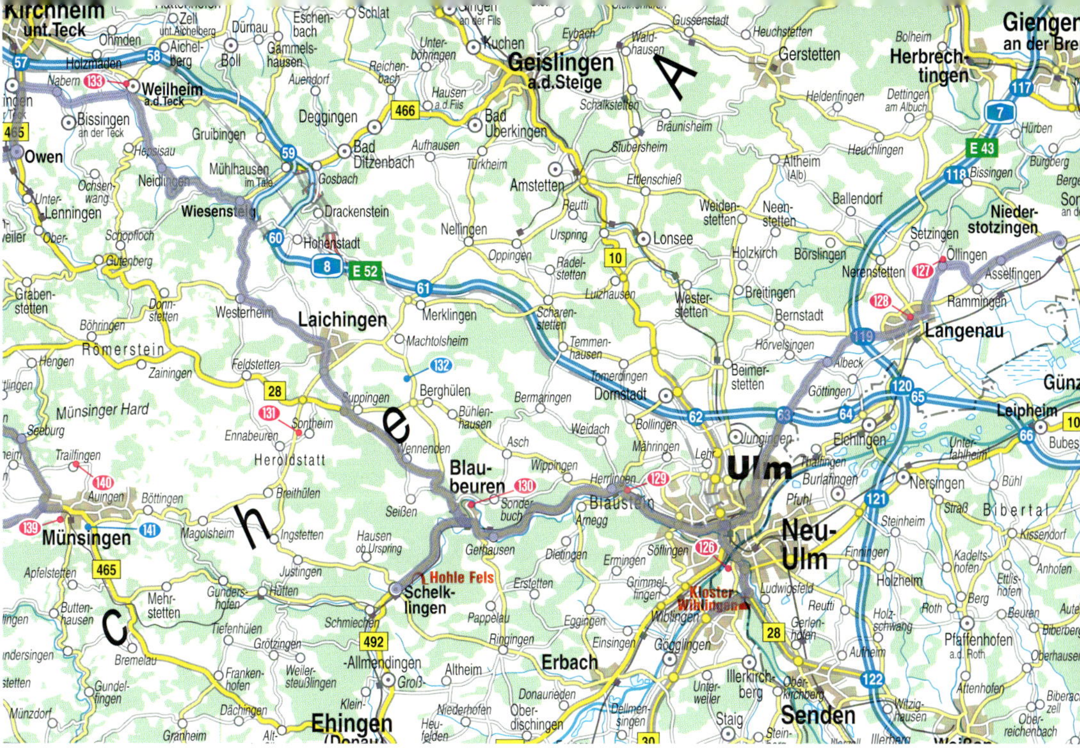

ROUTENÜBERSICHT

Durch die einzigartigen steinzeitlichen Funde der Venus im Hohle Fels, des Pferdes und des Löwenmenschen im Vogelherd und deren Anerkennung als UNESCO-Welterbe ist der Bekanntheitsgrad der Schwäbischen Alb weltweit in die Höhe geschnellt. Doch nicht genug der Ehren, sie ist auch noch als UNESCO-Geopark und von der UNESCO anerkanntes Biosphärengebiet gelistet. Das Karstgebiet der Alb hat weitverzweigte Höhlensysteme, teilweise mit einem wahren Tropfsteinwald, entstehen lassen. Diese Wunderwelt unter Tage ist für Besucher zugänglich. Hohenneuffen, Teck und Hohenzollern heißen die interessanten wehrhaften Burgen; Lichtenstein, Urach, Hohentübingen und Haigerloch die Märchenschlösser auf der Alb. Erlebnisreiche Premiumwanderwege und markierte Fahrradwege erschließen die ganze Region, so oder so die beste Art, alles mit viel Muße genau zu erkunden. Und dann sind da noch die hübschen, gut gepflegten Städtchen wie Blaubeuren, Bad Urach, Tübingen, Haigerloch und und und. Es gibt auf der beschaulichen, mit viel ursprünglicher Natur durchzogenen Alb einfach so viel zu sehen, man muss es selbst erleben.

Strecke:

Ulm (S. 218) – **Abstecher Kloster Wiblingen** (14 km, S. 222) – **Abstecher Lonetal** (60 km, S. 223) – **Blaubeuren** (18 km, S. 226) – Abstecher Hohle Fels (11 km, S. 228) – **Laichinger Tiefenhöhle** (14 km, S. 229) – **Burg Teck** (51 km, S. 230) – **Beuren** (7 km, S. 231) – **Neuffen** (3 km, S. 232) – **Bad Urach** (24 km, S. 234) – **Münsingen** (15 km, S. 237) – **Bärenhöhle** (33 km, S. 241) – **Schloss Lichtenstein** (12 km, S. 242) – **Nebelhöhle** (6 km, S. 242) – **Reutlingen** (20 km, S. 243) – **Abstecher Metzingen** (17 km, S. 244) – **Abstecher Bebenhausen** (13 km, S. 244) – **Tübingen** (14 km, S. 245) – **Burg Hohenzollern** (30 km, S. 250) – **Haigerloch** (20 km, S. 250) – **Balingen** (29 km, S. 253) – **Abstecher Rottweil** (32 km, S. 255) – **Albstadt-Ebingen** (33 km, S. 258) – **Kloster Beuron** (39 km, S. 261)

Streckenlänge:

ohne Abstecher 368 km; mit Abstecher 515 km

ULM

Die Doppelstadt an der Donau hat ca. 175.000 Einwohner und setzt sich aus dem baden-württembergischen Ulm und dem bayrischen Neu-Ulm zusammen.

Baubeginn des monumentalen **Münsters** war 1377, doch nach mehr als 300 Jahren Unterbrechung konnte erst 1890 die Fertigstellung gefeiert werden. Die Basilika mit hohem Mittelschiff und dem mit 161,53 m höchsten Kirchturm der Welt ist gleichzeitig die größte evangelische Kirche Deutschlands. Doch die größte Besonderheit steckt in der Finanzierung des Gotteshauses, sie erfolgte nur über Spenden der Ulmer Bürger. Das Innere ist gespickt mit mittelalterlichen Spitzenwerken wie dem Chorgestühl (15. Jh.), der Kanzel, dem Choraltar, den prachtvollen Chorfenstern, dem Sakramentshaus und dem „Schmerzensmann“ von Hans Multscher.

175bw-gg

Immer wieder bilden in der Altstadt moderne und historische Gebäude unter dem Motto „Mittelalter trifft Moderne“ einen interessanten Spannungsbogen. So steht auf dem Münsterplatz neben dem gotischen Gotteshaus das postmoderne **Stadthaus** von 1993. Auf dem Marktplatz kontrastiert die üppig bemalte Fassade des **Rathauses** von 1370 mit der **Bibliothek** mit pyramidenförmiger Glaskuppel und auf der anderen Seite mit dem kubischen Bau der Kunsthalle.

Der absolute Höhepunkt der Exponate im kunst- und kulturgeschichtlichen **Museum Ulm** ist die Mensch-Tier-Skulptur des Löwenmenschen aus dem Vogelherd im Lonetal.

50 Jahre trugen der Unternehmer Siegfried Weishaupt und seine Frau hochkarätige Sammlungen moderner und zeitgenössischer Kunst zusammen. In der **Kunsthalle Weishaupt** zeigen sie diese in immer wieder wechselnden Konstellationen.

Jährlich am vorletzten Julimontag ist Schwörmontag, der größte Feiertag in Ulm.

Dann unterrichtet der Oberbürgermeister vom Balkon des **Schwörhauses** die Bevölkerung über das zurückliegende Jahr und leistet den historischen Eid auf die Stadtverfassung (Großer Schwörbrief von 1397).

Die neue **Synagoge** wurde 2012 unweit des Standortes der alten Synagoge eingeweiht. In der Pogromnacht 1938 fiel sie einem Brandanschlag zum Opfer. Von den damals über 600 jüdischen Einwohnern von Ulm mussten 141 ihr Leben während des Holocaust lassen.

Der Physiker und Nobelpreisträger **Albert Einstein** kam 1879 als Sohn eines jüdischen Kaufmanns in Ulm zur Welt. 1933 emigrierte er wegen des aufkommenden Nationalsozialismus in die USA, wo er 1940 die Einbürgerungsurkunde erhielt. Die ihm anlässlich seines 70. Geburtstags angetragene Ehrenbürgerwürde von Ulm lehnte Einstein ab.

[<] *Das Ulmer Münster mit dem höchsten Kirchturm Deutschlands*

Besonders gemütlich ist ein Spaziergang durch das malerisch von der Blau durchzogene **Gerber- und Fischerviertel.** In der Schwörhausgasse 6 steht das im Guinnessbuch der Rekorde eingetragene **schiefste Hotel der Welt.** 1443 erbaut, sank an der Flussseite durch die extrem weite, schräg unterstrebte Vorkragung die Giebelseite immer mehr ab.

Über die Stadtmauer entlang der Donau erreicht man den **Metzgerturm.** Als um 1350 vor der Stadtmauer ein Schlachthof eingerichtet wurde, musste für dessen Zugang die Stadtmauer durchbrochen und der Wachtturm Metzigturm zum Schutz gebaut werden.

Hübsch ist der Spaziergang weiter auf der Stadtmauer bis zur **Adlerbastei,** von der der „Schneider von Ulm" seinen kühnen Flugversuch unternahm. Albrecht Ludwig Berblinger (1770–1829) konstruierte einen Hängegleiter, mit dem er die Donau überfliegen wollte. Der Flug misslang und der arme Schneider musste den Spott seiner Mitmenschen ertragen. Eine Nachbildung seiner Konstruktion wird im alten Rathaus gezeigt.

Literaturtipp

„CityTrip Ulm" von Markus Bingel, Reise Know-How Verlag. Der praktische Begleiter für einen Kurztrip nach Ulm. Mit separatem Faltplan und GPS-Daten aller Points of Interest.

Sehenswertes

- **Münster,** Münsterplatz, 89073 Ulm, www.ulmer-muenster.de, geöffnet: April–Sept. 10–18 Uhr, Okt.–März 10–17 Uhr; Turm: Mai–Sept. Mo.–Fr. 9–18 Uhr, Sa./So. 10–18 Uhr, Feb./April/Okt. 10–16 Uhr, Nov.–Jan. 10–15.45 Uhr, Eintritt: Turm 4,50/3 €
- **Museum Ulm,** Marktplatz 9, 89073 Ulm, Tel. 0731 1614301, www.museumulm.de, geöffnet: Di.–So. 11–17 Uhr, Eintritt: 8/6 €, 65+ 6 €, Kinder bis 18 Jahre frei, Kombi mit Kunsthalle Weishaupt 12/10 €
- **Kunsthalle Weishaupt,** Hans- und Sophie-Scholl-Platz 1, 89073 Ulm, www.kunsthalle-weishaupt.de, geöffnet: Di.–Fr. 11–17 Uhr, Sa./So. 11–18 Uhr, Eintritt: 6/4 €, Kinder bis 18 Jahre frei, 65+ 4 €, jeden ersten Freitag im Monat freier Eintritt

⊡ *Das Gerber- und Fischerviertel*

176bw gg

Sonstiges
1 Tourist-Information
Essen und Trinken
2 Gerberhaus
3 Zur Forelle
ULM
Michelsbergstr.
Frauenstr.
Gaisenbergstr.
Kepler-str.
Feuerwehr
Karl-str.
Pauluskirche
Neutor-brücke
Wilhelm-str.
Bessererstr.
Hartmannstr.
Ensingerstr.
Boden-str.
Syrlin-str.
Karl-Schefföld-Str.
Rothstr.
Stadtwerke
Ludwig-Erhard-Brücke
Besserer-str.
Ensinger-str.
Kurze Str.
Roth-str.
Karls-platz
Zeitblom-str.
Neithard-str.
Schaffner-str.
Zionskirche
Karlspark
Wildstr.
Schaffnerstr.
Kepler-str.
Carl-Ebner-Str.
Neutor-str.
Karlsplatz
Neuapost. Kirche
Haus der Wirtschaft
Olga-str.
Heim-str.
Gericht
Frauen-graben
Stadt-verwaltung
Theater Ulm
Herbert-von-Karajan-Platz
Salz-stadel
Neuer Graben
Museum der Brotkultur
JVA
Hinter dem Brot
Rosen-gasse
Büchsen-gasse
Deinselsgasse
Salzstadelgasse
Küfergasse
Platz-gasse
Hafen-bad
Schulgasse
Sterngasse
Wengengasse
Herrenkeller-gasse
Hohe-
Einstein-haus
Korn-hauspl.
Bahnhof-platz
Hauptbahnhof
Kelter-gasse
Heigeleshof
Irrgängle
Dreiköniggasse
Raben-gasse
Bärengasse
Kornhaus
Walfisch-gasse
Kammacher-gasse
Hint. Rebengasse
Kohl-gasse
Pfluggasse
Kornhaus-gasse
Sedelhof-gasse
wg. Bauarbeiten gesperrt
Jakob-Griesinger-Pl.
Prauen-gasse
Rebengasse
Friedrich-Ebert-Str.
Einsteins Geburtshaus
Mühlen-
St. Michael zu den Wengen
Weber-gasse
Münsterplatz
Hafen-gasse
Engel-gasse
Breite Gasse
Bahnhof-str.
Ulmer-
Paradies-gasse
Judenhof
Karpfengasse
Münster-platz
Münster
Schuh-haus
Hirsch-str.
Kram-gasse
Schuhhaus-gasse
Stadthaus
Valentins-kapelle
Apotheker-gasse
Russ.-orth. Kirche
Schiefergasse
hausgasse
Dreiköng-
Hirschbad-gasse
Eichelgasse
Braut-gasse
ZOB
Glöcklerstr.
Lautengasse
Lautenberg
Köpfingergasse
Hans- u. Sophie-Scholl-Pl.
Kunsthalle Weishaupt
Am Lederhof
Busparkplatz
Schiff
Neuer Bau
Neue Str.
Donau-str.
Museum Ulm
Rathaus
Gresenhofgasse
Schwilmengasse
Gerber-gasse
Sattler-gasse
Postgasse
Stadt-bibliothek
Vestgasse
Synagoge
Th.-Pfizer-Pl.
Marktpl./Rathauspl.
Scheler-gasse
Ochsen-gässle
Herdbrucker-str.
Henkers-graben
Hämpfer-gasse
Weinhofberg
Schwörhaus
Wein-hof
Mohrengasse
Kronen-gasse
Profosen-gasse
Promenade
Himmelgasse
Große Blau
Kl. Blau
Auf der Insel
Schwörhausgasse
Weinhof
Metzger-gasse
Unter der Metzig
Metzger-turm
Stadt-mauer
Adolph-Kolping-Platz
Fischer-gasse
Gerber- und Fischerviertel
Schiefes Haus
Schmetterlings-gäßchen
Farngarten
Fischergasse
Vater-unser-Gasse
Fischerplätzle
Donauschwaben-ufer
Donau
Ehinger Str.
Duft- und Tastgarten
Schwein-markt
Jahn-ufer
Klein-gärten
Solarfähre
Sand-str.
Bastion Lauseck/Wilhelmshöhe
Donauklinik
Magirus-
hof
Arsenalstr.
Edwin-Scharff-Haus
Konzertsaal
Krankenhaus-
Luitpoldstr.
Silcherstr.

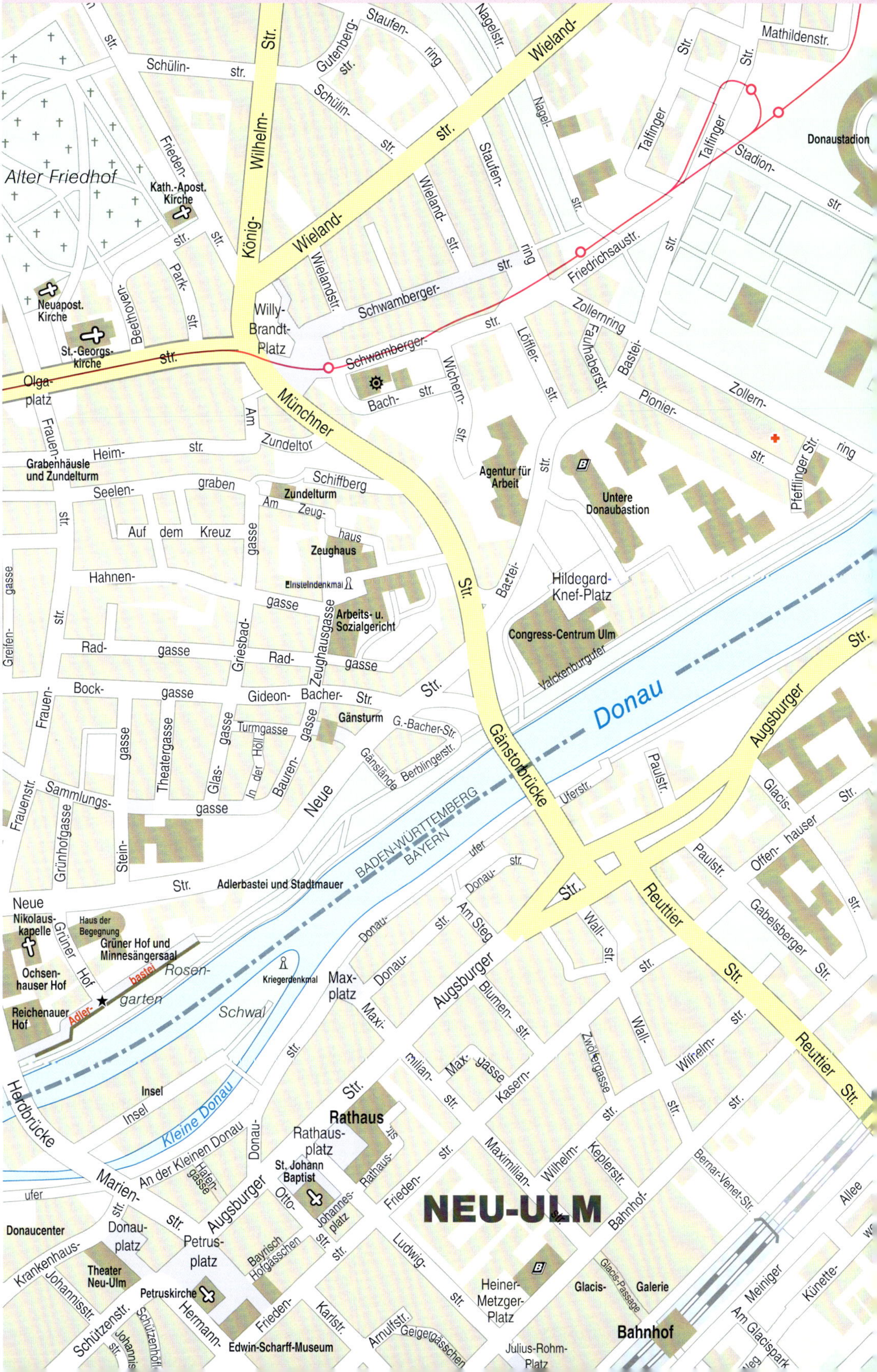
Alter Friedhof
Kath.-Apost. Kirche
Neuapost. Kirche
St.-Georgs-kirche
Olga-platz
Schülin-str.
König-Wilhelm-Str.
Wieland-str.
Staufen-ring
Gutenberg-str.
Nagelstr.
Mathildenstr.
Talfinger Str.
Donaustadion
Stadion-str.
Friedrichsaustr.
Willy-Brandt-Platz
Schwamberger-str.
Zollernring
Faulhaberstr.
Löffler-str.
Bastei-str.
Pionier-str.
Zollern-ring
Pfeffinger Str.
Bach-str.
Wichern-str.
Münchner Str.
Agentur für Arbeit
Untere Donaubastion
Frauen-str.
Heim-str.
Zundeltor
Grabenhäusle und Zundelturm
Seelen-graben
Schiffberg
Zundelturm
Am Zeug-haus
Zeughaus
Auf dem Kreuz
Hahnen-gasse
Einsteindenkmal
Arbeits- u. Sozialgericht
Hildegard-Knef-Platz
Congress-Centrum Ulm
Valckenburgufer
Rad-gasse
Griesbad-gasse
Zeughausgasse
Greifen-gasse
Bock-gasse
Gideon-Bacher-Str.
Gänsturm
G.-Bacher-Str.
Turmgasse
Theatergasse
Glas-gasse
In der Höll
Bauren-gasse
Gänslände
Berblingerstr.
Donau
Gänstorbrücke
Augsburger Str.
Paulstr.
Uferstr.
Glacis-str.
Offen-hauser Str.
Sammlungs-gasse
Frauenstr.
Grünhofgasse
Stein-str.
Neue Str.
BADEN-WÜRTTEMBERG
BAYERN
Donau-ufer
Adlerbastei und Stadtmauer
Neue Nikolaus-kapelle
Haus der Begegnung
Grüner Hof und Minnesängersaal
Grüner Hof
Ochsen-hauser Hof
Reichenauer Hof
Adler-bastei
Rosen-garten
Schwal
Kriegerdenkmal
Max-platz
Am Steg
Wall-str.
Reuttier Str.
Gabelsberger Str.
Blumen-str.
Maxi-milian-str.
Max-gasse
Kasern-str.
Zwölfergasse
Wilhelm-str.
Insel
Herdbrücke
Kleine Donau
Rathaus
Rathaus-platz
St. Johann Baptist
An der Kleinen Donau
Hafen-gasse
Marien-str.
Donau-platz
Petrus-platz
Donaucenter
Theater Neu-Ulm
Petruskirche
Krankenhaus-str.
Johannisstr.
Schützenstr.
Hermann-Köhl-Str.
Bayrisch Hofgässchen
Otto-str.
Johannes-platz
Frieden-str.
Ludwig-str.
Karlstr.
Arnulfstr.
Geigergässchen
Edwin-Scharff-Museum
NEU-ULM
Maximilian-str.
Keplerstr.
Bahnhof-str.
Bernar-Venet-Str.
Heiner-Metzger-Platz
Glacis-Galerie
Glacis-Passage
Julius-Rohm-Platz
Bahnhof
Meininger Allee
Am Glacispark
Künette-weg
Allee

315bw-gg

126 Donaubad, Neu-Ulm

GPS 48.38349, 9.98612

Große Plätze, auch für Dickschiffe, Brötchenservice, WC, Dusche gegen Gebühr im Bad, Restaurant, 6 km ins Zentrum, Bus 200 m, Rabatt für Bad, Platz liegt in Umwelt- und Überschwemmungszone. **Lage/Anfahrt:** In Neu-Ulm den Schildern Richtung Donaubad folgen; **Platzanzahl:** 49; **Untergrund:** Schotter; **Service:** Strom, Trinkwasser, Abwasser, Chemie-WC, WLAN; **Sicherheit:** beleuchtet; **Preise:** 10–12 €/Fahrz., Strom 0,50 €/kWh, Wasser 0,50 €/50 l; **Geöffnet:** ganzjährig; **Kontakt:** Öschweg 6, 89231 Ulm, www.donaubad.de.

Information

› **Tourist-Information,** Münsterplatz 50, 89073 Ulm, Tel. 0731 1612830, www.tourismus.ulm.de, geöffnet: Mo.–Fr. 9.30–18 Uhr, Sa. 9.30–16 Uhr, nur April–Dez. So. 11–15 Uhr. Tipp: Vom 3. Stock schöne Aussicht auf das Münster!

Gastronomie

› **Gerberhaus,** Weinhofberg 9, 89073 Ulm, Tel. 0731 1755771, www.gerberhaus.de, geöffnet: 11.30–14.30 und 17.30–23 Uhr. Rustikales, gemütliches Lokal im Fischerviertel. Regionale Küche mit gutem Preis-Leistungs-Verhältnis.

› **Zur Forelle,** Fischergasse 25, 89073 Ulm, Tel. 0731 63924, www.ulmer-forelle.de, geöffnet: 11–15 und ab 17 Uhr. Uriges Lokal im Fischerviertel mit freundlichem Service, es gibt nicht nur die besonders schmackhafte Forelle.

Aktivitäten

› Das **Nabada am Schwörmontag** (vorletzter Montag im Juli) beginnt um 16 Uhr und ist ein Umzug mit Themenbooten auf der Donau.

Bade-/Picknickplatz

78 **Pfuhler Baggersee, Neu-Ulm,** GPS 48.42551, 10.04456, kostenlos. Parkplatz eines schönen, kostenlosen Badesees, an heißen Tagen kann es voll werden. Anfahrt: Die A7 bei der Ausfahrt Nersingen verlassen, Richtung Thalfingen, dann ausgeschildert.

ABSTECHER ZUM KLOSTER WIBLINGEN

(hin und zurück 14 km)

Über die B28 in südlicher Richtung kommt man nach Wiblingen.

Die Wurzeln des **Klosters Wiblingen** reichen bis 1093 zurück, als die Grafen Hartmann und Otto von Kirchberg das Kloster für ihr Seelenheil stifteten und Benediktinermönche aus St. Blasien hierher holten. Die Grafen brachten von einem Kreuzzug ins Heilige Land einen Holzsplitter vom Kreuz Jesu mit. Diese Reliquie ist der kostbarste Besitz der Wiblinger Kirche und machte sie zu einem bedeutenden Wallfahrtsort. Im späten Mittelalter herrschte in Wiblingen ein reges wissenschaftliches Leben. Im Skriptorium, der Schreibwerkstatt, kopierten und illustrierten die Mönche Texte und so wurde der Grundstock für die umfangreiche Bibliothek gelegt. Fast zwei Jahrhunderte bis 1702 gehörte Wiblingen den Fuggern – als Gegenleistung für einen unbezahlten Kredit des Kaisers. Nachdem das Kloster anschließend den Status eines Landstandes mit eigener Gerichtsbarkeit unter österreichischer Oberhoheit erhielt, wuchsen dessen Machtbefugnisse deutlich an. Eine monumental konzipierte Anlage sollte dies nach außen repräsentieren. Ab 1714 begann man mit dem ehrgeizigen Neubauprojekt einer vierflügeligen Klosteranlage. Ihr Kernstück ist der **Bibliotheksaal** mit dem prachtvollen Deckengemälde und der säulengetragenen, stilvoll geschwungenen Galerie. Franz Martin Kuen malte das detailreiche Fresko im Alter von 25 in nicht einmal einem Jahr. Besonders gut gelungen sind ihm die plastisch dargestellten Figuren. Sie scheinen regelrecht aus dem Gemälde herauszuspringen.

Sehenswertes

› **Kloster Wiblingen,** Schlossstraße 38, 89079 Ulm-Wiblingen, Tel. 0731 5028975, www.kloster-wiblingen.de, geöffnet: Basilika März–Okt. 9–18 Uhr, Nov.–Feb. 9–17 Uhr, Museum mit Bibliothekssaal April–Okt. Di.–So. 10–17 Uhr, Nov.–März Sa./So. 13–17 Uhr, Eintritt: Basilika frei, Bibliothek 5,50/2,80/13,80 €

Parken

P 79 **Kloster Wiblingen,** GPS 48.36283, 9.99019, kostenlos, Stellplatz Donaubad 126 1,1 km entfernt

In der Bibliothek des Klosters Wiblingen

Eine Fahrt mit der Alb-Bahn

Strecke Ulm – Blaubeuren – Schelklingen – Münsingen – Marbach – Gomadingen – Trochtelfingen – Gammertingen. Unter www.alb-bahn.de oder Tel. 07381 5017556 erhält man Auskunft. Das etwas andere Bahn-Erlebnis mit Service, ideal, um die Alb gemütlich zu erkunden.

ABSTECHER INS LONETAL ZUM UNESCO-WELTERBE

(hin und zurück 60 km)

Von Langenau über Öllingen geht die Reise durch die typische Landschaft der Schwäbischen Alb vorbei an Wiesen, Feldern und Wäldern bis nach Niederstotzingen-Stetten mit dem **Archäopark Vogelherd.**

Die Lage 20 m über dem Tal mit guter Rundumsicht und die drei Zugänge waren sicherlich die Gründe, weshalb die Höhle Vogelherd von unseren Vorfahren über 100.000 Jahre lang als Behausung und Zuflucht genutzt wurde.

178bw-ssg

180bw-gg

128 Stadthalle, Langenau

GPS 48.50176, 10.12177

Reservierte Plätze auf gemischtem Parkplatz, relativ ruhig, zentrumsnah. Hallen- und Freibad im Ort. **Lage/Anfahrt:** A7 Ausfahrt Langenau, im Ort Richtung P Stadthalle; **Platzanzahl:** 4; **Untergrund:** Pflaster; **Service:** Strom, Trinkwasser, Abwasser, Chemie-WC; **Sicherheit:** beleuchtet; **Preise:** kostenlos, Wasser 0,50 €/50 l, Strom 0,50 €/kWh; **Geöffnet:** frei zugänglich; **Kontakt:** Karlstr. 27, 89129 Langenau, www.langenau.de.

179bw-gg

UNESCO-Welterbe Vogelherd

Nach einem Besuch der Schatzkammer geht der Besucher über das Freigelände mit einigen Mitmachstationen, die das Leben im Aurignacien für alle Sinne nachstellen, hinauf zum Höhlenfundort Vogelherd.

Sehenswertes

› **Archäopark Vogelherd,** Am Vogelherd 1, 89168 Niederstotzingen-Stetten, Tel. 07325 9528000, www.archaeopark-vogelherd.de, April–Anf. Nov. Di.–So. 10–18 Uhr, Eintritt: 7/5/15 € (Familienkarte inkl. 1 Kind), Führungen So. 13 und 15.30 Uhr

Parken

P 80 **Archäopark Vogelherd,** GPS 48.56163, 10.19022, kostenlos. Eine Übernachtung möglich. Von hier 700 m zum Park, näherliegende Plätze sind kostenpflichtig und haben nur Pkw-Länge.

1931 entdeckte ein Heimatforscher in einem Dachsbau Reste eines bearbeiteten Feuersteins. Die Ausgrabungen von Gustav Riek (1931) und von Nicholas John Conard (2005–2012) brachten Unglaubliches zutage. 40 Figuren, Steingeräte, Geschossspitzen und Schmuckobjekte sind mittlerweile gefunden worden. Das bedeutendste Werk ist das ca. 35.000 Jahre alte Vogelherdpferd, eine 4,8 cm große Plastik. Mammut, Höhlenlöwe, Igel, Wisent und Fisch sind ebenfalls aus Mammutelfenbein gefertigte Kunstwerke, die vermutlich Jäger als Talismane trugen.

127 Wohnmobilstellplatz, Öllingen

GPS 48.52835, 10.14847

Separate Plätze auf einem gemischten Parkplatz im Zentrum unterhalb der Kirche, relativ ruhig (Ortsdurchfahrt), Gaststätte und Hofladen im Ort. **Lage/Anfahrt:** im Ort kurz vor der Kirche links, ausgeschildert „P“; **Platzanzahl:** 3; **Untergrund:** Pflaster; **Service:** Strom, Trinkwasser, Abwasser, Chemie-WC; **Sicherheit:** beleuchtet; **Preise:** kostenlos, Strom 2 €, nicht vergessen beim Rathaus einzuwerfen; **Geöffnet:** frei zugänglich; **Kontakt:** Hauptstr. 42, 89129 Öllingen.

Altsteinzeitliche Höhlen- und Eiszeitkunst ist UNESCO-Welterbe

Die Steinzeit ist die früheste Epoche der Menschheit und bezieht ihren Namen auf Funde, die bezeugen, dass Menschen erstmals Steinwerkzeuge benutzten. Sie begann vor ca. 2,5 Millionen Jahren und endete vor ungefähr 4000 Jahren. Die früheste Spanne ist die Altsteinzeit (Palöolithikum), aus der zahlreiche Höhlenfunde der Schwäbischen Alb stammen. Auf der Schwäbischen Alb gibt es zwei Hauptzentren altsteinzeitlicher Funde: das Lonetal und das Ach- und Blautal.

In strategisch günstigen Höhlen lebten zunächst die Neandertaler (vor 120.000 Jahren) und später der vor 40.000 Jahren während einer Eiszeit aus Afrika über den Balkan eingewanderte Homo sapiens (anatomisch moderne Menschen).

Der Neandertaler war ca. 165 cm groß, von gedrungener Gestalt, hatte eine kräftige Wulst über den Augen und eine niedrige Stirn. Der anatomisch moderne Mensch überragte ihn um einen Kopf, seine Gestalt war feingliedriger. Begegnet sind sich die beiden wohl nie, obwohl sie ca. 10.000 Jahre nebeneinander in Europa lebten.

Die Höhlen dienten als gut belüftetes, geschütztes Winter- und Frühlingsquartier. Im Sommer und Herbst ging es mit Zelten in die Talauen, um dort auf der Mammutsteppe Riesenhirsche, Moschusochsen, Rentiere, Bisons und Wildpferde zu jagen. Die ältesten Kunstwerke und Musikinstrumente der Menschheit entstanden hier in den Höhlen. Ganz typisch für die Figuren des schwäbischen Aurignacien (Zeit der ersten Kultur, die figürliche Kunstwerke schuf) sind die mit Steinwerkzeugen eingeritzten Muster aus gekreuzten Linien und Punktreihen. Die Symbolik dieser Muster ist bis heute unbekannt. Menschen wurden meist als Mischwesen aus Mensch und Tier dargestellt. Tierfiguren stellen große, eindrucksvolle oder schnelle, gefährliche Tiere dar.

Im Juli 2007 erhielten die sechs Höhlen Geißenklösterle, Sirgenstein und Hohle Fels im Achtal sowie Bockstein, Hohlenstein und Vogelherd im Lonetal den Status eines UNESCO-Welterbes.

181bw-gg

129 Freizeitbad Bad Blau, Blaustein

GPS 48.41750, 9.91620

Separater Platz auf einem gemischten Parkplatz bei Bad Blau, Wiesen angrenzend. WC und Duschen (Gebühr) im Bad. **Lage/Anfahrt:** Am Ortsanfang im Kreisverkehr Richtung Mähringen fahren, dann Bad Blau ausgeschildert, P6; **Platzanzahl:** 3; **Untergrund:** Schotter; **Preise:** kostenlos; **Geöffnet:** frei zugänglich; **Kontakt:** 89134 Blaustein.

182bw-gg

Wieder zurück in Ulm weist die B28 nach Westen über **Blaustein** zum nächsten Zwischenziel Blaubeuren.

BLAUBEUREN

(18 km – km 18)

Blautopf, Benediktinerkloster, historische Altstadt, schöner Wohnmobilstellplatz (130), herrliche Wanderwege und seit 2017 mit den eiszeitlichen Fundhöhlen sogar Teil des UNESCO-Welterbes: Blaubeuren kann sich wahrlich sehen lassen und ist unbedingt einen Besuch wert.

1085 als romanisches **Kloster** gegründet und von Benediktinermönchen zwischen 1466 und 1510 als spätgotische Anlage neu erbaut, fand nach der Reformation hier ein evangelisch-theologisches Seminar seine Heimat. Sehenswert sind der harmonische Kreuzgang, das einzige noch erhaltene Badehaus von Mönchen in Deutschland, der Festsaal mit Seccomalerei, das geschnitzte Chorgestühl von 1493 und der prächtige, doppelflügelige, spätgotische Wandaltar.

Gleich dahinter im felsigen Talkessel liegt der sagenumwobene **Blautopf.** Die Karstquelle mit ihrem trichterförmigen Quelltopf beeindruckt mit ihrer tiefblauen Farbe. Durch ihre 22 m Tiefe werden alle Spektralfarben bis auf blau resorbiert. Einstmals ein Wasserfall im Tal der Urdonau, wurde er vor 150.000 Jahren verschüttet und eine unterirdische Quelle mit einem Ausstoß von ca. 2300 l/sek. (bei Hochwasser bis zu 32.000 l/sek.) entstand. Der geheimnisvolle Topf war unerschöpflicher Quell für Märchen und Mythen. So schrieb Eduard Mörike die romantische „Historie von der schönen Lau", in der eine Nixe mithilfe der Blaubeurer Frauen das Lachen wieder erlernt.

Die Erforschung des Blautopfes begann 1957, als zwei Taucher bis zum tiefen Grund hinabtauchten. Jochen Hasenmayer entdeckte im Tauchgang 1985 dahinter eine riesige luftgefüllte Halle, den Mörikedom. Inzwischen sind 1700 m des weitläufigen Höhlensystems vermessen und ein trockener Zugang „Stairway to Heaven" gebohrt.

Es sind Planungen im Gange, daraus eine Schauhöhle zu machen.

Das 1267 als Civitas erstmals erwähnte Städtchen hat einen gut erhaltenen, malerischen Altstadtkern. Viele mittelalterliche Fachwerkbürgerhäuser, ehemalige Adelssitze, der quadratische Marktplatz, das Gerberviertel entlang der Aach, die gotische Stadtkirche Peter und Paul und das ehemalige Heilig-Geist-Spital zeugen vom Aufschwung durch das Kloster und die Lage an der alten Handelsroute.

Einmalige Schätze der Menschheitsgeschichte zeigt das **Urgeschichtliche Museum** URMU im Heilig-Geist-Spital. Eingebettet in das ganz besondere Ambiente dieses Gebäudes von 1420, gekonnt informativ

Ganz in der Nähe des Blautopfs liegt das ehemalige Klosterareal

präsentiert, taucht der Besucher ein in die Welt des schwäbischen Aurignacien. Im Erdgeschoss wird man in die Lebenswelt der Neandertaler und des frühen modernen Menschen eingeführt. Filme und Mitmachstationen veranschaulichen unterhaltsam die Altsteinzeit. Im Obergeschoss findet der Besucher Informationen zur geistigen Welt vor 40.000 Jahren und die Schatzkammern. Die älteste figürliche Darstellung eines Menschen ist die, aus Mammutelfenbein gefertigte **Venus vom Hohle Fels.** Dieser 6 cm große Sensationsfund aus Schelklingen mit üppigen Brüsten, breiten Schultern und gut sichtbarer Vulva wurde wahrscheinlich als Amulett oder Schmuckstück getragen.

Drei Flöten aus Schwanenflügelknochen, Mammutelfenbein und Gänsegeierknochen aus dem Geißenklösterle sind vermutlich die ältesten Musikinstrumente der Welt. Der Besuch des URMU ist ein unbedingtes Muss, will man die Gesamtheit dieses UNESCO-Welterbes verstehen.

Sehenswertes

› **Kloster,** Klosterhof 2, 89143 Blaubeuren, März.-1. Nov. 10-17, 2. Nov.-Feb. Mo.-Fr. 14-16, Sa./So. 11-16 Uhr, Badhaus April-Okt. 10-17 Uhr, Eintritt: 5 €, Kinder bis 18 Jahre frei, inkl. Badhaus 6,50 €

Wanderung Blaubeurer Felsensteig

Länge: 10,4 km; Höhenmeter: 464 m; Markierung: Blaubeurer Felsensteig; Start: Blautopf – Blaufels – Knoblauchfels – Ruine Rusenschloss – Bahnhof – Brillenhöhle – Felsenlabyrinth – Ruine Günzelburg – Blaubeuren.

Rund um Blaubeuren mit eindrucksvollem Panorama

› **Urgeschichtliches Museum,** siehe Tourist-Info, www.urmu.de, April-Okt. tägl. 10-17, Nov.-März Di.-Sa. 14-17, So. 10-17 Uhr, Eintritt: 7/3/15 €

Information

› **Tourist-Info,** Kirchplatz 10, 89143 Blaubeuren, Tel. 07344 966990, www.blaubeuren.de, geöffnet: 15. März-Nov. 10-17 Uhr, Dez.-14. März Mo.-Sa. 10-12 Uhr, So. 10-17 Uhr

Einkaufstipp/Café

› **Gmiasmayer,** Webergasse 12, 89143 Blaubeuren, Tel. 07344 923375, www.gmiasmayer.de, Mo./Di./Do./Fr. 7.30-18, Mi./Sa. 7.30-12.30, Nov.-April 12.30-14.30 Uhr geschl. Ganz liebenswerter kleiner Laden mit regionalen Produkten, hier gibt es auch belegte Focaccia, liebevoll servierte Kaffees und Eis. Ein Platz, an dem man sich wohlfühlt.

130 Dodelweg, Blaubeuren

GPS 48.41507, 9.79083

Separate Stellplätze bei den Sportstätten und Freibad, schöne, ruhige Lage, Schatten, zentrumsnah, Fahrzeuge bis 11 m Länge, WC soll 2022 fertig sein. Eintritt ins Freibad für 1 Pers. inkl. **Lage/Anfahrt:** im Ort ausgeschildert, **Platzanzahl:** 16, plus 5 ohne Strom; **Untergrund:** Pflaster; **Service:** Strom, Trinkwasser, Abwasser, Chemie-WC, WLAN; **Sicherheit:** beleuchtet; **Preise:** 15 €/Fahrz. inkl. Strom; Wasser, Chemie-WC je 1 €, ohne Strom 10 €; **Geöffnet:** ganzjährig; **Kontakt:** Dodelweg 20, 89143 Blaubeuren, www.tw-blaubeuren.de.

184bw-gg

ABSTECHER ZUM UNESCO-WELTERBE HOHLE FELS

(hin und zurück 11 km)

Die Karsthöhlen auf der Schwäbischen Alb

Die Schwäbische Alb gehört zu den niederschlagsreichen Regionen von Baden-Württemberg. Trotzdem sieht man wenige Bäche und Flüsse. Der Grund dafür liegt in der Landschaftsverkarstung (40 % der Landfläche). Das Niederschlagswasser versickert schnell in den Untergrund und fließt in unterirdische Höhlensysteme ab. Das kohlensäurehaltige Regenwasser löst den Kalk durch Korrosion aus dem Gestein (etwa 100.000 m^2 Kalk jährlich) und lässt so unterirdische Höhlensysteme entstehen. Das darin gesammelte Wasser tritt durch Quellen und Quelltöpfe wieder an die Oberfläche und der ausgelöste Kalk setzt sich als schimmernder Sinterbelag in den Höhlen ab und bildet faszinierende Tropfsteine.

Mehr als 2000 Höhlen im weißen Jura sind auf der Schwäbischen Alb bekannt, viele sind bis heute noch unerforscht und dienen den Fledermäusen als Winterquartier.

185bw-gg

Um die Fundstelle der Venus in Augenschein nehmen zu können, folgt man der B492 Richtung Schelklingen und biegt kurz vor dem Ort nach links Richtung Kläranlage/ Hohle Fels ab. Ein ganz besonderes Erlebnis ist es, die riesige Hallenhöhle Hohle Fels zu betreten und somit auf archäologischen Fundschichten von 50.000 Jahren Menschheitsgeschichte zu stehen. Zwischen 23.000 und 40.000 Jahre sind die Fundstücke **Venus** (Länge 59,7 mm Länge, Breite 34,6 mm, Dicke 31,3 mm, Gewicht 33,3 g), Wasservogel, kleiner Löwenmensch und Pferdekopf alt. Die Grabungen begannen 1958 auf Initiative der Schelklinger Heimatforscherin Gertrud Matschak und auch heute noch finden in der Höhle Ausgrabungen statt.

Sehenswertes

› **Hohle Fels,** GPS 48.37943, 9.75251, geöffnet: Mai–Okt. Mi.–Fr. 14–17 Uhr, Sa. 12–17 Uhr, So. 11–17 Uhr, nur im Rahmen von Führungen, die zur halben und vollen Stunde beginnen, Eintritt: 4,50/1 €, Kinder bis 6 Jahre frei

› **Sontheimer Höhle,** Heroldstatt, GPS 48.43487, 9.68413, geöffnet: Mai–Okt. Sa. 14–17 Uhr, So. 10–17 Uhr, Eintritt: 3,50/2 €. Die älteste Schauhöhle Deutschlands führt die Besucher auf 192 m Länge bis in 34 m Tiefe.

131 WoMoStellplatz, Heroldstatt

GPS 48.45461, 9.66753

Plätze am Rande eines Gewerbegebiets mit schöner Aussicht, B28 in Hörweite. **Lage/Anfahrt:** von der B28 ins Industriegebiet Wörth abbiegen; **Platzanzahl:** 12; **Untergrund:** Schotter; **Service:** Strom, Trinkwasser, Chemie-WC; **Preise:** 15–20 €/Fahrz. alles inkl.; **Geöffnet:** ganzjährig; **Kontakt:** Weberstraße, 72535 Heroldstatt.

In der Karsthöhle Hohle Fels

LAICHINGER TIEFENHÖHLE

(14 km – km 32)

186bw-gg

Als einzig begehbare Schachthöhle in Deutschland bringt es die Laichinger Tiefenhöhle auf eine Tiefe von 87 m und eine Länge von 1348 m. Für Besucher sind 330 m bis zu einer Tiefe von 55 m erschlossen. Man fühlt sich beinahe als echter Höhlenforscher, wenn man durch schmale, natürlich entstandene Gänge und über steile Eisentreppen bis zur großen und kleinen Halle hinabsteigt. Immer wieder bieten sich faszinierende Ausblicke während des außerordentlich lohnenden Rundgangs.

1892 entdeckte Johann Georg Mack beim Schürfen nach Dolomitsand den Zugang zur Höhle. Forscher haben mit markiertem Wasser bewiesen, dass das Wasser aus Laichingen bis zum Blautopf fließt. Es braucht für die Strecke von 10 km 70 Stunden.

Ein angegliedertes kleines Museum erläutert die Höhlenforschung (Speläologie) in der Region.

Der Ort **Laichingen** ist bereits seit dem Mittelalter als Leinenweberort bekannt. Im 19. Jh. gab es hier 200 Leinenwebermeister. Ab 1948 sorgte besonders die qualitativ hochwertige Bettwäsche für einen blühenden Industriezweig.

Sehenswertes

› **Laichinger Tiefenhöhle,** GPS 48.47882, 9.69243, Tel. 07333 5586, www.tiefenhoehle.de, geöffnet: Palmsonntag–Anf. Nov. 10–18 Uhr, Eintritt: 4/2,80 €. Hier gibt es auch einen Kinderspielplatz und einen Kletterpark.

Über Westerheim rollt das Wohnmobil zum nächsten Zwischenstopp **Schertelshöhle.**

Zunächst geht es über Treppen durch das „Kuhloch" 24 m tief hinab. Prächtige Tropfsteine und schimmernde Sinterbildungen säumen den 212 m langen Weg durch zwei Gänge der Höhle. Auch in der Schertelshöhle finden Fledermäuse ein gutes Winterquartier, deshalb ist sie in dieser Zeit für Besucher geschlossen.

An der Infostelle des **Biosphärengebiets** vor dem Eingang erfährt man alles über die Höhlenentstehung, Lebewesen in der Höhle, Höhlenfunde und Höhlenschutz.

Sehenswertes

› **Schertelshöhle,** Im Gwann 1, 72589 Westerheim, GPS 48.53614, 9.59140, 3 km teilweise schmale Zufahrt zum Parkplatz, Tel. 07333 7845, www.schertelshoehle.de, geöffnet: Palmsonntag–Okt. Sa./So. 10–18 Uhr, Mitte Mai–Ende Sept. auch Di.–Sa. 10–18 Uhr (nur mit Führung), Eintritt: 3,50/2 €

Von Wiesensteig geht Route 6 zunächst Richtung Kirchheim und dann links weiter zum Parkplatz bei der **Ruine Reußenstein.**

Um den einzigen Albaufstieg zu kontrollieren, errichtete vermutlich ein Ritter von Stein um 1270 auf einem hoch aufragenden Felsen am Nordrand der Schwäbischen Alb eine Burg. Seit 1371 ist sie als Reußenstein bekannt. Ihre wechselvolle Geschichte mündete schließlich 1964 in den Verkauf an den Kreis Nürtingen und die umfangreiche Sanierung 2012. Heute ist sie für Ausflügler und Kletterer ein beliebtes Ziel.

Ruine Reußenstein

Wanderparkplätze

- 81 **Bei der Ruine Reußenstein (1),** GPS 48.56511, 9.58097, von hier 1,5 km zur Ruine
- 82 **Bei der Ruine Reußenstein (2),** GPS 48.55995, 9.57370, von hier 700 m zur Ruine, mehrere andere Wandertouren starten hier

132 Campingplatz Heidehof, Laichingen-Machtolsheim

GPS 48.47754, 9.74478

Großer Komfortplatz in schöner, ruhiger Lage mit guter Sanitärausstattung, Familienbäder zum Mieten, Pool, Minimarkt, Restaurant. **Lage/Anfahrt:** In Laichingen ausgeschildert; **Platzanzahl:** 150; **Untergrund:** Schotterrasen; **Service:** Strom, Trinkwasser, Abwasser, WLAN; **Sicherheit:** umzäunt, beleuchtet, bewacht; **Preise:** 8,10–10,10 €/Fahrz., 7,70 €/Pers., Strom 4 €, Hund 3,50 €, Umweltpauschale 3 €/Aufenthalt, Pauschale 17–9 Uhr 24–26 €; **Geöffnet:** ganzjährig; **Kontakt:** Heidehofstraße 50, 89150 Laichingen-Machtolsheim, Tel. 07333 6408, www.camping-heidehof.de.

133 Wohnmobilstellplatz, Weilheim/Teck

GPS 48.62060, 9.53522

Platz in zentraler, relativ ruhiger Lage (Straße), Bezahlung in 400 m Entfernung oder über App. **Lage/Anfahrt:** im Ort ausgeschildert; **Platzanzahl:** 8; **Untergrund:** Schotter; **Service:** Strom, Trinkwasser, Abwasser, Chemie-WC, WLAN; **Sicherheit:** beleuchtet; **Preise:** 6,90 €/Fahrz., Strom 1 €/kW, Wasser 1 €; **Geöffnet:** ganzjährig; **Kontakt:** Kalixtenbergstr. 3, 73235 Weilheim an der Teck.

Einkaufstipp

- **Der Berghof Rabel,** Berghof 1, 73277 Owen, Tel. 07021 861961, www.berghof-rabel.de, geöffnet: Di.–Do. 14–18.30 Uhr, Fr. 10–18.30 Uhr, Sa. 10–14.30 Uhr. Schwäbischer Whisky und Gin, Saft, Sirup, Marmeladen.

Vulkanismus

Vulkanismus prägt heute noch das Landschaftsbild der mittleren Schwäbischen Alb. Ca. 350 ehemalige Vulkanschlote sind hier zu finden. Sie entstanden vor 16 bis 20 Millionen Jahren während einer Zeit starker tektonischer Bewegungen.

In dem vulkanischen Tuffstein sammelte sich das lebensnotwendige Wasser und floss in den Höhlen nicht ab. Dieser Umstand hatte bei der Besiedelung der Schwäbischen Alb durch Menschen große Bedeutung. Das Randecker Maar ist mit 1,2 km Durchmesser das wohl bedeutendste Zeugnis des Schwäbischen Vulkanismus.

Markante Kegelberge sind der Spitz- und Engelberg bei Beuren, der Georgenberg bei Reutlingen und die Limburg bei Weilheim.

Um zur Teck zu gelangen, muss das Reisemobil einen weiten Bogen nach Weilheim an der Teck, Dettingen a. d. T. und **Owen** zurücklegen. Drei Kilometer auf schmaler, kurviger Straße geht es von Owen hinauf zu den Wanderparkplätzen.

BURG TECK

(51 km – km 83)

Schon bei der Anfahrt sieht man die kühn auf 775 m Höhe erbaute Burg. Vermutlich schon im 11. Jh. errichtet, findet man 1152 die erste urkundliche Erwähnung. Nach wechselnden Besitzern, Plänen zum Ausbau zur Festung und schließlich 1738 der Abrissgenehmigung, wurde 1889 ein Turm, 1933 eine Veranstaltungshalle und 1955 ein Wanderheim auf den alten Grundmauern erbaut.

Die Burg Teck beherbergt heutzutage ein Wanderheim und ein Restaurant

Burgen auf der Schwäbischen Alb

Die Schwäbische Alb ist reich an mittelalterlichen Burgen und Schlössern. Ungefähr 100 thronen auf Bergkuppen und an Felskanten vor allem entlang des Albtraufs. Im 11. Jh. entstanden in exponierten Lagen wehrhafte Herrschaftssitze wie die Achalm, der Hohenstaufen und der etwas jüngere Hohenneuffen. Die strategisch günstige Lage ermöglichte die Kontrolle des Herrschaftsgebietes.

Mit den Staufern und Hohenzollern haben zwei Kaiserdynastien in der Region ihren Stammsitz.

187bw-gg

Die herrliche Rundumsicht und die Einkehr in der Gaststätte lohnen den Aufstieg.

Wanderparkplätze

- 83 **Wanderparkplatz Hörnle,** GPS 48.59594, 9.47454, kostenlos, für Fahrzeuge bis 3,5 t, von hier 1,5 km zur Burg
- 84 **Wanderparkplatz Bölle,** GPS 48.58438, 9.46672, kostenlos

Wieder unten in Owen nimmt man die L1210.

BEUREN
(7 km – km 90)

Unterhalb des 743 m hohen Hohenneuffen liegt der freundliche Erholungsort mit Heilquellenkurbetrieb. Aus 755 bzw. 381 m Tiefe sprudelt in der **Panorama Therme** aus zwei Quellen Thermalwasser in sieben Becken mit 1000 m² Wasserfläche. In den Innen- und Außenbecken sorgen Wassertemperaturen von 24–40 °C für ideale Bedingungen für jeden Genießer.

Vom „Bauernschloss“ zum Tagelöhnerhaus, vom Weberhaus übers Rathaus zum Fotoatelier reicht die Bandbreite des **Freilichtmuseums Beuren.** 25 historische Gebäude, zusammengetragen aus Dörfern der Schwäbischen Alb und des mittleren Neckarraums, belebt durch allerlei „Viehzeug“ und bepflanzt mit Gemüse, erlebt der Gast eine kurzweilige Zeitreise. App oder Audioguide beleben den Besuch mit Geschichten der ehemaligen Bewohner. Regionale und nostalgische Waren bietet das Tante-Helene-Lädle und die Gartenwirtschaft von „Herrn Kächele“ serviert „Schwäbisches für Schleckige“.

Sehenswertes

› **Freilichtmuseum Beuren,** In den Herbstwiesen, 72660 Beuren, www.freilichtmuseum-beuren.de, Tel. 07025 911900, geöffnet: April–Anfang Nov. Di.–So. 9–18 Uhr, Eintritt: 7/3,50/15 €

Aktivitäten

› **Panorama Therme,** Am Thermalbad 5, 72660 Beuren, Tel. 07025 910500, www.panorama-therme.de, geöffnet: tägl. 9–22 Uhr, Sauna Mo.–Fr. ab 11 Uhr, Sa./So. ab 10 Uhr, Eintritt: Therme 3 Std. 12 €, Sa./So. +1 €, Sauna 4 Std. 18 €, Sa./So. +1 €

188bw-gg

134 Panorama Therme, Beuren

GPS 48.56626, 9.39957

Plätze beim Thermalbad in schöner, relativ ruhiger Lage am Ortsrand. WC im Bad. Für 2022/23 ist hier ein neuer größerer Platz geplant. **Lage/Anfahrt:** Thermalbad ausgeschildert, dann an den Parkplätzen vorbei und rechts in die Goethestraße fahren; **Platzanzahl:** 4; **Untergrund:** Asphalt; **Service:** Strom; **Sicherheit:** beleuchtet; **Preise:** 6 €/Fahrz., Strom 1 €/3 kWh; **Geöffnet:** frei zugänglich; **Kontakt:** Goethestr., 72660 Beuren.

Wanderung „hochgehnießen“

Länge: 6,7 km; Höhendifferenz: 110 m; Markierung: hochgehnießen; Start: Parkplatz Freilichtmuseum Beuren – Bodenlehrpfad – Blumentobel-See – Blumentobel-Hütte – Schutzhütte Breitenlau – Hohenneuffen-Blick – Infotafel – Aussicht vom Engelberg – Landhaus Engelberg (Einkehr) – Freilichtmuseum.

Durch Obstplantagen weite Aussicht bei der Umrundung des Engelbergs.

NEUFFEN

(3 km – km 93)

Ein kurzer Auszug aus der Stadtgeschichte: 1100 erste urkundliche Erwähnung unter dem Namen Nifen, Stadtrechteverleihung 1232, Blütezeit im 14.–16. Jh., 1634 zerstörten kaiserliche Truppen durch Brandlegung beinahe die ganze Stadt, um 1700 fielen zwei Drittel der Bevölkerung der Pest zum Opfer.

Heute ist Neuffen ein nettes kleines Städtchen mit ca. 6000 Einwohnern und einigen historischen Gebäuden im Altstadtkern. Zur Erkundung folgt man am besten dem historischen Stadtrundgang.

Die Geschichte der Stadt ist von alters her mit dem Weinbau verbunden, der Täleswein gehört seit 1239 zu Neuffen. Wer ihn probiert und anschließend nicht mehr fahrtüchtig ist, findet auf dem schönen Stellplatz 135 eine entspannte Nachtruhe.

Gastronomie

- **Traube,** Hauptstr. 24, 72639 Neuffen, Tel. 07025 92090, www.traube-neuffen.de, geöffnet: Mo.–Do. 12–14 und 18–21 Uhr, So. 11.30–14 Uhr. Familienbetrieb mit engagierten Mitgliedern. Hier kommen nur frische Produkte auf den Tisch.

Hinter Neuffen muss das Wohnmobil arbeiten, um die Höhe der Schwäbischen Alb zu erklimmen. Oben angekommen sind es 5 km bis zum Parkplatz der **Festungsruine Hohenneuffen.** Nun geht es zu Fuß 800 m durch den Wald bis zur Burg. Das Panorama von den Terrassen auf das Vorland bis nach Stuttgart und auf der anderen Seite über die Schwäbische Alb ist grandios.

Auf einem markanten Felsen in 743 m Höhe stand hier bereits im 11. Jh. eine mittelalterliche Höhenburg. Die erste urkundliche Erwähnung stammt von 1198, als sie zum Besitz der Edelfreien von Neuffen gehörte, deren berühmter Spross der Minnesänger Gottfried von Neuffen war. 1301 kam sie zum Hause Württemberg und wuchs unter Herzog Ullrich im 16. Jh. zu einer eindrucksvollen Festungsanlage mit drei Rundbastionen. Wie wehrhaft sie war, sieht man daran, dass sie niemals eingenommen werden konnte. Aller-

135 Schützenhaus, Neuffen

GPS 48.54714, 9.37085
Plätze in sehr schöner, sehr ruhiger Aussichtslage außerhalb des Ortes. Schützenhaus mit Biergarten am Platz. **Lage/Anfahrt:** im Ort der Beschilderung folgen; **Platzanzahl:** 16; **Untergrund:** Schotter; **Service:** Strom, Trinkwasser, Abwasser, Chemie-WC; **Sicherheit:** beleuchtet; **Preise:** 8,50 €, Strom 2 €/8 Std., Wasser 2 €; **Geöffnet:** frei zugänglich; **Kontakt:** Schützenhausweg, 72639 Neuffen.

dings gab 1519 und 1635 (Dreißigjähriger Krieg) die Festungsbesatzung der Burg nach langer Belagerung auf. Im 18. Jh. erfolgte unter Herzog Karl Alexander die letzte Erweiterung. Er wollte eine Festung nach französischem Vorbild, doch sein Tod beendete die Bautätigkeit. Die Burg zerfiel, bis sie schließlich 1801 zum Abbruch freigegeben wurde.

Bedeutungsvoll ist der Hohenneuffen auch für die Geschichte des Landes Baden-Württemberg. Ursprünglich waren es drei Landesteile: Württemberg-Baden, Württemberg-Hohenzollern und Baden. 1948 lud Reinhold Maier, Regierungschef von Württemberg-Baden, hier zu einer Konferenz mit dem Ziel des Zusammenschlusses der Landesteile. 1952 wurde das Land Baden-Württemberg aus der Taufe gehoben.

Sehenswertes

› **Festungsruine Hohenneuffen,** www.festungsruine-hohenneuffen.de; www.falkner-wolfgang-weller.de, geöffnet: Mo./Di. 9–17 Uhr, Mi.–So. 9–19 Uhr, Nov.–März 10–17 Uhr, Führungen April–Okt. tägl. 15 Uhr, Sa./So. auch 13 Uhr; Falknervorführungen bei gutem Wetter April–Okt. So. 12/14/16 Uhr, ab 26.12. bei gutem Wetter So. 14 Uhr, Eintritt: kostenlos; Führungen 5/2,50/12,50 €, Falknervorführung 5/3 €

Die Ruine Hohenneuffen ist ein beliebtes Ausflugsziel

Wanderung „hochgehkeltert"

Länge: 7,2 km; Höhendifferenz: 354 m; Markierung: hochgehkeltert; Start: Wanderparkplatz Schelmenwasen in Neuffen – Burg Hohenneuffen – Grillstelle – Startplatz Gleitschirmflieger – Alte Steige – Grillstelle Parkplatz Sieben Linden – Neuffener Heide – Neuffener Schloßsteige – Freibad Neuffen – Ortsmitte Neuffen. Zur Burgruine mit traumhafter Aussicht, durch Naturschutzgebiet und Weinberge hinunter zum Ort.

191bw-gg

136 Phoenix Platz, Hülben

GPS 48.52583, 9.41205

Separate Plätze auf einem großen gemischten Parkplatz in schöner, ruhiger Lage. Dusche, Waschmaschine, Trockner im Sportheim. Ort ca. 500 m. Pizzeria in der Nähe. Wandermöglichkeiten vom Platz ab. **Lage/ Anfahrt:** In Hülben die erste Straße links und 600 m zum Platz; **Platzanzahl:** 10; **Untergrund:** Schotter; **Service:** Strom, Trinkwasser, Abwasser, Chemie-WC; **Sicherheit:** beleuchtet; **Preise:** kostenlos, Wasser 0,50 €, Strom 1 €/kWh; **Geöffnet:** frei zugänglich; **Kontakt:** Kaltentalstraße, 72584 Hülben.

Wanderung „hochgehfestigt“

Länge: 9,5 km; Höhendifferenz: 350 m; Markierung: hochgehfestigt; Start: Wanderparkplatz Hohenneuffen – Burg Hohenneuffen – Aussichtspunkt beim Skilift – Willi Gras Bank – Seehütte beim Tobelweiher – Tobelweiher bei Beuren – Freilichtmuseum Beuren – Landhaus Engelberg (Einkehr) – Schutzhütte in den Weinbergen – Vulkanembryo Hohbölle – Gasthaus Besenstüble (Einkehr) – Panoramabad Beuren – Burg Hohenneuffen – Parkplatz. Faszinierende Ausblicke auf Beuren und die Region.

Wanderparkplatz

85 **Hohenneuffen,** GPS 48.55349, 9.40296, kostenlos. Eine Übernachtung möglich, von hier sind es 800 m zur Burg

Die 5 km muss man nun bis zur Kreuzung bei Hülben zurück. Von dort über eine landschaftlich besonders schöne Fahrstrecke geht es hinunter nach Bad Urach.

Das Herz von Bad Urach

BAD URACH

(24 km – km 117)

Bad Urach ist reich an Geschichte, war es doch zwischen 1441 und 1482 während der Teilung der Grafschaft Württemberg Residenzstadt des südlichen Teils. Das schon seit Ende des 14. Jh. bestehende Schloss erhob Graf Ludwig zum **Residenzschloss.** Hier wurde ihm 1445 sein Sohn Eberhard V. geboren, später berühmt als Eberhard im Bart. Ihm gelang die Wiedervereinigung der beiden Landesteile 1482. Urach verlor seinen Status und war fortan Jagdschloss der württembergischen Herzöge. Besonders sehenswert sind die mit gotischem Kreuzrippengewölbe verzierte Dürnitz (geheizte Hofstube) und der Goldene Saal, ein Renaissancesaal mit prunkvoller Ausstattung. Diese erhielt er 1474 anlässlich der Hochzeit von Graf Eberhard im Bart mit der italienischen Fürstentochter Barbara Gonzaga aus Mantua.

Die weltweit größte Sammlung barocker Prunkschlitten präsentiert das **Landesmuseum im Uracher Schloss.** Zwischen 1640 und dem Ende des 18. Jh. von den besten Holzbildhauern hergestellt, zeigen sie das breite Spektrum dieser reich verzierten Repräsentationsschlitten.

Das außerordentlich reizende Fachwerkstädtchen entdeckt man auf den beiden mit Infotafeln versehenen Residenzrundwegen. Sehenswert ist besonders der große Marktplatz mit dem spätgotischen Brunnen (1495), gespendet von Graf Eberhard im Bart anlässlich seiner Erhebung in den Reichsfürstenstand. Im Mittelpunkt steht das Rathaus von 1440, sein heutiges Aussehen stammt von 1562 und 1907.

Wie der Zusatz Bad sagt, hat Urach natürlich auch Thermen mit reinem Mineralwasser. Innen- und Außenbecken, Sauna, Massage, Dampfhöhle und Meditationsbecken bieten Entspannung und Wohlgefühl.

Wie das Wasser vom **Uracher Wasserfall** 37 m im freien Fall über die Tuffsteinkante in die Tiefe stürzt, kann man nach einer kurzen Wanderung bestaunen. Über steile Stufen immer wieder mit neuen Perspektiven auf den schönsten Wasserfall der Schwäbischen Alb, erklimmt man die Brücke auf der Hochwiese. Start ist der Wasserfallparkplatz (s. S. 236).

Sehenswertes

› **Residenzschloss Urach,** Bismarckstraße 18, 72574 Bad Urach, Tel. 07125 158490, www.schloss-urach.de, geöffnet: Di.–So. 10–17 Uhr, Nov.–März Di./Do. 10–16, Mi./Fr. 13–16, Sa./So. 12–17 Uhr, Führungen 14.30 Uhr, Nov.–März nur Sa./So., Eintritt: 4/2/10 €, mit Führung 5/2,50/12,50 €

Information

› **Touristeninformation,** Bei den Thermen 4, 72574 Bad Urach, www.badurach-tourismus.de, Tel. 07125 94320, geöffnet: Mo.–Fr. 9–12 und 14–17 Uhr, Sa. 9–12 Uhr, Schulferien BW tägl. 9–17 Uhr. Hier kann man E-Bikes leihen.

Gastronomie

› **Speisecafé Schlössle,** Wiesentalstr. 26, 72574 Bad Urach, Tel. 07381 3120, geöffnet: Mi.–Sa. 12–20 Uhr, So. 11.30–20 Uhr. Gut besuchtes, gemütliches Lokal, hausgemachte Kuchen und Torten.

› **Die Traube,** Kirchstr. 8, 72574 Bad Urach, Tel. 07125 70908, http://traube-badurach.de,

192bw-gg

193bw-gg

⑬⑧ Thermen, Bad Urach

GPS 48.50068, 9.37748

Separate Plätze in relativ ruhiger, schöner Lage bei der Therme. Ins Zentrum 2 km, P-Wasserfälle 700 m. Anbindung an öffentlichen Verkehr. **Lage/Anfahrt:** Richtung Therme, dann ausgeschildert; **Platzanzahl:** 26; **Untergrund:** Pflaster; **Service:** Strom, Trinkwasser, Abwasser, Chemie-WC, WLAN; **Sicherheit:** beleuchtet; **Preise:** 10 €/Fahrz. inkl. Strom und Taxe, Ver- und Entsorgung je 1 €; **Geöffnet:** frei zugänglich; **Kontakt:** Bäderstraße, 72574 Bad Urach, Tel. 07125 94320, www.badurach-tourismus.de.

Fahrradtour Vorderer Alb-Radweg

Länge: 51,7 km; Höhendifferenz: 695 m; Markierung: R14; Start: Bad Urach Altstadt – Heidengraben – Zaininger Hüle – Angelteich „Ermstalfischerei" – Residenzschloss Bad Urach. Auf und ab über die Uracher Alb

Wanderung zur Ruine Hohenurach

Länge: 7,6 km; Höhendifferenz: 487 m; Markierung: Premiumweg; Start: P&R Parkplatz Bahnhof. Premiumweg mit herrlichen Ausblicken und Besuch der Ruine Hohenurach

geöffnet: Mi.–Mo. 11–14 und 17–22 Uhr. Überraschungsmenü mit vier Gängen oder Zwiebelrostbraten sehr empfehlenswert.

Aktivitäten

› **AlbThermen,** Bei den Thermen 2, 72574 Bad Urach, Tel. 07125 94360, www.albthermen.de, geöffnet: Therme 9–21 Uhr, Sauna 10–21 Uhr, Eintritt: 18,90/17,90 €, Sa./So. + 1 €, mit Sauna 8,90 € Aufpreis

› **Uracher Schäferlauf,** alle zwei Jahre im Juli (Termine unter www.badurach-schaeferlauf.de). Heimatfest mit historischem Umzug.

Wanderparkplatz

86 **Uracher Wasserfälle,** GPS 48.49642, 9.37325, gebührenpflichtig. 1,8 km zu den Wasserfällen. Hier startet auch der reizvolle Wasserfallsteig von 10 km Länge und 510 m Höhendifferenz.

⑬⑦ Campingplatz Pfählhof, Bad Urach

GPS 48.50370, 9.42438

Platz in schöner, ruhiger Lage mit guter Sanitärausstattung, Waschmaschine/Trockner, Gasthof, Brötchenservice, ins Zentrum 2,6 km. **Lage/Anfahrt:** in Urach ausgeschildert; **Platzanzahl:** 335; **Untergrund:** Wiese; **Service:** Strom, Trinkwasser, Abwasser, Chemie-WC, WLAN; **Sicherheit:** umzäunt, beleuchtet, bewacht; **Preise:** 25 €/Fahrz. inkl. 3 Pers., Strom: Juni–Sept. 3 €; Okt.–Mai Anschluss 1,90 €, 0,60 €/KWh, Dusche 0,50 €, Hund 3 €, Taxe 2 €/Pers.; **Geöffnet:** Mitte Feb.–Anfang Jan.; **Kontakt:** Pfählhof 1, 72574 Bad Urach, Tel. 07125 8098, pfaehlhof.de.

Durch die schöne Alblandschaft nimmt die B465 den Reisenden mit nach Münsingen.

Anstelle der Soldaten marschieren seit 2005 Wanderer über den ehemaligen Truppenübungsplatz

MÜNSINGEN

(15 km – km 132)

Zwischen den sanften Kuppen der „rauen“ Alb haben bereits im 7. Jh. Menschen gesiedelt. Aufwertung bekam Münsingen 1339 mit der Verleihung der Stadtrechte, im 15. Jh. mit Baumaßnahmen zur Vergrößerung von Schloss und Kirche und als Ort des Münsinger Vertrages 1482, der zur Wiedervereinigung Württembergs führte.

Bei der Touristeninformation kann man einen interessanten geschichtlichen Rundgang zu den Sehenswürdigkeiten wie dem Markplatz, dem Alten Rathaus, der ehemaligen Stadtburg und einem Teil der alten Stadtmauer buchen.

Ein weiteres einschneidendes Datum ist 1895 die Anlage eines **Truppenübungsplatzes** für das Königlich Württembergische Armeekorps im Münsinger Hardt. Bis 2005 war das 6700 Hektar große Gebiet zunächst von der Wehrmacht, später von französischen Truppen und der Bundeswehr militärisch genutzt worden und lediglich von Schafen beweidet. Nachdem das Militär das Gelände aufgegeben hat, kann man die wunderschöne liebliche Natur auf mehreren Rad- und Wanderwegen erkunden. Da das Gebiet immer noch mit Kampfmitteln belastet ist, darf man die ausgewiesenen Wege nicht verlassen. Eine kurze, besonders interessante Tour (hin und zurück 4 km) führt vom Wanderparkplatz Trailfinger Säge zum aufgelassenen Dorf Gruorn.

1937 blieben den Bewohnern nur zwei Jahre Zeit, um ihr Dorf wegen einer geplanten Übungsplatzerweiterung zu räumen. Die Kirche, das Schulhaus mit Museum und einige Grundmauern erinnern noch heute an Gruorn. In der Gastwirtschaft wird man von Ostern bis Allerheiligen bewirtet. Sehr gut gelungen ist die Renovierung des denkmalgeschützten Alten Lagers. In den ehemaligen Truppenunterkünften sind unter dem Namen **albgut** sehr interessante Manufakturen (z. B. für Wollwaren, Essig, Nudeln, Schokolade usw.) und gemütliche Einkehrmöglichkeiten eingezogen.

Für aussichtsreiche, unvergessliche Wanderungen im **Biosphärengebiet** ist Münsingen ideal. Allein vier „hochgeh-Wege“ erschließen die herrliche Gegend. „Hochgehütet“ geht es hinauf auf den, von einem Naturreservat umgebenen, 800 m hohen Hausberg, den Beutenlay. Informationen zum Biosphärengebiet erhält man im Biosphärenzentrum auf 450 m² Ausstellungsfläche.

Biosphärengebiet Schwäbische Alb

Auf 85.269 Hektar Fläche von Weilheim/Teck im Norden, Zwiefalten im Süden, Schelklingen im Osten und Reutlingen im Westen erstreckt sich das 2009 von der UNESCO anerkannte Biosphärengebiet Schwäbische Alb. Es dient dem Schutz und der Bewahrung dieser einzigartigen Kulturlandschaft mit landschaftsprägenden Streuobstwiesen im Albvorland, den Hang- und Schluchtwelten am Albtrauf und den artenreichen, weitläufigen Wacholderheiden auf der Hochfläche. 18 Kommunen haben das Gebiet mit ausgezeichneten Premiumwanderwegen wie den „hochgeh“-Wegen erschlossen.

Informationen zu Geologie, Landschaft, Flora und Fauna gibt es in den Infozentren in Münsingen, Bad Urach, Beuren, Schertelshöhle u. v. a. m.

195bw-gg

⑬⑨ Wiesentalstation, Münsingen

GPS 48.40955, 9.48629

Separate Plätze in schöner, ruhiger Ortsrandlage. Viele Wanderwege in der Nähe! AlbCard inkl.; **Lage/ Anfahrt:** Im Ort gut ausgeschildert; **Platzanzahl:** 26; **Untergrund:** Schotter; **Service:** Strom, Trinkwasser, Abwasser, Chemie-WC; **Preise:** 15 €/Fahrz. inkl. Strom, Wasser 1 €; **Geöffnet:** frei zugänglich; **Kontakt:** Grafenecker Straße, 72525 Münsingen.

316bw © Gotthilf Ostertag

⑭⓪ Womo-Stellplatz Trailfingen/Gruorn, Münsingen

GPS 48.43373, 9.50111

Gepflegter Platz, der besonders durch seine Lage am Biosphärenreservat und die sehr engagierten Betreiber besticht. Ideal für Touren auf dem ehemaligen Truppenübungsplatz. Brötchenservice. **Lage/Anfahrt:** durch Trailfingen hindurch, dann ausgeschildert; **Platzanzahl:** 14; **Untergrund:** Schotter; **Service:** Strom, Trinkwasser, Abwasser, Chemie-WC, WLAN; **Preise:** 10 €/Fahrz., Strom 1 €/1,5 kWh; **Geöffnet:** ganzjährig; **Kontakt:** Tragolfstraße 59, 72525 Münsingen, Tel. 01626 280023, www.womo-stellplatz-trailfingen-gruorn.de.

Aber auch als Zentrum für **E-Bike-Erkundungen** zeichnet sich Münsingen mit seinem Mobilitätszentrum am Bahnhof aus. Sechs Touren mit unterschiedlichen Anforderungen von 42 bis 70 Kilometer Länge starten hier. Münsingen ist einfach zu interessant, um nur einen Tag zu bleiben.

AlbCard

Seit 2020 gibt es bei einigen Camping- und Stellplätzen kostenlos die AlbCard (www.albcard.de). Sie bietet kostenfreie Nutzung des öffentlichen Nahverkehrs und gratis Eintritt zu 125 Attraktionen. Zurzeit ist sie noch nicht weit verbreitet, aber vielleicht ändert sich das bald. Fragen Sie bei der Bezahlung nach.

Sehenswertes

› **Biosphärenzentrum Schwäbische Alb,** Von der Osten Str. 4–6, 72525 Münsingen, Tel. 07381 93293831, www.biosphaerenzentrum-alb.de, geöffnet: Mi.–Mo. 10–18 Uhr, Nov.–März 11–17 Uhr, Eintritt: 4/2/10 €, Parkplatz GPS 48.41611, 9.53863

Information

› **Touristik Münsingen,** Hauptstraße 13, 72525 Münsingen, Tel. 07381 182145, www.muensingen.

Fahrrad-Touren

Über die Albhöhen ins Lautertal

Länge: 37,7 km; Höhendifferenz: 476 m; Markierung: R8; Start: Münsingen – Ruine Niedergundelfingen – Spitzer Stein – Ruine Hohenhundersingen – Hundersingen – Münsingen. Von der Alb ins idyllische Lautertal

Gestütshof und Rutschenfelsen

Länge: 37,7 km; Höhendifferenz: 476 m; Markierung: e1; Start: Münsingen Mobilitätszentrum – Aussichtspunkt Schwende – Aussichtspunkt Rutschenfelsen – Gestüt St. Johann – Grillplatz Fohlenhof St. Johann – Aussichtspunkt Birkenhof – Münsingen

Märchenschloss und Höhlen

Länge: 60,4 km; Höhendifferenz: 684 m; Markierung: e2; Start: Münsingen Mobilitätszentrum – Schloss Grafeneck – Lagerhaus Dapfen – Schloss Lichtenstein – Nebelhöhle – Burgruine Stahleck – Automuseum Engstingen – Münsingen

Wanderung „hochgehhütet"

Länge: 4,5 km; Höhendifferenz: 83 m; Markierung: hochgehhütet; Start: Bahnhof Münsingen – Parkplatz am Schützenhaus – Aussichtspavillon – historische Dreifelderwirtschaft – Ferienanlage Hofgut Hopfenburg – Aussicht Heutal-Blick – Parkplatz Schützenhaus – Bahnhof. Tour rund um das Naturreservat Beutenlay

com, Mai–Okt. Mo.–Fr. 9–17, Nov.–April Mo.–Fr. 9–12 und 14–17 Uhr. Sehr hilfsbereite Mitarbeiter.

Gastronomie

› **Hotel Gasthof Herrmann,** Am Marktplatz, 72525 Münsingen, www.hotelherrmann.de, Tel. 07381 18260, geöffnet: Mo.–Sa. 6.30–23.30 Uhr, So. 8–22.30 Uhr. Regionale Zutaten von Küchenchef Alexander Schulz kreativ gekocht.

Einkaufstipp

› **Wicky's Schnapslädle Fladhofbrennerei,** Fladhof 2, 72525 Münsingen, www.fladhof.de, Tel. 07383 2233, geöffnet: ab 9 Uhr. Haferwhisky, Dinkelkorn, Liköre, Schnäpse.

› **albgut,** Königstraße, 72525 Münsingen, www.albgut.de. In den historischen Gebäuden des Alten Lagers gibt es u. a. Nudel-, Essig-, Woll-, Schokolade-, Öl-, Springerle-Manufakturen und gemütliche Cafés. Ein tolles Einkaufserlebnis.

Wanderparkplatz

87 **Ehemaliger Truppenübungsplatz Gruorn/Trailfinger Säge,** GPS 48.43594, 9.50789, kostenlos

141 Camping Hofgut Hopfenburg

GPS 48.40287, 9.50564

Platz in sehr schöner, relativ ruhiger Lage (B465) bei einem Bauernhof mit Esel, Schafen, Rindern und Hofladen, Frühstück buchbar, ins Zentrum 1,5 km, AlbCard inkl.; **Lage/Anfahrt:** An der B465 Richtung Ehingen ausgeschildert; **Platzanzahl:** 60; **Untergrund:** Wiese; **Service:** Strom, Trinkwasser, Abwasser, Chemie-WC; **Sicherheit:** umzäunt, beleuchtet, bewacht; **Preise:** 7,80–9,80 €/Fahrz., 6,90–9,80 €/Pers., Strom 3,50 €, Hund 3 € nur auf Anfrage, Rabatt mit ADAC-Mitgliedschaft nur in der Nebensaison; **Geöffnet:** ganzjährig, im Winter telefonische Anmeldung; **Kontakt:** Hopfenburg 12, 72525 Münsingen, Tel. 07381 93119311, www.hofgut-hopfenburg.de.

Von der B465 steuert man auf der L230 zunächst Richtung Gomadingen dann das kleine Marbach (L247) an.

Das **Haupt- und Landgestüt Marbach** im oberen Lautertal ist mit den historischen Gestütshöfen in Marbach, Offenhausen und St. Johann das älteste staatliche Gestüt des Landes. Das Futter für die rund 550 edlen Pferde wird auf der gestütseigenen 960 Hektar großen Nutzfläche gezogen. Die Hauptattraktion ist die aufwendig gestaltete Hengstparade (Termin im Internet). Immer lohnt sich der kostenlose Gang durch die Stallungen und

197bw-gg

142 Bauernhausmuseum, Ödenwaldstetten

GPS 48.34759, 9.37753

Plätze am Ortsrand beim Museum in sehr schöner, sehr ruhiger Lage. Restaurant und kleiner Laden im Ort. An Museumstagen Besuch obligatorisch. **Lage/Anfahrt:** Im Ort der Beschilderung „Bauernhofmuseum" folgen; **Platzanzahl:** 4; **Untergrund:** Schotterrasen; **Service:** Strom, Trinkwasser, Abwasser, Chemie-WC, Abwasser nur mit Eimer oder langem Schlauch; **Preise:** 4 €/ Fahrz., Wasser 1 €, Strom 1 €/6 Std.; **Geöffnet:** frei zugänglich, Nov.–März ohne Ver- und Entsorgung und Strom; **Kontakt:** Jahnweg, 72531 Hohenstein.

Wanderung „hochgehsprudelt"

Länge: 8,9 km; Höhendifferenz: 296 m; Markierung: hochgehsprudelt; Start: Wanderparkplatz Sternberg, GPS 48.39223, 9.36636 – Wanderparkplatz Braikestal – Wacholderheide – Panorama – Grillstelle – Sternbergturm (0,50 €/Pers.) – Wanderheim Sternberg (Sa./So. Einkehr) – Brünnele – Aussicht auf Gomadingen – Aussicht auf Offenhausen – Wanderparkplatz Sternberg. Die herrliche Wacholderheide und der Aussichtsturm mit faszinierendem Panorama machen den Reiz dieser Tour aus. Wanderstöcke sind beim Abstieg nützlich.

Fahrrad-Museumstour

Länge: 42 km; Höhendifferenz: 413 m; Markierung R6; Start: Museum Ödenwaldstetten – Jüdisches Museum Buttenhausen – Gomadingen – Gestütsmuseum Offenhausen –Automuseum Engstingen – Ödenwaldstetten. Abwechslungsreiche Landschaft mit interessanten Museen

▷ *Edle Pferde im Landesgestüt Marbach*

entlang der Weiden. Überall strecken sich zutraulich die weichen Pferdenüstern dem Besucher entgegen.

Sehenswertes

› **Haupt- und Landesgestüt Marbach,** 72532 Gomadingen-Marbach, Tel. 07385 96950, www.gestuet-marbach.de, geöffnet: ganzjährig 8–17 Uhr, Termine für Führungen, Kutschfahrten, Pferdeschauen im Internet, Eintritt: kostenlos

Wanderparkplatz

88 **Haupt- und Landesgestüt Marbach,** GPS 48.38541, 9.41419, gebührenpflichtig. Von hier starten Radrundwege mit 14, 29, 60 km Länge.

Zur Weiterfahrt können Fahrzeuge bis 3,5 t links hinauf nach Ödenwaldstetten fahren. Schwerere Womos müssen über Gomadingen und Bernloch nach **Ödenwaldstetten,** einer der fünf Teilorte von Hohenstein.

Sehr sehenswert ist das historische **Bauernhausmuseum,** das vom bäuerlichen Leben und Arbeiten berichtet. Hier beginnt eine liebenswerte Reise in die Vergangenheit. Die kurzweilige Führung von 1,5 Std. ist der Höhepunkt des Besuches. Keine Frage bleibt unbeantwortet und die Erzählungen machen das Museum lebendig! Für Reisemobilisten ist der

Stellplatz 142 direkt beim Museum ein ganz besonderes Schmankerl und zum Ausklang geht es zum Essen in den Gasthof Lamm.

Sehenswertes

› **Bauerhausmuseum,** Jahnweg 1-3, 72531 Hohenstein-Ödenwaldstetten, Tel. 07387 98700, www.gemeinde-hohenstein.de, geöffnet: Mai-Oktober Mi./So. 14-17 Uhr, Juli/September auch Sa., Eintritt: 4/3/10 € inkl. einer 1,5-stündigen Führung

Gastronomie

› **Gasthof Lamm,** Im Dorf 5, 72531 Hohenstein-Ödenwaldstetten, Tel. 07387 98900, www.speidels-braumanufaktur.de, geöffnet: Mo.-Sa. 11.30-22.30 Uhr, So. 11.30-19.30 Uhr. Regionale sehr gute Küche, eigene Biermanufaktur.

Zwischen Bernloch und Offenhausen sollte man eine „hochgehsprudelte" Wanderung einplanen.

Die Route 6 führt über die B312 und hinter Engstingen die B313 18 km von Ödenwaldstetten zur Bärenhöhle.

BÄRENHÖHLE

(33 km – km 165)

Ihr eigentlicher Name ist Karls- und Bärenhöhle. Sie setzt sich aus der 1834 entdeckten Karlshöhle und der 1949 gefundenen Fortsetzung der Bärenhöhle zusammen. Letztere erhielt ihren Namen wegen der hier gefundenen Skelette von Höhlenbären. Bei kühlen 8-10 °C sind 250 m der beiden Höhlen für Besucher begehbar. Der besondere Reiz dieser Höhlen liegt im faszinierenden Tropfsteinsäulenwald, dicke Stalagmiten, Stalaktiten und Stalagnaten (zusammengewachsene Stalaktiten und Stalagmiten) bilden grandiose Skulpturen.

Fahrradtour Sonnenbühler Alb Erlebnistour

Länge: 31,5 km; Höhendifferenz: 513 m; Markierung: R4; Start: Bärenhöhle – Automuseum Engstingen – Schloss Lichtenstein – Ostereiermuseum Erpfingen – Bärenhöhle. Zu vielen Sehenswürdigkeiten auf der mittleren Kuppenalb

Sehenswertes

› **Bärenhöhle,** 72820 Sonnenbühl-Erpfingen, Tel. 07128 6350, www.hoehlen.sonnenbuehl.de, geöffnet: April-3. Nov. 9-17.30 Uhr, März/Nov. Sa./So. 9-17 Uhr, Eintritt: 5/3/12,50 €

Parken

P 89 **Bärenhöhle,** GPS 48.37069, 9.21416, kostenlos

Zurück in Engstingen folgt man der guten Beschilderung zur nächsten Sehenswürdigkeit.

196bw-gg

SCHLOSS LICHTENSTEIN

(12 km – km 177)

Thronend auf einem 817 m hohen Felsen, sieht Schloss Lichtenstein wahrhaftig wie ein richtiges Märchenschloss aus. Wilhelm Graf von Württemberg, ab 1867 Herzog von Urach, verwirklichte sich hier einen Traum und ließ anstelle einer alten Ritterburg das neugotische Schloss erbauen. Zwischen 1840 und 1842 wurde aus dem von Wilhelm Hauff geschriebenen Roman „Lichtenstein" hier am Albtrauf Realität. Bei einer Führung schreitet der Besucher vom Vorhof über die Zugbrücke ins Schloss. Die Kapelle mit wertvollen Glasmalereien, die mit Jagdszenen geschmückte Trinkstube, der Wappensaal, die Waffenhalle und der Schlossgarten können nur mit einer Führung besucht werden. Heute noch ist das Schloss in Privatbesitz der Familie von Urach.

Sehenswertes

› **Schloss Lichtenstein,** 72805 Lichtenstein, Tel. 07129 4102, www.schloss-lichtenstein.de, geöffnet: April–Okt. 9–17.30 Uhr, März/Nov./Dez. 10–16 Uhr, Eintritt: 10/5 €, 65+ 9 €, nur Schlosshof 4/3 €, 65+3 €, Parken gebührenpflichtig

Parken

P **90 Alternativplatz Lichtenstein,** GPS 48.40356, 9.25027, kostenlos, 700 m zum Schloss

Schon vom Schloss aus ist die nächste Höhle ausgeschildert.

NEBELHÖHLE

(6 km – km 183)

Hier trifft man wieder auf die Erzählungen „Lichtenstein" von Wilhelm Hauff. Darin erzählt er die Geschichte von Herzog Ulrich von Württemberg, der 1519 sein Herzogtum verlor und 15 Jahre in Verbannung lebte. Er soll sich tagsüber in der Nebelhöhle und des Nachts im Schloss Lichtenstein versteckt haben.

1481 gibt es die erste schriftliche Erwähnung, sicher ist aber auch, dass die durch ein großes Portal gut sichtbare Höhle bereits früher Menschen Schutz bot. Ihren Namen verdankt sie dem Umstand, dass durch die Temperaturunterschiede von Innen- zu Außenluft im Winter Dampf aus der Höhle steigt.

Zahlreiche prächtige Tropfsteine, die die Größe eines Menschen erreichen können, und Sinterkaskaden säumen den Rundgang von 380 m Länge.

☐ *Schloss Lichtenstein*

198bw-gg

Sehenswertes

› **Nebelhöhle,** GPS 48.41655, 9.22178, Tel. 07128 605, www.hoehlen.sonnenbuehl.de, geöffnet: April-3. Nov. 9-17.30 Uhr, März/Nov. Sa./So. 9-17 Uhr, Eintritt: 5/3/12,50 €

Nach der ländlichen Alb nimmt Route 6 jetzt über die B313 Kurs auf zwei Städte.

143 Am Sportpark, Pfullingen

GPS 48.45529, 9.227884

Plätze beim Freibad, Zentrum, Einkauf fußläufig. **Lage/Anfahrt:** an der B313 ausgeschildert; **Platzanzahl:** 7; **Untergrund:** Schotter; **Service:** Strom, Trinkwasser, Abwasser, Chemie-WC; **Sicherheit:** beleuchtet; **Preise:** kostenlos, Wasser/Abwasser je 1 €, Strom 0,50 €/kWh; **Geöffnet:** frei zugänglich; **Kontakt:** Klosterstr. 118, 72793 Pfullingen www.pfullingen.de.

REUTLINGEN

(20 km – km 203)

Die Große Kreisstadt mit ca. 115.000 Einwohnern liegt unterhalb des 700 m hohen Bergkegels **Achalm** am Rande der Schwäbischen Alb.

Um 1180 verlieh Stauferkaiser Friedrich I. Barbarossa Reutlingen das Marktrecht. Zwischen 1220 und 1240 wird es von Kaiser Friedrich II. zur Stadt erhoben und mit Mauern, Gräben und Türmen befestigt. Zwei Tortürme der mittelalterlichen Stadtmauer sind noch erhalten: das Gartentor (1392) am Ende der Krämerstraße und das Tübinger Tor (1220–1240), zu erreichen über die Katharinenstraße.

Auf dem einladenden **Marktplatz** zeichnen kleine Pflastersteine den Grundriss des ehemaligen Renaissance-Rathauses nach, das beim großen Stadtbrand 1726 in Flammen aufging. Den Marktbrunnen ziert eine Ritterfigur von Kaiser Maximilian II.

Im Mittelalter war der den Markt beherrschende Spitalhof mit markantem Fachwerkturm das städtische Armenhaus, heute ist es Heimat des Theaters in der Tonne.

Ein besonders schönes Beispiel der Hochgotik in Schwaben ist die **Marienkirche** mit ihrem 71 m hohen Westturm. Laut Guinnessbuch der Rekorde ist die Spreuerhofstraße mit 31 cm Breite die **schmalste Straße der Welt.** Zu finden ist sie vom Albtorplatz aus.

Wanderung von Reutlingen zur Achalm

Länge: 8,1 km; Höhendifferenz: 348 m; Markierung: ausgeschildert; Start: Reutlinger Marktplatz. Zur Achalm, dem Wahrzeichen der Stadt mit Aussichtsturm

Information

› **Tourist-Info,** Marktplatz 2, 72764 Reutlingen, Tel. 07121 93935353, www.reutlingen.de, geöffnet: Mo.–Fr. 10–19 Uhr, Sa. 10–18 Uhr

Wanderparkplatz

91 Wanderparkplatz unter der Achalm, GPS 48.49549, 9.23322, für Womo bis 7 m Länge, Wandermöglichkeit auch zur Achalm

199bw-gg

Der Marktplatz ist das markante Zentrum von Reutlingen

144 Wellenfreibad Markwasen, Reutlingen

GPS 48.47425, 9.19379

Durch eine Einfahrtsschranke gesicherter Platz in der Nähe des Freibades (Ermäßigung) in befriedigender, relativ ruhiger Lage. Ins Zentrum 2,5 km, Busverbindung. Einkaufsmöglichkeiten in der Nähe. **Lage/ Anfahrt:** Immer der Beschilderung mit dem Freibadsymbol folgen; **Platzanzahl:** 10; **Untergrund:** Schotter; **Service:** Strom, Trinkwasser, Chemie-WC; **Sicherheit:** beleuchtet; **Preise:** 8 €/Fahrz., Wasser/Abwasser je 1 €, Strom 0,50 €/kWh; **Geöffnet:** ganzjährig; **Kontakt:** Hermann-Hesse-Straße 78, 72762 Reutlingen.

ABSTECHER NACH METZINGEN

(hin und zurück 17 km)

Nur 8,5 km auf der B313 sind es bis zur großen Versuchung! Metzingen ist überregional, ja weltweit bekannt für seinen Outletverkauf. Zunächst verkaufte der Herrenausstatter Hugo Boss hier an seinem Stammsitz direkt ab Fabrik, inzwischen haben sich über 80 Firmen aus den Bereichen Freizeit, Mode und Design dazugesellt und ziehen jährlich 4 Millionen Besucher an.

Doch Metzingen hat auch eine hübsche Altstadt mit spätgotischer Martinskirche, dem Rathaus von 1562 und dem Kelternplatz mit den drei historischen Keltern aus dem 13. Jh.

Einkaufstipp

› **Outletcity Metzingen,** Maienwaldstraße, 72555 Metzingen, Tel. 07123 1789978, www.outletcity.com, geöffnet: Mo.-Sa. 8-20 Uhr, Parkplatz P4 für Womos GPS 48.53068, 9.27471

Zurück in Reutlingen geht es 9 km auf der B28 Richtung Tübingen, dann lohnt sich ein Abstecher zum Kloster Bebenhausen.

200bw-gg

ABSTECHER NACH BEBENHAUSEN

(hin und zurück 13 km)

1183 gründete der Pfalzgraf Rudolf von Tübingen im abgelegenen Goldersbachtal ein **Kloster** im asketischen Stil des Zisterzienserordens. Mittelpunkt der von wehrhaften Mauern umgebenen Anlage ist die Klosterkirche mit dem spätgotischen Vierungsturm mit Maßwerkhelm und den markanten Wasserspeiern. Das elegante Sommerrefektorium mit Fächergewölbe spiegelt seine Bedeutung als wichtiges Werk der gotischen Baukunst wider.

Das Abthaus wurde nach der Reformation zunächst als höhere Klosterschule genutzt, bis die gesamte Anlage 1807 in königlichen Besitz überging und sie schließlich zum Jagdschloss umgebaut wurde. Als 1918 die Monarchie in Baden-Württemberg endete, fanden hier der letzte König Wilhelm II. und seine Gemahlin Charlotte ihren Alterssitz.

Das Ziel vieler Besuchergruppen ist Bebenhausen

Eine Stocherkahnfahrt vor dieser malerischen Kulisse ist ein Erlebnis!

Sehenswertes

› **Kloster und Schloss Bebenhausen,** Im Schloss, 72074 Tübingen-Bebenhausen, Tel. 07071 602802, www.kloster-bebenhausen.de, geöffnet: Kloster: April–Okt. Mo.–Fr. 10–12 und 13–17 Uhr, Sa./So. 10–17 Uhr, Nov.–März Di.–So. 10–12 und 13–17 Uhr; Schloss nur mit Führung: April–Okt. Di.–Fr. 14–17 Uhr, Sa./So. 11–17 Uhr, Nov.–März Di.–Fr. 14–16 Uhr, Sa./So. 11–17 Uhr; Schlossküche: April–Okt. Sa./So. 11–17 Uhr, Eintritt: Kloster 6/3/15 €, Schloss inkl. Führung 8/4/20 €, Kombikarte 10/5/25 €

Wanderparkplatz

92 Bebenhausen, GPS 48.55781, 9.06475, kostenlos. Von hier sind es 700 m zum Kloster.

TÜBINGEN

(14 km – km 217)

Tübingen, die jung gebliebene Stadt des Geistes, hat neben ihren 88.000 Einwohnern 28.000 Studierende an der 1477 gegründeten Universität. Ende des 18. und Anfang des 19. Jh. wirkten hier Geistesgrößen wie Ludwig Uhland, Wilhelm Hauff, Gustav Schwab, Justinus Kerner und Eduard Mörike. Der Tübinger Johann Friedrich Cotta publizierte in seinem Verlag die Werke der deutschen Klassiker.

Das Wahrzeichen der Stadt ist der **Hölderlinturm** (13. Jh.) in malerischer Lage am Neckar. Hier verbrachte Friedrich Hölderlin, nachdem er für unheilbar geisteskrank erklärt wurde, seine letzten 36 Lebensjahre, liebevoll gepflegt von Familie Zimmer. Der Begründer der modernen Lyrik beschreibt in einigen seiner Werke, die hier entstanden, den Blick aus dem Fenster und den Jahreszeitenwechsel. Die 2020 im frisch renovierten Turm eröffnete multimediale Dauerausstellung bringt dem Besucher die Werke auf verständliche Weise näher.

Von 1478 bis 1482 wurde die **Burse** als Studentenwohnhaus und Lehranstalt errichtet. Hier lehrte der Humanist und Reformator Philipp Melanchthon bis 1518. Nachdem hier 1806 eine Klinik eingerichtet wurde, war Friedrich Hölderlin einer der ersten Patienten.

Unterhalb des Turmes starten die überaus beliebten **Stocherkahnfahrten.** Wahre Meister der Balance bewegen (stochern) im Stehen mit einem Stock das Boot geruhsam auf dem Neckar entlang. Eine wunderbare Art, die Stadt zu erleben.

Tübingen

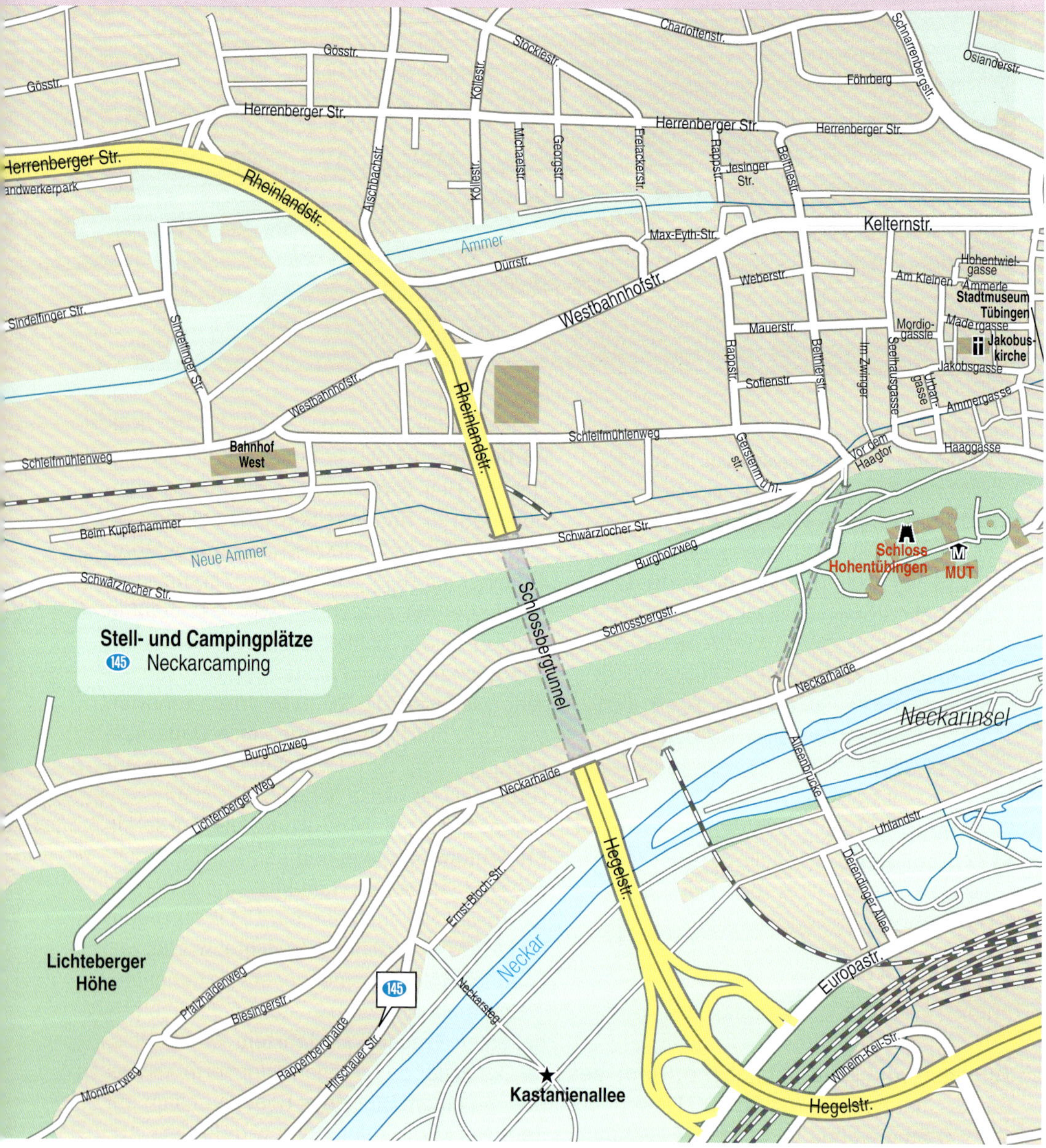

Der dreieckige **Marktplatz,** umrahmt von stattlichen Fachwerkhäusern, gehört sicherlich zu den schönsten im Lande. Mittelpunkt ist das **Rathaus** von 1435 mit üppiger Malerei und der astronomischen Uhr von 1511.

Die spätgotische **Stiftskirche St. Georg** nennt einen Flügelaltar (1520) aus der Schule von Meister Dürer ihr Eigen. Im Chor fand seit 1537 der württembergische Adel seine letzte Ruhestätte.

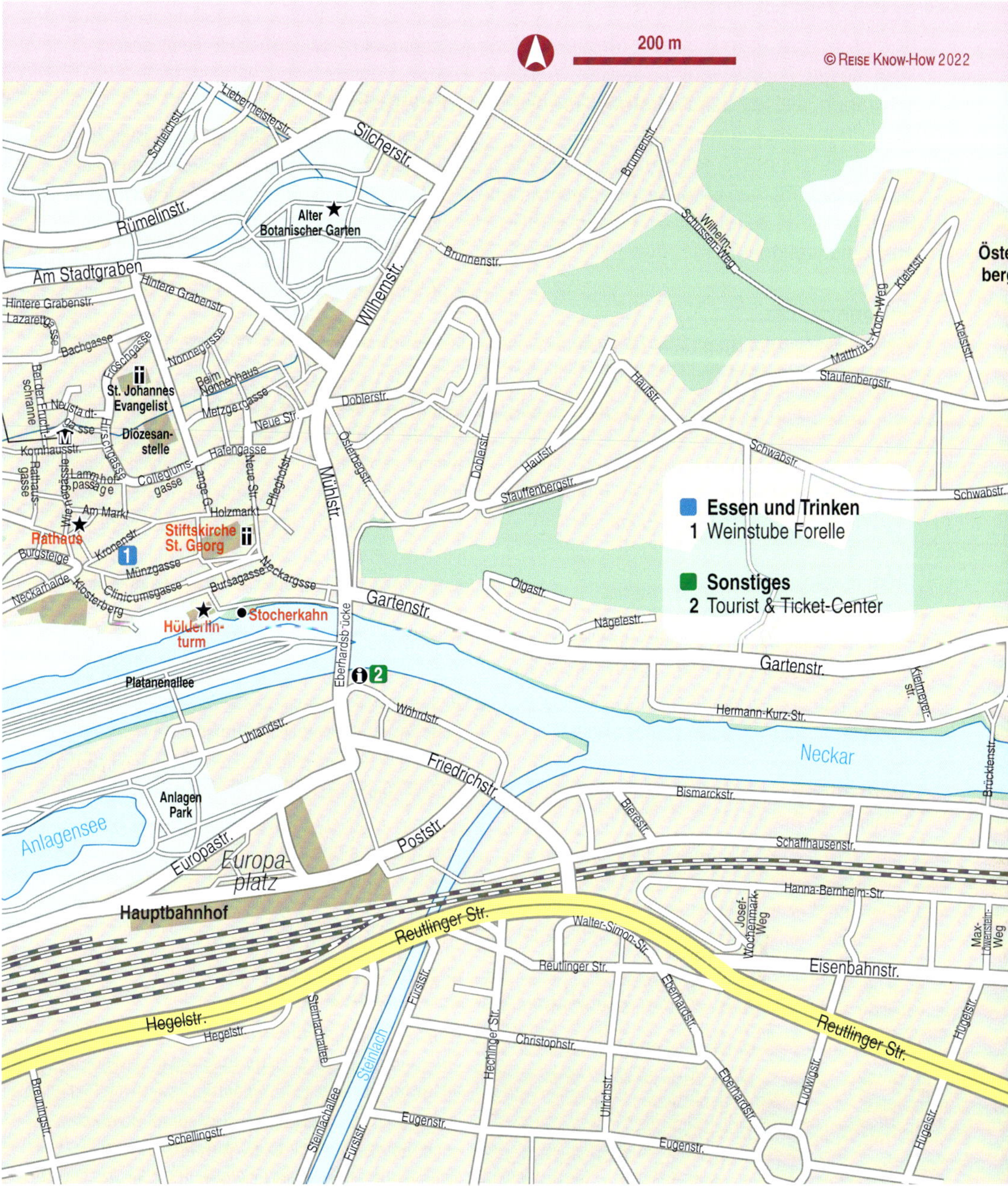

Erbaut wurde das **Schloss Hohentübingen** 1050 als Burg der Pfalzgrafen. Um 1342 kam es zu Württemberg, das es 1507 zur Landesfestung ausbaute. Seit 1816 nutzt die Universität das Gebäude und hier in der Schlossküche entdeckte Friedrich Miescher 1869 das Nuklein und legte damit den Grundstein für die Erbinformationsforschung.

Das **MUT,** das Museum der Universität Tübingen, ist stolzer Besitzer von Ausstellungsstücken aus zwei UNESCO-Welterbestätten. Dazu zählen das 40.000 Jahre alte Vogelherdpferd, ein Mammut aus Mammutelfenbein sowie Funde vom Federsee in Oberschwaben, die Teil des Welterbes „Prähistorische Pfahlbauten um die Alpen“ sind.

Doch es gibt noch mehr zu sehen: 4600 Exponate aus Urgeschichte, Ägyptologie und antiker Numismatik zeigt das MUT auf 2000 m² Ausstellungsfläche.

Sehenswertes

› **MUT, Museum der Universität Tübingen,** Schloss Hohentübingen, Burgsteige 11, 72070 Tübingen, Tel. 07071 2977579, www.unimuseum.de, geöffnet: Mi.-So. 10-17 Uhr, Do. bis 19 Uhr, Eintritt: 5/3/12 €

› **Hölderlinturm,** Bursagasse 6, 72070 Tübingen, geöffnet: Do.-So. 11-17 Uhr, Eintritt: frei

Information

› **Tourist & Ticket-Center,** An der Neckarbrücke, 72072 Tübingen, www.tuebingen-info.de, Tel. 07071 91360, geöffnet: Mo.-Fr. 10-18 Uhr, Sa. 10-14.30 Uhr, So. (Mai-Sept.) 11-14 Uhr. Verschiedene Stadtführungen werden angeboten.

Gastronomie

› **Weinstube Forelle,** Kronenstr. 8, 72070 Tübingen, Tel. 07071 5668980, www.weinstube-forelle.de, geöffnet: Mo.-Sa. 12-15 und 18-23 Uhr. Traditionshaus seit 1890 mit gemütlichem Ambiente, regionaler Küche und freundlichem Service.

Aktivitäten

› **Öffentliche Stocherkahnfahrten,** Einstieg beim Hölderlinturm, geöffnet: Mai-September tägl. 13 Uhr, Sa. auch 17 Uhr, bei schönem Wetter auch bis Mitte Oktober (außer So.) Tickets nur im Vorverkauf beim Tourist & Ticket-Center, Fahrt: 12/10 €, Dauer 1 Std.

145 Neckarcamping Tübingen

GPS 48.51000, 9.03540

Kleiner, gepflegter Platz mit sehr freundlichen Betreibern, gute Sanitärausstattung, Brötchenservice, Waschmaschine/Trockner. Freibad in der Nähe. In der Mittagspause von 12.30-14.30 Uhr keine Zufahrt möglich. Ins Zentrum 1,8 km. **Lage/Anfahrt:** Auf der B28 Richtung Zentrum, ausgeschildert, Umweltzone; **Platzanzahl:** 80 gesamt, 35 Touristikplätze; **Untergrund:** Schotterrasen; **Service:** Strom, Trinkwasser, Abwasser, Chemie-WC, WLAN; **Sicherheit:** umzäunt, beleuchtet; **Preise:** 29 €/Fahrzeug inklusive 1 Person, jede weitere 4 €, Hund 4 €, Strom 3,50 €; **Geöffnet:** Ostern-Okt.; **Kontakt:** Rappenberghalde 61, 72070 Tübingen, Tel. 07071 43145, www.neckarcamping.de.

202bw-gg

146 Sportplätze, Nehren

GPS 48.43789, 9.05470

Separate Plätze bei den Sportplätzen in schöner, relativ ruhiger Lage (B27), Sportgaststätte am Platz, in den Ort 1,6 km, dort gutes Restaurant Schwanen, nach Tübingen 14 km. **Lage/Anfahrt:** Von der B27 bei Nehren abfahren, ausgeschildert; **Platzanzahl:** 8; **Untergrund:** Schotterrasen; **Service:** Strom, Trinkwasser, Abwasser nur mit Schlauch oder Eimer, Chemie-WC; **Sicherheit:** beleuchtet; **Preise:** kostenlos, Wasser 1 €, Strom 1 €/kWh; **Geöffnet:** frei zugänglich; **Kontakt:** 72147 Nehren.

147 Hofgut Domaine, Hechingen

GPS 48.33790, 8.95050
Markierte Plätze auf einem gemischten Parkplatz zwischen zwei stark befahrenen Straßen beim Hofgut mit drei Restaurants, Biergarten, Hausbrauerei, Schnapsbrennerei, Adventure-Golf, Streichelzoo. Zum Bäcker 500 m, Supermarkt 2,5 km. **Lage/Anfahrt:** ausgeschildert; **Platzanzahl:** 16; **Untergrund:** Pflaster; **Service:** Strom; **Sicherheit:** beleuchtet; **Preise:** 18 € inkl. Strom, 9 € werden beim Verzehr im Restaurant angerechnet; **Geöffnet:** frei zugänglich; **Kontakt:** Brielhof 11, 72379 Hechingen.

203bw-gg

148 Stellplatz beim Zollernalbcamping, Hechingen

GPS 48.35974, 8.95818
Plätze vor dem Campingplatz in befriedigender, relativ ruhiger Lage, ins Zentrum 1 km, Supermarkt 400 m. Sanitär auf dem Campingplatz gegen Bezahlung. **Lage/Anfahrt:** ausgeschildert; **Platzanzahl:** 20; **Untergrund:** Schotter; **Service:** Strom, Trinkwasser, Abwasser (mit Schlauch), Chemie-WC; **Sicherheit:** beleuchtet; **Preise:** 10 €, Ver- und Entsorgung je 1 €, Strom 1 €/kWh; **Geöffnet:** Mitte Jan.–Mitte Dez.; **Kontakt:** Niederhechingerstraße 41, 72379 Hechingen, Tel. 0174 719897980, zollernalbcamping.de.

204bw-gg

Sehenswertes

› **Römisches Freilichtmuseum,** GPS 48.37431, 8.93489, Tel. 07471 6400, www.villa-rustica.de, geöffnet: April–1. November Di.–So. 10–17 Uhr, Eintritt: 6/4,50/16 €, 65+ 5,50 €

Der B27 Richtung Hechingen folgend und dann auf der L410, erreicht man das sehenswerte **Römische Freilichtmuseum.** In Hechingen-Stein entdeckten Archäologen im Jahr 1973 eine römische Gutsanlage aus dem 1. und 3. Jh. n. Chr. Auf einer Terrasse über dem Starzeltal am Rande der Schwäbischen Alb liegt das 5 Hektar große Gelände. Im Original belassene Gebäuderuinen und rekonstruierte Gebäude machen einen Besuch besonders reizvoll. Die Portikusvilla mit den stattlichen Maßen von 79 x 50 m, die Umfassungsmauer, das Eingangsportal, der Eckturm, die Schmiede und das Mühlengebäude mit Bierbrauerei sind sehr anschauliche Beispiele für das römische Leben auf der Alb. Gerade im Aufbau befindet sich der ca. 1000 m² große Heilige Bezirk. Ein Tempel ist bereits fertiggestellt, weitere sollen, nach wissenschaftlichen Erkenntnissen rekonstruiert, folgen.

Wieder zurück auf der B27, ist das nächste Ziel bereits ausgeschildert.

BURG HOHENZOLLERN

(30 km – km 247)

Sehr beeindruckend, in einer die ganze Gegend beherrschenden Lage, steht der Stammsitz des preußischen Königshauses und der Fürsten von Hohenzollern in 855 m Höhe. Auf zwei Vorgängerburgen (11. Jh. und Mitte 15. Jh.) geht die in ihrer heutigen Gestalt von 1867 stammende Festung zurück. König Friedrich Wilhelm IV. beauftragte Friedrich August Stüler 1850 mit dem Wiederaufbau des maroden Stammsitzes seiner Familie im neugotischen Stil einer mittelalterlichen Ritterburg. Die Führung zeigt den Grafensaal mit dem spitzbogigen Rippengewölbe, die Schatzkammer mit der Krone Wilhelm II., den Blauen Salon, die drei Kapellen und die Waffenkammer mit der Schnupftabakdose, die Friedrich dem Großen das Leben rettete, da er sie bei einer Schlacht am Leib trug und daran eine feindliche Kugel abprallte.

Die Burg ist auch heute noch in Privatbesitz, Hausherr ist Georg Friedrich Prinz von Preußen.

Sehenswertes

› **Burg Hohenzollern,** 72379 Burg Hohenzollern, Tel. 07471 2428, geöffnet: Mitte März–Okt. 10–17 Uhr, Nov.–Mitte März 10–16.30 Uhr, Eintritt inkl. Parkgebühr nur online 22/10/45 €. In den Innenräumen Fotografierverbot!

Parken

P 93 **Burg Hohenzollern,** GPS 48.32530, 8.96367, mit gültiger Eintrittskarte kostenlos, von hier Pendelbus zur Burg. Drei Wohnmobile können einmal über Nacht stehen, Strom (4 €), WC während der Öffnungszeiten

Die Zollernalb

Die Zollernalb – das sind urwüchsige Landschaft, weite Wacholderheiden, hübsche Städtchen, beeindruckende Buchenwälder, der steil abfallende Albtrauf und das weithin sichtbare Wahrzeichen: die Burg Hohenzollern. Die Zollernalb liegt im westlichen Teil des Geoparks, dort wo die Berge am höchsten sind.

Route 6 nimmt die B27 und B463 nach Haigerloch.

HAIGERLOCH

(20 km – km 267)

Wer vom Stellplatz (149) Richtung Stadt spaziert, kommt direkt am fotogenen Aussichtspunkt auf die Unterstadt mit Schloss und Kirche vorbei. Doch bevor es einige Höhenmeter hinuter an die Eyach geht, sollte man den **Römerturm** und die „Haag" besuchen. Der Römerturm war ursprünglich Bergfried einer 1195 erwähnten Burg, sein heutiges Gesicht erhielt er 1744, als er zum Glockenturm der Oberstadtkirche umgebaut wurde.

Haag heißt das 1780 entstandene Wohn- und Geschäftsviertel für jüdische Handwerker- und Kaufmannsfamilien. 1783 erhielt die Gemeinde die Erlaubnis, eine Synagoge zu errichten. Mitte des 19. Jh. lebten hier 400 Personen jüdischen Glaubens. Ein Ghetto machten die Nazimachthaber ab 1940 aus der Haag, als sie Juden aus anderen Gebieten Württembergs zwangsweise hierher umsiedelten. Insgesamt 110 der hier lebenden Juden kamen in Konzentrationslagern ums Leben. In der ehemaligen Synagoge hat die Ausstellung „Jüdisches Leben in Hohenzollern" eine Heimat gefunden. Ein kleiner Spaziergang führt hinunter zum ehrwürdigen Jüdischen Friedhof.

Und nun am Rathaus von 1870 vorbei, über das schmale „Steigle" hinunter in die

Unterstadt und über die Brücke zum Marktplatz mit St. Nepomuk-Brunnen (1774).

Hier steht auch das aus dem Dreißigjährigen Krieg stammende historische Gasthaus „Zum Schwanen“, in dem heute seltsame Gäste tafeln. **Alraune** und ihre Gäste, allesamt textile Kunst-Figuren, werden vom Künstler-Ehepaar Siebert jedes Jahr neu in Szene gesetzt. Die gesamten Accessoires sind täuschend echt ebenfalls aus Stoff gestaltet.

Die Hauptsehenswürdigkeit des Städtchens ist der unterhalb der Schlosskirche gelegene **„Atomkeller“,** mit seiner interessanten Geschichte. Zunächst als Eisenbahntunnel geplant, dann als Keller zur Bierlagerung vom Schwanenwirt genutzt, wurden 1944 die Physiker des Kaiser-Wilhelm-Instituts in Berlin darauf aufmerksam. Wegen der drohenden Bombadierung Berlins zogen sie hierher in die Provinz und forschten in dem von mächtigen Muschelkalkfelsen geschützten Keller an einer atomaren Kettenreaktion. Am 23. April 1945 nahmen die amerikanischen Truppen davon Besitz und demontierten die Anlage. Nachbildungen, Modelle und Schautafeln informieren im Museum über diese Zeit.

Die Ausstellung in der ehemaligen Ölmühle exponiert das umfangreiche Werk des Haigerlocher Malers **Karl Hurm** (1930–2019). 220 Werke zeigen die fantasievolle Welt zwischen Traum und Realität. Ein Augenschmaus!

Der nächste Anstieg geht über die Schlosssteige zunächst nur bis zum alten Pfarrhaus und dem städtischen Museum mit Werken der **Malerfamilie Schüz.** Vom Vater Theodor Schüz und seinen Söhnen Martin, Friedrich und Hans stammen die anziehenden Landschaftsbilder und Porträts der Albregion.

Immer weiter geht man die Steige hoch bis zur **Schlosskirche.** 1584 von Graf Christoph von Hohenzollern-Haigerloch begonnen, erhielt sie 1609 ihre Weihe. 1748 folgte Fürst Joseph Friedrich von Hohenzollern dem damaligen Zeitgeist und ließ sie üppig im barocken Stil umbauen. Besonders erwähnenswert sind die Ausmalungen durch Meinrad von Au.

Noch einige weitere Treppenstufen und das **Schloss** ist erreicht. Die Geschichte des Schlosses geht auf eine Burg aus dem Jahre 1200 zurück, die Graf Christoph 1580–1588 in ein Renaissanceschloss umbauen ließ. Der malerische Burghof mit Zehntscheuer, Obervogtei mit Marstall, dem ehemaligen Gerichtsgebäude sowie das Wohnhaus des Schlossherrn ist seit 1975 in Besitz des Unternehmers P.E. Schwenk. Ein Besuch des Hofes und des Restaurants ist trotzdem für Besucher möglich.

Haigerloch nennt sich „Perle des Eyachtales“

205bw-gg

206bw-gg

⑭⑨ Reisemobilplatz, Haigerloch

GPS 48.36879, 8.79433

Markierte Plätze auf einem gemischten Parkplatz mit Glascontainern, ins Zentrum 1 km, Auffahrkeile nötig. **Lage/Anfahrt:** ausgeschildert; **Platzanzahl:** 7; **Untergrund:** Asphalt; **Service:** Strom, Trinkwasser, Abwasser, Chemie-WC; **Sicherheit:** beleuchtet; **Preise:** kostenlos, Wasser 1 €, Strom 1 €/8 Std.; **Max. Stand:** 2 Nächte; **Geöffnet:** frei zugänglich; **Kontakt:** Weildorfer Kreuz, 72401 Haigerloch.

Römerturm-Rundweg

Länge: 7,9 km; Höhendifferenz: 180 m; Markierung: Römerturm-Rundweg; Start: Römerturm. Einmal rund um die Stadt und zu allen Sehenswürdigkeiten.

Sehenswertes

- **Römerturm,** geöffnet: April–Okt. 10–18 Uhr
- **Jüdisches Museum,** Im Haag 14, 72401 Haigerloch, geöffnet: Sa./So. 11–17 Uhr, April–Okt. auch Do. 14–17 Uhr, Eintritt: 2,50 €
- **Alraunes Sonn- und Feiertagsmuseum,** Marktplatz 5, 72401 Haigerloch, www.panoptikum-siebert.de, geöffnet: Mai–1. Okt. Mi./Sa./So. 14–17 Uhr, Eintritt: 8/4 €, Fotoerlaubnis 3 €
- Für die drei folgenden Museen gilt: Tel. siehe Tourismusbüro, geöffnet: Mai–Sept. Mo.–Sa. 10–12 und 14–17 Uhr, So. 10–17 Uhr, März/April/Okt./Nov. Sa. 10–12 und 14–17 Uhr, So. 10–17 Uhr, Eintritt: für alle drei Museen 4/3 €
- **Atomkeller-Museum,** Pfluggasse 5
- **Kunstausstellung Karl Hurm,** Ölmühle Pfluggasse, 72401 Haigerloch
- **Werke der Malerfamilie Schüz,** Schloßsteige 2

Information

- **Kultur- und Tourismusbüro,** Oberstadt 11, 72401 Haigerloch, Tel. 07474 69727, www.haigerloch.de, geöffnet: Mo.–Mi. 9–12 und 14–17 Uhr, Do. bis 18.30 Uhr, Fr. 9–12 Uhr

Einkaufstipp

- **FrauWeberWebt,** Marktplatz 10, 72401 Haigerloch, Tel. 07474 6649, www.frauweberwebt.de, geöffnet: Ostern–Okt. Do.–Sa. 14–17 Uhr. „Stimmungsröcke" aus eigener Fabrikation, jeder Rock ein Unikat.

Hinter Haigerloch führt Route 6 über Gruol und Heiligenzimmern nach **Rosenfeld.**

Drei Gründe sprechen für einen Besuch der Stadt mit dem klangvollen Namen: Die hübsche kleine Altstadt, der Rosen- und Skulpturengarten und der sehr gut angelegte kostenlose Stellplatz ⑮⓪ beim Freibad. Im historischen Teil gruppieren sich das Spital (16. Jh.), das Ursulahaus, die Alte Apotheke, Teile der Stadtmauer (1274) und der Fruchtkasten (1556) um den Marktplatz mit seinem gemütlichen Café des traditionsreichen Backhauses Mahl.

Sehenswertes

- **Rosen- und Skulpturengarten,** 72348 Rosenfeld, GPS 48.28572, 8.72746, frei zugänglich

Gastronomie

- **Restaurant Rosenhof,** Rote Haldeweg 59, 72348 Rosenfeld, www.rosenhof-rosenfeld.de, geöffnet: Mi.–Fr. 10–14 Uhr und ab 17 Uhr, Sa. ab 17 Uhr, So. ab 11 Uhr. Gutbürgerliche Küche.

Nach 13 km auf der L415 ist dann Balingen erreicht.

150 Sofienbad, Rosenfeld

GPS 48.28270, 8.72207

Plätze in schöner, ruhiger Lage beim schönen Freibad am Ortsrand. 500 m ins Zentrum, Restaurant 1 km. **Lage/Anfahrt:** Im Ort Richtung Sofienbad, ausgeschildert; **Platzanzahl:** 6; **Untergrund:** Schotter; **Service:** Strom, Trinkwasser, Abwasser, Chemie-WC; **Sicherheit:** beleuchtet; **Preise:** kostenlos, Strom 1 €/6 Std., Wasser 1 €; **Geöffnet:** ganzjährig; **Kontakt:** Färberhaldenweg, 72348 Rosenfeld.

BALINGEN

(29 km – km 296)

Der Waagenbau hat in Balingen eine über 250 Jahre alte Tradition. Ingenieurpfarrer Philipp Matthäus Hahn legte den Grundstein für den rasch aufblühenden Industriezweig. Die Firmen Bizerba und Kern&Sohn beschäftigen heute 1200 Mitarbeiter im Bereich Laden-, Industrie- und Laborwaagenbau. An diesen bedeutenden Wirtschaftsfaktor knüpft das **Waagen-Museum** im malerischen **Zollernschloss** an. Im Bau von 1430 werden rund 500 Ausstellungsstücke wie mittelalterliche Ratswaagen, die berühmte Hahn'sche Neigungswaage, Personen-, Laden- und Industriewaagen gezeigt. Auch die dazugehörenden Gewichte aus den verschiedensten Materialien sind zu sehen.

Direkt neben dem Schloss steht die beeindruckend große Zehntscheuer mit zwei Rundtoren.

Ein Bummel über die Einkaufsmeile mit Cafés schließt den Besuch des Zollernalbkreiszentrums ab.

Sehenswertes

› **Waagen-Museum,** Zollernschloss, Schlossstr. 6, 72336 Balingen, www.waagenmuseum-balingen.de, Tel. 07433 170261, geöffnet: Mi./Fr./So. und jeden 1. Sa. im Monat 14–17 Uhr, Eintritt: frei

Information

› **Zollernalb-Touristeninfo,** Rathaus, Färberstr. 2, 72336 Balingen, www.zollernalb.com, Tel. 07433 170119, geöffnet: Mo.–Do. 8–18 Uhr, Fr. 8–13 Uhr, Sa. 9–13 Uhr

Balingens markanter Blickfang ist das Zollernschloss mit dem Wasserturm

Mammut-Fahrradtour

Länge: 56 km; Höhendifferenz: 710 m; Markierung: Mammut-Tour; Start: Zollernschloss Balingen – Zillhauser Wasserfall – Eyachquelle – Raichberg Turm – Peitschenmuseum Killer – Oldtimermuseum Hechingen – Balingen. Anspruchsvolle Strecke

Wanderung Hornbühl-Rundweg

Länge: 6,2 km; Höhendifferenz: 200 m; Markierung: Hornbühl-Rundweg; Start: Postplatz in Rosenfeld. Durch die Stadt zum Römerbad, zum Hornbühl und ins Naturschutzgebiet Pfingsthalde mit dem Generationenpark.

Parken

P 94 Balingen, GPS 48.28069, 8.85769, kostenlos, für Fahrzeuge bis 7 m, Zentrum 1,3 km

Die weitere Strecke führt zunächst über die B27 Richtung Rottweil und zweigt nach Dormettingen zum SchieferErlebnis ab.

Seit 2015 darf sich die Schwäbische Alb als **UNESCO-Geopark** bezeichnen. Vor 200–147 Mio. Jahren waren weite Teile Mitteleuropas vom tropischen Jura-Meer bedeckt. Wenn die darin lebenden Saurier starben, sanken sie zum Meeresboden ab. Wegen fehlender Aasfresser, Sauerstoff und Verwesungsbakterien konnten nur die Weichteile durch Fäulnisbakterien in eine teerartige Masse umgewandelt werden. Die Knochen versteinerten durch Eindringen von Mineralien im Fäulnisschlamm. Im Ölschiefer sind Fossilien deshalb besonders gut konserviert. Als Ölschiefer werden Gesteine bezeichnet, die Bitumen oder schwerflüchtige Öle enthalten. Ölschiefer dient als Roh- und Brennstoff für das Zementwerk Holcim in Dotternhausen.

1000 Exponate spektakulärer Fossilienfunde wie Fisch- und Flugsaurier, Krokodile, Fische, Ammoniten und Seelilien zeigt das **Fossilienmuseum im Werkforum Holcim.** Nur wenige Gehminuten entfernt wartet das **SchieferErlebnis** in einem ehemaligen Steinbruch auf Interessierte. Hier erfährt man alles zum Thema Ölschiefer, kann am Klopfplatz mit Hammer und Meißel selbst auf Fossiliensuche gehen, die Kinder auf dem Spielplatz toben lassen oder sich auf dem 2,8 km langen Erinnerungspfad „Unternehmen Wüste“ auf Spurensuche der Zwangsarbeiter in der NS-Zeit machen.

317bw-gg

(151) Wohnmobilplatz Schiefererlebnis, Dormettingen

GPS 48.23160, 8.76932

Plätze am Rande des gemischten Parkplatzes beim SchieferErlebnis in schöner, relativ ruhiger Lage. **Lage/Anfahrt:** ausgeschildert; **Platzanzahl:** 8; **Untergrund:** Schotter; **Service:** Strom, Trinkwasser, Abwasser (mit Schlauch), Chemie-WC; **Sicherheit:** beleuchtet; **Preise:** kostenlos, Strom 1 €/kWh, Wasser 1 €; **Geöffnet:** Mitte März–Mitte Nov.; **Kontakt:** SchieferErlebnis 1, 72358 Dormettingen.

210bw-gg

Schiefer-Fahrradtour

Länge: 17,3 km; Höhendifferenz: 190 m; Markierung: „Schiefer-Tour"; Start: Parkplatz SchieferErlebnis – Fossilienmuseum Dotternhausen – Schönberger Stausee – Narrenmuseum – Zimmern unter der Burg – SchieferErlebnis

› **Fossilienmuseum im Werkforum Holcim,** Dormettinger Str. 23, 72359 Dotternhausen, Tel. 07427 79211, www.holcim.de, geöffnet: Di.–Do. 13–17, So. 11–17 Uhr, geschl.: 1. Dez.–6. Jan., Eintritt frei

› **SchieferErlebnis,** 72358 Dormettingen, www.schiefererlebnis.de, geöffnet: Mitte März–Mitte Nov. Di.–Do. 11.30–22 Uhr, Fr./Sa. 11.30–24 Uhr, So. 11–22 Uhr, Eintritt: 4/3/12 €, 65+ 3,50 €

Gastronomie

› **Landgasthof Wiesental,** Balinger Weg 22, 72356 Dautmergen, www.landgasthaus-wiesental.de, geschl. Mo./Di. Gutbürgerliche Gerichte, nach der Einkehr kann man auf Anfrage hier übernachten.

Ein Paradies für kleine Paläontologen und Mineralogen

ABSTECHER NACH ROTTWEIL

(hin und zurück 32 km)

Rottweil gehörte durch seine Lage an zwei Haupthandelswegen zu den wichtigsten römischen Zentren Südwestdeutschlands. Im **Dominikanermuseum** ist der „Arae Flaviae", wie Rottweil in römischer Zeit hieß, ein breiter Raum gewidmet. Das acht mal acht Meter große Orpheus-Mosaik, die bronzenen Beschläge eines römischen Sattels und eine Schreibtafel von 186 n. Chr., die Rottweil als älteste Stadt Baden-Württembergs ausweist, sind einige Stücke der interessanten Ausstellung.

Die ansteigende Hauptstraße mit dem **Schwarzen Tor** (1230) am Ende wird in der fünften Jahreszeit zur quirligen Kulisse.

4000 kostümierte Narren hüpfen mit dem Glockenschlag 8 Uhr beim **Rottweiler Narrensprung** am „Fasnetsmondag und Dienschdag" durch das Schwarze Tor „d' Stadt nab". Zehntausende Zuschauer verfolgen das bunte Treiben, wenn das Fransenkleidle, das Geschell, das Biß, der Federhannes, der Schantle, der Guller und das Bennerrössle ihren mehrstündigen Zug durch die Stadt beginnen.

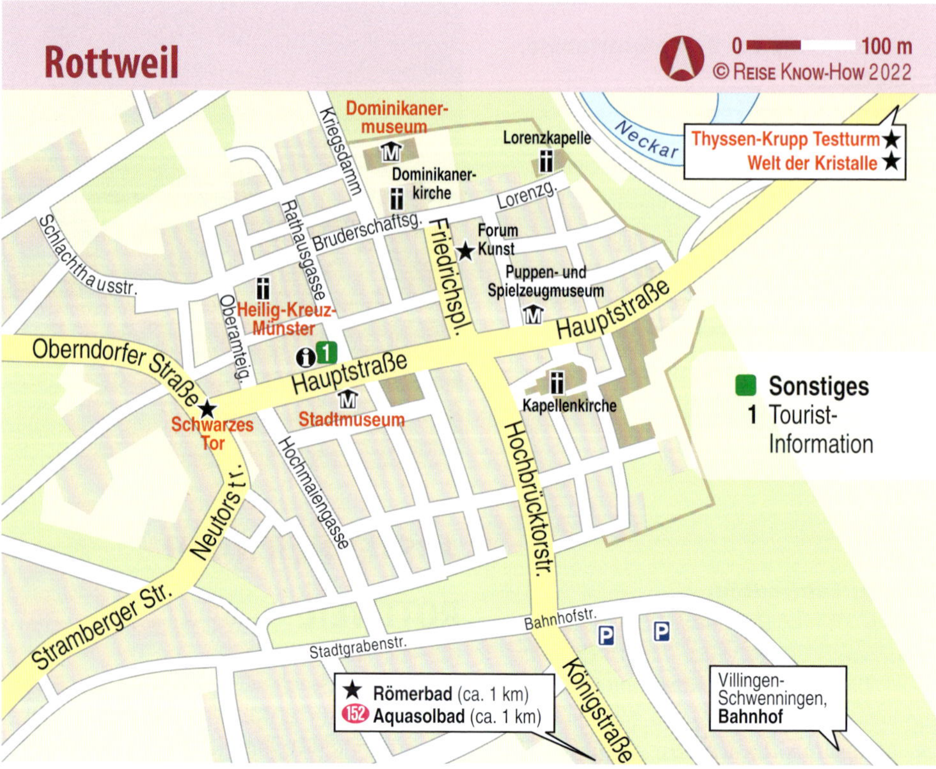
Rottweil
0 100 m
© Reise Know-How 2022
Dominikaner-museum
Kriegsdamm
Dominikaner-kirche
Lorenzkapelle
Neckar
Thyssen-Krupp Testturm
Welt der Kristalle
Lorenzg.
Bruderschaftsg.
Rathausgasse
Friedrichspl.
Forum Kunst
Puppen- und Spielzeugmuseum
Schlachthausstr.
Heilig-Kreuz-Münster
Oberamteig.
Oberndorfer Straße
Hauptstraße
Stadtmuseum
Schwarzes Tor
Kapellenkirche
Hochmaiengasse
Hochbrücktorstr.
Neutorstr.
Stramberger Str.
Bahnhofstr.
Stadtgrabenstr.
Königstraße
Sonstiges
1 Tourist-Information
Römerbad (ca. 1 km)
152 Aquasolbad (ca. 1 km)
Villingen-Schwenningen, Bahnhof

211bw-gg

(152) Aquasolbad, Rottweil

GPS 48.15524, 8.62886

Separater Teil eines großen Parkplatzes in befriedigender und relativ ruhiger Lage, ins Zentrum 1,5 km. **Lage/Anfahrt:** Richtung aquasol und Stadthalle mit Womopiktogramm ausgeschildert; **Platzanzahl:** 16; **Untergrund:** Schotter; **Service:** Strom, Trinkwasser, Abwasser, Chemie-WC; **Preise:** 10 €/Fahrz., Strom 1 €/8 Std., Wasser 1 €; **Max. Stand:** 7 Nächte; **Geöffnet:** frei zugänglich; **Kontakt:** Stadionstraße, 78628 Rottweil.

212bw-gg

Das **Stadtmuseum** im Herderschen Haus (Bartholomäus Herder, der Gründer des gleichnamigen Verlages wurde hier 1774 geboren) thematisiert Alltagskultur von 1750 bis 1870. Ein besonderes Ausstellungsstück ist die „Pürschgerichtskarte", erstellt von David Rötlin um 1564. Interessant ist nicht nur die detaillierte Zeichnung der Stadt, sondern auch die besondere zentrale Perspektive der kreisförmigen Karte.

Wer außerhalb der Fasnachtszeit nach Rottweil kommt, sieht in der Fasnachtsstube Modelle der Narrengruppen in Originalkostümen.

Das imposante **Münster Heilig Kreuz** stammt aus dem Jahr 1230. Es wurde im 15. Jh. hochgotisch umgebaut, um 1660 barock umgestaltet und schließlich zwischen 1840 und 1843 regotisiert. Wertvolle Kunstwerke wie das überlebensgroße Kruzifix von Veit Stoß, der Nikolausaltar, der Apostelaltar von Cord Bogentrik und die spätgotische Rottweiler Madonna schmücken den Innenraum. Nicht unerwähnt soll der Rottweiler Hund bleiben. Ursprünglich wurde das ausdauernde Tier zum Hüten der Viehherden im Handelszentrum Rottweil gezüchtet, seine ruhige, liebevolle Art macht ihn trotz seines massigen Äußeren zu einem idealen Familienhund.

Blick zum Schwarzen Tor

Der mit einer Glasfasergewebehülle verkleidete **Forschungs- und Entwicklungsturm** der Firma Thyssen-Krupp ist inzwischen ein Wahrzeichen der Stadt und ein Besuchermagnet geworden. In der 246 m hohen Konstruktion laufen zu Testzwecken Aufzüge in 12 Aufzugschächten mit Fahrgeschwindigkeiten von bis zu 18 m/s. Drei davon sind zukünftig dem seillosen Multi-Aufzug vorbehalten. Die Besucherplattform in 232 m Höhe bietet grandiose Ausblicke.

Die **Welt der Kristalle** in Dietingen stellt die mit 4 m Höhe weltweit größte Amethystdruse aus. Weitere Höhepunkte des Besuches sind versteinerte Saurierskelette, Riesenkristalle und ein versteinerter Wald aus dem Amazonas. Sehenswert und auch durch den direkt daneben liegenden Stellplatz (153) einen Besuch wert.

Sehenswertes

- **Dominikanermuseum,** Kriegsdamm 4, 78628 Rottweil, www.dominikanermuseum.de, Tel. 0741 7662, geöffnet: Di.–So. 10–17 Uhr, Eintritt: 5 €
- **Stadtmuseum,** Hauptstr. 20, 78628 Rottweil, Tel. 0741 494330, geöffnet: Di.–So. 14–16 Uhr, Eintritt: frei
- **Welt der Kristalle,** Fronstraße 9, 78661 Dietingen/Rottweil, Tel. 0741 26950110, www.welt-der-kristalle.de, geöffnet: Do./Fr. 14–18 Uhr, Sa./So. 11–17 Uhr, Eintritt: 6/3,50/17 €

213bw-gg

⑮③ Reisemobilpark Turm und Kristalle, Dietingen

GPS 48.20001, 8.64612

Plätze in schöner, relativ ruhiger Lage (Straße) am Ortsrand beim Kristallmuseum. Supermarkt 200 m, guter Ausgangspunkt für Wanderungen, Busverbindung nach Rottweil. **Lage/Anfahrt:** immer Richtung Turm und dann weiter Richtung „Welt der Kristalle“; **Platzanzahl:** 34 Komfortplätze à 70 m², 14 Classicplätze à 40 m²; **Untergrund:** Schotter; **Service:** Strom, Trinkwasser, Abwasser, Chemie-WC; **Sicherheit:** beleuchtet; **Preise:** 9–10 €/Fahrz. inkl. Pers., Strom 0,50/kWh, Wasser 0,10–2 €; **Geöffnet:** ganzjährig; **Kontakt:** Fronstraße, 78661 Dietingen, Tel. 015780797811, www.reisemobilpark-turm-und-kristalle.de.

Fahrradtour zu den Burgen am oberen Neckar

Länge: 31 km; Höhendifferenz: 365 m; Start: Rottweil Bahnhof – Neckarburg – Talhausen – Butschhof – Irslingen – Dietingen – Rottweil

› **Thyssen-Krupp Testturm,** Berner Feld 60, 78628 Rottweil, GPS 48.17994, 8.62916, Tel. 0741 20823701, https://testturm.tkelevator.com/global-de, geöffnet: Fr./So. 10–18 Uhr, Sa. 10–20 Uhr, Sommerferien BW Di.–So., Eintritt: 9/5/26 €, Tickets online

Information

› **Tourist-Information,** Hauptstr. 21, 78628 Rottweil, Tel. 0741 494280, www.rottweil.de, geöffnet: April–Okt. Mo.–Fr. 9.30–17.30 Uhr, Sa. 9.30–15 Uhr, So. 11–16.30 Uhr, Nov.–März Mo.–Fr. 9.30–13 und 14–17 Uh, Sa. 9.30–15 Uhr

Aktivitäten

› **Fasnet,** am Schmotzigen Donnerstag ziehen viele Gruppen durch die Stadt, Narrensprünge finden Fasnets-Montag und -Dienstag 8 Uhr, am Di. auch 14 Uhr statt

› **aquasol,** Bruggerstr. 11, 78628 Rottweil, Tel. 0741 27070, www.aquasol-rottweil.de, geöffnet: 10–22 Uhr, Eintritt: 13,50/10,50 €, inkl. Sauna und Sole 21,50/17,50 €

Auf der B463 ist man rasch beim Outletcenter in Albstadt-Lautlingen.

Bis in die 1970er-Jahre lebte Albstadt vor allem von der florierenden Textilproduktion. Daran knüpft das Outletcenter mit Läden der Unterwäscheproduzenten Mey, Schiesser und anderen an.

ALBSTADT-EBINGEN

(33 km – km 329)

Die 45.000 Einwohner von Albstadt verteilen sich auf neun Stadteile. Ebingen ist das Zentrum mit Einkaufsmöglichkeiten und einer schönen Fußgängerzone mit Cafés. Dort steht das wuchtige Rathaus von 1912/1913 im Jugendstil. Das **Kunstmuseum** besitzt eine einzigartige Sammlung von Landschaftsbildern der Schwäbischen Alb vom 17. Jh.

bis heute. Aus dem reichen Bestand werden nach Themen zusammengefasste wechselnde Ausstellungen präsentiert.

Durch die Lage auf einem Hochplateau mit fantastischen Ausblicken am steilen Albtrauf nennt sich Albstadt auch „Penthouse der Schwaben". Über zehn Premiumwege „Traufgänge" mit einer Länge von vier bis 17 Kilometer ist die Wanderregion gut erschlossen. Entlang des Albtraufs, über Wacholderheiden und vorbei an bizarren Felsformationen erlebt man hier zu jeder Jahreszeit die ganze Schönheit der Alb.

Aus der künstlerischen Zusammenarbeit von Bildhauer Peter Lenk und seiner Tochter Miriam entstand das Werk in der Schmiechastraße mit dem Namen „Prähistorische Versuche der Menschwerdung".

Sehenswertes

› **Kunstmuseum,** Kirchengraben 11, 72458 Albstadt, Tel. 07431 1601491, www.kunstmuseumalbstadt.de, geöffnet: Di.-Sa. 14-17 Uhr, So. 11-17 Uhr, Führung So. 15 Uhr, Eintritt: 6 €, Kinder bis 18 Jahre frei

Information

› **Stadtverwaltung,** Marktstr 35, 72458 Albstadt-Ebingen, Tel. 07431 1601204, www.albstadt.de, Mo.-Sa. 9.30-12.30 und Mo.-Fr. 14-17 Uhr

Traufgänge-Wanderungen

Ochsenbergtour

Länge: 9,9 km; Höhendifferenz: 373 m; Markierung: Traufgänge Ochsentour; Start: Kälberwiese oder Stellplatz (154) (hier kommt der Auf- und Abstieg von je 1,2 km auf dem Zubringerweg dazu). Eine empfehlenswerte Tour mit weiten Ausblicken entlang des Albtraufs.

Hossinger Leiter

Länge: 8,7 km; Höhendifferenz: 458 m; Markierung: Traufgänge Hossinger Leiter; Start: Parkplatz Traufganghütte Brunnental, Raiten 1, 72459 Albstadt-Laufen, GPS 48.21423, 8.93095. Durch ein wildromantisches Tal, steil bergauf durch Wiesen und Wälder bis zur Hosssinger Leiter. An Felswänden vorbei über steile Eisenstufen hinauf zum weiten Panorama.

Aktivitäten

› **BadKap,** Beibruck 1, 72458 Albstadt, Tel. 07431 981470, www.badkap.de, So.-Do. 9-22, Fr./Sa. 9-23, Sauna ab 10 Uhr, Eintritt: 17,90/13/90 €, Sauna plus 9 €. Innen- u. Außenbereich, Rutschenhaus.

(154) Stellplatz beim Campingplatz, Albstadt-Ebingen

GPS 48.21590, 8.98002

Plätze unterhalb eines Campingplatzes in schöner, relativ ruhiger Lage (Straße). Ins Zentrum 4 km, Erlebnisbad Bad Kap 300 m. **Lage/Anfahrt:** ausgeschildert; **Platzanzahl:** 12; **Untergrund:** Schotter; **Service:** Strom, Trinkwasser, Abwasser, Chemie-WC; **Sicherheit:** beleuchtet; **Preise:** 12 €, Strom 1 €/1,6 kWh, Wasser 1 €/100 l, Sanitärbenutzung 2,50-3 €/Pers.; **Geöffnet:** ganzjährig; **Kontakt:** Beibruck 54, 72458 Albstadt.

214bw-gs

155 Blumersberg, Meßstetten

GPS 48.17456, 8.95908

Plätze auf einem Berg bei den Sportplätzen in sehr schöner, ruhiger Panoramalage. Nur für Fahrzeuge bis 3,5 t. Supermärkte 500 m, großer Spielplatz. **Lage/Anfahrt:** Am Ortsende im Kreisverkehr links Richtung Sportplatz und den Berg hinauffahren; **Platzanzahl:** 10; **Untergrund:** Schotter; **Service:** Strom, Trinkwasser, Abwasser, Chemie-WC; **Preise:** kostenlos, Strom 1 €/6 Std., Wasser 1 €/100 l; **Geöffnet:** frei zugänglich; **Kontakt:** Blumersberg 1, 72469 Meßstetten.

156 Stausee, Oberdigisheim

GPS 48.17114, 8.88612

Separate Plätze auf dem Parkplatz des Badesees in sehr schöner, relativ ruhiger Lage. Badesee mit Dusche/WC angrenzend. Ausgangspunkt für Wanderungen. **Lage/Anfahrt:** Im Ort links Richtung Stausee fahren; **Platzanzahl:** 10; **Untergrund:** Schotter; **Service:** Strom, Trinkwasser, Abwasser, Chemie-WC; **Preise:** kostenlos, Strom 1 €/6 Std., Wasser 1 €/100 l; **Geöffnet:** frei zugänglich; **Kontakt:** Breitenstraße, 72469 Oberdigisheim.

Wacholderheide

Die Wacholderheiden verdanken ihre Entstehung der Beweidung durch Schafe und Ziegen. Diese Tiere fressen alles Grün bis auf stachelige – wie beispielsweise Wacholder –, giftige und dornige Pflanzen ab. Ihr Appetit erhält so eines der artenreichsten Ökosysteme Europas. Ein idealer Lebensraum für seltene Licht und Wärme liebene Tiere und Pflanzen wie Silberdistel, Enzian, Schwalbenschwänze und Zauneidechse. Heidelerchen singen hoch am Himmel und unten grasen die immer gegenwärtigen Schafe. Heute noch sieht man immer wieder Wanderschäfer mit ihren Herden über die sonnigen Albwiesen ziehen, ohne sie wäre die Schwäbische Alb nicht denkbar.

Parkplätze

P 95 Festhalle Zentrum, GPS 48.21528, 9.02529. Die Parkplätze sind nur für Fahrzeuge bis zu einer Länge von 6,50 m nutzbar.

96 Wanderparkplatz Kälberwiese, GPS 48.22441, 9.00689. Hier startet die Rundwanderung Traufgang Ochsenbergtour oder der Raidenrundweg 4,5 km.

Wanderung Felsenquellweg Oberdigisheim

Länge: 9,8 km; Höhendifferenz: 300 m; Markierung: HoheAlbPfad Felsenquellweg; Start: Stellplatz 155 – schöne Wegstrecke durch eine Wacholderheide und zu zwei Aussichtsfelsen. Eine unbekannte Künstlerin hat die Ruhebänke und Liegen liebevoll mit gehäkelten Figuren geschmückt. Eine reizende Idee.

Hochalb-Fahrradtour

Länge: 43,2 km; Höhendifferenz: 650 m; Markierung: „Hochalb-Tour"; Start: Meßstetten Rathaus oder Stellplatz 155 – Wasserturm mit Aussichtsplattform – Wildgehege Meßstetten – Alte Friedhofskirche Nusplingen – Stausee Oberdigisheim – Barfußpfad Meßstetten–Tieringen – Skulpturenpanoramaweg Meßstetten – Meßstetten

Entlang der L433 bis Beuron gibt es in Meßstetten, Oberdigisheim, Obernheim schöne kostenlose Stellplätze, einen Badesee und vielseitige Wandermöglichkeiten.

157 Sportplätze, Obernheim

GPS 48.15994, 8.85401

Plätze auf dem Parkplatz der Sportplätze in sehr schöner, ruhiger Panoramalage. Ausgangspunkt für Wanderungen. **Lage/Anfahrt:** Im Ort Richtung Sportplätze, steil den Berg hoch; **Platzanzahl:** 5; **Untergrund:** Schotter; **Preise:** kostenlos; **Geöffnet:** frei zugänglich; **Kontakt:** Bühlstraße, 72364 Obernheim.

Die weitere Strecke durch das **Bärenthal** und weiter zum Kloster Beuron ist äußerst geruhsam und schön. Kurvig geht es hinab ins Tal der Jungen Donau, vorbei an der Lourdesgrotte mit einer lebensgroßen Marienstatue von 1890. Sie ist Ziel vieler Walfahrten und Prozessionen.

KLOSTER BEURON

(39 km – km 368)

Im Tal der jungen Donau haben 1077 Augustiner Chorherren ein Stift gegründet. Nach seiner Erhebung zum **Kloster** 1687 entwickelte es sich nach der beinahe vollständigen Zerstörung im Dreißigjährigen Krieg und dem

158 Bära-Lodge, Bärenthal

GPS 48.07430, 8.93272

Separate Plätze mit eigenem Rasenteil bei einem Bistro in schöner, ruhiger Lage. Schöne Dusche, WC, Waschmaschine/Trockner. Das Essen mit Schweizer Einschlag wird sehr gelobt. **Lage/Anfahrt:** An der zweiten Einfahrt in den Ort fahren und 600 m geradeaus den Berg hoch; **Platzanzahl:** 7; **Untergrund:** Schotterrasen; **Service:** Strom, Trinkwasser, Abwasser, Chemie-WC, WLAN; **Sicherheit:** beleuchtet; **Preise:** 12 €, Strom 2 €, Wasser 1 €/80 l; **Geöffnet:** ganzjährig; **Kontakt:** Gnadenweilerstr. 36, 78580 Bärenthal, www.baeralodge.de.

217bw-gg

218bw-gg

159 Kloster Beuron, Beuron

GPS 48.05318, 8.96731

Separater Platzteil auf dem großen gemischten Parkplatz des Klosters. Lage schön, relativ ruhig (tagsüber Motorräder). WC 200 m. Fahrrad- und Wanderwege ab Platz. **Lage/Anfahrt:** ausgeschildert; **Platzanzahl:** 24; **Untergrund:** Rasengitter; **Service:** Strom, Trinkwasser, Abwasser (etwas schwierig), Chemie-WC; **Sicherheit:** beleuchtet; **Preise:** 10 €/Fahrz., Strom 2 €/8 Std., Wasser 1 €; **Geöffnet:** ganzjährig; **Kontakt:** Abteistraße, 88631 Beuron.

Wiederaufbau 1694 dank der dazugehörenden bedeutenden Güter prächtig. Doch die Säkularisation 1802 brachte die Auflösung und das Kloster kam in den Besitz der Fürsten von Hohenzollern-Sigmaringen. 1882 konnte durch die Stiftung der Fürstin Katharina von Hohenzollern das Klosterleben neu beginnen. Sie hatte in Rom die Benediktiner Maurus und Placidus Wolter kennengelernt und sie mit nach Beuron gebracht. Die Abtei blühte rasch wieder auf und nach zahlreichen Tochtergründungen wurde Beuron Erzabtei und der Abt darf sich Erzabt nennen. Heute leben hier noch 40 Mönche.

Die historische gedeckte **Holzbrücke** über die Donau wurde 1801 erbaut. Sie hat eine Breite von 4,20 m, eine Länge von 73 m und 6 m starke Kalksteinpfeiler stützen sie. Bis 1975 rollte noch der tägliche Straßenverkehr darüber.

Die Erzabtei St. Martin liegt heute im Herzen des Naturparks Junge Donau. Im **Haus der Natur** wird unter dem Motto „Lebendige Vielfalt“ der Entdeckerdrang von kleinen und großen Naturforschern geweckt.

Wanderung bei Beuron

Rundweg Beuron 2

Länge: 8,5 km; Höhendifferenz: 300 m; Markierung: blau-grüner Kreis, gelber Kreis; Start: Kloster-Parkplatz – Liebfrauental – Bronner Höhlen – Querung der Donau mit Einkehrmöglichkeit – Knopfbacher Felsen – Holzbrücke – Kloster-Parkplatz

Sehenswertes

› **Haus der Natur,** Am Bahnhof, Wolterstr. 16, 88631 Beuron, www.nazoberedonau.de, Tel. 07466 82800, geöffnet: Mo.-Fr. 9-17 Uhr, April-Oktober auch Sa./So. 13-17 Uhr, Eintritt: frei

ROUTE 7

ÜBER DIE OBERSCHWÄBISCHE BAROCKSTRASSE

219bw-gg

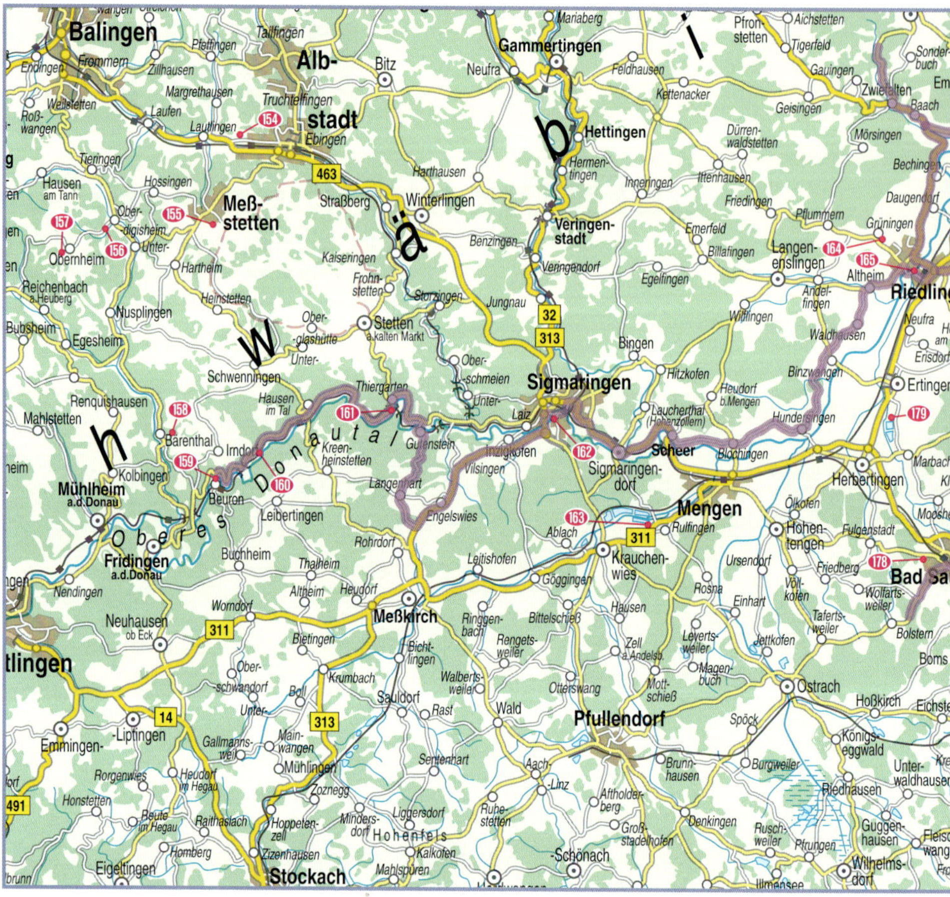

ROUTENÜBERSICHT

Ein wahres Feuerwerk barocker Bauten erwartet den Besucher entlang der Oberschwäbischen Barockstraße. Weingarten, Ochsenhausen, Obermarchtal, Zwiefalten, Steinhausen und Sießen sind grandiose Beispiele prunkvoller barocker Gotteshäuser. Vollkommen gestaltete Bibliotheken mit detailreichen Deckenfresken gibt es in Bad Schussenried und Wiblingen zu bewundern. Die gesamte Strecke ist gespickt mit prächtigen Meisterwerken, die Künstler wie Franz Joseph Feuchtmayer, Gottfried B. Götz und die Brüder Zimmermann erschaffen haben. Doch auch Spuren der Frühzeit findet man in Oberschwaben. Die Karolingerzeit um das 9. Jahrhundert wird im Campus Galli lebendig. Dort versuchen Menschen von heute, mit den Gerätschaften und Plänen von damals eine originalgetreue Klosteranlage aufzubauen. Durch umfangreiche Ausgrabungen konnte die Heuneburg, eine Keltensiedlung mit ungewöhnlicher Wehrmauer, in Teilen wieder rekonstruiert werden. Nach so viel Kultur gönnt man sich etwas Entspannung in einem der vielen Thermalbäder Oberschwabens. Für Wohnmobilsten ist mit zahlreichen Stellplätzen bestens gesorgt.

◁ Vorseite: Verschwenderische Barockpracht in Zwiefalten

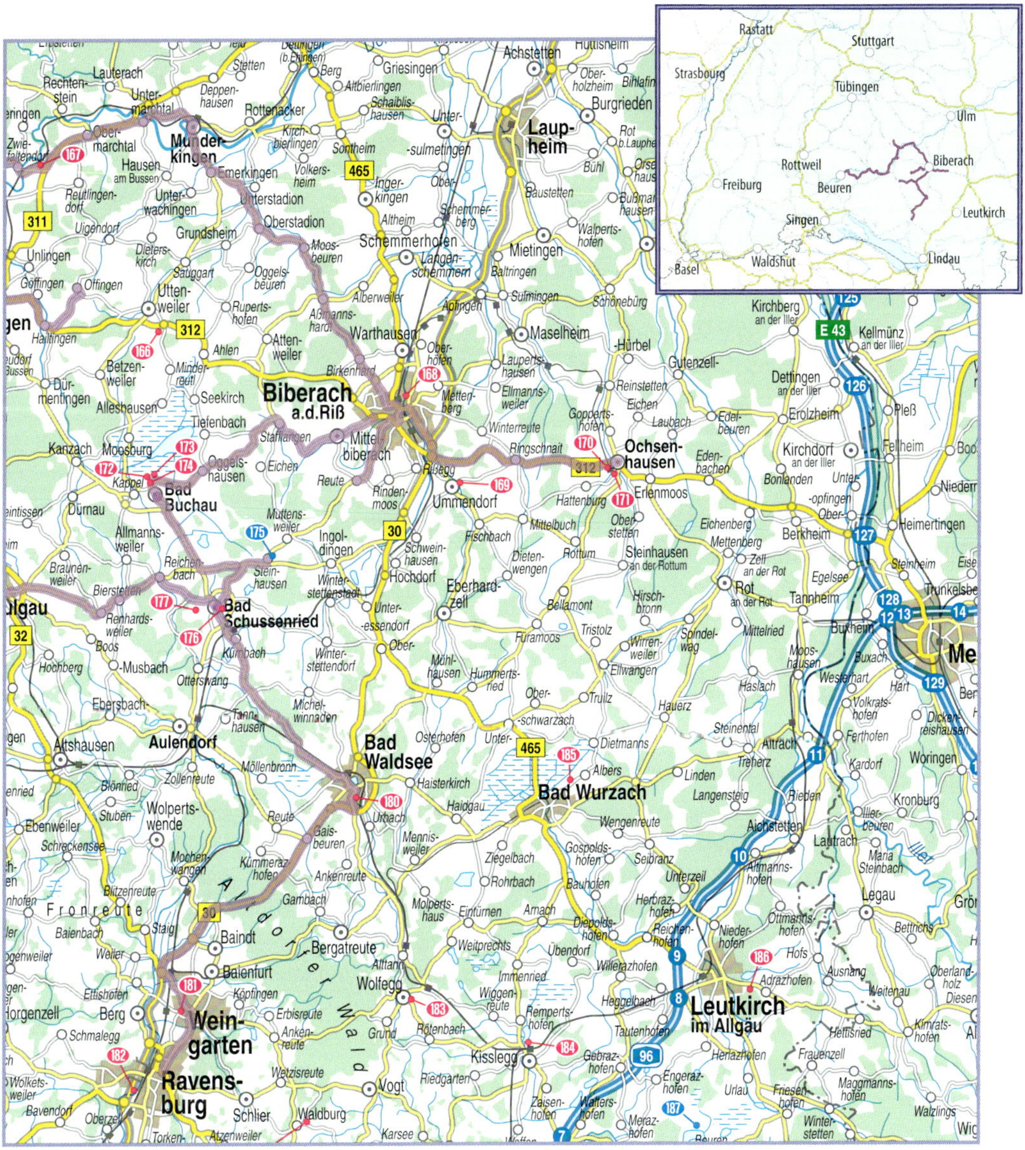

Strecke:

Beuron (S. 261) – **Campus Galli** (26 km, S. 266) – **Sigmaringen** (13 km, S. 267) – **Freilichtmuseum Heuneburg** (18 km, S. 269) – **Riedlingen** (12 km, S. 271) – **Zweifalten** (12 km, S. 273) – **Wimsener Höhle** (9 km, S. 274) – **Biberach an der Riß** (47 km, S. 277) – **Abstecher nach Ochsenhausen** (29 km, S. 279) – **Bad Buchau** (20 km, S. 281) – **Bad Schussenried** (8 km, S. 286) – **Abstecher nach Bad Saulgau und zum Kloster Sießen** (34 km, S. 288) – **Bad Waldsee** (13 km, S. 290) – **Weingarten** (20 km, S. 292) – **Ravensburg** (5 km, S. 295)

Streckenlänge:

ohne Abstecher 203 km
mit Abstecher 266 km

Die Fahrt durch das spektakuläre Donautal und den Naturpark Obere Donau bildet die Kulisse für einzigartige Wander-, Fahrrad- oder Kanutouren. Auf einer Länge von 30 km ist der sogenannte „Grand Canyon" Süddeutschlands von bezaubernder Naturschönheit entstanden. Schroffe Felswände ragen aus dem grünen Waldmeer heraus, darüber thronen Burgen und im Tal schlängelt sich die Donau durch saftige Wiesen und Flure. Die Region ist ein Paradies für aktive Naturfreunde. Auf der Fahrt bis nach Gutenstein gibt es immer wieder Gelegenheit, aufs Rad zu steigen oder Wanderschuhe anzuziehen.

Wanderparkplatz

97 Wanderparkplatz Hausen im Tal, GPS 48.08086, 9.03477, gebührenpflichtig

160 Talhof, Beuron

GPS 48.06900, 9.00520

Platz in schöner, relativ ruhiger Lage (Straße, Zug) bei einem Ferienhof mit Lokal und Fahrradverleih. Dusche/WC, Hundeverbot. **Lage/Anfahrt:** an der Talstraße ausgeschildert; **Platzanzahl:** 12; **Untergrund:** Rasen; **Service:** Strom, Trinkwasser; **Sicherheit:** beleuchtet; **Preise:** 15 €/Fahrz., Strom 4 €, Sanitäranlage 3 €/Pers.; **Geöffnet:** ganzjährig; **Kontakt:** Talhof 2, 88631 Beuron, Tel. 07579 933143, www.talhof-donautal.de.

161 Wohnmobilstellplatz Obere Donau, Beuron

GPS 48.08677, 9.09813

Einfacher Platz direkt am Radweg und beim Startpunkt für Wanderungen. Kanuverleih, Ölmühle mit Hofladen. Zugverkehr (nicht nachts) am Platz vorbei. **Lage/Anfahrt:** an der Talstraße ausgeschildert; **Platzanzahl:** 10; **Untergrund:** Schotter; **Service:** Strom, Wasser; **Preise:** 6 €/Fahrz.; **Geöffnet:** ganzjährig; **Kontakt:** Donautalstraße 17, 88631 Beuron, Tel. 07570 550.

In Gutenstein verlässt man Richtung Meßkirch das Donautal und fährt zum Campus Galli.

Wanderung im Donau-Felsengarten

Länge: 8,5 km; Höhendifferenz: 507 m; Markierung: „Donaufelsenläufe"; Start: Parkplatz bei der Brücke Gutenstein – Aussicht Teufelslochfelsen – Grillstelle – Antonius Buche – Aussicht Rabenfelsen – Aussicht Burghalde – Aussicht Kreuzfelsen – Parkplatz

CAMPUS GALLI

(26 km – km 26)

In einem Waldstück, nur wenige Kilometer von der Kleinstadt Meßkirch entfernt, entsteht seit 2013 ein einmaliges mittelalterliches Bauprojekt. Initiator ist der aus Aachen stammende Journalist Bert Guerten. Er hat sich vorgenommen, an dieser Stelle das Kloster St. Gallen zu bauen, und zwar nach Plänen, die zwischen 819 und 826 auf der Insel Reichenau erstellt, letztendlich aber nie verwirklicht wurden. Nun sollen in vierzigjähriger Bauzeit eine 80 m lange Kathedrale und 45 Häuser entstehen. Gebaut wird nicht mit moderner Technik, sondern nach überlieferten handwerklichen Methoden aus der Karolingerzeit. Nur mit Muskelkraft, Ochsenkarren und selbst gefertigten Werkzeugen arbeiten einige fest angestellte und viele ehrenamtliche Mitarbeiter an diesem ehrgeizigen Projekt. Unterstützt werden sie von einer Gruppe von ehemaligen Langzeitarbeitslosen. Gearbeitet wird von April bis Mitte November. Unterstützung findet das Vorhaben derzeit noch durch die Stadt Meßkirch und das Land Baden-Württemberg. In den nächsten Jahren soll es sich allein aus Eintrittsgeldern selbst finanzieren.

Auf dem Campus Galli erlebt man hautnah mit, wie die Menschen im frühen Mittelalter arbeiteten. Sogar ihre Kleidung und die Holzschuhe entsprechen dieser Zeit. Dass dies nicht immer leicht ist, erfährt man bei Gesprächen mit den Arbeitern. Wie funktioniert ein Gewichts-Webstuhl? Woher bekommt man geeignete Ochsen für das Fuhrwerk? Wie arbeitet man effektiver mit der Spindel? Das sind nur einige Fragen, denen sich die Mitarbeiter täglich stellen müssen. Zurzeit ist die Holzkirche mit 6 x 12 m das größte Gebäude auf dem Gelände. Begonnen 2014, wurde sie inzwischen mit Glockenturm, Chorschranken und Kreuzgang fertiggestellt. Der Bau einer Steinkathedrale ist dann einmal das Ziel. Wann es erreicht wird? Wer weiß! Aber auch das lernen die Mitarbeiter auf der Baustelle: Der Weg ist das Ziel. Sie nehmen sich gerne die Zeit, geben Auskunft und der Funke ihrer Begeisterung springt auf die Besucher über. Tiere wie Hühner, Ziegen, Schafe, Schweine und Bienen leben hier ebenfalls wie vor 1200 Jahren.

Campus Galli ist sicherlich eine Sehenswürdigkeit, die man öfter besuchen sollte, um sich an den Baufortschritten zu erfreuen.

Sehenswertes

› **Campus Galli,** Hackenberg 92, 88605 Meßkirch, www.campus-galli.de, geöffnet: April – 1. Nov. Di.–So. 10–18 Uhr, 2.–7. Nov. 10–17 Uhr, Eintritt: 11/6/23 €

Parken

P 98 **Campus Galli,** GPS 48.03299, 9.10920, kostenlos

In nur 6 km Entfernung gibt es in Meßkirch einen ausgewiesenen Wohnmobilstellplatz (4 Plätze). Da dessen Ver- und Entsorgungsstation schon länger kaputt und die Lage nicht schön und laut ist, wird hier nur kurz auf den Platz verwiesen. GPS 47.99384, 9.11520, kostenlos, WC.

Weiter geht es auf der B313 bis Sigmaringen.

318bw-gg

Blick über die Donau zu Schloss Sigmaringen

SIGMARINGEN

(13 km – km 39)

Alles überragend auf einem Felsen, umflossen von der jungen Donau, steht der Stammsitz der Fürsten von Hohenzollern, **Schloss Sigmaringen.** Es ist seit 500 Jahren in der Hand einer der bedeutendsten Adelsgeschlechter Europas, der Grafen und späteren Fürsten von Hohenzollern. Der heutige Chef des Hauses ist Fürst Karl Friedrich, er und seine drei Töchter sowie Erbprinz Alexander leben allerdings seit einigen Jahren nicht mehr in Sigmaringen. Von der ursprünglichen Burg aus dem 11. Jh. ist nur noch wenig erhalten. Ihr heutiges Erscheinungsbild als fürstliches Residenzschloss bekam sie Ende des 19. Jh. Ein Großbrand im Ostteil, entstanden durch einen Schwelbrand nach Lötarbeiten, legte große Teile in Schutt und Asche. Die Schlossführung beginnt in den ehemaligen Privatgemächern der Fürstin mit dem im original erhaltenen Badezimmer von 1900. Die repräsentativen Salons und Säle mit wertvollen Gobelins, fantastischen Kerzenhaltern und Vasen aus Meißner Porzellan, venezianischen Spiegeln, historischen Möbeln und wertvollen Gemälden durchschreitet man beim Schlossrundgang. Dass hier vom

319bw-gg

⑯② Beim Campingplatz, Sigmaringen

GPS 48.08514, 9.20999

Platz in befriedigender, relativ ruhiger Lage, Benutzung der Sanitäranlagen des Campingplatzes nicht erlaubt. Zentrumsnah. Lebensmittelmarkt in der Nähe. Out & Back Erlebniswelt mit Buchung von Kanutouren und Hochseilgarten nebenan. Gasflaschentausch auf dem Campingplatz. **Lage/Anfahrt:** ausgeschildert; **Platzanzahl:** 12; **Untergrund:** Schotter; **Service:** Strom, Trinkwasser, Abwasser, Chemie-WC; **Sicherheit:** beleuchtet; **Preise:** 10 €/Fahrz., Strom 1 €/3 Std., Wasser 1 €; **Geöffnet:** frei zugänglich; **Kontakt:** Georg-Zimmerer-Str. 4, 72488 Sigmaringen.

Schloss aus einmal Frankreich regiert wurde, ist weniger bekannt. Von September 1944 bis April 1945 quartierte das Hitler-Regime die deutschlandtreue, aus Frankreich geflohene Vichy-Regierung im Schloss ein. Die fürstliche Familie musste ihre Gemächer räumen. Der Sammelleidenschaft von Fürst Karl Anton ist die über 3000 Exponate reiche Sammlung der Waffentechnik vom 14. bis zum 20. Jh. zu verdanken. Jagdtrophäen aus ganz Europa hängen, ordentlich mit Datum und Ortsangaben versehen, im Hubertussaal.

Und wie wäre es nach der interessanten Schlossführung mit einem Spaziergang durch Sigmaringen? Prinzenbau, Fidelishaus und Runder Turm heißen einige der Sehenswürdigkeiten. Wem aber mehr nach einer gemütlichen Pause ist, setzt sich in eines der vielen Cafés oder trinkt ein kühles Sigmaringer Zoller-Hof-Bräu in einem Gasthaus.

In den Räumen der alten Flaschenabfüllanlage der **Zoller-Hof-Brauerei** ist auf 700 m² das **Zündapp-Museum** entstanden. Gezeigt werden an die hundert Exponate wie Motorräder, Mopeds, Motoren, Rasenmäher und der legendäre Janus, ein Kleinwagen, der von vorne und hinten bestiegen werden konnte. Vom Museum aus kann man direkt in die neue Abfüllanlage der Brauerei schauen.

Sehenswertes

- **Schloss Sigmaringen,** Karl-Anton-Platz 8, 72488 Sigmaringen, Tel. 07571 729230, www.hohenzollern-schloss.de, geöffnet: Juli–Sept. 9–18 Uhr, März–Juni/Okt.–Anf. Jan. 10–17 Uhr, Besichtigung nur im Rahmen von Führungen, Eintritt: 12,50/7/35 €
- **Zündapp-Museum,** Leopoldstr. 40, 72488 Sigmaringen, Tel. 07571 72133, www.zuendappmuseum.de, geöffnet: April–Okt. Do.–So. 11–17 Uhr, Eintritt: 5/2 €, Kinder bis 9 Jahre frei

Information

- **Tourist-Information,** Leopoldplatz 4, 72488 Sigmaringen, Tel. 07571 106224, www.sigmaringen.de, geöffnet: April–Sept. Mo.–Fr. 10–13 und 14–18 Uhr, Sa./So. 10–13 Uhr, Okt.–März Mo.–Fr. 10–13 und 14–16 Uhr

Einkaufstipp

- **Wochenmarkt,** Dienstag und Donnerstag 7–12 Uhr, Samstag 7–13 Uhr Rathausplatz

Die B32 führt über Scheer nach Hundersingen. Der Name **Scheer** leitet sich vom keltischen Wort „scera“ (Fels) ab.

Auf einem Felsen steht seit 1885 die Hochadelsresidenz **Schloss Scheer,** heute Privatbesitz und direkt daneben die dreischiffige spätgotische **Basilika St. Nikolaus.** Die prachtvolle barocke Innenausstattung erhielt das Gotteshaus 1742–1755 auch durch Joseph Anton Feuchtmayer. Der Meister modellierte 1748 den Rokokoschmuck an den Wänden und der Decke des Mittelschiffes. Die Rokokokanzel aus rosa-braun-grauem Stuckmarmor am zweiten Pfeiler des Langhauses stammt ebenfalls von der genialen Koryphäe. Eine besonders schöne Arbeit von Feuchtmayer ist am rechten Chorbogen der Sebastiansaltar, die Figur des Heiligen aus Marmor.

Scheer weist stolz darauf hin, dass der Pfarrer und Dichter Eduard Mörike sich des Öfteren bei seinem Bruder in der Stadt aufhielt. Hier soll er auch seine „23 Gedichte im Grünen Heft" verfasst haben.

Parken

P **99 Zentrum Scheer,** GPS 48.07293, 9.29785, kostenlos

Über Blochingen, Beuren und nach Hundersingen geht die Reise zurück in die Keltenzeit. Ein Denkmal, zwei Museen: Das Heuneburgmuseum und zwei Kilometer entfernt das Freilichtmuseum Heuneburg. Im **Keltenmuseum Heuneburg** sind die Originalfundstücke ausgestellt und der Besucher erhält einen Überblick über die Geschichte und die Bebauung der Heuneburg. Besonders interessant sind die Einblicke ins Alltagsleben und in die weitverzweigten Handelsbeziehungen der Kelten.

Da hier nur wenige Parkplätze (und nur mit Pkw-Länge) vorhanden sind, bietet es sich an, zuerst zum Freilichtmuseum Heuneburg zu fahren und von dort die Wanderung auf dem archäologischen Pfad zum Museum zu machen.

Sehenswertes

› **Keltenmuseum Heuneburg,** Binzwanger Straße 14, 88518 Herbertingen-Hundersingen, Tel. 07586 920821, www.heuneburg.de, geöffnet: April–Okt. Di.–So. 10–16 Uhr, Eintritt: 3/2/6,50 €

Archäologie heute

Die Archäologie, wie sie sich mancher Laie auch heute noch vorstellt, mit Grabungen, bei denen man mehr oder weniger zufällig auf einen Goldschatz stößt, gibt es so kaum mehr. Heute geht der Wissenschaftler mit modernsten Methoden vor. Eine davon sind Luftaufnahmen vermutlicher Fundstellen, bei denen man in 200–300 m Höhe archäologische Strukturen von unterirdischen Baudenkmälern entdecken kann. Man unterscheidet dann auf den Fotos den tiefgründigen Pflanzenbewuchs im Humusbereich und den weniger tiefen, wenn darunter Mauerreste im Boden vorhanden sind. Eine andere Methode gründet sich auf die unterschiedliche Magnetisierung archäologischer Objekte. Das in Quadrate eingeteilte Suchfeld wird dabei mit dem Messgerät abgelaufen und die gespeicherten Daten am Computer bearbeitet. Durch die unterschiedliche Leitfähigkeit von Steinen und Erde ist die Geoelektrik besonders zum Auffinden von Steinmauern geeignet. Dazu werden Elektroden in den Boden gesteckt, die ein elektrisches Feld aufbauen. Beim Bodenradar werden hochfrequente elektromagnetische Wellen in den Boden abgestrahlt und die von Baustruktur reflektierten Wellen dann von einer Empfangsantenne aufgezeichnet. Diese Methode hat den Vorteil, dass die Dateien am Computer dreidimensional dargestellt werden können.

FREILICHTMUSEUM HEUNEBURG

(18 km – km 57)

Während der Eisenzeit waren die Kelten in ganz Europa ansässig. Eines der wichtigsten Macht- und Siedlungszentren der frühen Kelten im 6. bis Anfang des 5. Jh. v. Chr. war die imposante Heuneburg über dem Donautal. Sie bestand aus einer befestigten Stadt mit mediterraner Wehrarchitektur. Das gesamte

223bw-gg

163 Zielfinger Seen, Mengen

GPS 48.03095, 9.28199

Platz in sehr schöner, ruhiger Lage direkt an einem Badesee, Seebad mit Sanitäranalagen in der Saison, Brötchenservice, zwei Restaurants in unmittelbarer Nähe, nach Mengen 5 km. **Lage/Anfahrt:** Von der B311 ausgeschildert; **Platzanzahl:** 50; **Untergrund:** Schotterrasen; **Service:** Strom, Trinkwasser, Abwasser, Chemie-WC, WLAN; **Sicherheit:** umzäunt, beleuchtet; **Preise:** 14 €/Fahrz., Strom 0,65 €/kWh, Wasser 1 €; **Geöffnet:** April–Okt.; **Kontakt:** Uferweg 18, 88512 Mengen-Rulfingen, Tel. 07576 5669977, www.wohnmobilstellplatz-zielfingerseen.de.

Archäologischer Rundweg

Länge: 8 km; Markierung: Stilisierter Kopf eines bärtigen Silens; Start: Heuneburg – frühkeltische Siedlung – Baumburg – Lehenbühl – Keltenmuseum Heuneburg in Hundersingen – Viereckschanze – Speckhaus – Hohmichele – Richard-Lohrmann-Eiche – Fürstengrabhügel – Gießübel – Parkplatz Heuneburg

Auf den Spuren der Kelten vorbei an Fundstätten zum Keltenmuseum Heuneburg. 11 Wegmarkierungen mit Erklärung.

Burgplateau war um 600 v. Chr. eng mit Häusern bebaut und von einer, für diese Region ungewöhnlichen Festungsmauer umgeben. Luftgetrocknete Lehmziegel wurden zu einer 3–4 m hohen Mauer aufgeschichtet und mit weißem Kalk verputzt. Zum Schutz gegen eindringendes Wasser bekam sie einen Steinsockel und einen überdachten Wehrgang. Im 6. Jh. v. Chr. brannte die Burganlage vollständig ab. Beim Wiederaufbau setzten die Baumeister mit einer Holz-Erdmauer wieder auf die einheimische Art der Befestigung. Der Burgberg wurde im Gegensatz zur vorherigen kleingliedrigen Bebauung mit großen Hofanlagen, wie dem rekonstruierten Herrenhaus (24 m lang und 14 m breit), bebaut. Eine weitgehende Rekonstruktion der Heuneburg war durch langjährige Ausgrabungen, die auch heute noch fortgesetzt werden, möglich.

In der Umgebung der Heuneburg findet man eine große Anzahl von Viereckschanzen und Grabhügeln. Die ausgegrabenen Hügel wie der Hohmichele wurden nach der Erforschung durch Archäologen zu ihrer ursprünglichen Höhe als Geländedenkmale aufgeschüttet. Am besten sieht man sie auf dem archäologischen Rundweg.

Sehenswertes

› **Freilichtmuseum Heuneburg,** 88518 Herbertingen, Tel. 07586 918255, www.heuneburg-keltenstadt.de, April–Okt. Di.–So. 10–17 Uhr, Eintritt: 4/2/10 €, Kombiticket mit Keltenmuseum Heuneburg 6 €

Wanderparkplatz

100 Heuneburg, GPS 48.09508, 9.40829, kostenlos

Über Waldhausen und Altheim geht es zum nächsten Routenpunkt.

› *Gegründet wurde Riedlingen um 1250*

RIEDLINGEN

(12 km – km 69)

„Mohrenwäscher" werden die Riedlinger in Oberschwaben genannt und das kam so: Als einmal ein Zirkus in der Stadt gastierte, war unter den Artisten auch ein Schwarzer, ein Mohr, wie man damals sagte. Die Riedlinger aber dachten, es sei ein Weißer, der sich nur schwarz angemalt hatte und nahmen Seife und Bürste zur Hand um den Mohren sauber zu waschen.

Ein freundliches Städtchen mit einer schönen Fußgängerzone erwartet den Besucher. Dass die Natur hier noch ziemlich in Ordnung ist, sieht man an den Storchenpaaren, die seit Jahrhunderten auf dem Rathausdach ihre Jungen aufziehen.

Stilvoll restaurierte Gebäude wie die **Schöne Stiege** und das **Hl. Geist Spital** sind inzwischen zu Museen umgewidmet worden. Die bauhistorisch bedeutende Schöne Stiege aus dem 16. Jahrhundert zeigt neben der Stadtgeschichte 150 Hinterglasbilder aus dem 18.–19. Jahrhundert. Die städtische Galerie im Hl. Geist Spital stellt Werke regionaler Künstler aus dem 15.–19. Jahrhundert zur Schau.

Mit wie viel Begeisterung Günther Hübler sein kleines **Feuerwehrmuseum** betreibt, spürt man sofort. Viel Liebe und Zeit hat er in seine Sammlung von Feuerwehrutensilien aus dem späten Mittelalter bis in die 1970er-Jahre gesteckt.

Die **Weilerkapelle,** etwas außerhalb des Zentrums in der Vorstadt, ist ein wahres barockes Schmuckstück. Der Künstler Anton Georg Machein wählte 1723 für die Altäre und die Kanzel dunkles Holz, das er mit vergoldetem Schnitzwerk versah. Diese, Maria und den 14 Nothelfern gewidmete, kleine Kapelle ist ein wundervoll einheitliches Gesamtkunstwerk und sucht seinesgleichen.

Sehr stolz sind die Riedlinger auf ihre lange Fasnetstradition. Das Froschkuttelessen (siehe Exkurs S. 272) ist dabei allerdings für Auswärtige etwas gewöhnungsbedürftig.

Sehenswertes

- **Museum Schöne Stiege,** Rösslegasse 1, 88499 Riedlingen, geöffnet: April–Anfang Nov. Fr./Sa. 15–17 Uhr, So. 14–17 Uhr, Eintritt: 2/1/4 €
- **Städt. Galerie im Hl. Geist Spital,** Wochenmarkt 3, 88499 Riedlingen, geöffnet: April–Anfang Nov. Fr./Sa. 15–17 Uhr, So. 14–17 Uhr, Eintritt: kostenlos
- **Hüblers Feuerwehrmuseum,** Mühlgasse 15, 88499 Riedlingen, www.feuerwehrmuseum-riedlingen.de, geöffnet: Sa./So. 14–17 Uhr, Eintritt: frei

Einkaufstipp

- **Wochenmarkt,** Fr. 10–17 Uhr, Marktplatz

Wer den Heiligen Berg Oberschwabens, den **Bussen,** sehen möchte, fährt in Riedlingen auf der B312 Richtung Biberach und biegt nach Offingen ab. Im Ort fährt man hinauf zum Parkplatz unterhalb des Bussens.

Mit 767 m Höhe ist der Bussen die höchste Erhebung Oberschwabens und ein berühmter Wallfahrtsort. Die alte Wallfahrtskirche von 1516 wurde 1960 abgerissen und größer neu aufgebaut. Zur schmerzensreichen Muttergottes pilgern die Menschen seit dem Jahr

224bw-gg

225bw-gg

165 Stadthalle, Riedlingen

GPS 48.15210, 9.47794

Separate Plätze auf einem großen Parkplatz für Pkws in befriedigender und relativ ruhiger Lage, zeitweise starke Lärmbelästigung durch den angrenzenden Jugendtreff, zentrumsnah, E-Bike-Ladestation. **Lage/ Anfahrt:** Richtung Zentrum, dann ausgeschildert; **Platzanzahl:** 8; **Untergrund:** Asphalt; **Service:** Strom, Trinkwasser, Chemie-WC (Nov.-März geschl.); **Sicherheit:** beleuchtet; **Preise:** kostenlos, Strom 1 €/4 Std. Wasser 1 €; **Geöffnet:** frei zugänglich; **Kontakt:** Schlachthausstraße 3, 88499 Riedlingen.

Fasnet in Riedlingen

Die fünfte Jahreszeit, die Fasnet, ist den Riedlingern heilig. Die Narrenschar wird vom Gole angeführt und Boppele, Gelbsucht, Storch, Kupfernäs und die Frösche übernehmen die Herrschaft, bis die Fasnet am Fasnetsdienstag verbrennt wird. Das traditionelle Froschkutteln-Essen ist der Höhepunkt der Fasnet. Die Männer treffen sich im Rathaus, essen Froschkutteln, trinken Wein und machen über Ereignisse im vergangenen Jahr ihre Späße. Die Frauen sitzen zur selben Zeit im Gasthaus Hirsch zusammen. Wenn die Männer dann das Rathaus verlassen wollen, haben die Frauen inzwischen das Tor zugesperrt. Einzige Möglichkeit für die Herren, das Rathaus zu verlassen, ist eine Rutschbahnfahrt, das Abrutschen, hinunter auf den Marktplatz. Jedes Jahr ein Riesenspektakel! Übrigens im Froschkuttelessen sind zwar keine Frösche drin, dafür schwimmen Rindermagen, Schweineleber, -herz und -nieren in einer braunen Suppe. Ein Genuss sicherlich nicht nach jedermanns Geschmack.

1521 immer an der großen Männer- und Familienwallfahrt am Pfingstmontag. Besonders Paare, die ein Kind erwarten, beten hier für gesunden Nachwuchs und eine gute Geburt.

164 Schloss Grüningen, Riedlingen

GPS 48.16801, 9.45281

Einfacher Platz auf Wiese neben einer mittelalterlichen Schlossanlage. Vorsicht bei Nässe! WC. **Lage/ Anfahrt:** im Ort Richtung Kirche, daran vorbei und links in die Hofeinfahrt, GPS von dort abgenommen; **Platzanzahl:** 4; **Untergrund:** Wiese; **Service:** Strom, Trinkwasser; **Preise:** 20 €; **Geöffnet:** ganzjährig; **Kontakt:** Parkstraße, 88499 Riedlingen.

Vom Bussen mit seiner steil abfallenden Nordflanke und der sanft gestuften Südseite hat man einen weiten Panoramablick auf das ganze Umland. Die gut gestaltete 14 m lange Fototafel erläutert die Aussicht. Eine richtige 360° Grad-Rundumsicht bietet der nahe gelegene Aussichtsturm, der letzte erhaltene Rest einer mittelalterlichen Burg (geöffnet: Mai–Okt. 8–20 Uhr).

Am Fuße des Bussens hat die Gemeinde **Uttenweiler** einen guten Stellplatz 166 bei ihrem herrlichen Naturfreibad eingerichtet.

Wanderparkplatz

101 **Bussen,** GPS 48.16072, 9.55630, kostenlos

Nach der Bussenfahrt geht es weiter auf der B312 nach Zwiefalten.

166 Naturfreibad, Uttenweiler

GPS 48.13792, 9.61961

Plätze auf dem Parkplatz des herrlichen Freibades in sehr schöner, ruhiger Lage, Eintritt ins Freibad inklusive, Schlüssel für Sanitärgebäude gegen Kaution beim Kassierer. Supermarkt, Restaurant 2 km. **Lage/Anfahrt:** in Uttenweiler Richtung Schwimmbad fahren, ausgeschildert; **Platzanzahl:** 7; **Untergrund:** Schotterrasen; **Service:** Strom, Trinkwasser, Abwasser, Chemie-WC; **Preise:** 10 €/Fahrz. inkl. Badeintritt, Nov.–März ohne Ver- und Entsorgung kostenlos, Strom 1 €/kWh, warme Dusche 0,50 €; **Geöffnet:** April–Okt.; **Kontakt:** Weiherstraße, 88524 Uttenweiler.

226bw-gg

ZWIEFALTEN

(12 km – km 81)

Am Fuße der Schwäbischen Alb, im Aachtal, liegt **Zwiefalten** mit seinem 1089 von Benediktinern aus Hirsau gegründeten **Kloster.** Die ersten Klostergebäude waren aus Holz und fielen 1098 einem Brand zum Opfer. Die Kirche wurde im Jahr 1109 romanisch als kreuzförmige, dreischiffige Pfeilerbasilika mit Vorhalle errichtet. In den folgenden Jahren gewann das Kloster zunehmend an Bedeutung, sodass man 1738 beschloss, die Kirche abzureißen und neu aufzubauen. 1765 konnte die neue Klosterkirche, ein faszinierendes Beispiel des deutschen Spätbarocks, geweiht werden.

Über dem Hauptportal, aus grauem Gauinger Kalktuff, steht der Ordensgründer der Benediktiner, Benedikt von Nursia. Vollkommen harmonisch ist die Architektur des Innenraumes, ein einschiffiger, tonnengewölbter Wandpfeilersaal. Zwischen den paarweise angeordneten Säulen aus rosa- und graumeliertem Stuckmarmor mit goldenen, korinthisierenden Kapitellen, sind je vier Kapellen mit Emporen eingezogen. Die herrlichen schmiedeeisernen Balkongitter schwingen konvex in den Kirchenraum hinein. Das vier Joche umfassende Langhausfresko zählt zu den größten Süddeutschlands. Es stellt die Ausbreitung des Glaubens unter dem Schutze Mariens dar.

Franz Joseph Spiegler malte die Marienwallfahrt als spiralförmig angeordnete Pilgerströme. Die Gottesmutter in rotem Untergewand und blauem Mantel erscheint inmitten des Wolkenbandes unter der Heiligen Dreifaltigkeit. Das Altarblatt des riesigen, von Säulen flankierten Hochaltars stammt von Franz Joseph Spiegler. Das Herz des Kreuzaltars bildet das Gnadenbild Maria mit dem Jesuskind von 1430.

Auch in der Kirche Zwiefalten gibt es viele kleine Details zu entdecken: So sitzt Jesus als Bettler auf einer großen Muschel am rechten Nebenaltar, der Engel am Nepomuk-Altar, der mit dem Finger am Mund zur Stille auffordert oder die Kanzel-Ezechiel-Gruppe, ein Höhepunkt der Rokokoplastiken in Süddeutschland. Berühmt ist das Münster auch wegen seines prachtvollen Chorgestühls von Johann Joseph Christian.

Das Zwiefalter Klosterbräu gehört natürlich zu einem Besuch Zwiefaltens dazu. Ob bei einer Brauereibesichtigung, beim Einkauf im

Prälatenweg Zwiefalten

Länge: 9,3 km; Höhendifferenz: 193 m; Markierung: Nr. 6; Start: Münster – Höhenfreibad – Bühlhof – Panorama bis zum Bussen – Emerberg – Peterskäpelle – Baach – Marienbrunnen – Baacher Backhaus – Radlerherberge – Zwiefalten

Fahrradtouren

Über die Zwiefalter Alb

Länge: 33 km; Höhendifferenz: 410 m; Markierung: R11; Start: Zwiefalten – Drei Kreuze – Tigerfeld – Kettenacker – Kapelle – Rappenstein – Zwiefalten. Schattige Tour meist durch Wälder.

Drei-Täler-Tour

Länge: 43 km; Höhendifferenz: 604 m; Markierung: R10; Start: Zwiefalten – Abstecher nach Obermarchtal – Rechtenstein – Laufenmühle– entlang der Großen Lauter – Ferienpark Lauterdörfle – Hayingen – Zwiefalten. Zu Lauter, Donau und Ach.

Hofladen oder bei der Einkehr in der Gaststätte, ein frisch gezapftes kühles Bier rundet den Besuch ab – sofern man nicht direkt die Weiterreise antreten muss.

Information/Sehenswertes/Gastronomie/Einkaufstipp

› **Zwiefalter Bierhimmel,** Hauptstraße 18, 88529 Zwiefalten, Gaststätte Tel. 07373 91212, www.zwiefalter.de, geöffnet: Biergarten Mai–Okt. Mo.–Do. 15–22 Uhr, Fr./Sa. 11–23 Uhr, So. 10–22 Uhr, Hofladen Do.–Mo. 11–18 Uhr, Brauereiführung April–Okt. So. 15 Uhr, Anmeldung bis 14 Uhr unter Tel. 07373 20099, Führung inkl. Bierglas 15 €. Im Hofladen gibt es Produkte aus dem Biosphärengebiet und natürlich das Zwiefalter Klosterbräu.

Parken

P 102 **Freibad Zwiefalten,** GPS 48.23357, 9.47355, gebührenpflichtig, Übernachtung möglich

Wanderparkplatz

103 **Kloster Zwiefalten,** GPS 48.22968, 9.45700, kostenlos

Hinter Zwiefalten den Berg hinauf bis zur Abzweigung zur Wimsener Höhle fahren.

WIMSENER HÖHLE

(9 km – km 90)

1447 entdeckt, erhielt sie ihren Namen Friedrichshöhle zu Ehren Herzogs Friedrich II., der sie 1803 besuchte. Im Volksmund hat sich dagegen der Name Wimsener Höhle erhalten. Mit welchem Namen auch immer, sie ist die einzige Wasserhöhle Deutschlands und wird mit einem Nachen (kleines, kompaktes Boot) befahren. Von den bisher erforschten 955 m Länge sind allerdings nur 70 m „beschiffbar“. Ein erfahrener Fährmann nimmt seine Gäste mit auf dem Höhlenbach ins Innere des Oberjuras.

Die historische Mühle, heute **Gasthof Friedrichshöhle,** aus dem 11. Jh. gehörte einst zum Kloster Zwiefalten. Durch die idyllische Lage und die feinen Speisen ist der Gasthof immer gut besucht.

Sehenswertes

› **Wimsener oder Friedrichs-Höhle,** Wimsen 1, 72534 Hayingen, GPS 48.25821, 9.44893, geöffnet: April–Okt. 10–18 Uhr, Eintritt: 5,50/5 €

Gastronomie

› **Gasthof Friedrichshöhle,** bei der Wimsener Höhle, Wimsen 1, 72534 Hayingen, www.tress-gastronomie.de, geöffnet: April–3. Nov. ab 11.30 Uhr, Nov.–März Sa./So. ab 11.30 Uhr. In der historischen Wimsener Bannmühle werden Bio-Lebensmittel zu schmackhaften Gerichten verarbeitet.

Wieder zurück in Zwiefalten ist das nächste Ziel das Kloster in Obermarchtal. Unterwegs im kleinen **Zwiefaltendorf** steht der Gasthof Blank mit dazugehöriger Brauerei. Die Brauerei ist seit 1878 in Familienbesitz. 1898 fand

167 Donaublick, Obermarchtal

GPS 48.21652, 9.53345

Gepflegte Plätze mit Sitzbereich in wunderschöner Aussichtslage am Rande eines Hofes mit Rinderzucht. Telefonische Anmeldung erforderlich. Dusche, kein WC. Sehr engagierte Besitzer. Restaurant fußläufig, Obermarchtal 2,5 km, ÖPNV in der Nähe. **Lage/Anfahrt:** in Datthausen ausgeschildert; **Platzanzahl:** 2; **Untergrund:** Schotter; **Service:** Strom, Trinkwasser, Abwasser, Chemie-WC, WLAN; **Preise:** 14 €/Fahrz. inkl. Wasser, Strom/Müll je 1 €; **Geöffnet:** ganzjährig; **Kontakt:** Datthausen 27, 89611 Obermarchtal, Tel. 01607934225.

330bw-gg

man beim Ausheben des Bierkellers direkt unter der Gastwirtschaft eine Tropfsteinhöhle. Außer den blankschen Bierspezialitäten genießt man in der Wirtschaft deftige oberschwäbische Küche zu moderaten Preisen.

Gastronomie

- **Brauerei Blank,** Von-Speth-Str. 19, 88499 Zwiefaltendorf, www.brauerei-blank.de, geschl.: So./Mo. Forellen, hausgemachte Maultaschen, Zwiebel-Rostbraten, Linsen und Spätzle.

Das weithin sichtbare **Kloster Obermarchtal** kann auf eine lange Geschichte zurückblicken. Bereits 776 ist urkundlich erwähnt, dass es dem Kloster St. Gallen geschenkt wurde. Im 11. und 12. Jh. war Obermarchtal ein Kanonikerstift, die erste Stiftskirche wurde 995 geweiht. 1171 entsandte das Prämonstratenzerkloster Mönchsrot aus Rot an der Rot Chorherren und -frauen nach Marchtal. Seitdem stieg die Bedeutung des Klosters immer mehr. Um 1500, als es zur Reichsabtei erhoben wurde, gehörten 20 Gemeinden und Gehöfte zu den klösterlichen Besitzungen. Wegen der schweren Beschädigungen durch die Schweden im Dreißigjährigen Krieg begann man in der zweiten Hälfte des 17. Jh. mit einem Neubau. Die neue Klosterkirche konnte 1701 geweiht werden. Mit der Säkularisation kam Obermarchtal an das Haus Thurn und Taxis. Erst 1919 zogen

228bw-gg

Einzigartig in Deutschland ist die Bootsfahrt in die Wimsener Höhle

Naturerlebnispfad Obermarchtal

Unterwegs findet man 33 Erlebnisstationen zu Natur, Geschichte und Sagen.

Länge: 3,5 km; Markierung: Schild Natur-ErlebnisPfad; Start: Am Kloster

Salesianerinnen aus Böhmen in das Kloster ein. Sie gründeten eine Realschule, die heute noch neben einem Studienkolleg besteht. Die letzten 15 Schwestern zogen 1997 in einen Konvent nach Untermarchtal um.

Hoch über der Donau gelegen und weithin sichtbar, beherrscht und prägt die doppeltürmige **Stiftskirche** die Landschaft. Sie erhielt 2001 die Münsterweihe. Zusammen mit den Klostergebäuden bildet sie ein symmetrisches Ganzes von 100x120 m. Im Inneren des Münsters fallen besonders die massiven Wandpfeiler mit ausladenden Kapitellen auf. Pfeiler und Rundbogenstuckdecken in reinem Weiß und das wechselnde Lichtspiel bilden einen reizvollen Kontrast zu den goldenen Altären. Ein kunstvoll geschmiedetes Gitter trennt den Chorraum vom Langhaus. Dahinter steht der prächtige Hochaltar von Paul Speisegger (1697). Die Rokokoorgel von 1784 stammt aus der Werkstatt des Johann Nepomuk Holzhey. Der größte Teil der 3250 Pfeifen ist noch im Originalzustand. Am westlichen Vierungspfeiler befindet sich, getragen von einem Engel, die mächtige Kanzel aus Nussbaumholz. Petrus und Paulus zusammen mit den vier Evangelisten zieren den Kanzelkorb. Hier predigte auch der berühmteste Chorherr des Stiftes, Sebastian Sailer (1714–1777). Er gilt als Vater der schwäbischen Mundartdichtung.

Von den Klosterbauten ist nur das **Refektorium** zu besichtigen. Der prächtige Spiegelsaal mit Deckenfresken von Francesco Pozzi wird heute für Veranstaltungen genutzt. Besonders stolz ist man in Obermarchtal darauf, dass vom 1. auf den 2. Mai 1770 die österreichische Erzherzogin Marie Antoinette hier die Nacht verbrachte.

In den Sommermonaten finden die Obermarchtaler Münsterkonzerte statt. Näheres hierzu unter www.obermarchtaler-münster konzerte.de.

Gastronomie

› **Gasthof Adler,** Hauptstr. 1, 89611 Obermarchtal, Tel. 07375 9225320, www.klostergasthof-adler.de, geschl.: Mi. Bodenständige, saisonale Gerichte im gemütlichen Gastraum oder auf der Terrasse.

Parken

P 104 **Kloster Obermarchtal,** GPS 48.23528, 9.57000, kostenlos

Die Routenführung folgt der Straße Richtung Ehingen, dann rechts nach Untermarchtal.

In **Untermarchtal** sind die Barmherzigen Schwestern vom Hl. Vinzenz von Paul zu Hause. Sie erfüllen hier nach dem Vorbild ihrer Ordensgründer, dem Heiligen Vinzenz von Paul und der Heiligen Luise von Marillac, ihren liebevollen Dienst an Kindern, Jugendlichen, alten und kranken Menschen. 1972 weihte der Orden seine moderne **Rundbaukirche** ein. Der Architekt Hermann Baur aus Basel, ein Schüler von Le Corbusier, baute das beeindruckende Gotteshaus.

Einkaufstipp

› **Klosterladen der Genossenschaft der Barmherzigen Schwestern,** Margarita-Linder-Str. 8, 89617 Untermarchtal, Tel. 07393 30225, geöffnet: Mo. 7.30–13 Uhr, Di.–Fr. 7.30–18 Uhr, Sa. 6.30–15 Uhr, So. 10–12 Uhr. Vieles aus eigener oder regionaler Produktion. Backwaren aus der Klosterbäckerei.

Durch die hügelige oberschwäbische Landschaft mit Feldern, Wiesen und kleinen Dörfern wie Ober- und Unterstadion sind es 25 km nach Biberach.

▷ *Der Marktplatz von Biberach mit dem Esel von Peter Lenk*

BIBERACH AN DER RISS

(47 km – km 137)

Ein Bummel über den malerischen **Marktplatz** Biberachs gehört sicherlich zu den Höhepunkten der Reise durch Oberschwaben. Wer dann noch an einem Samstag oder Mittwoch kommt, wenn der ganze Platz mit Verkaufsständen voll ist und die Rufe der Marktschreier durch die Luft schwirren, wird sich dem Charme des wuseligen Markttreibens nicht entziehen können. Hier bekommt man frisches Obst und Gemüse, Biobackwaren, Blumen, Fleisch und Wurstwaren und als kleine Stärkung zwischen durch die Dinnete (s. Exkurs S. 286). Auf dem **Marktbrunnen** hält eine Ritterfigur stolz das Wappen der Stadt, einen goldenen Biber auf blauem Grund. Ein modernes Kunstwerk ist dagegen der **Esel von Peter Lenk** (2000). Er verarbeitete auf seine spezielle Weise in dieser Skulptur das Werk C. M. Wielands „Prozess um des Esels Schatten". Auffallend ist außerdem das **Haus Kleeblatt** aus dem 14. Jh. mit dem namensgebenden Kleeblatt an der Hausfront. Das **Alte Rathaus,** eine alemannische Holzkonstruktion von 1432, wurde ursprünglich als Neue Mezg (Verkaufsstand der Metzger) erbaut. Das **Neue Rathaus** ist ein spätgotischer Backsteinbau von 1497–1503. Wegen des morastigen Untergrundes wurde es auf 1800 Pfählen erbaut.

Eine Besonderheit ist die gotische **Simultaneum-Stadtkirche St. Martin** (erbaut zwischen 1320–1360), denn sie dient seit 1548 sowohl der evangelischen als auch der katholischen Gemeinde als Gotteshaus. Ihr barockisierter Innenraum wurde von Johannes Zick 1746 mit monumentalen Deckengemälden geschmückt. Sie zeigen das Leben Jesu von der Geburt bis zur Himmelfahrt.

Der **Holzmarkt** mit Salzstadel (1513) und dem barocken Dinglingerhaus und der **Weiße Turm** (1484) mit schöner Aussicht über die Dächer der Stadt sind weitere Sehenswürdigkeiten auf dem Stadtrundgang. Nicht zu vergessen die 31 historischen Fachwerkhäuser aus dem 14.–17. Jh. am **Weberberg.** Hier in der Zunftsiedlung der Weber standen die 400 Webstühle, durch deren Arbeit bei der Barchentherstellung (s. Exkurs S. 278) Biberach zu Wohlstand kam.

Eine gelungene architektonische Verbindung von Historie (Heilig Geist Hospital von 1258) und moderner Glaskonstruktion geht das **Museum Biberach** ein. Die Sammlung zahlreicher Werke von Ernst Ludwig Kirchner, einem der wichtigsten deutschen Expressionisten, ist beeindruckend. Biberach hatte Glück, denn ein Bruder Kirchners lebte hier und stellte die ganze Bandbreite des künstlerischen Schaffens Kirchners als Leihgabe zur Verfügung. Der weitere Höhepunkt der Museumsausstellung sind die vollständig erhaltenen Künstlerateliers der Münchner Tiermaler Anton Braith und Christian Mali. Die Fülle des Mobiliars und der Bilder der beiden Künstler stehen im Kontrast zum spartanischen Atelier des Biberacher Malers Jakob Bräckle.

Sehenswertes

- **Museum Biberach,** Museumstr. 6, 88400 Biberach, Tel. 07351 51331, www.museum-biberach.de, geöffnet: Di.–So. 10–18 Uhr, Do. bis 20 Uhr, Eintritt: 5 €, Kinder bis 18 Jahre frei

231bw-gg

230bw-gg

168 Rißstraße, Biberach an der Riß

GPS 48.10283, 9.79589

Platz in befriedigender, ruhiger Lage, 800 m ins Zentrum. **Lage/Anfahrt:** Von der B465 ausgeschildert; **Platzanzahl:** 20; **Untergrund:** Schotter; **Service:** Strom, Trinkwasser, Abwasser, Chemie-WC; **Sicherheit:** beleuchtet; **Preise:** 5 €/Fahrz., Strom 0,50 €/kWh, Wasser inkl.; **Geöffnet:** frei zugänglich; **Kontakt:** Rißstraße, 88400 Biberach an der Riß.

Barchentherstellung

Barchent ist ein Mischgewebe aus haltbarem Leinengarn in der Kette und elastischer Baumwolle im Schuss. Es vereint damit die Strapazierfähigkeit von Leinen (Flachs) und die Weichheit der Baumwolle. Die lehmigen Böden und die kühle niederschlagsreiche Witterung in Oberschwaben begünstigen den Flachsanbau. Die Baumwolle wurde aus Syrien nach Oberschwaben importiert. Damit die Garne elastisch blieben, wob man Barchent in feuchten, ungeheizten, meist unterirdischen Räumen bis zu 10 Stunden täglich. Das Ganze erfolgte auch noch barfuß, damit der Weber ein gutes Gefühl für die Tritte der Webschäfte hatte. Eine sicherlich sehr ungesunde Arbeit. Im Jahr 1508 war die Barchentweberei mit 400 Webstühlen das größte Gewerbe Biberachs und brachte Wohlstand in die Stadt. Der Dreißigjährige Krieg läutete das Ende der Produktion ein.

Information

- **Tourismus & Stadtmarketing,** Neues Rathaus, Marktplatz 7, 88400 Biberach, Tel. 07351 51165, www.biberach-riss.de, geöffnet: Mo./Di./Do./Fr. 8.30–12.30 und 14–17 Uhr, Mi. 8.30–18 Uhr, Sa. 8.30–12.30 Uhr; Stadtführungen: Sa. 15 Uhr, Mai–Okt, auch Mi. 15 Uhr, Kosten: 6/3 €

Gastronomie

- **Café Confiserie Kolesch,** Gymnasiumstr. 24, 88400 Biberach, Tel. 07351 72029, www.cafe-kolesch.de, geöffnet: Mo.–Fr. 8.30–19 Uhr, Sa. 8.30–18 Uhr, So. 10–18 Uhr. Ein Café mit hervorragenden Kuchen, besonders die Wieland-Torte ist ein Gedicht!
- **Restaurant Ente,** Gymnasiumstr. 17, 88400 Biberach, www.restaurant-ente.de, Tel. 07351 13394, geöffnet: Di.–Sa. 11.30–14 und Mo.–Sa. 17.30–21 Uhr. Regionale Gerichte mit Liebe zubereitet und in persönlicher Atmosphäre zuvorkommend serviert.

Einkaufstipps

- **Töpferhaus am Weberberg,** Engelgasse 5, 88400 Biberach, Tel. 07351 73948, www.toepferhaus-biberach.de, geöffnet: Di.–Fr. 9–12.30 und 14.30–18 Uhr, Sa. 9.30–13 Uhr. Handgetöpferter Gartenschmuck, Pflanzkeramik, Figuren und Gartenkugeln.
- **Wochenmarkt,** Mi./Sa. 7–13 Uhr, Marktplatz

Aktivitäten

- **Therme Jordanbad,** Im Jordanbad 2, 88400 Biberach, GPS 48.07442, 9.82246, Tel. 07351 343100, www.jordanbad.de, geöffnet: So.–Do. 9–22 Uhr, Fr./Sa. 9–23 Uhr, Eintritt: Tageskarte 19,90/10,40/38,90 €. Im Jordanbad findet jeder das Richtige: Thermal-, Sole-, und Familienbad sind durch Lärmschutzwände getrennt. Natürlich gibt es auch eine Saunalandschaft.

ABSTECHER NACH OCHSENHAUSEN

(hin und zurück 29 km)

Man verlässt Biberach auf der B465, wechselt kurz auf die B312 und kann hier nach rechts ins Jordanbad (s. S. 278) oder nach links Richtung **Ummendorf** abbiegen. Das freundliche Ummendorf verwöhnt mit dem guten Gasthof, einem Hofladen, einem Produzenten von Saft und Hochprozentigem und einem Stellplatz (169). Natürlich gibt es hier auch die barocke Dorfkirche! Erfrischend ist das Bad im **Ummendorfer Badesee.** Er liegt am Rande eines Naturschutzgebietes und ist von Mai bis September von 9 bis 20.30 Uhr geöffnet, Eintritt kostet 2,50/1 €.

Gastronomie

› **Bräuhaus Ummendorf,** Bachstr. 10, 88444 Ummendorf, Tel. 07351 44430, www.braeuhaus.de, geschl.: Mi. Selbst gebrautes Bier, deftige Vesper und typische Gerichte wie Schweinebraten, Schnitzel, Kesselfleisch. Netter Biergarten.

Einkaufstipps

› **Steigmillers Hofladen,** Biberacher Str. 32, 88444 Ummendorf, Tel. 07351 372801, www.hofladen-steigmiller.de, geöffnet: Mo.–Fr. 8.30–18.30 Uhr, Sa. 8.30–13.30 Uhr. Großer Laden mit einem breiten Angebot und einem Bio-Bistro für eine gemütliche Einkehr.

› **Steigmiller-Lutz,** Schweinhauser Str. 8, 88444 Ummendorf, Tel. 07351 21863, www.steigmiller-lutz.de, geöffnet: Mo.–Fr. 9–12 und 14–18 Uhr, Sa. 8–12.30 Uhr. Das Beste aus Obst: Säfte und Hochprozentiges.

Weiter geht die Fahrt auf der B312 bis nach **Ochsenhausen** im Rottumtal. Inmitten von Wiesen, Wäldern und Bächen erhebt sich die weitläufige, barocke **Klosteranlage.** Ihre Anfänge reichen bis ins 11. Jh. zurück, als die Benediktiner die Reichsabtei Ochsenhausen gründeten. Ihr heutiges Gepräge mit der herrschaftlichen, monumentalen Barockfassade des Konventbaus und der spätgotischen Basilika, die seit ihrem Umbau als festlicher Barockbau erstrahlt, erhielt das Kloster im 18. Jh. Johann Georg Bergmüller aus Augsburg zauberte in harmonischen Farben einen Freskenzyklus an das Tonnengewölbe des Mittelschiffs der Basilika. Die hölzerne Rokokokanzel mit den kletternden Engeln (1742) schuf Ägid Verhelst. Die Orgel stammt vom berühmten einheimischen Orgelbauer Joseph Gabler.

Nach der Säkularisation 1803 ging das Kloster in den Besitz des Fürsten Metternich über, der die Anlage 1825 für 1,2 Millionen

(169) Bräuhaus, Ummendorf

GPS 48.06343, 9.83324

Plätze hinter einer Brauerei in befriedigender, ruhiger Lage, WC im Gasthof kann benutzt werden, für große Fahrzeuge etwas eng, Einkehr obligatorisch (Mi. Ruhetag). **Lage/Anfahrt:** in Ummendorf ausgeschildert; **Platzanzahl:** 5; **Untergrund:** Pflaster; **Service:** Strom, Trinkwasser, Strom, WLAN, Müll gebührenpflichtig; **Preise:** kostenlos, ab der dritten Nacht 3 €/24 Std., Strom 3 €; **Geöffnet:** ganzjährig; **Kontakt:** Bachstr. 10, 88444 Ummendorf, Tel. 07351 44430, www.braeuhaus.de.

232bw-gg

233bw-gg

171 Kapfhalle, Ochsenhausen

GPS 48.06664, 9.94929
Plätze auf dem unteren Teil des großen Pkw-Parkplatzes beim Freibad, in schöner Lage, eigentlich sehr ruhig, außer bei Veranstaltungen in der Halle oder wenn die Dorfjugend ihre Autos auf Kurventauglichkeit testet. Schöne Sicht auf Kloster und Ort. Anfang Mai am Tag des St.-Georgs-Rittes hier Halteverbot. **Lage/Anfahrt:** in Ochsenhausen Richtung Kloster, dann ausgeschildert; **Platzanzahl:** 5; **Untergrund:** Schotter; **Sicherheit:** beleuchtet; **Preise:** kostenlos; **Geöffnet:** frei zugänglich; **Kontakt:** Jahnstraße, 88416 Ochsenhausen.

Gulden an die Könige von Württemberg verkaufte. Ackerbauschule, Waisenhaus, Lehrerinnenschule und staatliches Aufbaugymnasium waren in der Folge die Verwendungszwecke der Gebäude. Von dieser wechselvollen Geschichte und dem wertvollen klösterlichen Schatz bekommt man einen Eindruck im **Klostermuseum.** Der klassizistische **Bibliothekssaal** von 1783–1787 im Nordflügel der Klosteranlage kann nur im Rahmen einer Führung besucht werden.

Im 15. Jh. fassten die Mönche die Quellen der oberen Rottum ein, ungefähr 1,5 km von den Klostermauern entfernt. Was uns heute als lieblich plätscherndes Bächlein erscheint, ist ein von den Mönchen angelegter Kanal, der frisches Wasser ins Kloster führt. Somit hatte dies bereits im Mittelalter eine zentrale Wasserversorgung. Das Wasser speiste darüber hinaus das klösterliche Brauhaus, die Fischzucht und trieb die Klostermühlen an. Riesige, jahrhundertealte Bäume säumen den Spazierweg entlang des Krummbaches, der bis heute seine klösterliche Stille bewahrt hat. Die Ochsenhauser bezeichnen ihn zurecht als einen der schönsten Spazierwege Oberschwabens.

Vom Ende des Stellplatzes 171 geht man den Asphaltweg hinauf zur Straße, dort beginnt der ca. 2 km lange Spaziergang. Auf Eisenbahnfreunde wartet in Ochsenhausen eine besondere Attraktion, **die Öchsle.** Sie ist eine Schmalspurbahn, die auf 16 km Schiene Ochsenhausen mit Warthausen verbindet. 1964 wurde aufgrund sinkender Nachfrage der normale Reiseverkehr auf der Strecke eingestellt. Heute verkehrt hier noch der nostalgische Dampfzug. Termine, Infos und Fahrkarten gibt es im Verkehrsamt (Marktplatz 1) oder unter www.oechsle-bahn.de.

Sehenswertes

› **Kloster Ochsenhausen,** Schlossbezirk, 88416 Ochsenhausen, Tel. 07352 8259, www.ochsenhausen.de, geöffnet: Kirche April–Okt. Mo.–Fr. 9–17 Uhr, Sa. 10–12 und 13–17 Uhr, So. 13–17 Uhr, Klostermuseum März–Okt. Di.–So. 12–17 Uhr, Nov.–Feb. Sa./So. 10–17 Uhr, Eintritt: Museum 3/1,50/7 €

170 Am Öchsle Bahnhof, Ochsenhausen

GPS 48.06992, 9.94704
Plätze direkt bei der Museumsbahn in befriedigender, relativ ruhiger Lage (Schule, Kindergarten), ins Zentrum 300 m. Anfang Mai am Tag des St.-Georgs-Rittes hier Halteverbot. **Lage/Anfahrt:** Richtung Öchsle-Bahnhof; **Platzanzahl:** 5; **Untergrund:** Pflaster; **Sicherheit:** beleuchtet; **Preise:** kostenlos; **Geöffnet:** frei zugänglich; **Kontakt:** Bahnhofstraße, 88416 Ochsenhausen.

Auf der Fahrt über Mittelbiberach und Oggelshausen bis Bad Buchau wird man im Sommer immer wieder Störche auf den Wiesen bei der Futtersuche beobachten können.

BAD BUCHAU

(20 km – km 157)

Natur, Kultur und Gesundheit sind die Eckpfeiler des Bad-Buchau-Tourismus.

Der Bereich Natur bezieht sich auf das herrliche **Naturschutzgebiet Federsee.** Der See entstand, als in der Eiszeit der Rheingletscher abschmolz. Die dabei übrig gebliebenen Moränenhügel bildeten ein abgeriegeltes Becken, das sich nach und nach mit Wasser füllte. Durch zunehmende Verlandung entspricht die Wasserfläche des Federsees von 30 km², die er vor 20.000 Jahren hatte, der heutigen Gesamtmoorfläche. Seit 5000 v. Chr. ist das Gebiet besiedelt. Die Menschen betrieben Ackerbau – wie sich anhand von gefundenen Getreidepollen nachweisen lässt. Das Stadtgebiet von Bad Buchau liegt auf einer 1,7 km langen mineralischen Insel im Moor. Sie bot bereits in der Steinzeit gute Bedingungen zum Bau von Siedlungen. Starke Siedlungsaktivitäten mit Häusern auf Stelzen sowie auch ebenerdigen Bauten am Seeufer und in den Mooren lassen sich für die Zeit zwischen 2000 und 500 v. Chr. nachweisen. Funde bestätigen den Bau der sogenannten „Forschner Siedlung", einer stark bewehrten Anlage, der „Wasserburg" (ca. 1000 v. Chr.) mit Palisadenring und 50 Häusern in Blockbautechnik oder als Pfostenbauten mit Lehmfachwerk, und der „Taubried" (die älteste Siedlung von 3900 v. Chr.) mit 22 Häusern mit je einem Lehmofen im Innern. Einige Häuser aus diesen Siedlungen sind im **Federseemuseum** nachgebaut. Ein hautnahes prähistorisches Erlebnis. Auf dem 9,5 km langen **Archäologischen Moorlehrpfad** kommt man an den Ausgrabungsstellen der einzelnen Siedlungen vorbei.

Durch Erhöhung der Jahrestemperaturen begann der Federsee zu verlanden. Auf seinem Grund sammelten sich abgestorbene Pflanzen und Kalkschlamm, das Torfwachstum begann. Im frühen Mittelalter maß der See noch 11 km² und Hauptwirtschaftsfaktor war der Fischfang. Da kam die Idee auf, den See trockenzulegen und das Moor kultivierbar zu machen. Bei den künstlichen Seefällungen von 1789 und 1809 und durch Entwässerungsgräben senkte sich der Wasserspiegel um 2 m. Der ausgetrocknete Torf zersetzte sich und mit ihm ein Teil der einmaligen archäologischen Fundstücke. Inzwischen trieb man den gewerbsmäßigen Torfabbau voran. Erleichtert wurde der Abtransport durch den Bau einer Eisenbahn nach Schussenried. Erst 1970 wurde die Torfgewinnung endgültig eingestellt. Ende des 19. Jh. begann man, das Moor als Naturparadies zu schätzen und um 1920 erkannte man die Heilkraft der Moorerde.

234bw-gg

› *Im Naturschutzgebiet Federsee*

Heute hat sich die natürliche Verlandung reduziert, der See misst inzwischen 1,4 km² und hat eine durchschnittliche Tiefe von 3 m. Das Federseemoor ist das größte Moor Südwestdeutschlands und Lebensraum für eine einzigartige Tier- und Pflanzenwelt. Allein 264 Vogelarten wurden hier nachgewiesen, beispielsweise Braunkehlchen, Rohrweihe, Bartmeise, Wachtelkönig und Karlszepter. Die wenig gedüngten und spät gemähten Riedwiesen lassen seltene Orchideen gedeihen, die wiederum Insekten Nahrung und Unterschlupf gewähren.

Ein unvergessliches Naturerlebnis ist der Spaziergang auf dem 1486 m langen **Federsee-Holzbohlensteg** über den Schilf- und Moorgürtel bis zur Wasserfläche. Besonders schön am späten Abend, wenn sich die untergehende Sonne im See spiegelt.

Der Eckpfeiler Kultur in Bad Buchau ist das **Stift,** später Schloss und heute Klinik, mit der **Stiftskirche St. Cornelius und Cyprianus.** Zunächst vermutlich ein Benediktinerkloster, lebten hier im 15. Jh. hochfürstliche Stiftsdamen aus dem schwäbischen Hochadel. Nach der Säkularisation kam es zum Hause Thurn und Taxis. In der Krypta der Kirche ist die Heilige Adelindis bestattet. Zu ihren Ehren findet zweijährlich ein großes Heimat- und Kinderfest am ersten Juliwochenende statt.

Gesundheit – die findet man in der großzügigen **Adelindis-Therme.** Drei Außen- und drei Innenbecken, gespeist mit 47 °Grad heißem Thermalwasser aus 800 m Tiefe und eine Saunalandschaft mit verglaster trockenheißer-Keltensauna sowie rustikaler Erdsauna bieten Entspannung und Erholung.

Sehenswertes

› **Federseemuseum,** August-Gröber-Platz, 88422 Bad Buchau, www.federseemuseum.de, Tel. 07582 8350, geöffnet: April–Okt. 10–18 Uhr, Nov.–März So. 10–16 Uhr, Eintritt: 6/5/15 €

Information

› **Tourist-Information,** Marktplatz 6, 88422 Bad Buchau, Tel. 07582 93360, www.bad-buchau.de, geöffnet: Okt.–März Mo.–Fr. 9–12.30 und 14–17 Uhr, April–Sept. Mo.–Fr. 9–17 Uhr, Sa. 10–12.30 Uhr

Gastronomie

› **Hotel-Metzgerei Kreuz,** Hofgartenstr. 1, 88422 Bad Buchau, www.kreuz-badbuchau.de, Tel. 07582 93140. Die hauseigene Metzgerei liefert die Grundlage für gute schwäbische und internationale Gerichte.

Einkaufstipp

› **Wochenmarkt,** Di. 8–19 Uhr, Marktplatz

235bw-gg

172 Am Kurpark, Bad Buchau

GPS 48.06874, 9.60664

Separater Teil eines großen Pkw-Parkplatzes am Kurpark in schöner, ruhiger Lage, extra Plätze für große Fahrzeuge, ins Zentrum 500 m. **Lage/Anfahrt:** in Bad Buchau ausgeschildert; **Platzanzahl:** 21; **Untergrund:** Pflaster; **Service:** Strom, Trinkwasser, Abwasser, Chemie-WC, WLAN; **Preise:** 11,50–13 €/Fahrz. inkl. Taxe, Strom 0,50 €/kWh, Wasser 0,10–2 €; **Geöffnet:** frei zugänglich; **Kontakt:** Seegasse, 88422 Bad Buchau.

173 Federseemuseum, Bad Buchau

GPS 48.07011, 9.60951

Separate, gut besuchte Plätze am Rande eines Pkw-Parkplatzes direkt am Federseesteg und Museum Federsee, WC 8–20 Uhr, ins Zentrum 800 m, schöne, ruhige Lage. **Lage/Anfahrt:** in Bad Buchau ausgeschildert; **Platzanzahl:** 12; **Untergrund:** Asphalt; **Service:** Strom, WLAN; **Preise:** 10 €/Fahrz. (12–12 Uhr) inkl. Taxe, Strom 0,50 €/kWh; **Geöffnet:** frei zugänglich; **Kontakt:** Federseeweg, 88422 Bad Buchau.

236bw-gg

174 Rondell in der Seegasse, Bad Buchau

GPS 48.06816, 9.60930

Separater Platz nur für Wohnmobile, kreisförmig angelegt in schöner, ruhiger Lage, nur für Fahrzeuge bis 7,50 m Länge, ins Zentrum 300 m. **Lage/Anfahrt:** in Bad Buchau ausgeschildert; **Platzanzahl:** 17; **Untergrund:** Pflaster; **Service:** Strom, Trinkwasser, Abwasser, Chemie-WC, WLAN; **Preise:** 11,50 €/Fahrz. inkl. Taxe, Strom 0,50 €/kWh, Wasser 1 €/100 l; **Geöffnet:** frei zugänglich; **Kontakt:** Seegasse, 88422 Bad Buchau.

237bw-gg

Aktivitäten

- **Federseesteg,** Eintritt: 2,50/1,50/5 €
- **Adelindis-Therme,** Teuchelweg 2, 88422 Bad Buchau, www.adelindistherme.de, Tel. 07582 8001395, geöffnet: Therme April–Okt. 9–20 Uhr, Nov.–März 9–21 Uhr, Sauna April–Okt. 13–20 Uhr, Nov.–März 13–21 Uhr, Eintritt Tageskarte: 15 €, Sauna 17 €, Kinder ab 6 und bis 13 Jahre nur Sa./So./Fei., Wohnmobiltarif 1 Std. 6 €
- **Freibad,** Friedhofstr. 17, 88422 Bad Buchau, geöffnet: Mai–Sept. Mo./Mi./Fr.–So. 10–20 Uhr, Di./Do. 9–19 Uhr, Eintritt: 2,50/1,50/6,50 €
- **Adelindisfest,** Großes Kinder- und Heimatfest, das alle zwei Jahre Anfang Juli stattfindet (nächste Termine: 2022, 2024).

Entlang der Strecke nach Steinhausen bietet sich ein Stopp am Schussenursprung an.

Vom Parkplatz sind es wenige Meter zum Schussenursprung in einem idyllischen Waldstück. Die Holzskulpturen „Drei Wasserhüterinnen Glaube-Liebe-Hoffnung“ bewachen die Quelle.

Wanderparkplatz

105 **Schussenursprung,** GPS 48.02191, 9.65916, kostenlos. Hier beginnt der 5,5 km lange GEO-Pfad.

Schon bei der Anfahrt fällt die **Wallfahrtskirche St. Peter und Paul** in **Steinhausen** ins Auge. Das Rokokojuwel überragt mit seinem

Wanderungen bei Bad Buchau

Archäologischer Moorlehrpfad

Länge: 9,5 km; Markierung: gelb/orange 4; Start: Federseemuseum.

Alternativ kann man am Zugang C mit kostenlosem Parkplatz, GPS 48.05022, 9.62337, zur Wanderung starten. Interessanter Weg durch die Riedwiesen zu den Fundstätten von vier bedeutenden Moorsiedlungen am Federsee.

Wackelwald-Pfad Naturerlebnispfad

Länge: 600 m; Zugang: vom Stellplatz Federseemuseum 173 aus

Hier kann man die Bäume wackeln lassen. Bequemer Weg, auch für Kinderwagen geeignet, zu acht Stationen.

75 m hohen, von einer Turmhaube gekrönten Turm die Häuser des 430-Seelen-Dorfes. Zunächst war der erstmals 1283 bezeugte Vorgängerbau im 17. Jh. erweitert worden. Die zunehmende Anzahl von Wallfahrten zum hiesigen Gnadenbild machte einen Neubau unter dem Baumeister Dominikus Zimmermann erforderlich. Zwischen 1728 und 1731 erfolgte er im Stil des späten Rokokos. Überrascht wird der Besucher, wenn er den lichten, pfeilergesäumten, elliptischen Innenraum betritt. Der ovale Entwurf ist der erste Bau dieser Art diesseits der Alpen. Durch die Pfeilerabfolge erreicht der Baumeister Raumtiefe, die in der Mitte des Deckenfreskos ins Unendliche zu streben scheint. Wände und Pfeiler sind in strahlendem Weiß gehalten, während die Kapitelle mit Ranken, Blumen, Blattwerk und Putten in zarte Pastellfarben gefasst sind. Das farbenprächtige Deckenfresko malte der Bruder des Baumeisters, Johann Baptist Zimmermann von 1730–1731. Hier verschmelzen Stuckatur und Malerei zu einer Einheit. Kreisförmig wird dabei die Himmelfahrt Mariens inmitten zahlreicher Heiliger dargestellt, umgeben von Illusionsmalerei mit Balustraden, Vasen und Putten. Das prächtige Kuppelfresko erinnert mit dem Baum der Erkenntnis und Adam und Eva an das Paradies.

Das gotische **Gnadenbild der Schmerzensmutter** (1415), die Pieta vom Ulmer Meister Hartmann im Hochaltar, ist das Herzstück der Kirche. Es zeigt Maria, wie sie vom Leid erstarrt, ihren, soeben vom Kreuz abgenommenen Sohn auf ihrem Schoß hält.

Man sollte sich genügend Zeit nehmen, um die vielen Details zu bewundern, besonders die Tierstuckaturen von Dominikus Zimmermann sind außerordentlich reizvoll. Dort füttert eine Elster ihre Jungen, da sammelt ein Eichhörnchen Früchte, hier wird ein junger Kuckuck gesättigt, dort krabbeln Hirschkäfer, Spinne, Grashüpfer und Stubenfliege über zarte Stuckblumen – alles sehenswerte kleine Kunstwerke an den Rahmen der oberen Umgangsfenster. In der Herkulesfigur beim südlichen Seiteneingang soll sich Johann Baptist Zimmermann selbst verewigt haben.

Die Kirche in Steinhausen ist ein gelungenes Gesamtkunstwerk und wird zu Recht oft als „schönste Dorfkirche der Welt" bezeichnet.

Im liebenswerten Steinhausen lässt sich gut sein: ein Gasthof mit schmackhafter Küche und ein freundlicher Familiencampingplatz 175 sorgen für einen angenehmen Aufenthalt.

Sehenswertes

› **Wallfahrtskirche Steinhausen,** Ingoldinger Straße, 88427 Bad Schussenried, geöffnet: 8–18 Uhr

Gastronomie

› **Landgasthof zur Linde,** Ingoldinger Str. 2, 88427 Steinhausen, Tel. 07583 2381, www.zur-linde-steinhausen.de, geöffnet: Di. 17–21 Uhr, Do.–So. 11.30–21 Uhr. Regionale, saisonale Gerichte im gemütlichen rustikalen Gastraum oder auf der schönen Gartenterrasse. Keine Hunde!

Parken

P **106 Wallfahrtskirche Steinhausen,** GPS 48.02818, 9.69775, kostenlos. Anfahrt über die zweite Zufahrt ins Dorf direkt zum Parkplatz.

175 Campingplatz Reiterhof, Steinhausen

GPS 48.02833, 9.69785

Kleiner, familiärer Platz in schöner und ruhiger Lage. Keine Einkaufsmöglichkeit im Ort, aber Restaurant. **Lage/Anfahrt:** in Steinhausen ausgeschildert; **Platzanzahl:** 30; **Untergrund:** Wiese; **Service:** Strom, Trinkwasser, Chemie-WC; **Sicherheit:** umzäunt, beleuchtet, bewacht; **Preise:** bis 7 m 15,50 €/Fahrz., über 7 m 16,50 €, 5 €/Pers., Strom 3 €, Taxe 1,80 €, Hund 2,50 €; **Geöffnet:** April–Okt.; **Kontakt:** 88427 Bad Schussenried-Steinhausen, Tel. 07583 3060, www.camping-steinhausen.de.

238bw-gg

Die Meister des Barocks

*Der am häufigsten genannte Name entlang der Oberschwäbischen Barockstraße ist **Joseph Anton Feuchtmayer** (1696–1770). So unterschiedlich auch die Schreibweisen seines Namens sind, man findet auch Feichtmayer, Feichtmair oder Feichtmaier, so einig ist man sich darin, dass er der bedeutendste Künstler des Rokokos in Süddeutschland und der Schweiz war.*

Das Multitalent arbeitete als Stuckateur, Bildhauer, Altarbauer und Kupferstecher. Sein Stil war die sogenannte Wessobrunner Schule, zu der Künstler gehörten, die ab Ende des 17. Jh. in der Benediktinerabtei Wessobrunn in Oberbayern ausgebildet wurden. In beinahe jeder Kirche, jedem Schloss oder Kloster Oberschwabens hat er seine Spuren hinterlassen. Besonders erwähnenswerte Kunstwerke sind die großen Stuckfiguren der „Sibyllen" im Treppenhaus des Schlosses zu Kißlegg, die Schnitzarbeiten von 1718 am Chorgestühl in Weingarten, der Hochaltar in Überlingen von 1760, die Stadtpfarrkirche in Scheer (1743) und die Abtei Salem (1721). Sein berühmtester Putto ist der anmutige Honigschlecker in der Wallfahrtskirche Birnau.

***Gottfried Bernhard Götz** (1708–1774), auch Goez geschrieben, fertigte die grandiosen Fresken für die Wallfahrtskirche Birnau. Ebenfalls ist er für die Fresken in der Kapelle des Neuen Schlosses in Meersburg von 1741 und die Fresken im Audienzsaal des Benediktinerklosters in Weingarten verantwortlich.*

***Franz Joseph Spiegler** (1691–1757) wurde in Wangen im Allgäu geboren und stieg zu einem der gefragtesten Freskenmaler des schwäbischen Barocks auf. Er hat sich in Weingarten, Ochsenhausen, Salem, Schussenried, Konstanz und auf der Insel Mainau verewigt.*

*Ebenfalls ein ganz großer Maler und Stuckateur des Barocks und Rokokos war **Johann Baptist Zimmermann** (1680–1758). Er arbeitete häufig zusammen mit seinem Bruder **Dominikus Zimmermann** (1685–1766), einem genialen Baumeister des Rokokos. Die schönsten Beispiele hierzu sind die Wallfahrtskirche St. Peter und Paul in Steinhausen und das Kloster Sießen.*

***Peter Thumb** (1681–1766) zeichnete sich als Baumeister der Wallfahrtskirche Birnau und der bedeutenden Bibliothek im Kloster St. Gallen aus.*

*Vom bemerkenswerten Orgelbauer **Joseph Gabler** (1700–1771) sind weitgehend im Original noch die Orgeln in Weingarten und Ochsenhausen erhalten.*

Dinnete

Dinnete, Dinnede, Dünnete, Dünnele, Dinnet oder Dinnele: trotz vielfältiger Schreibweise, gemeint ist immer dasselbe. Auf einen dünn ausgerollten Hefeteig werden verquirltes Eigelb und Sauerrahm gestrichen. Der Belag aus Speckwürfeln und Zwiebel- oder Lauchringen gibt das würzige Aroma. Die Dinnete wird im heißen Ofen kurz backen. Man findet sie in vielen Variationen in Gasthöfen und auf Wochenmärkten.

BAD SCHUSSENRIED

(8 km – km 165)

Zwischen Donau, Iller und Bodensee, an der Schwäbischen Bäder- und Oberschwäbischen Barockstraße liegt Bad Schussenried im Herzen Oberschwabens.

Das 1183 durch Prämonstratenser gegründete **Kloster Schussenried** gehört heute sicherlich zu den wichtigsten Kulturdenkmälern in der Region. Durch Schenkungen und Landkäufe, bezahlt durch Einnahmen von Pachtzins und Wallfahrerspenden, wuchs das Kloster bis ins 18. Jh. stetig an. Bald reichte seine Besitzfläche von 110 km² von Biberach über Waldsee und Aulendorf nach Buchau. Höhepunkt war 1440 die Erhebung zur selbstständigen Abtei mit Richtstätte und Richtschwert im Klosterwappen. Die Klöster waren zur damaligen Zeit nicht nur Orte des Gebets, sondern auch politische, wirtschaftliche und kulturelle Zentren. Im Dreißigjährigen Krieg wurde Kloster Schussenried mehrfach geplündert und große Teile der Anlage brannten ab. 1752 legte Abt Manus Kleber den Grundstein für eine Neuanlage im Barockstil, die jedoch aufgrund von Geldmangel nie vollendet wurde. Die Säkularisation brachte auch in Schussenried die Auflösung des klösterlichen Lebens. 1845 wurde hier eine königliche Heil- und Pflegeanstalt untergebracht.

Die absoluten Höhepunkte einer Klosterbesichtigung sind der lichtdurchflutete **Bibliothekssaal** und das reich verzierte **Chorgestühl** in der St. Magnus-Kirche. Der über zwei Stockwerke reichende Bibliothekssaal diente neben dem Bücherstudium auch zu Repräsentationszwecken. Der Abt scheute keine Kosten, um den Raum prunkvoll auszustatten und damit seine Gäste zu beeindrucken. Baumeister Zimmermann plante den Saal mit umlaufender Galerie, die von 12 Säulenpaaren aus Stuckmarmor mit goldverzierten Kapitellen getragen wird. 24 herrlich gearbeitete Alabasterfiguren stellen Allegorien dar. In insgesamt 60 Wandschränken fanden 20.000–30.000 Bücher Platz, leider ist

239bw-gg

176 Bierkrugmuseum, Bad Schussenried

GPS 48.00322, 9.65967

Plätze auf Parkplatz bei der Erlebnisbrauerei mit Gaststätte, gute und ruhige Lage, zentrumsnah, Bäcker in unmittelbarer Nähe. **Lage/Anfahrt:** in Bad Schussenried den Schildern Bierkrugmuseum folgen; **Platzanzahl:** 30; **Service:** Strom, Trinkwasser, Abwasser, Chemie-WC; **Untergrund:** Schotter; **Preise:** 12 €/Fahrz., Wasser 1 €, Strom 1 €/4. Std.; **Geöffnet:** ganzjährig; **Kontakt:** Wilhelm-Schussen-Str. 12, 88427 Bad Schussenried, Tel. 07583 40411, www.schussenrieder.de.

177 Zeller-See, Bad Schussenried

GPS 48.00225, 9.64659

Plätze auf dem Parkplatz des Naturfreibades in schöner und ruhiger Lage, ins Zentrum 800 m. Dusche im Bad in der Saison. **Lage/Anfahrt:** Von der Aulendorfer Straße in Richtung Zentrum, links in die Konradin-Kreuzer-Straße (Stadthalle), links in den Zellerseeweg; **Platzanzahl:** 10; **Untergrund:** Asphalt; **Service:** Strom, Trinkwasser; **Preise:** 5 €/Fahrz. inkl. Strom und Wasser, ohne 3 €, Taxe 1,80 €; **Max. Stand:** 3 Nächte; **Geöffnet:** ganzjährig; **Kontakt:** Zellerseeweg, 88427 Bad Schussenried.

240bw-gg

keines der Originale mehr hier zu finden. Das Deckenfresko trägt die Handschrift von Franz Georg Hermann. Im Mittelpunkt sieht man das apokalyptische Lamm, umgeben von einem leuchtenden Strahlenkranz. Die Längsachse des Freskos bildet einen Bogen von der Geburt über die Kreuzigung zur Auferstehung Christi. Daneben kommen die Wissenschaft, die bildende Kunst und die Technik in der bilderreichen Sprache zum Ausdruck. Zu sehen ist auch eine Darstellung des bekannten Salomonischen Urteils, bei dem ein Kind unter zwei Frauen aufgeteilt werden soll. Bekannt wurde auch der Chorherr Caspar Mohr, der im 17. Jh. die Schwerkraft bezwingen wollte. Er ist mit seinem Flugapparat aus Federn auf dem Deckenfresko abgebildet.

In der im Kern spätromanischen, 1717–1746 barockisierten **Pfarrkirche St. Magnus** ist ein fein gearbeiteter Schatz versteckt. Das zweireihige Nussbaum-Chorgestühl von 1715 zeigt eine Fülle ornamentaler und plastischer Motive. Die Lindenholzreliefs erinnern an biblische Heilsereignisse aus dem Alten und Neuen Testament.

Etwas profaner geht es im **Bierkrugmuseum** zu. Was zunächst eine private Sammlung des Brauerei-Chefs Jürgen Josef Ott war, ist heute ein Museum mit rund 1200 historischen Bierkrügen. Sie geben Einblick in die Trinkkultur aus aller Welt zwischen 1550 und 1925.

Sehenswertes

› **Kloster Schussenried,** Neues Kloster 1, 88427 Bad Schussenried, Tel. 07583 9269140, www.kloster-schussenried.de, geöffnet: 26. Dez.–Mitte März Di.–So. 13–17 Uhr, Mitte März–7. Nov. Di.–Fr. 10–13 und 14–17 Uhr, Sa./So. 10–17 Uhr, 8. Nov.–19. Dez. Sa./So. 13–17 Uhr, Eintritt: 5,50/2,80/13,80 €, inkl. Audioguide

› **Bierkrugmuseum,** Wilhelm-Schussen-Str. 12, 88427 Bad Schussenried, www.schussenrieder.de, geöffnet: Mi.–So. 11–17 Uhr, Eintritt: 4,50 €

Information

› **Tourist-Information,** Wilhelm-Schussen-Str. 36, 88427 Bad Schussenried, Tel. 07583 940170, www.bad-schussenried.de, Mo./Fr. 8–12.30 und 14–18 Uhr, Di.–Do. 8–12.30 und 14–16.30 Uhr

Einkaufstipp

› **Wochenmarkt,** Sa. 8–12.30 Uhr

Gastronomie

› **Erlebnisbrauerei,** Wilhelm-Schussen-Str. 12, 88427 Bad Schussenried, Tel. 07583 40411, www.schussenrieder.de, geöffnet: Di.–So. ab 11 Uhr. Museumsschänke, Biergarten bei der Brauerei Schussenrieder, am Wochenende Livemusik.

Aktivitäten

› **Naturbadestelle Zellersee,** Zellerseeweg, 88427 Bad Schussenried, geöffnet: Mai–Sept. 7–21 Uhr

ABSTECHER NACH BAD SAULGAU UND ZUM KLOSTER SIESSEN

(hin und zurück 34 km)

Über die L283 erreicht man in 14 km **Bad Saulgau.** Hübsch ist das Zentrum rund um den Marktplatz mit einigen schön restaurierten Häusern und vielen Straßencafés. Etwas außerhalb auf einem sanften Hügel liegt die **Sonnenhof-Therme.** Die wärmste Schwefeltherme Baden-Württembergs bietet für den Erholungssuchenden sieben Außen- und Innenbecken mit Massagedüsen, Düsenstraße, Kaskadenbecken mit Wasserfällen, Kneippbecken und Dampfbäder, Quellbecken, die Saunawelt und diverse Angebote für Wellness und Entspannung.

Aktivitäten

- **Fasnet,** Bad Saulgau ist eine der Hochburgen der schwäbisch-alemannischen Fasnet
- **Sonnenhof-Therme,** Im Schönen Moos 1, 88348 Bad Saulgau, Tel. 07581 48390, www.sonnenhof-therme.de, geöffnet: Therme Mai–Mitte Sept. 8–22 Uhr, Fr. bis 23 Uhr, Mitte Sept.–April 8–21 Uhr, Fr. bis 22 Uhr, Sauna ab 9 Uhr, Eintritt: Therme 3 Std. 10,50 €, Sauna 3 Std. 16 €
- **Bächtlefest,** Kinder- und Heimatfest mit historischem Festumzug, Bauern- und Handwerkermarkt, Feuerwerk, immer Mitte Juli

Parken

P 107 **Festplatz,** GPS 48.02031, 9.50461

Nur 3 km entfernt liegt das **Kloster Sießen,** ein Ortsteil von Bad Saulgau. Die seit 1260 hier ansässigen Dominikanerinnen riefen im Jahr 1725 die Brüder Dominikus und Johann Baptist Zimmermann nach Sießen, um dort ihre Klosterkirche neu zu gestalten. Den Freskenzyklus schuf Johann Baptist, die fein gearbeiteten Stuckaturen Dominikus Zimmermann. Das Hochaltarblatt zeigt den Ordensgründer Dominikus links und rechts den Stifter des Klosters Ritter Steinmar von Strahlegg. Deutlich ist auch der höchste Berg Oberschwabens auf dem Altar zu erkennen.

Im **Hummelsaal** findet man die Zeichnungen der niedlichen Kinderbilder von Schwester Maria Innocentia Hummel. Als Berta Hummel 1909 in Niederbayern geboren, wurde

241bw-gg

178 Sonnenhof-Therme, Bad Saulgau

GPS 48.01686, 9.48867

Plätze in guter, relativ ruhiger Lage (angrenzende Straße) auf einem separaten Platzteil des Thermenparkplatzes, auch für große Wohnmobile, enge Plätze mit wenig Abstand zum Nachbarn, WC im Bad, Waschmaschine/Trockner, ins Zentrum 1 km, Brötchenservice, Rabatt bei Thermenbesuch.
Lage/Anfahrt: Therme ausgeschildert; **Platzanzahl:** 53; **Untergrund:** Rasengitter; **Service:** Strom, Trinkwasser, Abwasser, Chemie-WC, WLAN; **Sicherheit:** beleuchtet; **Preise:** 10,50–11,50 €/Fahrz., Taxe 1,50 €/Pers., Strom 0,50 €/kWh, Wasser 0,50 €/50 l; **Geöffnet:** ganzjährig; **Kontakt:** Am schönen Moos, 88348 Bad Saulgau.

179 Freizeitzentrum Schwartzachtalseen, Ertingen

GPS 48.08143, 9.46232

Plätze an schönen Bade-, Wassersport- und Naturseen in ruhiger Lage. Fitnessgeräte, Restaurant, WC in der Saison. **Lage/Anfahrt:** Die Seen sind im Ort ausgeschildert; **Platzanzahl:** 24; **Untergrund:** Schotter; **Service:** Strom, Trinkwasser, Abwasser, Chemie-WC; **Preise:** 14 €/Fahrz. inkl. Taxe, Strom 1 €/kWh, Wasser 1 €; **Geöffnet:** April–Okt. kostenpflichtig; **Kontakt:** 88521 Ertingen.

bei dem lebhaften, humorvollen Mädchen ein großes künstlerisches Talent entdeckt. 1929 begann sie mit dem Studium an der Akademie der Künste, das sie erfolgreich mit der Note 1 abschloss. Bereits im Studium lernte sie zwei Schwestern des Klosters Sießen kennen. 1931 trat sie unter dem Klosternamen Innocentia in das Kloster Sießen ein. Ihre lebendigen, lebensnahen Kinderbilder fanden im ersten Hummelbuch von 1934 bald ein begeistertes Publikum. Die Porzellanfabrik Goebel bedrängte wegen drohender Insolvenz Schwester Innocentia, die Genehmigung zu erteilen, die Kinderfiguren in Porzellan herstellen zu dürfen. Im Jahr 1944 erkrankte Schwester Innocentia an einer Rippenfellentzündung, von der sie sich nie mehr ganz erholte und 1946 verstarb sie hier im Kloster.

Sehenswert sind außer den Kinderbildern auch die ausdruckstarken christlichen Werke und die farbenprächtigen Aquarellbilder.

Sehenswertes

› **Kloster Sießen,** Kloster Sießen 3, 88348 Bad Saulgau, Tel. 07581 800, www.klostersiessen.de, geöffnet: Di.–Sa. 10–12 und 14–16.30 Uhr, So. 14–16.30 Uhr, Eintritt: frei

Parken

P 108 **Kloster Sießen,** GPS 47.99781, 9.47635, kostenlos

Wieder zurück in Bad Schussenried, sollte man auf dem Weg nach Bad Waldsee unbedingt im **Freilichtmuseum Kürnbach** Station machen. Hierher, mitten in Oberschwaben, wurden 30 Gebäude und 20 authentisch eingerichtete Werkstätten aus sechs Jahrhunderten versetzt. Angeordnet wie ein typisches Dorf mit teilweise strohgedeckten Bauernhöfen, einer Kapelle, einem Tanz- und Rathaus und sogar einer Kegelbahn, eingebettet in ein großes Gelände mit Wiesen und Feldern, bevölkert von Kühen, Hühnern, Schafen und Schweinen, ist es der richtige Ort, um die Alltagskultur vergangener Zeiten kennenzulernen. Hier stehen nicht nur die vollständig eingerichteten Häuser und Werkstätten, sondern es wird auch die Geschichte ihrer ehemaligen Bewohner erzählt. Über die Lebensweise, den Arbeitsalltag, die Ernährung, das Freizeitvergnügen informieren anschaulich gestaltete Exponate. Die vielfältigen Trachten Oberschwabens zeigt eine Ausstellung im Tanzhaus. Höhepunkte im Museumsjahr sind die verschiedenen Feste wie der Handwerkertag, das Dampffest mit spektakulären Dampfmaschinen in Betrieb und der Biertag, an dem auch kräftig probiert werden kann. Konkrete Termine gibt es im Internet. Jeden Tag, außer Montag, hat die urgemütliche Vesperstube geöffnet und am Sonntag wird das Backhaus geheizt und es gibt frische Seelen und Dennete.

Schwabenkinder

Schwabenkinder oder Hütekinder: So wurden Kinder genannt, die ab 1625 aus dem Alpenraum nach Oberschwaben und an den Bodensee kamen. Ihren Höhepunkt erreichte die Kinderwanderung Anfang des 19. Jahrhunderts, als vermutlich einige Tausend Kinder hier ihr Auskommen suchten. Sie stammten aus armen, kinderreichen Familien aus den Alpenregionen, die mit Landwirtschaft und Nebenerwerb nicht genügend zum Leben für die Familie erwirtschaften konnten. So wurden 6- bis 14-Jährige im Frühjahr auf die strapaziöse Reise geschickt. Mit der Bahn, aber auch große Teilstücke zu Fuß gingen sie nicht immer einem guten Schicksal entgegen. Vermittler brachten sie zum Kindermarkt nach Ravensburg, wo sie die örtlichen Bauern begutachteten und einen Preis für die Arbeit über den Sommer aushandelten. Ausgebeutete Kinder hatten sich auf dem Kindermarkt einen Trick einfallen lassen. Bauern, die im vergangenen Jahr besonders unangenehm waren, bekamen einen weißen Kreidestrich an die Jacke gemalt. So wussten die Erstlinge über die sogenannten „Saubauern" Bescheid. Es gab sie natürlich auch, die Bauern, die die Schwabenkinder wie ihre eigenen aufnahmen und gerecht entlohnten. So ergab sich manchmal, dass Kinder immer wieder auf denselben Hof kamen. Zu „Martini", dem Erntefest im November, kehrten die Kinder in ihre eigenen Familien zurück – nach oft Hunderten von Kilometern Fußmarsch auch über schneebedeckte Pässe.

Für diese Migration gab es mehrere Gründe: Die Höfe in Oberschwaben waren sehr groß und brauchten eine Vielzahl von Viehhütern. Da ab 1878 in Württemberg allgemeine Schulpflicht herrschte, von der ausländische Kinder aber nicht betroffen waren, standen sie den Bauern als billige Arbeitskräfte zur Verfügung. Da auch in anderen Teilen Deutschlands Schulpflicht herrschte, konnten keine Kinder aus armen deutschen Regionen zum Arbeiten nach Oberschwaben geschickt werden. Die Kinder aus Vorarlberg und Tirol waren ebenso katholisch wie die Oberschwaben. Ein Vorteil im täglichen Zusammenleben.

Sehenswertes

› **Freilichtmuseum Kürnbach,** Griesweg 30, 88427 Bad Schussenried-Kürnbach, Tel. 07351 526790, www.museumsdorf-kuernbach.de, geöffnet: April–Okt. tgl. 10–18 Uhr, Eintritt: 6/3/12 €, 65+ 5 €, Hunde dürfen mit!

BAD WALDSEE

(13 km – km 178)

Wie der Zusatz Bad im Stadtnamen schon deutlich macht, gibt es in Waldsee heilkräftige Quellen. Aus 1800 m Tiefe sprudelt das fluorid- und schwefelhaltige Thermalwasser mit 62,5 °C an die Oberfläche. Vier Becken mit 720 m² Wasserfläche und Temperaturen zwischen 28° und 38 °C bilden zusammen mit Dampfgrotte, Wassertretbecken, Sprudelbecken und Wasserfall die beliebte **Waldsee-Therme.**

Nach dem Thermalbadbesuch gehören ein Bummel durch das Städtchen und eine gemütliche Pause in den zahlreichen Restaurants unbedingt zu einem Verwöhntag dazu. Eine gemütliche, einladende Atmosphäre herrscht entlang der Hauptstraße. Hier stehen auch das Anno Domini 1426 erbaute spätgotische **Rathaus** mit dem markanten Giebel. Gegenüber im **Kornhaus,** mit den Abmessungen von 30 m auf 13 m, wurde das Getreide gelagert und gehandelt. Heute ist hier im **Museum im Kornhaus** eine Sammlung über Kunst, Kultur und Geschichte der Stadt beheimatet.

Das **Heilig-Geist-Spital** ist bereits seit 1300 bekannt. Es war neben Krankenhaus auch Alters-, Waisen- und Armenheim. Das **Wurzacher Tor** entstand um 1400 und trennt

⊡ Moorheilbad und Kneippkurort Bad Waldsee

die Altstadt vom Kurgebiet ab. Truchsess Georg IV. ließ um 1550 ein Wasserschloss errichten. Ab 1745 wurde es im zeitgenössischen Geschmack umgebaut, d.h. außen schlicht und innen im Stil des beginnenden Klassizismus. Das Schloss ist heute noch im Privatbesitz der Fürsten von Waldburg-Wolfegg-Waldsee und kann nicht besichtigt werden. Angenehm ist ein 1,6 km langer Spaziergang mit sieben Erlebnisstationen rund um den **Stadtsee.** Dieser ist ein Überbleibsel aus der vergangenen Eiszeit vor rund 16.000 Jahren.

Ins Industriegebiet Wasserstall, etwas außerhalb gelegen, sollte jeder Wohnmobiltourist fahren, denn dort findet man das **Erwin Hymer Museum.** Auf 6000 m² Ausstellungsfläche begibt man sich auf eine Zeit- und Länderreise. Start ist beim ersten Wohnauto Deutschlands von Arist Dethleffs. Er konstruierte es 1931 und schenkte es seiner Frau zur Hochzeit, damit sie ihn auf seinen Reisen begleiten konnte. Anschließend geht es auf „Straßen“ steil hinauf zum ersten gewerbsmäßig vertriebenen Wohnanhänger Tourist. Viele interessante Exponate der unterschiedlichsten Konstrukteure säumen den Weg: der skurrile Hippie-VW-Bus, der viele Kilometer zurückgelegt hat, der Wohnwagen Hartmann-Falter IV, dessen Dach abgenommen und als Boot verwendet werden konnte oder selbst gebaute Wohnanhänger aus der ehemaligen DDR. Natürlich steht hier auch der erste Verkaufserfolg von Hymer: das Reisemobil 550 aus dem Jahre 1971. Ein sehr lohnender Besuch nicht nur für Hymerfahrer!

Sehenswertes

- **Museum im Kornhaus,** Hauptstr. 40, 88339 Bad Waldsee, Tel. 07524 48228, geöffnet: Fr.-So. 13.30-17.30 Uhr, Eintritt: 3/2 €
- **Erwin Hymer Museum,** Robert-Bosch-Str. 7, 88339 Bad Waldsee, Tel. 07524 97667600, www.erwin-hymer-museum.de, geöffnet: 10-18 Uhr, Do. 10-21 Uhr, Eintritt: 11,50 €, bis 18 Jahre frei

Information

- **Kurverwaltung,** Ravensburger Str. 3, 88339 Bad Waldsee, Tel. 07524 941342, www.bad-waldsee.de, geöffnet: Okt.-April Mo. 9-12 und 13.30-17.30 Uhr, Di.-Fr. 9-12 und 13.30-17 Uhr, Mai-Sept. auch Sa. 10-12 Uhr

Gastronomie

- **Grüner Baum,** Hauptstr. 34, 88339 Bad Waldsee, Tel. 07524 97900, www.baum-leben.de, geschlossen Mo./Di. Günstige Gerichte in der Bäumle-Stube. Feiner geht es im Restaurant zu.

243bw-gg

244bw-gg

180 Therme, Bad Waldsee

GPS 47.91436, 9.76049
Platz in schöner, ruhiger Lage bei der Therme, ab der dritten Übernachtung bekommt man einmal freien Eintritt in die Therme, Brötchenservice. Am Platz beginnen zwei Spaziergänge TK2 mit 2285 m und TK1 mit 1825 m Länge. **Lage/Anfahrt:** B30 Ausfahrt Süd, dann ausgeschildert; **Platzanzahl:** 39; **Untergrund:** Pflaster; **Service:** Strom, Trinkwasser, Abwasser, Chemie-WC; **Preise:** 8 €/Fahrz., Taxe 2 €/Pers., Strom 1 €/2 kWh, Wasser 1 €/100 l; **Geöffnet:** ganzjährig; **Kontakt:** Unterurbacher Weg, 88339 Bad Waldsee.

Wanderung durchs Steinacher Ried

Länge: 6,6 km; Höhendifferenz: 24 m; Markierung: Rundweg 9; Start: Parkplatz Steinacher Ried, GPS 47.92365, 9.72888 – ein kurzes Stück auf der Zufahrtsstraße zurück beginnt bei der Infotafel die sehr gut ausgeschilderte Rundwanderung 9.

Sie führt durch Riedwald mit Nadelbäumen, Birken, Heidelbeeren, Moosen und Schilf an einem wunderschönen Moorsee vorbei. In Möllenbronn im Gasthaus „Drei Tannen" kann man unterwegs einkehren (Do. Ruhetag).

› **Gaststätte zur Versteigerungshalle,** Hopfenweiler 12, 88339 Bad Waldsee, Tel. 07524 7926, www.gasthaus-versteigerungshalle.de, geöffnet: 12–14 Uhr, Mi.–So. auch 18–21 Uhr. „Futtern wie bei Muttern" lautet das Motto des Küchenchefs und so genießt man schmackhafte regionale Küche.

Aktivitäten

› **Gesundheitszentrum Waldsee-Therme,** Badstr. 16, 88339 Bad Waldsee, Tel. 07524 941221, www.waldsee-therme.de, geöffnet: 9–22 Uhr, Sauna Mo.–Do. 13–22 Uhr (Do. Frauensauna), Fr.–So. 11–22 Uhr, Eintritt: 16 €, inkl. Sauna 21 €

Einkaufstipp

› **Wochenmarkt,** Di. 8–12 Uhr, Innenstadt

Parken

P **109 Stadtsee,** GPS 47.92461, 9.75555, kostenlos

Parken

P **110 Erwin Hymer Museum,** GPS 47.93662, 9.761059, kostenlos. Eine Übernachtung nach dem Museumsbesuch möglich, Platz ist beleuchtet.

Über die B30 ist nach 19 km ein weiteres Highlight des Barocks erreicht.

WEINGARTEN

(20 km – km 198)

Die Geschichte Weingartens beginnt um 500 mit einer alemannischen Siedlung mit Namen Alachdorf (d. h. Ort beim heidnischen Heiligtum). Um das Jahr 850 wählten Adlige aus dem Geschlecht der Welfen den nahen Martinsberg zu ihrem Wohnsitz, siedelten jedoch um 1050 ins strategisch günstigere Ravensburg um. 1056 übernahm der Benediktinerorden den bisherigen Welfensitz und gründete hier das Kloster Weingarten, künftig die Grablege der Welfen. Der 31. Mai 1094, als die Heilig-Blut-Reliquie nach Weingarten kam, ging als fundamental wichtiger Tag in die Annalen der Abtei ein. Um die Bedeutung der Reliquie nach außen zu unterstreichen, bauten die Mönche im 18. Jh. eine neue repräsentative Klosteranlage und zum Ruhme Gottes und zu Ehren des Heiligen Blutes die Barockbasilika. Nach der Schließung im Zuge der Säkularisation, der Wiedereröffnung durch Benediktiner aus Beuron und England 1922 kam 2010 wegen Nachwuchsmangel das endgültige Aus für das Kloster.

Die mächtige, konkav ausschwingende Fassade der **Basilika von Weingarten** mit den beiden Westtürmen ist von beeindruckender Monumentalität. Obwohl sie auch schwäbisches St. Peter genannt wird, ist sie mit 106 m Gesamtlänge doch deutlich kürzer als der Petersdom in Rom mit 211 m. Der majestätische Innenraum wird von den mächtigen Pfeilern, die das Langhaus in einzelne Joche aufteilt, den zarten Stuckornamenten und den leuchtenden Deckenfresken beherrscht. Hier hat Cosmas Damian Asam die barocke Illusionsmalerei zur Vollendung geführt. Das erste große Medaillon zeigt die Verherrlichung der Heilig-Blut-Reliquie in der sinnbildlichen Darstellung einer Kranken, der nach dem Besuch der Reliquie im Atem ein Teufel entweicht. Im zweiten Fresko steht der heilige Benedikt mit erhobenen Händen im Mittelpunkt. Interessant ist hier die Darstellung des Teufels, der wahrlich aus dem Rahmen des Bildes fällt. Die Himmelfahrt Mariens ist im folgenden Fresko dargestellt. In der 67 m hohen Tambourkuppel malte Asam perspektivisch genial die Verherrlichung der Kirche und die Dreifaltigkeit in zarten Farben. Die Mitte nimmt Gott Vater mit goldenem Mantel ein. Er wird flankiert von Christus mit Kreuz und dem Heiligen Geist als zarte, lichte Taube in der Laternenkuppel.

An der Gestalt der Putten ist sehr deutlich zu sehen, dass die Kanzel bereits nach 40 Jahren ausgetauscht wurde. Die Putten sind im Rokoko deutlich pausbäckiger und draller als die übrigen Engel in der Kirche.

Das Chorgestühl hat der Meister Joseph Anton Feuchtmayer aus einem Dutzend verschiedener Hölzer und mit Intarsien wundervoll gearbeitet. Vor dem Hochaltar aus Stuckmarmor ist das prächtige goldene Chorgitter (1723) von Pater Hermann Mauz aufgestellt. Das Kostbarste der Basilika ist die im stuckmarmornen Altar von 1931 aufbewahrte Heilig-Blut-Reliquie. Ihr zu Ehren findet jährlich der Heilig-Blut-Ritt statt (siehe Exkurs S. 294).

Einen herrlichen Klang mit 6666 Pfeifen hat die Hauptorgel von Joseph Gabler aus dem Jahre 1750. Konzerttermine findet man unter www.st-martin-weingarten.de/basilika/kirchenmusik.

Wer sich für die Stadt Weingarten interessiert, bekommt beim Amt für Kultur und Tourismus einen Stadtplan mit erläuterndem Stadtrundgang.

245bw-gg

Der legendäre Heilig-Blut-Ritt (s. S. 294)

246bw-gg

181 Festplatz, Weingarten

GPS 47.81028, 9.63039

Separater Platzteil eines großen gemischten Parkplatzes in befriedigender, relativ ruhiger Lage (Straße, Jugendtreff), Bäume bieten Schatten, 1 km zur Basilika. **Lage/Anfahrt:** Richtung Zentrum, dann weiter über Untere Breite bis Parkplatz Festplatz; **Platzanzahl:** 8; **Untergrund:** Schotter; **Service:** Strom, Trinkwasser, Abwasser (mit Schlauch), Chemie-WC; **Sicherheit:** beleuchtet; **Preise:** 10 €/Fahrz., Strom 0,50 €/kWh, Ver- und Entsorgung je 1 €; **Max. Stand:** 3 Nächte; **Geöffnet:** frei zugänglich; **Kontakt:** Abt-Hyller-Straße, 88250 Weingarten.

Der Heilig-Blut-Ritt in Weingarten

In der Reliquie im Altar der Weingartner Basilika soll sich Blut aus der Seitenwunde Christi, das mit Erde von Golgatha vermischt ist, befinden. Die Reliquie wird am Blutfreitag in einer Reiterprozession durch die Stadt und die Flure Weingartens getragen. Der Blutritt findet alljährlich am Freitag nach Himmelfahrt statt. Dieser Termin geht auf den 31. Mai 1094 zurück. An diesem Tag erhielt das Kloster Weingarten die Reliquie aus dem Vermächtnis von Juditha von Flandern, der zweiten Frau Welfs IV. Die Reliquie war 1053 in Mantua zwischen Papst Leo IX., Kaiser Heinrich III. und der Stadt Mantua aufgeteilt worden. Das Drittel von Kaiser Heinrich III. erbte 1056 Balduin von Flandern, der es 1069 an seine Tochter Judith weitergab. In den Zeugnissen des Klosters Weingarten wird der Blutritt erstmals im Jahr 1529 erwähnt. Die Reiterprozession, an der um die 3000 Reiter teilnehmen, ist kein Volksfest, sondern ein tief in der Tradition Oberschwabens verankertes Glaubensbekenntnis. Reiter, Geistliche mit ihren Ministranten sowie Musikkapellen bitten am Blutfreitag um den Segen für Haus, Hof und Felder. Bereits um vier Uhr morgens wird die erste Heilige Messe gefeiert. Um sieben Uhr setzt sich die Prozession in Bewegung, vorbei an 10.000 Pilgern und Schaulustigen. Um 11 Uhr kommen die Reiter mit der Heilig-Blut-Reliquie wieder zurück zur Basilika.

Beginn der Feierlichkeiten ist jedoch schon der Abend des Himmelfahrtstages. Nach einem Gottesdienst ziehen die Gläubigen in einer stimmungsvollen Lichterprozession von der Basilika bis zum Weingarter Kreuzberg.

Sehenswertes

› **Basilika,** Kirchplatz, 88250 Weingarten, geöffnet: 8–18 Uhr, bei Gottesdiensten geschlossen

Information

› **Amt für Kultur und Tourismus,** Münsterplatz 1, Weingarten, www.weingarten-online.de, Tel. 0751 405232, Mo. 10–13, Di.–Fr. 10–13 u. 14–16 Uhr

Gastronomie

› **Gasthof Bären,** Kirchstr. 3, 88250 Weingarten, Tel. 0751 561200, www.baeren-weingarten.de, geöffnet: Di.–So. 11–14 und 17–23 Uhr. Gute Küche und freundlicher Service.

Einkaufstipp

› **Wochenmarkt,** Mi. 7–13, Sa. 8–12 Uhr, Innenstadt

Aktivitäten

- **Heilig-Blut-Ritt,** jedes Jahr am Freitag nach Himmelfahrt
- **Fasnet,** vom schmutzigen Donnerstag bis Fasnachtsdienstag hat hier die schwäbisch-alemannische Fasnet das Sagen
- **Welfenfest,** im Juli mit Festzug, Rummelplatz und Heimatfest

Nochmal über die B30 sind es 19 km zum Endpunkt diese Route.

RAVENSBURG

(5 km – km 203)

Produkte aus dem Ravensburger Spieleverlag wie Gesellschaftsspiele, Puzzles und Bücher sind im ganzen deutschsprachigen Raum in beinahe jedem Kinderzimmer vertreten. Neben dem beliebten **Freizeitpark Spieleland** mit vielen Attraktionen für die ganze Familie gibt es auch noch das **Museum Ravensburger.** Informationen zur Firmengeschichte, die bunte Welt der Ravensburger Spiele, die ganze Bilderbuch- und Lesewelt gibt es im ehemaligen, 1416 errichteten Wohnsitz der Händlerfamilie Möttelin. Hier begann 1883 die Firmengeschichte des Buch- und Spielverlages Otto Maier/Ravensburger AG. Dass ganz Ravensburg ein Spieleparadies sein kann, beweist es am letzten Sommerferienwochenende von Baden-Württemberg. Das Stadtzentrum verwandelt sich dann in eine Spielemeile für alle.

Um 1100 bauten die Welfen, eine der einflussreichsten Hochadelsfamilien Schwabens, ihren Stammsitz, die Ravensburg, auf den strategisch günstigen Veitsberg. Die Burg wurde im 16. Jh. in Anlehnung an den Schutzpatron der Burgkapelle, den heiligen Veit, in Veitsburg umgetauft. Unten im Tal konnte sich die Siedlung Ravensburg, an einer bedeutenden Handelsstraße gelegen, gut entwickeln. Schon bald erhielt sie Stadt- und Marktrecht und 1276 wurde sie zur Freien Reichsstadt erhoben. Durch den Handel mit Leinen und Barchent und die Papierherstellung entwickelte Ravensburg sich zu einer der führenden Handelsstädte Schwabens. Dabei halfen die guten Geschäftsverbindungen der Großen Ravensburger Handelsgesellschaft in ganz Europa. Zu ihr gehörte auch die Fernhandelsfamilie Humpis, deren Häuserensemble aus dem 15. Jh. heute ein spannendes Museum beherbergt. Es wirbt mit dem Slogan „1000 Jahre Kulturgeschichte authentisch erleben“ und genau dies kann man im **MuseumHumpis-Quartier** mit seiner wechselvollen Geschichte und anhand audiovisueller Einblicke in die Lebenswege der einstigen Bewohner. Vom Kellergeschoss, wo einst ein Lederhandwerker qualitativ hochwertige Waren herstellte, geht der Rundweg zur vornehmen Erkerstube der Handelsfamilie. Interessant dargestellt ist auch das Nebeneinander von

247bw-gg

Die Altstadt von Ravensburg hat einen ganz besonderen Charme

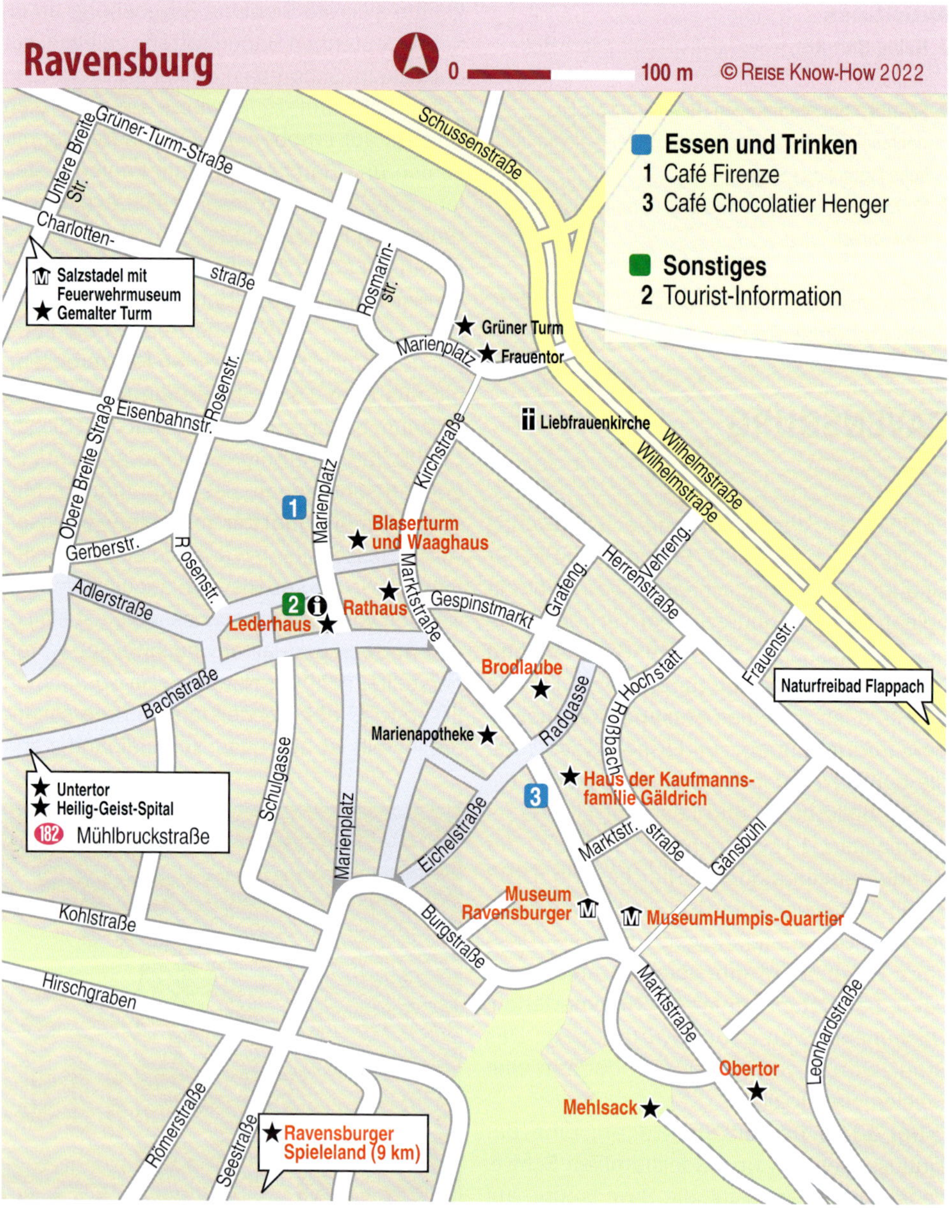

katholischen und evangelischen Ravensburger Bürgern bis ins 18. Jh., als es noch je einen Bürgermeister, je einen Amtmann und je sieben Ratsherren aus jeder Konfession gab. In der Barockzeit lebte der Gerber Johannes Wucherer hier und im 19. Jh. der Gastwirt Gottfried Rösch. Mit einem Audioguide ausgestattet, bekommt man ein außergewöhnlich intensives Museumserlebnis, wenn verschiedene Sprecher, Geräusche und Musik das Leben der ehemaligen Bewohner lebendig werden lassen. Besonders ergreifend sind auch die Geschichten der Schwabenkinder, die aus den Alpenländern im Sommer nach Oberschwaben und ins Allgäu zogen, um hier bei Bauern etwas für ihre armen Familien in

der Heimat hinzuzuverdienen (siehe Exkurs S. 290). Das MuseumHumpis-Quartier ist schon wegen seiner interessanten Architektur mit modernen Glasstegen zwischen den mittelalterlichen Häusern ein lohnendes Besuchsobjekt.

Den Stadtspaziergang beginnt man auf dem Marienplatz beim **Blaserturm.** Auf ihm arbeitete bis 1911 in 51 m Höhe ein Turmwächter. 212 Stufen musste er hinaufsteigen, um oben seinen Dienst als Feuermelder zu versehen. Daneben befinden sich das **Waaghaus** von 1496 und das **Rathaus** mit Gerichtserker an der Nordseite von 1386. Gegenüber steht das in Grisailletechnik (grau-weiß-schwarz) bemalte **Lederhaus,** früher Marktgebäude der Schuhmacher, Sattler und Gerber. Die Marktstraße ist gespickt mit wunderschönen Gebäuden wie dem spätmittelalterlichen Wohnsitz der Handelsfamilie Gäldrich, dem Hausensemble Humpis-Quartier, dem Gebäude Nr. 22 mit dem Wirtschaftsmuseum und dem Museum Ravensburger. Am ehemaligen **Franziskanerinnenkloster** vorbei steigt man hinauf zum **Mehlsack.** Der runde Turm, 1425 als Wehrturm erbaut, bekam seinen Spitznamen wegen seinem, einem Mehlsack gleichenden, Erscheinungsbild. Durch das spätmittelalterliche **Obertor** von 1432 kommt man wieder zurück auf die Marktstraße und geht über den Gespinstmarkt zur **Brodlaube,** einem Marktgebäude für Bäcker, Metzger und Kürschner von 1625.

Der langgezogene **Marienplatz** ist die gute Stube der Stadt. Die vielen hier gelegenen Straßencafés, in denen bei schönem Wetter buntes Treiben herrscht, bieten eine günstige Gelegenheit, die Besichtigungstour gemütlich ausklingen zu lassen.

Sehenswertes

- **MuseumHumpis-Quartier,** Marktstr. 45, 88212 Ravensburg, www.museum-humpis-quartier.de, Tel. 0751 82820, geöffnet: Di.–So. 11–18 Uhr, Do. 11–20 Uhr, Termine für Führungen siehe Website, Eintritt: 7 €, Kinder bis 18 Jahre frei
- **Museum Ravensburger,** Marktstr. 26, 88212 Ravensburg, www.museum-ravensburger.de, Tel. 0751

Blaserturm und Lederhaus

249bw-gg

182 Mühlbruckstraße, Ravensburg

GPS 47.78190, 9.59999

Platz in schöner, relativ ruhiger Lage, ins Zentrum 1 km, Bushaltestelle. Supermarkt 300 m. **Lage/Anfahrt:** von der B33 vor Ravensburg links ab, ausgeschildert; **Platzanzahl:** 19; **Untergrund:** Schotter; **Service:** Strom, Trinkwasser, Abwasser, Chemie-WC; **Preise:** 8,50 €/24 Std. bzw. 0,80 €/Std. Strom 0,50 €/kWh, Wasser 1 €/80 l; **Max. Stand:** 3 Nächte; **Geöffnet:** frei zugänglich; **Kontakt:** Mühlbruckstraße, 88212 Ravensburg.

861377, geöffnet: Di.-So. 10-17 Uhr, Eintritt: 10,50/8/31 €, 60+ 9 €

› **Turmbesteigung,** Blaserturm, geöffnet: Blaserturm Ostern-Sept. So. 11-16 Uhr, Eintritt: 3,50/2 €

› **Ravensburger Spieleland,** Am Hangwald 1, 88074 Meckenbeuren-Liebenau, Tel. 07542 4000, www.spieleland.de, geöffnet: Mitte Sept.-Okt und April-Mitte Juli. 10-17 Uhr, Mitte Juli-Mitte Sept. 10-18 Uhr, Ende Okt.-Anf. Nov. 10-16 Uhr, Eintritt: 37,50/35,50 €, 65+ 35,50 €, Online-Tickets, Parkgebühren 5 €. Hier gibt es auch Wohnmobilstellplätze mit Strom und Ver- und Entsorgung, WC/Dusche, für 25 €, nur in Verbindung mit einem Ticket.

Information

› **Tourist-Information,** Marienplatz 35, 88212 Ravensburg, Tel. 0751 82800, www.ravensburg.de, geöffnet: Mo.-Fr. 10-16 Uhr, Sa. 10-13 Uhr

Gastronomie

› **Café Chocolatier Henger,** Marktstr. 10, 88212 Ravensburg, www.henger-ravensburg.de. Tobias Henger steht für traditionelle, handgemachte Kuchen, Torten und Pralinen mit ausgezeichneten Zutaten.

› **Café Firenze,** Marienplatz 47, 88212 Ravensburg, https://cafefirenze.de, Eis, Kuchen, Torten, Crêpes, Frühstück, Waffeln bei schönem Wetter auch auf dem Marienplatz.

Einkaufstipp

› **Wochenmarkt,** Sa. 7.30-13 Uhr, Marktstraße

Aktivitäten

› **Naturfreibad Flappach,** Strietach 4, 88212 Ravensburg, GPS 47.75121, 9.62946, geöffnet: Mitte Mai-Anf. Juni und Anf.-Mitte Sept. 12-19, Juni-Anf. Sept. 9-20 Uhr, Eintritt: 3,70/2,10 €

ROUTE 8

DAS LIEBLICHE WÜRTTEMBERGISCHE ALLGÄU

250bw-gg

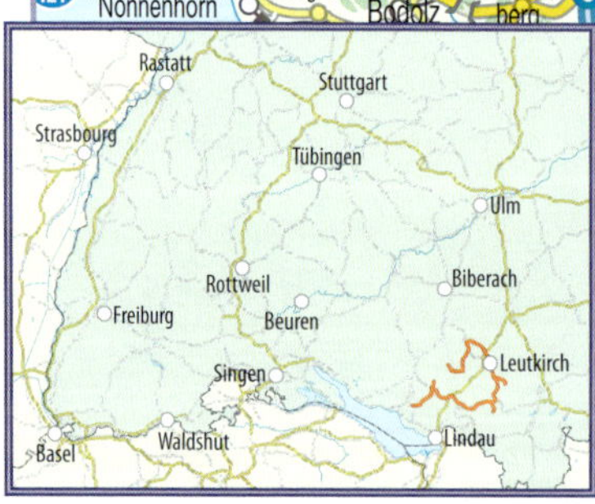

Strecke:

Wolfegg (S. 302) – **Kißlegg** (9 km, S. 304) – **Bad Wurzach** (17 km, S. 306) – **Leutkirch i. A.** (20 km, S. 309) – **Isny im Allgäu** (27 km, S. 312) – **Abstecher zum Eistobel** (16 km, S. 316) – **Wangen i. A.** (20 km, S. 317) – **Waldburg** (18 km, S. 320) – **Tettnang** (19 km, S. 323)

Streckenlänge:

ohne Abstecher 130 km
mit Abstecher 146 km

Vorseite: Die typische Landschaft des Württembergischen Allgäus

ROUTENÜBERSICHT

Das Württembergische Allgäu, das sind sanfte Hügellandschaften mit saftigen Grasmatten und urigen Mooren. Das sind historische Städtchen mit prächtigen Patrizierhäusern und trutzigen Stadttoren. Das sind herrliche Wanderungen und Fahrradtouren durch die himmlische Landschaft. Das sind barocke Schlösser und Kirchen, die vor Lebenslust und hohem künstlerischen Können nur so sprühen. Das sind Kühe, die mit ihren Glocken bimmelnd über die bunten, herrlich duftenden Kräuterwiesen ziehen. Das ist der tiefblaue Himmel, der beinahe klischeehaft die herrliche Kulisse überspannt. Das sind wohlschmeckende Käsesorten, kleine Hausbrauereien und bodenständige, gemütliche Gasthöfe. Das sind naturnahe Badeseen mit wohltuendem Moorwasser und ein Kurbad mit heilkräftiger Thermalquelle. Das sind zentrumsnahe Wohnmobilstellplätze mit guter Infrastruktur und angenehme Campingplätze in wunderschöner Lage. In dieser Landschaft wie aus dem Bilderbuch findet man Ruhe, Beschaulichkeit und den freundlichen, humorvollen Allgäuer Menschenschlag. Genau das Richtige für einige geruhsame oder sportlich aktive Tage.

Auch Adebar fühlt sich hier wohl

WOLFEGG

Das ersten Ziel von Route 8 ist das kleine, ländliche Wolfegg. Der heilklimatische Kurort Wolfegg bietet mit seinem zentrumsnahen Stellplatz eine gute Infrastruktur für Reisemobilisten. Die weiträumig angelegte Dorfmitte wird beherrscht vom **Renaissanceschloss** der Fürsten von Waldburg-Wolfegg-Waldsee, einem Paradebeispiel einer oberschwäbischen Adelsresidenz. Die große, regelmäßige, vierflügelige Anlage mit massigen Ecktürmen ist auch heute noch Hauptwohnsitz der Adelsfamilie und kann deshalb nur von außen besichtigt werden. Mit dem Bau der prächtigen barocken **Stiftskirche St. Katharina** vom Anfang des 18. Jh. wird das malerische Residenzareal vervollständigt.

Immer wieder interessant ist ein Besuch im **Automuseum Wolfegg.** Neben der bestehenden Sammlung von Oldtimern und Youngtimern der 1960er- bis 1980er-Jahre bekommt das Museum laufend wertvolle Leihgaben von Privat. So entdeckt der Gast jährlich Neues und der Satz „So einen hatte ich auch mal" ist oft zu hören. Dahinter liegt der **Hofgarten mit der Orangerie** (1798), in der Orangen- und Zitronenbäume überwinterten. Heute ist vom ehemaligen Lustgarten noch der Brunnen und das Arboretum mit exotischen Gehölzen zu sehen.

Die **Alte Pfarr** ist die um 1275 erstmals erwähnte alte Kirche von Wolfegg. Nach ihrer Profanisierung 1808 wurde der Turm abgerissen und das Gotteshaus als Scheune benutzt. Heute finden hier Veranstaltungen unter dem spätgotischen Dachstuhl statt.

1978 begann mit dem Fischerhaus von 1788 die Geschichte des **Bauernhaus-Museums** in Wolfegg. Als Haus für den fürstlichen Hoffischer an dieser Stelle erbaut, bildet es den Grundstock von inzwischen 16 historischen Gebäuden auf einer Fläche von 10 ha. Die originalgetreu eingerichteten Gebäude erzählen die Geschichte der Menschen, die hier einmal ihr Zuhause hatten. Das Haus Andrinet (1740), Haus Häusing von 1734, das Holzhaus Füssinger (1705), der große Hof Reisch (1780), Wohnspeicher Winnenden (1760), die liebevoll bepflanzten Bauerngärten, Hühner, Schafe, Ziegen und Kühe versetzen den Besucher zurück in längst vergangene Zeiten. Besonders lebendig ist das Museum, wenn man an einem der vielen Aktionstage kommt. Beim Kräuter- und Blümlesmarkt, Museumsfest, Apfel- und Kartoffeltag herrscht buntes

183 Loretopark, Wolfegg

GPS 47.81565, 9.79842

Separater Platz in schöner, relativ ruhiger Lage (Straße), 400 m ins Zentrum, dort Bäcker. **Lage/Anfahrt:** ausgeschildert; **Platzanzahl:** 12; **Untergrund:** Schotter; **Service:** Strom, Trinkwasser, Abwasser, Chemie-WC, WLAN; **Preise:** 7 €/Fahrz. inkl. Taxe, Strom 0,50 €/kWh, Wasser 1 €/80 l; **Max. Stand:** 5 Nächte; **Geöffnet:** ganzjährig; **Kontakt:** Rötenbacher Straße, 88364 Wolfegg.

252bw-gg

Treiben mit vielen Möglichkeiten, traditionelle Leckereien zu versuchen. Besonderen Wert legt die Museumsleitung auf die Familienfreundlichkeit mit speziellen Kinderangeboten. So kommen von den Kindern bis zu den Großeltern alle auf ihre Kosten.

Eine gute Gastronomie spricht ebenfalls für einen Aufenthalt in Wolfegg. Im **Gasthof Post** gibt es Vesper und Menüs aus regionalen Produkten. Und zu Kaffee und Kuchen geht man ins **Café am Schlossplatz.**

Für die aktiven, gesundheitsbewussten Gäste sind viele gut bezeichnete Wander- und Fahrradwege angelegt. Ein kleiner Spaziergang hinauf zur Loretokapelle, um von dort das fantastische Alpenpanorama zu bewundern, lohnt sich auf alle Fälle.

Sehenswertes

- **Bauernhaus-Museum,** Vogter Str. 4, 88364 Wolfegg, www.bauernhausmuseum-wolfegg.de, Tel. 07527 95500, geöffnet: Mai–Sept. 10–18 Uhr, Mitte März–April/Okt.–Anf. Nov. Di.–So. 10–17 Uhr, Eintritt: 6/2,50/13 €
- **Automuseum Wolfegg,** Fritz-B.-Busch-Weg 1, 88364 Wolfegg, www.automuseum-wolfegg.de, geöffnet: April–Mitte Nov. tägl. 10–18 Uhr, Mitte Nov.–März Mi.–Fr. 13–17 Uhr, Sa./So. 10–17 Uhr, Eintritt: 8,50/4/19 €

Information

- **Wolfegg Information,** Rötenbacher Str. 13, 88364 Wolfegg, Tel. 07527 960151, www.wolfegg.de, geöffnet: Mo.–Fr. 9–12, Mo.–Do. 14–16 Uhr

Gastronomie

- **Gasthof zur Post,** Rötenbacher Straße 5, 88364 Wolfegg, Tel. 07527 96140, www.hotel-post-wolfegg.de, Do.–Mo. 7–23 Uhr, Mi. 16–23 Uhr, Di. geschl.
- **Café am Schlossplatz,** Wette 2, http://cafeamschlossplatz.de, tägl. 12–18 Uhr. Traditionelles Café mit frischem Charme, kleine Gerichte, Kaffee und Kuchen.

321bw-gg

▷ *Blick auf Schloss und Stiftskirche von Wolfegg*

◁ *Gelebtes Brauchtum im Bauernhaus-Museum Wolfegg*

Wie kommen die alten Häuser ins Freilichtmuseum?

Ein Haus, dessen Versetzung in ein Freilichtmuseum interessant erscheint, wird zunächst auf sein Alter, seinen sozialgeschichtlichen Hintergrund und seine Ursprünglichkeit begutachtet. Bei der Istbestandsaufnahme vermisst man die gesamte Bausubstanz und zeichnet Grundriss- und Querschnittspläne. Die Altersbestimmung erfolgt über die Dendrochronologie, bei der die Anzahl und die Breite der Jahresringe im Holz ausgewertet werden. Die bauarchäologische Forschung stellt fest, welche Gebäudeteile zum ursprünglichen und somit erhaltenswerten Gebäude gehören. Wenn alle Vorarbeiten geleistet sind, steht einer Versetzung ins Museum nichts mehr im Wege. Es gibt zwei Arten des Transportes an den neuen Standort: die Einzelteil- oder die Großteil-Methode. Der Vorteil einer Transferierung in Einzelteilen besteht darin, dass eine großflächige Untersuchung der kleinen Bauteile vorgenommen werden kann. Die zerlegten Gebäudeteile werden durchnummeriert und sorgfältig verpackt auf einen Tieflader geladen. Im Zielort passiert dasselbe dann umgekehrt und nach und nach wächst das Haus am neuen Standort empor. Dort angekommen, rekonstruieren die Restauratoren Putz und Tapeten und geben dem Gebäude so sein Aussehen zurück. Manchmal wird auch bewusst an manchen Stellen auf die Fertigstellung verzichtet. So kann man an offenen Wänden und Fußböden einen Blick in deren Aufbau werfen. Bei der Großteil-Methode werden ganze Häuser oder große Hausteile auf Tiefladern zum Freilichtmuseum transportiert. So bleibt der ursprüngliche Zustand der Gebäude mit den, in den Jahren entstandenen, Gebrauchsspuren besser erhalten.

Durch die sanfte Hügellandschaft fährt man 10 km nach Kißlegg.

KISSLEGG

(9 km – km 9)

Der Luftkurort Kißlegg begrüßt seine Wohnmobilgäste mit einem Stellplatz 184 direkt am **Strandbad** des Obersees. An heißen Sommertagen gibt es nichts Schöneres, als unter den großen Bäumen der 3,2 Hektar großen Liegewiese vor sich hinzuträumen, ab und zu eine Runde zu schwimmen oder in einem Tret- und Ruderboot über den See zu gleiten. Derart erfrischt, kann man die Kißlegger Innenstadt erkunden. Der Ortskern sieht im Wesentlichen noch so aus, wie nach dem Wiederaufbau anlässlich des Stadtbrandes von 1704. Das **Alte Schloss** stammt aus der zweiten Hälfte des 16. Jh. Eine Besichtigung ist nicht möglich, es wird heute noch von der gräflichen Familie zu Waldburg-Wolfegg bewohnt. Das **Neue Schloss** (1721–1727) hingegen steht den Besuchern offen. Seit 1960 ist es in Gemeindebesitz und wurde seither aufwendig restauriert. Bemerkenswert sind besonders die Stuckdecken und Deckenfresken sowie acht lebensgroße Sibyllen-Skulpturen des berühmten Rokokokünstlers Joseph Anton Feuchtmayer im Treppenhaus. Neben einem Heimatmuseum mit Käsestube, das leider nur an Sonntagen zu besichtigen ist, findet man im Schloss eine Ausstellung der bedeutendsten Werke des Holzbildhauers Rudolf Wachter (1923–2011).

Die **Pfarrkirche St. Gallus und Ulrich** wurde nach dem großen Stadtbrand in den Jahren 1734–1738 barock umgebaut. Beherrscht wird das Kirchenschiff von dem 351 m² großen Tonnenfresko, das die Verherrlichung Gottes darstellt. Die Fresken stammen von Franz Anton Erler und Benedikt Gambs. Bemerkenswert ist neben den Stuckarbeiten von Johann Schütz die Kanzel, ein Meisterwerk des Rokokos von Johann Wilhelm Hegenauer. Das Gotteshaus bewahrt auf der vorderen Empore den sogenannten Augsburger Silberschatz auf, den der Kißlegger Pfarrer Franz Joseph Lohr (1732–1775)

erwarb. Der 21-teilige Kunstschatz ist im Rahmen von einmal wöchentlich stattfinden Führungen zu besichtigen.

Wanderungen/Fahrradtour ab Wolfegg

Wanderung Schwabenkinderweg

Länge: 7 km; Höhendifferenz: 85 m; Markierung: Die Schwabenkinder; Start: Bahnhof Wolfegg – Auf dem Weg der „Schwabenkinder" (siehe auch Exkurs S. 290)

Wanderung Alpenblick

Länge 8,4 km; Höhendifferenz: 133 m; Markierung: 4; Start: Hofgarten oder Stellplatz 183

Wanderung von Bildstock zu Bildstock

Länge: 10,3 km; Höhendifferenz: 303 m; Markierung: 1; Start: Hofgarten

Fahrradtour im Allgäuer Hügelland

Länge: 20 km; Höhendifferenz: 197 m; Start: Hofgartenparkplatz – ostwärts Richtung Bahnhof – in die K7937 abzweigen – Weggabelung rechts Richtung Rötenbach – Dorfstraße – rechts Tränkgasse – Premer Weiher vorbei – an der Kreuzung in Speck links – Unter- und Oberriedgarten – T-Kreuzung rechts – 2 km Kißlegg – K7937 – Wiggenreute – Samhof – Mooshäusle – Wolfegg

Radrundfahrt Bauernland

Länge: 55,5 km; Höhendifferenz: 336 m; Markierung: grünes Quadrat mit arbeitendem Bauer; Start: Hofgartenplatz

Die letzte Eiszeit hat rund um Kißlegg mehrere kleinere und größere Seen entstehen lassen. Die **Kißlegger Seenplatte** ist ein Eldorado für Radfahrer, Wanderer sowie am Obersee, Holzmühle-, Brunnerweiher und Argensee auch für Wasserratten. Die Touristeninformation hält kostenlos einen Flyer mit Routenvorschlägen bereit.

Sehenswertes

- **Neues Schloss,** Schlossstraße 8, 88353 Kißlegg, geöffnet: Di./Do./Fr. 14–17 Uhr, So. 13–17 Uhr, Führung April–Okt. Sa./So. 15 Uhr, Eintritt: 4/3/9 €, Kinder bis 16 Jahren frei
- **Pfarrkirche St. Gallus und Ulrich,** Herrenstraße 9, 88353 Kißlegg, Führung Augsburger Silberschatz: April–Okt. Do. 10.30 Uhr, Eintritt: 3 €

Information

- **Gäste- und Bürgerbüro,** Schlossstr. 8, 88353 Kißlegg, Tel. 07563 936142, www.kisslegg.de, geöffnet: Mo./Di./Do./Fr. 8–12.30 u. 14–17, Mi. 8–12.30, Sa. 9.30–12.30 Uhr, April–Okt. auch So. 13–17 Uhr

Gastronomie

- **Gleisneun,** Bahnhofstr. 7, 88353 Kißlegg, Tel. 07563 9159451, www.strang-einhauser.de, geöffnet: Mo.–Sa. 5.30–18 Uhr, So. 7.30–17 Uhr. Nettes Café mit Terrasse im alten Bahnhof.

Einkaufstipp

- **Wochenmarkt,** Sa. 8–12.30 Uhr, Rathausplatz

Erfrischung, Erholung und Spaß im Strandbad Obersee

255bw-gg

184 Strandbad Obersee, Kißlegg

GPS 47.79548, 9.87952
Platz in schöner, relativ ruhiger Lage (Betonwerk, Jugendtreff, Blasmusikkapelle) direkt am Strandbad, Sanitäreinrichtungen können während der Badesaison benutzt werden, ins Zentrum 800 m. **Lage/Anfahrt:** in Kißlegg Strandbad ausgeschildert; **Platzanzahl:** 24; **Untergrund:** Schotter; **Service:** Strom, Trinkwasser, Abwasser, Chemie-WC; **Sicherheit:** beleuchtet; **Preise:** 7 €/Fahrz., Nov.-März 5 €, Taxe inkl., Strom 0,50 €/kWh, Wasser 1 €/100 l, WC/Dusche im Strandbad, Dusche 1 €; **Max. Stand:** unbegrenzt; **Geöffnet:** ganzjährig; **Kontakt:** Strandbadweg, 88353 Kißlegg.

Auf federnden Pfaden durchs Burgermoos

Länge: 2,5 km; Höhendifferenz: gering; Start: Freizeitgelände St. Anna, GPS 47.79104, 9.87262

Herrlicher Spaziergang durch ein intaktes Hochmoor mit zehn Infotafeln.

Aktivitäten

- **Strandbad Obersee,** Tel. 07563 180967, geöffnet: Mitte Mai–Mitte Sept. 9–19 Uhr, Eintritt: 3,50/1,50/7 €. Natursee, beheiztes Warmbad, Kinderbecken, große Liegewiese, Tretbootverleih, Sprungturm.

Die weitere Fahrstrecke über Rempertshofen führt durch die typische, grüne Hügellandschaft des Allgäus nach Bad Wurzach.

BAD WURZACH

(17 km – km 26)

Die Kleinstadt mit ca. 5400 Einwohnern hat neun Teilgemeinden und liegt wunderschön zwischen Seen und Wäldern. Auch in Bad Wurzach ist, wie in Bad Buchau, durch den Rheingletscher in der Eiszeit ein Moorgebiet entstanden, das **Wurzacher Ried.** Der Gletscher hat das Wurzacher Becken im Laufe von 450.000 Jahren geformt. Am Ende der Eiszeit bildeten sich darin Seen, Torfe und Moore. Durch diese Lage und das daraus resultierende geringe Gefälle der abfließenden Ach wurde hier nie großflächig in den Wasserhaushalt eingegriffen. Viele Gebiete sind deshalb heute noch als unberührte eiszeitliche Urlandschaft erhalten. Besonders die Hochmoorflächen sind von menschlichem Einfluss weitestgehend frei. Da sie nährsalzarm sind, haben sich hier auch fleischfressende Pflanzen wie der Sonnentau und der Wasserschlauch angesiedelt. Sie fangen mit speziellen Fallen Tiere, verdauen sie und entnehmen ihnen so Nährsalz für ihren Organismus.

Unter dem Oberthema „Extrem“ macht die Ausstellung **Moor Extrem** auf die Besonderheiten der Moore aufmerksam. Extrem kostbar – Extrem trickreich – Extrem gefährlich – Extrem langsam – Extrem vielseitig lauten einige Titel der empfehlenswerten Schau. Die moderne, beinahe futuristische Ausstellung führt den Besucher in stoffbezogene Röhren, sogenannte Tubes. In und an den Tubes findet man Aktionsplatten, die über die ökologischen Zusammenhänge innerhalb des Moores informieren. Beeindruckende Filme, Gedichte und Lieder ergänzen das Themenspektrum.

Ein Spaziergang auf dem **Torflehrpfad** durch das Ried oder, wenn man an einem der Betriebstage des **Torfbähnles** kommt, eine Fahrt entlang des Riedkanals gehören zu einem Besuch von Bad Wurzach einfach dazu.

Ebenfalls eine Stippvisite wert ist das zweiläufige elegant geschwungene Treppenhaus im **Wurzacher Schloss.** Der ovale Raum mit Stuckornamenten, Balustraden und fantastischer Illusionsmalerei gipfelt im fulminanten Deckengemälde. In dessen Mittelpunkt stehen der olympische Götterhimmel und die Herkules-Sage. Ein unbekannter Künstler hat dieses barocke Meisterwerk im Auftrag des Grafen Ernst Jakob Truchsess von Waldburg-Zeil-Wurzach geschaffen. Durch die hervorragende Akustik ist das Treppenhaus für die Aufführung von Konzerten bestens geeignet. Es ist jeden Tag von 8 bis 18 Uhr geöffnet.

Die wohltuende Wirkung des Thermalwassers spürt man beim Bad in den 32–38 °C warmen Becken des **Vitaliums.** Innen- und Außenbecken und eine Saunalandschaft lassen keine Wünsche offen. Sportlich Ambitionierte zieht es ins futuristisch gestaltete, 2021 eröffnete Sportbad.

Im Mittelpunkt des **Heilig-Blutfestes** in Bad Wurzach steht, wie in Weingarten, die Reliquie des Heiligen Blutes. Papst Innocenz XII., schenkte das blutgetränkte Tuchstück

Wanderungen und Fahrradtour ab Bad Wurzach

Spaziergang Torflehrpfad

Länge: 1,5 km; Start: beim Torfmuseum, GPS 47.90887, 9.88006

An 12 Stationen werden die Geschichte und die Technik des Torfabbaus erklärt.

Wanderung entlang des Riedsees, zum Stuttgarter See und Haidgauer Quellseen

Länge: 11 km; Markierung: Hinweisschilder mit Nummer 1; Start: Riedsee beim Torfmuseum

Einstieg auch vom Wanderparkplatz Biberacher Straße, GPS 47.91434, 9.89065

Mit dem Fahrrad durch die Seenlandschaft

Länge: 30 km; Höhendifferenz: 325 m; Markierung: E; Start: Kurhaus – Truschwende – Geboldingen – Arnach – Übendorf – Immenried – Eintürnenberg – Weitprechts – Rohrsee – Sporer – Basches – Ziegelbach – Bad Wurzach

Schöne abwechslungsreiche Tour durch das Voralpenland, Bademöglichkeit am Holzmühlenweiher

185 Vitalium, Bad Wurzach

GPS 47.91439, 9.90405

Separater Platz in schöner, ruhiger Lage unterhalb der Therme, ins Zentrum 700 m. **Lage/Anfahrt:** ausgeschildert; **Platzanzahl:** 17; **Untergrund:** Asphalt; **Service:** Strom, Trinkwasser, Abwasser (Schlauch), Chemie-WC; **Sicherheit:** beleuchtet; **Preise:** 5,50 €/Fahrz. inkl. Strom, Taxe 1,50 €, Ver- und Entsorgung je 0,50 €, Dusche in der Therme 1,50 €; **Geöffnet:** ganzjährig; **Kontakt:** Riedhalde, 88410 Bad Wurzach.

256bw-gs

257bw-gg

1693 einem deutschen Rompilger. 1763 kam es in einem goldenen Reliquiar nach Bad Wurzach auf den **Gottesberg** und wurde rasch Ziel von Pilgern. Seit 1928 wird die Reliquie bei einer Reiterprozession am zweiten Freitag im Juli durch die Stadt und die umgebenden Flure mitgeführt.

Sehenswertes

- **Moor Extrem,** Rosengarten 1, 88410 Bad Wurzach, Tel. 07564 302190, www.moorextrem.de, geöffnet: April-Okt. 10-18 Uhr, Nov.-März 10-17 Uhr, Eintritt: 5/2/10 €

Information

- **Bad Wurzach Info,** Rosengarten 1, 88410 Bad Wurzach, Tel. 07564 302150, www.bad-wurzach.de, geöffnet: April-Okt. Mo.-Fr. 9-17, Sa. 10-12.30, Nov.-März Mo./Di./Do./Fr. 10-17, Mi. 10-13 Uhr

Gastronomie

- **Zum Wurzelsepp,** Dr. Harry-Wiegand-Str. 4, 88410 Bad Wurzach, www.zumwurzelsepp.com, Tel. 07564 948841, geöffnet: Mi.-So.11-19 Uhr. Herzhafte Gerichte sowie Kaffee und Kuchen.

Aktivitäten

- **Vitalium,** Karl-Wilhelm-Heck-Str. 8, 88410 Bad Wurzach, Tel. 07564 304250, www.vitalium-bad-wurzach.de, geöffnet: 10-22 Uhr, Eintritt: 10 €, mit Sauna 17 €
- **Sportbad Bad Wurzach,** Kirchbühlstr. 3, 88410 Bad Wurzach, http://hallenbad.bad-wurzach.de, geöffnet: siehe Website, Eintritt: 4/2,50/12 €
- **Bad Wurzacher Blutritt,** jährlich am 2. Freitag im Juli
- **Torfbähnle und Torfmuseum,** Dr. Harry-Wiegand-Str. 4, 88410 Bad Wurzach, GPS 47.90887, 9.88006, Tel. 07564 302190, geöffnet: Mitte April-Okt. geöffnet: siehe www.torfbahn.de, Bahnfahrt: 3/1,50 €, Kombikarte mit Museum 5/2/10 €
- **Fasnet,** von Donnerstag vor Fastnacht bis Fasnetsdienstag, Narrensprung am Montag

Auf der weiteren Strecke über Gospoldshofen (Käserei Vogler) und Seibranz hinauf zum Schloss Zeil, sieht man immer wieder Reiher, die auf den Wiesen nach Essbarem suchen. Die Straßen sind zwar schmal, aber gut zu befahren. Wer es schneller will, nimmt die direkte Straße nach Leutkirch i. A.

Einkaufstipp/Gastronomie

- **Käserei Vogler,** Simon-Göser-Str. 11, 88410 Bad Wurzach-Gospoldshofen, Parken bei GPS 47.88430, 9.94410, www.kaeserei-vogler.de, Tel. 07564 3583, geöffnet: April-Okt. Mo./Di. 9-12 und 15-19, Mi. 9-12, Do.-So. 9-19 Uhr, Nov.-März Mo./Di. 9-12 und 15-17.30, Mi. 9-12, Do.-So. 9-17.30 Uhr, Führungen Do. 14.30 Uhr. Käseverkauf aus eigener Produktion mit Milch aus der Region und Einkehr im Sennstüble mit Vesperkarte und deftigen Gerichten.

Obwohl das **Schloss Zeil** noch von den Fürsten von Waldburg-Zeil bewohnt wird und deshalb nicht besichtigt werden kann, sollte man hier einen Stopp machen. Durch den Renaissanceschlossgarten mit Springbrunnen schlendert man zur Schlossterrasse und genießt die herrliche Aussicht aus 752 m ü. N. N. 1599 begann der Truchsess Froben von Waldburg-Zeil nach dem Abbruch der mittelalterlichen Burganlage mit dem Bau des heutigen Renaissanceschlosses, das 1614 fertiggestellt wurde.

Parken

P 111 **Schloss Zeil,** GPS 47.86769, 9.99530, kostenlos

Über Unterzeil geht es weiter nach Leutkirch.

LEUTKIRCH I. A.

(20 km – km 46)

In der herrlichen Landschaft des württembergischen Allgäus liegt das Mittelzentrum Leutkirch i. A. mit 22.000 Einwohnern. Rasch entwickelte sich eine Stadt rund um die namensgebende „Leutekirche" St. Martin, die 766 erstmals in einer Urkunde erwähnt wird. 1293 verlieh König Adolf von Nassau Leutkirch das Stadtrecht und 1397 bekam sie die Hohe Gerichtsbarkeit und damit Privilegien einer Freien Reichsstadt. Seit jeher ist der Gänsbühl das heimelige Zentrum der Stadt. Hier steht das 1740/41 errichtete repräsentative barocke **Rathaus.** Stuckwerk, Gesimse und Pilaster und die rot bemalte Fassade zeugen vom Bürgerstolz der Bewohner. Während der Öffnungszeiten der Stadtverwaltung kann man einen Blick in die Beletage im vierten Stock werfen. Im Ratssaal mit einer figürlichen Stuckdecke von Johannes Schütz ermahnen die allegorischen Figuren die Ratsherren, korrekt und tugendhaft zu handeln. Da heute hier auch Trauungen stattfinden, kann dies vielleicht auch auf die zukünftigen Ehepaare übertragen werden.

Ebenfalls am Gänsbühl stehen der **Bockturm** und ein Stück der alten Stadtmauer, der Pulverturm von 1693 ist der letzte Rest der alten Stadtbefestigung. Das **Museum im Bock** befasst sich mit der Geschichte der Stadt. Modelle und Pläne zeigen die Entwicklung vom Marktflecken über die Freie Reichsstadt bis 1810, als Leutkirch württembergische Oberamtsstadt war. Komplett eingerichtete Werkstätten, Objekte der Volkskunst und ein Kinderzimmer mit Spielzeug, Puppenstube und -küche vervollständigen die reiche Sammlung des Museums.

Rund um die Leutekirche St. Martin gruppiert sich das sogenannte Geistliche Viertel mit ruhigen, idyllischen Gässchen, Plätzen und Treppen. Die mit einem Zwiebelturm gekrönte Kirche St. Martin bekam ihr heutiges Aussehen 1519. Bemerkenswert ist, dass St. Martin trotz Reformation katholisch und ihren damals nur 25 Gläubigen in der Stadt als Gotteshaus erhalten blieb. Das respektable Pfarrhaus, das Klostergebäude und das 1418 gegründete Spital vervollständigen das geistliche Areal.

Erwähnenswert sind in der Marktstraße die **Metzig,** ein schmuckes Fachwerkaus, das früher als Schlachthaus diente und das **Gotische Haus** mit Walmdach und Spitzbogen, in dem heute die Touristeninformation residiert.Am besten lässt man sich durch die freundlichen Gassen der Altstadt treiben und entdeckt sicherlich noch einige malerische Ecken.

Wer Kontakt zur übrigen Welt braucht: Im Zentrum und auf dem Stellplatz 186 gibt es kostenloses WLAN für die Dauer von jeweils drei Stunden.

258bw-gg

◁ *Das Treppenhaus im Wurzacher Schloss*

▷ *Im charmanten Allgäustädtchen Leutkirch*

259bw-gg

186 Stadtweiher, Leutkirch i. A.

GPS 47.82211, 10.03934

Sehr großzügige Stellplätze (6 x 12 m) in schöner, relativ ruhiger Lage, ins Zentrum 1,4 km, zum Freibad über die Straße, 1x kostenfreier Eintritt ins Strandbad. **Lage/ Anfahrt:** über die Umgehungsstraße, ausgeschildert; **Platzanzahl:** 14; **Untergrund:** Rasengitter; **Service:** Strom, Trinkwasser, Abwasser, Chemie-WC, WLAN; **Sicherheit:** beleuchtet; **Preise:** 8 €/Fahrz., Strom 0,50 €/kWh, Wasser 1 €/100 l; **Geöffnet:** ganzjährig; **Kontakt:** Kemptener Straße, 88299 Leutkirch i. A.

Sehenswertes

› **Museum im Bock,** Gänsebühl 9, 88299 Leutkirch i. A., Tel. 07561 87154, geöffnet: Mi. 14–17 Uhr, 1. Sa. im Monat/So. 13–17 Uhr, Eintritt: 3 €

Information

› **Touristinfo,** Marktstraße 32, 88299 Leutkirch i. A., Tel. 07561 87154, www.leutkirch.de, geöffnet: Mo.–Fr. 9–12.30 und 14–17 Uhr

Gastronomie

› **Gasthaus zur Oberen Mühle,** Oberer Mühlweg 7, 88299 Leutkirch-Ausnang i. A., Tel. 07561 3425, geöffnet: Mo./Do./Fr./Sa. ab 18 Uhr, So. ab 11 Uhr. Urige alte Mühle mit regionalen Gerichten. Tretbootfahrten, Wildgehege und Kinderspielplatz in sehr schöner Lage.

Aktivitäten

› **Freibad Stadtweiher,** Kemptener Str. 65, 88299 Leutkirch i. A., Tel. 07561 3204, geöffnet: Mai–Sept. 8.30–20 Uhr, Juni/Juli bis 20.30 Uhr, Eintritt: 3,50/2,50/7,50 €. Große Liegewiese, beheiztes Schwimmbecken, Erlebnisrutsche, beheiztes Kleinkinderbecken.

Einkaufstipps

› **Käse-Ecke,** Lammgasse 2, 88299 Leutkirch i. A., Tel. 07561 6551, geöffnet: Mo.–Fr. 8–12 und 14–18 Uhr, Sa. 7.30–12 Uhr. Regionale Käse, auch in Bio-Qualität.

› **Metzgerei Brenner,** Marktstraße 11, 88299 Leutkirch i. A., Tel. 07561 6031, Mo.–Fr. 8–18, Sa. 7–12.30 Uhr. Gute Fleisch- und Wurstwaren, Imbiss.

› **Wochenmarkt,** Mo. 8–13 Uhr, Marktstraße, jeden ersten Samstag im Monat Bauernmarkt 9–12 Uhr

Parken

P 112 **Seelhausweg,** GPS 47.82174, 10.02422, kostenlos, zentrumsnah

Auf der L318 geht es von Leutkirch i. A. Richtung Isny im Allgäu. Unterwegs in Haselberg finden Genießer in der Käse-Glocke eine gute Einkaufsmöglichkeit und den regional orientierten, ausgezeichneten Gasthof Rössle.

Gastronomie

› **Gasthof Rössle,** Haselburg 1, 88299 Leutkirch-Haselburg 1, GPS 47.78876, 10.04349, Tel. 07561 9834501, www.roessle-haselburg.de, geöffnet: Mi.–Sa. 11–14 und ab 17 Uhr, So. ab 11 Uhr. Aus regionalen Produkten zubereitete Speisen, serviert im alten Gasthof oder im schönen Biergarten.

Einkaufstipp

› **Käse- und Bioladen,** Haselburg 1, 88299 Leutkirch-Haselburg 1, Tel. 07561 7409067, www.kaeskueche-isny.de, geöffnet: Mi.–Fr. 9–18.30, Sa. 9–14 Uhr, So. 12–17 Uhr. Die Käsküche aus Isny hat hier eine Zweigstelle eröffnet. Biokäse aus eigener Herstellung und von anderen Käsereien.

Wer die schöne Gegend betrachtet, wird immer wieder Störche durch die Wiesen stolzieren sehen.

Kurz hinter Urlau biegt man nach links auf die L319 ab und kommt über Hinznang und Winterstetten ins **Glasmacherdorf Schmidsfelden.** Umgeben ist das historische Dorf von der landschaftlich reizvollen **Adelegg** mit ihrem Höhenzug, dem 1118m hohen Schwarzen Grat (s. Exkurs S. 312). Die im Adeleggestein eingelagerten Quarzgerölle und der reich vorhandene Holzvorrat in der Region boten die idealen Voraussetzungen, um hier eine Glashütte zu betreiben. Von 1825 bis 1898 produzierten in Schmidsfelden bis zu 50 Beschäftigte Hohlgläser wie Flaschen bzw. Trinkgläser und Flachgläser. Hohlgläser wurden entweder in Stuhlarbeit hergestellt, d.h. der Glasbläser sitzt auf dem Stuhl und bläst mit der Glasmacherpfeife das Produkt freihändig oder in Formarbeit, wobei das flüssige Glas in hölzerne Formen gepresst wurde. Die Fertigung von Flachgläsern war sehr aufwendig. Die zunächst geblasene Kugel wurde in mehreren Arbeitsschritten zum Zylinder geformt. Dieser wurde der Länge nach aufgeschnitten und im Streckofen zu großen Glasplatten, wie z.B. Fensterscheiben gestreckt.

Durch die abgeschiedene Lage ihrer Arbeitsstätten waren die Glasmacher ein eigenes Völkchen, das wenig Berührung mit der bäuerlichen Bevölkerung pflegte. Ihren eintönigen Speiseplan besserten sie angeblich durch Wilderei in den umliegenden Wäldern auf. Die Lehrzeit zum Glasmacher dauerte sechs Öfen. Ein Ofen ist die Zeit vom Beginn bis zur Beendigung einer Schmelzperiode, ca. 20–25 Wochen. Die Arbeit als Glasmacher war durch die bis zu 60 °C hohe Hitze, durch Rauch, Staub und giftige Chemikalien sehr anstrengend und viele Arbeiter waren lungenkrank. 1898 wurde die Fabrikation in Schmidsfelden eingestellt. 2004 zog mit Stefan Michaelis neues Leben in das Glasmacherdorf ein. Am modernen Ofen fertigt er faszinierende Kunstwerke, die man im angegliederten Laden kaufen kann. Mehr zur Geschichte der Glasmacherkunst erfährt man im Museum und im Glasmagazin. Ein Bummel entlang der idyllischen Dorfstraße mit Magazin, Remise mit Café, Kapelle und Oberhaus, in dem der Hüttenmeister wohnte, ist sehr reizvoll.

Walking und Fahrradtour ab Leutkirch i. A.

Nordic Walking Parcours

Vom Parkplatz am Freibad starten drei gut bezeichnete Rundkurse mit 5,5 km, 8 km und 9,9 km Länge; Schwierigkeitsgrad: leicht, mittel und schwer

Fahrradfahrt nach Schmidsfelden

Länge: 28 km; Höhendifferenz: 170 m; Start: Viehmarktplatz in Leutkirch i. A. – Richtung Kempten dem Radweg Adrazhofen folgen – am Ortsausgang Adrazhofen rechts Richtung Schule – nach der Schule links nach Wuchzenhofen – hier rechts Richtung Luttolsberg und Frauenzell – in Frauenzell nach Winterstetten – dort Straße Richtung Kempten und am Ortsausgang auf Radweg nach Emerlanden – am Sägewerk vorbei nach Schmidsfelden – Rückweg auf derselben Strecke. Mittelschwere Tour ins Glasmacherdorf.

Sehenswertes

› **Museum Historisches Glasmacherdorf,** Glashütte Schmidsfelden, 88299 Leutkirch i. A., Tel. 07567 182042, www.schmidsfelden.net, geöffnet: Woche vor Ostern–Mitte Nov. Di.–Fr. 10–12.30 und 14–17 Uhr, Sa. 14–17 Uhr, So. 10–17 Uhr, Eintritt Museum 5,50/3 €, mit Schauglasproduktion 6,50/4 € inkl. 2 € Gutschein

Gastronomie

› **Alte Post,** Winterstetten 7, 88299 Leutkirch i. A., Tel. 07567 770, www.altepost-winterstetten.de, geöffnet: Fr.–So. ab 12 Uhr. Einfache Speisen und Kuchen traditionell, frisch hausgemacht, serviert in einem 300 Jahre alten, denkmalgeschützten Fachwerkhaus oder im idyllischen Gastgarten.

Adelegg

Die Adelegg ist eine überwiegend bewaldete Berglandschaft. Vor 65 Mio. Jahren existierte an ihrer Stelle fruchtbares Tiefland mit subtropischem Klima. An dessen Südrand schob sich ein mächtiges Gebirge empor und gewaltige Schlamm- und Geröllmassen füllten das Tieflandbecken auf. Über Millionen Jahre hinweg verdichteten sich diese zu Molassegestein. Durch die voranschreitende Alpenauffaltung hob sich aus dem einstigen Tiefland die Adelegg empor. Mit 1118 m ist der Schwarze Grat ihre höchste Stelle. Die Besiedlung der schwer zugänglichen Region begann erst in der ersten Hälfte des 18. Jh. Auch heute noch machen die langen Winter und kurzen Vegetationsperioden den Landwirten zu schaffen.

Für Wanderer ist in der Adelegg mit den naturnahen Wäldern, in denen Hirsch, Gams, Eule, Uhu, Dreizehen-, Weißrückenspecht und Auerhahn leben, ein kleines Paradies erhalten geblieben (Wanderung zum Schwarzen Grat s. S. 315).

Parken

P 113 **Schmidsfelden,** GPS 47.74955, 10.11870, kostenlos. Eine Übernachtung in der Nebensaison möglich. Ruhige Lage.

Wieder zurück auf der L318 ist man entlang der Grenze zu Bayern nach wenigen Fahrminuten in Isny i. A.

ISNY I. A.

(27 km – km 73)

Inmitten sanfter Wiesenhügel und Moorgebiete liegt die kleinste der ehemaligen freien Reichsstädte (1365–1803): Isny im Allgäu. Ein beinahe vollständiger ovaler Mauergürtel mit mittelalterlichen Türmen und zwei noch erhaltenen Stadttoren (Espan- und Wassertor) zeugen von wohlhabenden Zeiten. Graf Wolfrad von Vehringen stiftete 1042 für das Seelenheil seines verstorbenen Sohnes eine Kirche, die später von Benediktinern aus Hirsau zum Kloster ausgebaut wurde. Die inzwischen um das Kloster herum entstandene Marktsiedlung konnte ab 1171, durch Landtausch gegen Wasserrecht, erweitert werden. Das Kloster erhielt so Wasserrechte an der Ach und ihren Nebenflüssen. Streitereien zwischen Kloster und Stadt waren folglich vorprogrammiert, da zum Kloster nun auch der Stadtbach, die Lebensader der Stadtbevölkerung, gehörte. 1284, 1401 und 1631 vernichteten verheerende Brände Stadt und Kloster. Bei der Feuersbrunst von 1631 blieben von 390 Häusern nur 50 von den Flammen verschont. Dazu gehörten auch einige dreigeschossige Patrizierhäuser an der **Espantorstraße,** sodass man dort auch heute noch einen guten Eindruck von vergangenen Tagen bekommt. Zu einigem Wohlstand kam Isny i. A. durch den Leinenhandel. Die Region um Isny i. A. ist wegen der hohen Niederschläge sehr gut für den Anbau von Flachs geeignet. Er wurde in der Stadt zu großen Leinenballen gewoben, außerhalb auf den Wiesenflächen ausgerollt, mehrmals mit Wasser übergossen und dann von der Sonne gebleicht. Der Dreißigjährige Krieg brachte das Ende des Leinenhandels in Isny i. A.

Zwei Kirchen, Ölbergkapelle, Schloss und Wassertor bilden eine malerische Kulisse am Anfang der Wassertorstraße. Die **Nikolaikirche,** die frühere Leutekirche des Klosters, ist seit der Reformation evangelische Stadtkirche. Die spätromanische Säulenbasilika besticht durch ihren schlichten Innenraum und die herrliche Holzdecke. Ihr größter Schatz ist jedoch die **Predigerbibliothek,** eine original erhaltene Stiftsbibliothek aus dem 15. Jh. Die Schriftensammlung mit Werken von Martin Luther, Philipp Melanchthon und Ulrich Zwingli kann man von Ostern bis zum Reformationstag jeden Mittwoch um 10.30 Uhr besuchen.

Hinter der evangelischen Kirche steht die ehemalige Klosterkirche **St. Georg und Jakobus.** Sie wurde 1720 im Rokokostill umgestaltet und spiegelt die Sinnfreude in ihren Formen und Farben wider. Die Deckenfresken von Michael Holzhey nehmen Bezug auf König David im Alten Testament bis zur Kreuzigung Jesu im Neuen Testament. Auf der rechten Kirchenseite gelangt man in die **Marienkapelle** mit einer herrlichen spätbarocken Madonna.

Die **Ölbergkapelle** war Friedhofskapelle und Beinhaus und ist heute Gedächtnisstätte für die Opfer des Krieges und der Gewaltherrschaft. Sie hat als eines von wenigen Gebäuden die große Feuersbrunst von 1631 überstanden.

Das Gebäude, das heute noch **Schloss** genannt wird, war von 1096 bis zur Säkularisation Benediktinerkloster. Danach gehörte es zunächst den Grafen von Quadt-Wykradt, dann der Stadt Stuttgart als geriatrische Klinik und heute sind darin die **Kunsthalle** mit Werken des Isnyer Malers Friedrich Hechelmann und die **Städtische Galerie** mit wechselnden Ausstellungen untergebracht.

Gemütlich lässt es sich über die Fußgängerzone **Wassertorstraße** bis zum **Rathaus** spazieren. Der repräsentative Bau entstand aus drei ehemaligen Patrizierhäusern, darunter das Albrechtsche Haus mit der frühgotischen Säulenhalle im Erdgeschoss. Bei einer Stadtführung besichtigt man auch den wunderschönen Winterthurer Fayencekachelofen aus dem 17. Jh. im ersten Stock des Rathauses.

Gegenüber dem Rathaus erhebt sich der **Blaserturm** aus dem 15. Jh. Hier hielt ein Mann Tag und Nacht Wache und gab bei Gefahr mit einem Signalhorn Alarm.

Eine Kuriosität ist das mit schöner Renaissancemalerei geschmückte **Gartenhaus** direkt beim Kurhaus. Hier wohnten katholi-

Käseherstellung in der Käsküche

Die Milch, die in der Käsküche verarbeitet wird, liefern Biobauern aus dem Umkreis von 10 km, die biologisch wirtschaften und ihre Kühe artgerecht halten. Die Tiere werden ganzjährig mit Heu und Gras gefüttert, bekommen keine Silo- und Kraftfutterbeimengung. Kälber werden mit Muttermilch aufgezogen und alle Kühe dürfen ihre Hörner behalten. Dass die Tiere kein Silofutter bekommen, dient der Artenvielfalt der Landschaft im Allgäu, macht sich aber auch in der verringerten Milchleistung pro Kuh deutlich bemerkbar. Eine Hochleistungskuh liefert 10.000–12.000 l Milch jährlich, wird auch nur vier Jahre alt, eine Biokuh kann bis zu 20 Jahre alt werden mit einer jährlichen Milchleistung von 5000–6000 l.

Frau Wild, die Besitzerin der Käsküche, war lange Sennerin auf einer Alm. Heute liefern ihr sieben Biobauern ihre wertvolle Milch und ein Käsemeister unterstützt sie bei der Arbeit. Die Milch wird im Milchbehälter unter Rühren auf 65 °C erhitzt, dann werden Milchsäurebakterien und später Lab (Ferment aus dem Kälbermagen) zugesetzt. Die Milch beginnt zu gerinnen und wenn sie ungefähr Puddingkonsistenz hat, wird sie von einem „Harfe" genannten Schneidegerät in Stücke geschnitten. Die Größe der Stücke entscheidet über die Konsistenz des fertigen Käses, je kleiner sie sind, umso härter wird der Käse später. Nachdem sich bald die Molke abgesetzt hat, kann der Käsebruch in Formen gepresst werden. In der Ruhezeit über Nacht läuft weiter Molke ab, sodass von 100 % Milch nur 10 % fertiger Käse übrigbleiben. Nun kommt der Käse aus der Form und wird zur Konservierung 24 Stunden in 20 %ige Steinsalzlösung gelegt. Anschließend auf Holzbrettern im Keller ruhend, wird er regelmäßig mit unterschiedlichen Flüssigkeiten wie Weißwein oder Salzlake geschmiert. Die Lagerzeit beträgt für Schnittkäse 3 bis 12 Monate und der Geschmack variiert dann von mild bis kräftig.

Außer den eigenen Sorten wie Adelegger, Allgäuer Bockshornklee, Isnyer Ur-Bergkäse, St. Hildegardis, Isnyer Rahmkäse, Blütenzauber und Sternschnuppe gibt es auch Käsesorten anderer Käsereien im Laden zu kaufen.

sche Knechte und Mägde der wohlhabenden protestantischen Bürger. Da in der schon 1531 der Reformationsbewegung folgenden Reichsstadt Katholiken nur arbeiten, aber nicht übernachten durften, war dies bis 1803 eine Notlösung.

Die zwei Tage, die man auf dem Stellplatz (188) verbringen kann, vergehen wie im Fluge, denn die fantastische Landschaft rund um Isny i. A. sollte erwandert oder mit dem Fahrrad erkundet werden. Ein guter Tipp ist ein längerer Aufenthalt auf dem Campingplatz Waldbad (189).

Sehenswertes

- **Kunsthalle, Städtische Galerie Schloss Isny,** Schloss 1, 88316 Isny i. A., Tel. 07562 914100, https://kunsthalle-schloss-isny.de, geöffnet: Mi.-Fr. 14-18 Uhr, Sa./So. 11-18 Uhr, Eintritt: 5/3,50/12,50 €

Information

- **Gästeinformation,** Unterer Grabenweg 18, 88316 Isny i. A., Tel. 07562 975630, geöffnet: Mai-Okt. Mo.-Fr. 9-17 Uhr, Sa. 9-12 Uhr, Nov.-April Mo.-Fr. 9-12 und 14-17 Uhr, Sa. 10-12 Uhr

Gastronomie

- **Hotel Bären,** Obertorstr. 9, 88316 Isny i. A., Tel. 07562 2420, www.baeren-isny.de. Frische, kreative Küche.
- **Gasthof Engel,** Bahnhofstr. 36, 88316 Isny i. A., Tel. 07562 971510, www.engel-isny.de, geschl. Mi./Do. Allgäuer Spezialitäten, raffinierte Biergerichte und saisonale Biere.

Einkaufstipps

- **Wochenmarkt,** Do. 7-13 Uhr, Fußgängerzone
- **Käsküche,** Maierhöfener Str. 78, 88316 Isny i. A., Tel. 07562 912700, www.kaeskueche-isny.de, geöffnet: Mo.-Fr. 9-18.30, Sa. 9-14, So. 14-18 Uhr, Führungen Fr. 10.30 Uhr, Juli/Aug. Di. 10.30 Uhr. Biokäserei (siehe Exkurs S. 313).

(187) Campingplatz Am Badsee, Isny-Beuren

GPS 47.75377, 10.00435

Platz in sehr schöner und sehr ruhiger Lage an einem 47 Hektar großen Moorsee, sehr gute Sanitärausstattung, Brötchenservice, Restaurant, Laden, Streichelzoo. **Lage/Anfahrt:** von Leutkirch i. A. Richtung Isny i. A. und in Friesenhofen rechts, ausgeschildert; **Platzanzahl:** 300 insgesamt, 70 Touristikplätze; **Untergrund:** Wiese; **Service:** Strom, Trinkwasser, Abwasser, Chemie-WC; **Sicherheit:** umzäunt, beleuchtet, bewacht; **Preise:** 6,60-10,50 €/Fahrz., 6,60 €/Pers., Strom 3,50 €, Taxe 0,90 €, Hund 3,50 €; **Geöffnet:** 15. April-15. Oktober; **Kontakt:** Allmisried 1, 88316 Isny-Beuren, Tel. 07567 1026, www.campingbadsee.de.

260bw-gg

(188) Untere Mühle, Isny i. A.

GPS 47.69456, 10.03774

Offizieller Platz in schöner und relativ ruhiger Lage (Straße), zentrumsnah, schmale Stellplätze, Laden, Bäcker in der Nähe. WC während der Öffnungszeiten beim Kurhaus. **Lage/Anfahrt:** ausgeschildert; **Platzanzahl:** 16; **Untergrund:** Schotter; **Service:** Strom, Trinkwasser, Abwasser, Chemie-WC; **Preise:** 7,50 €/Fahrz., Taxe 1,50 €/Pers., Strom 0,50 €/kWh, Wasser 1 €/100 l, Dethleffs Fahrzeuge 5 €; **Max. Stand:** 2 Nächte; **Geöffnet:** ganzjährig; **Kontakt:** Seidenstraße, 88316 Isny i. A.

189 Waldbad Camping, Isny i. A.

GPS 47.67831, 10.03070

Familiär geführter Platz in sehr schöner, sehr ruhiger Lage, gute Sanitärausstattung. 8 Komfortplätze mit Wasser-, Abwasser-, Strom- und Fernsehanschluss. Waschmaschine/Trockner. Der Platz ist sehr schön in die Landschaft eingefügt mit eigenem Badesee, Gaststätte, keine Dauercamper, ins Zentrum 1,5 km. 80 km Langlaufloipen direkt vom Platz aus. **Lage/Anfahrt:** Richtung Maierhöfen fahren, dann am Ortsrand ausgeschildert; **Platzanzahl:** 50; **Untergrund:** Rasengittersteine; **Service:** Strom, Wasser, Abwasser, Chemie-WC, WLAN gegen Gebühr; **Sicherheit:** umzäunt, beleuchtet, bewacht; **Preise:** 7–14 €/Fahrz., 8–9 €/Pers., Taxe 1,50 €/Pers. Strom 3,50 €, Hund 4 €, Freibad inkl.; **Geöffnet:** ganzjährig; **Kontakt:** Lohbauerstr. 59–69, 88316 Isny i. A., Tel. 07562 2389, www.waldbad-camping-isny.de.

Wanderungen und Fahrradtouren ab Isny i. A.

Naturerlebnisweg

Länge: 2,1 km; Höhendifferenz: 15 m; Start: Wanderparkplatz an der Straße nach Maierhöfen, abbiegen Richtung Gschwend, GPS 47.67781, 10.04375

Schöne, barrierefreie Wanderung durch ein Moorgebiet mit Aussichtskanzeln für Rollstuhlfahrer, Rollatoren und Kinderwagen

Untere Argen

Länge: 12 km; Höhendifferenz: 220 m; Markierung: blaues Quadrat mit grünem und blauem S und Nr. 26; Start: Wanderparkplatz Schwanden, GPS 47.72334, 10.04400 – Richtung Herbisweiher, ab dort Markierung

Entlang der wilden, weil unverbauten, Argen mit Informationen auf zehn Tafeln entlang des Weges. Man kommt zu Kiesbänken und dem artenreichen Herbisweiher

Wanderung zum Schwarzen Grat

Länge: 10,8 km, Kurzvariante 6,8 km; Höhendifferenz: 370 m; Markierung: blaues Quadrat mit A bzw. gelbes Quadrat mit B (kurze Variante); Start: Wanderparkplatz Großholzleute, GPS 47.67807, 10.08862 – der Beschilderung bis hinauf zum Aussichtsturm auf dem Schwarzen Grat folgen – beim Wanderschild in 1041 m Höhe besteht die Möglichkeit, zur Wenger-Egg-Alpe abzubiegen (ca. 10 Min.). Dort kann man Mitte Mai–Ende September in der gemütlichen Gaststube oder auf der großen Sonnenterrasse einkehren.

Auf der höchsten Erhebung Württembergs steht ein Aussichtsturm. Von oben hat man ein herrliches Panorama.

Familienfahrradtour

Länge: 14,2 km; Höhendifferenz: 180 m; Start: Kurhaus Isny i. A.– Kleinhaslach – Burkwang mit Badesee – Kleinholzleute – Anwanden – Wolfbühl – Vorholz – Hochstädt – Isny

Einfache Tour auf wenig befahrenen Nebenstraßen rund um Isny i. A.

Durch die Adelegg mit dem Fahrrad

Länge: 52,6 km; Höhendifferenz: 522 m; Start: Kurhaus Isny i. A. – Friesenhofen – Schmidsfelden – Eisenbach – hinauf zum Eschacher Weiher mit schöner Fernsicht und Bademöglichkeit – Eschach – Buchenberg – Weitnau – Seltmans – Großholzleute – Isny i. A.

Mittelschwere Tour nach Schmidsfelden und ins ruhige Allgäu

Per Fahrrad über Argenbühl nach Wangen

Länge: 14,2 km; Höhendifferenz: 180 m; Start: Kurhaus Isny i. A. – Neutrauchburg – über Argenstraße und Neuhaus zum Menelzhofer Berg – Richtung Haubach – Beuren mit Badesee – Enkenhofen – Christazhofen – Meggener Rasenkreuz – Schloss Ratzenried – Biokaserei Zurwies – Wangen – Gießen – Albris – Eisenharz – entlang Bodenmöser Naturschutzgebiet – Isny i. A.

Einfache Tour mit zwei Steigungen mit 10 und 16 %

Ein lohender Abstecher ins bayrische Allgäu führt über Maierhöfen zum Eistobel, einem bemerkenswerten Naturschauspiel.

ABSTECHER ZUM EISTOBEL

(hin und zurück 16 km)

Vor 15.000 Jahren, am Ende der letzten Eiszeit, bildete sich im Talkessel von Ebratshofen ein Schmelzwassersee. Sein Abfluss grub die bis zu 130 m tiefe Schlucht des Eistobels in das Gestein. Der Obere Argen stürzt über harte Nagelfluhgesteinsstufen hinab und gräbt dabei in weichere Gesteinsschichten faszinierende Strudellöcher und Kolke. Auf gesicherten Wegen wandert man heute durch die Schlucht, allerdings ist besonders bei Feuchtigkeit auf gutes Schuhwerk zu achten. Vorbei an Wasserfällen, Kaskaden, hohen Felswänden durchquert man einen geologischen Zeitraum von mehreren Millionen Jahren. Neben der seltenen Wasseramsel sieht man immer wieder Blauflügel-Prachtlibellen, Bachforellen und im Wald wächst der Riesenschachtelhalm.

Start der Erkundungstour ist am Infopavillon mit Kassenhäuschen. Nach 2 km durch die eindrucksvolle Schlucht beim Eistobelsteg gibt es zwei Varianten für den Rückweg: Zum einen nach rechts über Staufenberg mit einer Gesamtwanderstrecke von 4,5 km. Oder zum anderen nach links über die Brücke Richtung Riedholzer Kugel mit einer Gesamtstrecke von 9 km.

Sehenswertes

› **Eistobel,** zwischen Maierhöfen und Grünenbach, geöffnet: Mai–Okt. 9–17 Uhr, im Winter offiziell gesperrt, Eintritt: 2,50/1 €

Eine Wanderung durch den Eistobel ist eine Reise in die erdgeschichtliche Vergangenheit

Parken

P 114 **Eistobel,** GPS 47.64116, 10.02636, kostenlos

Wieder zurück auf der B12 Richtung Wangen streift man die Gemeinde Argenbühl mit dem Teilort Eglofs.

Eglofs ist mit seinem malerischen Dorfplatz das schönste der Argenbühldörfer, ja sogar der ganzen Region. Um einen Brunnen gruppieren sich hübsch bemalte Häuser, die Barockkirche (1765) und zwei Gasthäuser. Hier ist genau der richtige Platz, um sich gemütlich in einen der Gastgärten zu setzen, ein Bier zu trinken und den Tag genussvoll ausklingen zu lassen. Einen Stellplatz 190 gibt es in 800 m Entfernung beim Hallenbad von Eglofs.

Gastronomie

› **Gastwirtschaft zum Löwen,** Dorfplatz 10, 88260 Argenbühl-Eglofs, http://dasellgass.de, Tel. 07566 1578, geöffnet: Mo.–Sa. ab 18 Uhr. Spezialitäten: Fleisch vom eigenen Allgäuer Weiderind, Käseknödel, Spinatknödel, Schlutzkrapfen. Herrlicher Freisitz am Dorfplatz.

190 Hallenbad, Eglofs

GPS 47.66526, 9.93745

Plätze auf einem großen gemischten Parkplatz beim Hallenbad (Juni–Sept. geschl.) und Fußballplatz, zum Dorfplatz 800 m. **Lage/Anfahrt:** Durch den Ort Richtung B12, am Ortsende links ausgeschildert „Hallenbad"; **Platzanzahl:** 2; **Untergrund:** Asphalt; **Sicherheit:** beleuchtet; **Preise:** kostenlos; **Geöffnet:** frei zugänglich; **Kontakt:** Am Heubächle, 88260 Eglofs.

Badestelle

› **Moorfreibad,** GPS 47.67015, 9.94935, zwischen Abzweigung nach Eisenharz und Eglofs an der B12, Tel. 07566 382, geöffnet: Mai–Sept. 10–19 Uhr (bei guter Witterung), Eintritt: 2,50/1,50/6 €. Naturfreibad mit parkähnlicher Liegewiese, Kiosk.

Über die B12 ist man bald am nächsten Ziel der Reise durchs Württembergische Allgäu.

270bw-gg

WANGEN I. A.
(20 km – km 93)

„Z'Wanga bleibt ma hanga!" Was das Gästeamt heute auf den Touristen bezieht, dem es hier so gut gefällt, dass er nicht mehr gehen will, geht eigentlich auf das Mittelalter zurück. Damals war Wangen für seine strenge und direkte Gerichtsbarkeit bekannt. Wenn man hier hängen blieb, war es am Galgen.

Da die Gefahr heute zum Glück nicht mehr besteht, spaziert man vom Stellplatz 192 über den Kanalweg und die Karlstraße Richtung historischer Altstadt. Über die Bindstraße und den Saumarkt mit dem **Antonius-Brunnen** (von 1986) erreicht man den Postplatz. Er wird von der spätgotischen Rückseite des **Rathauses,** dem **Waaghaus** und dem imposanten **Kornhaus** von 1600 eingerahmt. Durch den Torbogen beim Rathaus geht es hinauf zum Marktplatz. Vorsicht! Hier kann es passieren, dass man nassgespritzt wird. Eine der metallenen Allgäuerfiguren, gefertigt 1997 von Joseph Neustifter, spuckt regelmäßig Wasser auf die Passanten. Der **Brunnen „Verdruckte Allgäuer"** stellt sechs aufeinander-„gebeigte" (gestapelte) Allgäuer dar. Sinnbildlich wird hier gezeigt, dass der oberste genauso „verdruckt" (hier ist nicht zerdrückt, sondern schlitzohrig gemeint) ist, wie der unterste.

Den Marktplatz flankieren die andere Seite des Rathauses, diesmal mit Barockfassade, das **Hinderofenhaus** mit Renaissancefassade und die **St. Martins-Kirche,** eines der ältesten Gebäude der Stadt. Am Ende der Paradiesstraße steht das **St.-Martins-Tor** (auch Lindauer Tor genannt) als Abschluss der Altstadt. Man bummelt über die **Herrenstraße** mit ihrem spätgotischen Gepräge an der Mariensäule vorbei bis zum **Frauentor** im Stil der Renaissance (auch Ravensburger Tor genannt). Die **Schmiedegasse,** in der früher die Schmiede ihrem Handwerk nachgingen, führt zur historischen **Eselsmühle.** Hier wurde eine vielseitige **Museumslandschaft** untergebracht. Neben der Stadtgeschichte zeigt man mechanische Musikinstrumente sowie einiges über die Käserei, die Fastnacht und den Flachsanbau. Das Literaturmuseum erinnert an Joseph Freiherr von Eichendorff und den Schriftsteller, Publizisten und Kulturhistoriker Gustav Freytag. Die frühneuzeitliche Badestube mit Kreuzgewölbe dokumentiert die Geschichte des Badewesens in der Stadt.

Beim **Pulverturm** (15. Jh.) verlässt man die Altstadt und spaziert an der idyllischen Argen entlang zurück zum Kreuzplatz.

4 km vom Stadtzentrum entfernt, umgeben von Wiesen und Feldern, liegt die **Käserei Zurwies** bei Deuchelried. Hier wird nach den gleichen biologischen Grundsätzen gearbeitet wie in der Käsküche in Isny i. A. Luise Holzinger stellt ausschließlich Weichkäse her. Vom gepfefferten Ärschle über den Valleray,

Biergartenkäse, Backsteinkäse bis zu Antons Liebe in blond und rot bekommt man diese Köstlichkeiten im angeschlossenen Laden.

Sehenswertes

› **Stadtmuseum, Käsereimuseum, Museum für mechanische Musikinstrumente, Deutsches Eichendorff-Museum und Gustav-Freytag-Museum, Galerie in der Historischen Badstube,** Eselberg 1, 88239 Wangen i. A., Tel. 07522 912682, April-Okt. Di.-Fr. 14-17 Uhr, Sa. 11-17 Uhr, So. 14-17 Uhr, Eintritt: 4 €, Kinder bis 12 J. frei, inkl. Galerie 5 €

Information

› **Gästeamt,** Bindstr. 10, 88239 Wangen i. A., Tel. 07522 74211, www.wangen.de, geöffnet: Mo.-Fr. 9-17, Juni-Sept. auch Sa. 9-12 Uhr. Freies WLAN.

Gastronomie

› **Gasthaus Lamm,** Bindstr. 60, 88239 Wangen i. A., Tel. 07522 6675, www.lamm-wangen.de, geöffnet: Mo.-Sa. 17-19 Uhr, Sa. 11.30-13.30 und 17-19 Uhr. Im Traditionsgasthof wird ausschließlich mit frischen Zutaten gekocht, günstiger Mittagstisch.

› **Fidelisbäck,** Paradiesstr. 3, 88239 Wangen i. A., Tel. 07522 795931, www.fidelis1505.de, geöffnet: Bäckerei Mo.-Fr. 6-18.30 Uhr, Sa. 6-14 Uhr, So. 8-11 Uhr, Wirtschaft Mo.-Fr. 8-22 Uhr, Sa. 8-14 Uhr. Hier gibt es den Leberkäs frisch aus dem Ofen.

› **Leonhardt's Stall-Besen,** Humbrechts 1, 88239 Wangen-Humbrechts, Tel. 07522 9155360, www.stall-besen.de, geöffnet: siehe Website. Deftige regionale Küche, Spezialität: saure Kutteln, Linsen und Spätzle. Übernachtung nach Einkehr möglich.

› **Weinstadl Rimmele,** Hiltensweiler Str. 25, 88239 Wangen, www.weinstadl-rimmele.de. Erlebnisgastronomie mit traditionellen und modernen Gerichten, Übernachtung nach Einkehr möglich.

Einkaufstipps

› **Käserei Zurwies,** Zurwies 11, 88239 Wangen i. A., GPS 47.70211, 9.86596, Tel. 07522 5581, www.zurwies.com, geöffnet: Mo.-Sa. 10-12, Fr. auch 16-18 Uhr, Spezialität: Antons Liebe rot - Weichkäse Doppelrahmstufe aus silofreier Biomilch. Wenn der Laden geschlossen hat, gibt es Käse aus dem Automaten.

Ein Bildnis des heiligen Martin ziert das Martinstor in Wangen

264bw-gg

› **Bauern-Käserei Leupolz,** Steinbergstraße 1, 88239 Wangen i. A., www.kaeserei-leupolz.com, Tel. 07506 225, geöffnet: Di./Mi./Do. 9–12.30, Mi. auch 15–18 Uhr, Fr. 9–18 Uhr, Sa. 8–12 Uhr. Kleine Käserei, die den Allgäuer Hartkäse in regionaler Qualität erzeugt.

› **Wochenmarkt,** Mi. 7.30–13.30 Uhr, Sa. 8–12 Uhr, Marktplatz

Aktivitäten

› **Freibad Stefanshöhe,** Burgelitz 15, 88239 Wangen i. A., www.stefanshoehe.de, geöffnet: Mo.–Fr. 7–13 und 17–20.30 Uhr, Sa./So. 8.30–13 und 17–20.30 Uhr, Eintritt: 4/2/11 €. 50 m Schwimmbecken, Sprungbecken, Rutsche, Spielepark.

191 Campingplatz Röhrenmoos, Wangen i. A.

GPS 47.72183, 9.82774

Kleiner Platz in sehr schöner, ruhiger Lage an einem Badesee, befriedigende Sanitärausstattung, nach Wangen i. A. 4 km, Café. **Lage/Anfahrt:** nördlich von Wangen i. A., zunächst auf B32, dann kurz vor der Autobahn rechts nach Röhrenmoos; **Platzanzahl:** 150; **Untergrund:** Wiese; **Service:** Strom, Trinkwasser, Abwasser, Chemie-WC; **Preise:** 7,50 €/Fahrz., 6,30 €/Pers., Umweltbeitrag (Strom und Müll) 2,50 €/Pers., Taxe 1,60 €/Pers., Hund 3,50 €, Dusche 0,50 €; **Geöffnet:** Mai–10. Sept.; **Kontakt:** Röhrenmoos 1, 88239 Wangen i.A., Tel. 07522 21413, www.roehrenmoos.de.

192 Stellplatz P18, Wangen i. A.

GPS 47.67929, 9.83219

Platz wird neu angelegt, Eröffnung für Mitte 2022 geplant. Dusche, WC, Lage am Südring und unterhalb der Eisenbahn in befriedigender, relativ ruhiger Lage, Zentrum 700 m. **Lage/Anfahrt:** am Südring ausgeschildert; **Platzanzahl:** 39; **Untergrund:** Pflaster; **Service:** Strom, Trinkwasser, Abwasser, Chemie-WC, WLAN; **Preise:** noch nicht bekannt; **Geöffnet:** ganzjährig; **Kontakt:** 88239 Wangen i. A.

Man fährt auf der B32 Richtung Ravensburg bis nach **Amtzell.** Im Ortsteil Büchel gibt es einen Stellplatz 194 bei einem Gasthof. Der Hauptort punktet mit einem turmbewehrten **Alten Schloss** und dem attraktiven Naturbadesee.

Badeplatz

› **Naturbad Singenbergerweiher,** GPS 47.70414, 9.75277, Eintritt: kostenlos

193 Hundrisshof, Wangen i. A.

GPS 47.62160, 9.76365

Plätze auf einem ehemaligen Bauernhof in sehr schöner, ruhige Lage (Straße stört kaum). Einfaches WC, Aufenthaltsraum mit gekühlten Getränken, sehr freundliche Betreiber, Restaurant liefert an den Platz. Wangen 14 km. **Lage/Anfahrt:** von der B12 in Roggenzell Richtung Dabertsweiler abbiegen; **Platzanzahl:** 16; **Untergrund:** Pflaster bzw. Schotter; **Service:** Strom, Trinkwasser, Abwasser, Chemie-WC; **Preise:** 15 € inkl. 2 Pers. und Strom, Wasser 1 €; **Geöffnet:** 15. März–15. Nov.; **Kontakt:** Dabetsweiler 21, 88239 Wangen, Tel. 0173 1886474.

322bw-gg

266bw-gg

194 Büchelwiesen, Amtzell

GPS 47.70856, 9.76675

Hübsch angelegter Platz in sehr schöner und sehr ruhiger Lage, Dusche, WC, kleiner Badesee und Gasthof angrenzend, Brötchenservice. **Lage/Anfahrt:** Von der B32 Richtung Ravensburg gleich nach der Autobahneinfahrt rechts, ausgeschildert mit Womopiktogramm, schmale Zufahrt; **Platzanzahl:** 35; **Untergrund:** Wiese; **Service:** Strom, Trinkwasser, Abwasser, Chemie-WC; **Preise:** 13 €/Fahrz. inkl. 2 Pers., Strom 1 €/2 kWh, Dusche 1 €; **Geöffnet:** ganzjährig; **Kontakt:** Büchel 3, 88279 Amtzell-Büchel, Tel. 07520 9248383, www.buechelwiesen.de.

Radtour durch das schöne Allgäu

Start: 26,5 km; Höhendifferenz: 380 m; Start: Bahnhof Wangen i. A. – Humbrechts – Bürsten – Oberau – Pfärrich – Brenner – Felbers – Hochberg – Riefen – Grub – Karsee – Englisweiler – Rutzenweiler – Weiler – Röhrenmoos – Fünfers – Saamen – Beutelsau – Wangen i. A.

Mittelschwere Fahrt durch die schöne Landschaft des württembergischen Allgäus

Im Zentrum von Amtzell biegt eine direkte Verbindungsstraße zum Ort Waldburg mit der gleichnamigen Burg ab.

WALDBURG

(18 km – km 111)

Schon vom Parkplatz aus sieht man sie imposant auf einer 772 m eiszeitlichen Moränenkuppe thronen: die Waldburg. Auf multimediale Entdeckungstour kann man mit einer vom Schloss angebotenen Web App gehen. Von 1200 stammen die ältesten heute noch sichtbaren Burgteile. Um 1220 wurde sie um einen großen Palas erweitert. Ungewöhnlich ist, dass die Waldburg niemals einen Bergfried hatte. Die Anlage mit Außentreppe und Wehrgängen bekam 1568 ihr heutiges Aussehen eines Renaissanceschlosses. Große Fenster, ein Treppenhausturm, Kachelöfen und, für die damalige Zeit besonders fortschrittlich, ein Aborttum machten aus der mittelalterlichen Burg, die dunkel, kalt, feucht und ungemütlich war, ein wohnliches Schloss. Der große Saal, heute Rittersaal genannt, wurde mit einer Kassettendecke und einer Ahnengalerie verschönt. Die Originalbilder der Ahnen befinden sich mittlerweile im 1578 erbauten Schloss von Wolfegg. Die hier hängenden Porträts wurden alle vom selben Künstler nach ihrer Vorlage gemalt. Die großflächigen Bilder, die die Burg- und Familiengeschichte aus dem 17. und 18. Jh. abbilden, aber nicht unbedingt den historischen Tatsachen entsprechen, dienten zu Repräsentationszwecken.

Die Stammburg des Truchsessengeschlechts Waldburg

Wichtige Persönlichkeiten des Hauses Waldburg sind Maximilian Willibald, der im Dreißigjährigen Krieg die Belagerung der Schweden von Konstanz und Lindau zurückschlagen konnte, und Georg III., der als „Bauernjörg“ in die Geschichte einging (s. Exkurs „Truchsesse von Waldburg“ S. 322).

Zwischen 1220 und 1240 wurde das damalige Heilige Reich Deutscher Nation quasi von Waldburg aus regiert. Friedrich II. vertraute Reichsapfel, Reichskrone, Zepter und Lanze seinem Truchsess Eberhard von Tanne-Waldburg an. Bis ins 15. Jh. gab es für diese Kleinodien in der Regel keinen festen Aufbewahrungsort. Sie wurden entweder vom Herrscher mitgeführt, oder – wie in diesem Fall – engen Gefolgsleuten anvertraut. Die Originale sind heute in der Hofburg in Wien aufbewahrt, die Waldburg zeigt seit 2013 herrliche Repliken in einem dunklen Schauraum, der die Kostbarkeiten ins richtige Licht setzt. 1507 brachte der Kartograf Martin Waldseemüller eine neue Weltkarte heraus. Da er davon ausging, dass Amerigo Vespucci und nicht Kolumbus den neuen Kontinent entdeckt hat, nannte er ihn auf seiner Karte ihm zu Ehren America. Die letzte noch erhaltene Originalkarte befand sich auf der Waldburg. 1998 wurde sie an eine amerikanische Bibliothek verkauft. Ein Faksimile der 5 m² großen Karte hängt im obersten Stock der Burg. Die Waldburg spielte im frühen 19. Jh. bei der Landvermessung eine wichtige Rol-

Wanderungen ab Waldburg

Länge: 6 km; Höhendifferenz: 100 m; Markierung: W4; Start: Infotafel an der Hauptstraße (noch andere Varianten von 1–10 km Länge)

Gemütliche Wanderung rund um die Waldburg mit schönen Fotomotiven von der Burg.

267bw-gg

Die Truchsesse von Waldburg

Eine besondere Stellung in der Geschichte Oberschwabens nimmt das Adelsgeschlecht der Grafen, später der Fürsten, von Waldburg ein. Durch ihre weitläufigen Besitztümer in der Region und Bayern erwarben sie sich Macht und eine gehobene Stellung in der Gesellschaft. Zahlreiche Burgen und Schlösser wie Wolfegg, Waldsee, Wurzach, Zeil, die Waldburg, das Neue und Alte Schloss in Kißlegg zeugen noch heute davon.

Die Anfänge des Hauses Waldburg reichen bis ins Hochmittelalter zurück. Ihr Stammsitz ist Schloss Waldburg. Kuno von Waldburg (1108–1132), der erste namentlich Erwähnte seines Geschlechts, war Abt des Klosters in Weingarten. Alle Mitglieder dieses Geschlechtes durften sich mit dem Titel Truchsess bzw. ab 1525 mit Reichserbtruchsess, schmücken. Ein Truchsess war ursprünglich der erste Hofbeamte, der die Aufsicht über die fürstliche Tafel führte, später ein Erbamt mit Reichslehen. Aus diesem Grund waren von 1220 bis 1240 die Reichsinsignien des Heiligen Römischen Reiches deutscher Nation beim Truchsess auf der Waldburg verwahrt. Der berühmteste Waldburger ist der 1488 in Waldsee geborene Georg III., genannt „der Bauernjörg". Als die Bauern gegen Adel und Kirche aufstanden und diese bekämpften, gelang es Georg 1525, diesen Aufstand niederzuschlagen. Ihm wird nachgesagt, dass er als Mann der Kriegsführung hart und erbarmungslos gegen die Bauern vorging. Der Dank des Kaisers Karl V. bestand in der Schenkung großer Ländereien und dem Erbtruchsessanspruch.

Von der inzwischen weitverzweigten Familie Waldburg lebt heute noch die Linie Waldburg-Wolfegg-Waldsee im Schloss von Wolfegg und in Waldsee. Der Chef des Hauses Waldburg-Zeil, Fürst Georg, residiert oberhalb von Leutkirch i. A. auf Schloss Zeil. Das Haus Waldburg-Zeil hat ein beträchtliches Vermögen durch Wald- und Forstwirtschaft und einige Reha-Kliniken erwirtschaftet.

le, dafür wurde extra eine Plattform auf dem Dach errichtet. Heute eine willkommene Gelegenheit für Besucher, von dort oben herrliche Fotos zu schießen.

Sehenswertes

› **Schloss Waldburg,** 88289 Waldburg, Tel. 07529 911120, www.schlosswaldburg.de, geöffnet: Ostern–Pfingsten und 16. Sept.–6. Januar Sa./So. 10–18 Uhr, Pfingsten–15. Sept. Di.–So. 10–18 Uhr, Eintritt: 10,50/7/29 €

Gastronomie

› **Restaurant Krone,** Hauptstr. 21, 88289 Waldburg, Tel. 07529 9980, www.waldburg.com, geöffnet: Di.–Fr. ab 17, Sa./So. ab 11 Uhr. Traditionelle Gerichte und gute Kuchen aus der eigenen Konditorei freundlich serviert.

In Waldburg wählt man die Straße nach Bodnegg und erreicht über Obereisenbach Siggenweiler mit dem **Museum Hopfengut No. 20.** Hier erfährt der Tourist alles zur Pflanzung, Ernte und Verarbeitung des „grünen Goldes". Besonders interessant ist der Besuch zwischen Ende August und Anfang September, wenn man hautnah die Hopfen-

Die Replik der Reichskrone in der Waldburg

Montfort

Auf der Fahrt am Bodensee und im Allgäu trifft man immer wieder auf den Namen der Adelsfamilie Montfort. Der Name Montfort wird nicht französisch, sondern deutsch ausgesprochen.

Die Grafen von Montfort sind eine Seitenlinie der Pfalzgrafen von Tübingen, die 1160 durch Erbe in den Besitz von Tettnang, Bregenz, Feldkirch, Sonnenberg, Werdenberg, Churrätien und Sargans kamen. Sie nannten sich nach der unweit von Feldkirch im Vorarlberger Alpenrheintal errichteten Burg de Monfort. Montfortische Stadtgründungen sind Feldkirch (ca. 1218), Bregenz (ca. 1250), Tettnang (1270), Scheer (1289) und Langenargen (1453).

1780 hatten sich die Grafen durch die rege Bautätigkeit mit einer Vielzahl von Schlössern völlig verschuldet und verkauften die Grafschaft an Österreich. 1787 verstarb der letzte männliche Montfort, Graf Anton IV. ohne Nachkommen. 1810 ging ein Teil der Grafschaft bei Langenargen und Tettnang durch Gebietstausch an Württemberg.

195 Am Sportplatz, Waldburg

GPS 47.75806, 9.71697

Stellplatz auf einem großen, gemischten Parkplatz in schöner, relativ ruhiger Lage. **Lage/Anfahrt:** Am Ortsrand von Waldburg mit P beschildert; **Platzanzahl:** 3; **Untergrund:** Schotter; **Preise:** kostenlos; **Max. Stand:** 3 Nächte; **Geöffnet:** frei zugänglich; **Kontakt:** Amtzelerstraße, 88289 Waldburg.

268bw-gs

sortiermaschine und die Hopfentrocknung bei einer unterhaltsamen, kurzweiligen Führung erleben kann. Lebensgroße Figuren, eingebettet in authentischen Szenen, zeigen im 2. und 3. Stock des Museums eingängig die anstrengende Handarbeit bei der Hopfenernte bis 1966.

Sehenswertes

› **Hopfengut No. 20,** Ortsteil Siggenweiler, 88069 Tettnang, GPS 47.68995, 9.61672, Tel. 07542 952206, www.hopfengut.de, geöffnet: 21. Okt.-April Do.-So. 10.30-17 Uhr, Mai-20. Okt. Di.-So. 10.30-17 Uhr, Eintritt: 6/3/15 €, 65+ 5 €

Um die Route zu beenden, nimmt man die L326 und fährt auf schöner Nebenstrecke nach Tettnang.

TETTNANG

(19 km - km 130)

Im Zentrum von Tettnang am Ende der Fußgängerzone Montfortstraße steht das stattliche **Neue Schloss,** eines der bedeutendsten Schlösser des oberschwäbischen Barocks. Mit seinem Bau wurde 1712 auf Veranlassung des Grafen Anton III. von Montfort begonnen.

Das alte Schloss von 1667 (heute Rathaus) entsprach nicht mehr den Repräsentationsansprüchen des Barocks. Die große symmetrische, vierflügelige Anlage mit Vierecktürmen verschlang eine Unmenge Geld, sodass Graf Anton III. aus Geldmangel den Bau 1728 einstellen lassen musste. Ein Brand von 1753 vernichtete einen Großteil

Tettnanger Hopfen

Hopfen ist ein Hanfgewächs mit feinen ätherischen Ölen und Bitterstoffen, die dem Bier seine herbe Frische geben. Eine Hopfenpflanze kann bis zu 100 Jahre alt und 8 m hoch werden. Ihre Wurzeln reichen 3–5 m tief in die Erde, sie braucht im Sommer ausreichend Niederschläge, kann bis zu 30 cm in 24 Stunden wachsen und auf einem Hektar Hopfenfläche stehen 3500 Pflanzen. Zum Bierbrauen werden nur weibliche Pflanzen verwendet. Im Mai wird der Hopfen an einem Steigdraht „angeleitet", d.h. er wird rechts herum um den Draht gewickelt.

269bw-gg

Rund um Tettnang gab es schon im 12. Jh. vereinzelt Hopfen, der planmäßige Anbau erfolgte erst ab 1844. 140 Betriebe bewirtschaften heute 1200 Hektar Fläche. Vom 25. August bis 15. September ist Erntezeit. Mit dem am Traktor angebauten Abreißgerät wird die Hopfenrebe ca. 1 m vom Boden weg abgeschnitten und durch Zug vom Längsdraht gerissen und aufgeladen. Es erfolgt der Transport zur hofeigenen Hopfensortiermaschine. Durch die Saugwindanlage werden Blatt und Stängel von der Hopfendolde getrennt. Anschließend erfolgt eine fünfstündige Trocknung der Hopfenzapfen bei 60–65 °C auf 7 % Feuchtigkeit. Anschließend werden sie in 50 kg schwere rechteckige Ballen gepresst und kühl gelagert. Nun gelangt der Doldenhopfen in die Brauereien. Der Tettnanger Aromahopfen ist aufgrund seiner herausragenden Qualität und seiner feinen Aromen weltweit bei Bierbrauern geschätzt. Von 2000 t Jahresproduktion gehen ca. 70 % in den Export. Die restlichen 30 % werden vom deutschen Biermarkt verwendet.

272bw-gg

der bis dahin fertiggestellten Räume. Der Enkel des Bauherren, Graf Franz Xaver von Montfort, lieh sich von den Habsburgern die notwendigen Mittel, um den Bau zu vollenden. Er verpflichtete die besten Kunsthandwerker der Bodenseeregion. Die von Joseph Anton Feuchtmayer geschaffenen Stuckdecken zählen zu den wertvollen barocken Ausschmückungen des Schlosses. Die Wände zieren großformatige Landschaftsbilder von Joseph Johann Kauffmann. Die Gemälde der Adelsfamilie stammen größtenteils von dessen Tochter Angelika Kauffmann, die einige der Porträts im Alter von 17 Jahren geschaffen hat. Am üppigsten von allen Räumen ist der Bacchussaal ausgeschmückt. Hier finden kulturelle Veranstaltungen statt.

Am anderen Ende der hübschen Fußgängerzone steht das **Torschloss,** der älteste Teil der Stadtbefestigung aus dem 13. Jh.

273bw-gg

Sehenswertes

› **Neues Schloss Tettnang,** Montfortplatz 1, 88069 Tettnang, www.schloss-tettnang.de, geöffnet: Führungen April–Okt. tägl. 11–17 Uhr stündlich, Treppenhäuser und Hof frei zugänglich Mo.–Fr. 9–16 Uhr, Eintritt: 7/3,50/17 €

Information

› **Tourist-InfoBüro,** Montfortstr. 41, 88069 Tettnang, Tel. 07542 510500, www.tettnang.de, geöffnet: April–Sept. Mo.–Fr. 9–12 und 13–17 Uhr, Okt–März Mo.–Do. 9–12 und 14–16 Uhr, Fr. 9–12 Uhr

Einkaufstipp

› **Wochenmarkt,** Di. 8–13 Uhr, Sa. 7–13 Uhr, Montfortstraße

Das Alte Schloss mit seinem Treppengiebel

Das Neue Schloss – repräsentativer Mittelpunkt von Tettnang

Wanderung und Fahrradtour ab Tettnang

Wandern auf dem Tettnanger Hopfenpfad

Länge: 8 km; Start: Zentrum Tettnang am Bärenplatz – Storchenstraße – Bahnhofstraße – Meistersteig – Dieglishofen – Siggenweiler mit Hopfenmuseum – zurück auf demselben Weg.

Durch Wiesen, Obstanlagen, Hopfengärten mit herrlichem Ausblick auf Bodensee und Berge. Tafeln informieren zum Hopfenanbau.

Fahrradtour auf der Hopfenschlaufe

Länge: 42 km; Höhendifferenz: 160 m; Markierung: grüne Schlaufe mit Fahrrad; Start: Tettnang am Bärenplatz – auf dem Hopfenpfad bis zum Museum – Brünnensweiler – Baumgarten – Waldhub mit Streichelzoo – Laimnau – an der Argen entlang bis Gießen mit ehemaligem Wasserschloss – Kabelhängebrücke – Langenargen – Eriskirch – Friedrichshafen – Oberbaumgarten – Tettnang

Bequeme Fahrradtour durch das reizvolle „Hopfen"-Hinterland des Bodensees.

E-Bike-Ladestation 7–18 Uhr im Schloss von Tettnang.

274bw-gg

198 Loretostraße, Tettnang

GPS 47.66415, 9.59135

Plätze auf einem gemischten Parkplatz in ruhiger Lage, 800 m ins Zentrum. **Lage/Anfahrt:** ausgeschildert; **Platzanzahl:** 8; **Untergrund:** Schotter; **Service:** Strom, Trinkwasser, Abwasser nur mit Schlauch, Chemie-WC; **Preise:** 5 €/Fahrz., Strom 1 €/8 Std., Wasser 1 €/100 l; **Geöffnet:** frei zugänglich; **Kontakt:** Loretostraße, 88069 Tettnang.

Gastronomie

› **Brauerei Gasthof Krone,** Bärenplatz 7, 88069 Tettnang, Tel. 07542 7452, www.krone-tettnang.de, geöffnet: Di.–So. 11.30–14 und 17–24 Uhr. Hier gibt es traditionell handgemachte Spezialitäten aus der Region und selbst gebrautes Bier. Sehr empfehlenswertes Gasthaus, seit sieben Generationen im Familienbesitz.

196 Bauernhof Lehle, Meckenbeuren

GPS 47.68037, 9.55334

Platz hinter einem Bauernhof in schöner, ruhiger Lage, einfache Dusche/WC in einem Raum, Hofverkauf, Gasflaschentausch. **Lage/Anfahrt:** in Reute ausgeschildert; **Platzanzahl:** 15; **Untergrund:** Schotter; **Service:** Strom, Trinkwasser, Chemie-WC; **Preise:** 15 €/Fahrz., Strom 0,50 €/kWh, Dusche 1 €; **Geöffnet:** ganzjährig; **Kontakt:** Pfingstweiderstr. 12/1, 88074 Meckenbeuren-Reute, Tel. 07542 1654.

197 Camping Gutshof Badhütten, Laimnau

GPS 47.63361, 9.64732

Platz in sehr schöner, sehr ruhiger Lage. 3 Tage Mindestaufenthalt. Sehr gute Sanitärausstattung, Waschmaschine/Trockner, Schwimmbad, Restaurant, Streichelzoo. Viele Dauercamper. Separater Romantikstellplatz nur für Erwachsene ohne Kinder! Stellplatz nur für Fahrzeuge bis 7,50 m; **Lage/Anfahrt:** ausgeschildert; **Platzanzahl:** 530; **Untergrund:** Wiese; **Service:** Strom, Trinkwasser, Abwasser, Chemie-WC; **Sicherheit:** umzäunt, beleuchtet, bewacht; **Preise:** Campingplatz 17,90–25,90 €/Fahrz., 9,80 €/Pers., Anschluss 3 €, Strom 0,70 €/kWh, Dusche 0,50 €, Hund 3,80 €; separater Stellplatz 30 €/24 Std., jede weitere Std. 1,25 € inkl. 2 Pers. und Strom, Dusche 0,50 €, Vor- und Nachsaison 10 % Rabatt; **Geöffnet:** Ostern–Sept.; **Kontakt:** Laimnau/Badhütten 1/2, 88069 Tettnang, Tel. 07543 96330, www.gutshof-camping.de.

ANHANG

277bw-gg

INFORMATIONEN

Alle touristisch interessanten Orte haben eigene Touristeninformationen und sind mit einer Website im Internet präsent. Die Adressen hierzu finden Sie bei den einzelnen Ortskapiteln. Hier die zentralen Informationsstellen, die übergeordnete Informationen bereithalten:

- www.schwarzwald-tourismus.info
- www.tourismus-bw.de
- www.hochschwarzwald.de
- www.naturpark-suedschwarzwald.de
- www.wanderservice-schwarzwald.de
- www.schwarzwald-wandern.net
- www.naturparkschwarzwald.de
- www.schwarzwaldverein.de
- www.bodensee.eu
- www.bodensee.de
- www.bodenseekreis.de/landkreis-tourismus
- www.oberschwaben-tourismus.de
- www.allgaeu.de
- www.wuerttembergisches-allgaeu.info
- www.outdooractive.com
- www.schwaebischealb.de
- mythos-schwaebische-alb.de
- www.tourismus.alb-donau-kreis.de
- www.camping-bw.de
- www.bodenseewest.eu

LANDKARTEN

- Falk-Regionalkarte-Schwarzwald 1 : 150.000
- Falk-Regionalkarte Stuttgart – Schwäbische Alb – Bodensee – Allgäu 1 : 150.000
- KOMPASS Fahrradkarte Bodensee 1 : 70.000
- KOMPASS-Großraum-Radtourenkarte Baden-Württemberg Süd 1 : 125.000
- KOMPASS Fahrradkarte Hochschwarzwald, Freiburg im Breisgau 1 : 70.000
- KOMPASS Fahrradkarte Südlicher/Mittlerer/ Nordschwarzwald 1 : 70.000
- KOMPASS Fahrradkarte Oberschwaben, Unterallgäu 1:70.000
- KOMPASS Karten Set 767, Schwäbische Alb 1:50.000
- Euregio Bodensee Wander- und Freizeitkarte 1:50.000
- KOMPASS Bodensee Ost: Wanderkarte, Radwege und Panorama 1:50.000
- KOMPASS Karten-Set 11, Bodensee 1:35.000, Wandern, Rad fahren
- KOMPASS Oberschwaben – Isny i. A. – Wangen i. A. – Leutkirch i. A.: Wanderkarte und Radrouten. 1:50.000

ÖFFENTLICHE VERKEHRSMITTEL

Über 150 Schwarzwaldstädte und -gemeinden bieten ihren Übernachtungsgästen – und dazu zählen auch die Wohnmobilfahrer – die Konus-Gästekarte an. Mit ihr kann man im gesamten Schwarzwald von Karlsruhe im äußersten Norden bis Lörrach oder Waldshut-Tiengen im Süden kostenlos alle Bahnen und Busse benutzen. Ausgenommen sind Bergbahnen sowie bei der Deutschen Bahn die ICE-, IC- und EC-Verbindungen. Praktisch funktioniert es so, dass man an den Wohnmobilstellplätzen seine Parkgebühr für die gewünschte Aufenthaltsdauer entrichtet. Für diesen Zeitraum wird, zumeist in den Touristeninformationen, die Konus-Karte ausgestellt, mit der alle Wohnmobilinsassen kreuz und quer mit öffentlichen Verkehrsmitteln durch den Schwarzwald fahren können. Interessant ist dieses Angebot für Streckenwanderer oder Radfahrer oder wenn man einmal für einen Tag sein Womo stehen lassen möchte. Darüber hinaus bietet die Karte noch vergünstigte oder freie Eintritte in Schwimmbäder usw.

⊡ Die Bodenseeschifffahrt verbindet nicht nur die Ufer, sondern auch drei Länder miteinander

BODENSEESCHIFFFAHRT

Das verbindende Element auf dem See ist die Bodenseeschifffahrt mit ihren Anlegestellen. Besonders angenehm ist es, wenn man nach einer Rad- oder Wandertour die Rückfahrt mit dem Schiff antreten kann. An Montagen werden, außer in der Sommerhauptsaison und an Feiertagen, die Fahrräder kostenlos auf dem Obersee und dem Überlinger See transportiert.

Genaue Informationen über Strecken und Fahrzeiten gibt es unter:

- **Bodenseeschifffahrt**, www.bodenseeschifffahrt.de
- **Vorarlberg Lines,** Tel. +43 (0) 557442868, www.vorarlberg-lines.at
- **Katamaran Friedrichshafen–Konstanz,** Tel. 07541 9710900, www.der-katamaran.de
- **Höri-Fähre Steckborn–Gaienhofen,** Tel. 07735 8891, www.schifffahrtlang.de
- **Schifffahrt Schweiz,** Fahrplanauskunft Tel. +41 (0) 900300300, www.sbsag.ch

278bw-gg

PANNE/UNFALL

Bei einer Panne gelten folgende **Vorsichtsmaßnahmen:** Wohnmobil auf den Standstreifen oder an den äußersten rechten Rand der Straße fahren, Warnblinkanlage einschalten, Warnweste anziehen, Warndreieck aufstellen, Insassen aussteigen lassen und an einer sicheren Stelle, möglichst hinter einer Leitplanke, auf den Pannendienst warten. Kinder und Hunde immer gut beaufsichtigen. Wenn eine Reparatur vor Ort nicht möglich ist und das Wohnmobil abgeschleppt werden muss, finden Sie im internationalen Kundendienstverzeichnis Ihres Fahrzeugherstellers die örtlichen Vertragswerkstätten.

- **Polizei**: Tel. 110
- **Rettungsleitstelle:** Tel. 112
- **ADAC-Notruf Deutschland:** Tel. 089 20204000, Mobil 222222
- **AvD (Automobilclub von Deutschland):** Tel. 0800 9909909
- **ACE (Autoclub EUROPA):** Tel. 0711 530343536
- **Zentraler Notruf der Autoversicherer:** Tel. 0800 2502600
- **ÖAMTC-Schutzbrief Nothilfe:** Tel. +43 (0) 12512000
- **ACS-Notruf Schweiz:** Tel. +41 (0)442833377

Selbstverständlich ist ein Pannendienst aber auch über den **Mobilitätsservice der verschiedenen Wohnmobilmarken** möglich. In solchen Fällen gilt die in den Fahrzeugunterlagen angegebene Telefonnummer.

CARAVAN-SERVICE

Die folgenden Caravan-Händler und Servicepunkte befinden sich innerhalb oder im Nahbereich der vorgeschlagenen Routen:

- **Camping und Freizeit Kuhn,** Im Drachenacker 4, 77656 Offenburg, Tel. 0781 95950, www.camping-kuhn.de. Forster, Carthago, Adria und Karmann.
- **WVD Südcaravan GmbH,** Hanferstr. 22, 79108 Freiburg i. B., Tel. 0761 152400, www.suedcaravan.de. Reparaturen, Service, Teile, Campingshop.

- **Ernst,** Rudolf-Hell-Straße 32–44, 77955 Ettenheim, Tel. 07822 89380, www.ernst-caravan.de. Servicearbeiten an allen Fabrikaten, Zubehör.
- **Hero Campingcenter,** Industriestr. 25, 79793 Wutöschingen-Horheim, Tel. 07746 9285990, www.camping-center.eu. Fritz-Berger-Shop, Truma-Servicepartner, Karosseriereparaturen, Knaus, Weinsberg, Adria und Dethleffs.
- **Fritz Berger GmbH,** Seestraße 36, 88097 Eriskirch, Tel. 09181 330586, www.fritz-berger.de, Fritz Berger Shop.
- **Caravan-Center Karl-Heinz Owandner,** Hermann-Neuner-Str. 8–10, 88299 Leutkirch i. A., Tel. 07561 98480, www.caravan-owandner.de. Reparaturen aller Art.
- **GAST Caravaning GmbH,** Daimlerstraße 20b, 76316 Malsch, www.gast-caravaning.de, Tel. 07246 305600. Reparaturen aller Art.
- **Eder GmbH,** Fischburgerstraße 49, 72574 Bad Urach-Wittlingen, Tel. 07125 933888, www.womo-eder.de. Reparaturen.
- **Schönleber Mobile-Freizeit,** Eichenried 8, 72587 Römerstein-Donnstetten, Tel. 0738 5805, www.wohnwagen-schoenleber.de. Camping-Shop.

PREISE

Die Preise entsprechen denen im übrigen Deutschland. Bei einigen Campingplätzen erscheinen sie auf den ersten Blick etwas hoch, diese Plätze bieten dafür aber auch großen Komfort an. Stellplätze findet man von kostenlos bis zu 25 €, je nach Lage und Ausstattung. Die Taxe kann von 0,70 € bis zu 3,50 € pro Tag und Person betragen. Ein nicht unerheblicher Betrag, den die Gemeinden jedoch wieder in die Pflege und den Ausbau der Infrastruktur fließen lassen.

Die Stellplätze direkt am Bodensee sind immer kostenpflichtig, auf der Schwäbischen Alb, in Oberschwaben und dem Württembergischen Allgäu dagegen locken einige Gemeinden die Wohnmobilisten mit kostenlosen oder sehr günstigen Plätzen.

Bei den Eintrittspreisen wird in der gesamten Region meist auf Familien und Rentner mit einer entsprechend günstigeren Karte Rücksicht genommen.

REISEZEIT

Der Schwarzwald, die Schwäbische Alb, Oberschwaben und das Württembergische Allgäu sind zu jeder Jahreszeit eine Reise wert. Am Bodensee ist von Ostern bis Oktober Saison. Ganzjährig geöffnete Campingplätze direkt am See gibt es nicht. Nach einer Verordnung des Landes Baden-Württemberg müssen die Plätze in der Winterzeit vollständig geräumt werden.

Den Schwarzwald, die Schwäbische Alb, Oberschwaben und das Württembergische Allgäu hingegen kann man das ganze Jahr besuchen. Viele Ver- und Entsorgungen haben, besonders im Schwarzwald, eine Heizung für den Winter. Doch sind bei Frost auch einige Ver- und Entsorgungsstationen abgestellt. Genussvolle, sonnige Wintertage kann man im Schwarzwald, Oberschwaben, der Schwäbischen Alb und im Allgäu erleben, während es im Winter am Bodensee, durch die Temperaturunterschiede von Wasser und Luft, häufig nebelig ist. An sonnigen Tagen fällt es schwer, sich zwischen den vielfältigen Outdooraktivitäten zu entscheiden. Bei schlechtem Wetter bieten viele Museen und schöne Badelandschaften eine kurzweilige Abwechslung. Die Öffnungszeiten der Tourist-informationen und Museen sind von November bis März etwas reduziert, vor geschlossenen Türen steht man in der ganzen Region dagegen so gut wie nie.

Zugspitze, Foto: Aneta Niemitz

»Schreiben Sie uns!

Wir hoffen, dass Ihnen dieser Wohnmobil-Tourguide gefällt und er Ihnen ein guter Begleiter auf einer außergewöhnlichen und spannenden Reise ist.

Weil ein Reiseführer von Erfahrungen lebt, sind wir an Ihren Erlebnissen interessiert: Haben Sie in unserem Buch einen Stellplatz entdeckt, den es nicht mehr gibt, eine Sehenswürdigkeit, die wir noch nicht aufgeführt haben, oder eine falsche Adresse? Dann schreiben Sie uns! **Wir nehmen jeden Hinweis und jede Kritik ernst und arbeiten kontinuierlich daran, die Bücher aktuell zu halten und immer weiter zu verbessern.** Jede Mail wird gelesen und beantwortet. Auch wenn wir nicht jeden Wunsch erfüllen können, machen wir uns immer Gedanken über Ihre Anmerkungen.

Schreiben Sie uns:
per Mail an info@reise-know-how.de oder an
Reise Know-How Verlag Peter Rump GmbH, Postfach 140666, 33626 Bielefeld

Wenn sich Ihre Infos direkt auf das Buch beziehen, würde uns die Angabe der Seitenzahl und der Auflagenzahl bzw. des Erscheinungsjahres Ihrer Ausgabe die Arbeit sehr erleichtern. Besonders hilfreiche Beiträge und Ergänzungen zu den Büchern belohnen wir mit einem Sprachführer Ihrer Wahl aus der über 240 Bände umfassenden „Kauderwelsch"-Reihe.

Herzlichen Dank und gute Reisen
Ihr Reise Know-How Verlag

DIE AUTORIN

Nach Berufsausbildung, Heirat und der Begleitung ihrer Kinder in die Selbstständigkeit, erfüllte sich **Gaby Gölz** einen lang gehegten Wunsch und gründete ihre eigene Videoproduktionsfirma, die gh-kellerfilm Videoproduktion.

Schon bald verband sie ihr technisches und künstlerisches Know-how mit ihrer Leidenschaft, dem Reisen. Dabei entstanden unter anderem Filme über Nepal, Südamerika, Südafrika, aber auch über so unbekannte Flecken dieser Erde wie den westafrikanischen Inselstaat Sao Tomé e Principe. An Wohnmobil-Videos erschienen unter ihrer Regie „Norwegen – eine Winterreise“ und „Abenteuer Marokko“.

Seit vielen Jahren ist Gaby Gölz als Autorin im Reise Know-How Verlag tätig. Die engagierte Reisejournalistin und -filmerin bringt mit diesem Band ihr neuntes Buch in der Reihe der Wohnmobiltourguides heraus. Bisher sind von ihr „Die schönsten Routen durch Sizilien“, „Die schönsten Routen durch Umbrien und die Marken“, „Die schönsten Routen durch die Toskana“, „Die schönsten Routen durch die Normandie“, „Die schönsten Routen an der Deutschen Nordseeküste“, „Die schönsten Routen im Schwarzwald“, „Die schönsten Routen am Bodensee“ und „Die schönsten Routen durch die Niederlande“ erschienen. Bei den Sammelbänden „Womo & weg“ zu Norddeutschland, Süddeutschland und Frankreich ist sie als Co-Autorin tätig.

Begleitet wird Gaby Gölz auf ihren zahlreichen Reisen durch ganz Europa von ihrem Ehemann.

169bo-gg

DANKSAGUNG

Bei diesem Buch habe ich Unterstützung durch Sandra Nichelmann (Hamburg) und Monika Bertsch (Mönsheim) erhalten. Die Fotografin Sandra fährt selbst begeistert Wohnmobil und hat mir herrliche Bilder aus dem Familienalbum zur Verfügung gestellt. So erhielt ich tolle Fotos mit Tim und Sandra als Modell. Ganz herzlichen Dank dafür in den hohen Norden.

Monika liebt ihre Heimat Baden-Württemberg und kennt viele „Geheimtipps“. Auch bei der Recherche zu Fragen wie: Wo gibt es die beste Schwarzwälder Kirschtorte?, Welches ist die größte Kuckucksuhr?, In welchem Gasthof schmeckt es am besten?, Wo findet man ein wenig bekanntes Museum?, hat sie mir mit Rat und Tat beigestanden.

Ein liebes Dankeschön nach Mönsheim!

REGISTER

A

Adelegg 312
Affenberg Salem 187
Alb-Bahn 223
AlbCard 238
Alb, Schwäbische 215
Albstadt-Ebingen 258
Alde Gott 43
Allensbach 159
Allgäu, württembergisches 299
Alpirsbach 57
Altensteig 37
Altglashütten 122
Amtzell 319
Arboretum Liliental 99
Archäopark Vogelherd 224

B

Bad Buchau 281
Baden-Baden 15
Bad Krozingen 104
Bad Liebenzell 25
Bad Säckingen 136
Bad Saulgau 288
Bad Schussenried 286
Bad Urach 234
Bad Wildbad 23
Bad Wurzach 306
Baiersbronn 52
Balingen 253
Balzer Herrgott 75
Bärenhöhle 241
Bärenthal 261
Barock, Meister des 285
Barockstraße 263
Bebenhausen 244
Belchen 111
Bernau 131
Besucherbergwerk Teufelsgrund 110
Beuren 231
Beuron 266
Biberach an der Riß 277
Bickensohl 95
Biosphärengebiet Schwäbische Alb 237
Biosphärengebiet Schwarzwald 111
Birnau 183
Blaubeuren 226
Blaustein 226
Blautopf 226
Blindsee 71
Blumeninsel Mainau 171
Bodanrück 158
Bodensee 143
Bodensee-Card plus 148
Bodenseeschifffahrt 329
Bodenseeweine 195
Bodman-Ludwigshafen 174
Bohlingen 147
Bonndorf 126
Bötzingen 99
Brauerei Rothaus 124
Breisach 95
Burgen auf der Schwäbischen Alb 231
Burg Hohenzollern 250
Burg Husen 65
Burg Liebenzell 26
Burg Meersburg 191
Burgruine Hohennagold 34
Burg Teck 230
Burkheim 93
Bussen 271

C

Calw 29
Campingplätze 10
Campus Galli 266
Caravan-Service 329

D

Dietingen 258
Dinnete 286
Dix, Otto 148, 150
Dormettingen 255
Dorotheenhütte 63
Droste-Hülshoff, Annette von 191

E

Ebringen 104
Eglofs 316
Eichelspitze 100
Eichstetten 100
Eisenbach 119

Eistobel 316
Endingen 89
Enztal 11
Eriskirch 203
Ertingen 289
Erwin Hymer Museum 291
Erzgrube-Seewald 38

F

Fabergé Museum 16
Fastnacht 60
Federsee 281
Feldberg 120
Festung Hohentwiel 146
Feuchtmayer, Joseph Anton 285
Fischfang 190
Flößerei 36
Forbach 39
Freiburg 78
Freilichtmuseum Heuneburg 269
Fremdenverkehrsämter 328
Freudenstadt 50
Friedrichshafen 200
Furtwangen 73

G

Gaienhofen 150
Gernsbach 20
Geroldsau 40
Glasherstellung 64
Gnadensee 160
Götz, Gottfried Bernhard 285
Grafenhausen 127
Graf von Zeppelin 204
Gutach 67
Gutedel 105
Gütenbach 74

H

Hagnau 197
Haigerloch 250
Haslach 66
Hausach 65
Häusern 127
Hechingen 249
Hegne 160
Heiligenberg 188
Hermann Hesse Museum 29
Hermann-Hesse-Museum Gaienhofen 151
Heroldstatt 228
Herrischried 134
Hesse, Hermann 31, 148
Heuneburg 269
Hexenloch 75
Hinterzarten 116
Hirsau 27
Höchenschwand 127
Hochschwarzwald 101
Höchst 119
Hohentwiel 146
Hohenzollern 250
Hohle Fels 228
Höllental 115
Hopfenburg 239
Höri 148
Höri Bülle 152
Horn 152
Hornberg 68
Hornisgrinde 47
Hülben 234

I, J

Ihringen 98
Immenstaad a. B. 198
Informationen 328
Insel Mainau 171
Insel Reichenau 161
Isny i. A. 312
Jechtingen 92

K

Kaiserstuhl 85, 88
Kaltenbronn 21
Kappelrodeck 44
Karsthöhlen auf der Schwäbischen Alb 228
Karten 328
Kattenhorn 149
Keltenmuseum Heuneburg 269
Kirchzarten 114
Kirschwasser 46
Kißlegg 304
Kloster Allerheiligen 48
Kloster Beuron 261
Kloster Hegne 160

Kloster Hirsau 28
Kloster Lichtenthal 18
Kloster Obermarchtal 275
Kloster Ochsenhausen 280
Kloster Salem 187
Kloster Schussenried 286
Kloster Sießen 288
Kloster St. Trudpert 108
Kloster Wiblingen 222
Kniebis 49
Königschaffhausen 91
Konstanz 165
Konstanzer Konzil 164
Konus-Karte 21
Kressbronn 207
Kuckucksuhren 72
Kuckucksuhr, weltgrößte 69

L

Laichingen 229
Laichinger Tiefenhöhle 229
Laimnau 326
Landkarten 328
Langenargen 206
Langenau 224
Lauchringen 142
Laufenburg 139
Lenk, Peter 28, 151, 176
Leutkirch i. A. 309
Liggeringen 172
Limburg 92
Lindau 211
Linzgau 187
Lonetal 223
Loßburg 56
Ludwigshafen 175

M

Mainau 171
Marbach 239
Markdorf 196
Markelfingen 158
Markgräfler Land 104
Markgraf Ludwig Wilhelm 16
Meckenbeuren 326
Meersburg 191
Mehliskopf 41
Mengen 270
Menzenschwand 130
Meßstetten 260
Mettingen 35
Metzingen 244
Mindelsee 159
Monbachtal 27
Monhardter Wasserstube 36
Montfort 323
Moos 153
Mummelsee 47
Münsingen 237
Münstertal 108
Murg 139
Museum Frieder Burda 16
Museumsbergwerk Schauinsland 114

N

Nagold 34
Nagoldtal 11
Nagoldtalsperre 38
Nationalpark Nordschwarzwald 48
Nebelhöhle 242
Nehren 248
Neubulach 32
Neuffen 232
Nonnenhorn 209
Notruf 329

O, P

Oberdigisheim 260
Oberkollbach 28
Obermarchtal 275
Obernheim 261
Oberprechtal 67
Oberrotweil 94
Ochsenhausen 279
Ödenwaldstetten 240
Öffentliche Verkehrsmittel 328
Öhningen 149
Öllingen 224
Ortenau 43
Ötigheim 15
Ottenhöfen 46
Owen 230
Panne 329
Pfahlbauten 184

Pfullingen 243
Preise 330

R

Rädlewirtschaften 197
Radolfzell 154
Rastatt 14
Ravennaschlucht 116
Ravensburg 295
Rebenbummler 89
Reichenau 161
Reisezeit 330
Reutlingen 243
Rheinkorrektur nach Tulla 93
Rickenbach 135
Riedlingen 271
Riegel 88
Rielasingen-Worblingen 146
Rosenfeld 252
Rothauser Land 124
Rottweil 255
Ruhestein 48
Ruine Hohenurach 236
Ruine Reußenstein 229

S

Salem 187
Sand 41
Sasbach 92
Sasbachwalden 42
Schäferlauf 33
Schaubergwerk Finstergrund 112
Schauinsland 114
Schertelshöhle 229
Schickhardt, Heinrich 50
Schienen 148
Schifffahrt 329
Schiltach 61
Schloss Eberstein 20
Schloss Lichtenstein 242
Schloss Salem 187
Schluchsee 122
Schonach 71
Schönwald 71
Schramberg 59
Schwabenkinder 290
Schwäbisch-Alemannische Fastnacht 60
Schwäbische Alb 215
Schwarzenbachtalsperre 39
Schwarzwaldbahn 69
SchwarzwaldCard 21
Schwarzwälder Kirschwasser 46
Schwarzwälder Trachten 65
Schwarzwälder Uhren 72
Schwarzwaldhochstraße 11, 40
Schwarzwald, mittlerer 53
Seegfrörne 208
Service 329
Sigmaringen 267
Singen 146
Sipplingen 177
Spezialitäten, kulinarische 150
Spiegler, Franz Joseph 285
Staufen 106
St. Blasien 128
Steinacher Ried 292
Steinhausen 283
Stellplätze 10
Stetten 196
St. Märgen 75
Stockach 174
St. Peter 77
Straußwirtschaft 197

T

Teinachtal 32
Tettnang 323
Tettnanger Hopfen 324
Teufelsgrund 110
Thermalquellen 19
Thumb, Peter 285
Titisee-Neustadt 117
Todtmoos 133
Todtnau 112
Touristeninformationen 328
Trachten 65
Triberg 70
Truchsess 322
Tübingen 245

U

Überlingen 179
Uhldingen-Mühlhofen 184
Uhren 72

Ulm 218
Ummendorf 279
UNESCO-Geopark 254
Unfall 329
Untersee 148
Unterstmatt 41
Uttenweiler 272

V

Venus 228
Verkehrsmittel 328
Vogelgrun 97
Vogtsburg-Oberrotweil 95
Vöhrenbach 75
Vulkanismus 230

W

Wacholderheide 260
Wächtersberg 33
Waldburg 320
Waldshut-Tiengen 141
Wallhausen 172
Wangen 149
Wangen-Hinterhorn 150
Wangen i. A. 317
Wasserburg 205, 208
Weilheim 230
Weine 195
Weingarten 292
Wieden 112
Wildberg 33
Wimsener Höhle 274
Windgfällweiher 121
Wolfach 63
Wolfegg 302
Worblingen 147
Wutachschlucht 124

Z

Zavelstein 30
Zeppelin 204
Zimmermann, Dominikus 285
Zimmermann, Johann Baptist 285
Zollernalb 250
Zwiefalten 273
Zwiefaltendorf 274

IMPRESSUM

Gaby Gölz

Die schönsten Routen am Bodensee, im Schwarzwald und auf der Schwäbischen Alb

2., neu bearbeitete und aktualisierte Auflage 2022

ISBN 978-3-8317-3545-7

Druck und Bindung: mediaprint solutions GmbH, Paderborn

Herausgeber: Klaus Werner
Layout: amundo media GmbH (Inhalt), Wayan Rump (Umschlag)
Lektorat: amundo media GmbH
Routenkarten: Ingenieurbüro K. Wendler
Ortspläne: Ingenieurbüro K. Wendler, amundo media GmbH, der Verlag
Kontakt: Osnabrücker Str. 79, 33649 Bielefeld, info@reise-know-how.de

---

Bildnachweis
Umschlagbilder: Gaby Gölz (die Autorin)
Soweit ihre Namen nicht vollständig am Bild vermerkt sind, stehen die Kürzel an den Abbildungen für die folgenden Fotografen, Firmen und Einrichtungen. Gaby Gölz: gg | Sandra Nichelmann: sn | Staatsbad Wildbad: StWi | Staatliche Schlösser und Gärten: ssg | Kur und Bäder GmbH Bad Krozingen: BadK

ROUTENATLAS

279bw-gg

Rastatt
Stuttgart
Strasbourg
Tübingen
Ulm
Freiburg
Rottweil
Beuren
Biberach
Singen
Waldshut
Leutkirch
Basel
Lindau
Forêt de Haguenau
Haguenau
Schweighouse-sur-Moder
Bischwiller
Brumath
Hœrdt
Gambsheim
Rheinau
Lichtenau
Rheinmünster
Bühl
Achern
Renchen
Oberkirch
Appenweier
Kehl
Strasbourg
Schiltigheim
Hoenheim
Bischheim
Illkirch-Graffenstaden
Lingolsheim
Ostwald
Molsheim
Obernai
Erstein
Benfeld
Offenburg
Ortenberg
Gengenbach
Zell a.Harmersbach
Biberach
Friesenheim
Schwanau
Lahr /Schwarzwald
Seelbach
Mahlberg
Ettenheim
Herbolzheim
Kenzingen
Haslach im Kinzigtal
Hausach
Sélestat
Rust
Neuried
Schutterwald
Willstätt
Oppenau
Durbach
ROUTE 1
ROUTE 2
A 4
A35
A352
E 25
E 35
E 52
E 531
D1062
D1063
D1340
D1004
D1083
D421
D422
D424
D29
344

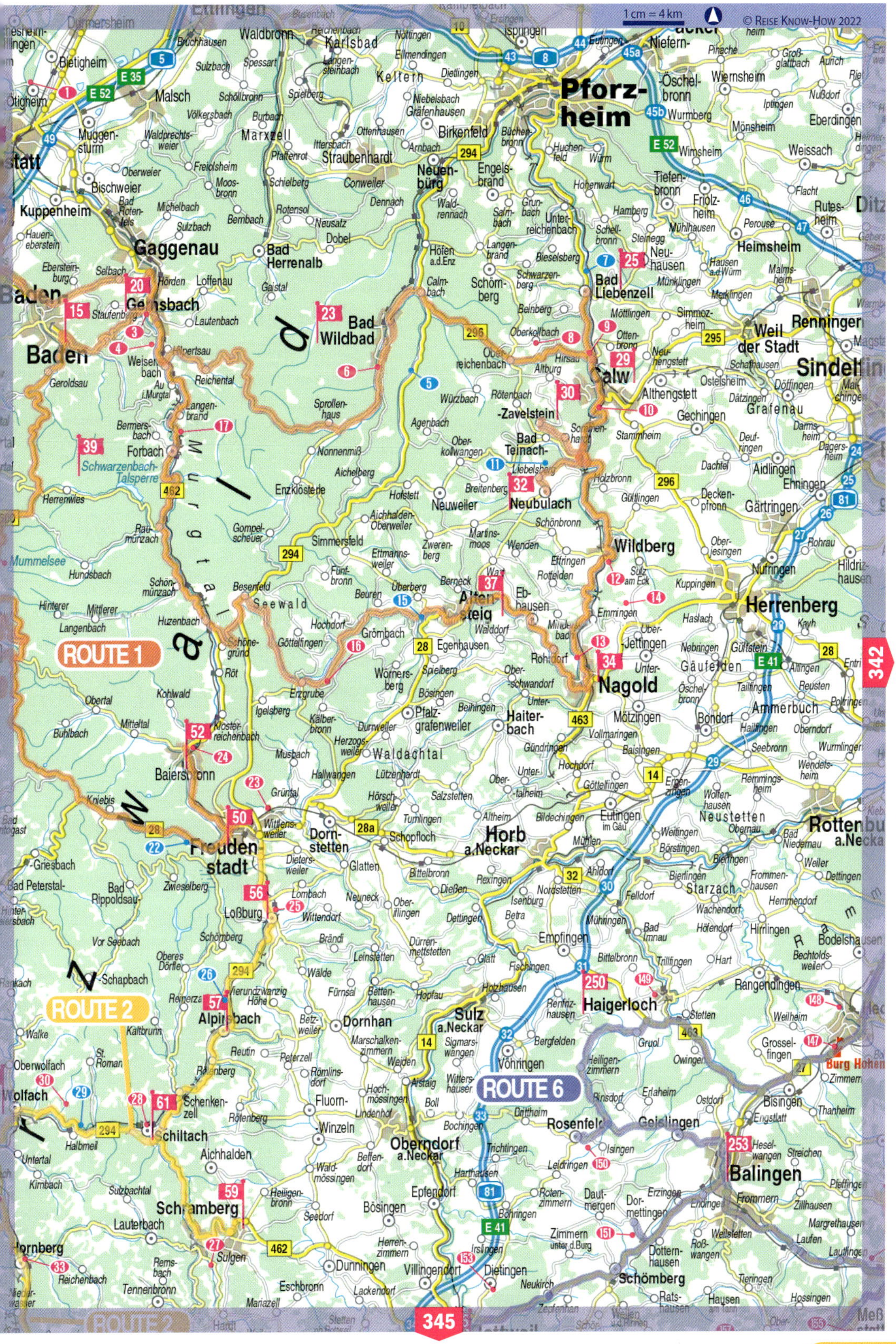
1 cm = 4 km
© Reise Know-How 2022
Pforzheim
Karlsbad
Keltern
Gaggenau
Gernsbach
Baden
Bad Herrenalb
Bad Wildbad
Neuenbürg
Straubenhardt
Bad Liebenzell
Calw
Weil der Stadt
Sindelfingen
Renningen
Heimsheim
Bad Teinach-Zavelstein
Neubulach
Wildberg
Herrenberg
Altensteig
Nagold
Gäufelden
Ammerbuch
Rottenburg a.Neckar
Freudenstadt
Baiersbronn
Dornstetten
Horb a.Neckar
Haiterbach
Pfalzgrafenweiler
Waldachtal
Loßburg
Alpirsbach
Schiltach
Schramberg
Dornhan
Sulz a.Neckar
Oberndorf a.Neckar
Haigerloch
Rosenfeld
Geislingen
Balingen
Schömberg
Empfingen
Starzach
Neustetten
Forbach
Murgtal
Seewald
ROUTE 1
ROUTE 2
ROUTE 6
342
345

Stuttgart
Ludwigsburg
Kornwestheim
Remseck a.Neckar
Waiblingen
Weinstadt
Winnenden
Fellbach
Esslingen a.Neckar
Ostfildern
Leinfelden-Echterdingen
Filderstadt
Böblingen
Sindelfingen
Leonberg
Ditzingen
Gerlingen
Korntal-Münchingen
Markgröningen
Asperg
Schorndorf
Welzheim
Lorch
Plochingen
Ebersbach an der Fils
Göppingen
Uhingen
Wernau (Neckar)
Wendlingen a.Neckar
Kirchheim unt.Teck
Weilheim a.d.Teck
Nürtingen
Metzingen
Reutlingen
Tübingen
Rottenburg a.Neckar
Mössingen
Hechingen
Pfullingen
Lichtenstein
Bad Urach
Münsingen
Laichingen
Ehingen (Donau)
Munderkingen
Hayingen
Trochtelfingen
Gammertingen
Burladingen
Albstadt
Schönbuch
Schwäbische Alb
Reutlinger Alb
Heuberg
Münsinger Hard
ROUTE 6
ROUTE 7
341
346

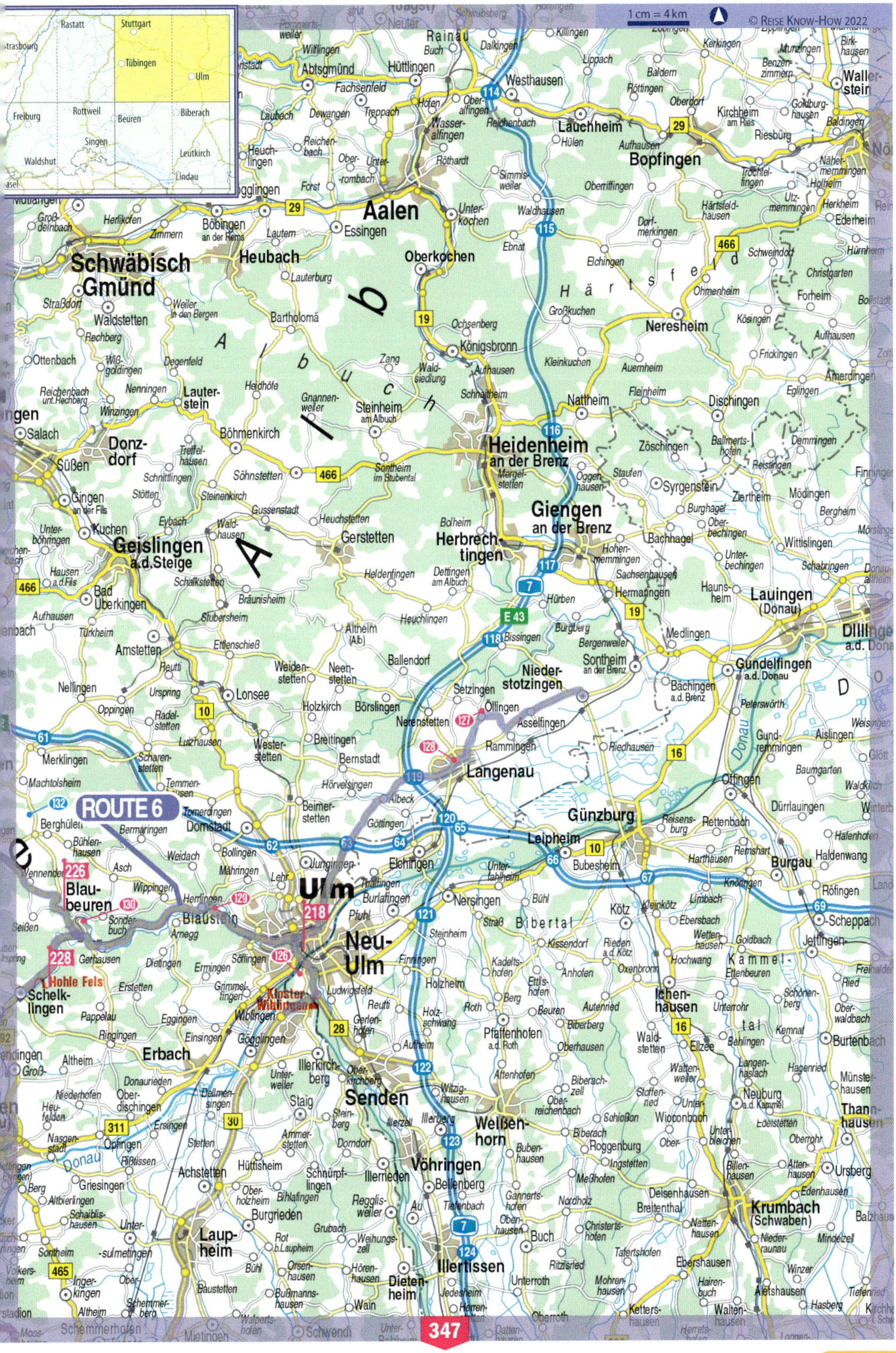
1 cm = 4 km
© Reise Know-How 2022
Stuttgart
Tübingen
Ulm
Rastatt
Freiburg
Rottweil
Beuren
Biberach
Singen
Leutkirch
Waldshut
Lindau
Aalen
Abtsgmünd
Hüttlingen
Westhausen
Lauchheim
Bopfingen
Schwäbisch Gmünd
Heubach
Essingen
Oberkochen
Königsbronn
Heidenheim an der Brenz
Giengen an der Brenz
Herbrechtingen
Neresheim
Härtsfeld
Albuch
Alb
Donzdorf
Süßen
Geislingen a.d.Steige
Bad Überkingen
Lauterstein
Böhmenkirch
Gerstetten
Steinheim am Albuch
Nattheim
Dischingen
Syrgenstein
Lauingen (Donau)
Dillingen a.d. Donau
Gundelfingen a.d. Donau
Sontheim an der Brenz
Niederstotzingen
Langenau
Günzburg
Leipheim
Burgau
ROUTE 6
Blaubeuren
Blaustein
Ulm
Neu-Ulm
Elchingen
Senden
Weißenhorn
Vöhringen
Illertissen
Erbach
Laupheim
Krumbach (Schwaben)
Ichenhausen
Hohle Fels
Kloster Wiblingen
Schelklingen
Donau
Bibertal
Kammeltal
347

340
ROUTE 3
ROUTE 2
ROUTE 4
Freiburg i.Breisgau
Emmendingen
Waldkirch
Elzach
Triberg i.Schwarzwald
Furtwangen i.Schwarzwald
Breisach am Rhein
Vogtsburg im Kaiserstuhl
Endingen am Kaiserstuhl
Kaiserstuhl
Bad Krozingen
Staufen im Breisgau
Münstertal /Schwarzwald
Heitersheim
Sulzburg
Müllheim
Neuenburg am Rhein
Badenweiler
Feldberg (Schwarzwald)
Todtnau
Schönau im Schwarzwald
Titisee-Neustadt
Hinterzarten
St. Blasien
Todtmoos
Südschwarzwald
Zell im Wiesental
Schopfheim
Kandern
Wehr
Lörrach
Weil a.Rh.
St-Louis
Basel
Rheinfelden (Baden)
Rheinfelden
Bad Säckingen
Laufenburg (Baden)
Waldshut-
Liestal
Schauinsland
Kandel
Höllental
Simonswälder Tal
Schluchsee
Dachsberg (Südschwarzwald)
Höchenschwand
Gundelfingen
Denzlingen
Umkirch
Kirchzarten
Oberried
Bernau
Menzenschwand
Hotzenwald
Rhein

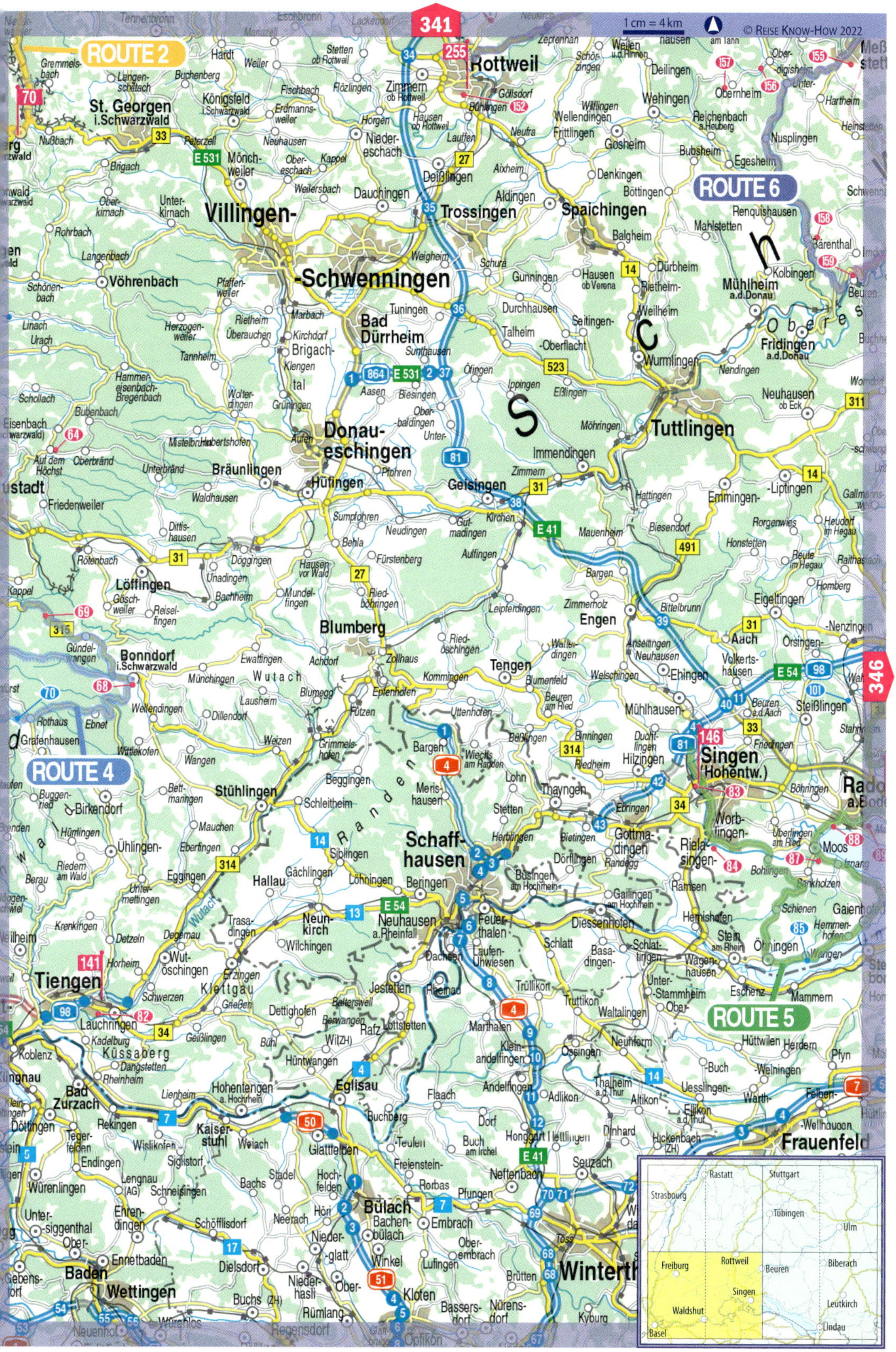
341
1 cm = 4 km
© Reise Know-How 2022
ROUTE 2
ROUTE 4
ROUTE 5
ROUTE 6
346
Rottweil
St. Georgen i.Schwarzwald
Villingen-Schwenningen
Trossingen
Spaichingen
Bad Dürrheim
Donaueschingen
Tuttlingen
Mühlheim a.d.Donau
Fridingen a.d.Donau
Bräunlingen
Hüfingen
Geisingen
Immendingen
Löffingen
Blumberg
Bonndorf i.Schwarzwald
Engen
Tengen
Singen (Hohentw.)
Stühlingen
Schaffhausen
Neuhausen a.Rheinfall
Tiengen
Bad Zurzach
Eglisau
Bülach
Kloten
Baden
Wettingen
Winterthur
Frauenfeld
Stein am Rhein
Randen
Wutach
Klettgau
Küssaberg
Strasbourg
Rastatt
Stuttgart
Tübingen
Ulm
Freiburg
Rottweil
Beuren
Biberach
Singen
Waldshut
Leutkirch
Basel
Lindau

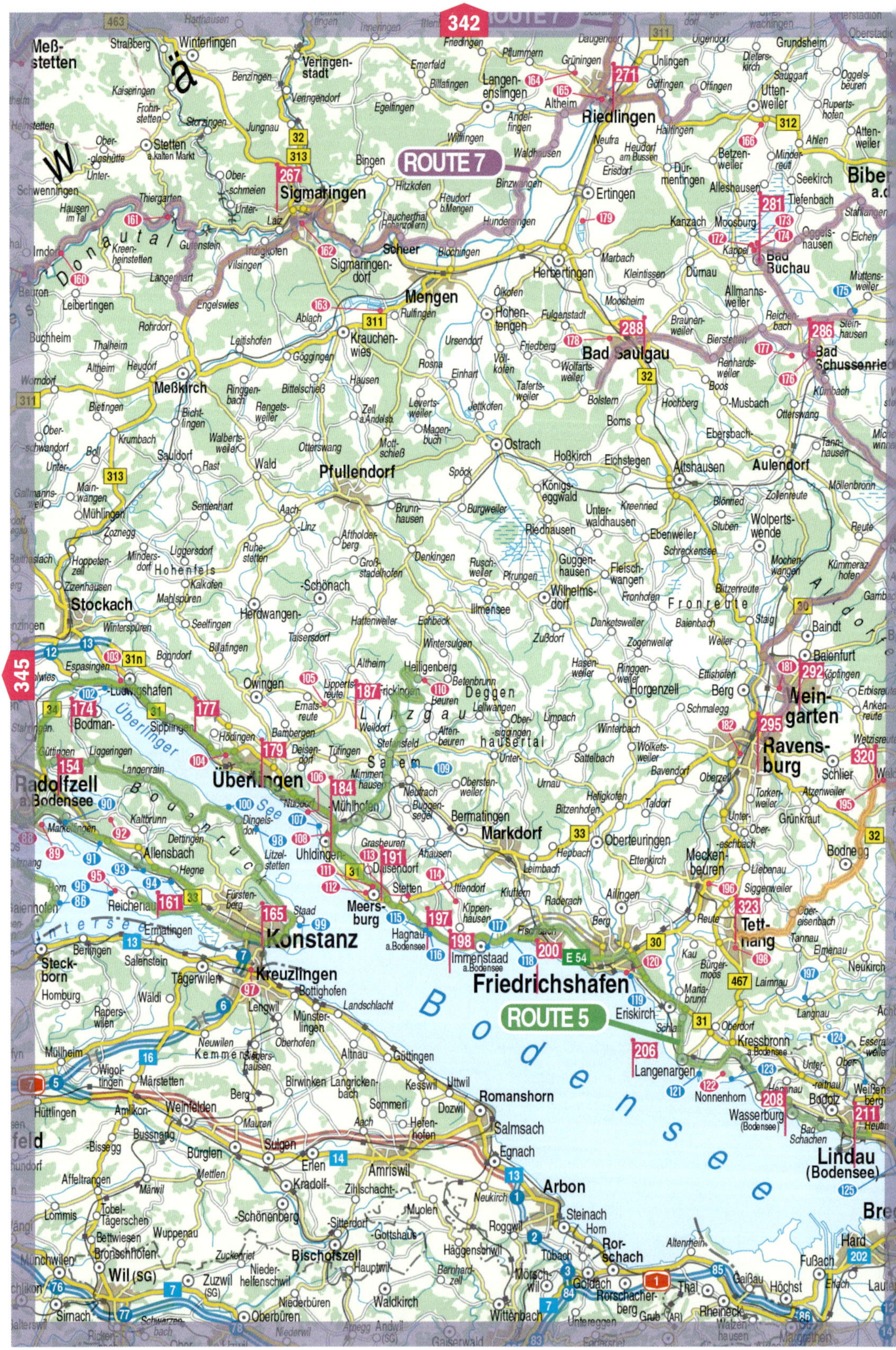

ROUTE 7
ROUTE 5
342
345
Meß-stetten
Sigmaringen
Riedlingen
Mengen
Bad Saulgau
Bad Buchau
Bad Schussenried
Meßkirch
Pfullendorf
Ostrach
Aulendorf
Altshausen
Stockach
Weingarten
Ravensburg
Überlingen
Markdorf
Radolfzell a.Bodensee
Konstanz
Kreuzlingen
Meersburg
Friedrichshafen
Tettnang
Lindau (Bodensee)
Romanshorn
Arbon
Rorschach
Wil (SG)
Bischofszell
Amriswil
Weinfelden
Steckborn
Bodensee
Überlinger See
Untersee
Donautal
Linzgau
Salem
Frickingen
Heiligenberg
Langenargen
Kressbronn
Wasserburg
Meckenbeuren
Immenstaad
Hagnau
Uhldingen
Allensbach
Reichenau
Bodman
Ludwigshafen
Sipplingen
Ertingen
Herbertingen
Scheer
Krauchenwies
Wald
Owingen
Salmsach
Egnach
Uttwil
Sommeri
Erlen
Sulgen
Bürglen
Kradolf
Schönenberg
Zuzwil
Oberbüren
Sirnach
Steinach
Horn
Goldach
Thal
Höchst
Fußach
Hard

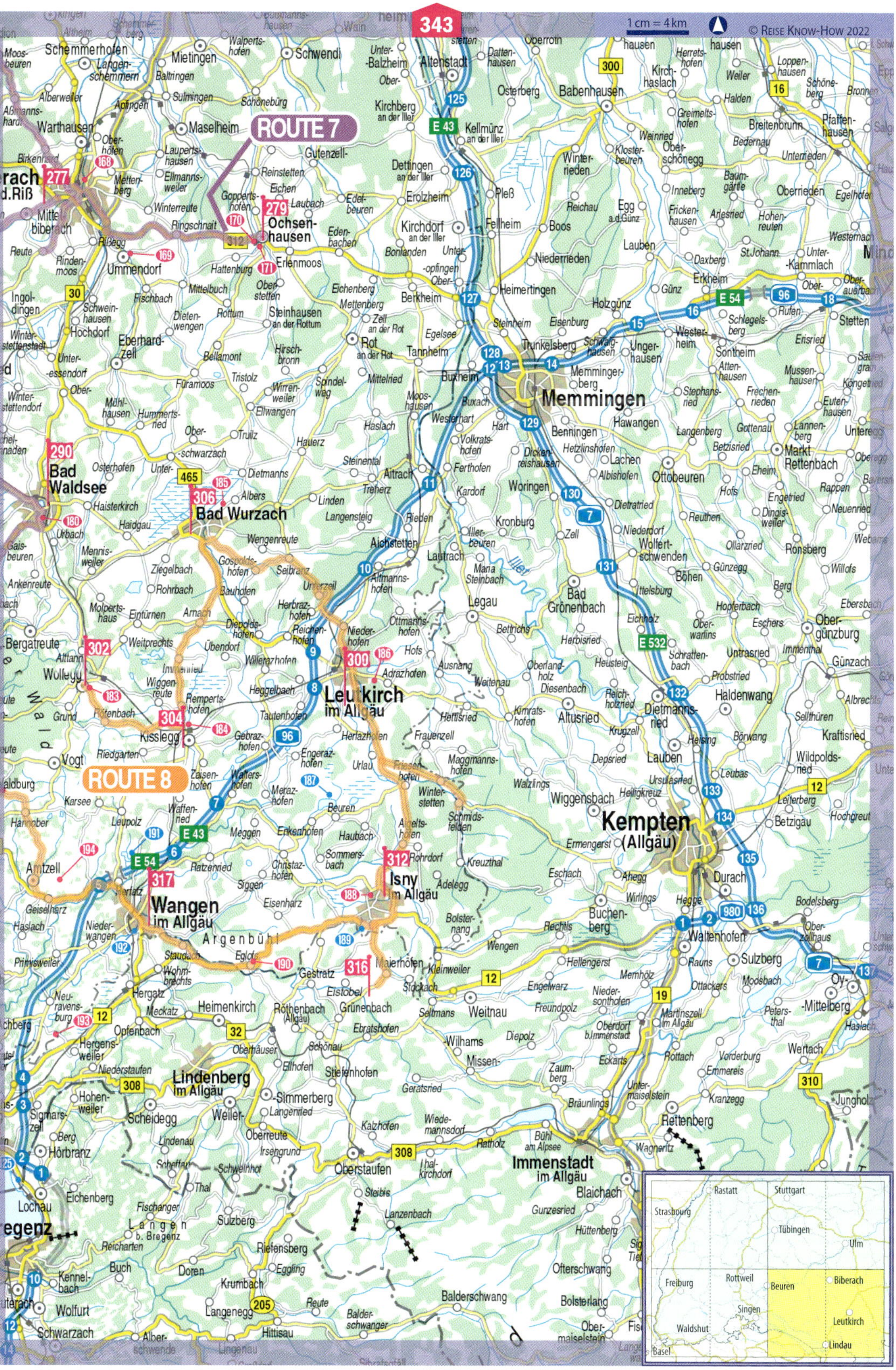
1 cm = 4 km
© Reise Know-How 2022
ROUTE 7
ROUTE 8
Memmingen
Kempten (Allgäu)
Leutkirch im Allgäu
Bad Wurzach
Bad Waldsee
Wangen im Allgäu
Isny im Allgäu
Lindenberg im Allgäu
Immenstadt im Allgäu
Ochsenhausen
Kisslegg
Bregenz
Stuttgart
Rastatt
Strasbourg
Tübingen
Ulm
Freiburg
Rottweil
Beuren
Biberach
Singen
Leutkirch
Waldshut
Basel
Lindau

Liebe Leserin, lieber Leser,

ein unabhängiger Verlag für unabhängig Reisende – das sind wir, der Reise Know-How Verlag aus Bielefeld, eines der letzten Familienunternehmen in der Branche. Obwohl wir zu den größten Reiseführerverlagen Deutschlands gehören, ist der familiäre Umgang miteinander in allen Bereichen des Verlagslebens zu spüren: In der Geschäftsführung in zweiter Generation, in einer wertschätzenden Arbeitsatmosphäre, in der Nähe zu unseren frei arbeitenden Autorinnen und Autoren, im engen Austausch mit unseren Leserinnen und Lesern – und auch in der Zusammenarbeit mit Druckereien in Deutschland, in denen wir ausschließlich und regional unsere Bücher produzieren. Die sollen schließlich erst mit Ihnen auf große Reise gehen.

Alles, was wir in unsere Bücher und Landkarten stecken, soll Ihnen eines ermöglichen: Auf Ihre ganz eigene, individuelle Weise die Welt zu entdecken. Wir wünschen Ihnen viel Freude und unvergessliche Erlebnisse mit diesem Wohnmobil-Tourguide.

Es grüßen herzlich
Peter Rump & Wayan Rump

ÜBERSICHT DER STELL- UND CAMPINGPLÄTZE

Die **GPS-Koordinaten der Stell- und Campingplätze im Buch** können auf der Verlags-Homepage www.reise-know-how.de von der Artikelseite dieses Buches unter der Rubrik Datenservice als Waypoint-Liste heruntergeladen werden.

ROUTE 1

1 Tennisplätze, Ötigheim 15
2 Reisemobilstellplatz, Baden-Baden 19
3 Murginsel, Gernsbach 21
4 Schwimmbad, Gernsbach-Obertsrot 22
5 Campingplatz Kleinenzhof, Bad Wildbad 25
6 Kurpark, Bad Wildbad 25
7 Campingpark, Bad Liebenzell 27
8 Gasthof „Zum Hirsch“, Oberkollbach 28
9 Flösserwasen, Hirsau 28
10 Bahnhof, Calw 30
11 Camping Erbenwald, Neubulach 33
12 Beim Kloster, Wildberg 33
13 Wohnmobilhafen, Nagold 35
14 Bauernhof Rinderknecht, Mettingen 35
15 Schwarzwald-Camping, Altensteig 38
16 Nagoldtalsperre, Erzgrube-Seewald 38
17 Am Rappenfelsen, Forbach 39
18 Wanderheim Ochsenstall, Unterstmatt 41
19 Alde Gott, Sasbachwalden 43
20 Wohnmobileck bei den Heidehöfen, Kappelrodeck 45
21 Campingplatz Murhof, Ottenhöfen 46
22 Natur-Camping Langenwald, Freudenstadt 49
23 Panoramabad, Freudenstadt 51
24 Dorfsägemühle, Baiersbronn 52

ROUTE 2

25 Sportplatz, Loßburg 56
26 Campingplatz Alpirsbach 58
27 Schwabenhof, Schramberg 60
28 P1, Schiltach 62
29 Trendcamping, Wolfach-Halbmeil 63
30 Bartleshof, Wolfach-Ippichen 63
31 Freibad, Oberprechtal 67
32 Landgasthof Engel, Gutach 67
33 Stellplatz beim Viadukt, Hornberg 69
34 Schöne Aussicht, Hornberg 69
35 Sportanlagen, Schonach 71
36 Lynx Camp, Schönwald 72
37 Campingplatz zum Wilden Michel, Furtwangen 74
38 Hofgut Unterroturach, Vöhrenbach 75
39 Camping Steingrubenhof, St. Peter 77
40 Campingplatz am Möslepark, Freiburg 84
41 Wohnmobilstellplatz Freiburg 84

ROUTE 3

42 Campingplatz Müller-See, Riegel 89
43 Mathilde Kaffee und Wein, Endingen 91
44 Kirschenhof, Königschaffhausen 91
45 Gutsschenke zur Scheune, Jechtingen 93
46 Rhinwald, Burkheim 94
47 Schwimmbad, Vogtsburg-Oberrotweil 95
48 Am Rheinufer, Breisach 97
49 I'lle du Rhin, Vogelgrun 97
50 Campingplatz Münsterblick, Breisach 98
51 Kaiserstuhl-Camping, Ihringen 99
52 Winzer Sexauer, Ihringen 99
53 Weingut Köbelin, Eichstetten 100

ROUTE 4

54 Schönberghalle, Ebringen 105
55 Vita Classica Therme, Bad Krozingen 106
56 Camping Belchenblick, Staufen 108
57 Wohnmobilstellplatz Grunern, Staufen 108
58 Campingplatz Münstertal 109
59 Reisemobilplatz, Todtnau 113
60 Ferien-Camping Hochschwarzwald, Todtnau-Muggenbrunn 113
61 Camping Kirchzarten 115
62 Camping Bankenhof, am Titisee 118
63 Parkplatz P1 Bahnhof, Titisee-Neustadt 118
64 Sportanlage Höchstberg, Eisenbach 119

65 Wohnmobilstellplatz Feldberg, Altglashütten 122
66 Camping Schluchsee 123
67 Faulenfürststraße, Schluchsee 124
68 Am Freibad, Bonndorf 126
69 Holzschlag, Bonndorf 126
70 Rothaus Camping, Grafenhausen 127
71 Reisemobilplatz Häusern 127
72 Natursportzentrum, Höchenschwand 128
73 Rehbach, Menzenschwand 131
74 Am Spitzenberg, Bernau 132
75 Auf der Jägermatt, Todtmoos 134
76 Eissporthalle, Herrischried 135
77 Camping Rüttehof, Rickenbach 135
78 Am Rheinufer, Bad Säckingen 137
79 Am Naturerlebnisbad, Murg 138
80 Am Andelsbachparkplatz, Laufenburg 140
81 Rhein Camping Wohnmobil-Park, Waldshut 142
82 An der Wutach, Lauchringen 142

ROUTE 5

83 Stadtgarten, Singen 147
84 Am Naturbad, Worblingen 147
85 Campingplatz Wangen 149
86 Campingplatz Horn 152
87 Wohnmobilstellplatz Mooswald, Moos 153
88 Herzen, Radolfzell 156
89 Mettnau, Radolfzell 156
90 Campingplatz Markelfingen 158
91 Camping Willam, Markelfingen 158
92 Wild- und Freizeitpark Bodanrück, Allensbach 159
93 Camping und Strandbad Allensbach 160
94 Camping Hegne 160
95 Vor dem Campingplatz, Insel Reichenau 163
96 Camping Sandseele, Insel Reichenau 164
97 Döbele Platz, Konstanz 170
98 Campingplatz Seepark Fließhorn, Konstanz 170
99 Campingplatz Bruderhofer, Konstanz 171
100 Campingplatz Klausenhorn, Konstanz 171
101 Campinggarten Wahlwies, Stockach 174
102 Campingplatz Schachenhorn, Bodman-Ludwigshafen 175
103 Der erste Wohnmobilhafen am See, Ludwigshafen 176
104 Reisemobilhafen, Überlingen 181
105 Hofgut Schellenberg, Überlingen 182
106 Camping Brändle-Köhne, Überlingen 182
107 Camping Maurach, Birnau 184
108 Sportpark, Unteruhldingen 186
109 Gern Campinghof, Salem 188
110 Betenbrunner Straße, Heiligenberg 190
111 Allmend 1, Meersburg 195
112 Ergeten, Meersburg 196
113 Alte Brennerei, Stetten 196
114 Hundweilerhof, Markdorf 196
115 Camping Alpenblick, Hagnau 197
116 Camping Schloss Kirchberg, Immenstaad a. B. 200
117 Schloss Helmsdorf, Immenstaad a. B. 200
118 Campingplatz Fischbach, Friedrichshafen 203
119 CAP Camping, Friedrichshafen 203
120 Lindauerstraße, Friedrichshafen 203
121 Campingplatz Gohren am Bodensee, Kressbronn 206
122 Wohnmobilstellplatz Dorfkrug Tunau, Kressbronn 207
123 Campingplatz Iriswiese, Kressbronn 208
124 Campingplatz Gitzenweiler Hof, Lindau 214
125 Park-Camping, Lindau 214

ROUTE 6

126 Donaubad, Neu-Ulm 222
127 Wohnmobilstellplatz, Öllingen 224
128 Stadthalle, Langenau 224
129 Freizeitbad Bad Blau, Blaustein 225
130 Dodelweg, Blaubeuren 227
131 WoMoStellplatz, Heroldstatt 228
132 Campingplatz Heidehof, Laichingen-Machtolsheim 230
133 Wohnmobilstellplatz, Weilheim/Teck 230
134 Panorama Therme, Beuren 232
135 Schützenhaus, Neuffen 233
136 Phoenix Platz, Hülben 234
137 Campingplatz Pfählhof, Bad Urach 236
138 Thermen, Bad Urach 236
139 Wiesentalstation, Münsingen 238
140 Womo-Stellplatz Trailfingen/Gruorn, Münsingen 238
141 Camping Hofgut Hopfenburg 239
142 Bauernhausmuseum, Ödenwaldstetten 240
143 Am Sportpark, Pfullingen 243

144 Wellenfreibad Markwasen, Reutlingen 244
145 Neckarcamping Tübingen 248
146 Sportplätze, Nehren 248
147 Hofgut Domaine, Hechingen 249
148 Stellplatz beim Zollernalbcamping, Hechingen 249
149 Reisemobilplatz, Haigerloch 252
150 Sofienbad, Rosenfeld 253
151 Wohnmobilplatz Schiefererlebnis, Dormettingen 255
152 Aquasolbad, Rottweil 257
153 Reisemobilpark Turm und Kristalle, Dietingen 258
154 Stellplatz beim Campingplatz, Albstadt-Ebingen 259
155 Blumersberg, Meßstetten 260
156 Stausee, Oberdigisheim 260
157 Sportplätze, Obernheim 261
158 Bära-Lodge, Bärenthal 261
159 Kloster Beuron, Beuron 262

ROUTE 7

160 Talhof, Beuron 266
161 Wohnmobilstellplatz Obere Donau, Beuron 266
162 Beim Campingplatz, Sigmaringen 268
163 Zielfinger Seen, Mengen 270
164 Schloss Grüningen, Riedlingen 272
165 Stadthalle, Riedlingen 272
166 Naturfreibad, Uttenweiler 273
167 Donaublick, Obermarchtal 275
168 Rißstraße, Biberach an der Riß 278
169 Bräuhaus, Ummendorf 279
170 Am Öchsle Bahnhof, Ochsenhausen 280
171 Kapfhalle, Ochsenhausen 280
172 Am Kurpark, Bad Buchau 282
173 Federseemuseum, Bad Buchau 283
174 Rondell in der Seegasse, Bad Buchau 283
175 Campingplatz Reiterhof, Steinhausen 285
176 Bierkrugmuseum, Bad Schussenried 286
177 Zeller-See, Bad Schussenried 287
178 Sonnenhof-Therme, Bad Saulgau 288
179 Freizeitzentrum Schwartzachtalseen, Ertingen 289
180 Therme, Bad Waldsee 292
181 Festplatz, Weingarten 294
182 Mühlbruckstraße, Ravensburg 298

ROUTE 8

183 Loretopark, Wolfegg 303
184 Strandbad Obersee, Kißlegg 306
185 Vitalium, Bad Wurzach 307
186 Stadtweiher, Leutkirch i. A. 310
187 Campingplatz Am Badsee, Isny-Beuren 314
188 Untere Mühle, Isny i. A. 314
189 Waldbad Camping, Isny i. A. 315
190 Hallenbad, Eglofs 316
191 Campingplatz Röhrenmoos, Wangen i. A. 319
192 Stellplatz P18, Wangen i. A. 319
193 Hundrisshof, Wangen i. A. 319
194 Büchelwiesen, Amtzell 320
195 Am Sportplatz, Waldburg 323
196 Bauernhof Lehle, Meckenbeuren 326
197 Camping Gutshof Badhütten, Laimnau 326
198 Loretostraße, Tettnang 326

Routenübersicht